1929년 광주학생운동

光州學生運動

1929년

광주학생운동

光州學生運動

김성민 지음

역사공간

머리말

일제 식민지 시기의 학생들은 엄혹한 식민지 현실과 이를 극복하려는 이상 사이에서 갈등했던 계층이었다. 그러면서도 자신만의 안위에 머물지 않고 현실의 벽을 뛰어넘기 위해 분투했다. 다른 계층에 비해 그나마 자신의 장래에 대한 선택의 여지가 많았음에도 불구하고, 학생들은 식민지 사회현실을 타파하기 위해 몸부림쳤다. 필자는 당시의 지성인이었던 학생들이 자신의 영달이 아닌 민족의 독립을 위해 역사 속에 뛰어든 실천의 원동력이 궁금했다. 필자가 일제 식민지 시기의 학생운동에 관심을 갖게 된 이유이다.

필자는 중학교 때부터 역사학을 전공하겠다고 결심했었다. 대학에서 국사학과를 지망했고, 집안 형편을 도외시하고 대학원에도 진학했다. 사실 역사학을 향한 필자의 막연한 사랑은 꽤 오랜 것이었다. 그러나 아직도 역사를 통한 인간의 이해에 깊이 도달하지 못하고 있다. 자신이 속한 시대의 역사 현장에 마주 서서, 부딪치고 깨지면서 역사를 바라보지 못했기 때문일 것이다. 따라서 이 책은 역사에 대한 웅변이 아니라 그 시대를 살면서 치열하게 싸워온 분들에 대한 헌사이다.

이 책은 2007년 박사학위 논문인 『광주학생운동 연구』를 수정·보완한 것이다. 일제 식민지 시기 3·1운동, 6·10만세운동과 더불어 3대 민족운동의 하나로 꼽히는 광주학생운동에 대해서는 이미 많은 연구 논문들이 발표된 바 있었다. 처음 연구를 시작할 때는 박사학위 논문이 될 수 있을까 하는 생각도 들었다. 그러나 연구사를 정리하면서 기존의 연구들이 더 이상 진척되지 못하고 있다는 사실을 발견하게 되었다. 또 기존에 알려진 자료들도 세밀하게 검토되지 못한 부분이 많았다. 기존 자료의 재검토와 새로운 자료, 새로운 관점에서의 종합적인 연구가 필요했다. 다행히 기존의 연구에 전혀 활용되지 않았던 관련인사들의 신문조서를 분석할 수 있었던 것은 연구를 진전시키는 계기가 되었다.

필자는 광주학생운동을 통해 1920년대 학생들의 역량이 결집되는 과정을 밝혀보고 싶었다. 광주학생운동 이전 1920년대 학생의 존재양태와 동맹휴학, 사회인식과 운동론 등에 많은 지면을 할애한 것도 이 때문이다. 광주학생운동이 단순히 우발적인 사건에 머물지 않고, 전국적으로 확산될 수 있었던 동인을 규명하기 위해서이다. 또한 광주학생운동의 전국적 전개양상을 꼼꼼히 살펴봄으로써 추상적인 평가가 아닌 구체적인 실상에 접근하려 했다. 광주학생운동은 해외의 민족운동 세력을 추동하여 학생운동의 차원을 넘어 민족운동의 거대한 물줄기를 형성했다. 따라서 해외로의 파급도 중요한 관심사였다. 이러한 당초의 의도가 제대로 달성되었는지 모르겠다. 쓸데없이 지면만 늘려놓은 것은 아닌지 걱정이 앞선다.

학생운동은 한국근현대사의 큰 물줄기를 이끈 동력이었다. 이러한 동력의 원천은 1929~1930년의 광주학생운동에서 찾을 수 있다. 때문에 광주학생운동은 운동사적 측면에서 중요하게 연구되어야 할 분야이다. 사실 3·1운동이나, 6·10만세운동에서도 학생의 역할은 매우 큰 것이었다. 노동자·농민의 세력화가 미흡했던 3·1운동 당시에는 학생들이 2·8독립선언으로 운동을 추동하는 한편 종교계와 더불어 운동 전파의 주요한 역할을 맡았다. 6·10만세운동에서도 학생은 운동의 실행주체였다. 그러나 아직 학생들이 전체적으로 운동을 기획하고 조직화하는 단계에는 이르지 못했다. 학생은 운동 추진의 보조적 역할에 머물렀다. 광주학생운동을 통해 학생들은 비로소 주체적으로 역사의 전면에 나서기 시작했다. 3·1운동과 6·10만세운동은 광무황제나 융희황제의 승하라는 시대 조건과 맞물리면서, 기성 사회인사들과 더불어 추진한 것이다. 반면 광주학생운동은 비록 기성 사회단체 인사의 개입이 있었으나, 운동의 동기, 추진, 확산과정에서 학생들이 주체였다. 때문에 광주학생운동은 일제 식민지 시기 민족운동사의 변곡점이라고 할 수 있다. 더욱이 광주학생운동에 참여한 학생들은 대부분 1905년 을사늑약 이후 출생한 세대들이다. 일제 식민지 교육을 받은 학생들이 전국적으로 광주학생운동에 참여한 것은 일제 식민지 교육의 전면적 실패를 증언한다. 14~15세의 학생들마저 '독립만세'를 부르짖었던 것이다. 광주학생운동에 참여한 학생들은 이후 국외로 망명하여 민족운동을 활성화시키는가 하면 국내에서는 노동·농민운동과 결합하여 1930년대 민족운동의 새로운 인적 동력이 되었다. 이러한 학생운동의 흐름이 해방 후에도 계속 이어져 4·19혁명과 민주화운동으로 계승되었던 것이다. 따라서 광주학생운동의 의의는 식민지 시기뿐 아니라 이후 지속적으로 우리 근현대사의 중추였던 학생운동의 분수령이었다는 데 있다.

또한 운동의 발전양상에서도 주목된다. 3·1운동이나 6·10만세운동은 처음부터 민족독립의 목적을 분명히 한 운동이었다. 반면 광주학생운동은 처음 한·일 학생들의 사소한 충돌에서 시작되었으나, 진행과정에서 민족해방운동, 독립운동으로 발전했다. 운동이 역동적으로 자체 진화한 것이다. 운동사적 측면에서 광주학생운동의 의의는 운동이 스스로 성장하여 민족운동의 큰 흐름을 형성했다는 데 있다. 결국 일제 식민지시기 3대 민족운동에 학생들은 주요한 동력이었다. 당시 학생들은 그 시대의 지성인이자 운동의 주요한 축이었다.

어느 사회에서나 학생들은 특유의 집단성과 감성을 바탕으로 사회 모순에 대해 저항한다. 그것이 때로는 현실적이지 못한 선택일지라도, 그들의 항거는 사회를 변화시키는 힘이다. 학생들은 부패하지 않기 때문이다. 해방 이후 학생들은 순수한 열정과 헌신으로 다시 4·19혁명과 민주화운동의 주역이 되었다. 앞으로도 학생들은 우리 사회를 정화시키는 소금이 될 것이다.

광주학생운동을 책으로 내면서 아쉬움이 많다. 당초에는 박사학위 논문에서 다루지 못했던 부분, 즉 일제의 대응과 탄압, 신간회와 청년단체를 제외한 다른 사회운동 단체의 동향, 광주학생운동 참여자들의 이후 행적 등을 보완하려는 생각이었다. 그러나 당초 계획한 것만큼 내용을 수정·보완하지 못하였다. 연구사적으로 보면 앞으로 각 지역의 특성과 조건을 아우른 전국적인 사례 연구가 요망된다. 전국적으로 많은 학교가 참여했음에도 불구하고 지역사례 연구가 활성화되지 못한 것은 광주학생운동을 광주·전남지역으로 축소해서 파악하려는 경향 때문이다. 지역사례 연구를 통해 광주학생운동의 전체상이 보다 분명해 지기를 기대해 본다.

이 책이 나오기까지 많은 분들의 도움을 받았다. 은사이신 조동걸 선생님은 학문뿐 아니라 인간의 길을 가르쳐 주시며, 학자의 모범을 보여 주셨다. 그리고 연구지원금을 통해 부족한 필자를 격려해 주신 강만길 선생님, 내일을 여는 역사재단의 조광 선생님과 신용옥, 조형렬 선생님께 감사드린다. 학문에 더욱 정진하라는 연구지원금의 취지를 이어가지 못하고 있는 필자의 게으름이 죄송스러울 따름이다.

학위 논문의 큰 틀을 지적해 주신 김두진, 정만조 선생님은 모습 자체만으로도 필자에게 큰 스승이시다. 무엇보다도 지도교수인 장석흥 선생님께 감사드린다. 대학시절부터 선생님은 필자의 개인사까지 걱정하고 챙겨주시던 형이기도 했다. 필자는 지금도 선생님을 만나면 새로운 힘을 얻고, 눈이 새로 띄어지는 개안의 느낌을 받곤 한다. 논문을 주밀하게 검토하고 소중한 지적을 아끼지 않으신 박찬승, 이준식 선생님께 깊이 감사드린다. 중국 신문자료를 선뜻 제공해 주신 한시준 선생님, 늘 넉넉한 포용력으로 필자를 감싸주시는 김용달 선생님, 박사논문의 편집을 도와준 황선익 학형, 논문의 세밀한 부분까지 검토해 준 이현주, 조철행 선생님, 그리고 다 열거할 수 없는 같은 과의 동료들께 감사드린다. 특히 정관회 과장님은 형님 같은 따뜻함으로 필자를 격려하고 배려해 주셨다.

참기 힘든 병상의 고통 속에서도 필자에 대한 믿음을 놓지 않고 용기를 주셨던 아버님은 지금 이 세상 분이 아니지만, 지금도 어려울 때마다 힘이 되어 주신다. 불효한 필자를 위해 끊임없이 기도하시는 연로하신 어머님, 한결같은 모습으로 지켜봐 주시는 장모님, 헌신적인 누나와 동생들에게도 미안함과 감사한 마음 금할 수 없다. 언제나 세상을 살아갈 힘을 주는 아내와 외동딸 주연이에게 이 책이 작은 기쁨이 되었으면 좋겠다. 책의 모양을 꾸미고 교열에 힘써 주신 역사공간 관계자 여러분께도 감사드린다.

2013년 7월

김 성 민

차례

2 1929년 광주지역 학생시위의 전개 과정

光州學生運動

광주학생운동, 어떻게 보는가 0

광주학생운동은 1929년 11월 3일 광주에서의 학생시위를 시작으로 1930년 3월까지 전국적으로 전개된 학생운동을 말한다. 흔히 일제시기 3대 민족운동의 하나로 평가된다. 운동의 규모 면에서 3·1운동 이후 가장 크게 전국으로 확산된 대중운동이었다.

1929년
광주학생운동

광주학생운동, 어떻게 보는가

광주학생운동은 1929년 11월 3일 광주에서의 학생시위를 시작으로 1930년 3월까지 전국적으로 전개된 학생운동을 말한다.[1] 흔히 일제시기 3대 민족

1 광주학생운동은 용어상 '광주'라는 특정지역으로 한정되어 있으나 광주를 비롯하여 전국으로 확산된 학생운동을 총칭하는 것으로 보아야 한다는 것이 일반적인 견해이다(한국역사연구회·전남사학회 공편, 『光州學生運動研究』, 아세아문화사, 2000). 이러한 이유에서 명칭도 특정지역을 지칭하는 '광주학생운동' 보다 3·1운동이나 6·10만세운동과 같이 '11·3학생독립운동'으로 사용하자는 주장도 제기되었다. 광주학생운동이라는 명칭이 운동의 외연과 성격을 축소하고 있다는 이유에서이다(박찬승, 「11·3학생독립운동과 나주」, 『광주학생독립운동과 나주』, 경인문화사, 2001). 당시에도 '11·3운동'이라는 용어가 사용된 적이 있다. 상해의 留滬韓國獨立運動者同盟이 1930년 11월 3일 광주학생운동 1주년을 기념해 발표한 격문에도 "敵 및 일부 紳士 등은 '광주학생사건'이라고 명명하여 단순히 一地方的 학생운동 같이 간주하고 있으나 11·3운동은 조선의 3대운동(3·1운동, 6·10만세운동과 함께)의 하나이며 그중 가장 진보한 운동인 것은 말할 필요도 없는 것이다"라고 평가했다(留滬韓國獨立運動者同盟, 「11·3運動週年紀念에 즈음하여 國內革命群衆에 檄함」; 조선총독부 경무국장, 『朝保秘第1517號不穩檄文郵送ニ關スル件』, 1930년 11월 17일, 일본외무성 외교사료관 소장). 필자는 운동이 전국화하는 과정에서도 맹휴나 시위 당시의 구호에 '광주학생의 석방'과 '광주학생사건'의 해결이 지속적으로 제기되어 확산의 動因이 되고 있다는 점에서 종래 통칭되던 '광주학생운동'이라는 명칭을 그대로 사용했다. 그러나 명칭의 문제는 좀 더 다양한 관점에서 재론되어야 할 것으로 보인다. 최근 한규무는 일제시기 다양한 문건에 나타난 '광주학생운동'의 용례를 분석했으나 특정한 명칭을 제안하지는 않았다(한규무, 「'광주학생운동' 관련명칭의 용례와 의미」, 『한국독립운동사연구』 34, 한국독립운동사연구소, 2010, 참조).

운동의 하나로 평가된다. 운동의 규모 면에서 3·1운동 이후 가장 크게 전국으로 확산된 대중운동이었다. 그리고 운동의 주체가 학생이었으나 학내 문제에 그치지 않고 식민지 교육문제, 일제 식민통치문제, 민족독립, 민족해방 등을 제기한 총체적 민족운동이었다.

1929년은 세계대공황 등으로 세계 자본주의의 전지구적 위기 상황이 도래했고, 일제는 이러한 체제 모순을 식민지 조선에 전가하며 수탈을 가속화하던 시기였다. 아울러 이에 항거하는 민족역량이 집단적 대중운동으로 표출되고 있었다. 갑산화전민사건, 용천불이농장 소작쟁의운동, 원산총파업운동 등은 노동 농민운동에서 식민지배의 모순이 격화되고 있던 현상의 반영이었다. 그런데 1929년 말 광주를 시작으로 전국적으로 전개된 학생운동은 1920년대에 축적된 민족 역량을 전국 규모로 분출했다는 점에서 국내 민족운동의 역량을 집약적으로 보여준 것이었다.

또 1930년대 운동 지형의 변화에 단초를 제공했다는 점에서도 운동사적 의미를 지니고 있다. 1930년대는 국내외에서 운동세력의 계급적 분리가 두드러졌다. 1920년대 후반에 고조되었던 민족주의계와 사회주의계의 협동전선운동이 1930년대에 들면서 와해되었다. 사회주의계는 세계대공황과 중국 국공합작의 와해 등 국제정세의 변화에 수반하여 극좌적 노선을 채택하고 노동, 농민운동에 주력했다. 민족주의계는 신간회의 해소 이후 활동 공간을 잃고 급격하게 운동역량을 상실해갔다. 광주학생운동은 이러한 운동계 변화의 전환기에 전개되었다. 광주학생운동에 참여한 학생들이 이후 1930년대의 노동·농민운동, 조선공산당 재건운동 등 사회운동에 적극 가담하거나,[2] 해외로 건

2 이준식, 「광주학생운동의 전개과정과 역사적 성격」, 『한국 근현대청년운동사』, 풀빛 1995, 225~229쪽.

너가 민족운동 단체에 참여했다는 사실은 광주학생운동이 1920년대와 1930년대의 가교역할을 수행하고 있음을 실증적으로 제시해주는 것이다.

광주학생운동은 그 역사적 중요성 때문에 학계에서 일찍부터 관심을 기울여왔고 그만큼 많은 연구가 이루어졌다.[3] 가장 선구적 업적이 1956년에 간행된 양동주의 『항일학생사』이다.[4] 양동주의 저서는 광주학생운동을 다룬 최초의 본격적 저술로서 발발 배경, 광주 및 전국적 전개과정 등을 다루었는데, 연구서라기보다는 자료집적 성격이 강하다. 특히 광주학생운동이 발발하기 이전인 1920년대 후반 광주지역 학교들의 동맹휴학운동을 자세히 정리한 점이 주목된다. 그러나 반공적 시대조류로 인해 성진회의 결성 목적을 '민족문화연구'로 기록하는 등 연구상의 한계를 지니고 있다.[5]

이와는 다른 관점에서 학생운동사를 체계화한 연구로 조동걸 교수의 논문이 주목된다.[6] 그는 학생단체의 변천과정만을 현상기술적으로 서술하던 기존의 연구 수준을 뛰어넘어 학생운동의 조직과 사상 양 측면의 발전과정을 전체적 연관성 속에서 해명하고자 했다. 덧붙여 그는 학생단체들의 성격과 활동내용뿐 아니라 당시 학생층의 사회적 존재양태, 식민지 교육제도와 그 내용까지 포괄적으로 분석하는 등 학생운동사를 체계화하기 위한 방법론을 시도했다.

---

3 많은 연구가 있지만 광주학생운동 70주년을 맞아 개최된 학술회의의 성과물을 모은 다음의 단행본이 대표적이다. 『광주학생운동연구』, 한국역사연구회·전남사학회 공편, 『光州學生運動硏究』, 아세아문화사, 2000.

4 梁東柱, 『抗日學生史』, 청파출판사, 1956. 책명은 『항일학생사』이나 내용은 광주지역의 학생운동사이다. 이 책은 같은 해 『光州學生獨立運動史』로 改題하여 湖南出版社에서 간행되었다.

5 필자는 서문에서 자신의 저서가 "한민족의 적인 공산도배를 격멸"하는데 도움이 되기를 기원하고 있다.

6 趙東杰, 「한국 근대 학생운동조직의 성격변화」, 『한국근대민족주의운동사연구』, 一潮閣, 1987.

광주학생운동 연구는 1989년 60주년을 계기로 크게 변화했다. 사회 민주화운동의 진행에 발맞추어 소장 연구자들을 중심으로 기왕의 광주학생운동사 연구에서 기피 또는 폄하되었던 사회주의와의 관련성에 주목한 글들이 발표되었다. 김성보와 김동춘의 글이[7] 대표적이다. 이들은 대체로 1920년대 중후반기의 학생운동을 학생운동 조직과 사회주의 조직체들과의 관계에서, 또는 학생단체 간의 상호관계 속에서 살피고 있다. 이를 통해 광주학생운동에 사회주의 세력이 깊이 관여했고 사회주의 성향의 학생운동 조직이 주요한 역할을 했음이 밝혀졌다. 김성보는 광주학생운동을 세 시기로 나누고 각 시기마다 운동의 주체가 변화함으로써 지속적인 운동이 가능했다고 분석했다.[8] 그의 연구는 광주학생운동의 전 과정을 개략적으로 기술했으나 운동의 전개를 운동 조직과 관련하여 추적했다는 점에서 의미 있는 성과로 평가된다. 그러나 논리 전개의 근거가 되는 개별 사실들이 충분히 논증되지 않음으로써 사실관계에 적지 않은 오류가 발견된다.[9] 김성보와 김동춘의 글은 1920년대 후반 학생운동과 사회주의의 관계를 추적하면서 당시 학생들의 사회주의 인식, 이념 등도 추적했는데 이는 이후의 연구에 큰 자극이 되었다.

한편 광주학생운동 당시 참여했던 이기홍, 강석원 등 생존자들의[10] 증언이나 기고문 등이 발표되면서 사실을 재구성하는 자료로 적극 활용되기 시작했다. 그 중에서도 증언을 토대로 재구성하여 발표된 이재의 글은[11] 광주학생운

---

7 김성보, 「광주학생운동과 사회주의 청년·학생조직」, 『역사비평』 4, 1989 ; 김동춘, 「1920년대 학생운동과 맑스주의」, 『역사비평』 6, 1989.

8 김성보, 「광주학생운동과 사회주의 청년·학생조직」, 『역사비평』 4, 1989.

9 김성보의 논문은 개별 사실의 근거자료로 주로 『光州抗日學生事件資料』(姜在彦 編, 風媒社, 1979)를 이용하고 있으며 각주가 9개에 불과하다.

10 이기홍, 「광주학생운동의 전후사는 이렇다」, 『마당』, 1985년 11월호 ; 강석원, 「11월 3일의 회고」, 『광주학생회관 관보』, 1970.

동에 대한 새로운 증언자료를 제공해 주었다. 그런데 생존자들의 증언은 자신을 포함한 일면적 사실만을 기술하는 경우가 있어 다른 증언 또는 자료와의 비교 · 검토가 반드시 필요하다.

이후 광주학생운동 연구는 운동 과정에서 사회주의의 역할을 구명하는 데 초점이 두어졌다. 박찬승은 학생운동의 사상적 배경과 학생운동론을 구명한 주목할 만한 연구를 발표했다.[12] 그는 민족주의 좌파와 사회주의 계열의 정치사상을 살펴본 후 당시 사회주의 계열의 학생운동론을 밝혔다. 이는 학생운동에 대해 본격적으로 사상사적 접근을 시도한 최초의 연구라고 할 수 있다.

1920년대 후반 학생운동에서 사회주의계의 지도가 관철되는 양상을 중심으로 광주학생운동의 전체상을 재조망한 글로는 이준식의 논문이 대표적이다.[13] 그는 1920년대 중반 이후 학생운동의 동향을 학생운동 조직의 변화, 동맹휴학의 변화, 학생운동론의 변화 등으로 나누어 살펴보았다. 이어서 광주학생운동의 전개과정을 3단계로 구분한 후 각 단계별 특징을 분석했다. 특히 광주학생운동 참가자들이 1930년대의 노동 · 농민운동, 조선공산당 재건운동 등에 적극 참여하고 있는 사례를 구체적으로 제시한 점, 1930년대 학생운동에 대한 인식의 변화로 대중운동의 공간이 위축된 점 등을 지적한 것은 광주학생운동의 역사적 평가라는 관점에서 주목되는 연구 성과이다. 그런데 이러한 사회주의적 요소들을 광주학생운동 전체의 성격규정이라는 측면에서 어떻게 보아야 할지는 숙제로 남아 있다.

---

11 이재의, 「새롭게 부각된 배후세력의 성격」, 『월간 藝鄕』 62, 광주일보사, 1989년 11월.

12 박찬승, 「광주학생운동의 정치사상적 배경 – 1920년대 중후반 학생운동의 양상과 학생운동론」, 『전남사회운동사연구』, 한울, 1992.

13 이준식, 「광주학생운동의 전개과정과 역사적 성격」, 『한국근현대청년운동사』, 풀빛, 1995.

광주학생운동의 배경에 관한 연구로는 운동 진원지인 광주지역의 청년운동, 사회주의운동을 구명한 신주백, 이애숙의 글이 있다.[14] 이는 광주지역 학생운동과 사회운동의 관계를 지역적 차원에서 천착한 연구로 가치 있는 것이다. 이와는 다른 측면에서 사회·경제적 배경을 다룬 글로는 장석흥, 김민영, 이종범의 연구가 있다.[15] 장석흥의 연구는 나주 충돌사건을 단순한 민족감정의 분출로 보는 시각에서 나아가 식민사회의 모순에 대한 자각에서 비롯되었음을 밝히기 위한 전제로 나주 지역, 특히 영산포 지역의 사회·경제적 상태를 사실적으로 규명한 것이다. 그 결과 광주학생운동은 식민지 현실의 사회·경제적 모순에 바탕을 둔 항쟁이었다고 결론짓고 있다. 이 연구는 종래 피상적이고 관념적으로 진행된 광주학생운동의 발발배경을 사회·경제적 측면에서 실증적으로 제시한 최초의 연구성과라는 데 의미가 있다.

장석흥, 박철하[16]는 광주학생운동의 국내외 확산에 관한 연구 성과를 내었다. 장석흥의 연구는 전국 시위의 양상과 해외로의 확산을 다룬 것이다. 박철하는 주로 서울지역의 동조시위운동을 서울지역 학생운동 단체 등과 관련하여 분석했다. 그러나 국내·외 확산은 광주학생운동의 전체적 성격을 밝혀주는 중요한 분야임에도 불구하고 아직까지 다양하게 연구되지 못하고 있는 실

---

14 신주백, 「1925~1928년 시기 전남지방 사회운동 연구 – 조공 전남도당의 조직과 활동을 중심으로」, 『한국근현대지역운동사』 2, 1993 ; 이애숙, 「1920년대 광주지방의 청년 학생운동과 지역사회」, 『광주학생운동연구』, 2000.

15 장석흥, 「광주학생운동의 사회경제적 배경 – 영산포를 중심으로」, 『역사비평』 5, 1989 ; 김민영, 「일제하 나주, 영산포 지역 일본인 자본가의 동향 – 1920, 30년대를 중심으로」, 『광주학생운동과 나주』, 경인문화사, 2001 ; 이종범, 「1920년대 전남지방의 사회경제사정과 광주학생운동」, 『광주학생운동연구』, 2000.

16 장석흥, 「광주학생운동의 국내외 확산과 그 성격」, 『광주학생운동연구』, 2000 ; 박철하, 「1920년대 후반 서울지역 학생운동의 양상과 성격변화」, 『향토서울』, 55, 서울특별시사편찬위원회, 1995.

정이다.

광주학생운동 연구는 1999년 70주년 기념 심포지움에서 발표된 논문들을 정리한 단행본이 간행됨으로써 종합적인 관점에서 분석되는 계기가 마련되었다.[17] 그 책에는 배경, 전개과정, 역사적 의의로 나누어 총 9편의 논문이 수록되었는데 종래 개별 논문에서 광주학생운동 전체를 연구대상으로 하여 총체적으로 파악하던 방식을 벗어나 구체적으로 연구 주제를 세분하여 수행된 분야별 연구 결과물이라는데 의의가 있다. 이 중 신주백은 광주농업학교와 광주여자고등보통학교 학생들의 학적부를 분석함으로써 가정상태 등 당시 학생들의 실체에 보다 접근한 연구성과를 보여주었다.[18] 또 장신은 조선총독부의 광주학생운동에 대한 인식과 대응과정을 운동의 진행 시기별로 구분하여 살펴보았다.[19] 한 가지 아쉬운 점은 특집 기획되었음에도 불구하고 수록 논문들이 대체로 새로운 자료의 발굴 없이 종래 일반적으로 알려진 자료를 중심으로 작성되었다는 점이다.

이후 필자는[20] 새롭게 발굴된 광주학생운동 관련자의 신문조서를 이용하여 광주학생운동의 전국 확산에 계기를 이룬 서울지역 시위의 구체적인 추진과정과 성격을 분석한 글을 발표했다. 최근 필자와 장석흥, 한규무 등은[21] 학생

---

17 한국역사연구회·전남사학회 공편, 『광주학생운동연구』, 아세아문화사, 2000.

18 신주백, 「광주학생운동의 주체」, 『광주학생운동연구』, 한국역사연구회·전남사학회 편, 2000.

19 장신, 「조선총독부의 광주학생운동 인식과 대응」, 『광주학생운동연구』, 한국역사연구회·전남사학회 편, 2000.

20 김성민, 「광주학생운동의 확산과 서울지역 시위의 성격」, 『한국독립운동사연구』 20, 한국독립운동사연구소, 2003.

21 장석흥, 「조선학생전위동맹의 조직과 활동」, 『한국학논총』, 국민대 한국학연구소, 1999 ; 한규무, 「성진회의 조직과 활동에 대한 재검토」, 『한국독립운동사연구』 22, 한국독립운동사연구소, 2004 ; 김성민, 「1920년대 후반 서울지역 학생운동의 조직과 성

운동 단체의 개별 연구 등을 통해, 보다 구체적이고 미시적 접근으로 운동 주체에 대한 이해를 넓혀 가고 있다.

그동안의 연구성과와 경향 등을 정리해 볼 때, 종래 연구의 문제점과 연구과제를 살펴보면 다음과 같다.

첫째, 새로운 자료의 발굴 없이 기존의 자료만으로 연구가 진행되어 연구내용이 중복, 또는 답보 상태에 있다는 점이다. 일제는 학생이 행동 전위로 활동한 6·10만세운동을 경험하면서 학생들의 맹휴운동을 조사한 책을 완성한 바 있었다. 그럼에도 불구하고 6·10만세운동 이후 3년 만에 광주학생운동이 전국적으로 전개되자 일제는 크게 당혹했다. 일제 스스로 "한때는 거의 저지할 바를 모르고 어디까지 발전할지 우려했다"[22]고 토로할 만큼 전국적으로 급속히 확산되는 학생운동에 놀라워했다. 학생운동이 식민통치의 심각한 위협으로 간주된 것이다. 따라서 경무국, 학무국 등에서 광주학생운동의 원인, 일시별 운동진행 경과, 학생의 동향, 배후세력의 실체 등 다양한 부문에 걸쳐 조사를 실시했다. 그런데 이러한 조사자료가 1979년 『광주항일학생사건자료光州抗日學生事件資料』로 묶여져 간행되었다. 이 자료는 1974년 광주학생독립운동동지회에서 신문보도기사, 판결문 등을 수집하여 간행한 『광주학생독립운동사光州學生獨立運動史』와 더불어 주요한 자료로서 활용되기 시작했다. 이후의 연구성과는 이 두 자료집에 의존한 바가 많았다. 물론 생존자의 증언자료나 일제 당국의 보고서, 학생운동 단체의 기관지 등의 자료가 보완되었으나 1990년대 초 이후 관련자료의 발굴이 정체되었다. 그 결과 동일한 자료를 반복 이용함으로써 연구 성과도 중복되는 경우가 많았다.

격」, 『한국근현대사연구』 31, 2004 ; 김성민, 「1920년대 후반 광주지역 학생운동 조직의 발달」, 『한국근현대사연구』 37, 2006.

22 「學生の盟休と秘密結社」, 조선총독부 경무국, 『高等警察報』 5호, 43쪽.

둘째, 증언 또는 문헌 자료가 사료 비판 없이 자의적으로 사용되고 있다는 점이다. 일제는 광주에서 두 차례에 걸쳐 학생들이 대규모로 시가행진을 전개하고 시위가 서울을 비롯한 전국으로 확산되자 크게 놀라 관계자들의 검거에 혈안이 되었다. 또한 이러한 학생시위가 학생들의 총독부 정책에 대한 항거에서 비롯된 것이 아니라 사회주의자들의 배후 책동에 의한 것이라는 점을 부각시키려 했다. 따라서 관련자의 취조과정에서 사회주의 조직의 관련 여부를 집중적으로 수사했고 가혹한 고문을 통해 조작과 사실 왜곡을 시도했다. 경찰의 신문조서, 신문기사 등과 재판에 회부된 후 관련자의 판결문 등이 현저한 차이를 보이는 것은 그러한 왜곡의 단면을 잘 말해주고 있다. 거기에 각종 자료와 관련자들의 증언은 물론이고, 관련자의 증언 간에도 서로 불일치한 점이 적지 않아 역사적 실상을 검출하는 데 많은 어려움이 있다. 때문에 자료 활용에서 정밀한 분석과 비판이 필요하다. 그런데 종래의 연구에서는 엄밀한 사료 비판 없이 자의적으로 자료를 이용함으로써 구체적인 사실관계에서 많은 오류가 발생하고 있다. 사실 관계의 오류가 역사 해석상의 오류로 연결되는 것은 자명하므로 사료의 엄밀한 비판이 새삼스럽게 요구된다.

셋째, 종래의 연구가 좌우 편향적으로 진행되었다는 점이다. 1980년대 후반까지의 연구는 주로 광주학생운동의 민족운동적 측면만이 강조되는 경향이 있었다. 이는 군사정권 시기 특히 예민한 분야인 학생운동사 연구에서 보이지 않게 강요되었던 시대적 제약의 결과일 것이다. 그에 따라 이 시기의 연구는 사회주의 계열의 활동을 의도적으로 은폐 또는 폄하하는 경향을 보였다. 반면 1990년을 전후한 시기에는 민주화운동의 영향으로 연구의 자유가 확보되면서 그동안 폄하되었던 사회주의 계열의 영향과 활동을 구명하는데 연구자들의 시선이 집중되었다. 그 결과 광주학생운동 연구가 민족주의운동 또는 사회주의운동 중심으로 양극화되는 경향이 있었다. 이는 광주학생운동에 대한 종합적 이해를 가로막는 요인이 되고 있다. 물론 사회주의 계열의 영향력을 강조하는 연구에서도 광주학생운동이 궁극적으로 사회주의 계열 지도부의 지도와 학생대중의 민족적 역량이 결합하여 전개된 것으로 결론을 짓고는 있다. 그러나 실질적인 연구내용은 사회주의 계열의 활동만을 강조하여 서술함으로써 실제 운동 과정에서 나타나는 일반 학생들의 민족적 열망과 운동역량을 총체적으로 파악하지 못하고 있는 것이다.

넷째, 광주학생운동 연구가 종합적으로 진행되지 못했다는 점이다. 70주년 기념 논문집 이전에는 대체로 개별 논문에서 광주학생운동의 전 과정을 다루는 경우가 많았다. 그 중 1980년대 이전의 논문들이 개괄적인 사실 정리에 주안점을 둔 반면 1990년대 이후의 연구는 전체적 경향성을 추적하는데 무게가 두어졌다. 그 결과 연구가 개별적 구체상을 확보하는 실증적인 측면과 역사적 의미를 추구하는 전체적인 맥락에서 종합적으로 진행되지 못한 경향이 있었다. 70주년 논문집을 기점으로 연구가 세분화되면서 이후 광주학생운동의 특정 시기 또는 분야를 집중적으로 탐구하는 연구가 진행되고 있다. 그러나 아직 그 성과가 만족할 만한 수준은 아니다. 예컨대 광주학생운동의 국외 확산 부분은 거의 연구가 없는 실정이다. 중국을 비롯하여 일본, 러시아, 미국 등 해외 한인의 주요한 거주지역에서 동조활동이 있었다. 그러나 해당 지역 연구자의 연구에서 광주학생운동의 영향이나 동조활동 내용이 부분적으로 언급될 뿐 본격적 탐구는 진행되지 않고 있다. 따라서 광주학생운동의 전 과정을 아우르는 관점에 바탕한 종합적인 연구가 필요한 실정이다. 이를 통해서만 광주학생운동의 역사적 위상이 제대로 구명될 수 있을 것이기 때문이다.

이와 같은 문제의식 아래 이 책은 다음과 같이 서술하고자 한다.

1장에서는 1920년대 후반 학생운동계의 동향과 성격을 살펴볼 것이다. 이는 6·10만세운동 이후 학생의 운동역량이 축적되는 과정을 구명하려는 의도에서이다.

1절에서는 먼저 1920년대의 식민지 교육현실을 한일 학생의 조건을 비교하며 살펴보겠다. 한일 학생의 교육여건에 현저한 차별이 있고 식민지 교육이 실시되던 실태를 구명하려는 것이다. 이는 광주학생운동이 전국적으로 확산되는 이유를 밝히는 작업이기도 할 것이다. 이어서 1920년대 후반 학생운동의 구체적인 실현과정을 동맹휴학을 중심으로 살펴보겠다. 그 내용으로 1920년대 후반 동맹휴학의 변화양상과 요구조건의 특성을 분석할 것이다. 이를 통해 이 시기의 동맹휴학이 일제 식민통치에 대한 직접적인 저항으로 발전하고 있는 경향을 추출해 볼 것이다.

2절에서는 학생운동 조직의 전국화와 성격변화를 밝혀보겠다. 구체적으로는 6·10만세운동 이후 조선학생과학연구회 등의 표면조직이 어떻게 조직을 개편하면서 서울지역 학생운동을 이끌어갔는지를 살펴보고자 한다. 즉 조선학생과학연구회의 간부진에 조선공산당과 고려공산청년회의 세포조직이 결성되어 이들을 중심으로 학생운동 조직의 통일운동과 학생 동맹휴학의 배후지도가 진행된 사실을 밝혀보려는 것이다. 아울러 이러한 표면조직이 독서회 등의 학생 비밀결사에 인적 자원의 기반이 되었던 사실도 구명하려고 한다. 이어 1927~1928년 전국적으로 확산된 학생 비밀 독서회 조직의 결성과정과 그 특성을 밝혀볼 것이다. 이는 1920년대 후반 학생역량의 성숙을 학생운동 조직의 측면에서 구체적으로 추적하는 작업이 될 것이다. 그리고 1929년 이후 코민테른 12월테제의 국내 수용에 따라 이러한 학생운동 조직이 노동자, 농민 조직화의 행동대로 전환되어가는 경향을 살펴볼 것이다.

3절에서는 학생들의 식민지 현실 인식과 학생운동론을 살펴볼 것이다. 당시 학생들의 현실인식과 이러한 토대에서 학생운동을 어떻게 인식하였는지 학생의 관점에서 살펴보고자 한다. 또 당시의 학생운동 지도부의 학생운동론도 검토해 보겠다.

2장에서는 광주지역 학생운동 역량의 성장과 1929년 광주학생 시위의 전개과정을 살펴볼 것이다.

1절에서 광주지역 학생운동 조직의 성장을 다루겠다. 구체적으로는 각종 자료와 증언을 비교 분석하여 성진회의 실체를 구명하고 1929년에 결성되는 독서회와의 관련성을 추적한다. 또한 광주지역 사회운동 단체의 동향과 학생운동과의 관련성을 구명하려 한다.

2절에서는 광주학생운동 이전 광주지역 즉 1924년과 1928년의 동맹휴학운동을 비교 분석하여 광주지역 학생운동의 역량 축적과정을 살펴보겠다.

3절에서 1929년 11월 광주학생운동의 전개를 1차와 2차 시위로 구분하여 운동 주체의 준비과정을 중심으로 살펴보도록 하겠다. 특히 전국화의 계기형성에 주목하려 한다.

3장에서는 1929년 12월 광주학생운동의 서울지역 파급과 전국 주요도시로의 확산 양상을 살펴볼 것이다.

1절에서 서울지역 1차 학생시위의 추진과정을 구명해 보겠다. 이는 다시 조선학생전위동맹이 주도한 시위계획과 조선청년총동맹 주도의 전국 확산계획으로 나누어 살펴볼 것이다.

2절에서는 전국 확산의 계기를 이루었던 서울지역 시위의 구체적인 양상과 성격을 살펴보겠다.

3절에서는 1929년 12월 전국의 주요도시로 파급된 동조활동의 양상과 특징을 살펴볼 것이다. 이는 전국화의 초기적 양상이 될 것이다. 이어서 사회단체의 동향으로 신간회의 민중대회 계획과 좌절을 구명하도록 한다. 먼저 신간회가 결성된 이후 학생운동에 어떻게 대응했는지 살펴본다. 이어 서울지역 시위운동에 호응하여 민중대회를 개최하려던 시도와 좌절을 살펴볼 계획이다.

4장에서는 1930년 광주학생운동의 전국 확산과 해외의 반향을 살펴보겠다.

1절에서 광주학생운동의 전국 확산에 분수령을 이루는 서울지역 2차 시위운동을 구명하려고 한다. 먼저 1930년 1월 초 3학기 개학 후의 전국 학생동향을 통해 1929년 말의 운동이 재연再燃되던 양상을 살펴보겠다. 이어서 서울지역 남녀학생이 연합하여 추진한 2차 시위의 준비와 진행과정을 다룰 것이다.

2절에서는 광주학생운동의 전국적 확산과 추세를 도별로 구분하여 살펴볼 것이다. 이는 광주학생운동의 전체적 특징을 파악하는 데 매우 긴요한 부분이다. 또한 격문과 전단, 구호 등을 통해 당시 학생들의 의식과 지향점을 추출해 보겠다.

3절 해외 확산과 반향에서는 중국지역 한인사회의 호응을 중심으로 한인들이 거주했던 일본, 노령, 미주지역의 반응을 알아보고 중국 정부와 언론이 광주학생운동을 어떻게 인식했는지 당시의 신문기사를 중심으로 살펴보겠다.

위와 같은 과제들을 해명하기 위해 많은 자료들을 활용하였다. 먼저 일제측 보고서이다. 일제가 1920년대 동맹휴학운동의 경향을 조사한 보고서, 광주학생운동 당시 광주와 서울, 전국의 동조활동 내용을 조사한 보고서 등이 이에 속한다. 또한 시기별로 간행된 '치안상황' 관련 보고서도 유용한 자료이다. 특히 광주학생운동의 보고서류는 강재언이 모두 8종의 보고서를 묶어 『광주항일학생사건자료』로 간행했다. 그런데 그 자료집에 수록된 일제 보고서는 이용에 주의가 필요하다. 그 중에서도 경찰에서 관련자들을 신문한 결과를 보고한 「光州京城に於ける學生事件の裏面竝學生秘密結社及其の系統」에는 사회주의 계열의 학생운동 및 사회운동 조직의 결사상황이 수록되어 있다. 이 보고서는 1929년 12월에 작성된 것으로써 운동의 진전에 따라 급조되었을 개연성이 있다. 실제로 내용 중에는 사실 여부가 의심스러운 부분이 발견된다. 따라서 이 자료를 이용할 때는 다른 자료와의 정밀한 비교분석이 필요하다.

둘째, 관련자의 신문조서와 판결문이다. 최근 국사편찬위원회는 서울지역 1·2차 시위운동 관련자들의 신문조서, 송치의견서, 예심청구서 등을 번역·간행한 바 있다. 그런데 신문조서의 경우 이용에 세심한 주의가 필요하다. 동일한 사안에 대해 긍정과 부정을 반복하는 경우가 많기 때문이다. 또 고문에 의해 조작되었을 소지도 많다. 광주와 서울지역 시위운동의 핵심적인 배후세력으로 조사된 조선공산청년회의 경우가 그렇다. 광주학생운동 연구의 가장 어려운 점이 바로 이러한 사료들의 진위 판단이라고 할 수 있다. 현재 광주지역 활동자에 대한 별도의 신문조서는 남아 있지 않다. 따라서 장재성, 왕재일 등 성진회, 독서회 관련자의 구체적인 활동내용은 판결문에 의존할 수밖에 없다. 기존 연구에서는 잘 알려져 온 광주지역 활동자의 판결문조차 제대로 분석되지 않고 있다. 그런 점에 주목하여 이 책에서는 예심종결결정서와 지방법원, 복심법원 판결문 등의 차이에 유념하여 이용하였다. 그 외에도 1920년대 후반 전국적인 학생운동 조직 또는 맹휴활동자에 대한 판결문, 광주학생운동의 전국 확산과정에서 재판에 회부된 인사의 판결문 등을 최대한 활용하였다.

셋째, 관련자들의 증언자료이다. 광주학생운동에 관여한 생존자들의 증언 또는 그들이 남긴 기록류, 증언을 이용한 연구 등이 이에 속한다. 이 연구를 진행하던 당시에는 주요한 관련자들이 작고하여 직접적인 면담을 통한 증언 채록을 시도하지 못했다. 그런데 증언자료 역시 이용에 상당한 주의가 요망된다. 증언자의 기억에 착오 또는 과장, 왜곡이 있을 수 있으며 개인적인 경험이 전체적인 현상으로 확대 해석될 소지가 있기 때문이다. 대표적인 예가 성진회의 결성 시점과 배후 세력의 존재 여부에 대한 생존자의 증언에 차이가 나타나는 것이다. 이 책에서는 이러한 증언자료를 다른 자료와 비교하여 한정적으로 사용하였다. 증언자료에 대한 또 다른 아쉬움은 증언이 주로 광주지역 활동 관련자에 국한되어 있다는 점이다. 광주학생운동이 전국적으로 전개되었음에도 서울을 비롯한 전국적 활동양상을 구체적이고 사실적으로 파악할 수 있는 관련자들의 증언이 없다는 점이다.

넷째, 당시에 보도된 신문기사류의 자료이다. 『조선일보』, 『동아일보』, 『중외일보』 등의 보도내용은 운동의 전국적 전개양상을 파악하는데 중요한 자료이다. 특히 중국지역의 반향은 중국에서 간행된 신문의 보도기사를 통해 확인할 수 있을 것이나 중국 상해에서 간행된 『민국일보民國日報』를 제외하면 당시의 신문을 제대로 확보하지 못했다. 그런데 일본 외무성 아세아국亞細亞局이 일본 본국에 보고한 보고서에 중국 내 신문 보도기사의 일어 번역본을 비롯하여 중국 내 한인 및 중국인의 동향과 반향 등의 내용이 자세히 수록되어 있다. 이 책에는 이 자료를 적극적으로 활용하였다. 또한 일제가 간행한 『조선출판경찰월보』에 수록된 보도기사 요약본을 한정적으로 이용하였다. 그 외 중국지역 공산당 관련 정보보고서에 수록된 한인 사회주의자들의 동향 보고서도 유용한 자료이다.

다섯째, 기타 향토지, 관련 학교의 교사校史 등이다. 당시 간행된 향토지, 교육통계 등은 전국확산 과정에서 지역 특성과 학교 현황을 파악하는데 긴요한 자료이다. 관련 학교의 교사는 단위 학교의 교육실상과 그 속에서 전개되는 운동의 구체적인 내용이 자세하게 수록된 장점이 있다. 특히 전국 확산과정에서의 동조활동은 신문에 간략히 보도된 내용 외에는 파악하기 어려운 점이 있다. 이러한 공백을 메워주는 것이 참가한 학교의 교사라고 할 수 있다. 그러나 당시의 학교가 현재 폐교되었거나 교사의 내용이 당시 보도 내용의 수준을 넘지 못하는 경우도 많다.

光州學生運動

1 1920년대 후반 학생운동계의 동향

1920년대의 학생은 지적 욕구의 증대, 사회적 상승에 대한 기대감에 비해 현실적인 실현 가능성의 제약으로 현실모순을 절감할 수밖에 없는 사회적 위치에 있었다. 일제의 민족 차별과 식민지 교육현실은 자연히 이에 저항하는 학생운동을 야기할 수밖에 없었다.

1929년
광주학생운동

동맹휴학의 고조와 투쟁의 강화 01

학생의 교육환경

1920년대 국내의 교육체제는 1922년에 개정된 제2차 교육령에 기초하고 있었다. 제2차 교육령의 특징은 소위 일시동인一視同仁을 내세우며 내지연장주의를 채택한 것이다. 즉 학교 종류 및 수업연한에서 일본과 동일한 학제를 채택하고 소위 '내선공학內鮮共學'을 규정했다. 그러나 실제에는 '국어(일본어) 상용'과 '국어 비상용'으로 구분하여 소학교–중학교(일본어 상용)의 계통과 보통학교–고등보통학교(일본어 비상용)의 2원적인 체계로 이루어졌다.[1]

1920년대는 3·1운동 이후 근대적 교육에 대한 관심의 고조로 학생 수가 급증하던 시기였다.[2] 먼저 보통학교의 현황을 살펴보면 1919년 당시의 학교 수는 517교, 학생은 8만 9천여 명이었다. 그런데 1920년대에 들면서 교육열이

---

1 鄭在哲, 『日帝의 對韓國植民地敎育政策史』, 일지사, 1985, 344~348쪽.

2 당시 신문에서는 1920년대 학생 수의 급격한 변화를 다음과 같이 묘사했다.
"…… 너나 할 것업시 신교육을 바드려고 경향의 각 학교에 문이 미어지게 달려들든 것이 과거 십년간의 조선교육계의 남다른 현상이엇다. 실로 만세 이듬해에 손자나 증손까지 보앗슬듯한 상투장이들이 중등삼종학교나 강습소 문압헤 홍수가티 모혀들든 긔억을 우리들은 아즉 가지고 잇지아니한가. ……"(『조선일보』, 1929년 1월 1일, 其九)

발흥하자 일제는 1920~1925년 3면面 1교校주의를 표방하며 매년 100여 개교 이상의 보통학교를 증설했다.[3] 이는 대부분 한인들의 재정적 부담에 힘입은 것이었다.[4] 그 결과 1929년에는 학교 수 1,584교(관립 2교, 공립 1,500교, 사립 82교), 학생 수가 47만여 명에 달했다.[5] 10년 만에 학교 수는 3배, 학생 수는 5배로 증가한 것이다. 1928~1936년의 기간에는 1면面 1교校제 방침에 따라 보통학교의 증설과 직업교육이 더욱 강화되었다.

보통학교의 대부분은 공립 보통학교였다. 전체 보통학교 학생 중 공립 보통학교 비중은 1920년 96%, 1930년 95%로서 압도적이었다. 사립학교 설립률이 낮은 이유는 일제가 보통학교 설립 인가권을 장악하고 교육의 목적과 교육과정, 교사의 자격 등에 대해 강력한 통제를 가하고 있었기 때문이었다. 또 사립학교는 재정적으로 취약했다. 공립학교는 총독부로부터 국고보조나 지방비 보조를 받았으나 사립학교는 수업료에만 의존해야 했으므로 경영난을 겪는 경우가 많았다.[6]

그런데 일본인의 초등교육기관인 소학교가 전부 6년제인데 비해 한국인

---

3 이기훈, 「식민지 학교공간의 형성과 변화 – 보통학교를 중심으로」, 『2006 학술 심포지엄, 식민지 근대를 살다』 발표요지문, 역사문제연구소, 2006년 11월 10일, 38쪽.

4 박진동, 「일제 강점하(1920년대) 조선인의 보통교육 요구와 학교설립」, 『역사교육』 68.

5 조선총독부 학무국 학무과, 『朝鮮諸學校一覽』, 1930, 1~2쪽.
초등학교 입학생의 연령도 낮아졌다. 1913년 공립보통학교 1학년의 평균 연령이 11.5세였고 최연장자가 25세였으나(김경자·김민경·김인전·이경진, 『한국근대초등교육의 좌절』, 교육과학사, 2005, 156쪽) 1924년 상주 모동보통학교 입학생 26명 중 10명이 9세 이하였고 12~13세는 2명에 불과했다고 한다(板垣龍太, 「植民地下の普通學校と地域社會 – 慶北尙州の一學校を中心に」, 『朝鮮史研究會論文集』, 2002, 264쪽). 1920년대 중반 이후로는 대체로 최연소와 최연장자의 연령 차이가 3~4세 정도였다(이기훈, 「식민지 학교 공간의 형성과 변화 – 보통학교를 중심으로」, 『2006 학술심포지엄, 식민지 근대를 살다』, 42쪽).

6 오성철, 『식민지 초등교육의 형성』, 교육과학사, 2000, 120~121쪽.

학교인 보통학교는 4년제와 6년제로 구분되어 있었다. 1922년 당시 전체 보통학교에서 4년제 학교는 528교로 전체의 60.5%에 달했으며 1929년에도 1,584교 중 445교로 전체의 28.1%를 차지했다. 4년제 학교 졸업자는 상급학교로의 진학 자격이 부여되지 않았으므로 이들은 지속적으로 6년제로의 승격을 요구하는 학년연장운동을 전개했다.[7]

이러한 학교 설립의 통제는 중등학교에도 마찬가지로 적용되었다. 중등학교의 설립기준을 강화하여 각종사립학교의 중등학교 전환을 막았다. 고등보통학교의 경우 1도道 1교校주의 정책에 기초하여 엄격하게 설립을 통제했다. 반면 지역 사회에서 자발적으로 전개된 사립고등보통학교 설립 시도는 재단설립 요건을 강화하여 제한하거나 공립고등보통학교로의 전환을 유도했다.[8] 총독부의 통제가 공립고등보통학교에서 보다 용이했기 때문이다. 실제로 1929년까지 전국의 공립고등보통학교가 15개인 반면 사립고등보통학교는 9개에 불과했다. 그나마 1920~1929년의 기간 중 사립고등보통학교는 고창, 중앙, 오산고보의 3개 학교가 설립되었을 뿐이다. 사립고등보통학교로 설립된 동래, 광주고보는 1922년에 관립으로 전환되었다. 상급학교로 진학하기 위해서는 고등보통학교 체제에 편입되어야 했으므로 각종사립학교의 고등보통학교 전환과 학교 시설개선 등을 요구하는 맹휴가 지속적으로 전개되었다.[9]

---

7 오성철, 앞의 책, 2000, 120~121쪽.

8 박철희, 「일제강점기 중등교육을 통해 본 차별과 동화교육」, 한일관계사연구논집편찬위원회 편, 『일제 강점기 한국인의 삶과 민족운동』 경인문화사, 2005, 96~99쪽.

9 일례로 1921년 평양의 기독교계 사립 숭덕학교 학생들은 성서과목 교수를 유지하기 위해 사립고등보통학교로의 전환을 포기하고 각종학교로 존속할 것을 결의한 학교 측에 대해, 고등보통학교로의 전환을 요구하며 동맹휴학을 전개했다. 그 외에 평양의 숭실학교, 선천의 신성학교 등에서도 시설 개선 등을 요구하며 동맹휴학을 전개했다(조선총독부 경무국장, 「基督教經營私立崇德學校高等科生徒同盟休校ニ關スル件」, 1921년 11월 5일).

학교 설립의 통제뿐 아니라 한인 교육과 일인 교육에는 민족적 차별이 상존했다. 일제 식민통치의 억압성은 일상생활의 전 부문에 걸친 것이었으나 그중에서도 교육상의 민족적 불평등은 한일인의 차별대우를 가장 잘 보여주는 두드러진 현상이었다. 이는 한일 학생들이 외형적인 조건에서 가장 선명하게 대비되는 비교집단이기 때문이다.[10] 한일 학생은 먼저 취학률에서 현저한 차이가 있었다.

1928년 당시 일인 아동은 학령아동 100명 중 99명이 취학하고 있는 반면 한인 아동은 학령 아동 100명 중 겨우 20명만이 취학하고 있었다.[11] 예컨대 강원도의 경우 1930년 당시 학령아동이 17만 명인데, 재적 아동은 2만 4명에 불과해서 8배 이상의 아동이 취학하지 못했다.[12] 중등학교의 경우에는 1929년 당시 한인 학생이 인구 만 명 당 15명에 불과한 데 비해, 일인 학생은 361명으로 24배의 극심한 차이를 보여준다. 전문학교와 대학교 등 고등교육의 경우에는 이러한 차별이 더욱 심하여 인구 만 명당 한일 학생수에 39배의 차이가 있었다.[13] 이 때문에 한인 사회에서는 중등 및 고등교육 기관의 절대 부족 문제를 들어 부단히 총독부 정책을 비판했을 뿐만 아니라 중등학교 설립운

---

10 노동자나 농민의 경우도 한인과 일인 간에 차별대우가 존재했으나 한인과 일인을 집단적으로 비교할 때 한인 학생과 일인 학생은 가장 분명하게 대비되는 비교집단이라고 할 수 있다.

11 李北滿, 「帝國主義治下に於ける朝鮮の教育狀態」, 『新興教育』, 1933년 6월, 34~37쪽. 1928년 당시 학령아동이 한인 2,240,000명, 일인 57,604명인데 학생수는 한인 466,217명, 일인 57,432명이었다.

12 『조선일보』, 1930년 3월 16일.

13 1929년 당시 초등교육의 경우 한인 학생은 474,117명(인구 만 명당 252.4명)인데 반해 일인 학생은 64,963명(1329.9명)이며, 중등교육의 경우 한인 학생 29,105명(15.5명) 일인 학생 17,662명(361.6명), 고등교육의 경우 한인 학생 1,564명(0.8명) 일인 학생 1,553명(31.8명)이었다(오성철, 앞의 책, 2000, 125쪽, 〈학교급별 한국인 일본인 취학자〉표).

동을 전개했다. 그러나 총독부는 중등, 고등교육의 팽창을 억제하는 '우민화' 방침으로 일관했다.[14]

교육비는 학생의 가정에 경제적으로 큰 부담이 되었다. 한 연구에 의하면 1932년 당시 보통학교 학생 1인당 1년 교육비가 수업료와 책값, 기타 학용품비를 합해 15원 80전이었다고 한다. 쌀 한 가마니가 17원이었으므로 한 학생을 보통학교에 취학시키려면 쌀 한 가마니 정도의 교육비가 필요했다는 것이다.[15] 당시 한국인들의 경제사정으로는 결코 적지 않은 비용이었음을 알 수 있다. 그러나 당시 보통학교는 지주나 부농계층만의 독점물은 아니었고 소작, 자소작농의 자녀들이 주류를 이루고 있었다.[16] 이는 부모의 자녀들에 대한 강한 교육욕구와 무관하지 않았다. 그러나 중등학교의 경우에는 사정이 달랐다. 중등학교는 입학 당시 100원 내외의 입학금이 필요했다. 이뿐 아니라 재학 중에도 소요 경비가 많았다. 수학여행비, 교우회비, 운동기구비 등이 적지 않았다. 중등학교 입학자는 월 생활비 70원 이상, 농촌의 경우 70석 이상의 중류

14 박철희는 일제 식민교육의 기조를 차별과 동화로 규정했다. 즉 초등교육은 보통교육으로서 한인의 동화를 위한 기초교육의 성격을 지니므로 교육기회의 확대에 수용적이었으나 고등교육은 전문교육으로서 상층이동과 연결되므로 접근 기회를 제한했다는 것이다. 중등교육은 이러한 현상이 복합적으로 나타나는 교육 영역으로 보았다(박철희, 「일제강점기 중등교육을 통해 본 차별과 동화교육」, 한일관계사연구논집편찬위원회 편, 『일제강점기 한국인의 삶과 민족운동』, 87, 95~96쪽).

15 오성철, 앞의 책, 2000, 167쪽.

16 오성철, 앞의 책, 2000, 170쪽. 오성철은 1930년대 초의 가계비 지출을 분석하여 이러한 결론을 도출했다. 반면 박진동은 오성철과는 다른 결론을 내리고 있다. 즉 1923년 전라남도 농가자녀의 취학률을 분석한 결과 지주계급은 학령 아동의 70%가 취학했으나 자작계급은 9%, 자작겸 소작은 1.5%, 소작계급은 1.8%에 불과했다고 한다. 자소작, 또는 소작농의 자녀는 98% 이상이 보통학교에 취학하지 못했다는 것이다(박진동, 「일제강점하(1920년대) 조선인의 보통교육 요구와 학교설립」, 20~22쪽). 이는 조사 시기의 차이에 따른 결과일 것이다. 1920년대 교육열의 진작으로 1930년대에는 자·소작농층 자녀의 보통학교 진학률이 높아졌을 것이다.

가정 출신이어야 이를 감당할 수 있었다고 한다.[17] 이런 관계로 학교에 입학했으나 졸업하지 못하고 퇴학하는 학생이 전체 입학생의 28%에 달했다.[18]

그럼에도 불구하고 중등 이상 학교에 입학하는 것은 결코 쉬운 일이 아니었다. 1928년의 경우 고등보통학교, 실업학교, 실업보습학교 등의 총입학 지원자는 31,387명이었지만, 입학자는 8,969명으로 합격률이 28.6%에 불과했다. 경쟁률이 평균 4대 1에 육박했던 것이다. 따라서 당시에도 상급학교 진학을 위한 노력을 '시험지옥試驗地獄'이라고 지칭하기도 했다.[19] 1930년 당시 전국 12개 공립상업학교의 경쟁률은 평균 4~5대 1이었고 신의주상업학교는 9.8대 1이었다.[20] 경쟁률은 실업학교, 고등보통학교, 실업보습학교 순으로 높았다. 실업학교의 합격률은 대체로 20% 미만이다. 고보 합격률은 20년대 말에는 30%를 유지하였고 실업보습학교는 60%대를 유지했다, 반면 경성사범학교는 6.4%로 가장 높은 경쟁률을 보였다.[21] 졸업 후 취직이 용이한 학교가 경쟁률도 높았던 것이다.

이렇듯 어려운 경쟁을 뚫고 학교에 입학했다고 해도 한인 학교의 교육 여건은 식민지적 열악성을 벗어나지 못했다. 우선 교육의 주체인 교사에 일인 교사가 압도적으로 많았다. 일본어를 조금도 말하지 못하는 한인 아동을 가르치기 위해서만 보통학교에 한인 교사가 일인 교사보다 2배 반 정도 많을 뿐, 그

---

17 입학 자격에도 '학비 지출 능력여부'가 중요시되었다. 1930년에는 중등학교 입학 시 부모의 납세 증명서를 첨부하는 제도를 시행하기도 했다. 즉 공과금을 200원 이상 납부하는 사람이면 재산이 15,000원 정도이며 학생의 학비 5년치를 지불할 수 있다는 근거에서 서울 소재 공립고보에서 입학 원서에 납세증명서를 첨부하게 한 것이다(오성철, 앞의 책, 2000, 402쪽).

18 오성철, 앞의 책, 2000, 384쪽.

19 「試驗地獄의 一面觀」, 『중외일보』, 1930년 3월 13일 사설.

20 『조선일보』, 1930년 3월 14일.

21 오성철, 앞의 책, 2000, 391쪽.

외의 학교에는 모두 일인 교사가 월등히 많았다. 중등학교의 경우 일인 교사가 한인 교사보다 4~6배 정도 많았다. 일제의 구분에 따르면 '국어를 상용하지 않는' 학교인 고보와 여고보에도 일인 교사가 압도적으로 많았다. 전문학교에는 한일인 교사 수가 10배 이상 차이가 있었다.[22] 이렇듯 각급 학교에서 일본인 교사를 채용한 관계로 일본에서 신규 교사를 수입해야 하는 실정이었다. 이들은 한국을 처음 구경하고 한국말은 물론 한국의 풍속과 역사를 전혀 모르는 자들이었으므로 자연히 교육 현장에서 학생들과 마찰을 빚을 수밖에 없었다.[23]

보통학교의 경우 전체 숫자로는 한인 교사가 일인 교사에 비해 2배 반 정도 많았으나, 단위 학교의 운영을 총괄하는 교장의 경우는 사정이 달랐다. 보통학교 교장은 일인 일색이라고 해도 과언이 아니었다. 1927년 당시 전국 1,338개의 보통학교 중에 한인 교장은 18명에 불과했다. 총독부 학무당국에서는 일인을 전부 채용하고 모자라는 경우에만 한인 교장을 채용하겠다고 공언할 정도였다.[24] 학교 운영의 재량권이 교장에게 있었으므로 보통학교 교장이 일인이라는 사실은 일본이 의도하는 식민지 교육의 실시 여부를 가름하는 중요한 잣대가 될 수 있었다. 따라서 한인 사회에서는 보통학교 한인 교장의

---

22 일인 교사 대 한인 교사의 수가 관공립 보통학교 2,412명 대 6,196명, 공립고보 315명 대 50명, 공립여고보 69명 대 19명, 사범학교 161명 대 30명, 실업학교 545명 대 102명, 보습학교 258명 대 72명, 관립 전문학교 222명 대 21명이었다(朝鮮總督府 學務局, 『朝鮮諸學校 一覽』, 1929, 교사일람표 참조).

23 「조선을 모르면서 조선아동 가르칠 신외래 교원이 년 200여 사범교육 개선이 급무」, 『조선일보』, 1929년 4월 14일.

24 「전국 수천 보교에 조선교장은 불과 18인, 일본인 훈도를 전부 채용한 후에야 비로소 조선인 교장을 낸다고 폭언, 학무당국의 철저 차별」, 『조선일보』, 1927년 4월 1일. 1929년 당시에는 전국 보통학교 1,410개교 중 일인 교장이 1,378명, 한인 교장이 32명이었다(『조선일보』, 1929년 10월 9일).

채용 증가를 지속적으로 요구했다.

한일 학교 간의 차별은 총독부 당국의 지원에서도 두드러지게 나타났다. 학교비의 보조에서 한일 학교 간에 현저한 차별이 존재했다. 일례로 1925년 안주安州지방의 일인 학교에는 1,000여 원씩의 국고금과 지방비가 보조되었으나, 한인 학교에는 국고금 1원과 지방비 2원이 보조액의 전부였다. 안주지역의 일인 학생이 129명, 한인 학생이 1,806명으로 한인 학생이 일인 학생보다 15배나 많은 상황이었으니 한일학생 차별의 심각성을 알 수 있다.[25] 이는 안주지역만의 특수 사례가 아니라 전국적인 현상이었다. 1929년 당시 강원도의 경우 지방비 보조가 보통학교는 아동 1명당 7원 51전인데 반해 일인 학교인 소학교는 평균 27원 90전이었다.[26] 이러한 차별은 초등교육에만 국한된 것이 아니었다. 1927년 당시 평양부의 한인 학교비 예산 총액이 17만 3천여 원인데 비해 일인 학교조합 예산액은 30만 1천여 원이었다. 이 지역의 한인 인구가 일본인의 4배였으므로 교육비의 비율은 8배의 차이가 있는 셈이었다.[27]

이런 관계로 교육 여건, 즉 학교 시설 자원에서의 민족적 차별이 상존했다. 한인 공립학교와 일인 공립학교는 교사 1인당 학생수, 교육경비, 학교 자산액 등에서 현저한 차이가 있었다. 1921년 초등학교의 교사 1인당 학생수에서 한인 학교는 평균 39.8명이나 일인 학교는 31.5명이었다. 학생 1인당 경비에서도 한인 학교는 57.9원인 반면 일인 학교는 65.5원이었다. 학생 1인당 학교 자산액의 경우 전자는 59.8원이나 후자는 그 2배에 육박하는 106.7원이었다.[28]

---

25 「학교비 보조에 철저한 차별, 일본인 학교에는 천여 원식, 조선인 학교에는 일원이다」, 『조선일보』, 1925년 5월 7일.

26 『조선일보』, 1929년 3월 11일.

27 「이러케 차가 잇나!」, 『조선일보』, 1927년 3월 23일.

28 오성철, 앞의 책, 2000, 129~131쪽.

그 결과 1927년 당시 서울의 경우 초등학교의 평수가 소학교는 1인당 3평 반인데 비해 보통학교는 1인당 2평 반에 불과했다. 교사 1인당 학생 수도 42명 대 60명으로[29] 한인 보통학교의 학급이 현저하게 열악했다. 한인들은 일인에 비해 매우 빈약한 시설과 재정의 학교를 다니면서 초과밀 교실에서 교육을 받아야 했다. 이는 1920년대 '설비 충실' 등을 요구하는 동맹휴학이 지속적으로 전개되는 원인이었다.

따라서 1920년대에 '조선인 본위의 교육'이 지속적으로 제기된 것은 교육 시설에서 일본인 중심주의에 대한 저항의 측면도 강했다고 하겠다. 1920년대 중반까지 제기된 '조선인 본위의 교육'은 교과과정 상의 요구도 있었지만 교육 시설, 교원 등 외형적 측면에서 한인을 우선으로 한 교육을 의미하기도 했다.[30] 이는 1920년대 중반까지 전국적으로 많은 한인 초등, 중등 교육기관이 신설되면서 더욱 심각한 문제로 제기되었다.

한일 학생의 차별은 이러한 외형적인 지원의 차이에만 국한된 것이 아니었다. 교육내용에서도 식민교육이 철저히 시행되었다. 1922년에 개정된 제2차 조선교육령 중 보통학교의 교육 목적은 "생활에 필수한 보통의 지식 및 기능을 수여하여 국민으로서의 성격을 함양하고 국어를 습득시킬 것"이었다. 고보 교육의 목적도 이와 유사하여 "국민으로서의 성격을 양성하고 국어에 숙달시킬 것"이었다.[31] 이에 따라 교과과정은 일본어의 습득과 일본정신의 주입에 맞추어 구성되었다. 고보 국어의 경우 '일본어급한문日本語及漢文'은 주당 32시간으로 배정되었으나 '조선어급한문朝鮮語及漢文'은 12시간에 불과했다.[32] 그나

29 『조선일보』, 1927년 12월 9일.

30 1920년대에 '조선인 본위의 교육'이 지속적으로 제기되었는데 이를 모두 동일한 성격으로 볼 수는 없다. 내용상의 특성을 시기적인 변화 속에서 살펴볼 필요가 있다.

31 「칙령 제19호 조선교육령」, 제4조·제6조.

마 '조선어급한문' 교과서도 조선어는 총 62개 단원 중 8개 단원에 불과하고 나머지는 한문 단원이었다. 한문을 포함함으로써 조선어 교육을 최대한 축소하려는 의도를 알 수 있다. 조선어 단원이라는 것도 「일선양어日鮮兩語 어법語法의 비교」 등과 같이 일본 문화와 관련되어 '내선일체內鮮一體', '일선동원日鮮同源'을 강조하는 것들이 많았다.[33]

다음 1924년 조선총독부 편찬의 『보통학교 조선어독본』 내용을 통해 일제 식민지 교육의 한 단면을 살펴볼 수 있다.[34]

> 십오十五 기원절신紀元節神
>
> 신무神武천황께옵서는 금상今上 천황폐하의 제122대의 선조先祖이옵신대, 처음에 사방四方을 평정하옵시고 즉금卽今부터 2,580여 년 전 신유세辛酉歲 2월 11일에 즉위卽位하옵섯스니, 곳 우리나라의 제1대 천황이 되옵셧소. 그 즉위하옵신 날을 기원절紀元節이라 하야, 우리 국민들은 매년 그 날을 당하면, 집집마다 국기國旗를 달아서 경축하며, 학교에서도 축하식을 거행하오.

『조선어독본』 교과서임에도 불구하고 일제 기원절의 유래를 설명하는 내용으로 구성되어 있다. 이와 같이 어떤 교과목이든지 일본의 시정施政과 일본 문화를 선전하는 내용을 삽입하여 일본 정신을 가르치는 것을 원칙으로 했다. 역사의 경우 제2차 조선교육령에서는 6년제 보통학교 교과 과정에 역사(일본 역사)와 지리 교과가 신설되었다. 5~6학년에 각각 주당 2시간씩 배정되

---

32 조선어 시간은 1차 조선교육령 당시 보통학교 總授業時數의 20.8%, 고등보통학교의 10.9%였던데 비해 2차 조선교육령 당시에는 각각 12.2%와 7.5%로 축소되었다(정재철, 『日帝의 對韓國植民地敎育政策史』, 일지사, 1985, 362~363쪽).

33 정재철, 『日帝의 對韓國植民地敎育政策史』, 일지사, 1985, 361~363쪽.

34 朝鮮總督府 編, 『普通學校 朝鮮語讀本』 卷三, 京城, 1923, 78~79쪽. 정재철, 위의 책, 1985, 360쪽에서 재인용.

었다.[35] 고등보통학교에서는 역사와 지리가 분리되지 않고 「역사지리」로 통합되어 매 학년당 주당 3시간씩 배정되었다. 그런데 한국의 「역사 및 지리」는 교과에서 완전히 배제되었다. 일본사를 가르치는 「역사지리」 과목이 있을 뿐이었다. 일본 역사의 장구함과 위대성을 교수하는 것이 교육내용이었다. 특히 고등보통학교 규정에 일본사를 가르치면서 "조선에 관한 사항을 상세히 하고"라고[36] 명시하여 한국사를 일본사와 관련된 부분에 한하여 부수적으로 교육하도록 했다. 그런데 일본사와 관련된 '조선에 관한 사항'은 '임나일본부', '신공황후神功皇后의 신라침공' 등 식민사관을 강조하는 것 일색이었다. 결국 학생들은 조작된 한국사만을 강제로 배워야 했고 독자적인 한국사 교육은 전혀 배제되었던 것이다. 학생들의 동맹휴학 당시 교과과정에 관한 요구사항 중 일본사에 부수되지 않은 독자적인 한국사 교육요구가 제기되었던 이유가 바로 여기에 있었다.

교과내용 자체가 이러했으므로 교육과정에서 일인 교사의 한인 학생 멸시적 태도는 일상적으로 자연스럽게 표출되었을 것이다. 이러한 교사의 민족 모멸적 태도는 학생들의 반감을 야기하여 동맹휴학의 큰 요인으로 작용했다. 동맹휴학이 아니더라도 학생들의 반감은 상존하고 있었다. 일례로 1928년 가을

---

35 1920년대 각급 학교의 교과목은 다음과 같다.
6년제 보통학교 : 수신, 국어(일본어), 조선어, 산술, 일본역사, 지리, 理科, 圖畫, 唱歌, 체조, 재봉, 手工(조선총독부, 「普通學校規程」, 1922년 2월 15일)
고등보통학교 : 수신, 國語及漢文, 朝鮮語及漢文, 외국어, 역사지리, 수학, 博物, 生理及化學, 法制及經濟, 실업, 도화, 창가, 체조(조선총독부, 「高等普通學校規程」, 1922년 2월 20일)
학년에 따라 이수 교과목이 달라졌다. 예를 들면 창가는 1학년만 해당되며 法制及經濟는 5학년에만 개설되고 대신 박물이 제외되는 등이다.

36 「朝鮮總督府令 第15號 高等普通學校規程」, 『朝鮮總督府官報』, 2854호, 1922년 2월 20일.

공주공립보통학교 6학년생인 이도원은[37] 교실에서 참고서인 『국사의 신연구』에 도요토미 히데요시의 '조선정벌' 기사가 있는 것을 보고 책에 게재된 일본 천황, 황후, 황태후의 사진에 낙서하는 등 일본에 대한 반감을 드러냈다.[38]

일제는 특히 역사 지리 등을 통해 일본의 위대성과 한일합병의 당위성을 강조하려 했다. 때문에 일본 정신의 주입에 긴요하다는 이유로 수신, 일어, 역사, 지리 등의 교과목에는 사립고등보통학교에도 일인 교원을 채용할 것을 강요했다.[39] 식민통치를 위해 한인의 동화同化를 전제로 한 수신, 지리, 일본어, 일본 역사 교육 등이 역설적이게도 실제 교육과정에서는 한일인 차별을 보여주는 가장 첨예한 학습분야였던 것이다.

무엇보다도 학생들을 가장 힘들게 한 것은 교수용어가 일본어라는 점이었다. 배우는 내용이 일본어일 뿐만 아니라 교사의 지시와 설명, 그에 대한 학생의 대답이 모두 일본어로 이루어졌다. 일본어 교과만이 아니라 모든 교과의 교수 용어는 일본어로 해야 하는 것으로 법제화되어 있었다. 따라서 일본어에 익숙하지 않은 초등학생들은 교과과정에서 도태되기 쉬웠다. 그러나 사립학교의 경우는 예외였다. 한인 교원이 다수였으므로 교수용어가 한국어였다.[40] 1928년 조일공학朝日共學의 법제화가 거론될 때 한인 사회에서 적극적으로 반대한 이유 중 하나가 공학으로 하였을 경우 교수 용어를 일어로 해야 한다는

---

37 그는 1929년 3월 공주보통학교를 졸업하고 공주고보에 진학했으나 1930년 1월 동맹휴학에 참여하였다가 퇴학당했다(「(李道元)독립유공자평생이력서」 국가보훈처).

38 「(李道元)判決文」, 경성복심법원, 1933년 2월 16일, 국가기록원 소장.

39 『조선일보』, 1926년 4월 22일. 당시 『조선일보』는 사설을 통해 이는 조선인 중등교원 폐지령이라고 강력히 항의했다.

40 이화여고보의 경우 한국어만을 사용하여 일본어를 해득하지 못하는 학생도 있었다(경성 서대문경찰서, 「洪惠卿 訊問調書」, 1930년 1월 20일, 국사편찬위원회, 『한민족독립운동사자료집』 52, 125쪽).

점이었다.[41]

학생들은 학교생활 중에도 학교와 교사의 엄격한 통제를 받아야 했다. 특히 일인 교사들은 경찰과 긴밀한 연락하에 학생을 감시, 통제했다. 일례로 1929년 공주고보의 일인 교사는 5학년 학생 수 명을 대동하고 경찰부장의 관사를 방문하여 학생을 경찰의 앞잡이로 삼았고, 이에 항의한 맹휴가 전개되기도 했다.[42] 공주고보의 경우 외에도 각 학교는 학생들의 동향을 해당지역의 경찰에 수시로 보고하고 있었다. 학교는 학생의 블랙리스트를 만들어 감시하고, 상급학교 진학 시에는 진학사정의 중요한 참고자료로 활용하여 요주의 학생은 상급학교 진학이 불가능했다.[43]

보통학교의 경우 학급별 보호자회, 특수아동의 부형회, 부락별 야간 부형회 등을 개최하여 학생들의 생활을 통제했고 교사의 가정방문이 수시로 실시되었다.[44] 학생에 대한 감시는 교사에 의해서만 이루어지지 않았다. 학생들의 학교 밖 생활을 감시하고 통제하기 위해 교외 감독이 실시되었는데, 이 경우 보조감독을 선임하여 교사를 돕도록 했다. 보조 감독은 학부형 또는 상급생 중

---

41 「조선인 본위로 본 共學문제의 이해」, 『조선일보』, 1928년 4월 15일.

42 「昭和5年刑公第44號(尹貴榮 등)判決文」, 공주지방법원, 1930년 3월 8일.
또 1928년 황해도 길주공립농업학교의 일본인 교사는 학교 승격을 요구하며 전개된 학생들의 맹휴 당시 자신의 집으로 진입한 맹휴 학생들을 권총으로 위협한 후 경찰에 연락하여 연행토록 했다(「생도를 권총으로 위협, 20여 명을 총검속케」, 『동아일보』, 1928년 3월 25일).

43 李北滿, 「帝國主義治下に於ける朝鮮の教育狀態」, 『新興教育』, 1933년 6월, 49쪽 ; 「입학시부터 블랙리스트식, 들일 때부터 엄밀히 소질조사, 퇴학생은 타교입학 불허」, 『조선일보』, 1927년 10월 30일.

44 일례로 함북 鶴南공립보통학교는 학급별 보호자회, 부락별 보호자회를 정기적으로 개최했다. 함북 鍾城공립보통학교도 매년 몇 차례의 부형회, 특수아동의 부형회, 부락별 야간 부형회를 개최하였고 매월 1회 이상 가정방문을 실시했다(西村綠也, 『朝鮮教育大觀』 하권, 1932, 11~16쪽).

에서 선발하였으며 아동의 행위를 조사 보고하는 역할을 맡았다.[45] 이들이 결국 내부 밀고자의 역할을 하고 있었다. 학생들의 행동이 쉽게 학교 측에 노출될 수밖에 없었던 것이다. 학생들의 맹휴과정에서 밀고 학생을 응징하는 활동이 자주 나타나는 것도 이 때문이었다.

어렵게 학교를 졸업해도 취업이 쉽지 않았다. 취업률이 높은 학교가 입학 경쟁률도 높았다. 사립보다 관공립, 인문계열 보다 실업계열의 취업률이 높고 입학 경쟁률도 높았다.[46]

1928년 당시 서울 경기지역 관공사립 9개 전문학교 졸업생의 취업률은 한인이 63.6%인 반면 일인은 98.8%였다.[47] 중등학교의 취업률은 인문계열과 실업계열에 차이가 많았다. 1933년 당시 공립고보는 졸업자 858명 중 22.1%만 취업했고, 36.1%는 상급학교 진학, 28.6%는 가사에 종사했다. 사립고보의 취업률은 극히 저조하여 총 졸업생 672명 중 9.7%인 65명만 취업했고 41.5%는 상급학교 진학, 41.1%는 가사에 종사했다. 반면 실업학교 중 공립상업학교는 70%의 취업률을 보였으며 공립농업학교도 이와 비슷한 수준이었다. 사범학교생은 거의 전부 취업할 수 있었다.[48] 실업학교에 비해 인문계 중등학교의 취업률이 3분의 1에 불과한 것이다. 특히 사립고보의 취업률은 10%에도 미치지 못하는 실정이었다. 취업자는 대체로 관공서, 교원, 은행, 회사, 상점 등에 취업했다.

보통학교 졸업생의 취업 가능성은 더욱 낮았다. 1927년의 경우 6년제 보통

---

45 오성철, 앞의 책, 2000, 355쪽.

46 오성철, 앞의 책, 2000, 394~397쪽.

47 『조선일보』, 1928년 9월 30일. 전문학교 한인 졸업생 234명 중 취업자 148명, 일인 졸업생 251명 중 취업자 248명이었다.

48 오성철, 앞의 책, 2000, 394~397쪽.

학교 졸업자 5만 6천여 명 중 가사 종사자는 64%, 상급학교 진학자는 24%인 반면 취업자 비중은 4%에 불과했다.[49] 보통학교 졸업만으로는 사회에의 진입에 큰 어려움이 있었던 것이다.

이렇듯 어려운 취업 실정은 재학 중인 학생들에게 자신의 진로에 대한 회의와 좌절감을 안겨주었다. 그리고 이는 곧 식민지배의 모순에 대한 자각으로 연결되었을 것이다. 사립 중동학교의 교장인 최규동은 이러한 취업난이 식민지 정치에 기인한다는 사실을 다음과 같이 지적했다.[50]

> 정치를 우리 손으로 하여간다면 그까짓 졸업생 처치가 문제가 되기는커녕 공급 부족으로 쩔쩔매게 될 것이외다. 기실 보통 교육을 필한 사람까지도 모주리 계입計入한대야 얼마나 되겟습닛가. 결코 만은 수는 안이겟지오, 이 소수를 처치에 곤란하다는 근본 문제는 그야말노 명약관화한 것이 안입닛가? 그러니 정치적으로 무력한 우리가 사회적으로나 처치 방도를 강구하여 보아야 할 터인바 이것은 유한 계급의 출자로 기업하여야 할 바이니 그 역 지난한 문제에 속할 것임니다. …… 그리하여 결과로는 배우고 할 일 엄는 지식 계급이라는 대중이 생기고 말 터이지오, 이 힘잇는 대중 속에서는 무엇이나 터져 나오고야 말겟지오, 이것이 졸업생을 근본적으로 처치하는 유일한 로路일 것이겟습니다.

결국 1920년대의 학생은 지적 욕구의 증대, 사회적 상승에 대한 기대감에 비해, 현실적인 실현 가능성의 제약으로 인해 현실모순을 절감할 수밖에 없는 사회적 위치에 있었다. 이와 같은 일제의 민족 차별과 식민지 교육현실은 자연히 이에 저항하는 학생운동을 야기할 수밖에 없었다.

---

49 오성철, 앞의 책, 2000, 375쪽.

50 崔奎東「有閑知識階級의 衆力을 기대리라」, 『新民』, 1927년 3월, 21쪽, 오성철, 앞의 책, 2000, 427쪽에서 재인용

동맹휴학의 전국적 양상

1920년대 학생운동은 주로 동맹휴학(이하 맹휴)의 형태로 전개되었다. 이는 학생들이 학교 당국에 일정한 요구조건을 내걸고, 이를 관철시키기 위해 등교거부, 수업거부, 농성 등을 행하는 것이었다. 학생이라는 신분조건이었으므로 수업거부가 가장 일반적인 저항의 형태였기 때문이다.

표 1-1에서 보듯이 1920년대 학생맹휴는 1927년을 기점으로 크게 증가하고 있는 것을 알 수 있다. 1927년에는 전국 13도 전체에서 맹휴가 전개되었다.[51] 맹휴가 전국적 현상으로 확대되고 있었던 것이다.

1928년에 들면 맹휴가 수적으로 증가할 뿐만 아니라 학생들에게 미치는 영향력도 강화되었다. 동년 4월부터 10월까지의 6개월간 전국 54개 학교에서 맹휴가 전개되었고 참가학생이 1만여 명에 달했다. 맹휴에 따른 수업 부실을 감안하면 3만여 명이 맹휴의 영향을 받았으며, 이는 당시 중등학생 8만 명의 거의 반수이고 전국 학생 50만 명의 15분의 1에 해당하는 숫자였다.[52] 위 표에서 보듯이 1928년 전체 맹휴 건수가 83건인 점을 감안하면 맹휴의 영향력은 이보다 훨씬 컸을 것이다. 그중 일본인 학교에서는 한 건도 발생하지 않았다는 점[53]이 맹휴의 식민지적 성격을 대변한다고 하겠다.

총독부 당국에서도 1927년 이후의 맹휴에 주목하고 있었다. 1920년대 중반에 전개된 맹휴는 주로 초등학생 중심의 맹휴였다. 따라서 맹휴의 성격이

---

51 『동아일보』, 1928년 3월 15일.

52 『조선일보』, 1928년 12월 21일. 맹휴학교의 종별 구분은 다음과 같다.
관공립학교 37, 사립학교 17, 계 54
전문학교 2, 고등보통학교 11, 실업학교 11, 실업보습학교 2, 보통학교 22, 잡종학교 5, 기타 1, 계 54.

53 『조선일보』, 1928년 12월 21일.

표 1-1 1920년대 동맹휴학의 발생 건수[54]

연도	1921	1922	1923	1924	1925	1926	1927	1928	1929	계
건수	23	52	57	14	48	55	72	83	78	482

단순하고 일회적이었으며 투쟁성도 강렬하지 못했다. 그런데 1927년을 기점으로 중등학생의 맹휴건수가 격증했다. 초등학생 대 중등학생의 맹휴건수가 1926년의 33 : 20에서 1927년에는 36 : 36, 1928년에는 32 : 49로 역전되었다.[55] 또한 맹휴의 성격도 식민정치에 대한 저항으로 발전하고 있었다.[56] 일제가 주목하고 있던 것도 중등학교 맹휴의 전국적인 확산현상이었다.

1929년에도 전국적으로 맹휴가 전개되었다. 동년 7월 초까지 전국에서 28건의 맹휴가 일어났다. 그중 21건이 보통학교에서 일어났다. 보통학교의 맹휴가 다시 활성화되고 있는 것이다. 보통학교의 경우 표면적으로는 맹휴의 이유가 "생도의 대우개선, 학교의 설비충실, 교장급及선생의 인격문제"[57]였다고 한다. 보통학교의 맹휴는 대체로 학교설비나 교원의 자질문제로 야기되었으나, 이면에는 민족적 차별대우에 대한 반감이 크게 작용하고 있었다. 1927년 『조선일보』는 사설을 통해 맹휴의 근본 원인은 "고정 침체한 교육제도가 일진월취日進月就하는 학생의 사상과 충돌해서" 발생하는 것이며 교원의 인격문제, 설비개선 문제는 지엽적인 구실에 불과하다고 지적했다.[58] 보통학교의 맹휴 역

54 조선총독부 경무국, 『朝鮮ニ於ケル同盟休校ノ考察』, 1929, 43~46쪽 ; 조선총독부 경무국, 『最近ニ於ケル朝鮮治安狀況』, 1936, 109~110쪽.

55 조선총독부 경무국, 『朝鮮ニ於ケル同盟休校ノ考察』, 6~9쪽.

56 「持久戰으로, 사상적 색채가 농후, 종래의 사소한 리유가 아닌듯」, 『조선일보』, 1928년 12월 21일.

57 『조선일보』, 1929년 7월 9일.

58 『조선일보』, 1927년 7월 18일. 신간회에서도 1927년 맹휴의 원인을 분석하면서 일본인 교원의 민족적 모욕을 첫째로 꼽았다(『조선일보』, 1927년 7월 22일).

시 설비 개선 등의 표면적인 이유보다 일본인 교원의 민족적 편견이 주요한 동기임을 알아야 한다는 것이다. 이렇듯 맹휴가 보통학교를 비롯하여 각급학교에서 보편적으로 전개되었다는 사실은 식민지 교육현실에 대한 불만이 전 학생층으로 확산되고 있었음을 의미한다. 그 결과 1930년 광주학생운동이 전국적으로 확산되며 동조시위가 일어날 때 전체 참가학교의 3분의 1이 넘는 100여 개교의 보통학교에서 동조시위가 전개될 수 있었던 것이다. (4장 2절 참조)

이러한 학생맹휴의 양적 성장과 함께 맹휴의 성격도 변화되고 있었다. 1921~1928년 당시 발생한 맹휴의 원인을 일제 경찰 당국에서는 크게 6가지로 구분했다.[59]

① 학교설비, 교규校規, 교칙校則, 학과 기타에 기인하는 맹휴 : 232건
② 교원 배척에 관한 맹휴 : 434건
③ 학교 내부에서 일어난 일에 관한 맹휴 : 44건
④ 생도 간에 일어난 일에 기인한 맹휴 : 13건
⑤ 지방문제에 관한 맹휴 : 5건
⑥ 민족의식 및 좌경사상으로 인정되는 맹휴 : 74건

이 중 가장 많은 수를 차지하는 것이 '교원 배척'을 요구하는 맹휴였다. 1921~1928년간 전체 맹휴 404건보다 많은 434건이 교원 배척이었다. 이는 거의 모든 맹휴에 특정 교원 배척 요구가 포함되었음을 의미한다. 그중 228건

59 조선총독부 경무국, 『朝鮮ニ於ケル同盟休校ノ考察』, 1929, 19~20쪽. 조사기간인 1921~1928년의 총 맹휴 건수 404건과 차이가 있는 것은 맹휴 당시 여러 가지 요구사항을 제시하여 항목이 중복되기 때문이다.

이 일인 교원, 197건이 한인 교원, 7건이 외국인 교원 배척이었다.[60] 한인 교원 배척 건수가 많은 것은 일제가 교사 양성을 위한 사범교육에 소홀하여 교사로서의 소양을 갖추지 못한 무자격 교사가 많았기 때문이다. 일제의 통계에 따르면 맹휴의 이유 중 '교원배척'은 1921년 18건, 1922년 49건, 1923년 46건, 1924년 17건, 1925년 52건, 1926년 61건, 1927년 111건, 1928년 80건이었다.[61] 1927년을 기점으로 크게 증가하고 있는 것이다. 총 434건 중 58%인 252건이 1926년 이후에 발생하였고 특히 1927년도는 전년도의 배에 가까운 111건에 달했음을 알 수 있다.

교원 배척의 원인을 구체적으로 살펴보면 '인격 및 소행 언행 등이 원인'인 경우가 123건, '교수법에 대한 불만'이 120건으로 전체의 반 이상을 차지했다. '인격 및 소행 언행'으로 인한 일본인 교원 배척은 1925년 5건, 1926년 10건이던 것이 1927년에는 22건으로 증가했다. 특히 중등학교에서는 1926년 3건에서 1927년 16건으로 급증하였다.[62] 당시 중등학교 수를 감안하면 전국적인 현상이었음을 짐작할 수 있다. 이 중 대부분이 민족적 모멸감을 주는 언행 등 민족감정을 자극하는 교사의 행위가 원인이었다.[63]

일례로 일제는 다음과 같은 사례를 들고 있다.[64]

> 선인鮮人은 망국민亡國民으로 위험사상을 포지하고 혹은 권리만을 주장하고 의협심을 망각한다는 등 항상 모욕적 언사를 농弄했으므로 생도의 반감을

60 박찬승, 「광주항일학생운동의 정치사상적 배경」, 14쪽.

61 조선총독부 경무국, 『朝鮮ニ於ケル同盟休校ノ考察』, 27~28쪽.

62 조선총독부 경무국, 『朝鮮ニ於ケル同盟休校ノ考察』, 27쪽.

63 「各等을 통하야 현재 맹휴 15교, 민족적 반감이 대부분인 듯」, 『동아일보』, 1927년 6월 23일.

64 조선총독부 경무국, 『朝鮮ニ於ケル同盟休校ノ考察』, 33쪽.

사고 있다가 우연히 수업시간에 지각한 생도를 엄하게 혼내는 것을 동기로 하여 배척하는 맹휴를 전개

일본인 교사가 '망국민의 국민성'을 언급하며 학생들의 민족감정을 자극하여 학생들이 맹휴를 전개한 것이다.

또 제주농업학교 학생들은 1926년 일본인 교사의 퇴진을 요구하며 맹휴를 전개했는데, 학생들의 배척 이유에는 일본인 교사에 의한 민족적 모멸감이 크게 작용하고 있었다. 학생들은 일본인 교사가 "일본인의 장점을 말할 때는 반드시 조선인의 단점을 들어 비교하는 것, 세계 무비無比의 일본인이라고 말마다 자랑하는 것, 조선인은 교활하기가 야만에 가깝다고 항시 다반사로 야만이라는 극언과 비사鄙辭를 사용하는 것, 노예적 정신을 주입시켜 학생을 무조건 굴종시키려는 것"[65] 등을 들어 교사 배척 맹휴를 전개했다.

또 1928년 북청농업학교의 맹휴는 학교 측의 학생 집회 금지가 직접적인 도화선이었지만, 평소 일본인 고쿠보小久保교장의 민족 멸시적인 태도에 대한 누적된 반감이 표출된 것이었다. 고쿠보 교장은 수신과목의 수업시간에 "너희들이 불량한 행동을 하면 아국의 군대를 풀어서라도 너희들을 전멸시킨다"고[66] 말하는 등 상식 이하의 모멸적 발언을 서슴지 않았다. 또 수신시간에 '생도심득生徒心得'이라는 문제를 낸 후 사회과학 연구도 가능하다고 답변한 학생을 문제 삼아 학부형을 호출한 후 경찰서에 가서 개과증명을 받아오라고 강박하는 등 교사로서의 역할을 포기하기도 했다.

---

65 『동아일보』, 1926년 7월 1일 ; 제주도, 『제주항일독립운동사』, 1996, 483~484쪽. 동맹휴활동으로 제적된 2학년생 姜昌擧는 이후 조선공산당에 가입하여 제주지역의 핵심적인 활동가로 성장했다.

66 『조선일보』, 1929년 1월 15일.

‘교수법에 대한 불만’의 경우도 1925년의 10건, 1926년의 19건에 비해 1927년에는 39건으로 2배 가까이 증가하고 있었다. 다음과 같은 사례는 교수법에 대한 불만이 단순한 교육 방법상의 문제만이 아니라는 사실을 알려준다.[67]

> 내선인內鮮人 구별을 암시하여 선인鮮人을 야만시하고 생도가 의문 나는 점을 질문하면 자기의 아는 점을 과장하고 생도의 무지를 질책하여 오만한 태도로 대답하는 등의 이유로 배척

때문에 일제도 1927년의 맹휴를 분석하면서 “맹휴의 이유로 표방하는 바가 대체로 교장, 교원의 배척에 있는 것 같지만, 내실은 현재의 교육이 정부의 압박하에 조선인을 일본 제국의 신민臣民으로 삼으려는 것이므로 조선혼을 양성하기 위해 이러한 교육제도를 배척”[68]한다고 보았다.

이런 일례로 1927년 10월 휘문고보의 맹휴를 들 수 있다. 학생들은 민영휘 동상건립 반대, 학우회의 자치 등과 함께 김형배 교장의 사퇴를 요구했다. 그런데 김형배 교장의 사퇴 이유로 주장한 것이 그가 조선역사를 가르치지 못하게 하는 등 한인으로서 조선을 염두에 두지 않는다는 것이었다.[69]

1928년에는 ‘교사의 인격 및 소행 언행’ 등의 이유가 18건으로 줄고 그중 일본인 교원 배척도 9건으로 대폭 축소된다. 교수법에 의한 맹휴도 20건이었고 그나마 일본인 배척은 9건에 불과했다. 이를 통해 1928년에 맹휴의 성격이 약화되었다고 볼 수는 없다. 왜냐하면 1928년에는 ‘민족의식 및 좌경사상

---

67 조선총독부 경무국, 『朝鮮ニ於ケル同盟休校ノ考察』, 34쪽.

68 조선총독부 경무국, 『朝鮮の治安狀況』, 1927, 312~313쪽.

69 조선총독부 경무국, 『朝鮮ニ於ケル同盟休校ノ考察』, 55~56쪽.

으로 인한 맹휴'가 전년도에 비해 두 배 가까이 증가하고 있기 때문이다. 즉 1921~1926년간 매년 3~4건에 불과하던 것이 1927년에 19건, 1928년에 37건, 1929년에 32건으로 급격하게 증가했다.[70] 이를 통해 맹휴의 성격이 1927년을 기점으로 종래의 민족 감정적 맹휴에서 목적의식적이고 식민교육 자체를 투쟁대상으로 하는 맹휴로 전환되고 있는 것을 알 수 있다. 이는 후술하듯이 1927년에 학생운동의 정치투쟁으로의 전환이 본격화되고 있었음을 의미한다. 이러한 '민족의식 및 좌경사상'에 기인한 맹휴는 중등학교생에 의해 주도되었다. 1921~1928년간의 '민족의식 및 좌경사상'에 의한 맹휴 총 74건 중 중등학교에서 65건, 초등학교에서 9건이 전개되었던 것이다.

1927년에는 학우회, 교우회의 자치문제가 처음으로 제기되었다. 또한 조선어 교육 확대, 조선역사 교육, 언론·집회·출판의 자유 등이 제기되기 시작했다. 이러한 요구들은 1928년에 들면 더욱 확대되었다. 1928년 조선어 교육의 확대, 조선 역사의 교육요구 등이 중등학교에서 각각 2건씩으로 나타난다.[71] 그러나 이 통계를 그대로 믿기는 어렵다. 1928년에 맹휴가 전개된 학교 중 서울의 경신학교, 양정고보, 휘문고보를 비롯하여 지방학교로는 광주고보, 광주농업학교, 대구고보, 진주고보, 진주농업학교, 부산제2상업학교, 오산고보, 함흥고보 등에서 이러한 요구들이 확인되기 때문이다.[72] 실제 맹휴현장에서는 이보다 훨씬 많았을 것으로 보인다. 그 결과 일제뿐 아니라 언론 사회단체 등

70 조선총독부 경무국, 『朝鮮ニ於ケル同盟休校ノ考察』, 43~46쪽 ; 조선총독부 경무국, 『最近ニ於ケル朝鮮治安狀況』, 1936, 109~110쪽. 1927년의 통계가 앞의 책에는 19건, 뒤의 책에는 21건으로 기재되었으나 보다 전문적인 기록인 전자의 기록을 따랐다.

71 조선총독부 경무국, 『朝鮮ニ於ケル同盟休校ノ考察』, 43~46쪽.

72 조선총독부 경무국, 『朝鮮ニ於ケル同盟休校ノ考察』, 99~102쪽 ; 정세현, 『항일학생민족운동사연구』, 1975, 226~271쪽.

에서도 이러한 요구를 전국적인 현상으로 간주했던 것이다.[73]

이러한 요구는 식민지 교육 자체에 대한, 보다 직접적인 저항으로 표출되면서 정치적 성격을 강화해 갔다. 즉 '조선 교육제도는 일본의 압제하에서 일본 신민화臣民化하려는 것이므로 조국을 위해 반대해야 한다'는 이유가 8건, '맹휴를 민족운동의 일 수단으로 하여 단체항쟁의 시련으로 삼는다'는 이유가 4건에 달하여 전체 74건 중 가장 많은 비중을 점하고 있다.[74] 특이한 것은 '일본 신민화 교육 반대'의 8건 중 6건이 사립 중등학교에서 전개되었다는 사실이다. 한인 교사가 많았던 사립학교에서 신민화 교육 거부투쟁 즉 식민지 노예교육 거부투쟁이 많았던 것은 비교적 맹휴 전개가 용이했기 때문으로 보인다. 교내 언론·집회·결사의 자유 요구는 전체 4건 모두 공립학교에서 일어났다. 공립학교가 사립학교보다 더 억압적인 분위기였음을 짐작할 수 있다.

이렇듯 맹휴의 양상이 정치투쟁화하자 총독부 당국은 학생운동 대책에 부심했다. 1927년 중반까지만 해도 총독부 당국은 맹휴의 원인이 무자격 교원이나 인격·지식 등의 소양이 부족한 교원에 대한 저항, 또는 민족적 반감에 의한 일인 교사 배척 등 교사 개인 신상의 문제로 파악하고 있었다.[75] 이는 당시 맹휴의 원인이 일제 식민지 교육제도에 있으며 교원의 인격, 소양문제는 표면적인 구실에 불과하다고 본[76] 한인 사회의 인식과는 전혀 다른 것이었다. 따라서 총독부의 대책도 학생의 입학 당시에 문제를 야기하지 않는다는 엄중한 선서식을 갖고, 맹휴로 퇴학당한 학생은 타교에 입학시키지 않는 등[77] 학생

73 「학생맹휴의 신경향」, 『조선일보』, 1928년 12월 22일.

74 조선총독부 경무국, 『朝鮮ニ於ケル同盟休校ノ考察』, 43~46쪽.

75 『조선일보』, 1927년 6월 23일·7월 23일·9월 18일.

76 「교육의 맹휴」, 『조선일보』, 1927년 7월 18일.

77 『조선일보』, 1927년 10월 30일.

개인 관리를 철저히 한다는 수준이었다.

그러나 1927년 중반 이후 맹휴의 요구사항과 투쟁양상이 정치성을 띠기 시작하자 총독부의 맹휴 대책도 변화하기 시작했다. 총독부 당국에서는 사상단체나 노동운동 단체가 개최하는 강습회, 연설회 등에 학생들이 참석하지 못하도록 각 도지사에 훈령을 내려[78] 학생들과 사회인사의 연결을 차단하려 했다. 그럼에도 불구하고 맹휴가 끊이지 않자 학무국에서는 1928년 전국 중등학교장 회의를 개최하여 학생 맹휴문제, 사상문제 등의 대책을 논의했다.[79] 중등학교장 회의는 1922년 이후 재정문제로 중단되었는데 이때 다시 부활한 것이다. 당국에서는 고보 입학 당시부터 학생의 소질과 가정환경을 엄밀히 조사하여 사상 검증을 거치도록 하고, 학생의 소행조서는 보통학교 교장이 작성토록 했다.[80] 또한 학생 집회를 엄중히 취체하기로 했다. 1929년에는 보통학교 교원의 증가에 따라 이들의 사상을 감시하기 위해 도시학道視學을 증원하였다.[81] 또 전국적으로 사립 중등학교 교원의 사상, 취미, 독서에 이르기까지 자세한 성향조사를 극비리에 실시하기도 했다.[82] 사립학교 규칙을 개정하면서 교원의 자격에 사상문제를 중시하기로 협의하는 등[83] 학생운동의 확산을 막기 위해 부심했다.

---

78 『조선일보』, 1928년 2월 27일.
79 『조선일보』, 1928년 10월 16일.
80 『조선일보』, 1928년 10월 31일.
81 『조선일보』, 1929년 4월 6일.
82 『조선일보』, 1929년 2월 6일.
83 『조선일보』, 1929년 2월 13일.

동맹휴학의 항일투쟁적 성격 강화

1920년대 맹휴는 1927년을 기점으로 그 성격이 크게 변화했다. 다음의 사설을 통해 맹휴의 성격변화를 살펴볼 수 있다.[84]

> 지금 맹휴의 이유를 고찰하면 보통교와 고보가 갓지 안흐나 전자는 흔이 훈도의 실언과 혹은 비행으로 말미암아 민족적 반감을 유발하는 바이오 후자는 대개 학교설비를 충실히 하라거나 자격교원을 사용하라거나 드물게는 학교 승격을 식혀달라는 말하면 학교자체 안에 한하야서만 요구하든 것이 작년(1927년 – 필자 주)의 ㅇ로는 일변一變하야 그의 희망조중希望條中에 왕왕 학우회의 자치라든가 또는 조선인 본위교육을 위하야 조선어의 교수를 좀 더 충실히 하야달나 조선사의 과목을 새로 너어달나고 하는 것이 가입加入하게 되엇슬뿐아니라 재래 교내校內만을 목표로 삼든 맹휴가 왕왕히 교외校外문제에까지 확대됨을 딸아 사상적 색채를 띠운이만치

1927년을 전기로 하여 맹휴 당시 '학우회의 자치', '조선인 본위 교육' 등의 요구가 본격적으로 제기되고 사상적 경향을 띠게 되었다는 것이다.

1927년의 맹휴에서 가장 우선시된 것은 학우회의 자치요구였는데, 1927~1928년에만 8건에 달했다.[85] 이는 1927년 들어 처음으로 제기된 것이었으나 동년의 맹휴과정에서 폭넓게 확산되었다. 학우회의 자치문제는 식민지 교육정책에 대항하기 위한 방안이 결국 학교 내에서의 학생 자치권 획득으로 모아지기 때문에 학생들의 공감을 얻을 수 있었고 1927년 이후의 맹휴에서 일반적으로 제기되었다. 당시의 학우회는 회장이 교장, 부회장이 교감, 각 부의 부

---

84 「학생맹휴의 신경향」, 『조선일보』, 1928년 12월 22일.

85 조선총독부 경무국, 『朝鮮ニ於ケル同盟休校ノ考察』, 43~46쪽.

장은 교사가 맡았다. 각 부는 학교마다 차이가 있었으나 대체로 서무부(총무부), 회계부, 운동부, 도서부 등이 포함되었고 교우회지를 간행하기도 했다.[86] 학생들은 매월 일정액을 회비로 납부했다. 그런데 학우회가 학생의 회비로 유지됨에도 불구하고 그 운영은 전적으로 교사에 의해 좌우되었다. 학생들의 요구가 반영되기 어려운 구조였다. 따라서 학생들은 도서 비치의 충실이나 도서 선정의 자유 등 학우회 운영의 자치를 지속적으로 요구했다.[87] 학우회가 실제적으로 학내문제를 해결하기 위한 개별 학교 차원의 유일한 교내 합법조직이자 학생의사결집의 주요한 통로였던 것이다. 그런데 1926년까지는 중요시되지 않았던 학우회의 자치회 전환 문제가 1927년 들어 새롭게 부각된 데에는 1927년 신간회 창립 등의 사회여건 변화와 사회주의계의 지도가 크게 작용한 것으로 보인다.

1927년 이후 학생세력의 획득에 주력한 고려공산청년회는 각 학교의 학우회를 자치회로 전환한 후 조선학생과학연구회를 해산하고 서울에 학생자치회연합회를 조직하여 통일적으로 학생운동을 전개할 계획이었다.[88] 학생조직이 학생자치회연합회로 통합되면 학생 전체에 대한 통일적 지도가 가능해지므로 이를 적극 추진하려고 했던 것이다.

이러한 학생조직 통일문제는 재일본 사회단체에서도 제기되었다. 구체적으로 1927년 10월 중앙고보 맹휴에 대한 신흥과학연구회의 격문에는 "학생자치권 수립"[89]이 주요한 구호로 등장했다. 학생자치 문제를 개별학교 차원에서

---

86 공주고등학교, 『公州高60年史』, 1982, 87~93쪽.

87 1928년 광주고보의 맹휴 당시 교우회 자치를 주장하며 요구한 조건 중에는 총무부에 운영을 일임할 것, 도서 구입 및 취급을 일임할 것, 교우회지의 편집 일임, 문예회 개최 등이 포함되었다(『중외일보』, 1928년 7월 4일). 한글 잡지의 구입 등도 요구 조건이었다.

88 강덕상 편, 『현대사자료』 29, 94쪽.

89 조선총독부 경무국, 『朝鮮ニ於ケル同盟休校ノ考察』, 62쪽.

제기한 것이다. 그러던 것이 1928년 광성고보와 함흥고보의 맹휴를 격려하는 일본 신흥과학연구회, 재일본조선청년동맹 등의 격문에는 공통적으로 "학생의 전국적 단일체 수립"을 제안하고 있다.[90] 학생 자치권 문제가 전국적인 학생운동단체 결성의 필요성으로 발전하고 있는 것을 알 수 있다.

자치회 문제는 학생들의 실제적 요구와 사회주의계의 목적의식적 의도가 일치하는 사안이었으므로 맹휴의 주요 이슈로 등장했다. 이러한 경향에 따라 조과연에서는 1927년 말, 1928년 초 학생운동단체의 통일을 위해 조선학생회와의 통합을 적극적으로 모색했다(1장 2절 1항 참조). 1928년 4월 15일 조과연의 총회에 학생단체의 통일문제가 의안으로 상정되기도 했다.[91] 서울지역에 국한하여 살펴보면, 1927~1928년 경성제일고보, 휘문고보, 보성고보, 중앙고보, 경신학교, 양정고보 등의 맹휴에서 '학우회 또는 교우회의 자치'를 요구사항으로 제시하고 있었다.[92]

다음 조선인 본위 교육문제는 1927년에 처음으로 제기된 것은 아니었다. 1920년 배재고보 학생들의 맹휴 당시에 이미 조선어를 기본으로 하여 조선역사를 교수하여 달라는 요구가 있었다.[93] 1921년에도 선린상업학교의 한인 학생 130여 명이 "조선인을 본위로 하여 교육하여 달라"는 결의문을 제출하고 일제히 동맹휴학을 벌였다.[94] 이러한 문제 제기로 인해 1921년 당시 언론에서

---

90 조선총독부 경무국, 『朝鮮ニ於ケル同盟休校ノ考察』, 107~118쪽.

91 윤경로, 「자료 : 이현상과 1928년의 학생공산당 사건」, 『역사비평』, 1988년 겨울호, 366쪽.

92 이들 학교의 구체적인 맹휴 요구조건은 朴哲河, 「1920년대 후반 서울지역 학생운동의 양상과 성격변화」, 139·142쪽 참조. 1927년 서울지역 학교의 맹휴 요구조건, 진행경과 등은 조선총독부 경무국 편, 『朝鮮の治安狀況』 1927, 315~351쪽에 상세히 정리되어 있다.

93 『조선일보』, 1920년 7월 7일.

94 『조선일보』, 1921년 6월 19일. 선린상업학교의 경우는 한일공학이라는 학교 특성도 작용했을 것이다.

도 "조선인임으로 조선역사를 조선어로 가라쳐주시오"[95]라는 시론을 게재하여 학교 당국자의 반성을 촉구한 바 있었다. 이는 모두 3·1운동으로 인해 고조된 민족의식이 반영된 결과라고 하겠다. 그러나 이는 일부 학교에서 제기된 후 사회적 이슈로 자리 잡지 못하고 말았으며, 1920년대 전반기 맹휴의 일반적인 요구사항은 아니었다. 오히려 민족적 감정을 자극하는 교사 배척, 학교 설비나 교칙문제 등이 맹휴의 주된 요구사항이었다.[96]

그러던 것이 1926년 6·10만세운동 당시 고려공산청년회에서 작성한 격문에 "조선인 본위의 교육"이 제기됨으로써 다시 환기되었다. 격문의 '조선인교육은 조선인 본위로', '보통학교 용어를 조선어로' 등의 요구[97]는 1927년 이후 맹휴의 요구사항으로 중요 이슈화되는 계기가 되었다. 고려공산청년회의 격문은 종래 교육현장에서 학생들이 경험하던 실제적인 문제를 반영한 것이었다. 1924년 조선청년총동맹의 임시대회에서도 '교육의 민중본위', '보통교육의 증설', '보통학교에서 조선어 사용', '의무교육의 실시' 등을 교육문제로 논의한 바 있었다.[98] 1925년 11월에 창립한 조과연의 강령 중에 '인간 본위 교육의 실시'가 포함되어 있는 것도 '조선인 본위의 교육' 문제가 당시 학생들에게 심각하게 인식되고 있었음을 의미한다. 이를 조선공산당에서 6·10만세운동 당시 투쟁목표로 제시함으로써 구체화한 것이라고 할 수 있다. 때문에 일제

95 『조선일보』, 1921년 6월 28일.

96 학교교칙이나 설비문제, 교원배척이 원인인 맹휴는 1922~1923년에 특히 많았다. 이는 제2차 교육령의 영향이었을 것이다.

97 당시 고려공산청년회의 격문에 수록된 표어는 '조선인교육은 조선인본위로', '보통교육을 의무교육으로', '보통학교 용어를 조선어로', '보통학교장을 조선인으로', '중등 이상 학생의 집회를 자유로', '대학은 조선인을 중심으로' 등이었다(조선총독부 경무국, 『朝鮮ニ於ケル同盟休校ノ考察』, 1929, 47쪽).

98 김준엽·김창순, 『한국공산주의운동사』 2, 청계연구소, 1990, 145쪽.

도 "해該 격문의 내용은 조선공산당 최초의 학생 획득 슬로건이라고도 볼 수 있는 것으로서 그 후의 각종 학생사건에 대한 지침으로서 학생 간에 중요시되었다"[99]고 보았다. 그리고 1927년 2월 교과서까지 세밀하게 분석한 김진국의 장편의 논설과 "보통학교 교원은 전부 조선인을 채용하라"는 제하의 중외일보 논설 등[100]에 힘입어 '조선인 본위의 교육'이 학생계의 맹휴 요구조건으로 자리를 잡아갔다.

1926년 6·10만세운동 당시 고려공산청년회의 격문에서 제기된 학생 관련 표어는 대체로 보통학교 교육과 관련된 것이었다. 1924년 조선청년총동맹 임시대회의 학생문제 논의내용도 이와 유사했다. 보통교육의 의무교육 주장은 사회주의계뿐 아니라 민족주의계에서도 지속적으로 주장하고 있었다. 일제 행정의 보조기구인 도평의회에서조차 빈민 아동의 수업료 면제가 거론될 정도였다.[101] 또 초등 교육의 현장에서 일인 교사에 의해 일본어로 진행되는 교육은 보통학교 학생들에게는 큰 부담이었을 뿐 아니라 그 자체가 식민성을 강요하는 것이었다. 따라서 교육 용어를 조선어로 하라는 주장은 교육 현장의 절실한 요구를 구체적으로 반영한 것이었다.[102] '조선어 사용' 문제는 일상적인 학교생활과 관련된 것이었으므로 일반인에게도 그만큼 중요한 문제로 받아들여졌다. 일례로 1927년 경남 통영에서는 도평의회에서 조선어 교육의 불필요와 조선어 통역의 철폐를 주장한 도평의원 김기정을 성토하는 시민대회가 개최되었는데 수천 명의 시민이 참가했다. 시민들은 김기정의 집을 습

---

99 조선총독부 경무국, 『最近ニ於ケル朝鮮治安狀況』, 1936, 108쪽.

100 조선총독부 경무국, 『朝鮮ニ於ケル同盟休校ノ考察』, 1929, 63~64쪽.

101 오성철, 『식민지 초등교육의 형성』, 교육과학사, 2000, 36~66쪽.

102 「초등교육과 용어문제 : 마땅히 조선어로 하라」, 『동아일보』, 1931년 12월 3일 ; 오성철, 위의 책, 40쪽.

격 파괴하고 군청에 쇄도하는 등 집단적으로 항쟁하여 사회문제화되기도 했다.[103] 이와 같은 주장의 연장선상에서 보통학교 교원을 전부 한인으로 채용하라는 요구가 자연스럽게 제기된 것이다. 또 학교 운영을 주관하는 보통학교 교장의 절대다수가 일본인이었으므로 이를 한인으로 교체하라는 주장이 지속적으로 제기되었다. 그리고 이는 '조선인 본위의 교육'이라는 구호로 포괄적으로 제시되었다. 결국 '조선인 본위의 교육' 요구는 조선인 교사 채용, 교육용어의 조선어 사용, 조선인 학생 중심의 학교 운영, 조선어 교육시간의 증가, 조선사 교육의 실시 등이 모두 포괄된 것이었다.

'조선인 본위의 교육'이 '조선어 교육의 증가', '조선사 교육의 실시' 등의 구체적인 맹휴 요구조건으로 발전하게 된 데에는 재일본 사회단체의 영향력이 크게 작용했다. 사례를 통해 맹휴 요구조건의 변화를 살펴보자. 1927년 9월 중앙고보 학생들이 최두선 교장의 전제적인 학교 운영 등을 비판하며 맹휴를 전개했다. 당시 학생들은 각계에 성명서를 작성 배포하며 맹휴의 정당성을 호소했다. 중앙고보 학생들은 성명서에서 "(최두선 교장이-필자 주) 자신 스스로가 반동군反動群의 번견番犬이 되고 노예가 되는 동시에 학생을 강제하여 번견, 노예로 만들고자 부심 노력하는 자가 있다"[104] 고 하여 식민지적 교육을 노예교육이라고 비판하였다. 그러나 맹휴 요구조건에 '조선인 본위의 교육'이 제기되지는 않았다.

그런데 중앙고보의 맹휴에 호응하여 동년 10월 10일 재동경 신흥과학연구회가 지지격문을 국내에 발송했다. 재동경 신흥과학연구회의 격문에는 '학생자치권을 확립하자', '교육의 학생본위를 주장하자'고 하여 구체적인 맹휴 요

---

103 『동아일보』, 1927년 5월 17일, 5월 24일, 10월 23일.

104 조선총독부 경무국, 『朝鮮ニ於ケル同盟休校ノ考察』, 1929. 57~58쪽.

구조건을 제시하고 있었다. 이러한 맹휴 지침과 방향의 제시는 맹휴 학생들에게 큰 영향을 주었을 것으로 보인다.[105] 이후 전개되는 휘문고보와 경성제일고보의 맹휴에서 이를 살펴볼 수 있다. 동년 10월 24일부터 전개된 휘문고보 맹휴의 이유는 교장이 일본을 내지內地라 하고 일본어를 내지어內地語라고 하며 조선역사를 교수하지 못하게 한다는 것이었다.[106] 이는 물론 오랫동안 누적된 학생들의 감정이 일시에 폭발한 것이지만 교장 사퇴의 요구로서 적극적으로 제기되고 있었다. 이어 동년 11월 11일의 경성제일고보 맹휴 당시에는 '조선 역사를 조선인 선생이 교수', '조선어 교수'가 주요 요구조건으로 제시되었다. '조선어 교육', '조선사 교육'이 맹휴조건으로 본격적으로 제기되기 시작한 것이다. 즉 신흥과학연구회 등에서 제기한 맹휴 지침이 반영되고 있다고 하겠다.

1928년에 들면 이러한 요구는 전국적으로 확산되면서 맹휴의 주요한 요구사항으로 광범위하게 제기되었다. 맹휴가 일상생활상의 계기로 촉발되었더라도 요구조건에 이러한 사항들이 포함되는 경우가 많았다. 앞서 보았듯이 서울의 경우 경신학교, 양정고보, 휘문고보 등에서 '조선역사'와 '조선어' 교수를 맹휴 요구조건으로 제시하고 있었다. 지방은 광주고보, 광주농교, 대구고보, 함흥고보를 비롯하여 많은 학교에서 동일한 요구조건이 제시되었다.

이제 조선인 교사에 의한 교육, 수업용어의 조선어 사용, 학생의 요구에 부응한 교육, 조선인 본위의 학교시설 등 다양한 층위를 갖던 '조선인 본위의 교육' 요구가 이와 아울러 '조선역사 교육', '조선어 교육' 등 교육과정에 관한 요

105 중앙고보 맹휴 주동자인 강병도는 무기정학을 당했고 격문을 준비한 이기동, 김성진 등은 재판에 회부되었다. 이들 중 강병도는 고려공청에 가입하여 1928년 조과연의 집행위원장이 되었고 이기동, 김성진 등도 조과연의 핵심 간부로 활동했다.

106 조선총독부 경무국, 『朝鮮ニ於ケル同盟休校ノ考察』, 56쪽.

구로 발전하고 있었다. 그런데 이는 단위 학교 차원에서 해결될 수 있는 문제가 아니었다. 교육과정의 변경을 수반하므로 식민지 교육 전반에 대한 재검토를 요구하는 것이었다. 결국 이는 식민지 교육 자체에 대한 저항의 다른 표현이자 맹휴운동을 정치투쟁의 형태로 제고시키는 동인이었다. 교육내용에서 '조선인임으로 조선인에 맞는 교육'을 주장하는 조선인 본위의 교육문제는 당시 교육의 식민성을 자각한 위에서 출발하므로 문제 제기 자체가 곧 학생들의 민족의식이 고조되고 있었음을 반영하는 것이라 하겠다.

아울러 '학교 내의 집회·언론·출판의 자유'에 대한 요구도 증가했다. 일제의 조사기록에는 1927~1928년에만 4건으로 나타나나[107] 실제로는 더욱 많았을 것이다. 이는 교내 독서회 결성의 금지, 교우회지 출판의 통제 등에 따른 요구였다.[108] 1928년 이후 맹휴 증가의 대책으로 총독부에서 사상단체나 노동운동 단체에서 주최하는 강습회, 연설회 등에 학생의 참가를 금지시킨 것도 크게 영향을 미쳤을 것으로 보인다.[109] 당시 신간회, 청년총동맹 등의 사회단체도 집회 금지로 인해 전체 회의를 개최하지 못하고 있었으므로 이는 학생과 사회단체 간에 상호 공감대가 형성될 수 있는 문제였다.

맹휴의 또 다른 주요한 요구조건 중 하나가 조일공학朝日共學 반대, 군사교육 반대였다. 일제는 1928년 4월 고보와 중학으로 분리된 교육체제를 중학으로 통합하여 '조일공학朝日共學'을 실시하겠다고 공포했다. 군사훈련도 일률적으로 실시한다고 했다.[110] 이에 대해 한인 사회에서는 반대입장을 분명히 하

107 조선총독부 경무국, 『朝鮮ニ於ケル同盟休校ノ考察』, 43~46쪽.

108 1928년 광주고보의 맹휴 요구사항 중에는 교우회지의 편집을 학생에 일임할 것, 문예회를 개최할 것 등이 포함되었다(『중외일보』, 1928년 7월 4일).

109 「학생의 사회과학 연구 금후로 일층 취체」, 『조선일보』, 1928년 2월 27일.

110 『조선일보』, 1928년 4월 14일.

였다. 그 이유는 '조일공학'이 되면 '조선인 본위의 교육'이 더욱 어려워진다는 것이었다. 즉 종래 조일공학을 실시 중인 실업학교, 전문학교, 대학교 등의 한일인 입학률을 비교할 때 공학이 되면 조선인의 입학이 어려워질 것으로 예상했다. 또 종래 조선어를 교육 용어로 사용하던 학교에서도 일본어를 사용하게 되어 '조선어급한문朝鮮語及漢文' 과목의 수업시간이 더욱 축소될 것을 우려했다. 더욱이 한일 학생 간의 감정적 충돌의 우려가 높다는 것이었다.[111]

그 외에 1927~1928년의 맹휴에서 새롭게 제기된 것이 경찰의 학내문제 개입이었다. 학교 당국과 경찰이 야합하여 교내 수색과 체포를 자행하는 것에 대한 문제 제기였다. 종래 맹휴가 발생하면 학교 당국에서 경찰에 연락하여 맹휴 학생을 해산하거나 연행하는 경우가 많았다. 그런데 1927~1928년에 들면 이러한 행위가 적극적인 성토의 대상이 되었다. '경찰의 교내수색', '학교와 경찰의 야합', '경찰의 횡포규탄' 등 다양한 이유로 경찰의 교내문제 개입을 문제 삼고 있었다.

1929년 11월 경찰이 교내에 들어와 맹휴 중이던 배재고보생 십여 명을 검거하기도 했다.[112] 이런 상황이었으므로 1929년 11월 19일 목포상업학교 학생들은 광주학생들의 검거에 항의하여 동조시위를 전개할 당시 사전에 전화선을 절단했다. 이를 담당했던 박사배는 예심 신문 당시 "언제든지 학교에서 무슨 일이 발생되는 때에 반드시 학교에서 경찰에 전화를 걸어서 보고함으로"[113] 학교와 경찰의 연락을 차단하기 위해 전화선을 절단했다고 진술하고 있는 것이다.

이와 같이 1927년을 기점으로 학생 맹휴는 일제 식민지교육에 대한 직접

---

111 「조선인 본위로 본 共學문제의 이해」, 『조선일보』, 1928년 4월 15일.

112 『동아일보』, 1929년 11월 26일.

113 『동아일보』, 1930년 3월 15일.

적인 문제 제기로 발전했다. 학우회의 자치, 조선어 및 조선사 교육 강화, 교내 집회·언론·출판의 자유, 조일공학朝日共學, 군사교육 반대, 경찰의 개입반대 등은 모두 일제의 식민지 교육정책 상의 문제였다. 따라서 이는 곧 식민지 교육 철폐라는 정치적인 요구로 귀결되는 것이었다. 이러한 문제 제기를 통해 학생들은 자연스럽게 식민지 교육의 철폐를 민족독립으로 연결시켜 사고하게 되었다. 1927년 이후 학원에서 제기되었던 이러한 정치적 맹휴 조건들은 광주학생운동의 전국 확산을 가능케 한 민족적 공감대였다.

1927년을 계기로 나타나는 이러한 학생운동의 양적·질적 변화에는 사회주의 학생운동조직이 크게 관여하고 있었다. 1920년대 후반 학생운동은 표면적으로는 맹휴가 주류를 이루었지만, 이면에는 학생들의 의식화를 통한 사회주의 비밀결사 활동이 활발하게 전개되었다.

서울의 경우 학생운동의 표면조직인 조선학생과학연구회朝鮮學生科學研究會가 직접 각 개별학교에 독서회를 결성하여 맹휴투쟁을 대중운동화하는 기반을 마련했다. 또 개별 학교의 맹휴활동에도 적극 관여했는데, 맹휴 전개과정을 직접 지도하거나 격문을 통해 투쟁방향, 요구조건 등 이념적 지향을 제시하는 방식으로 전개되었다. 예를 들면 1928년 서울의 맹휴학교 중 경신학교, 양정고보, 휘문고보에서 '조선역사 교육', '조선어 교육'을 맹휴조건으로 제기했다. 그런데 경신학교와 양정고보의 맹휴는 조과연에서 직접 지도하였고, 휘문고보는 조과연의 독서회원이 맹휴를 주도했다(제2절 1항 참조). 지방의 경우 진주고보, 대구고보, 북청고보의 맹휴에는 각 학교의 독서회 조직이 깊이 개입되어 있었다.

이러한 각 학교 학생운동 조직의 활동이 주로 직접적인 개입의 형태로 전개된 반면 일본 내 사회주의 단체도 국내 학생운동의 전개에 큰 영향을 주었다. 일본 내 신흥과학연구회, 재일본조선청년동맹 등에서 국내에 배포한 격문은 맹휴투쟁의 방향을 설정하는 데 크게 작용했다. 이는 곧 맹휴의 계기 또는 요구사항이 종래 설비문제, 교원자격 문제 등 개별 학교 차원에서 '조선인 본위 교육', '자치권 획득' 등 교과과정이나 식민지 교육 자체에 대한 투쟁으로 발전하는 계기를 형성했던 것으로 파악된다. 이들은 한 학교에서 맹휴가 전개되면 격려 격문을 국내에 발송함으로써 맹휴의 당위성을 알리고 주의 주장을 구체화해서 제시하며, 특히 동조맹휴 등을 촉구했다.

맹휴의 요구조건이 식민지 교육에 대한 항쟁으로 발전하고 이를 사회주의 학생단체나 독서회 등이 지도하게 됨에 따라, 이 시기의 맹휴는 1920년대 초반의 맹휴에 비해 조직성과 투쟁성이 더욱 강화되었다. 맹휴 전개과정에서 개별 학교 차원의 맹휴투쟁본부가 결성되는가 하면, 보성고보와 휘문고보 맹휴 시에는 이탈자를 막기 위해 철권단鐵拳團 등의 맹휴지도조직이 생겨났다.[114] 이에 따라 맹휴의 투쟁성이 더욱 강화될 수 있었다. 운동 양상에서도 1927년 숙명여고보와 보성고보의 맹휴는 4개월이란 장기간 동안 전개되었으며, 특히 보성고보와 진주고보 맹휴의 경우 교장을 교문 밖으로 추방하려는 폭력사태로까지 발전하는 등 투쟁의 강도가 높아갔다.[115]

동조맹휴 등 연대투쟁이 제기되어 개별 단위 학교 차원의 맹휴가 지역 차원으로 발전하는 경향을 보였다. 함흥고보와 함흥농교·함흥상교, 진주고보와

---

114 朴哲河, 「1920년대 후반 서울지역 학생운동의 양상과 성격변화」, 140·143쪽. 서울의 맹휴 학교 중 보성고보와 휘문고보에 鐵拳團이 구성되었다. 보성고보의 경우 맹휴총본부 휘하에 6개의 지부를 두고 별도로 철권단을 조직하여 통학저지, 歸鄕저지, 觀劇저지 등의 활동을 폈다(조선총독부 경무국, 『朝鮮ニ於ケル同盟休校ノ考察』, 51쪽). 지방의 경우 광주고보와 진주고보에 맹휴투쟁본부가 결성되어 맹휴를 지휘했다. 동래고보는 참모, 폭력, 通信, 辯論, 감시 등 5개 부서를 두고 산하에 區를 설치하여 부장과 구장이 맹휴생의 결속을 통할했다(조선총독부 경무국, 위의 책, 55쪽).

115 정세현, 『항일학생민족운동사연구』, 일지사, 1975, 218~229쪽.

진주농업학교, 광주고보와 광주농업학교의 경우 동조맹휴를 통해 학교 간·지역 간의 연계가 강화되고 있었다. 1927~1928년에 걸쳐 전개된 함흥고보의 맹휴에는 학생들이 기성 사회단체와 전국 중등학교에 「전조선 피압박 동지제군에 격함」이라는 성명서를 우송하여 식민지 교육제도를 통박하고 맹휴의 정당성을 호소했다. 함흥고보 맹휴는 동조 맹휴를 촉발하는 등 학생 맹휴의 전국적 확산에 크게 기여한 것으로 평가된다.[116]

함흥고보 맹휴에 대한 재동경 신흥과학연구회, 재일본조선청년동맹 등의 지지 격문에서 "1교校 1지방地方의 문제가 아니고 전조선 학생, 전조선 민족의 문제이다. 이상의 3개 학교의 학생은 전조선 학생의 절실한 요구와 이익을 대표하여 싸우고 있다. 그런 고로 전조선 학생은 이들의 용감한 투쟁을 힘 있게 지지하지 않으면 안 된다"[117]라는 주장은 당시 대부분의 한국인 학생들이 공감하는 내용이었을 것이다. 때문에 당시 언론에서도 1928년 맹휴의 특징에 대해 "금년은 전조선적인 것과 지구덕持久的인 것, 사상덕, 민족덕 색채가 농후하엿다는 것"[118]을 지적하며 그 변화에 주목하고 있었다.

1928년 10월 고학당 교사인 이종률은 일본에서 제작한 전조선학생맹휴옹호동맹 명의의 격문을 조선학생과학연구회 회원인 장홍염·김운선·서정관 등을 통해 서울 시내 각 학교에 배포했다. 격문에서는 대구고보와 휘문고보의 맹휴에 호응하여 전국 학생이 1일간 동정파업을 할 것을 제안하고 있었다.[119] 1929년 4월에는, 오는 6월까지 2개월간 조직적으로 동맹휴학을 단행할 것을

116 李桂炯, 「1920년대 함흥지역 학생운동의 전개와 성격」, 『한국근현대사연구』 20, 한국근현대사학회, 2002, 244~261쪽.

117 조선총독부 경무국, 『朝鮮ニ於ケル同盟休校ノ考察』, 107~110쪽.

118 『조선일보』, 1928년 12월 21일.

119 조선총독부 경무국, 『朝鮮ニ於ケル同盟休校ノ考察』, 112쪽 ; 『조선일보』, 1928년 12월 9일, 1929년 2월 25일 ; 국사편찬위원회, 『韓民族獨立運動史資料集』 49, 3~96쪽.

촉구하는 격문이 서울의 각 중등학교에 배부되기도 했다.[120] 이러한 동조맹휴의 경향은 맹휴의 이슈가 식민지 교육의 본질적인 문제로 확대되면서 학생 간의 공감대가 강화되어 감을 의미하며, 광주학생운동 당시 서울시위에서 보듯이 연합시위로 발전할 수 있는 기반이 되었던 것으로 파악된다.

120 「동맹휴학 선동한 과격격문을 배포」, 『조선일보』, 1929년 4월 14일.

02 학생운동 조직의 전국화와 성격 변화

학생운동 조직의 기반 확대

1920년대 후반에는 앞서 본 바와 같이 맹휴가 전국적으로 확산됨과 아울러 학생운동의 조직화가 급속히 추진되었다. 학생운동 조직의 발달은 맹휴의 확산과 상호 보완관계를 이루고 있었다.

1920년대 중반 국내의 대표적인 학생운동조직은 조선학생과학연구회와 조선학생회, 경성학생연맹 등이었다.[121] 이들은 모두 학생운동의 표면조직이었다. 조선학생회는 1920년대 초 고등보통학교 학생들의 탈퇴로 전문학교 학생들로만 구성되면서 세력이 크게 위축된 가운데 "노골적 행동을 피하고 구체적 주의 선전을 피하는"[122] 경향을 띠고 있었다. "과학사상의 연구·보급과 당면 문제의 자결自決, 미래 사회 전위前衛의 역군될 필요한 훈련을 기함"[123]을 강령으로 1925년 11월에 창립된 경성학생연맹은 서울파 사회주의 인사들의 지원

121 이외에도 學車社·서울학생구락부 등의 단체가 있었으나, 1920년대 후반 지속적인 활동을 전개하지는 못했다.

122 「重要團體各名簿」, 『治安概要』, 경기도, 1929, 독립기념관 소장 마이크로필름.

123 一記者, 「在京學生團體의 內面」, 『開闢』 72, 1926, 51쪽.

을 받았다.[124] 그러나 1926년 6·10만세운동 당시 시위운동에 적극적으로 참여하지 못함으로써 이후 반反종교활동에[125] 치중하는 등 부분적 활동에 머무르고 있었다.

반면 "사회과학 보급, 학생의 사상통일과 상호단결, 인간본위 교육의 실시, 조선학생 당면문제의 해결"을 강령으로 1925년 11월에 결성된 조선학생과학연구회(이하 조과연)는 1926년 고려공산청년회와 연계하여 6·10만세운동을 전개함으로써 학생운동의 주도적 단체로 부상했다.[126] 이로 인해 조과연은 조직 구성원들이 체포되고 한때 조직 자체가 폐쇄되기도 하는 등[127] 활동에 많은 제약을 받아야 했다. 1926년 창립 1주년 기념식이 금지되었을 뿐 아니라 집행위원회 개최조차 금지당할 정도였다.[128] 이후에도 조과연이 계획한 강연회, 토론회 등이 개최 금지당하는 등 공식적인 활동에 많은 곤란을 겪었다.[129] 집행위원회가 개최되는 경우에도 학생맹휴 문제 등 민감한 사안에 대해서는 임석한 사찰형사의 제지로 논의조차 할 수 없었다.[130] 그 결과 회세도 약화되어

---

124 坪江汕二, 『改訂增補 朝鮮民族獨立運動秘史』, 1979, 160쪽 ; 李磐松, 『朝鮮社會思想運動沿革略史』, 1933, 43쪽.

125 金鳴, 「朝鮮學生運動의 史的考察」, 『新興科學』 2-1, 동경 신흥과학사, 1928, 6쪽.

126 張錫興, 「조선학생과학연구회의 초기조직과 6·10만세운동」, 『한국독립운동사연구』 8, 한국독립운동사연구소, 1994, 참조.

127 1926년 9월 현재 조선학생회와 조선학생과학연구회는 모두 6·10만세운동으로 인해 회가 폐쇄되어 있었다(「京鍾警高秘 第11422號 各團體ノ動靜ニ關スル件」, 1926년 9월 17일, 국사편찬위원회 소장 MF).

128 『조선일보』, 1926년 11월 7일.

129 「학술강연 경찰이 또 금지」, 『조선일보』, 1926년 11월 28일 ; 「조선학생과학연구회 주최 남녀토론 금지」, 『조선일보』 1927년 10월 27일.

130 일례로 1927년 10월~11월의 2차례 집행위원회에서 중앙고보의 맹휴문제가 안건으로 상정되었으나 형사의 제지로 토론조차 되지 못했다(「朝鮮學生科學研究會執行委員會ニ關スル件」 1927년 10월 19일, 독립기념관 소장 MF ; 「朝鮮學生科學研究會執行委員會ノ件」 1927년 11월 7일, 독립기념관 소장 MF).

6·10만세운동 당시 509명에 달하던 회원수도 1927년 초에는 384명으로 줄어들었다.[131]

1927년에 들면서 조과연은 체제를 정비했다.[132] 이러한 체제 정비과정에는 고려공산청년회(이하 고려공청)의 개입이 크게 작용한 것으로 보인다. 6·10만세운동을 통하여 학생의 조직력을 실감한 바 있던 고려공청 경기도위원회는 1927년 봄 조과연 회원 중 한일청·이석훈[133]·박찬식을 중심으로 학생야체이카를 결성하고 조과연을 이면에서 지도하기 시작했다. 특히 경성학생연맹에서 활동하던 박찬식이[134] 조과연에 합류하여 집행위원에 선임되면서 동년 가을부터 적극적인 활동에 나섰다.

고려공청에서는 조과연 내 학생야체이카를 이용하여 "조선의 교육제도는 제국주의 옹호의 노예교육임을 강조할 것, 조선민족의 민족적 존엄을 유린하고 민족정신을 마비시키기 위해 조선어 교수를 금지하고 조선역사의 교수를

---

131 「在京城重要團體現狀調査」, 『新民』, 23호, 1927년 3월, 68쪽.

132 1927년 3월 현재 간부 명단은 다음과 같다.
서무부 : 한일청·유봉식·손각모·이인화·지창복, 도서부 : 허만채·최계순, 편집부 : 최승익·조돈원·박왕훈, 조사부 : 차두삼·김종진·방옥녀·김호, 사업부 : 전봉남·최현준·원회익·윤병흠·한필환(「在京城重要團體現狀調査」, 『新民』, 23호, 68쪽).

133 「京高秘 第8036號 秘密結社朝鮮共産黨竝高麗共産青年會事件檢擧ノ件」, 1928년 10월 27일 ; 姜德相 편, 『現代史資料』 29, 94쪽. 이 중 이석훈과 한일청은 조과연 회원으로 연희전문학교에 재학 중 6·10만세운동에 참여한 바 있었다(張錫興, 「조선학생과학연구회의 초기조직과 6·10만세운동」, 216쪽). 이석훈은 6·10만세운동 당시 자신의 집을 격문 제작장소로 제공하기도 했고 신간회 경성지회 회원이었으나, 이후 조과연 내에서 적극적인 활동이 확인되지 않는다.

134 박찬식은 서울청년회원으로(「서울青年會第7回定期大會開催ノ件」, 1927년 5월 16일, 국사편찬위원회 MF) 1926년 당시 서울파에 속한 경성학생연맹 집행위원으로 활동하고 있었다(一記者, 「在京學生團體의 內面」, 『開闢』, 72호, 1926년 8월, 51쪽). 박찬식이 언제 조과연에 합류하였는지는 알 수 없으나, 1927년 3월 현재 임원 명단에 포함되어 있지 않으며 동년 6월에는 조과연 집행위원회에 조사부원으로 참석하고 있다(「學生科學研究會執行委員會開催ニ關スル件」, 1927년 6월 1일, 국사편찬위원회 MF).

폐지하고 있는 점, 각 학교의 학생회를 자치회로 할 것"[135] 등을 선전하도록 했다.[136] 이에 따라 조과연내 학생 야체이카원들은 일본 내 한인 사회단체에서 국내로 우송한 격문을 각 학교에 배포함으로써 맹휴를 촉발하는 등의 활동을 전개했다.[137]

그러나 조과연은 표면단체인 만큼 개별 학교의 맹휴를 직접 지도할 수 없었다. 조과연 차원의 맹휴활동 관여는 동년 5월 숙명여고보의 맹휴 당시 진상조사 후, 발표를 추진한 것[138]과 10월 중앙고보 최두선 교장에 대한 경고문 발송 정도였다.

조과연이 전개한 조직차원의 활동은 분산된 학생운동 단체의 통일활동에 집중되었다. 여기에는 후술하듯이 1927년 말부터 재일 신흥과학연구회가 전국적 학생운동 조직의 결성 필요성을 제기하며 학생운동 조직의 통일을 촉구했던 사실도 크게 영향을 미쳤다. 조과연은 이를 위해 전문학교 학생들이 중심이 된 조선학생회와의 연대에 적극 나섰다. 그리하여 1928년 1월 20일 전조선학생통일촉진회全朝鮮學生統一促進會를 개최하기 위해 전문학교 학생과 고보 학생 7명으로 준비위원을 선정하여 위원회를 개최할 계획이었으나 경찰의 제지로 실패했다.[139] 조과연은 조선학생회를 지지한다는 입장을 밝히고 학생운동 통일 촉진을 위한 학생운동자간친회學生運動者懇親會를 2월 1일 개최하기로

135 姜德相, 『現代史資料』 29, 94쪽.

136 코민테른도 조선공산당에 교내 비밀결사 조직 결성 등의 학생지도방침을 지령했다(조선총독부 경무국, 『朝鮮の治安狀況』, 1930, 60~61쪽).

137 강덕상, 『現代史資料』 29, 90쪽. 예컨대 1927년 10월 중앙고보의 맹휴에 대한 在東京新興科學研究會의 동정 격문 등이 국내에 송부되었는데(조선총독부 경무국, 『朝鮮ニ於ケル同盟休校ノ考察』, 1929, 58~62쪽), 이를 배포한 활동 등을 들 수 있다.

138 『동아일보』, 1927년 5월 30일.

139 「학생통일 촉진, 경찰이 금지」, 『조선일보』, 1928년 1월 23일.

하고 준비위원으로 박찬식 등 5명을 선임했다.[140] 1928년 1월 28일에 열린 집행위원회에서는 "전조선 학생대중의 조직적 통일운동을 촉진하자"를 신년표어로 채택하는 등 학생조직의 통일에 강한 의지를 표명했다.[141]

이에 대해 조선학생회는 1월 29일 전국 11개 전문학교의 대표자 50여 명이 모여 정기대회를 개최하고 조직문제, 운동방침 등[142] 학생조직의 통일문제를 논의했다. 그 결과 종래 전문학교 학생 중심이던 조선학생회에 중등학생도 입회할 수 있도록 결의[143]함으로써 조선학생회 중심의 학생운동 통일 입장을 밝혔다. 그러나 이러한 조과연의 학생운동조직 통일활동은 1928년 2월 제3차 공산당사건으로 고려공청 간부들이 체포되고 조과연 내 학생야체이카의 활동이 정지되면서 위축되고 말았다.

1928년 3월 제4차 고려공청의 결성과 동년 4월 조과연의 조직개편이 맞물리면서 조과연의 활동은 다시 전환점을 맞게 되었다. 제3차 고려공청의 와해 이후 1928년 3월 새로이 고려공청의 책임비서에 선임된 김재명은 학생운동에 주력하기로 하고 고려공청에 학생부를 신설했다.[144] 학생부 책임비서 김복진은 조과연 내에 학생야체이카의 조직에 착수한 결과 동년 4월 이현상을 책임으로 한 강병도·최성환 등의 야체이카가 조직되었다.[145] 특히 조과연 집행

---

140 「학생운동의 통일촉진」, 『조선일보』, 1928년 1월 30일 ; 「학생 운동 간담」, 『조선일보』, 1928년 1월 31일.

141 「학생운동의 통일촉진」, 『조선일보』, 1928년 1월 30일.

142 「新興學生의 結成體 조선학생회대회」, 『조선일보』, 1928년 1월 31일. 이날 집행위원 인선이 있었는데, 위원대표로 金鍾文이 선출되었다. 김종문은 보성전문학교 학생으로서 동년 6월 4차 고려공청 학생부의 오재현을 책임으로 하는 학생야체이카에 소속되어 활동하고 있는 것으로 보아(강덕상, 『현대사자료』 29, 100·101·144쪽) 조과연과 연계된 인물로 볼 수 있다.

143 『중외일보』, 1928년 1월 31일.

144 강덕상, 『現代史資料』 29, 85쪽.

위원장인 강병도에게는 고려공청의 책임비서인 김재명이 직접 입당을 권유했는데, 김재명은 조과연 상무집행위원 전원을 입당시킬 계획이었다.[146]

같은 해 4월 이후 조과연의 이현상·강병도·최성환 등은 고려공청에 가입함과 동시에 학생야체이카를 구성하여 이후 김복진의 지령에 따라 사회문제에 관한 토론을 진행했다. 이들은 수차례에 걸친 모임을 갖고 학생맹휴문제, 일제의 만주출병문제, 경성청년동맹의 창립문제 등 당면 현실문제를 논의하며 사회주의적 현실인식을 훈련했다. 이들은 기성 청년조직에도 참여하고 있었다. 이현상의 경우 서울청년회 집행위원이자 경성청년동맹 창립총회 준비위원으로 활동했다. 동년 5월 20일의 경성청년동맹 창립총회가 무산되자 이현상·강병도·최성환 등 야체이카원들은 각자 10명씩의 청년동맹원을 규합할 것을 결의하는 등 청년동맹의 결성에 적극 나서고 있었다.[147]

이들 고려공청원은 1928년 4월 조과연의 조직개편 당시 다음과 같이 집행부의 전 상무집행위원을 맡음으로써 조과연의 실제 운영을 장악했다.[148]

집행위원장 : 강병도	서무부장 : 이현상
교양부장 : 오재현	선전조직부장 : 최성환
조사연구부장 : 이철하[149]	

145 강덕상, 『現代史資料』 29, 90·91·94쪽.

146 서대문경찰서, 「姜炳度 訊問調書」, 1928년 9월 20일, 국사편찬위원회 소장 MF.

147 위와 같음.

148 윤경로, 「자료 : 이현상과 1928년의 학생공산당사건」, 『역사비평』, 1988년 겨울호, 366쪽. 각 부의 부장 외에 서무부원은 金鍾□·黃世中, 조사연구부원은 李仁化·金承權, 선전조직부원은 白教基 외 2인, 교양부원은 安鍾淑 외 2인, 검사위원은 朴日·李天鎭·朴旺勳 외 2인이었다(『동아일보』, 1928년 4월 17일).

149 이철하는 1928년 4월 고려공청 학생부 책임비서 김복진의 권유로 고려공청에 가입했고(「豫審終結決定書」 1930년 1월 25일, 경성지방법원 예심괘, 국사편찬위원회 소장 MF),

이는 조과연이 고려공청의 직접적인 지도를 받는 체제로 전환되었음을 의미한다. 고려공청에 학생부가 조직되면서 조과연 지도부에 대한 적극적인 포섭공작이 주효했기 때문일 것이다.

이들은 조과연의 상무집행위원회에서 "현금의 상황에서는 학생운동도 표면운동으로서는 아무 일도 못한다"라고[150] 종래의 조과연 활동을 진단한 후, 보다 적극적인 활동을 위해 이면운동을 전개할 것을 결의했다.[151] 그 구체적인 방안으로 각 학교 내에 독서회를 조직하여 사회과학에 관한 지식을 가르친 후 그중 우수한 학생들을 조과연에 가입시켜 조과연의 세력을 확장하는 한편 이들을 통해 각 학교의 맹휴활동을 지도할 것을 계획했다. 이를 위해 상무집행위원 전원이 각기 학교를 분담하여 독서회를 조직하기로 하였다.[152] 그 결과 중앙고보, 배재고보, 휘문고보, 보성전문학교 등 네 학교에는 독서회의 성립을 보았다.[153]

오재현은 고려공청의 학생야체이카였으므로 상무집행위원 전원이 고려공청원이었다.

150 윤경로, 「자료 : 이현상과 1928년의 학생공산당사건」, 『역사비평』, 1988년 겨울호, 355쪽.

151 1928년 4월 15일의 총회에서 '①조선학생과학운동 통일에 관한 건 ②조선학생운동 통일에 관한 건 ③광성고보, 길주농업여자상업학교 분규에 관한 건'이 의안으로 상정된 것(윤경로, 「자료 : 이현상과 1928년의 학생공산당사건」, 『역사비평』, 1988년 겨울호, 366쪽)으로 보아 이 당시의 상무집행위원들도 학생운동 단체의 통일운동을 추진했을 것으로 예상되나 그 내용이 확인되지 않는다.

152 각 학교별 담당자는 다음과 같다.
강병도 : 중앙고보·근화여자학교, 이현상 : 보성전문·연희전문·제1고보, 최성환 : 경신학교·정신여자학교·경성여자상업학교, 이철하 : 중동학교·배재고보, 오재현 : 중앙기독교청년학관·휘문고보·고학당(「자료 : 이현상과 1928년의 학생공산당사건」, 367쪽)
金鍾文이 보성전문학교를 담당한 것으로 나타나는 자료도 있다(강덕상, 『現代史資料』 29, 101쪽).

153 姜在彦 편, 『光州抗日學生事件資料』, 風媒社, 1979, 380쪽에는 독서회 결성을 본 학교로 중앙·제일·휘문·배재·중동·경신·보성·기독교청년회관을 들고 있으나 이 사건을 경성지방법원 검사국으로 보낸 경찰의 의견서, 이현상 신문조서(윤경로, 「자료 : 이현상과 1928년의 학생공산당사건」) 등에는 4개 학교에 독서회를 결성한 것으로 나타난다.

비록 4개 학교에 독서회가 결성되는 데 그쳤으나, 서울지역 각 학교에 광범위하게 독서회를 결성하려고 했던 것은 조과연이 각 학교에 적극적으로 세력을 확장하려는 시도로 주목된다. 표면단체인 조과연이 상무집행위원 전체 차원에서 각 중등학교에 독서회 조직에 나서고 있는 것이다. 조과연의 이러한 시도는 학생운동 조직이 1920년대 초반의 표면단체 중심에서[154] 1920년대 후반의 비밀결사 조직체로 전환하는 단면을 보여주는 것이다. 이 같은 비밀결사는 소규모로 결성된 반면 강한 응집력을 갖고 있어 일제의 감시를 피해 효과적으로 학생운동을 전개할 수 있는 실천적 조직이었다.

조과연은 지방 학교에도 독서회 결성을 추진했다. 하계방학을 맞아 귀향하는 회원들이[155] 지방 학생들을 지도하여 해당 지역 학교에 독서회를 조직토록 함으로써 독서회 조직의 전국 확산을 도모했다. 일례로 조과연에서 하계방학을 이용하여 고향인 함남 북청에 특파한 휘문고보생 한상준(조과연 조사연구부원)은 북청농업학교 학생 수십 명에게 조과연의 취지를 설명하고 독서회를 조직토록 지도했다. 이렇게 조직된 북청농업학교 독서회는 동년 12월 동교의 학생맹휴를 주도하기도 했다.[156]

조과연 집행위원회는 각 학교에 독서회를 조직하는 한편 당시 왕성하게 전개되던 각 학교의 맹휴 활동을 적극적으로 지도·후원했다. 지방 학교에서 맹

154 趙東杰, 「한국근대 학생운동조직의 성격변화」, 『한국민족주의의 발전과 독립운동사연구』, 지식산업사, 1993, 226~231쪽. 1920년대 전반기 학생운동단체 표 참조. 이에 따르면 3·1운동의 전개과정 중 결성된 혜성단 등의 비밀결사를 제외하면 1920~1925년의 학생조직은 거의 표면단체로 존재했다.

155 조과연에서는 하계방학을 맞아 농촌단기강습학교를 개설하고 일반인의 생활상과 금융기관, 산업조합 등 식민통치기구에 대한 조사를 계획하는 등(『동아일보』, 1928년 7월 5일) 학내문제를 넘어 식민지 사회현실에 대한 구체적인 접근을 시도하고 있었다.

156 「조선학생과학 지도로 북청농교에 독서회」, 『조선일보』, 1929년 11월 20일.

휴가 발생하면 격문을 배포하여 지원하고 서울 소재 학교에는 직접 개입하여 지도하기로 한 것이다. 이러한 기본방침과 구체적인 맹휴지도 방안 등은 고려공청 학생부 책임인 김복진의 지휘를 받아 진행되었다.

그 결과 이 시기 학생운동은 조과연 자체가 각 학교의 맹휴에 직접적으로 관여하는 양상을 띠었다. 실제로 이들은 경성여자상업학교, 경신학교, 양정고보의 맹휴활동을 배후지도하거나 격문을 작성하는 등 지원활동을 전개했다. 경신학교의 맹휴에는 조과연 상무집행위원인 최성환이 직접 참가, 주도했고 양정고보 맹휴에는 주도자인 양정고보생 장덕경을 통해 투쟁방안 등을 배후 지도했다.[157] 경성여자상업학교와 함흥고보 맹휴의 경우 지지격문을 각 학교에 배포하여 지원활동을 벌였다. 즉, 재동경 신흥과학연구회 등에서 국내로 발송한 "식민지 노예교육에 절대 항쟁하라", "조선총독 폭압정치를 타도하자"라는 표어가 붙은 경성여자상업학교 맹휴지원 격문, 함흥고보 맹휴지지 격문 등을 입수하여 중앙고보, 보성고보, 경성제1고보, 중동, 배재고보 등 주요 중등학교와 보성전문, 연희전문 등 각 학교에 배포하여 투쟁의식을 고취했다.

이들은 학생 맹휴뿐 아니라 일반 사회운동에도 참여하고 있었다. 총독부의 근우회 전국대회 금지와 조선일보 정간처분 등에 대해 "조선총독부의 무단통치가 전조선 민족에게 가한 비문화적·비인간적 폭압"이라고 규탄한 재일본 사상단체의 격문도 입수하여 보성전문과 휘문고보를 비롯한 각 중등학교에 배포했다.[158]

일본 내 신흥과학연구회, 조선청년동맹 등이 작성한 이러한 격문들은 조과연을 통해 광범위하게 국내 학생층에 전달되었던 것으로 보인다. 조과연은 이

---

157 윤경로, 「자료 : 이현상과 1928년의 학생공산당사건」, 『역사비평』, 1988년 겨울호, 367~369쪽.

158 윤경로, 위의 글, 362~363쪽.

격문을 국내에 배부하는 중간배부처의 역할을 했다. 조과연은 격문을 각 학교에 직접 배부하기도 했으나 각 학교 소속의 조과연 학생들을 통해 구두로 전달되기도 했을 것이다. 그 결과 일본에서 국내로 우송된 격문들은 서울 시내 각 학교에 광범위하게 전달되었고 각 학교의 맹휴투쟁을 촉발하는 기능을 했을 것으로 보인다.

이렇듯 고려공청의 지도에 따라 고려공청원인 상무집행위원들에 의해 조과연의 활동이 전개되었다. 그런데 고려공청에서는 조과연에만 야체이카를 조직한 것은 아니었다. 고려공청 학생부의 책임비서인 김복진을 비롯하여 학생부 위원인 김필수·노양배·이현상·박봉연 등은 소속 단체별로 야체이카를 조직했다. 1928년 6월 조과연 교양부장 오재현을 책임으로 한 노양배·김종문 등의 야체이카가 별도로 조직되었다.[159] 그런데 김종문(보성전문학교생)은 조선학생회의 위원대표였으며, 노양배(법정학교생)는 고려공청 학생부 위원이었다. 이로 보아 고려공청에서는 오재현·김종문·노양배를 통해 조과연과 조선학생회의 유기적인 연계관계를 형성하려 했음을 알 수 있다. 김필수가 근우회의 학생관계 부장[160]이었으므로 근우회에 참여하는 학생들을 통해 여학교와의 연계가 형성될 수 있었을 것이다.[161] 또한 후술하듯이 비밀결사 ㄱ당에는 이철하·최성환 등의 조과연 내 고려공청원이 참여함으로써 ㄱ당과 조과연간의 연계가 이루어졌다. 이와 같이 고려공청의 학생야체이카가 각 학생운동 단체에 조직됨으로써 표면적인 학생운동 단체 간, 그리고 표면단체와 지하단체

159 강덕상, 『현대사자료』 29, 90·94·98·99쪽.

160 윤경로, 「자료 : 이현상과 1928년의 학생공산당사건」, 358쪽.

161 김필수를 책임으로 한 趙元淑·姜貞熙 등의 고려공청 야체이카가 근우회 내에 조직되어 있었다(강덕상, 『현대사자료』 29, 101쪽). 이들은 모두 근우회의 간부들이었고, 강정희는 1927년 6월 숙명여고보의 맹휴 해결을 위한 중앙여자청년동맹의 대표로 활동하기도 했다(『동아일보』 1927년 7월 2일).

간에 유기적인 관계가 형성될 수 있었다.

고려공청은 3·1운동 10주년이 되는 1929년 3월을 기회로 민족운동 세력과 제휴하여 대대적인 시위운동을 계획했다. 특히 3차 고려공청이 추진했던 1928년의 3·1운동 기념시위가 무산된 것을 거울삼아 전국에 걸친 광범위한 학생층 규합을 시도했다.[162] 이들이 메이데이 기념시위보다 3·1운동 기념시위에 이토록 비중을 두었던 이유는 민족운동세력과의 합작을 통해 대중 동원이 보다 용이했기 때문일 것이다.

그러나 1928년 9월경 이현상 등의 조과연 내 야체이카가 발각·와해되었다. 조과연 내 주요 간부를 비롯한 핵심 활동자들이 검거됨에 따라 조과연은 조직을 재정비하여야 했다. 1929년 5월 11일 개최된 집행위원회에서 새로 선임된 집행위원은 다음과 같다.[163]

집행위원장 : 양순모
서무부 상무 : 유면희·박승원·장홍염
조사부 상무 : 김봉진·이병노·유축운
선전부 상무 : 김효관·안상윤·강유복
교양부 상무 : 박일·권유근·고현풍·한유섭·이한성·황해동
검사위원 : 현운필·이도백·최석진·강목구·송백근[164]

---

162 강덕상, 『현대사자료』 29, 85·91쪽.

163 「朝鮮學生科學研究會名簿ノ件」, 경성동대문경찰서장, 1930년 4월 18일, 독립기념관 소장 MF ; 「朝鮮學生科學研究會執行委員會開催ニ關スル件」, 경성종로경찰서장, 1929년 5월 13일, 국사편찬위원회 소장 MF.

164 현운필·권유근·유면희는 1926년 조과연 회원으로 6·10만세운동에 참여한 경력이 있었다(장석흥, 「조선학생과학연구회의 초기조직과 6·10만세운동」, 216~217쪽).

이 중 유축운, 권유근, 강목구는 후술하는 서울파계열의 학생운동조직인 조선학생전위동맹의 독서회원이었고,[165] 장홍염은 ML파 조공재건운동 조직의 휘문고보 독서회원, 현운필은 보성전문의 ML파 독서회원이었다.[166]

1928년 당시 조과연의 상무집행위원 전원이 고려공청 조직원이었던 것에 비해 형식상 사회주의 비밀결사 조직과의 연계가 약화된 것을 알 수 있다. 이는 조공의 와해 이후 학생조직이 각파별 조공 재건그룹들에 의해 산발적으로 결성됐기 때문일 것이다. 그러나 사회주의계열 조직원들은 운영과정에 적극 참여함으로써 실제로 조과연의 활동을 좌우하고 있었다.[167] 1929년 11월 초 광주에서 학생시위가 일어나자, 이의 조사를 위해 조과연에서 권유근과 박일을 파견하는 것도 조선학생전위동맹원인 권유근·유축운이 박일과 함께 조선청년총동맹 회관에 모여 상의, 결정했다.[168] 서울지역 동조시위운동도 조과연 전체 차원에서 전개한 것이 아니라 학생 비밀결사인 조선학생전위동맹 소속의 독서회원과 조과연 회원들이 개별적으로 참여하여 추진했다. 1928년과 같은 전면적인 논의구조는 아니었으나 1929년에도 조과연은 사회주의 비밀결사에 소속된 학생들을 중심으로 운영되었음을 알 수 있다.

그러나 후술하듯이 조공 재건그룹들이 각 학교에 독서회를 조직하여 자파

---

165 김성민, 「광주학생운동의 확산과 서울지역 시위의 성격」, 『한국독립운동사연구』 20, 한국독립운동사연구소, 2003, 214쪽.

166 강재언, 『光州抗日學生事件資料』, 375~377쪽.

167 1929년 9월 28일의 긴급집행위원회의 참석자는 권유근·박일·유축운·장홍염의 4명이었고(「朝鮮學生科學研究會緊急執行委員會 集會取締狀況報告」 1929년 9월 28일, 독립기념관 MF), 1929년 9월 16일의 검사집행위원회에서 정기총회 준비위원으로 박일·권유근·유축운·강목구·한유섭 등 5명이 선정되었다(「朝鮮學生科學研究會檢查執行委員會 集會取締狀況報告」 1929년 9월 16일, 독립기념관 소장 MF). 결국 집행위원회는 이들 사회주의계열 학생들에 의해 주도되었음을 알 수 있다.

168 김성민, 앞의 글, 2003, 219쪽.

계열 학생조직의 강화에 주력함에 따라 조과연이 학생맹휴에 직접 개입하지는 않았던 것으로 보인다. 반면 조과연은 조공 재건그룹들의 독서회 결성과정에 인적자원을 제공하는 역할을 하였다.

이와 같이 조과연은 1926년 6·10만세운동 당시 시위활동의 주체로 부상한 이후 일제의 탄압으로 활동이 위축되었다가 1927년에 들면서 조직을 재정비했다. 이러한 활동에는 한일청, 박찬식 등 고려공청의 학생야체이카가 중심이 되었다. 이들은 1927년 말~1928년 초 조과연의 조직 정비와 더불어 전문학교 학생 중심의 조선학생회와 통합을 적극적으로 추진했다. 그러나 이러한 시도는 1928년 2월 고려공청이 발각 와해되자 소멸되고 말았다. 이후 1928년 4월 4차 고려공청 학생부의 적극적인 조직활동의 결과 조과연의 상무집행위원 전원이 고려공청의 조직원으로 구성되기에 이르렀다. 이들은 서울지역 각 단위학교에 독서회를 비밀조직하여 학생 비밀결사의 확대에 주력했다. 또한 빈발하는 중등학교의 맹휴에 적극 개입하여 투쟁노선과 투쟁방안을 지도함으로써 학생운동의 저변을 확대하는 데 결정적인 역할을 수행했다. 1928년 9월 이들이 발각 체포되면서 조과연에 대한 고려공청의 통일적 지도도 중지되었다. 1929년의 조과연 집행위원회에는 다양한 성향의 인물들이 포진했다. 그러나 실제적인 집행위원회의 운영은 여전히 조선공산당 재건조직에 소속된 학생들에 의해 주도되었다.

조과연은 표면단체로 활동하면서 학생운동계 공동의 광장을 마련했고, 이를 인적 기반으로 각 개별학교에 비밀결사가 발달할 수 있는 기초를 제공했다. 1928년 이현상 등 조과연 상무집행위원들이 서울 시내 각 학교에 독서회 결성을 추진한 것은 그 일례라고 하겠다. 후술하듯이 서울지역 각 학교의 대표들로 조직된 ㄱ당의 회원들도 주로 조과연 회원들이었다. 즉 조과연을 인적 자원의 기반으로 하여 사회주의 비밀결사조직이 생겨나고 조과연 등 표면

조직과 지하 학생운동조직이 구조적으로 연결되면서, 서울지역 학생운동권이 상호보완적으로 역할하게 된 것이다.

학생 비밀결사의 확산

1926년 6·10만세운동을 주도했던 조과연은 이후 활동에 많은 제약을 받았다. 따라서 1927년에 들면 서울지역의 표면적인 학생운동 조직은 별다른 활동을 보이지 못했다. 반면 6·10만세운동 당시 전국적으로 망곡望哭, 봉도奉悼 등을 통해 민족의식이 제고된 지방의 학생들은[169] 이러한 민족적 자각에 바탕하여 학생운동 조직을 결성해 갔다. 즉 6·10만세운동으로 고조된 학생들의 민족의식은 자연히 우리 민족의 현실에 대한 탐구로 발전했고 이는 독서 모임, 즉 독서회 결성으로 구체화되었다. 독서회는 공동의 관심사에 해당하는 일정한 책을 선정하여 독서하고 토론하기 위한 모임이었다. 따라서 서적의 선택이나 토론을 통해 사유를 공유한다는 점 등에서 목적의식이 분명한 독서행위였다.

그런데 공통적인 독서 대상으로서 가장 일반적인 것이 당시의 식민지 현실을 과학적으로 비판한 사회주의 서적이었다. 당시 빈곤의 원인을 과학적으로 설명한 사회주의 이론은 식자층인 학생들에게 암담한 현실의 원인과 해결책을 동시에 제시해 주는 '나침반'[170]으로 인식되었다. 그 결과 1927~1928년 지방에서 결성된 학생운동 결사는 사회주의 연구모임이 주류를 이루게 되었다.[171] 그 외에 표면단체로는 기독교계 학생들이 YMCA를 중심으로 활동하고

---

169 장석흥, 「6·10만세운동연구」, 국민대학교 박사학위논문, 1995, 참조

170 임주홍, 「陳情書」, 『思想月報』 11, 고등법원 검사국, 1932년 2월 15일, 260~263쪽.

171 1927년 6월 수원고농에서 민족주의 비밀결사인 건아단이 조직되었다. 건아단은 이후

있었다.

이는 당시 민족주의 계열에서 민족적 이론을 발전시키지 못한 현실과도 무관하지 않았다. 즉 당시에는 민족주의적인 학습 이론이 부재하였던 것이다. 따라서 학구열이 왕성한 중등학생들의 사회 현실에 대한 과학적 탐구는 사회주의 이론에 의지하기 쉬웠다.

1929년 전남사범학교 독서회원이었던 강달모는 학생들의 사회과학 독서회 결성의 경향을 다음과 같이 지적했다.[172]

> 사회의 생활난의 소리는 우리들의 귀에도 들려옵니다. 세사에 소원하고 동정심이 강한 시기에 속한 중학생이 바로 동정하는 것은 인정의 상常, 한쪽에서는 사회과학의 책이 홍수같이 들어와 새로움을 좋아하는 생도들은 용이하게 손에 넣을 수 있고 3·15사건의 일본공산당의 총검거는 거의 매일같이 신문에 발표되어 학생의 눈에 들어오고 이 세상은 어떤 것인가, 사회주의 공산주의라는 것은 어떤 것인가 계급투쟁이라는 것은 어떤 것인가라는 의문이 생기는 것은 당연의 이치 ……. 서점에 가면 이러한 책들은 얼마든지 있습니다. ……
> 내지內地의 중학생과는 다르니 제1은 환경, 제2는 연령이 크게 다릅니다. 내지인의 고등전문, 심하게는 대학생과 대개 동년배이고 부모는 생활난에 곤란하고 이것이 조선의 현상이라고 생각합니다. 무엇을 할 것인지 '생生'의 문제까지도 머리를 아프게 합니다. 새로움을 좋아하고 이상 각 행위가 원인遠因, 근인近因이 되어 사회과학의 연구를 목적으로 한 결사가 생겨난다고 생

조선농흥사, 조선개척사 등으로 조직을 개편하면서 민족주의적 항일 학생조직으로 발전했다(박환, 「1920년대 수원고등농림학교 학생비밀결사－건아단과 조선개척사를 중심으로」, 『길현익교수정년기념사학논총』, 1996 참조). 그러나 수원고농의 경우를 제외하면 민족주의 성향의 비밀결사는 거의 찾아볼 수 없다.

172 강달모, 「陳情書」, 『思想月報』 11, 1932년 2월 15일, 277~279쪽.
광주학생운동으로 체포되어 재판과정에서 대구복심법원에 상고한 진정서이다.

각합니다.

사회의 생활난을 목도하면서 계급평등을 주장하는 사회주의에 관심을 갖게 되고 주변에서 사회과학 서적을 쉽게 접함으로써 사회과학 연구를 목적으로 하는 독서회가 결성된다는 것이다.

더욱이 1920년대 중반 이후 많은 사회주의 관련 서적이 국내에 소개되었다. 다양한 마르크스주의 저작들뿐 아니라 러시아에서 일본을 거쳐 들어온 레닌, 스탈린, 부하린 등의 원전들이 수용되었다. 일본을 거쳐 들어오는 서적의 경우 일제의 검열을 통과하기가 비교적 쉬웠기 때문이다. 1928년 동아일보 광고 면에는 일본 출판사가 펴낸 다양한 사회주의 관련 서적들이 소개될 정도로 사회주의 서적의 수용이 절정에 달했다. 『자본론』, 『사유재산제도와 국가의 기원』 등 마르크스와 엥겔스의 저작을 비롯하여 『인민의 벗이란 누구인가』, 『무엇을 할 것인가』 등 레닌의 정치 팸플릿, 『스탈린·부하린 전집』, 『사회사상전집』 등이 그것이다.[173] 이러한 서적들은 대금을 지급하면 일본의 출판사에서 우송되었다. 마르크스나 엥겔스, 레닌의 저작뿐 아니라 사노 마나부佐野學, 야마카와 히토시山川均 등 일본 맑스주의 학자들의 저서도 많이 읽혔다. 일어서적 외에 한국 사회주의자들의 번역서도 많이 소개되었다. 『유물사관대의』(이낙영 번역), 『자본주의의 기교』(박눌원 번역), 『무산계급의 역사적 사명』(이병의 번역) 등이 국내 출판사에서 간행되었다.[174] 결국 비용만 지불하면 저명한 사회주의자의 저서를 비롯한 사회과학 서적을 쉽게 구입할 수 있었던 것이다.

---

173 천정환, 『근대의 책읽기』, 푸른역사, 2003, 213쪽.

174 이기훈, 「독서의 근대, 근대의 독서 – 1920년대의 책읽기」, 『역사문제연구』 7, 2001년 12월, 38~71쪽. 1926년 이후 『開闢』·『別乾坤』·『朝鮮之光』 등의 잡지에서도 사회주의 서적이 많이 소개되었다.

실제로 1928년 조선학생과학연구회 간부로 활동하다 체포된 이현상이 마르크스, 레닌, 스탈린, 부하린, 카우츠키의 다양한 저작을 구독하였던 것으로 보아[175] 당시 저명한 사회주의자의 원저작이 널리 읽혀지고 있었음을 알 수 있다. 재동경 사상단체인 일월회一月會는 기관지인 『사상운동思想運動』을 통해 국내 각 지방의 조직체 내에 사회주의 독서연구회가 활발하게 조직되고 있는 현상을 반기면서 연구과정에 필요한 도서를 소개하고 책값과 주문처까지 알려주고 있었다.[176] 일종의 추천도서인 셈이었다.

특히 1927~1928년 3·4차 조선공산당과 고려공산청년회가 학생운동에 대한 적극적인 지도방침을 채택하면서 독서회 결성은 더욱 가속화되었다. 1927년 고려공청은 중등학교 이상의 학생을 당黨의 정신에 기초하여 지도 훈련할 것을 결정하고 각 도 위원에게 학생에 대한 주의 선전의 방법 등을 지시했다.[177] 이에 따라 지방의 사회주의 조직은 적극적으로 학생의 조직화에 주력했고 이들의 지도와 학생의 현실 탐구 정신이 결합하여 독서회 결성이 전국적으로 확산된 것이다.

그런데 1926년까지 서울 중심의 전국적 학생조직이 소위 '합법적'인 표면조직인데 반해 지방의 개별 학교단위 독서회는 비밀결사로 조직되었다.[178] 교

---

175 이현상의 구독도서 목록에는 마르크스 『자본론』, 『반뒤링론』; 레닌 『조직문제』; 부하린 『이론가로서의 레닌』; 스탈린, 『10월혁명에의 길』; 카우츠키, 『금융자본과 공황』 등과 일본 사회주의자의 저술이 포함되어 있다(윤경로, 「이현상과 1928년의 학생공산당 사건」, 『역사비평』, 1988년 겨울, 363~364쪽).

176 연구과정을 분야별로 나누어 해당 분야 연구에 필요한 서적을 소개하고 있다. 분야는 일반이론, 유물사관 연구, 경제학, 제국주의론, 농촌문제, 사회사, 경제사, 조합 및 정당사, 노서아연구, 부인문제 등이었다(『思想運動』 제3권 제2호, 동경 一月會 사상운동사, 1926년 2월, 36~41쪽).

177 강재언, 『光州抗日學生事件資料』, 371~372쪽.

178 지방에서 학교 연합조직으로 결성된 표면단체는 1926년 9월 서울의 조선학생과학연구

내 독서모임 자체가 불법화된 관계로 비밀결사의 형태를 띨 수밖에 없었던 것이다. 특히 1925년 치안유지법의 시행은 사회과학 연구의 큰 제약이었다. 때문에 맹휴 당시 '사상 연구의 자유'가 요구조건으로 제기되기도 했다.

1927~1928년 전국적으로 결성되는 사회주의 비밀결사의 내용을 살펴보면 다음과 같다. 1927년 봄 동래고등보통학교와 부산제2상업학교 학생들은 서로 제휴하여 독서회를 조직하고 식민지 현실의 타개책을 논의했다. 평소 동래소년연맹 등 사회운동 단체와도 연결된 부산제2상업학교 김규직 등이 동래고보 학생들과 연합하여 사회주의연구를 목적으로 혁조회革潮會를 조직한 것이다.[179] 이들은 일경의 감시를 피하기 위해 동년 가을 학교별로 조직을 분리했다.[180] 부산제2상업학교 학생인 김규직, 양정욱 등은 1928년 6~7월경 동맹

회를 모방하여 개성에서 조직된 松京學生科學研究會가 있었다. 개성의 중등학교 이상의 학생 37명이 9월 15일 사회과학 연구를 목적으로 조직한 것이다. 이들의 강령은 '과학 연구와 과학사상의 보급', '인간본위의 교육 실현', '학생 당면문제의 해결' 등 조선학생과학연구회의 강령과 거의 동일했다(『동아일보』, 1926년 9월 15일 ; 朝鮮總督府 警務局, 『朝鮮の治安狀況』, 1927, 103쪽).

179 혁조회의 실체는 자세히 알려져 있지 않다. 관련자 尹昊燿이 부산상고 교지에 기고한 회고담에 기초하여 黑潮會로 알려지기도 했고(부산상업고등학교, 『釜商의 70년』, 1965, 76~77쪽), 이로 인해 무정부주의 조직으로 인식되기도 했다. 그러나 당시의 모든 신문보도 기사에 革潮(調)會로 나타난다(『동아일보』, 1929년 2월 19일·7월 11일·9월 16·26일·1931년 2월 20일 ; 『조선일보』, 1929년 2월 15일·9월 16일 ; 『중외일보』, 1929년 9월 18일). 관련자가 옥사했음에도 불구하고 사회주의 연구모임이라는 정도 외에는 자세한 기록이 없다. 단지 김규직의 사망 후 추도회 기사에 그가 조선소년총연맹 중앙집행위원, 경상남도 소년연맹 상무서기, 동래소년동맹 위원장으로 소년운동에 헌신했다는 기록이 있다(『동아일보』, 1929년 2월 19일). 혁조회 활동으로 재판에 회부된 김규직(5학년), 양정욱(4학년), 윤태윤, 윤호관(환), 김봉갑, 윤병수 등은 모두 부산제2상업학교생으로 1928년 맹휴로 인해 퇴학당한 사실이 학적부에서 확인된다(김규직, 양정욱, 윤태윤, 윤호환, 김봉갑, 윤병수의 「학적부」, 부산제2상업학교). 그런데 당시 언론보도에 이들의 활동이 동래고보 비밀결사로 보도된 것으로 보아 이들이 동래고보생을 규합하여 비밀결사를 조직한 것 같다.

180 1925년 가을 동래고보생과 부산제2상업학교생이 주축이 된 동래독서회가 조직의 모태

휴학을 주도하다 퇴학당했다. 혁조회원들은 1928년 겨울에 체포되어 주도인물인 김규직이 옥사하고 양정욱이 옥고 여독으로 사망하는 등 혹독한 고문을 받았다.

1927년 12월 대구에서는 대구고보, 대구중학 학생들을 중심으로 비밀결사 신우동맹新友同盟이 결성되었다. 이들은 1927년 초부터 수차례에 걸친 사상강좌회를 통해 이 지역 사회운동가인 박광세, 장적우, 김선기 등의 사상적 지도를 받고 있었다. 이러한 사상적 연마과정을 거쳐 장적우 등 사회 인사들의 참여와 지도를 받아 신우동맹을 조직하게 된 것이다. 이들은 이후 혁우동맹革友同盟, 적우동맹赤友同盟으로 조직을 변경, 확대해갔다. 조선공산당의 조직체계를 모방하고 대구농림, 대구상업, 교남학교 학생들을 포함하여 전 대구지역을 망라하는 학생단체로 발전했다. 1928년 4월경에는 대구고보 맹휴에 대한 투쟁방법상의 이견을 계기로 조직이 분립했다. 즉 강경한 맹휴 투쟁을 주장하는 학생 중심의 일우동맹一友同盟과 신중한 투쟁 및 사회주의 성격의 탈각을 주장하는 서광회曙光會, 그리고 비학생운동 세력의 우리동맹同盟으로 정립한 것이다. 그러나 맹휴가 맹휴투쟁 지도부를 중심으로 격화되는 과정에서 1928년 11월 대구지역의 학생운동 조직도 발각, 와해되었다.[181] 대구지역 학생운동 조직은 서울을 제외하면 당시 가장 체계적인 조직이었다. 또한 강령도 매우 선진적이었다. 대구지역 신우동맹, 혁우동맹의 강령은 "우리는 맑스주의적 혁명전술의 함양을 목적으로 한다. 우리는 피압박 민족의 해방운동을 한

였다고 한다. 이후 1927년 가을 발각을 우려해 각 학교에서 독자적인 조직을 만들었는데 명칭을 黑潮會라고 했다고 한다(강대민, 『부산지역 학생운동사』, 국학자료원, 2003, 111~113쪽). 그러나 조직명이 黑潮會는 아니었던 것 같다(앞의 주 179 참조).

181 金日洙, 「1920년대 대구지역 학생운동의 전개와 성격」, 『한국근현대사연구』 21, 2002년 여름호 참조.

다"라고[182] 하여 사회주의 전위분자의 양성을 목표로 설정하고 있었다. 즉 사회과학 연구를 위한 독서회 차원이 아니라 '맑스주의를 실시하고 응용할 활동단체'로서 조직된 것이었다. 조선공산당 경북지역 책임자인 장적우가[183] 신우동맹의 당수, 혁우동맹의 비서 등으로 직접 조직에 참여하여 지도함으로써[184] 학생운동의 차원을 뛰어넘는 사회운동적 목표를 지향하고 있었던 것을 알 수 있다.

1928년의 학생운동 조직으로 가장 주목되는 성과를 얻고 세인의 관심을 끈 것은 북청농업학교北青農業學校의 학생운동 조직이었다. 1927년 10월 북청농교 2학년 조홍희, 강민수 등은 학생대회를 조직하고 학생 대 학교 당국의 현안은 학생대회의 결의에 의해 실행할 것과 종래 임명제이던 급장을 학생이 선출한 자로 임명해 줄 것을 교섭하여 승낙을 얻었다. 1928년 4월 급장에 선출된 조홍희는 전교 학생들의 결속을 도모했다. 이들은 마침 휘문고보 학생이며 조선학생과학연구회의 간부인 한상준이 조선학생과학연구회에서 북청으로 특파되어 독서회 결성을 권유하자 교내에 독서회 결성을 추진했다. 한상준은 조홍희 등에게 서울의 중등학교 이상의 학교에서는 독서회라는 비밀결사를 조직하여 학생운동을 하고 있다며 독서회 결성을 추동했다. 이에 조홍희 등은 1928년 9월 20일 전교 학생들을 집합시키고 학생대회를 개최했다. 이들은 이 자리에서 학생의 독서력 향상과 민족에 대한 관념의식을 양성하고 농업의 계

---

182 『刑控第737~740號(尹章赫 等)判決文』, 대구복심법원, 1930년 3월 11일.

183 학생들에게 조직 결성을 권유한 장적우는 1927년 8월에 결성된 조선공산당 경북도위원회에 참여하고 1928년 3월에는 책임비서에 선임되었다. 1927년 9월 신간회 대구지회의 결성 당시에도 주도적 역할을 했다.

184 일제는 장적우 등이 조선공산당의 지령을 받아 학생조직을 결성한 것으로 파악했다(「光州京城に於ける學生事件の裏面竝學生秘密結社及其の系統」, 강재언 편, 『光州抗日學生事件資料』, 377~378쪽).

발을 도모해야 한다고 연설하여 일동의 찬성을 얻었다. 독서력의 양성, 학식 교환, 참고서 이용 등을 명목으로 학교 당국에 정식으로 독서회의 허가를 요청하였다. 결국 동년 10월 학교 당국으로부터 독서회 설치의 허가를 얻자 전교생 중에서 약 70명을 선출하여 이를 3개의 반으로 편성했다. 각 조는 매주 2회에 걸쳐 방과 후 1시간 내지 2시간씩 학교 이화학 교실에서 독서회를 개최했다. 조홍희는 2조의 조장, 강민수는 부조장이 되어 팸플릿을 구입하여 학생들로 하여금 윤독하게하며 독서 토론을 진행했다.[185]

이들은 1928년 10월 조홍희의 주최로 학생대회를 개최하고 학생의 본분에 어긋난 행동을 한 김시령에 대해 학생들의 절교를 선언케 하는 등 학생대회를 학생의사의 결집체로 활용했다. 그런데 1928년 12월 10일 고쿠보小久保 교장이 경성전선全鮮실업학교장회의에 참석한 후 독서회뿐 아니라 학생회와 반회班會에 이르기까지 학생들의 모든 집회를 금지했다.[186] 이를 계기로 학생들과 학교 당국의 갈등이 심화되어 12월 13일 풋볼게임을 빌어 학생들이 고쿠보 교장과 교사들을 둘러싸고 위협하는 사태로 발전했다.

한상준을 비롯하여 조홍희 등 독서회 모임을 주도했던 학생들은 1929년 1월 일경에 체포되었다. 이들은 예심이 진행되는 도중에 파옥破獄 도주를 시도하다가 미수에 그침으로써 사회적으로 큰 파장을 가져오기도 했다. 특히 1929년 9월 이들의 활동내용을 담은 예심종결결정서가 신문지상에 보도됨으로써 학생운동계에 준 영향이 적지 않았을 것이다.[187]

---

185 『(趙弘熙 等) 豫審終結決定書』, 함흥지방법원, 1929년 8월 24일 ; 『조선일보』, 1929년 9월 3~4일 5면.

186 『조선일보』, 1929년 11월 20일.

187 『조선일보』는 북청농교 비밀결사활동의 예심종결결정서 내용을 보도하면서 "전선덕으로 학생문뎨상에 일대 파문을 일으키어서 각 언론긔관은 물론 일반사회의 심각한 센세이슌을 주어 자못 중대 문뎨의 하나로서 오늘날까지 일반의 초뎜중에 잇든 것"이라고

북청농교와 더불어 세인의 관심을 끌고 진전된 운동양상을 보여준 것은 신의주고보 학생결사였다. 신의주고보에는 타지방에서 유학 온 학생들끼리 친목회가 조직되어 있었는데 각 지방 친목회의 간부 31명이 모여 1928년 7월 재신在新유학생친목회연합회를 결성했다. 이들은 결성 모임에서 "현하 세계대세가 무산자와 유산자 두계급에 난우어 서로 투쟁하고 잇슴을 론의하고 따라서 조선 민족이 정치뎍·경제뎍 특수한 환경"에 있으므로 자신들도 "세계대세에 순응하야 나아갈 것을 말하고 다시 현하 교육제도는 노예뎍 교육방침으로 학교 당국에서 금지하는 급회級會를 부활식히자"고 언명하였다고 한다. 이들은 "전 학생의 총력량을 집중하여 조선의 력사적 사명인 해방을 위하야 학생의 전위부대로써 일본××주의의 아성을 향하야 용감히 전진"하기로 결의하고 재신유학생친목회연합회를 조직했다.[188] 이들은 사회과학 서적을 구입하여 회람하고 의견을 교환하며 사회과학을 연구했다. 이들은 기성 사회운동단체 및 사회주의계열의 인사들과도 교류했는데 오사카에서 우송된 메이데이 관련 격문을 회람하고 1929년 5월 1일 70여 명의 학생이 교실에서 격문을 낭독한 후 만세를 고창하기도 했다. 동년 5월 7일에는 전교생 400여 명이 학생대회를 개최하고 일본 물품 불매를 결의했다. 이러한 활동이 발각되어 100여 명의 학생이 일시에 검거되어 18명이 치안유지법 위반혐의로 공판에 회부되었다.[189]

북청농교와 신의주고보의 경우 학생대회를 개최하여 전교생의 의사를 결집하고 있는 점이 특히 주목을 끈다. 북청농교는 학생대회를 통해 학생의 힘으로 급장을 선출하고 비행학생에 대한 공동 절교선언을 이끌어 낼 만큼 학생의

설명하고 있다(『조선일보』, 1929년 9월 3일).

188 『조선일보』, 1930년 5월 4일.

189 『중외일보』, 1930년 5월 5일.

사를 결집했다. 신의주고보는 학생대회를 통해 일본상품 불매운동을 결의할 정도로 반일의식을 확산시켰다. 학생대회의 개최요구는 1927년 이후 고려공산청년회의 학생지도 방침 중 하나였다(1장 3절 참조). 학생대회를 통해 학생의 의사를 결집하고 학생대표자대회를 소집하여 전국의 학생들을 통일적으로 지도한다는 것이었다. 그러나 실제로 단위 학교 차원에서 학생대회를 개최하기는 쉽지 않은 일이었다. 따라서 북청농교와 신의주고보에서 학생들의 힘으로 학생대회를 개최한 것은 큰 성과라고 할 수 있다.

북청농교는 학교 당국으로부터 교과목 복습 등의 명목으로 독서회 설치를 허가받았다. 다른 학교와는 달리 공식적으로 인정된 독서회 모임이었으므로 전교생에서 독서회원을 선출했고 회원이 70명에 달했다. 또 학교 교실을 이용하여 공개적으로 사회과학을 학습할 수 있었다. 신의주고보는 사회인사들과 연결되어 '조선 해방을 위해 학생의 전위부대로써 일본제국주의에 항쟁'할 것을 결의하고 교실에서 만세를 절규할 정도로 항일의식이 높았다. 이는 매우 특수한 사례이기는 하나 학생운동의 발전양상으로 주목되는 것이다.

그 외에 진주고보와 진주농업학교, 진주사범학교 학생들로 조직된 사회과학 연구단체인 동무사가 있었다. 동무사의 조직원들은 1928년 진주고보와 진주농교의 연합 시위운동을 주도하다 퇴학당했는데 맹휴 조사과정에서 조직이 발각되고 말았다. 당시 신문보도에 의하면 동무사는 1923년경 조직되었다고 한다.[190] 이것이 사실이라면 지방 독서회 조직으로서는 선구적인 셈인데 진위를 확인하기 어렵다. 지방의 사회인사가 배후에서 단체를 지도했고 회원이 30여 명에 달했다고 한다.

서울에서는 조과연 회원들을 중심으로 ㄱ당黨이 조직되었다. 1928년 2월

190 『동아일보』, 1928년 7월 23일.

고려공청이 발각 와해되고 한일청·박찬식 등 조과연 내 공청 야체이카원들의 활동이 중단되자 이를 계기로 조과연 회원들을 중심으로 시내 중등학교 학생들이 비밀결사조직을 추진했다. 1928년 2월 21일 서울 시내 각 중등학교의 학생인 최성환·송병채·이철하·안삼원·한병선·박판동·유병근·김운선·권오경·민강창·남상황·문은종[191] 등은 전국 중등학교 학생들의 조직화를 목표로 비밀결사 ㄱ당을 결성했다.

이들은 "학생운동도 일반 사상운동과 동일한 궤도를 따라 종래의 국부적 운동으로부터 전체적 맑스주의 운동으로 진출"할 시기가 왔다고 정세를 진단한 후 "금후 학생운동을 맑스주의 정치투쟁으로 이끌 임무를 수행하기 위해 공고한 단결을 만들지 않으면 안 된다"고 결의했다.[192]

이어 집행위원장 송병채,[193] 책임비서 이철하를 선임하고 집행위원은 서울 각 중등학교에서 1명씩 선정했다. 배재고보 한병선, 중동학교 최성환, 중앙고보 박판동, 청년학관 남상황, 양정고보 이경배, 보성고보 구장회 등이었다.[194]

---

191 최성환(조과연), 한병선(조과연 회원, 배재고보 4년), 이철하(조과연 회원, 중동학교), 안삼원(조과연 회원, 휘문고보), 송병채(경성露語학원), 남상황(법정학교 학생), 김형원(배재고보 4년), 양순황(조선교육협회 서무집행위원, 보성고보 5년), 박판동(조과연 회원, 중앙고보 4년), 이민식(조과연 회원, 중동학교 5년), 유병근(조과연 회원, 중앙고보 4년), 구장회(조과연 회원, 보성고보 5년), 정관진(노동총동맹 위원, 서울청년회원, 고학당 5년), 김운선(조과연 회원, 휘문고보 4년), 권오경(동경정칙영어학교 학생), 민강창(경성제1고보 5년) 문은종(미상)(『동아일보』 1928년 12월 7일 ; 「예심종결결정서」 1930년 1월 25일, 경성지방법원 예심괘, 국사편찬위원회 MF). 이 중 양순황(양순모와 동일인 여부 미상) 정관진은 예심에 회부되지 않았다.

192 강재언, 『光州抗日學生事件資料』, 379쪽.

193 송병채는 1926년 전주고보 재학 중 일본인 교장 배척 등을 내건 동맹휴교 활동으로 인해 체포되어 1927년 2월 1일 징역 6월 집행유예 2년을 받고 상경하여 경성노어학원에 재학 중이었다(「(宋炳寀 等)判決文」, 대구복심법원, 1927년 2월 1일, 국가기록원 소장 MF).

194 경성지방법원 예심괘, 「韓炳宣 訊問調書」, 1930년 1월 10일, 국사편찬위원회 소장

이를 통해 ㄱ당이 서울 시내 각 중등학교를 망라한 조직 결성을 추진했던 것을[195] 알 수 있다.

2월 27일 모임에서 비서부, 선전부, 조직부, 검찰부의 각 부서와 책임자를 선정했다.[196] 이들은 "본당은 마르크스주의의 연구 및 학생운동의 통일을 기도하여 해該 운동으로서 공산주의적으로 함. 학생의 현실적 이익을 옹호하기 위해 ㄱ당의 조직을 공고히 함"이라는 강령을 제정했다. 이어 3월 1일을 기해 3·1운동 기념시위를 계획하고 각 단체, 학교와 연락하기 위해 최성환·이철하·송병채·안삼원·문은종을 교섭위원으로 선정했다.[197] 그러나 이러한 계획은 성공하지 못했다. 동년 2월 초 조선공산당 조직이 발각되고 신간회가 3·1운동 기념시위에 반대했을 뿐 아니라 시기적으로도 너무 촉박했기 때문이다.[198]

ㄱ당이 결성과 동시에 추진한 3·1운동 기념시위 계획은 고려공청에서 1927년 말부터 준비해 오던 핵심적인 대중운동계획의 하나였다. 이로 보아

MF.

195 이들은 실행위원을 선정하여 서울 시내 미 가입 학교에 대한 가입 권유활동을 전개했다. 이로 보아 시내 전 중등학교의 학생 대표를 가입시키려 했음을 알 수 있다(서대문경찰서장, 「京西高秘第7378號治安維持法并ニ出版法違反事件檢擧ニ關スル件」, 1928년 12월 15일).

196 비서부 책임비서 송병채, 비서 이철하, 선전부 부원 한병선·박판동, 조직부 부원 최성환·안삼원, 검찰부 부원 최성환·김운선(「예심종결결정서」 1930년 1월 25일, 경성지방법원 예심괘, 국사편찬위원회 MF).

197 경기도, 「昭和三年中ニ於ケル重要事項」, 『治安概要』, 1929, 독립기념관 소장 MF.

198 고려공산청년회는 학생을 주축으로 한 대대적인 3·1운동 기념시위를 1927년 말부터 준비하여 신간회와의 제휴를 추진했다. 이에 대해 신간회는 시기상조라는 이유로 반대하여 1928년 1월에는 각 지회에까지 참가하지 말 것을 통보했다고 한다. 결국 1928년 2월 초 고려공산청년회 조직이 발각·와해되어 기념시위계획은 무산되고 말았다(강덕상, 『현대사자료』 29, 90쪽).

ㄱ당은 1928년 2월 초에 발각 와해되는 고려공청과 일정한 연계를 이루고 있었던 것으로 보인다. 이들은 동년 6월에 이르기까지 수차례의 집행위원회를 개최하고 주의 선전방법과 세포조직 결성 방안 등을 논의했다. 지방세포의 조직은 회원이 학기말과 휴가로 귀성하는 기회를 이용하여 사회과학에 흥미를 갖는 전투적인 학생을 중심으로 그 지역의 학교 안에 비밀세포를 조직하고, 학교를 단위로 하여 점차 도로 범위를 넓혀 우수한 세포를 선정하고 당원으로 편입하기로 했다. 이는 곧 ㄱ당이 전국적인 조직을 전망하고 있었다는 것을 의미한다. 그러나 지방의 광주고보와 공주고보에서는 조직 결성에 실패했고 서울 배재고보에는 세포조직을 결성할 수 있었다.[199]

배재고보에는 '배재맑스'로 불리던 한병선의 주도로 동년 6월 박승제·손율기·김병기 등 8명으로 세포조직을 완성했다. 그런데 한병선[200]은 일제의 소위 어대전御大典을 기해 공공장소에서 "동화적 교육을 배척하자. 조선독립 만세"라고 기재한 문서 약 2만 매를 배포할 것을 계획하고 이에 필요한 자금조달을 위해 조선청년총동맹, 근우회 등에 교섭했으나 실패하였다. 이에 신간회 동경지회장 박양근에게 자금지원을 의뢰하였으나 경비가 삼엄하여 운동이 불가능하다는 이유로 거절당했다. 이로 보아 한병선은 서울지역 학생 전체를 대상으로 한 대규모 시위운동을 계획했던 것으로 파악된다. 자금문제로 이러한 계획이 실패하자 한병선은 모교인 배재고보의 맹휴활동을 지도하기 시작했다. 어대전 당시 모교인 배재고보에서 동맹휴교를 단행할 것을 계획했다. 11월 2일 배재고보 세포조직원인 박승제·김병기·오명중·손율기 등과 함께 "학생에 자치를 부여하라, 동화교육 배척, 교사 배척"과 학교설비의 충실 등 10개조의

199 강재언 편, 『光州抗日學生事件資料』, 379쪽.

200 한병선은 오산공립보통학교 1학년 당시 맹휴활동으로 퇴학당한 경력이 있었다(경성지방법원 예심괘, 「한병선 신문조서」, 1930년 1월 10일, 국사편찬위원회 소장 MF).

진정서를 작성하고 맹휴선동위원을 선정하여 각 학급을 담당토록 했다. 그러나 시위 결행일인 5~6일 4학년 학생 일부의 반대로 맹휴계획은 좌절되고 말았다. 이에 한병선은 혈서로 쓴 자퇴원을 제출하고 은신하였는데, 이것이 단서가 되어 ㄱ당 조직의 전모가 드러나 조직원들이 체포되었다.[201]

ㄱ당은 개별 단위 학교 차원이 아닌 서울 시내 각 학교 학생의 연합 조직이라는 점에서 주목된다. 전국적 조직 결성을 전망하면서 우선 서울지역 각 중등학교 학생들을 중심으로 조직되었다. 이들은 학생운동의 정치투쟁으로의 전환과 학생운동의 통일을 강령으로 삼았다. 또 조과연 회원을 중심으로 결성되었으나 조과연과 조선학생회의 활동에 비판적이었다. 이들은 조과연의 활동이 미온적이며 조선학생회는 전문학생들로 구성된 국부적 운동으로 보았다.[202] '맑스주의 사상에 의한 학생운동 통일'을 내건 만큼 기존 학생운동 조직간의 통일방식이 아니라 전국적으로 각 학교 내에 사회주의 세포조직을 결성한 후 이를 통한 학생세력의 결집을 지향했다. 이는 1927년 말 조과연의 단체위주 통일촉진이 실패하면서 개별 단위 학교 학생들이 사회주의 비밀결사를 통한 학생운동 통일을 시도한 것으로 볼 수 있다. 서울지역의 경우 각 학교의

---

201 경기도, 「昭和三年中ニ於ケル重要事項」, 『治安槪要』, 1929, 독립기념관 소장 MF. 당시의 신문보도에는 ㄱ당과 조과연내 고려공청 야체이카원을 동일 조직의 활동으로 보도한 경우가 발견된다. 그러나 조과연내 야체이카원은 1928년 9월, ㄱ당은 동년 11월 체포되었으나 학생사건인 관계로 병합심리를 한 것이며 판결문 상으로도 활동내용이 각각 달리 나타난다.

202 조직 당시 조선학생회와 조선학생과학연구회 등이 있는데 다시 ㄱ당을 조직하는 것은 학생운동의 통일에 대립하는 것이 아니냐는 지적에 대해 송병채는 "이 두회는 학생운동을 통일할 능력이 없고 실제운동을 할 기력도 없으므로 우리는 이면적 전체적인 비밀결사를 만들어 학생운동에서 마르크스주의의 실현을 분명히 할 필요가 있다"고 답변하였다(경성서대문경찰서장, 「京西高秘第7378號 治安維持法并ニ出版法違反事件檢擧ニ關スル件」, 1928년 12월 15일).

대표자들로 당을 구성한 후 이들이 개별 학교에 세포를 결성하여 조직을 확장하는 방식을 취하였다. 이는 1927년 조과연의 운영이 공개적으로 진행된 관계로 실제 활동에 제약을 받았던 경험이 작용한 것으로 보인다. 독서회 등 각 학교 내 세포조직 결성을 통한 세력확장방안은 1928년 3월 성립된 제4차 고려공청 학생부의 주요한 실천전술이었다.

그러나 ㄱ당의 이러한 활동은 주도자인 이철하·최성환[203] 등이 동년 4월 이후 조과연의 상무집행위원으로 활동하며 조과연 차원에서 독서회 결성을 추진하게 되자 크게 진척되지는 못했던 것으로 보인다. 예컨대 ㄱ당에서 유일하게 배재고보에 세포조직을 완성한 한병선의 경우에도 이철하의 권유로 동년 5월 배재고보에 독서회를 조직했고, 이철하로부터 도서목록과 순서를 지도받았다고 한다.[204] 이는 5월 이후 조과연의 전 상무집행위원들이 각자 학교를 분담하여 독서회를 결성하는 과정에서 조과연 상무집행위원 이철하의 지도로 배재고보 내에 독서회가 조직되었음을 의미한다. 결국 ㄱ당은 종전 조과연의 표면활동의 한계와 공청 야체이카원의 활동 중지를 계기로 조과연 회원들을 중심으로 결성되었으나, 동년 4월 이후 공청의 지도로 조과연 상무집행위원

---

203 최성환은 처음 ㄱ당 결성을 발의했다가 이후 조직 내 異分子가 있다는 이유로 조직변경을 주장한 바 있고, 이철하는 결성 초기 책임비서, 조직완성 후는 비서부 비서로 선출된 주도자였다(경성지방법원 예심괘, 「한병선 신문조서」, 1930년 1월 10일). 이들은 동년 4월 이후 고려공청원으로 조과연의 상무집행위원을 맡았다.

204 서대문경찰서, 「李哲夏에 대한 韓炳宣의 증인신문조서」, 1928년 9월 21일, 서대문경찰서, 국사편찬위원회 소장 MF. 한병선은 이철하와 1927년 말부터 함께 자취를 한 바 있었다. 또한 체포 당시 이철하와 이민식은 대동단에서 활동한 바 있던 閔橿의 집에 함께 하숙했으며, 이경배는 주소지가 상해 임시정부원인 민필호의 집으로 되어 있다(「예심종결결정서」, 1930년 1월 25일, 경성지방법원 예심괘). 당시 학생조직의 인적구성이 상호 중복되거나 비밀조직으로 확산되었던 데에는 지방학생들이 상경하여 자취 또는 하숙하며 자연스럽게 연결될 수 있었던 당시의 현실적인 사정과도 무관하지 않을 것이다.

회가 활성화되자 적극적인 활동을 전개하지는 못했던 것을 알 수 있다.

이 외에도 전국의 중등학교에 독서회가 광범위하게 조직되었을 것으로 보인다. 일례로 전북 이리농림학교에는 1928년 이후 마르크스 사회과학연구회가 조직되어 있었다.[205] 전북 고창고보에도 1929년 5월 서울의 경성제1고보 재학 중 ㄱ당원으로 활동하다 고창고보에 전학한 문은종의 지도로 ㄱ당을 모방하여 사회과학 연구를 목적한 S당이 조직되었다.[206] 또 전남 목포상업학교에도 독서회가 조직되어 있었다. 목포상업학교 독서회의 경우, 최초의 결성 시점은 확인되지 않으나 1929년 11월 광주의 학생시위와 대규모 학생 검거에 항의하여 동조시위를 주도함으로써 조직이 발각되었다. 5학년부터 2학년까지 학년별로 조직되었던 것으로 보인다. 검거된 관련자만 25명에 달했다[207] 이들은 『개벽開闢』 등의 잡지를 회람하며 독후감을 토론하고 일본공산당 기관지인 『적기赤旗』를 윤독하기도 했다.[208] 1929년 9월경 강릉공립농업학교에도 강덕희 등 28명의 학생들이 독서회를 조직하고 사회주의 서적을 회람 강독했다. 이들은 1930년 1월 동교생을 규합하여 광주학생에 호응하는 시위운동을 주도했다. 황해도 사리원공립농업학교에는 황黃, 곽郭, 김金 3성姓의 학생으로 사회과학 연구의 비밀결사 3성姓회가 조직되어 1930년 2월 만세시위를 추진하다가 발각되기도 했다.[209]

---

205 「(陳基烈 等)判決文」, 함흥지방법원, 1935년 7월 8일 ; 고등법원 검사국 『思想彙報』 4, 1935년 9월, 9~20쪽.

206 「昭和7年刑公第100號(文殷鍾 等)判決文」, 전주지방법원, 1932년 3월 16일.

207 朝鮮總督府 警務局, 『最近に於ける朝鮮治安狀況』, 1936, 118쪽.

208 朴相俊, 「회고록」(필사본) 13쪽. 박상준은 1929년 당시 목포상업학교 4학년생으로 독서회원이었다. 자필회고록의 작성 시기는 불분명하나 박상준이 1986년 사망했으므로 그 이전에 작성되었을 것이다.

209 강재언, 『光州抗日學生事件資料』, 279~280쪽.

이러한 조직들은 관련자들이 1930년대 초 다른 활동으로 검거되면서 알려지게 된 것이다. 따라서 실제로는 전국의 중등학교에 이보다 훨씬 많은 독서회가 광범위하게 조직되었을 것이다. 같은 학교에서 학년별로 독서회가 조직되기도 했다. 중등학교의 경우 타지방에서 유학 온 학생이 많았으므로 동향인끼리 향우회나 친목회를 조직했는데, 이러한 친목회에서도 사회과학을 연구했다.[210] 또 독서회라는 결사를 조직하지 않고 몇몇 학생이 사회과학 서적을 읽고 토론하는 형태의 모임도 많았을 것이다. 일례로 1929년 말 여수수산학교 학생 고자화와 제주농업학교 학생 김두진은 하기 방학 중 고향인 제주도로 귀향하여 제주구우공립보통학교 졸업생인 김인수와 함께 '3인독서회'를 조직하여 사회과학을 연구하였다.[211] 이와 같이 1927~1929년간 전국 각 중등학교에 사회과학 연구를 목적한 독서회가 광범위하게 조직되어 있었고 이는 학생들이 식민지 현실을 보다 과학적으로 인식하는 계기가 되었을 것이다.

조선공산당 재건운동과의 결합

1928년 7~8월 일제의 검거로 4차 조공이 와해되었다. 이후 국내외의 사회주의자들에게 전해진 코민테른의 12월테제는 기존의 당조직을 부인하고 새로운 조직방식을 통한 조공 재건을 지시하는 내용이었다. 그런데 코민테른 12

210 일례로 동래고보에 울산학우회, 김해학우회, 차성학우회 등의 지역학우회와 부산진보통학교 등 보통학교 졸업생학우회가 결성되어 있었고 이들이 학우회를 중심으로 독서회를 조직했다(강대민, 『부산지역 학생운동사』, 국학자료원, 2003, 111쪽).

211 광주지방법원 목포지청 검사분국, 「(高子華 等)意見書」, 1934년 12월 27일 ; 제주도, 『제주항일독립운동사』, 1996, 703쪽.

월테제와 프로핀테른 9월테제의 조공재건 방침에 입각하여 지역 전위정치조직의 지도 아래 혁명적 노동·농민조합을 결성한 후 이러한 대중적 토대 위에 당 중앙의 결성을 시도하는 '신지도방침'이 실천되는 것은 1930년 말 이후부터였다.[212] 1929년 당시만 해도 사회주의 각 파에서 추진한 조공 재조직 활동은 즉각적인 조공 및 공청 재건조직을 결성하여 이를 중심으로 당세포를 결성하는 방식이었다. 오히려 각 파 조공재건조직은 행동전위로서 학생조직을 적극적으로 활용하여 당 재건의 기반으로 삼으려 했다.

물론 당시에는 조공 재조직 활동이 전국적인 규모로 전개되지는 않았다. 그러나 서울을 비롯하여 일부 지방에서 조공 재조직활동이 시도되었다. 이들 사회주의 각파의 재건조직은 학생운동 조직을 조공 재건의 기반으로 삼으려 했으며 이를 위해 독서회 등 학생운동 조직의 결성에 나섰다.

이에 따라 1929년의 학생운동 조직은 조선공산당 재건운동과의 연계하에 활동했다는 점에서 이전과는 다른 차별성이 있었다. 학생들만의 조직이 아니라 조공 재건조직의 지도를 받는 별동조직의 성격을 띠었던 것이다. 따라서 조직의 강령이나 규약도 보다 현실 지향적이었고 학생의 노동운동, 농민운동 참여가 적극적으로 제기되었다.

조공 재건조직 결성에 착수한 ML파의 활동을 살펴보자.

1929년 초 중국 길림에서 새롭게 결성된 고려공산청년회의 조직부 부원이자 조선 간부조직 지도책임을 맡은 원태희가 국내 조직 결성의 책임을 맡고 입국했다.[213] 그는 조선공산당 일본총국의 간부로 활동하다 체포를 면한 인정

---

212 신주백, 『1930년대 국내민족운동사』, 선인, 2005, 43~55·99~106쪽

213 원태희의 입국시기가 자료에 따라 1929년 1월(강재언 편, 『光州抗日學生事件資料』, 374쪽) 또는 6월(「朝保秘 第61號 朝鮮共産黨再組織運動ニ關スル件」; 강덕상, 『현대사자료』 29, 219~220쪽)로 상이하다. 원태희가 코민테른 6차대회의 결정서를 입수한

식과 함께 학생조직의 결성에 착수했다.

이에 앞서 김병률이[214] 1928년 9월 홍승유·강윤구·전영탁·현운필 등을 규합, 보성전문학교 내에 독서회를 결성한 바 있었다. 1929년 초에 귀국한 원태희·인정식 등은 김병률이 결성한 보성전문학교 독서회를 기반으로 조직을 확대해갔다. 즉 보성전문학생인 홍승유·강윤구 등으로 학생야체이카를 조직한 후 시내 각 학교에 독서회 결성을 추진했다. 그 결과 보성전문, 연희전문, 휘문고보, 중동학교에 각기 독서회를 조직할 수 있었다. 이들은 표면단체인 조과연의 인적 기반을 통해 조직 확대를 도모했다. 조과연 집행위원장인 양순모를 비롯하여 보성전문의 홍승유·현운필·김효관·이도백·고재섭·오명환·강대영·이천진·노긍식, 휘문고보의 이천산·장홍염, 중동학교의 박승원 등 조과연의 간부 또는 회원들이 독서회에 소속되어 있었다.[215] 이들은 보성전문, 연희전문의 맹휴를 배후지도하고 휘문고보의 학생자치운동을 지원했다. 또 동년 가을에 개최 예정인 조선박람회를 기회로 학교, 공장야체이카를 총동원하여 '조선의 정치적 절대해방, 식민지교육제도의 부인과 조선인본위의 교육 실시'를 골자로 하는 선전격문을 작성 배포하고 일대 시위운동을 전개할 것을 계획하기도 했다.[216] 그러나 동년 6월 조직이 발각, 와해됨으로써 실패하고 말았다.

그런데 이들이 "공산청년회의 조직은 학생의 조직을 가장 급무急務로 한

고광수와 함께 활동하다 입국한 점에 미루어 볼 때 '12월테제'의 내용을 알고 있었을 것으로 보인다.

214 김병률은 길림에서 새로 결성된 고려공청의 만주총국 책임비서로서 국내에서 활동하고 있었다.

215 「朝鮮學生科學研究會名簿ノ件」, 경성동대문경찰서장, 1930년 4월 18일, 독립기념관 소장 MF ; 강재언 편, 『光州抗日學生事件資料』, 377쪽.

216 강재언 편, 위의 책, 374~377쪽.

다"[217]고 하여 학생조직의 결성을 통한 공산청년회 재건을 시도했다는 점이 주목된다. 즉, 국내 각 학교 내에 비밀결사의 조직을 마친 후 때를 보아 일대 운동을 전개한다는 것이었다. 이들 학생 비밀결사원은 하기 휴가 중 농촌에 들어가 농민 야체이카를 조직하여 소작쟁의를 유도하고, 혹은 각 노동자를 지도하여 야체이카를 조직한 후 노동쟁의를 야기하며 각 표현단체는 표면적 또는 이면적으로 이를 응원한다는 계획을 세웠다.[218] 12월테제의 영향으로 노동자, 농민의 조직화에 중점을 두면서도 그 활동주체로 학생을 설정하고 있는 점이 주목되는 것이다. 결국 조직기반이 취약한 조공 재건세력이 공산청년회의 재건을 비롯하여 노동, 농민조직 결성의 핵심 주체로서 학생들을 활용하려고 했음을 알 수 있다. 이는 1928년 초 서울 시내 각 학교 학생들을 중심으로 조직된 ㄱ당의 방학 중 활동 계획이 지방 학교 내의 세포조직 결성에 치중되었던 것과 크게 대비되는 점이다.

구서울파에서도 조공 재조직운동을 추진했다. 이준열李駿烈을 중심으로 한 조공재조직준비위원회 활동이 그것이다. 고학당 교장인 이준열은 1929년 3월 조공재조직준비위원회를 결성한 후,[219] 고학당 내에 조직된 조선학생혁명당을 학생행동조직으로 개편했다. 조선학생혁명당은 1927년 1월 고학당 내에 조직되었던 정관진, 김태래 등의 고려공산청년회 학생야체이카가 발전적으로 개편하여 1927년 2월에 결성된 학생 비밀결사였다.[220] 김태래, 정관진

217 강재언 편, 위의 책, 374쪽.

218 강재언 편, 앞의 책, 374쪽.

219 이준열은 1929년 1월 조선공산당의 잠정조직을 결성했다가 동년 3월 이운혁의 밀사를 통해 코민테른의 기존 당 부인 결정을 통보받고 당의 잠정조직을 조선공산당재조직준비위원회로 개칭했다(김성민, 「광주학생운동의 확산과 서울지역 시위의 성격」, 『한국독립운동사연구』 20, 2003, 212~213쪽).

220 장석흥, 「조선학생전위동맹의 조직과 활동」, 『한국학논총』, 국민대 한국학연구소,

야체이카가 조과연의 한일청, 박찬식야체이카와는 달리 개별학교인 고학당을 조직기반으로 조선학생혁명당을 결성한 것이다. 따라서 조선학생혁명당은 공청 야체이카의 전환조직이라는 특성이 있었다. 결성 당시에는 고학당 학생 중심의 결사체였으나, 1929년 3월 이준열의 조공재조직준비위원회의 행동조직으로 변화되면서 조선학생전위동맹으로 개편하고 서울지역 학생조직을 통할하는 역할을 자임하게 되었다.

같은 해 6월 조직 개편시 제시된 강령은 "우리는 레닌주의의 입장에서 제국주의 교육에 항쟁을 기할 것, 우리는 노동자 농민의 조직자 양성을 기할 것, 우리는 조선학생의 당면문제를 과학적으로 자결自決하는 것과 동시에 공고한 조직을 기할 것"[221] 등이었다. 그런데 강령 중 '노동자 농민의 조직자 양성을 기할 것'이라는 항목은 조공 재조직을 위한 노동자, 농민조직 결성의 주체로서의 위상을 설정한 것으로서 주목된다. 이는 전술한 ML파 조공재건 세력이 학생 전위분자를 앞세워 노동자, 농민조직을 결성한 후 당을 재건하려는 시도와 그 궤를 같이하는 것으로 생각된다. 12월테제에 따라 노동자, 농민 중심의 당 결성이 추진되어야 하나 조직기반이 취약한 조공 재건조직들이 학생을 노동자, 농민 조직화의 전위로 활용하려 했던 현실을 반영한 것으로 보인다.

행동강령도 세분화·구체화되면서 1927~1928년 당시 학생 맹휴과정에서 제기되던 요구들을 망라하고 있는 것을 볼 수 있다.[222] 1928년에 결성된 ㄱ당

1999, 100~103쪽. 자료에 따라서는 조선학생혁명당의 결성시기가 1927년 11월로 나타나기도 한다.

221 장석흥, 앞의 글, 1999, 104~105쪽.

222 장석흥, 앞의 글, 1999, 105쪽. 언론·집회·출판의 자유 획득, 조선학생 본위의 교육, 조일학생의 민족적 차별대우 철폐, 교육 용어의 조선어 사용, 학생회의 자치권 확립 등 20여 조목이 제기되었다. 그 외에 조선좌익운동 지지, 국제적 좌익운동지지 등도 명시하여 계급운동적 성격을 분명히 하고 있는데, 이는 조공재조직위원회의 별동조직이었기

과는 달리 학생조직의 통일문제가 생략된 점도 특징이라고 할 수 있다. 조공의 해체 이후 학생단체의 통일문제가 크게 제기되지 않게 된 현실을 보여준다. 이는 학생조직의 전위적 성격이 강조된 현실과 무관하지 않을 것이다. 전위동맹은 이후 경신학교, 고학당, 배재고보, 중동학교, 중앙고보 등에 독서회를 결성하며 조직을 확대해 갔다.[223] 이러한 조직 확대과정에는 표면단체인 조과연을 통한 교우관계 등이 크게 작용했던 것으로 보인다. 초기 조직과정의 주도자인 정관진은 1928년 4월 조과연의 박찬식 등과 서울파 공산청년회의 후계조직 결성을 계획한 바 있었고, 동년 말에는 ㄱ당 조직에 연루되어 체포되기도 했었다.[224] 중앙간부인 김태래·한경석·김순희가 모두 조과연 회원이었고, 전위동맹의 각 학교 독서회원들도 조과연 회원이 많았다.[225] 전위동맹은 조직 확대에 주력하며 직접 맹휴지원 활동에 나서지 않은 관계로 비교적 장기간 조직을 유지할 수 있었고, 1929년 말 광주학생운동 당시 각 학교의 독서회 조직을 이용하여 서울지역 시위운동을 추진한 중심세력으로 성장했다.

이와 같이 각파 조공재건 조직이 서울을 중심으로 활동한 반면 지방의 경우에도 조공재건조직과 학생운동 조직의 연계가 나타나고 있었다.

대표적인 사례가 전주여고보의 적광회赤光會 조직이다. 1929년 6월 18일 전

때문일 것이다.

223 김성민, 앞의 글, 2003, 214쪽.

224 「三一運動紀念日ニ對スル不穩計劃ニ伴フ學生秘密結社事件等檢擧ニ關スル件」, 1930년 3월 18일, 경성종로경찰서장, 독립기념관 소장 MF.

225 전위동맹의 책임비서 김태래는 1927년부터 한일청과 함께 조과연의 서무부원으로 활동하다 1929년 5월 집행위원에서 물러났으며, 중앙간부 한경석·김순희를 비롯하여 유축운·권유근·정종근·강목구·김인배·조훈 등이 조과연 회원이었다(「朝鮮學生科學研究會名簿ノ件」, 경성동대문경찰서장, 1930년 4월 18일, 독립기념관 소장 MF ; 「朝鮮學生科學研究會執行委員會開催ニ關スル件」, 경성종로경찰서장, 1927년 6월 1일·1929년 5월 13일, 국사편찬위원회 소장 MF).

주여고보 4학년생인 임부득은 동급생인 김옥봉, 오갑수, 김순자 등을 규합하여 비밀결사 적광회를 조직했다. 이들은 이후 사회과학 연구모임을 지속하면서 조직 확장을 계획하고 회명을 반회班會로 변경했다. 이는 각 반 단위로 비밀결사를 조직하기 위한 것이었다. 이후 2학년생 서경순 등 5명으로 2학년 반회를 조직했다. 또 박정애 등 5명으로 3학년의 반회를 별도로 결성하는 등 조직 정비에 힘썼다.

그런데 반회의 조직에는 전북 공산당 재건조직이 관여하고 있었다. 4차 조공과 고려공청의 일제 검거 당시 체포를 면한 4차 고려공청의 전북도당 간부 이명수는 임종환 등과 함께 1929년 1월 고려공산청년회 전북도당을 재조직했다. 이들은 이후 군산, 전주, 이리, 김제, 예산, 금산, 임실, 남원 등 9개 지역에 야체이카를 결성하는 등 조직을 확대해갔다. 이들은 소위 어대전御大典을 이용하여 운동의 확산을 도모했다. 1928년 11월과 12월 초순 사진으로 촬영한 격문 50여 매와 '공화신년共化新年'이란 제하에 "강도적 일본제국주의 ×멸타파 공산당共産黨 백白"이라 기재한 연하장 150매를 제작하여 서울의 신간회, 근우회, 청년총동맹을 비롯한 각 사회단체, 사상단체에 우송했다.[226] 특히 중앙고보 학생들에게도 배부하여 학생운동과의 연계를 시도했다.[227] 그런데 반회를 조직한 임부득의 남편인 김철주는 고려공청 전북도당원이었고[228] 같은 당원인 윤규섭도 임부득과 연결되어 있었다. 결국 반회가 고려공청 전북도당의 지도를 받고 있었던 것을 알 수 있다.

---

226 『매일신보』, 1930년 12월 10일.

227 「(林宗桓 등 32명) 豫審請求書」, 경성지방법원 검사국, 1929년 5월 15일, 국사편찬위원회 소장 MF.

228 金鐵柱는 1928년 4월 전주청년동맹 정기총회에서 도연맹 출석대표위원으로 선출되었다. 1929년 7월 전북공산당에 연루 체포되었으며 1930년 12월 예심 면소되어 출옥했다(『동아일보』, 1930년 12월 10일).

고려공청 전북도당의 배후지도로 임부득 등 반회원들의 학생운동 인식은 구체적이고 실천적인 현실참여로 나타났다. 이들은 동맹휴교 등 학생차원의 운동방식을 시대에 뒤떨어진 것으로 간주하고 이면운동의 필요성을 제기했다. 이들이 제기한 이면운동은 단순히 사회과학의 연구뿐만 아니라 공산주의의 선전과 여권운동을 실제로 전개하는 것이었다.[229]

임부득은 다음과 같은 내용의 '뉴스'를 제작하여 각 반원들에게 배포 윤독하며 사회과학 연구뿐 아니라 실제 운동에 나설 각오를 다졌는데 이는 임부득의 의뢰로, 고려공청 전북도당원인 윤규섭이 작성한 것이었다.[230]

> 일본제국주의는 조선민족에 대해 광범위한 박해를 가해 진실로 조선농민을 위해 싸우는 용감한 투사는 혹은 투옥되고 혹은 도살되고 있다. 우리들을 위해 싸우는 혁명적 단체는 혹은 봉쇄되고 혹은 와해되고 있다. 더욱 심한 것은 신성한 교육에 있어서까지 압박을 가해, 학생의 언론, 집회, 연구의 자유를 빼앗고 사상 선도의 미명을 빙자하여 학생의 제적을 자행하고 또 경찰 당국과 협력하여 불온사상 취체의 명목하에 백주에 학생의 검속, 고문, 투옥을 감행하고 있다. 이와 같은 노예적 교육제도는 이를 철폐하고 결사, 연구의 자유를 얻어 조선 민족 본위의 교육제도를 실현해야 한다. 우리의 피는 끓고 몸은 뛰어오른다. 우리들의 전진에는 오직 마르크스주의가 있

229 사회주의자인 오빠 임당영과 남편 金鐵柱의 영향을 받아 사회주의를 수용한 임부득은 동급생들에게 "동맹휴교 같은 것은 시대에 뒤떨어진다. 우리들은 이면에서 운동을 하지 않으면 안 된다. 사회과학과 여권운동을 조직적으로 연구해야 한다"고 활동 방향을 제시했다고 한다. 회원인 金玉奉의 진술에 의하면 '이면에서의 운동이라는 것은 공산주의의 선전 및 여권운동을 실제로 행하는 것'이라고 한다(「昭和4年 刑公第1680號(任富得 등)判決文」, 전주지방법원, 1930년 3월 5일)

230 「昭和5年 刑公第2060~2063號(尹奎燮 등)判決文」, 경성지방법원, 1931년 5월 14일, 고등법원 검사국 사상부 『思想月報』 3, 1931년 6월, 253~262쪽 ; 「全北共産黨 豫審決定全文(一)(二)」, 『조선일보』, 1930년 12월 18~19일.

을 뿐이다. 일본제국주의에 끝까지 항쟁하자, 조선민족 해방 만세[231]

위 내용에는 '식민지 노예교육 철폐, 조선인 본위의 교육 실현, 언론· 집회·결사·연구의 자유 획득, 일본제국주의에 항쟁' 등 당시 맹휴의 일반적인 요구조건이 그대로 반영되어 있다. 흡사 맹휴 당시의 격문을 방불케 하는 것이다. 이들은 대담하게 1929년 7월 중순 전주극장에 격문을 배포하며[232] 사회운동의 전면에 나섰다. 격문의 내용은 확인되지 않으나 위의 '뉴스'와 유사한 내용을 담고 있었을 것으로 보인다. 그러나 이로 인해 조직원 전원이 체포되어 조직이 와해되고 말았다. 전주여고보 학생조직은 지방의 지역 단위의 조공재건조직과 연계되면서 맹휴에 그치는 학생운동의 단순성을 극복하고 일반인에 대한 격문 살포 등 대중운동을 실천하고 있다는 점에서 주목되는 것이다.

그 외에 전주고보에도 독서회가 결성되었다. 1929년 2월부터 동교 1학년과 2학년생 간에 학년별로 독서회가 조직되기 시작했다. 이러한 학년별 조직은 1930년 4월 맹휴로 인해 동교를 퇴학한 김규선의 지도로 전교지도부全校指導部로 통합되었다. 즉 중앙에 전교지도부를 두고 학년별로 학년조직 지도부를 결성하여 조직을 확장한 것이다. 이러한 교내 독서회 조직은 1931년 이후에는 앞서의 김철주, 김창수 등 전북지역 조공재건운동 세력과 연결되어 있었다.[233]

---

231 「昭和4年 刑公第1680號 判決文」, 전주지방법원, 1930년 3월 5일. 임부득의 판결문에 기재된 뉴스의 내용이며, 윤규섭의 판결문(주 230의 자료)에 초록된 내용과 약간의 차이가 있으나 이는 한글을 일본어로 번역하는 과정의 차이로 보인다. 단지 윤규섭의 판결문에는 뒷부분에 '언론·집회·결사·연구의 자유를 획득하자, 식민지노예교육을 철폐하자, 조선인본위의 교육을 실시하자, 일본제국주의와 항쟁하자, 조선민족해방 만세'라고 구체적인 항쟁 슬로건이 제시되어 있다.

232 「전주여고 적색비사 任富得 예심종결, 잠행운동을 계속하다 격문 살포로 내용탄로」, 『중외일보』, 1930년 1월 10일.

233 「昭和八年刑公第1905~1910號 判決文」, 전주지방법원, 1934년 3월 31일.

1927~1928년에는 종래 서울 중심의 학생운동 조직이 전국으로 확산되었다. 서울의 경우 경성학생연맹, 조선학생과학연구회 등 표면단체를 인적 기반으로 하여 개별 학교에 소규모 독서회가 조직되었다. 반면 지방에는 비밀결사 형태의 독서회가 전국의 중등학교를 중심으로 확산되었다. 독서회는 대부분 사회과학 연구를 위한 모임이었다. 비밀결사의 형태를 띨 수밖에 없었던 것은 사회과학 연구를 목적으로 한 교내 모임이 허락되지 않았기 때문이다. 이는 학생 맹휴 당시 언론·집회·결사의 자유 요구, 또는 사회과학 연구의 자유 요구 등으로 표출되었다. 이와 같은 학생운동 조직의 확산에는 지역 사회, 사상단체의 사회과학 연구모임이나 강연회 등이 큰 자극이 되었다. 또 6·10만세운동을 통해 지역적으로 전개된 봉도나 망곡 등은 학생들의 민족의식을 자각시키는 계기가 되었을 것이다.

독서회는 개별 학교 단위로 조직되기도 하였으나 지역 중등학교 학생들의 연합조직으로 결성되기도 했다. 대구의 신우동맹, 광주의 성진회, 진주의 동무사 등이 그러한 예이다. 대도시로서 고보, 농교, 사범학교 등 각종 중등학교가 설립된 지역은 학생들의 유대관계로 인해 연합조직이 발달했다. 이들은 맹휴나 시위운동도 연합하여 전개하는 경우가 많았다.[234] 서울에는 전국적 학생조직을 전망하며 중등학생들을 중심으로 비밀결사 ㄱ당이 조직되었다. ㄱ당은 특히 전국적 학생운동 조직의 통일을 지향하며 결성된 비밀결사라는 점에서 주목되는 것이다.

이러한 학생운동 조직의 확산과정에는 조선공산당과 고려공산청년회의 배

234 대구고보, 대구농교의 맹휴, 광주고보, 광주농교의 맹휴, 진주고보, 진주농교의 맹휴가 연대 투쟁의 형태로 전개되었다. 함흥의 경우 함흥고보, 함흥농교, 함흥상교 등의 중등학교가 있었고 1927~1928년 맹휴 당시 연대 투쟁이 전개되었다. 그런데 함흥지역의 학교에 독서회 모임이 보이지 않는 이유를 알 수 없다.

후 지도가 있었다. 1926년 6·10만세운동 당시 2차 조공을 중심으로 학생들의 조직적 역량을 확인한 바 있었던 조공, 공청 등에서는 1927년 이후 학생 조직화에 적극 나섰다. 서울의 경우 당시 학생의 표면조직이자 중등학교 학생의 집결지인 조과연에 주목했다. 조과연내에 고려공청 야체이카를 조직하고 이들을 통해 간접적 지도의 방식으로 맹휴 지도 및 학생조직 통합 등의 활동을 추진했다. 고려공청에 학생부가 설치되는 1928년 3월 이후에는 조과연이 중심이 되어 각 학교에 조공의 지도를 받는 독서회를 조직하여 단위 학교별로 조직을 확장하고 있었다. 또한 조과연 차원에서 각 학교의 맹휴에 직접적으로 관여하며 맹휴의 요구조건 등을 지도함으로써 종래 학교설비 개선 등 개별학교 차원의 맹휴의 이슈를 사회문제로 확산시키는 데 기여했다. 3차 공청의 학생 조직화 방침은 지방 당 및 공청조직을 통해 지방 학생운동 조직의 결성으로 나타났다. 대표적인 예가 공청원인 장적우의 지도로 대구의 중등학생들이 조직한 신우동맹이었다.

1929년의 학생운동 조직은 조공 재조직운동과 연계되면서 구서울파, ML파 등의 조공재건조직의 지도를 받았다. 즉, 학생운동조직에 대한 조공의 통일적 지도가 이루어지지 못한 반면 구서울파, ML파 등이 각기 독자적으로 학생의 조직화에 나섬으로써 오히려 개별학교에서의 학생 조직화가 더욱 활성화되기도 했다. 조선학생전위동맹은 그 대표적인 예이다. 이들 조공 재건 조직은 노동자, 농민세력을 견인하는 핵심 주체로서 학생운동조직을 활용하고자 했다. 지방에도 전주여고보의 적광회와 같이 학생운동 조직이 조공 재건조직과 연계되어 활동하는 모습이 나타나기 시작했다.

운동방식에 있어서도 변화가 모색되었다. 학생운동이 단순한 맹휴투쟁에 그치는 한계를 극복하고 시위운동이나 대중과의 연계투쟁이 시도되고 있었다. 1928년 학생연합의 비밀결사인 ㄱ당은 '전체적 정치투쟁'을 지향하면서 그 방안으로 기성 사회단체와 연계하여 대규모 3·1절 기념시위를 계획했다. 이는 학생조직이 주체가 되어 기존 맹휴방식의 운동을 시위방식의 대중운동으로 전환하려는 시도로서 주목된다. 또한 ㄱ당원 한병선이 독자적으로 조선청년총동맹, 근우회 등과 연계하여 서울 시내에 배포하고자 한 격문에는 "동화적 교육을 배척하자. 조선독립 만세"라는 내용이 포함되어 있었다. 실제로 신의주고보에서는 1929년 3·1운동 10주년을 기념하여 학생들이 교실에서 '조선독립 만세'를 고창하기도 했다.[235] 이는 학생운동이 민족독립운동으로 전환하는 질적인 발전을 의미하는 것으로 주목된다. 전주고보 독서회인 반회班會 회원들이 극장에 격문을 배포하여 대중에게 식민지 교육현실을 직접적으로 호소하고 있는 것도 변화된 운동방식의 하나라고 하겠다.

1929년에는 ML파 조공 재조직운동자들이 조선박람회를 계기로 학생, 공장 야체이카를 동원하여 시위운동을 계획하였으나 사전에 조직이 발각되어 실패했다. 이는 학생들이 기성 사회운동 조직과 연계되면서 맹휴활동뿐 아니라 시위 등의 대중운동으로 발전하고 있던 모습을 보여준다.

이렇듯 1927~1929년의 학생운동은 질적·양적 조직화가 진행되고 있었다. 결국 1929년 말의 광주학생운동이 전국적으로 확산될 수 있었던 것은 이러한 학생운동의 질적·양적 성장의 결과였다고 할 수 있다.

---

235 「3월 1일 교실에 회합 조선○○만세고창」, 『동아일보』, 1929년 6월 21일.

학생의 식민지 현실 인식과 학생운동론 03

학생의 식민지 현실 인식

학생들은 교육현장에서 구체적으로 식민지 현실을 자각하면서 이의 타개책을 모색해 갔다. 다음에서 1920년대 각 중등학교의 교지에 수록된 학생들의 기고문을 통해 당시 학생들의 식민지 현실인식을 살펴보자. 1924년 배재고보의 교지인 『배재』에 수록된 이준하의 글은 당시 한민족의 비참한 생활에 대해 강한 연민을 드러내면서 학생들이 민중을 위해 싸워줄 것을 촉구하고 있다.[236]

> 제군이 일반대중의 비참한 생활과 비인간적으로 학대에 신음하는 것을 사출寫出하야 사회의 의의를 일으킬 것 갓흐면 일반민중은 제군의게 대하야 환호 숭앙하며 희망에 눈동자를 굴릴 것이다. 제군 – 제군은 반다시 민중을 본위로 한 적합한 사상에서 진개의 예술적 가치를 세우라. 그리하야 우리의 동경하는 바를 일우게 하여 주기를 나는 제군에게 특별히 바라는 바이다. …… 제군들아 끝까지 싸우라. 잇슬 곳이 없서서 해외로 방랑하는 동포를 위하야, 유색 인종이라고 학대를 밧는 불상한 민족을 위하야, 생활난에 못

236 李俊夏, 「십자가두에 방황하는 동무들에게」, 『培材』 제7호, 1924, 26~30쪽, 학교법인 배재학당, 『培材百年史(1885~1985)』, 1989, 277~281쪽에서 재인용.

이기여 자살하는 사람들을 위하야! 그리하야 이 인류사회에 참된 자유와 평등과 진리의 낙원을 건설하야 제군의 희망하는 바를 일우는 동시에 민중의 열망하는 바를 저바리지 말어 주기를 바라노라.

당시의 학생들이 민족의 암담한 현실에 대해 절실히 고민하고 이의 타개책을 모색하고 있었음을 알 수 있다.

일제도 중등학교 학생들의 교지를 수집 분석한 결과 "이들 문헌 중에는 '근역槿域'이라든가 '금수강산 삼천리'라든가 '근화槿花', '무궁화無窮花' 등 애국적 정신의 발로를 보여주는 말들이 비상히 많다"고[237] 평하였다.

1926년 『배재』에 수록된 압록강에 민족의 비애를 빗댄 다음의 글을 살펴보자.[238]

아, 푸르게 흐르는 압록강이여. …… 백의민白衣民의 눈물은 한없이 흐르고 있다. 저쪽은 중국이요 이쪽은 조선이다. 오직 그 사이에 생활하는 백의민이 어떠한 고통과 어떠한 부자유를 받아 얼마나 원한이 많은 세상을 건너고 있는가. …… 너는 영원히 조선의 혼과 함께 잠들어 있는가. 만주의 광야에는 기백만의 동포가 있다. 그곳에는 얼마나 많은 백의민의 원한이 있는지 너는 아는가. 만주에 표랑하는 동포들의 비가悲歌를 생각하지 않는가. …… 암흑의 조선에도 광명이 비추고 있다. 백의민의 동포여, 우리들도 잘 살아

---

237 朝鮮總督府 警務局 圖書課, 『出版物より觀たる朝鮮人學生の思想的傾向』, 1931년 5월, 序言 1쪽. 1920년대 한인 중등학교의 교우회지는 다음과 같은 것이 있었다.
배재, 연희, 숭실, 오산, 桂友(중앙고보), 京實(경성실업전수학교, 1930년 4월 창간), 휘문, 고창, 이화

238 孤憶, 「국경의 비오는 밤」, 『培材』 제10호, 1926년 12월, 조선총독부 경무국 도서과, 앞의 책, 1931, 14~17쪽. 교지에 따라 한글로 작성된 글과 일어로 작성된 글이 혼재되어 수록되기도 했다. 조선총독부 경무국 도서과, 『出版物より觀たる朝鮮人學生の思想的傾向』에 수록된 글은 일제가 문제시 한 글을 모은 것이므로 대체로 한글로 작성되었을 것이나 원본을 확인할 수 없어 일어로 수록된 것을 재번역하여 인용했다.

보자. 그리하여 삼천리 무궁화의 들녘에서 영원히 영원히 타인의 간섭 없이 생활하자.

학생들은 암담한 식민지 민족현실을 자신의 문제로 자각하고 있었다. 그리하여 "정수精粹한 백의족白衣族을 계승할 자도 우리들이요, 황폐한 근역槿域을 개척할 자도 우리들이다. 민활하고 강한 팔과 다리로 개척의 삽을 굳게 잡고 자작자급自作自給, 자제자결自制自決, 자조자강自助自强하여 결코 기왕의 간섭자나 감독자를 필요치 않고 황폐해진 이 강산을 빛나게 하지 않으면 안 된다"고[239] 결의를 다지기도 했다.

학생들은 교육현장에서 느끼는 불합리도 토로하였다. 1928년 이화여고보 졸업생에게 보내는 재학생의 송사는 식민지의 억압된 교육현실을 비판하고 있다.[240]

과거 5개년간 제형諸兄의 앞에는 비상히 파란과 굴곡이 중첩되었습니다. 슬픈 경제의 압박은 얼마이며 제도의 무리한 압박은 얼마나 제형의 절망을 재촉하여 재삼 낮밤으로 아픈 눈물도 얼마나 많이 흘렸는지요. 이중 삼중의 불합리한 교육제도 아래 계속하여 받은 모욕을 참아 매번 제형의 심장의 열혈은 과연 얼마나 격렬히 뛰었습니까.

이러한 식민지 인식은 사회문제, 민족문제, 노동문제, 교육문제를 비롯하여 정치, 경제, 외교, 군비, 교통, 무역 등[241] 다방면의 현실문제에 대한 관심으로

239 李錫奎, 「스스로 나아가는 역군이 되자」, 『培材』 제10호, 1926년 12월, 조선총독부 경무국 도서과, 앞의 책, 1931, 73쪽.

240 최××, 「졸업하여 나가는 諸兄을 보내며」, 『梨花』 창간호, 1928년 10월, 조선총독부 경무국 도서과, 앞의 책, 1931, 135~136쪽.

241 조선총독부 경무국 도서과, 앞의 책, 1931, 序言 4쪽. 조선총독부 경무국에서 수집, 분

나타나고 있다.

이러한 과정에서 학생들은 식민지 현실을 과학적으로 설명하고 이의 극복 방안을 제시한 사회주의를 수용했다. 일례로 황해도 해주고보 학생들의 모임을 들 수 있다.[242] 1929년 7월 1일 해주고보생 박효순(5학년), 이형석(3학년), 이병제(5학년), 안원모(2학년) 등은 회합을 갖고 독립사상의 고취 함양에 노력하기로 합의했다. 이들은 이병제가 교지인 「청풍학보淸風學報」의 발행을 담당하고 있는 기회를 이용해 독립사상을 고취하는 내용의 원고를 수합하여 인쇄한 후 이를 기고자들에게 배부 윤독하기로 했다. 이들은 각 학년별로 취지에 찬동하는 학생 십여 명을 규합했다. 각자 「청풍학보」에 투고하는 형식으로 원고를 수합한 후 팸플릿 12부를 제작, 인쇄하여 기고자들에게 배부 윤독했다.[243] 학생들 자신이 작성한 원고를 돌려보며 현실 타개책을 연구했다는 점이 특이하다. 이들은 일본에서 크로포트킨의 「청년에게 소訴함」 등의 팸플릿

석한 중등학교 교지의 학생 기고문 중 「도회와 농촌」(『숭실』 제4호, 1926년 11월), 「자유경쟁과 대량생산」(『경실』 창간호, 1930년 4월), 「조선 소비자협동조합 운동의 이론체계서론」(『숭실전문학교 학생기독교청년회』, 1928년 6월), 「사회제도는 불가변적이 아니다」(『桂友』 제4호, 1928년 8월), 「국민성과 평화」(『숭실』 제4호, 1926년 11월), 「농촌문제와 우리들의 각오」(『배재』 제11호, 1928년 3월), 「우리의 급무는 경제? 교육?」(『오산』 제2호, 1929년 6월), 「현대와 우리」(『고창』 제4호, 1928년 4월), 「농부의 閑話」(『휘문』 제2호, 1924년 6월) 등의 글에는 자본주의 사회를 분석하거나 세계정세를 논하는 등 학생들의 다양한 관심사가 드러나 있다.

242 재판 당시 이들은 결사 결성사실을 부인했으며(『동아일보』, 1930년 3월 14일) 판결문에도 결사 조직혐의는 '범죄혐의 없음'으로 면소되었다(「예심종결결정서」, 『조선일보』, 1929년 12월 29일·1930년 1월 3일). 또 최초의 모임 이후 1달도 못되어 체포된 것으로 나타난다. 그러나 최초의 모임이 2·3·5학년생의 모임인 점으로 보아 이전부터 논의가 진행되었을 가능성이 큰 점, 일본에서 자료를 공동 구입하여 윤독하고 있는 점, 관련 학생 12명이 지방법원의 공판에 회부된 점 등을 보면 결사체로 조직되었을 가능성도 큰 것 같다.

243 「예심종결결정서」, 『조선일보』, 1929년 12월 29일 ; 광주학생독립운동동지회 『광주학생독립운동사』, 542~543쪽.

을 공동 구입하여 윤독하려다가 일경에 발각되어 체포되었다.[244]

그런데 주목할 것은 10여 명이 기고한 원고의 내용이 매우 다양하다는 점이다. 논의를 주도했던 박효순은 「오인吾人의 진로」라는 기고문에서 "고려반도의 찬란한 역사를 망하고 일본제국의 미를 찬양하는 민족사상의 퇴폐를 논하고 조선을 도괴倒壞코자 하는 가옥에 비유하고 이것의 재흥 건설은 오등 청년의 사명으로 이것을 함에는 결사적 각오를 요하되 개인을 희생하야 분투치 안흐면 안 된다"는 내용을 수록했다. 또 이병제는 「하시何時든지 큰 눈으로」라는 기고문에서 "조선인으로써 자기의 입장을 망忘치 말고 일본의 정책 계획에 기만欺瞞함을 밧지말고 단결하야 조선××에 향하야 진행치 안흐면 안 된다"는 의견을 피력했다. 안원모는 「무제」라는 제하에 "일본의 정치하에서 이탈하여 ××(해방－필자 주)을 기하지 안흐면 안 된다"는 취지의 원고를 작성했다. 이홍직은 「단결하라」는 제하로 단결력의 위대함을 설명하고 그 힘에 의하여 "조선××를 기하자"고 주장했다.

이러한 원고들은 공통적으로 민족적 감정에 기초하여 학생들이 식민지 현실을 적극적으로 타개할 것을 주문하고 있다. 곧 민족독립에 대한 열망과 헌신을 표현하고 있으며, 이를 위해 단결과 희생의 필요성을 강조했다. 반면 사회주의 실현을 주장하는 원고도 있었다. 이태진은 「동지등에게」에서 공산주의의 실현을 기해야 한다고 했다. 서순구도 「폐허에 잇는 우등友等아」라는 제하에 공산주의의 실현을 위해 노력해야 함을 주장했다. 신승인은 「조선의 학생등아」라는 글에서 "단결력의 힘으로 ××를 기하지 안흘 수 업다는 뜻을 피력하고 특수환경에 처한 우리들은 착실하게 가장 비밀리에 사회과학을 연구하야 그 주의의 실현을 계획해야 한다"고 주장했다.[245] 식민지라는 특수환경

244 『조선일보』, 1929년 12월 8일 ; 『동아일보』, 1930년 3월 14일.

에 있으므로 사회과학을 연구하여 그 주의를 실현해야 한다는 것이다.

이를 통해 당시 학생들이 식민지 현실의 타개, 곧 독립의 실현을[246] 위해 다양한 방안을 모색하고 있었음을 알 수 있다. 이러한 모색의 일환으로 사회주의를 수용하고 있었던 것이다. 그러면 당시 학생들의 사회주의 인식정도는 어떠했을까? 조과연에서 파견된 휘문고보생 한상준은 북청농교에 독서회 결성을 촉구하며 그 필요성을 다음과 같이 설명했다.[247]

> 종래의 학생운동은 학생을 대상으로 하여 맹휴를 학생의 본분으로 하여 왔으나 현시는 그 방면을 전환하여 학생은 지식계급이니만큼 그 사명으로서는 민족해방의 의식을 구하야 이것을 문맹한 대중에게 미치게 하야 민족운동을 환기하려는데 소위 민족운동이라 함은 정치적 해방 및 경제적 해방이니 정치적 해방이라 함은 ××(일제日帝 – 필자 주)의 ××(기반羈絆 – 필자 주)을 탈하게 하는 운동이요, 경제적 해방이란 ××경제를 해방케 하자는 운동인즉 우리들 지식계급은 대중을 통하야 민족운동을 함에 있어서는 경제적 해방은 자연히 정치적으로 해방이 되는 고로 우리들 학생은 사회과학을 연구하야 이것을 민족에 미치게 하여서 대중운동의 실현을 기도치 안흐면 아니된다. 이것이 학생운동이자 독서회의 사명이다.

학생운동이 단순히 학생을 대상으로 한 학생맹휴 차원에서 그치는 것이 아니라 더 발전하여 민족해방운동으로 나아가야 한다는 것이다. 그런데 민족독립의 정치적 해방은 자본주의 경제에서의 해방이라는 경제적 해방을 통해 자

---

245 「예심종결결정서」, 『조선일보』, 1929년 12월 29일 · 1930년 1월 3일.

246 이 활동으로 검거되어 재판에 회부된 12명의 학생들은 재판과정에서 이구동성으로 독립을 희망한다는 사실을 진술했다(「피고 등 전부 ○○希望을 陳述」, 『중외일보』, 1930년 3월 14일 석간).

247 「예심종결결정서(2)」, 『조선일보』, 1929년 9월 4일.

연히 달성된다고 보았다. 따라서 사회주의를 연구하여 이를 '문맹한 대중'에게 보급하고 민중을 통한 '대중운동을 실현'하는데 학생운동과 독서회의 사명이 있다고 주장했다.

여기서 독서회가 단순한 연구모임이 아니며 학생운동이 민족운동의 일환으로 인식되고 있음을 알 수 있다. 구체적으로는 경제적 해방을 통해 정치적 해방을 실현한다는 것이다. 자본주의 국가인 일본에서의 독립은 자본주의의 타도와 사회주의 사회의 건설을 통해 자연히 실현된다고 인식하고 있음을 알 수 있다. 그런데 학생은 지식계급이므로 '문맹한 대중'에게 사회주의를 보급하여 대중운동을 전개해야 한다는 것이다. 여기서의 '대중운동'은 계급운동을 지칭하는 것으로 이해된다.

학생운동을 단순히 '학생과 학교' 간의 문제가 아니라 민족해방운동의 일환으로 인식하는 경향은 독서회 또는 비밀결사원에게만 해당되는 것이 아니었다. 휘문고보생으로 북청고보의 독서회 활동을 지도하다 체포된 조과연 간부 한상준은 재판과정에서 "(조과연은 – 필자 주) 자연과학 사회과학 등을 연구하는 학구덕 단테인 동시에 조선민족 ××(해방 – 필자 주)을 위한 민족 사상을 연구하는 학생의 모임"이라고[248] 조과연을 정의했다. 조과연이 회원들에게 사회과학 연구뿐 아니라 민족해방운동 단체로 인식되고 있었음을 보여준다.

결국 당시 학생들에게 학생운동은 곧 민족해방운동의 한 부분이었으며 따라서 독서회 등의 학생운동 단체도 민족해방운동 단체로 인식되고 있었다.

---

248 『조선일보』, 1929년 11월 20일.

학생투쟁의 방향 전환과 학생운동론

다음으로 학생운동 지도부의 운동방향, 운동노선은 어떤 것이었는지 살펴보자. 학생운동은 전체적 민족운동의 일부분인 관계로[249] 전체운동의 지형변화에 따라 그 내용이 변화했다. 학생운동론 역시 당시의 민족운동계의 동향과 무관하지 않았다. 학생운동론은 주로 재일 사상단체에서 제기되었다. 1926년 말 일본 유학생들로 구성된 일월회원一月會員들이 정우회正友會 선언을 통해 종래의 자연발생적 경제투쟁에서 목적의식적 정치투쟁으로의 방향전환을 제기하고 나섰다. 이는 1927년 2월 신간회의 결성으로 그 결실을 보게 되었다. 일월회의 후계조직인 동경의 신흥과학연구회는[250] 이러한 민족운동의 변화에 발맞추어 학생운동도 방향전환이 필요하다는 이론을 제기했다.[251] 이들은 특히 신간회 내에 학생부가 설치된 것에 크게 고무되었다.[252] 부문운동으로는 유일하게 별도의 부서를 설치하였다는 것이 큰 기대를 갖게 한 것이다. 노동, 농민, 청년운동의 경우 이미 명목상 노동총동맹과 농민총동맹의 분립이 결정되었고, 청년총동맹이 조직되어 있어 신간회에서 별도의 부서를 설치할 이유가 없었다. 반면 학생운동은 통일적이고 전국적인 학생운동 조직이 부재한 상황이었으므로 신간회에서 학생부를 특별 설치한 것이다. 그러나 후술하듯이 신간회 학생부는 기대와는 달리 별다른 활동을 보이지 못했다.

---

249 GKR, 「우리지식계급의 猛省을 促하노라」, 『新興科學』 제2권 제1호, 1928년 7월, 59쪽.

250 新興科學硏究會는 1926년 11월 1일 일본 동경에서 一月會 李鍾模, 劉英俊, 朝鮮無産靑年同盟會 朴泉, 金三峯 등이 유학생의 운동을 타개할 목적으로 조직하였다(조선총독부 경무국, 『高等警察用語辭典』, 1933, 182쪽).

251 기관지 「新興科學」 창간호의 권두언에서 학생운동의 방향전환론을 주창할 정도로 주요하게 거론되었다.

252 金鳴, 「朝鮮學生運動의 史的考察」, 『新興科學』, 제2권 제1호, 1928년 7월, 8~9쪽.

전민족적 정치운동 조직을 지향하며 설치된 신간회 내에 학생부가 설치된 것은 학생운동도 신간회와 보조를 함께 해야 할 당위성을 제공해 주었다. 즉 신간회운동처럼 자연생장적 학생운동에서 목적의식적이고 전민족적인 정치투쟁에 합류하도록 방향을 전환해야 했다. 이러한 방향전환론은 1927년 전국적인 맹휴활동의 활성화와 성격변화로 인해 더욱 설득력을 얻었다. 이들은 맹휴 당시 학생 자치권 확립, 조선어, 조선역사 교수 요구, 조선인 본위의 교육시설, 조선인 교원의 증원, 교내 언론 집회의 자유 등의 요구조건이 종래의 요구와는 확연히 성격을 달리하고 있다는데 주목했다. 비록 이러한 맹휴가 일정한 조직에 의해 지도되지 못하고 분산적, 고립적 투쟁이었고 자연생장적이었지만 정치의식적 기준에 의해 일어난 운동이라는 것이다.[253] 따라서 이러한 투쟁의 진전에 발맞추어 이를 통일적으로 지도하여 목적의식적 투쟁으로 발전시켜야 하며 전민족적 정치투쟁에 합류시켜야 한다고 보았다.[254]

학생운동의 목적의식적 투쟁으로의 방향전환은 국내에서도 제기되었다. 조선일보는 '교육의 맹휴'라는 사설을 통해 "학생운동을 엇지하면 자연생장自然生長의 과정에서 확호確乎한 목적의식을 세워 조직적 질서잇는 운동으로 전환시키랴는 것이 한갓 목하目下의 문제"라고[255] 지적했다. 실제로 서울지역의 ㄱ당 참여자들은 ㄱ당의 결성 목적을 "금후 학생운동을 맑스주의 정치투쟁으로 이끌 임무를 수행하기 위해 공고한 단결을 만들기[256] 위한 것"이라고 보았다. 즉 학생운동의 정치투쟁으로의 전환을 위한 조직이 필요하다는 인식이었다.

253 金鳴, 앞의 글, 1928, 8~9쪽.

254 '이러한 계기(학생맹휴 – 필자 주)를 포착하야 학생대중을 ××하며 조직하야 그들을 목적의식성적 투쟁에까지 앙등식혀 전민족적 정치투쟁에 합류케 하지 안으면 안 된다.' 南宮虛, 「學生運動의 政治鬪爭에로의 轉向」, 『新興科學』 제2권 제1호, 1928, 23쪽.

255 「교육의 맹휴」, 『조선일보』, 1927년 7월 18일.

256 강재언 편, 『光州抗日學生事件資料』, 379쪽.

그런데 전국적으로 분산되어 자연발생적으로 일어나는 학생맹휴를 정치문제화한 목적의식적 학생투쟁으로 고양시키기 위해서는 전국적 학생단체가 조직되어 학생운동을 통일적으로 지도해야 한다고 보았다.[257] 기존의 사상단체적인 학생단체는 모두 이 전국적 학생단체에 통일되어야 한다는 것이다.[258]

동경의 신흥과학연구회는 1927년 겨울부터 전국의 학생운동을 지도할 전국학생총연맹全國學生總聯盟의 결성을 촉구했다. 이는 곧 학생의 전국적 대중조직 결성을 의미하는 것이었다.[259] 이러한 전국적 대중조직의 통일적 지도를 통해서만 분산적이고 자연생장적인 학생운동이 목적의식적이고 정치문제화한 학생투쟁으로 성장할 수 있다고 생각했다.[260] 1928년 초 조과연에서 조선학생회와의 통일을 강력하게 추진했던 것은 신흥과학연구회의 전국학생총연맹 결성 주장과 무관하지 않을 것으로 보인다.

반면 재일본조선청년동맹은 기관지 『청년조선』을 통해 학생조직 통일의 구체적인 방안으로 학생대회 소집과 전조선 학교대표자회의 개최를 주장했다.[261] 재일본 조선청년동맹은 국내에 배포한 격문을 통해 각 학교에서 학생대회를 개최하여 학생 대표자를 선출한 후, 맹휴 중인 학교를 중심으로 학생대표자회의를 개최할 것을 촉구했다. 즉 조선총독부 경찰정치에 대항하기 위

---

257 金世耕, 「學生××에 關한 組織을 논함」, 『新興科學』 제2권 제1호, 1928년 7월, 33쪽.

258 이는 정우회 선언의 사상단체 해체론과도 상통하는 것으로 이해된다. 조과연, 경성청년연맹, 조선학생회 등의 학생단체를 써클적 사상단체적 조직으로 보고 이들 단체를 통합하여 전국적 학생조직을 만들어야 한다는 것이다.

259 박찬승, 「광주학일학생운동의 정치사상적 배경」, 27쪽.

260 金世耕, 앞의 글, 1928, 33쪽.

261 「학교대표자회의를 조직하야 노예적 교육에 대한 대중적 투쟁을 전개하라」, 『靑年朝鮮』 창간호, 청년조선사, 1928년 7월 7일 ; 「조선총독 폭압정치 맹휴학생의게 暴壓狂下 학교대표자회와 학생대회를 열고 항쟁의 탄환으로써 답하라」, 『靑年朝鮮』 제2호, 1928년 7월 31일 ; 윤경로, 「이현상과 1928년의 학생공산당사건」, 356쪽.

해서는 전국적 총맹휴의 대중적 투쟁을 전개해야만 하는데, 이는 학생대표자회의를 통해 이룩될 수 있다는 것이다.[262] 이러한 주장은 고려공청이 각 학교 자치회를 통합하여 자치회연합회이라는 단체 간 연합을 제기한 데 비해 개인 중심의 학생운동 통합방안을 제시한 것으로 해석될 수 있다. 또한 개인과 단체가 모두 가입할 수 있는 양단위兩單位조직을 주장하는 의견도 제기되었다.[263] 즉 전학생층을 망라하는 전국적 대중조직을 결성하되 조직단위는 개인단위 조직형태와 집단 가맹의 조직형태를 동시에 허용하자는 것이었다. 그리고 유사시에는 학교 내에 지부적 조직을 둘 수 있도록 했다. 맹휴 시에는 해당 학교의 학생을 망라하여 혁신동맹革新同盟이나 자유동맹自由同盟 등을 조직하여 전국 조직의 지부적 역할을 맡긴다는 내용이었다.[264]

전국적 학생단체의 임무는 "일상생활을 통하야서의 학생의 불평불만을 추출하야 대중압헤 폭로하는 동시에 이 불평불만에 기인한 학생의 행동에 정당한 통일적 투쟁양식을 지시하야 교내의 투쟁으로 하여금 정치문제화 식히는 것"[265]으로 설정되었다. 즉 학생의 전 생활과정을 투쟁의 분야로 하여 일생생활의 불만을 투쟁으로 묶어내어 정치투쟁으로 전환시킨다는 것이다. 이는 곧 "학생 대중의 단순한 학교 당국에 대한 불평불만이 전화轉化하야 ××제국주의 타도를 투쟁목표로 한 전민족적 정치운동"[266]에 합류케 하는 것을 의미한다.

이는 학생운동이 '전체 민족운동의 일익一翼'적 임무를 담당할 수 있다는 것

---

262 조선청년총동맹 재일본조선청년동맹, 「일체의 노예적 교육정책에 대항하여 전조선학생은 '학생대표자회의'를 조직하여 전국적 맹휴의 대중투쟁으로 답하라」, 『青年朝鮮』 창간호, 청년조선사.

263 金世耕, 앞의 글, 1928, 34쪽.

264 自由同盟 등은 일본 내 일인학생들의 학생운동에서도 시도되었던 문제였다.

265 金世耕, 앞의 글, 1928, 33쪽.

266 海星, 「現教育에 대한 불평」, 『新興科學』 제2권 제1호, 1928년 7월, 57쪽.

을 뜻한다. 이러한 관계로 1928년 4월 조선공산당에서 코민테른에 보고한 「민족해방에 관한 논강」에는 노동자, 농민과 더불어 학생이 사회주의 운동의 주축으로 표현되어 있다.[267]

그러면 대중적 전국적 학생단체와는 달리 독서회 등 교내 비밀결사의 역할은 무엇일까. 『신흥과학』에서는 독서회가 사회과학 연구회합에 그치지 말고 학생조직화에 나설 것을 주장하고 있다.[268]

> 자연생장적 학생대중의 투쟁이 전국적으로 이러틋 전개된 오날에 잇서서 연구회합으로써 만족하는 학생운동은 태고의 피안으로 밀어바리지 안하면 아니된다. …… 오날 조선학생의 불평은 집중하면 산이라도 넘어트릴 만치 퇴적하여잇다. 이 불평이 진실한 조직을 통하야 정당하게 인도 앙양되는 곳에서만 ×스주의는 생생하게 학생운동의 중中에서 동動할 것이다.

즉 '연구를 위한 연구' 모임은 의미가 없다고 보았다. 학생들의 불만을 조직을 통해 정당하게 인도하는 역할이 필요하다는 것이다.[269]

일례로 서울의 ㄱ당은 정치투쟁을 지향하면서 행동 강령을 "본당은 마르크스주의의 연구 및 학생운동의 통일을 기도하여 해該 운동으로서 공산주의적으로 함. 학생의 현실적 이익을 옹호하기 위해 ㄱ당의 조직을 공고히 함"[270] 이

---

267 박찬승, 「광주학생운동의 정치사상적 배경」, 『전남사회운동사연구』, 1992, 11쪽.

268 金鳴, 앞의 글, 1928, 12쪽.

269 당시 일본의 학생운동계에서도 사회과학연구 운동과 대중운동의 구분에 대한 논란이 있었다. 재일 한인 학생들은 이러한 일본 학생운동계의 논의가 일본 학생운동이 자유, 경제적 조건 등에 매몰되었기 때문이라고 비판했다. 우리는 식민지 상황이므로 이와는 학생의 여건이 다르다는 것이었다(姜大鎬, 「일본 학생운동에 대한 槪觀」, 『現代評論』 제1권 제7호, 1927년 8월, 17~26쪽).

270 「(송병채 등) 예심종결결정서」, 경성지방법원 예심과, 1930년 1월 25일, 국사편찬위원회 MF.

라고 설정했다. 사회주의 연구와 더불어 학생운동의 통일에 활동의 주안점을 두고 있는 것을 알 수 있다. 대구 신우동맹의 경우에는 고려공청원의 조직 참여와 지도로 인해 강령이 더욱 구체화되고 있었다. '피압박 민족의 해방운동'에 필요한 "맑스주의적 혁명전술을 함양"하는[271] 투사 양성을 위한 조직을 목적으로 했다.

이와 같이 1920년대 후반 학생운동 조직은 전국적으로 확산되면서 단순히 사회과학을 연구하는 연구모임에서 민족운동의 전면으로 나서는 비밀결사로 발전하고 있었다. 학생운동의 정치투쟁화가 투쟁 방향으로 제기되었고 이는 주로 맹휴를 통한 식민지 교육에의 항쟁으로 전개되었다.[272] 맹휴투쟁에 그치는 운동의 한계가 지적되기도 했다. 그러나 1929년 이전까지 학생운동 조직이 노동, 농민운동과의 연계를 의식적으로 시도하지는 않았다. 이들은 "전투적 조선학생 청년은 전조선 학생대중의 식민지적 노예교육 정책에 대한 불평불만을 유루遺漏업시 추출지도하야 우리 학생 독자獨自의 투쟁을 강력적으로 전개하는데 의하여서만 전조선 민족 ××운동의 강력적 일부대一部隊로 될 수 잇다"[273]

---

271 대구지역 신우동맹, 혁우동맹의 강령은 "①우리는 맑스주의적 혁명전술의 함양을 목적으로 한다. ②우리는 피압박 민족의 해방운동을 한다"였다(『昭和4年 刑控第737~740號 判決文』, 대구복심법원).

272 신흥과학연구회의 기관지인 『신흥과학』에 수록된 글 중에는 학생의 노농운동 참여를 촉구하는 글도 있다. 예컨대 黃河一은 학생운동이 "노농대중의 실천적 투쟁에 합류하여 자기의 '푸로레타리아化'를 노력해야 한다"고 지적했다(황하일, 「우리 당면의 임무에 대하야」, 『신흥과학』 제2권 제1호, 56쪽). 또 鄭致彦도 "유산자 사회과학을 신흥과학의 무기로 철저하게 비판하는 동시에 나아가서는 직접 사회운동에까지 나아가지 안으면 안이된다(정치언, 「학생과 현실문제」, 『신흥과학』 제2권 제1호, 1928, 58쪽)."고 하여 사회운동에의 투신을 강조하고 있다. 황하일의 글은 신흥과학연구회원의 실제운동 참여를 촉구하고 있는 내용이다. 그러나 당시 『신흥과학』에 수록된 수 편의 논설의 논조는 대체로 노농운동 참여에까지 나아가고 있지는 않다.

273 海星, 앞의 글, 1928, 57쪽. 이러한 인식은 『신흥과학』 제2권 제1호의 편집진이 남긴

고 보았다. 즉 '학생 독자의 투쟁'이 강조되었고, 이러한 학생운동은 곧 민족해방운동의 일환으로 간주되었던 것이다. 그러나 1929년 학생운동 조직이 조공 재건조직과 연계되고 조공 재건을 위해 노동자, 농민의 조직자 양성을 기치로 내걸면서 학생의 직접적인 사회운동 참여가 실천활동으로 제기되기 시작했다.

'編輯餘言'에도 나타난다. 필자는 자연생장적이고 고립적·분산적이나마 전국에 걸쳐 조선인 본위의 교육 요구가 확산되는 현상을 지적하면서, 이는 조선학생운동을 전민족적 정치투쟁의 강력한 一部隊로 편성해야할 기회라고 언급하고 있다(『신흥과학』 제2권 제1호, 1928, 編輯餘言).

光州學生運動

1929년 광주지역 학생시위의 전개 과정 2

2차 학생 시위는 전남청년연맹 소속 광주지역 청년활동가들의 계획하에 추진되었다. 독서회를 지도했던 장재성을 매개로 광주지역의 청년운동 조직이 참여한 것이다. 이들은 역할을 분담하여 조직적인 학생시위를 계획했다. 서울의 조선청년총동맹, 신간회 등과 연계하여 전국적인 학생시위를 추진함으로써 운동의 확산에 결정적인 역할을 했다.

1929년
광주학생운동

광주지역 학생운동조직의 성장 01

광주의 교육여건과 청년·사회운동

전남지방은 동북부의 산악지역과 서남부의 비옥한 평야로 이루어졌다. 그중 영산강 유역에 속한 나주·송정리·학교鶴橋의 3대 평야는 전남 굴지의 옥토로서 동북에서 서남에 걸쳐 전개된다. 이 지역은 쌀, 면화 등의 농작에 적합하여 일본인 영농자가 많이 이주한 관계로[1] 일찍부터 일본 식민사회가 형성된 곳이기도 하다. 특히 광주의 인근에는 호남수탈의 내륙 중심지인 영산포·나주 등지와[2] 식민 상업 도시로 발전한 목포 등 일인 밀집지역이 발달했다.[3] 광주는

---

1 染川覺太郎, 『全羅南道事情誌』, 1930, 5쪽.

2 장석홍, 「광주학생운동의 사회경제적 배경 – 영산포를 중심으로」, 『역사비평』 5, 1989 ; 김민영, 「일제하 나주·영산포 지역 일본인 자본가의 동향 – 1920·30년대를 중심으로」, 『광주학생독립운동과 나주』, 경인문화사, 2001.

3 1928년 당시 전남의 인구는 한국인 405,828호 2,080,057명, 일본인 8,543호 35,536명이었으며 일본인이 많이 거주한 지역의 인구 구성은 다음과 같다.

	일본인 거주자	한국인
목포	1,489호 7,931명	3,971호 21,707명
광주	1,416호 6,605명	19,573호 109,278명
나주	768호 3,513명	26,062호 141,892명
담양	288호 1,245명	15,131호 82,976명

※전거 : 染川覺太郎, 『全羅南道事情誌』, 1930년 7월, 10~11쪽.

이러한 식민도시의 배후기지이자 인적자원의 집결지였다. 경제적 수탈의 거점이 목포, 나주, 영산포 등지라면 광주는 행정, 경찰적 지배의 거점이었다.[4] 광주는 전남의 도청소재지이면서 광주선 철도를 통해 호남선 철도와 연결되고 도로가 발달한 관계로 전남지방의 교통중심지이기도 했다.[5]

1920년대 후반 광주지역의 중등학교는 인문계 학교로서 광주공립고등보통학교(이하 광주고보)와 광주공립여자고등보통학교(광주여고보), 그 외에 광주공립농업학교와 전남도립사범학교가 있었다. 일본인 학교로는 광주공립중학교와 광주공립고등여학교가 있었다.

광주지역 최초의 중등교육기관은 1910년에 개교한 광주공립농업학교(이하 광주농교)였다.[6] 광주고보는 1920년 5월 광주지역 유지들이 발의하여 사립고등보통학교로 설립되었으나 1922년 관립학교로 전환하였다가 1925년부터는 도지방비를 보조받는 공립으로 바뀌었다.[7] 일인들이 다니던 광주중학교는 당시 일인 광주면장의 주창으로 전주·군산 등의 지역과 경합을 벌인 끝에 1923년에 개교했다.[8] 같은 해 전남도립사범학교(이하 사범학교)와[9] 광주공립고등여학교

4 정근식·나간채, 「1920·30년대 광주지역의 노동운동」, 전남대 호남문화연구소, 『湖南文化研究』 21, 1992, 123쪽.

5 호남선은 대전을 시발로 하여 목포에 이르는 주요 간선 철도로서 1914년 개통되었고 광주선은 송정리에서 광주를 거쳐 담양에 이르는 노선으로 1922년에 개통되었다(광주직할시사편찬위원회, 『光州市史』 2, 1993, 410~411쪽). 호남선은 목포, 임성리, 삼향, 몽탄, 학교, 고막원, 영산포, 나주, 송정리, 임곡, 장성, 신흥리, 사가리의 13개 역을 경유하며, 광주선은 송정리 극락강, 운암, 광주, 망월, 장산, 마항, 담양의 7역으로 구성되어 있다. 광주는 철도 외에도 도로망이 잘 발달되어 전남 일원의 산물이 집결되는 곳이기도 했다(『全羅南道事情誌』, 1930, 69쪽 ; 片岡議, 『南鐵沿線史』, 1933, 光州之部, 39쪽).

6 1910년 6월 도립광주농림학교로 개교했다가 1911년 11월 광주공립농업학교로 개칭했다. 1913년 수업연한을 2년에서 3년으로 변경하였고 1924년 다시 5년으로 연장하였다(『全羅南道事情誌』, 1930, 42~43쪽).

7 『全羅南道事情誌』, 1930, 41쪽.

가 설립됨으로써 광주지역은 전남의 교육 중심지로 발돋움했다.[10] 광주고보, 광주농교, 사범학교, 광주여고보는 전남 도내의 인문, 실업계 학교로서 거의 유일한 한인 중등교육기관이었고, 일인 중등교육기관도 광주중학교와 목포상업학교뿐이었다.[11] 한인과 일인 중등교육기관이 한 지역에 공존하고 있는 곳은 전국에서도 광주와 서울을 제외하면 대구·부산· 평양·신의주 정도였다.[12] 때문에 한인 학생뿐 아니라 나주·영산포·담양 등에 거주하는 일인 학생들도 교육중심지인 광주로[13] 향하는 대규모 통학권이 형성되어 있었다. 인근지역에서 광주로 통학하는 통학생이 광주고보생 70명, 광주중학교생 100명에 달했다.[14]

---

8 佐堀伸三, 『實錄 若き抗日の群像 1929年の光州學生運動』, 1999, 4쪽.

9 全羅南道, 『大正15年全羅南道教育及宗教一班』, 25쪽 ; 『昭和2年全羅南道教育及宗教一班』, 39쪽. 전남도립사범학교는 처음 설립 당시 특과와 강습과로 구분되어 수업연한이 특과 3년, 강습과 1년이었다. 이후 강습과가 폐지되고 3년 과정의 특과만 유지되었다.

10 광주고보는 전국 15개의 공립학교 중 경성제1고보, 전주고보, 대구고보, 평양고보, 함흥고보에 이어 6번째로 설립된 학교이며, 광주여고보는 전국 6개(경성·전주·대구·부산·평양·광주)의 여자 공립학교 중 하나였다. 광주공립농업학교는 전국 23개 공립농업학교 중 8~9번째로 설립되었으며 광주중학교도 전국 8번째의 일인공립학교였다(조선총독부 학무국, 『昭和四年朝鮮教育要覽』, 1928년 12월 30일, 58~61쪽).

11 전라남도 내의 실업계 중등교육기관으로 목포공립상업학교, 여수공립수산학교와 제주공립농업학교가 있었다. 이 중 목포상업학교는 한일 공학이었다. 그 외에 1927년 현재 전남지방의 각종학교에 중등교육과정이 설치된 곳은 광주숭일학교(중등 4년 과정 54명 재학), 수피아여학교(중등 4년 과정 34명 재학), 순천 매산학교(중등 4년 과정 12명 재학)가 있었으나 모두 초등교육과정에 부수된 것이었다(全羅南道, 『昭和2年全羅南道教育及宗教一班』, 42~44쪽).

12 조선총독부 학무국, 『昭和四年 朝鮮教育要覽』, 1928년 12월 30일, 58~61·89~90쪽.

13 광주에 각종 교육기관이 구비되어 "경성·평양·대구·부산의 4대 도시 외에는 전국 각 도시 중 제일 완비하야 소위 교육도시라는 칭호가 있었다"고 한다(車相瓚, 「後百濟의 古都 光州郡」, 『開闢』, 1925년 11월호, 98쪽).

14 조선총독부 학무국, 「全羅南道光州に於ける內鮮人生徒鬪爭事件の眞相並之が鮮內諸學校に及ぼした影響」, 1930년 2월 ; 정세현, 『항일학생민족운동사연구』, 일지사, 1975, 337쪽 ; 광주경찰서, 「福田修三 신문조서」, 1929년 11월 9일, 『한민족독립운동사자료집』 50, 국사편찬위원회, 314쪽.

표 2-1 광주지역 중등학교 현황

<table>
<tr><th colspan="2" rowspan="2"></th><th colspan="4">광주고보
(1920년 5월 설립)</th><th colspan="4">광주중학
(1923년 5월 설립)</th></tr>
<tr><th>1926년</th><th>1927년</th><th>1928년</th><th>1929년</th><th>1926년</th><th>1927년</th><th>1928년</th><th>1929년</th></tr>
<tr><td colspan="2">수업 연한</td><td>5년</td><td>5년</td><td>5년</td><td>5년</td><td>5년</td><td>5년</td><td>5년</td><td>5년</td></tr>
<tr><td colspan="2">학급수</td><td>10</td><td>10</td><td>10</td><td>10</td><td>6</td><td>10</td><td>10</td><td>10</td></tr>
<tr><td rowspan="2">직원</td><td>일인</td><td rowspan="2">24</td><td>19</td><td>20</td><td>22</td><td>23</td><td>26</td><td>26</td><td>22</td></tr>
<tr><td>한인</td><td>3</td><td>3</td><td>3</td><td></td><td></td><td></td><td></td></tr>
<tr><td rowspan="6">학생수</td><td>1년</td><td rowspan="5">397(한)
2(일)</td><td rowspan="5">405</td><td rowspan="5">442</td><td>113</td><td rowspan="5">310(일)
21(한)</td><td rowspan="5">365(일)
21(한)</td><td rowspan="5">398(일)
23(한)</td><td>122</td></tr>
<tr><td>2년</td><td>109</td><td>107</td></tr>
<tr><td>3년</td><td>88</td><td>105</td></tr>
<tr><td>4년</td><td>63</td><td>84</td></tr>
<tr><td>5년</td><td>38</td><td>47</td></tr>
<tr><td>소계</td><td>399</td><td>405</td><td>442</td><td>411</td><td>331</td><td>386</td><td>421</td><td>465</td></tr>
<tr><td rowspan="4">경비
(엔)</td><td>경상비</td><td>71,710</td><td>66,542</td><td>66,903</td><td>68,039</td><td>70,093</td><td>77,017</td><td>71,485</td><td>72246</td></tr>
<tr><td>임시비</td><td></td><td>4,000</td><td>미상</td><td>25,000</td><td>42,900</td><td>31,000</td><td>미상</td><td>2,400</td></tr>
<tr><td>계</td><td>71,710</td><td>70,542</td><td></td><td>93,039</td><td>112,993</td><td>108,017</td><td></td><td>74646</td></tr>
<tr><td>학생
1인당
경상비</td><td>179</td><td>174</td><td>151</td><td>165</td><td>212</td><td>274</td><td>169</td><td>155</td></tr>
</table>

※출전 : 『大正15年全羅南道教育及宗教一班』, 『昭和2年全羅南道教育及宗教一班』, 『全羅南道事情誌』, 1930 ; 『朝鮮諸學校一覽』, 조선총독부 학무국, 1930년 1월.

- 1926 · 1929년은 5월 말 기준이며 1927년은 10월 말 기준임. 단 전남사범은 1925년 5월 말, 광주농교는 1927년 11월 말 기준임.
- 1927년의 각 학교 통계가 『昭和4年 朝鮮教育要覽』(조선총독부 학무국, 1928년 12월 30일 간행)과 차이가 있으나 보다 자세한 통계인 『昭和2年全羅南道教育及宗教一班』을 따름.

광주농교 (1910년 6월 설립)				전남사범학교 (1923년 4월 설립)			
1926년	1927년	1928년	1929년	1925년	1927년	1928년	1929년
5년	5년	5년	5년	특과 3 강습과 1	3년	3년	3년 (특과)
5	5	5	5	특과 2 강습 1	3	3	2
9	9	8	8	9	10	9	7
3	2	2	2	3	1	1	1
16(일) 196(한)	15(일) 195 (한)	20(일) 210(한)	60(6)	특과 99 강습과 25	146(한)	148(한)	
			53(6)				49
			40(4)				50
			47(5)				
			34(3)				
212	210	230	234 (24)	124	146	148	99
27,916	29,791	30,673	29,825	49,372	45,208	44,045	31510
			9,360				
27,916	29,791		39,185	49,372	45,208		31510
132	141	130	167	400	308	297	318

1920년대 후반 광주지역 중등학교의 현황을 살펴본 표 2-1에서 먼저 주목되는 것은 교원에 일본인이 압도적으로 많다는 사실이다. 일인학교는 그렇다고 해도 광주고보의 경우 전체 22명의 직원 중 한국인이 3명에 불과하고, 광주농교와 전남사범의 경우도 한인 직원이 3명을 넘지 않는다. 이는 공립학교의 경우 전국적인 현상이었는데[15] 일제가 일본인 교사를 통해 교육현장에서 식민지교육을 철저하게 실시하려고 했기 때문이다. 따라서 1920년대 후반 관공립학교에서 맹휴가 활발하게 전개되는 데에는 절대다수의 일본인 교사들에 의해 수업현장에서 자행되는 식민교육, 민족차별적 태도 등이 크게 영향을 미쳤다.

그리고 한인 학교와 일인 학교에 대한 지원에도 큰 차이가 있었음을 확인할 수 있다. 이는 광주고보와 광주중학의 경비를 비교하면 쉽게 알 수 있다. 1926년의 경우 광주고보는 10개 학급에 경비가 7만 천여 엔인데 반해 광주중학은 6개 학급에 11만여 엔이었다. 1927년 역시 광주고보 7만여 엔, 광주중학 10만여 엔으로 현저한 차이를 보이고 있다. 이러한 학교 경상비의 차별은 당연히 학교 시설의 현저한 차이를 야기했다. 그 결과 1928년 광주고보의 맹휴에서는 광주중학과 비교하여 열악한 학교시설의 개선을 요구하고 있었다.[16] 또한 학생 1인당 경상비를 보면 실업교육기관인 광주농교에 대한 지원이 상대적으로 미약했음을 알 수 있다. 광주농교는 학급수와 학생 수에서도 광주고보나 광주중학의 절반에 불과한 실정이었다. 1928년 광주농교 맹휴 당

---

15 자료상 직원으로 기재되었는데 교원 외에 행정직도 포함된 것으로 보인다.
공립학교에 일본인 교사가 압도적으로 많은 것은 전국적인 현상이었다. 1931년 당시 공립고보 교원 356명 중 일본인이 308명으로 87%이었고 공립농업학교 교원 260명 중 일본인이 219명으로 84%, 사범학교 교원 87명 중 72명으로 83%에 달했다(鄭在哲, 『日帝의 對韓國植民地教育政策史』, 일지사, 1985, 351~353쪽).

16 『중외일보』, 1928년 7월 4일.

시의 요구사항 중에 시설 확충과 학생 증원이 제기되는 것도 이 때문이었다. 1929년에 이르러 광주고보와 광주농교에 대한 지원이 확대되는 것은 전년도인 1928년 두 학교의 맹휴에서 제기된 학교 시설 개선 요구 등이 예산에 반영되었기 때문일 것이다. 경상비가 아닌 임시비가 많이 책정되어 있는 것에서도 이러한 사정을 짐작할 수 있다.

고학년으로 올라갈수록 학생 수가 적어지는 것은 한일 학교 간에 일반적인 현상이었다. 그러나 한인학교가 수업료 부담 등이 원인이었던 반면[17] 일인학교는 전학 등 학교 이동이 작용한 결과일 것이다. 1929년 광주고보의 경우 학년이 올라갈수록 학생수가 113(1학년) → 109(2학년) → 88(3학년)→ 63(4학년) → 38(5학년)명으로 현저하게 감소하고 있는 것을 알 수 있다. 2학년 이후 매 학년마다 20명 이상씩 감소하고 있다. 매년 10개 학급에 전체 400명 내외의 학생이 재학하고 있었으므로 5학년의 경우 학생이 반 이상 줄었다고 추정된다. 1928년 맹휴로 인한 퇴학생을 감안해도 광주중학과 비교하면 감소현상은 한일 학교 모두에 일반적인 현상이었다. 단지 고보의 경우 1928년 맹휴 당시 주도적으로 활동했을 3학년에서부터 급격하게 감소한다는 차이가 있을 뿐이다. 반면 비교적 졸업 후의 취업이 용이한 광주농교의 경우 학생 감소율이 상대적으로 적은 것을 알 수 있다.[18]

---

17 중등학교 입학 당시 100원 내외의 일시금을 지급하는 외에도 매 학년마다 상당한 경비가 소요되었기 때문에 중등학교 학부형은 도시의 경우 매월 70원 이상, 농촌의 경우 70여 석 이상 추수하는 자라야 가능했다고 한다(오성철, 『식민지 초등교육의 형성』, 교육과학사, 2000, 401~402쪽).

18 졸업 후의 취업률이 가장 높은 학교는 사범학교로서 거의 전원이 교원으로 취업했다. 사범학교생은 수업료와 의식주가 제공되었고 생활보조비까지 지급받았다. 이어서 실업학교, 고등보통학교, 실업보습학교의 순으로 취업률이 높았다. 따라서 중등학교의 경쟁률도 사범학교, 실업학교, 고등보통학교 순으로 높았다(오성철, 앞의 책, 2000, 391~394쪽).

한편 광주의 중등학생들은 지역 청년운동 조직과 밀접히 연결되어 있었다. 중등학생들이 20세 전후의 청년이기 때문에 청년운동 단체의 활동가들과 비슷한 연배였던 점도 작용했을 것이다.

1920년대 초 광주지역 사회운동은 광주청년회와 광주노동공제회의 두 축을 중심으로 전개되었다. 1925년을 기점으로 사회주의 청년들이 두 단체의 실권을 장악하면서 광주청년회는 서울파, 광주노농공제회는 화요파가 주도했다. 서울파는 신우회新友會, 화요파는 십팔회十八會라는 사상단체를 통해 표면단체를 지도했다. 화요파는 전남동부청년연맹全南東部青年聯盟을 조직하여 전남 일대의 세력기반으로 하였다. 반면 서울파는 광주청년회를 활동공간으로 하여 전남해방운동자동맹全南解放運動者同盟을 통해 전남지역 서울계 인사들과 광범위한 연계를 형성했다. 이 과정에서 1926년 초 광주청년회원들이 노동공제회관을 습격, 파괴하는 사태가 벌어져서 전국적으로 큰 파장을 불러오기도 했다.[19] 동년 2월 서울파는 전남청년회연합회全南青年會聯合會를 전남청년연맹全南青年聯盟으로 개편하여[20] 전남동부청년연맹과 대립했다. 그런데 1925년 말과 1926년 6월 1·2차 조선공산당 탄압으로 인해 광주지역 화요파 인사들이 대

19 1925년 말에 화재로 전소된 광주청년회관의 재건축을 위해 광주청년회에서 임원을 개선하자 광주노동공제회 측에서 광주청년회가 개량화되었다고 비난한 데에 대한 광주청년회 측의 보복이었다. 이에 대해 각 노동단체, 청년단체의 비난, 옹호성명이 이어져 전국적으로 큰 파장을 일으켰다. 그런데 이는 서울파와 화요파의 청년단체에 대한 세력확장 과정에서 파생된 것으로 보아야 할 것이다.

20 '지식계발과 민중해방에 진력할 것'을 목적으로 1924년 3월에 조직된 전남청년회연합회는 최원순이 임시의장에 선임되는 등 창립 당시만 해도 계파적 성격이 불분명했다(『동아일보』, 1924년 3월 6일). 그런데 전남청년회연합회는 1926년 2월 흥학관에서 개최된 제2회 정기총회에서 전남청년연맹으로 조직을 개편하면서 서울파의 조직으로 변화하였다. 당시 청총에서 파견된 이정윤, 목포전위동맹의 김영식, 전남해방운동자동맹의 이항발이 축사를 하였고 배치문, 유혁이 진행을 맡는 등(『동아일보』, 1926년 2월 28일) 서울파의 청년조직으로 자리 잡았다.

거 체포됨으로써 세력 균형은 서울파 쪽으로 급격하게 기울었다.

1926년 9월에 조직된 광주협회光州協會는 '전광주 사회운동 단체의 통제기관'을 자임하며 각 부문운동의 유기적 통일을 도모하고자 했다.[21] 그러나 실제로는 서울파와 기독교계 인사들이 중심이 됨으로써[22] 광주지역의 사회운동이 서울파에 의해 재편되었음을 선언한 조직이었다. 이후 광주지역의 사회운동은 서울파에 의해 주도되었으나, 1926년 가을 서울파 인사들이 ML파 조선공산당 및 고려공청에 참여함에 따라 광주지역 사회운동의 지형도 복잡하게 변화되었다. 서울파의 리더인 강석봉은 1927년 초 ML파 조공의 전남지역 책임을 맡았고 김재명은 1926년 8월 고려공산청년회(소위 합청)에 참여한 후 1927년 초 고려공청 전남 책임을 맡았다. 이후 이들의 노력으로 광주, 전남지역 서울파 사회운동자들이 대거 입당했다.[23] 강석봉, 김재명은 1927년 8월 조선청년총동맹의 집행위원에 선임되어 군부郡府 단위 단일 청년동맹 결성 등 중앙의 신지도방침을[24] 전남, 광주지역에 실시하는데 앞장섰다. 김재명을 비롯하여 강영석, 강해석, 장석천, 국채진 등이 창립준비위원에 선임되어 광주청년동맹의 설립을 주도했다. 김재명은 전남지방 고려공청 책임자로서 1927년 11

---

21 『동아일보』, 1926년 9월 17·19·23일.

22 『동아일보』, 1926년 9월 23일. 부서 및 담당자는 농민부 – 강석봉 외 2인, 노동부 – 유혁 외 2인, 청년부 – 지용수 외 4인, 인민부 – 최흥종 외 2인, 종교부 – 김철 외 2인, 형평부 – 김갑수 외 1인, 상공부 – 강태성 외 1인, 여성부 – 김홍은 외 2인이다. 성명이 기재된 인사가 해당 부서의 책임자로 추정되는데 강석봉, 지용수, 김갑수가 신우회원, 유혁은 전남해방운동자동맹원이었고 최흥종, 김철이 기독교청년회원으로서 서울파와 기독교계가 간부를 장악하고 있었다. 그러나 일제가 규약을 문제 삼아 일체의 집회를 금지하였으므로 이후 특별한 활동을 하지는 못했다.

23 「昭和5年刑公第793~795號(姜海錫 등 46명)判決文」, 경성지방법원, 1930년 12월 22일.

24 안건호·박혜란, 「1920년대 중후반 청년운동과 조선청년총동맹」, 『한국근현대청년운동사』, 1995 참조.

월의 전남청년연맹 집행위원회를 주도하고 같은 달 광주청년동맹 창립대회에서 위원장에 선임되었다.[25]

그런데 1927년 말 어렵게 결성된 광주청년동맹은 이후 별다른 활동을 하지 못했다. 이는 광주지역 사회운동의 세력판도가 복잡하게 얽혀있었기 때문으로 보인다.[26] 서울파 사회운동자들 중에는 ML파 조공 참여에 반대하는 세력도 있었다. 또한 1927년 말 안광천의 신간회 헤게모니 쟁취설과 서울·상해파의 춘경원당 결성 등으로 조공에 참여했던 서울파 사회운동자도 분열되는 양상을 나타내고 있었다. 이는 중앙당의 통제력이 지방 차원에서 제대로 관철되지 못하는 현상으로 나타났다. 1927년 11월 김재명이 주도한 전남청년연맹과 광주청년동맹에서 대중신문 지지, 신간회 지지 등을 결의했다. 그런데 동년 12월 담양청년동맹 창립대회에서 강해석은 ML당 지도자인 안광천을 비판했다.[27] 이는 중앙당 소속의 김재명과 입장을 달리하는 것이었다. 특히 강해석은 지용수, 소진호와 함께 고려공청의 광주지역 야체이카였음에도[28] 불구하고 당 지도부를 공격한 것이다. 또 김재명이 중앙당 활동을 위해 상경한 후 1928년 1월 말에 개최된 전남청년연맹 집행위원회에서도 "반동지 대중신문과 이론투쟁을 철저히 토멸하자"고[29] 결의했다. 장석천張錫天의 사회로 진행된 이 회의에서 상경한 김재명의 사표가 수리되고 대신 김인수와 강해석이 상무집행위

25 『동아일보』, 1927년 11월 12·16·30일.

26 이애숙, 「1920년대 전남 광주지방의 청년운동」, 『한국근현대청년운동사』, 1995, 266~268쪽.

27 『동아일보』, 1927년 12월 16일.

28 「昭和5年 刑公第793~795號(姜海錫 등) 판결문」, 경성지방법원, 1930년 12월 22일.

29 『동아일보』, 1927년 12월 16일·1928년 2월 1일 ; 『중외일보』, 1928년 2월 2일 ; 이애숙, 앞의 글, 1995, 267쪽 ; 신주백, 「1925~1928년 시기 전남지방 사회운동 연구 – 조공 전남도당의 조직과 활동을 중심으로」, 역사문제연구소, 『한국근현대지역운동사』 Ⅱ 호남편, 1993, 154~155쪽.

원으로 보선되었다.[30] 결국 강해석과 장석천이 김재명과 대립되는 입장에 있었음을 알 수 있다. 한편 강석봉은 1928년 초 이후 검거를 피해 일본으로 망명하여 활동을 중단한 상태였다. 광주를 비롯한 전남지역에서 중앙당의 영향력이 제대로 관철되지 못했다는 것은 고려공청의 책임비서에 선임된 김재명이 4차 공청의 전남지역 책임자 선정에 어려움을 겪었던 데에서도 짐작할 수 있다. 3월 중순의 공청 중앙위원회에서 전북지역은 책임비서 이명수 외에 위원과 후보까지 선임했으나 전남지역은 책임비서에 조용남만을 선임했을 뿐 소속원 인선조차 못하고 있었다.[31]

1928년 1월 김재명이 중앙당 활동을 위해 광주를 떠나자 광주지방의 청년운동은 장석천을 중심으로 재편되었다.[32] 장석천은[33] 동년 4월 서울에서 개최된 조선청년총동맹 집행위원회에 국채진과 함께 광주 대표로 참석하여 두각을 나타냈다. 그는 국채진, 나승규와 함께 조선청년총동맹의 중앙집행위원에 선임되어[34] 중앙조직에 진출했다. 동년 6월에는 전남청년연맹 집행위원회의

30 『중외일보』, 1928년 2월 2일.

31 「京高秘第8036號秘密結社朝鮮共産黨並ニ高麗共産青年會事件檢擧ノ件」, 1928년 10월 27일, 강덕상, 『현대사자료』 29.

32 이애숙은 김재명의 상경 이후 장석천이 광주청년동맹에 주력하지 못하는 이유로 강석봉, 김재명 세력의 저항이 있었음을 들고 있다(이애숙, 앞의 글, 1995, 268쪽). 그러나 김재명이 고려공청 책임비서로서 전남지방의 인선에 어려움을 겪은 것으로 보아 광주지방에서도 김재명 세력이 뿌리내리지는 못한 것 같다.

33 장석천은 전남 완도 출신인데 부친 張仁吾가 자식들의 장래를 위해 광주로 이주하였다고 한다. 부친 장인오와 형 장석지가 농업에 종사하며 5만 원 정도의 재산을 소유하였으므로 비교적 여유 있는 생활을 할 수 있었다. 장석천은 1923년 보성고보를 졸업하고 수원고등농림학교에서 수학한 후 일본 동경 상과대학에 유학하였으나 4개월 만에 중퇴하고 1926년 9월 귀국하여 광주청년회원이 되었다. 강해석과 장석천은 1927년 4월 전남청년연맹 집행위원으로 선출되어 활동했다(『동아일보』, 1927년 4월 27일 ; 경성종로경찰서, 「장석천 신문조서」, 1929년 12월 5일, 『한민족독립운동사자료집』 49, 128쪽).

34 경성종로경찰서, 「京鍾警高秘第5388號 朝鮮青年總同盟執行委員 懇談會ニ關スル

사회와 임시의장을 맡아[35] 전남 일대의 사회운동자 간에 핵심적인 활동가로 부상했다.

이후 장석천, 강해석 등은 전남청년연맹을 장악하는데 주력했던 것 같다. 장석천은 1929년 9월에 개최된 전남청년연맹 정기대회에서 상무집행위원장으로 전남지역 50여 명의 대의원을 주도했다. 1927년 광주고보 졸업 후 장흥에서 농민운동을 전개하던 왕재일이 집행위원 후보인 데 비해 1929년 6월 귀국하여 학생 독서회 조직에 나선 장재성이 집행위원에 전격 선임된 것도 장석천의 의중이 반영된 것으로 보인다. 또 동년 8월 ML당 활동으로 체포된 강해석의 뒤를 이어 동생인 강석원과 제수인 신경애가 광주 대표로 집행위원에 선임되었다. 장석천과 더불어 조선청년총동맹의 집행위원에 선임된 국채진, 나승규가 이때 전남청년연맹의 집행위원으로 보선되었다.[36] 결국 1929년 9월 이후 전남청년연맹은 장석천을 중심으로 세력이 재편되고 있었다. 1929년 11월 3일 학생 시위운동이 일어나자 11월 12일의 학생시위를 준비한 것도 장석천을 중심한 광주지역의 전남청년연맹 주도세력이었다.

광주를 비롯한 전남지방의 청년운동 조직은 학생층을 적극적으로 견인하고자 했다. 1925년 3월의 전남지방 청년대회에서는 "현 교육제도를 조선인 본위로 주창할 것"을 결의했다.[37] 1928년 1월에 개최된 전남청년연맹 집행위원회에서는 "학생, 소년운동의 옹호, 식민지 교육정책 반대, 조선인본위의 교육제도 실현" 등[38] 학생 관련 사항들을 표어로 선정하여 학생층과의 연대에 노

件」, 1929년 4월 30일.

35 『중외일보』, 1928년 6월 20일.

36 『중외일보』, 1929년 9월 14일 ; 『동아일보』, 1929년 9월 17일.

37 『동아일보』, 1925년 3월 28일.

38 『중외일보』, 1928년 2월 2일.

력했다.

또한 청년, 사상단체가 주최하는 각종 강연회 등은 지식욕이 왕성한 학생들의 사회과학 연구열을 자극하는 것이었다. 서울파의 사상단체인 전남해방운동자동맹은 1926년 2월 23일 광주보통학교 대강당에서 연설회를 개최했다. 농민, 노동, 청년, 종교, 형평, 소년운동 부문으로 나누어 연사들이 민중 본위의 신사회 건설을 위한 사회운동자의 사명을 역설했다.[39] 200여 명의 청중이 모여 성황을 이루었다고 한다. 1926년 1월 23일 광주인공청년회光州印工青年會 총회에서는 사회과학 연구를 위한 강연회를 상설기관으로 설치할 것을 결의했다.[40] 전남청년연맹은 1927년 7~8월 보름 동안에 걸쳐 광주의 흥학관에서 하기 대강좌회를 개최하였다. 조공과 고려공청 전남도당의 배후지도로 80여 명의 사회운동가가 참여하여 이론 통일, 사회과학 학습활동을 벌였다.[41] 매일 3시간씩 보름 동안 개최된 강좌회에 80여 명이 참석했다는 사실은 사회운동의 저변이 그만큼 확대되고 있었음을 방증한다.

공개적인 강연회 외에 사회과학 연구모임도 있었다. 1925년 3월 강석봉 등이 주도하여 전남지방의 22개 단체 대표가 참석한 청년대회에서는 강좌회, 강연회의 개최는 물론이고 독서회와 도서 비치, 잡지 구독을 통한 사회과학 지식의 함양을 결의하기도 했다.[42] 1926년 2월 전남해방운동자동맹 정기총회에서도 노동야학 강습회를 열어 독서회, 연구회, 토론회, 강습회를 수시로 개최할 것을 결의했다.[43] 서울파의 사상단체인 신우회新友會에서도 자체 교양을

39 『동아일보』, 1926년 2월 26일. 연사는 이항발·김은환·나만성·배치문·유혁·한상호·이정윤 등 서울파 사회운동자들이었다.

40 『동아일보』, 1926년 1월 26일.

41 신주백, 「1925~1928년 시기 전남지방 사회운동 연구」, 162~163쪽.

42 『동아일보』, 1925년 3월 28일.

43 『동아일보』, 1926년 2월 25일.

위한 연구회를 개최하고 있었다.[44]

이와 같이 광주 청년단체, 사상단체에서 독서회, 연구회 등을 통해 사회과학을 학습하고 있던 상황은 당시 지식층에 속하는 중등학생의 사회과학 학습열을 불러일으키기에 충분했을 것이다. 그리고 이는 학생 독서회 결성이라는 결실로 나타났다.

반면 신간회 광주지회에는 사회주의 계열 청년 활동가들의 참여가 미약했던 것으로 보인다. 1927년 10월 신간회 광주지회 창립대회에서는 회장에 최흥종, 부회장에 정수태가 선임되었다.[45] 김재명이 서기에 임명되었을 뿐 구서울파 청년운동가의 참여는 저조했다. 이후 장석천, 강해석 등이 간사로 참여하기도 했으나[46] 광주지회의 활동을 주도하지는 못했다.[47] 1929년 9월 3일 개최된 임시대회에서는 집행위원장에 전남 도평의원을 지낸 개량주의자인 정수태가[48] 선임되었으며 위원들 중 사회주의계열의 청년활동가들이 거의 탈락하

---

44 『동아일보』, 1926년 9월 19일.

45 『중외일보』, 1927년 11월 5일. 최흥종은 광주지방 최초의 한인 장로로서 서울에서 3·1운동에 참여했다가 옥고를 치르고 1920년 6월에 출옥하였다. 동년 8월 노동공제회 광주지회장에 선임되었으며 1922년 광주 북문 밖 교회 목사로서 광주기독교청년회 초대회장을 역임했다(「만세가족」, 『전남일보』, 1969년 2월 14일). 1923년 러시아 시베리아로 목회를 위해 자원 파견되었다가 1년 만에 추방되어 귀국했다. 1929년 다시 시베리아 목사 파견을 자원하여 1932년에 귀향하였다. 그는 특히 빈민촌 철거 반대운동, 나환자 권익 보호 등 사회활동에 헌신했다(「인물개화(1)~(16)」, 『전남일보』, 1966년). 그의 감화로 항일운동에 나선 청년이 수십 명에 달한다고 전해질 정도로 광주에서 인망이 높았다.

46 『조선일보』, 1928년 12월 22일.

47 1929년 8월 신간회 광주지회의 총회는 강영석의 집에서 개최되었다(경성지방법원, 「金昌容 신문조서(2회)」, 『한민족독립운동사자료집』 50, 211쪽). 지회의 총회가 개인의 집에서 개최된 것은 전국적으로도 거의 확인되지 않는다. 이는 광주에서 강석봉, 강해석, 강영석, 강석원 형제의 위상을 보여주는 상징적인 의미를 갖는다. 그러나 실질적으로 신간회 광주지회에서 사회주의 청년층의 참여공간은 매우 협소했던 것 같다.

48 정수태는 전남 곡성 대지주의 아들로서 1919년 일본 명치대학을 졸업하고 귀국하여 설병호, 국기열, 차남진 등과 전남구락부를 조직했다. 1920년대 동아일보와 조선일

였다.[49] 신간회 광주지회가 장년층 중심으로 운영되면서 개량화되고 있음을 방증한다고 하겠다. 그 결과 신간회 광주지회는 두드러진 활동을 보이지 못했다. 더욱이 1929년 10월 신간회 본부와의 알력으로 정수태가 제명되는 등 지회 간부진이 징계를 당하자[50] 지회 탈퇴를 권유하는 성명서가 나도는 등[51] 내부 분열도 심했다. 따라서 광주 학생들의 1·2차 시위운동 당시 신간회 광주지회는 지원활동을 전개할 여력이 없었다.

성진회의 결성과 사회과학연구의 활성화

성진회醒進會의 결성에서 가장 주목할 인물은 왕재일王在一이다. 그는 성진회 결성을 제의하고 주도했다. 당시 광주고보 5학년생이던 그는 1929년 광주학생운동의 지도적 인사인 장재성과 동기였으나, 나이는 4세 연상이었다. 전남 구례 출신인 왕재일은 숭일학교를 중퇴한 후 광주청년회가 흥학관 내에 개설한 청년학원의 고등과를 마치고 1923년 광주고보 2학년에 편입했다.[52] 집이

보에 투자하였고 조선일보에는 5천원을 투자한 덕에 상무취체로 재직하기도 했다. 한편 1920년 민원식을 수반으로 한 참정권 요구 대표단의 일원으로 동경을 방문하는 등 자치론자로 활동했고 1926~1927년에는 전남도평의회 의원으로 재직하기도 하였다(안종철·김준·정장우·최정기, 『전남근현대의 형성과 지역 사회운동』, 새길, 1995, 165~170쪽).

49 『중외일보』, 1929년 9월 9일. 당시 선임된 임원은 다음과 같다. 집행위원장 : 정수태, 위원 : 최종섭, 한용수, 김용환, 김태오, 강태성, 김유성, 문종구, 문태홍, 이우근, 위원후보 : 최순영, 최한영, 오홍근, 검사위원 : 이영수, 노석정, 최남립, 이윤호, 전용기

50 1929년 7월 신간회 광주지회에서 본부 중앙집행위원회 개최의 절차상 하자와 집행위원장 허헌의 위원장 자격문제를 제기하여 본부에서 광주지회 간부들을 징계한 것이다(『동아일보』, 1929년 10월 4일 ; 이균영, 『新幹會研究』, 역사비평사, 1993, 169·200쪽).

51 『중외일보』, 1929년 10월 11일.

가난하여 고학하던 그는 흥학관을 통해 기성 사상단체와 사회운동 단체의 인사들과 접촉하면서, 사회주의를 습득했던 것으로 보인다. 그가 1926년 9월경 광주고보의 장재성張載性, 광주농교의 박인생朴仁生 등과 친교를 맺는 것도 사회주의 사상에 서로 공명했기 때문이라고 한다.[53] 이들은 2개월 만에 십여 명에 달하는 광주고보와 광주농교의 학생들을 규합할 수 있었다.[54] 이는 당시 학생들 간에 사회주의에 대한 관심이 그만큼 고조되어 있었음을 말해준다. 성진회원 임주홍은 성진회 결성의 이유를 다음과 같이 설명했다.[55]

> 무릇 과학은 역사적 필연의 인식을 위한 탐조등이며 인간의 동물성에서 인간성으로의 해방, 즉 필연에서 자유로의 발전을 위한 나침반인 것입니다. …… 인간의 사회적 생활에서 불가결적인 필요물, 즉 과학적 지식을 습득함으로써 동물성적인 생활 영역에서 이탈하고, 인간적인 진정한 의미에서 문화적 생활을 영위할 것을 희망함으로써 자연과학뿐 아니라 사회과학도 포함한 바의 광범위한 과학을 연구할 것을 최상 또 최대의 목적으로 하여 학생 간에 독서회인 성진회를 조직한 것입니다.

당시 흥학관은 광주 지역 사회단체, 사상단체의 집결지였다. 흥학관에는 광

---

52 佐堀伸三, 『實錄 若き抗日の群像1929年の光州學生運動』, 1999, 19쪽. 이 자료는 일제하 영산포에서 생활했던 일본인 佐堀伸三이 일본 내 자료와 생존자 증언 등을 토대로 펴낸 광주학생운동 조사자료이다. 이 자리를 빌려 자료를 제공해 준 한양대 박찬승 교수에게 감사드린다.

53 「昭和5年刑控第880~881號 判決文」, 대구복심법원, 1931년 6월 13일 ; 『독립운동사자료집』 13, 독립운동사편찬위원회, 1677쪽.

54 佐堀伸三, 『實錄 若き抗日の群像1929年の光州學生運動』, 34쪽. 佐堀伸三은 왕재일이 흥학관에 출입하던 학생 중에서 회원을 선발했다고 하나 근거는 제시하지 않고 있다.

55 임주홍, 「陳情書」, 『思想月報』 11, 1932, 260~263쪽. 광주학생운동으로 체포되어 대구복심법원에 항고할 당시의 진정서이다.

표 2-2 성진회 조직 상황

자료	결성 계기	시기·장소	창립 회원
성진회 예심종결서 (1930년 7월 26일) ①	1926년 9월경 장재성·왕재일이 사상적 공명, 농교 박인생과 양교 학생 중 동일사상자규합 결사 조직	1926년 11월경 최규창 하숙	장재성, 왕재일, 최규창, 김광용, 정우채, 임주홍, 국순엽, 안종익, 김창주, 최용석 (이상 고보) 정남균, 정동수, 문승수, 정종석, 김한필, 박인생(이상 농교) (16명)
사건자료 ②	강해석·지용수·한길상과 장석천·강영석이 1926년 여름부터 농고생 왕재일·정남균, 고보생 국순엽·장재성을 사주하여 학생 물색 및 규합	1926년 11월 3일 최규창의 하숙	12명
『조선일보』 (1930년 10월 20일) ③		결성 : 1926년 11월 3일 최규창 집 해체 : 1927년 3월 정남균 집	왕재일, 박인생, 장재성의 지도하에 13명의 중등학생
전라남도사 (1956년) ④	1925년 맹휴로 고보생 10여 명 퇴학, 야학 강습한 학생 퇴학에 분개	1926년 9월 25일 최규창 하숙	왕재일, 장재성, 안종익, 채영석, 김광용, 임주홍, 최규창, 김창주, 정우채, 정동수, 정남균, 박인생, 문승수, 김인수, 김한필, 정종석 (16명)
광주학생독립운동사 ⑤	일제 역사왜곡에 항거하여 장재성·왕재일·박인생이 동지 규합	1926년 11월 3일 최규창 하숙	장재성, 임주홍, 정우채, 김광용, 안종익, 김창주, 최규창, 채영석, 왕재일, 정남균, 박인생, 김한필, 정종석, 국순엽, 문승수, 정동수 (16명)
이종률 회고 ⑥	1926년 8월 서울 공학회(共學會) 간부 김창수(휘문고보)가 지방 학생 지하단체 조직의 오르그나이저로 내광하여 공학회 간부인 최규창 집에서 성진회 결성 논의	1926년 9월 최규창 하숙	왕재일, 최규창, 장재성, 임주홍, 김부식, 유치오 기타 학생, 집행책 최규창 등 간부 선출
왕재일 회고 ⑦	물리, 화학 등 자연과학 미교육, 야학교육하던 남정욱 퇴학사건에 자극	1925년 9월 25일	광주고보 9명, 광주농업학교 7명

자료	결성 계기	시기·장소	창립 회원
정동수 회고 ⑧	25년 일제의 왜곡된 역사교육, 고보 왕재일, 농교 신수용, 정동수가 1년간 동지규합	1926년 11월 3일 최규창 하숙	장재성, 임주홍, 정우채, 김광용, 안종익, 김창주, 최규창, 채영석, 왕재일, 정남균, 박인생, 김한필, 정종석, 국순엽, 문승수, 정동수 (16명)
이기홍·강석원 회고⑨	조공(ML당) 전남지부의 청년학생부 책임 지용수, 강해석이 각 학교 학생 망라하여 조직 후 이론 교양 지도	1926년 11월 3일	26명
최성원 저작 ⑩	일제의 동조동근론에 자극되어 1925년 9월 25일 왕재일이 농교 신수용·박인생·정남균·문승수·정동수와 조직체 결성 합의	결성 : 1926년 11월 3일 최규창 하숙 해체 : 1927년 2월 4일	왕재일, 문승수, 정동수, 정남균, 박인생, 장재성, 임주홍, 안종익, 최규창, 김광용, 채영석, 정종석, 김한필, 국순엽, 최용호, 정우채

※출전 : ①독립운동사편찬위원회, 『독립운동사자료집』 13. ②강재언 편, 『光州抗日學生事件資料』, 風媒社. ④전라남도사편찬위원회, 『全羅南道史』, 1956. ⑤광주학생독립운동동지회, 『光州學生獨立運動史』, 1974. ⑥산수이종률선생기념사업회, 『山水 李鍾律著作資料集』 2집, 들샘, 2001. ⑦『조선일보』, 1960년 11월 3일. ⑧『중앙일보』, 1979년 11월 13일. ⑨이기홍, 「광주학생운동의 전후사는 이렇다」, 『마당』, 1985년 11월호, 통권 51호 ; 이재의, 「새롭게 부각, 논란 활발한 배후세력의 성격」, 『월간 藝鄕』, 1989년 11월호. ⑩최성원, 『광주학생독립운동의 주역들』, 고려원, 2001.

주청년회, 전남청년연맹, 광주노동공제회 등 10여 개 단체의 사무실이 있었고[56] "민족문제에 관심 있는 사람이면 사회인이나 학생을 막론하고 자주 들락거렸다"[57]고 한다. 따라서 흥학관을 출입하는 학생들은 자연스럽게 사회주의

56 광주지역의 사회단체들은 광주청년회관과 흥학관에 집결되어 있었다. 광주청년회관은 1922년에 건립되어 1925년 말 화재로 소실되었는데 광주청년회 등 16개 단체의 사무실이 밀집되어 있었다(『동아일보』, 1925년 12월 27일). 흥학관은 1921년 광주의 대지주인 崔命龜가 건축하여 광주보통학교 동창회에 기증한 건물이다. 많은 사회단체가 입주하여 광주지역 사회운동의 근거지 역할을 했다(『동아일보』, 1926년 10월 1일). 흥학관에는 광주청년회, 전남청년연맹, 광주노동공제회 등 10여 개 단체의 사무실이 있었다.

57 성진회원 정동수의 증언이다. 이재의, 「새롭게 부각, 논란 활발한 배후세력의 성격」,

에 접목될 수 있었다. 여러 부문운동 단체가 한 곳에 집결되어 다양한 사상의 흐름을 접할 수 있었을 것이다.

또한 성진회 창립회원 중 왕재일·문승수·정동수가 강석봉 집에,[58] 정종석이 강석봉의 동생인 강해석 집에[59] 하숙하고 있었다. 이로 보아 이들이 광주의 대표적인 사회주의자인 강석봉 등 사회단체 인사들의 영향을 받았을 가능성이 높다. 성진회원의 연령이 대체로 19~24세였으므로[60] 비슷한 연령의 광주청년회 등 청년운동단체의 인사들과도 교류했을 것으로 보인다.

성진회는 광주지역 중등학교에서 최초로 조직된 학생 비밀결사로서 이후 사회과학 연구모임에 기반을 제공한 조직이었다. 그런데 성진회의 결성과정은 표 2-2에서 보듯이 관련 인사들의 증언과 자료마다 차이가 있어 검토가 필요하다.

결성 계기를 살펴보자. 성진회 창설멤버인 왕재일은 일제 교육제도와 광주고보생 퇴학사건, 정동수는 교육현장에서 자행되는 일제의 역사왜곡 등이 결성의 계기였다고 증언했다. 전라남도사(④)나 광주학생독립운동사(⑤), 그리고 광주농교 독서회원이었던 최성원의 저술(⑩)도 왕재일과 정동수 등 성진회 창립회원의 주장에 근거한 것으로 보인다. 반면 광주고보 독서회원이었던 이기홍과 1929년 당시 전남소년동맹 위원장이었던 강석원(⑨)은 성진회가 조선공산당(ML당) 전남지부 산하 청년학생부의 지도로 조직되었다고 주장하여 대조를 이룬다. 이들의 주장은 광주학생운동 직후 작성된 일제 경찰의 조사보고서

『월간 藝鄕』, 광주일보사, 1989년 11월호, 59쪽에서 재인용.

58 최성원, 『광주학생운동의 주역들』, 고려원, 2001, 146쪽 ; 「주역 강석원 옹에게 듣는다 – 실록 광주학생독립운동(2)」, 『전남일보』, 1989년 9월 8일.

59 「李東宣 陳情書」, 『思想月報』 11, 1932, 287쪽.

60 가장 어린 정우채가 1911년생으로 16세, 김창주가 17세였을 뿐 다른 학생들은 모두 20세 전후였다. 박인생은 24세, 왕재일은 23세, 장재성은 19세였다.

(②)와 유사하다. 반면 당시의 판결문(①) 등에서는 장재성, 왕재일과 박인생이 서로 사상적으로 공명하여 사회주의에 관심이 있는 학생들을 규합하여 조직한 것으로 파악하고 있다. 이와는 전혀 별개의 주장이 ⑥번 이종률의 회고이다. 이종률은 1926년 서울에서 학생단체인 공학회共學會의 간부 김창수가 광주로 파견되어 학생조직 결성을 논의함으로써 성진회 결성이 추진되었다고 한다.

왕재일, 정동수 등 창립회원들의 증언은 반공적 시대 상황에 의해 축소되었을 가능성이 있다. 사회과학 연구를 목적으로 한 독서 모임이었으므로 사회과학 연구의 필요성이 모임 결성의 가장 큰 이유였을 것이기 때문이다. 일제의 역사왜곡과 학교에 대한 불만에 의해서 사회과학 연구모임이 결성되었다고 보기에는 어색한 점이 있다.

반면 ⑨항 자료처럼 ML당 전남도당의 계획적인 지도에 의해 결성됐다고 보기도 어렵다. 서울청년회 신파계열의 고려공산청년동맹이 고려공산청년회에 합류하는 것은 1926년 8월이지만 적극적인 활동이 전개되는 것은 동년 12월 2차 당대회를 통해 3차 조선공산당(ML당)이 결성된 이후부터였다.[61] 김재명이 고려공산청년회에 가입한 것은 1926년 8월경이었으나[62] 지용수와 강해석은 1927년 3월 김재명의 인도로 고려공산청년회에 가입했다. 김재명·지

---

61 박철하, 「고려공산청년회의 조직과 활동」, 『한국근현대청년운동사』, 한국역사연구회, 1995, 141쪽.

62 「朝保秘第1558號朝鮮共産黨幹部高光洙逮捕及高麗共産青年會咸南道機關檢擧ニ關スル件」, 1930년 11월 27일, 姜德相, 『現代史資料』 29, 223쪽. 고광수 체포 후의 보고서인 이 자료에는 김재명이 1926년 8월 고광수 등 5명과 함께 통합 고려공산청년회 결성에 참여한 것으로 나타난다. 반면 김재명은 경찰 신문조서에서 자신이 1926년 겨울 제3차 고려공산청년회에 가입하고 1927년 봄, 조선공산당에 가입하였다고 진술했다(「金在明 第1回 訊問調書」,경기도 경찰부, 1928년 7월 20일, 『金在明外 45명 신문조서』, 국사편찬위원회 소장 마이크로필름).

용수·소진호·강해석 등이 고려공산청년회의 광주야체이카를 결성하는 것은 1927년 3월 이후였다.[63]

따라서 강해석·지용수 등이 성진회 결성을 주도했다면 ML당 가입 이전 서울파로 활동할 당시였을 것이나, 성진회 조직 구성의 단순성 등으로 보아 이들이 깊이 관여한 것 같지는 않다. 결성 이후 5개월 만에 자진 해산한 것도 이러한 추론을 뒷받침해준다. 단지 후술하듯이 1927년 3월 성진회가 해산되자 강해석과 장석천이 성진회원을 초치, 격려하고 있는 것을 보면 결성 이후 기성 사회인사들의 지도를 받았을 가능성은 높은 것으로 판단된다.

이와 유사한 자료가 일제 측 기록인 『광주항일학생사건자료』(②)이다. 강해석·한길상·지용수·장석천·강영석 등의 사회인사들이 학생들을 사주해 조직했다는 것이다. 이 자료는[64] 학생시위가 서울로 확산된 직후인 1929년 12월에 작성되었으므로 경찰의 초기조사단계의 기록이다. 따라서 부정확한 부분이 많다. 결성초기의 성진회원이 12명이며 왕재일이 광주농교생으로 잘못 기록되어 있기도 하다. 기성 사회인사와의 관계도 지나치게 강조된 것 같다. 재판과정에서 거론되지 않는 한길상이 포함된 점 등이 그렇다.

다음 이종률의 저술 자료(⑥)이다. 1925년에 결성된 최초의 사회주의 학생조직인 공학회共學會는 동년 10월에 해산되었다.[65] 따라서 1926년 8월 전국의

63 「昭和5年刑公第793~795號 判決文」, 경성지방법원, 1930년 12월 22일, 국가기록원 소장 MF ;「京高秘第8036号 秘密結社朝鮮共産黨並ニ高麗共産青年會事件檢擧ノ件」, 1928년 10월 27일, 姜德相, 앞의 책, 104쪽.

64 「光州京城に於ける學生事件の裏面竝學生秘密結社及其の系統」, 『光州抗日學生事件資料』, 風媒社, 361쪽. 이 자료에는 성진회가 해체되지 않고 존속되어 1929년 6월에는 회원이 33명에 달했으며 동년 6월 장재성이 독서회라는 후계조직을 결성했다고 기록되어 있는 등 자료적 신빙성이 의심스럽다. 이는 1929년 12월 당시의 조사기록이기 때문일 것이다.

65 조동걸, 「한국근대학생운동조직의 성격변화」, 『한국민족주의의 발전과 독립운동사연

지하 학생조직을 결성하기 위해 김창수가 광주에 와서 학생조직 결성을 논의할 수 있는 상황이었는지는 의문이다. 이종률은 주요 성진회원으로 김부식, 유치오 등 성진회 창립회원이 아닌 사람들을 거명하고 있다. 또 최규창이 집행책에 선임되었다고 했으나 당시 1학년생이었던 최규창이 모임을 주도하기는 어려웠을 것이다.[66] 그렇다면 결국 판결문에 나타난 바와 같이 사회과학 연구를 위해 학생들이 자체적으로 성진회를 결성한 것으로 보아야 할 것 같다.

결성 일시도 자료마다 상이하다. 1926년 11월 3일 설, 1925년 9월 25일 설, 1926년 9월 25일 설 등이다. 결성 논의가 진행되던 시점과 결성시점에서 오는 차이일 것이다. 창립회원 다수의 신문 결과에 근거했을 것이므로 판결문에 나타난 바와 같이 1926년 9월부터 논의가 진행되어 1926년 11월 3일 결성된 것으로 판단된다.

결국 1926년 11월 3일경 최규창의 하숙에서 왕재일, 장재성, 박인생 등의 주도로 광주고보와 광주농교 학생 16명이 사회과학 연구모임인 성진회를 조직한 것으로 보인다. 당시의 회원은 다음과 같다.[67]

구』, 지식산업사, 1993, 230쪽.

66 이종률과 최규창은 공학회 활동을 함께 하였다(전명혁, 「山水 李鍾律의 민족해방운동과 민족통일전선론」, 首善史學會, 『史林』 24, 2005, 310쪽). 따라서 이 내용은 최규창의 傳聞에 근거하여 작성되었을 것이며, 최규창이 참여했던 이후의 독서모임과 뒤섞인 것으로 추정된다.

67 「昭和5年 刑公合第47號 判決文」, 광주지방법원, 1930년 10월 27일, 독립운동사편찬위원회, 『독립운동사자료집』 13, 1654~1667쪽. 국순엽을 광주농교생으로 분류한 기록도 있으나, 유족(동생)의 증언에 의하면 광주고보생이라고 한다. 재판기록에도 광주고보생으로 나온다. 또 자료에 따라 성진회원의 숫자에 차이가 있다. 이에 대해서는 한규무, 「성진회의 조직과 활동에 대한 재검토」, 『한국독립운동사연구』 22, 독립기념관, 2004, 64~69쪽 참조.

광주고보 : 왕재일, 장재성, 최규창, 김광용, 정우채, 임주홍, 국순엽,[68] 안종익, 최용호(채영석), 김창주

광주농교 : 정남균, 정동수, 문승수, 정종석, 김한필, 박인생

이들 중 광주에 본적을 둔 학생은 장재성, 임주홍, 안종익의 3명에 불과하다. 광주 통학권인 나주 출신의 2명(김광용, 정우채)을 포함해도 집에서 통학하는 학생은 5명을 넘지 않는다. 다른 학생들은 영암, 구례, 담양, 장성, 제주, 완도 등 전남 서부지역 출신자였다. 심지어 충북 옥천(정종석), 경북 상주(김한필) 출신도 있었다. 이들은 모두 하숙 또는 기숙사 생활을 했을 것이고 이러한 생활여건은 평소 자유롭게 사상을 교환하는데 유리한 조건이 되었을 것이다. 성진회의 결성도 최규창의 하숙, 해체는 정남균의 하숙에서 이루어졌다.

다음 성진회 창립 당시의 결의사항도[69] 기록마다 차이가 있다.

이 중 ④항 자료는 학생 독서 모임이 '독립 쟁취'를 당면 목표로 설정하였을 것 같지 않으므로 후대의 윤색이 가미된 것 같다. 또한 '일제의 기반羈絆' 등의 용어는 당시의 판결문에서 민족운동 사건을 기록할 때 흔히 사용되던 상투적인 법률적 표현이다.

①, ②번 자료를 제외한 ③, ④, ⑥번 자료에는 공통적으로 '일제 식민지

---

68 국순엽은 성진회 결성 이후 중국 북경으로 유학했다. 그는 1928년 중국 북경의 민국대학에 재학하며 柳基石, 吳南基 등과 아나聯盟을 조직하고 기관지 「이튿날」을 발행하는 등 무정부주의운동에 투신했다. 1930년에는 호서은행 자금탈취사건에 연루되어 중국 경찰에 체포되기도 했다(무정부주의운동사편찬위원회, 『한국아나키즘운동사』, 前編 297, 330~331쪽).

69 결의사항이 강령의 형태는 아니었던 것 같다. 독서회 관련 판결문에 '강령'으로 표현된 사례가 많은 데 비해 성진회 관련 자료에는 논의 결정된 사항, 또는 회원의 준수의무 등으로 표현되어 '강령'과 구분하고 있다.

표 2-3 성진회 창립시 결의사항

자료명	결의사항	기타 결정사항
예심종결서·판결문 ①	공산주의 연구, 회합의 비밀엄수, 동지 규합에 노력 결의(고등법원 판결문에는 공산주의 연구만 수록)	총무 왕재일, 서기 박인생, 회계 장재성, 회비 매월 10원, 매월 1·3주 토요일 회합
사건자료 ②	1. 사회과학 연구의 정진. 2. 비밀엄수. 3. 한글신문의 숙독. 4. 동지의 획득	매월 1·3주 토요일 회합, 수 명씩 각 동지의 하숙에 회합
전라남도사 ③	1. 조선학생의 민족적 자각을 환성(喚醒)함. 2. 일제의 식민지 노예교육에 대한 감시와 투쟁	총무 왕재일, 회원모집과 실행방법은 전 회원이 각각 책임 분담, 회의 존립은 투쟁대상 소멸시까지로 함, 매주 일요일 회합, 회원의 신입은 회원 추천으로 심사 후 결정 ※ 이후 결정사항 ·각 사회단체와의 연락을 조심하자 ·회의 존재는 극비밀로 하자 ·신규회원 모집은 당분간 보류하자
정동수 회고·광주학생독립운동사 ④	1. 일제의 기반(羈絆)에서 한국 독립을 쟁취한다. 2. 일제의 식민지 노예교육을 절대 반대한다. 3. 언론 출판 결사의 자유를 요구한다.	총무 왕재일, 서기 박인생, 회계 장재성, 회비 매월 10원, 매월 1·3주 토요일 회합, 각자 회원 확대에 노력, 비밀엄수
강석원 회고 ⑤	1. 우리들은 간악한 제국주의 일제를 타도한다. 2. 우리들은 만민이 공락(共樂)할 국가 사회를 수립, 보전한다. 3. 우리들은 정의의 횃불을 높이 들어 온 세계를 비추며 이 찬란한 광명 속에 인류만이 찾을 수 있는 무한한 반전(反轉)과 가없는 평화를 이룩한다.	
이종률 회고 ⑥	1. 각 학교를 연결한 종합적인 또는 각 학교 단위의 사회과학 연구활동을 성실히 행한다. 2. 일본제국주의의 식민지 교육정책을 적극 반대한다. 3. 학생의 단결을 기한다. 4. 비밀을 엄수하며 어떠한 경우라도 회의 조직을 노출시키지 않는다. 5. 항일 제선배 조직과 긴밀한 연락을 가지며 지도를 받는다.	

노예교육 반대'의 항목이 포함되어 있다. 그러나 성진회의 실질적인 활동내용이 사회과학을 연구하는 독서모임이었던 것으로 보아 적극적인 투쟁이 전제되는 '식민지 노예교육 반대'를 당면 목표로 설정했을 것 같지는 않다. '식민지 노예교육 반대'는 학생운동 조직의 강령이라기보다 주로 학생맹휴 당시의 구호였다.[70]

반면 ①, ②, ③, ④번 자료에는 공통적으로 동지의 획득 항목이 포함되어 있다. ③번 자료에는 구체적으로 '회원의 신입은 회원의 추천으로 엄중 심사 후에 결정키로' 하였으나 이후 신입회원 모집은 당분간 보류했다고 한다. 따라서 결성 당시에는 '동지규합' 문제가 논의되었던 것 같다. 그러나 결성 이후 실제로 구체적인 회원 확충 노력은 없었던 것으로 보인다. 이는 성진회가 학교 연합조직인 관계로 비밀유지에 민감했기 때문일 것이다. 또 ⑥번 자료의 1항 '각 학교를 연결한 종합적인 또는 각 학교 단위의 사회과학 연구 활동을 성실히 행한다'는 항목은 성진회가 광주고보와 광주농교의 연합조직이었음을 감안한다면 오히려 이후 독서회 중앙부 당시의 강령이라는 인상을 준다. 또 5항 '항일 제 선배 조직과 긴밀한 연락을 가지며 지도를 받는다'는 항목은 당

70 1925~1926년 당시 학생운동 조직의 강령은 '조선인 본위의 교육실시'에 머물고 있었다. 1925년 11월에 결성된 조선학생과학연구회는 '인간본위 교육의 실시, 조선학생 당면문제의 해결'을 제시했고(조선총독부 경무국, 『高等警察用語辭典』, 1933, 250쪽) 1926년 9월 개성의 중등학생들이 조직한 松京학생과학연구회도 동일한 강령을 내걸었다(『동아일보』, 1926년 9월 18일). 이들이 모두 표면조직이기 때문이었겠지만 1926년 6·10만세운동 당시 고려공산청년회의 표어도 '조선인 교육은 조선인 본위로'에 머물고 있었다(朝鮮總督府警務局, 『最近に於ける同盟休校の考察』, 1929, 47쪽). '식민지 노예교육 반대'는 학생운동 조직의 강령이라기보다는 주로 맹휴 당시의 구호였으며, 본격적으로 제기되는 것은 맹휴가 일제 식민통치에 대한 저항성을 강하게 띠는 1927년 이후의 일이었던 것으로 보인다. 朝鮮學生前衛同盟의 경우처럼 1927년 이후의 사회주의 학생운동 조직의 강령에는 '제국주의 교육 반대'가 포함되었다.

시의 정황으로 보아 수긍할 수 있는 부분이다. 그러나 창립 멤버인 정동수가 외부 세력의 직접적인 지도를 강력히 부인하고 있어[71] 실제적인 지도를 받았더라도 결의사항으로 공론화되지는 않았던 것 같다.

그렇다면 성진회 결성 당시의 주요 결의사항은 ①번 자료와 같이 "사회과학 연구의 정진, 비밀엄수, 동지의 획득" 등의 내용이었을 것으로 추정된다. 이들은 임원으로 총무 왕재일, 서기 박인생, 회계 장재성을 선임하고[72] 매월 1·3주 토요일에 회합하여 사회과학을 연구하기로 결의했다. 이렇게 결성된 성진회는 광주지역 최초의 학생운동 조직이었다.

공학회共學會가 1925년 말 해체된 후 사회주의 각 계파는 학생운동 조직을 경쟁적으로 조직·지원했다. 조선학생과학연구회, 경성학생연맹, 서울학생구락부 등이 그것이다.[73] 이는 모두 전국 단위의 학생 연합조직을 지향하고 있었다. 그런데 서울의 경우 1926년 6·10만세운동 이후 일제의 탄압으로 조선학생과학연구회 등 학생연합조직이 침체되고 단위 학교의 모임도 거의 이루어지지 못했다.[74] 반면 조선학생과학연구회 등 학생의 중심조직이 없었던 지방

71 정동수는 "성진회 창립초기 멤버인 나 개인의 생각으로는 우리 조직이 사회주의자들의 간접적인 영향은 받았는지 모르지만 직접적인 지도는 결코 받아본 적이 없었다"고 주장한다(이재의, 앞의 글, 1989, 57쪽에서 재인용).

72 이러한 성진회의 모임을 주도한 것은 왕재일이었다. 회계를 맡은 장재성은 졸업과 함께 일본 유학을 계획 중이어서 그 준비에 바빴던 관계로 정우채가 회계 업무를 대신했다고 한다. 1927년 3월 장석천, 강해석이 성진회원을 초청했을 때도 장재성은 참석하지 않은 것 같다. 판결문에 의하면 졸업생 중 왕재일, 박인생만 언급되어 있다(「昭和5年刑公第880~881號判決文」, 대구복심법원, 1931년 6월 13일 ; 『독립운동사자료집』 13, 1686쪽). 광주학생시위 당시 장재성의 역할에 비추어 장재성이 이때 참석했다면 판결문에 거론되었을 것이다.

73 조동걸, 앞의 글, 1993, 232쪽.

74 김성민, 「1920년대 후반 서울지역 학생운동의 조직과 성격」, 『한국근현대사연구』 31, 2004, 171~172쪽. 서울에서 조선학생과학연구회가 다시 활성화되는 것은 1927년에 들

에서는 개별 학교 단위의 사회과학 독서회가 결성되기 시작했다. 이러한 독서회는 비밀결사의 형태로 조직되었다. 성진회는 6·10만세운동 이후 학생운동 조직이 서울의 공개적인 전국조직에서 지방의 비밀결사 조직으로 확산되는 과정에서 결성되었으며 시기적으로도 매우 앞선 것이었다.[75]

실제로 성진회원들이 어느 정도의 사회주의 학습을 했는지는 알 수 없다. 그리 집중적인 학습이 이루어지지는 않았을 것으로 보인다. 매달 1·3주 토요일에 모임을 갖기로 했으나 1927년 3월에 해체했으므로 모임의 기회가 많지 않았을 것이다. 그나마 1927년 1월에는 비밀누설을 우려하여 전혀 모임을 갖지 못했다고 한다.[76] 조직 구성도 16명의 인원에 비해 임원이 총무, 서기, 회계에 불과하여 조직적 대외활동보다는 독서모임의 범위를 벗어나지 못한 것이었다. 단일 독서회 조직치고 16명이란 회원은 지나치게 많은 감이 있다. 서울지역 학생 독서회가 학교 단위로 몇 명씩의 그룹으로 나뉘어 결성되었던 것에 비하면 큰 규모이다.[77] 아무리 학생들이 집단적 움직임이 가능한 특성이 있

어서이다. 지방의 사회운동가들이 학생운동 조직화에 적극적으로 나서는 것도 1927년 이후부터였다. 1926년 당시의 학생운동 조직은 서울지역에 국한되어 있었으나, 1927년 이후 ML당의 학생운동 조직화 방침에 따라 지방의 학생운동 조직도 본격화되었다.

75 3·1운동 이후 비밀결사적 학생운동 조직으로는 서울의 朝鮮學生革命黨이 1927년 2월, ㄱ당이 1928년 2월, 대구의 新友同盟이 1927년 말에 결성되었다. 성진회는 전국적으로도 1920년대 후반의 비밀결사로서는 가장 앞서 조직되었다.

76 최성원, 『광주학생독립운동의 주역들』, 2001, 154~155쪽.
최성원은 1927년 2월 2일 장재성 집에서 성진회의 해산문제가 제기되어 2월 4일 채영석 집 회합에서 정식으로 해산했다고 주장한다.

77 1927~1928년 서울의 중등학교에서 결성된 독서회는 10명 내외의 조직이었다. 또한 1927년 말~1928년 초 대구고보를 중심한 학생조직인 赫友同盟, 赤友同盟 등의 경우 10여 명의 회원을 5~6개의 그룹으로 구분했다고 한다(김일수, 「1920~1930년대 전반기 경북지역 학생운동의 전개와 성격변화」, 『大丘史學』 51, 123~127쪽). 1930년 3월 윤경현 등 여수공립수산학교 학생 9명이 조직한 독서회에서도 발각을 염려하여 회원 9명을 3조로 나누어 매주 조별 모임을 가졌다(「(윤경현 등)判決文」, 광주지방법원, 1931

다 하더라도 16명의 학생들이 이목을 피해 정기적으로 회합하기란 쉬운 일이 아니었을 것이다.[78]

결국 성진회는 1927년 3월경 자진 해산했다. 회원 중 이반자가 있었기 때문이라고도 하고 한 회원의 친척이 일제경찰이었기 때문이라고도 한다.[79] 고보와 농교의 연합조직이었으므로 비밀유지에 특히 예민했던 것으로 보인다. 이러한 이유가 아니라도 당시 5학년생으로 모임을 주도했던 왕재일·박인생·장재성이 졸업을 맞이하여 모임의 개편이 불가피한 상황이었다.

성진회 해산 후의 동향에 대해서도 자료마다 차이가 있다. 이는 크게 성진회가 형식상 해산했으나 실질적으로 연구모임을 계속하며 1929년까지 지속되었다는 견해와 해산 이후 성진회와는 별도의 독서모임이 생겨났다는 견해로 나뉜다.

전자의 실질적인 존속설은 당시 일제 경찰, 검찰의 입장이었다. 경찰과 검찰은 성진회가 형식상 해산했으나 실질적으로 독서모임을 지속하여 1929년 독서회로 연결된다고 보았다. 이후의 독서모임을 모두 성진회의 확대과정으로 파악한 것이다. 이러한 관점은 당시 성진회 관련자 재판에 앞서 열린 독서회 관련자의 지방법원 예심에 그대로 반영되었다. 예심종결서에는 "(성진회는-필자 주) 1927년 봄경 형식상 해산하였으나 실제로 회합 연구는 계속되어 점차 동지의 수효가 증가"하여[80] 1929년 6월에는 각 학교별로 20여 명의 연

년 9월 4일, 국가기록원 소장 MF).

78 표 2-3의 사건자료②에는 수 명씩 각 동지의 하숙에서 회합하는 것으로 나타나지만 다른 자료에는 모임을 분리했다는 기록이 없다.

79 지목되는 인물이 채영석인데 친형이 광주경찰서 순사부장이었다고 한다. 실제로 당시 광주경찰서에 채○○가 근무하고 있었으므로 비밀누설을 염려했던 것은 사실로 보인다.

80 「예심종결결정서」, 광주지방법원, 1930년 7월 17일 ; 『독립운동사자료집』 13, 1619쪽. 이 예심종결서는 독서회원에 대한 재판이었기 때문에 독서회의 연원을 추적한다는 의미

구자를 규합하였다고 기록되었다. 1929년 12월 당시 일제 경찰의 광주학생운동 조사자료도 기성 사회주의 인사의 지도가 강조되고는 있으나 성진회가 1929년 6월 독서회로 개편될 때까지 존속한 것으로 파악했다.[81] 그 결과 독서회와 성진회에 대한 예심 진행 당시의 신문보도기사에도 성진회를 광주학생운동의 실질적 지도기관으로 보도하고 있었다.[82] 이러한 인식에는 독서회 중앙부를 결성한 장재성이 성진회 출신이었던 점이 크게 작용한 것으로 추정된다. 반면 성진회와 독서회원이 함께 재판에 부의된 복심법원 판결문에는 성진회가 1927년 3월 해산한 뒤 각 학교별로 개별적인 연구모임이 결성된 것으로 나타나지만, 성진회라는 명칭은 사용하지 않고 있다.[83] 또 임주홍은 성진회가 형식상 해산했을 뿐 아니라 실질적으로도 해산하였다고 진술하고 있다.[84] 성진회 해체 이후의 독서모임은 성진회와는 별개의 모임이라는 것이다.[85] 결국 성진회 출신 재학생들을 중심으로 개별적인 모임이 시도되고 있었으나 발각을 우려해서인지 구체적인 조직의 형태를 피했던 것으로 보인다.

에서 독서회가 성진회에서 이어진 것으로 파악했을 가능성이 높다.

81 「光州京城に於ける學生事件の裏面竝學生秘密結社及其の系統」, 『光州抗日學生事件資料』, 風媒社, 361쪽.

82 『조선일보』, 1930년 10월 10 · 20일. 성진회에 대한 이러한 인식 때문에 최근까지도 성진회가 광주학생운동을 주도한 것처럼 인식하는 경향이 생겼던 것으로 보인다. 성진회원인 정동수는 성진회가 해산 이후에도 실질적으로 유지되어 독서회로 이어졌다고 한다(정동수, 「광주학생운동 배후엔 성진회가 있었다」, 『중앙일보』, 1979년 11월 13일).

83 한규무도 복심법원 판결문에 근거하여 성진회가 실질적으로 해산했고 이후의 독서 모임은 성진회와는 별개의 연구회라고 보았다(한규무, 「성진회의 조직과 활동에 관한 재검토」, 72~82쪽).

84 임주홍, 「진정서」, 『사상월보』 제11호, 1932년 2월 15일, 270쪽.

85 1929년 독서회원이었던 이기홍은 성진회가 실질적으로 해산했고 이후 학생들이 학교별로 독서토론을 하다가 이 모임이 독서회로 발전되었다고 주장한다(이기홍 遺稿 · 안종철 정리, 『광주학생독립운동은 전국학생 독립운동이었다』, 178~179쪽).

성진회는 결성 5개월 만에 자진 해산하였다. 따라서 성진회원들이 사회과학을 깊이 연구했다고 보기는 어렵다. 그러나 광주지역 중등학교에 최초로 결성된 학생 비밀결사로서 사회과학 연구의 기초를 제공했다는 점에서 그 의의를 찾을 수 있을 것이다. 또 1920년대 후반 전국적으로 확산되는 비밀결사로서도 선구적인 것이었다.

성진회가 해산했다고는 하나 성진회 출신 재학생들을 중심으로 고보와 농교에는 사회주의 연구를 위한 독서 모임이 계속되었다. 성진회가 자진 해산한 이후 같은 해 3월 광주청년회원인 강해석·장석천이[86] 성진회원을 음식점에 초대하여 결속을 다졌다.[87] 이 자리에서 장석천은 "학교를 졸업하는 자는 앞으로 사회에 나가 공산주의 실현을 위해 실 사회운동에 종사할 것이며 재학생은 공산주의 실현을 위해 결속을 더욱 공고히 하여 공산주의 연구에 노력하

86 광주지역의 핵심적인 사회주의자인 강석봉의 동생인 강해석은 전남사범학교를 졸업하고 광주청년회가 주관하는 청년학관의 선생을 지냈다고 한다(佐堀伸三, 『實錄 若き抗日の群像 1929年の光州學生運動』, 37쪽). 그런데 유족들의 증언에 따르면 강해석은 광주농교를 졸업하고 사범학교의 전신인 임시교원양성소를 거쳐 송정리보통학교 교사를 지내다가 1925년부터 사회운동에 투신했다고 한다(김병인, 「1920년대 광주지역 청년운동가 강해석 연구」, 전남대학교 호남문화연구소, 『호남문화연구』 26, 1998, 86쪽). 그는 1925~1926년 신우회 간부, 광주청년회 집행위원을 지냈으며 1927년 3월 김재명의 권유로 제3차 고려공청에 가입하여 광주야체이카에 소속되었다. 강해석은 이후 장석천과 함께 전남청년연맹, 광주청년동맹의 핵심적인 간부로 활동하였다.

87 광주청년회는 연례적으로 중등학교 졸업생을 초대하여 환영회를 가졌다. 1927년 3월 8일에는 강해석, 장석천의 주관으로 농업학교 졸업생 26명의 환영회가 있었다.(『동아일보』, 1927년 3월 11일) 그런데 위의 성진회원 격려모임은 이러한 연례모임과는 성격이 다른 것으로 보인다. 이 모임은 성진회 해체 이후에 이루어진 것 같다. 정동균이 예심판사에게 1927년 2~3월경 성진회는 임주홍 집에서 해산되었으나 동년 3월경 박인생, 왕재일의 졸업에 따라 강해석, 장석천이 성진회 회원을 초대했다'라고 진술하고 있기 때문이다(『독립운동사자료집』 13, 1686쪽). 또 예심종결서에는 성진회원 전원을 초대했다고 기록되었으나 복심법원 판결문에는 성진회 회원 중 수 명이 졸업하게 되자 동회 회원 수 명을 초대했다고 기록되었다(『독립운동사자료집』 13, 1630·1677쪽).

라"고 격려했다고 한다.[88] 이에 대해 왕재일 등은 실제 운동에 노력하겠다고 답변했고 재학생들도 장석천의 권유에 동의하였다. 이날의 성진회원 초청 모임은 장석천보다 강해석이 주선했을 가능성이 높다. 장석천은 1926년 9월 일본에서 귀국하여 시기적으로 학생들을 주도하기 어려웠을 것이나, 강해석은 광주농업학교를 졸업한데다 청년학관 선생이었으므로[89] 청년학관 출신의 왕재일과도 연결되어 있었을 것이다. 반면 장석천은 수원고등농림학교 재학 당시인 1925년 11월 전문학교 학생들을 중심으로 조직된 조선학생회의 집행위원에 선임되어[90] 활동하는 등 학생운동의 전력이 있었으므로 학생 간에 위상이 높았을 것이다.

초청모임의 대담에서도 나타나듯이 성진회의 해체 이후에도 사회과학 연구모임은 계속되었다. 그 방법은 교우관계에 바탕을 둔 소규모 연구모임이었고, 또 고보와 농교의 연합조직에서 각 학교 단위의 연구모임 형식으로 변화되었던 것 같다.

1927년 11월 성진회 출신의 광주농교 5학년생인 문승수·정동수가 하급생인 김복만·김재용·유상걸·주당석·유치오 등과 함께 사회과학 연구모임을 결성했다. 이 모임에는 고보 졸업생인 왕재일이 참석하여 사회과학 연구의 필요성을 역설하는 등 간접적으로 관여, 지도하고 있었다.[91]

---

88 앞의 「대구복심법원 판결문」, 『독립운동사자료집』 13, 1677~1678쪽.

89 「昭和5年刑公第793~795號(姜海錫 등)判決文」, 경성지방법원, 1930년 12월 22일.

90 경성종로경찰서장, 「京鍾警高秘第12732號 朝鮮學生會第二回定期總會ノ件」, 1925년 11월 9일, 『檢察事務ニ關スル記錄』(1)

91 한규무는 이 모임에 왕재일도 가입했다고 하나(한규무, 「성진회의 조직과 활동에 관한 재검토」, 76쪽), 이는 착오이다. 왕재일이 모임에 참석하여 격려한 것이다. 또 지방법원 판결문에는 이들이 학생공산당의 비밀결사를 조직했다고 하나 이들이 학생공산당을 결성한 것은 아니며 협의 수준이 아닌 모임 결성을 의미하는 것으로 해석된다.

이는 성진회가 해산된 후에도 성진회 출신들을 통해 각 학교 단위로 연구모임이 계속 모색되었음을 말해주고 있다. 농교의 연구모임 결성에 고보 졸업생인 왕재일이 관여하고 있는 것을 통해서도 이를 알 수 있다. 이러한 각 학교 단위의 연구모임은 농교에만 해당되는 것은 아니었다.

1928년 2월 제3차 고려공청의 광주지역 야체이카원인 강해석, 지용수[92]가 고보의 임주홍·최규창·김광용, 농교의 문승수·정종석·김인수金仁守[93]·주당석·유치오, 전남사범학교의 하의철·이동선·박무길·정귀석·임종근 등을 지용수의 집에 초대했다. 이 자리에서 지용수는 각 학교에 졸업생이 생겨 사회주의 연구 지도자를 상실하게 되었으므로 "학교를 졸업하는 자는 후계자를 선정하여 재학생을 지도하도록 하고 (후계자에게는 – 필자 주) 학생들에게 주의를 보급하고 동지를 규합하여 지도하는 임무"를 부여하였다.[94] 그 결과 농업학교의 경우 주당석, 유치오가 후계자로 선임되었다.

여기서 다음과 같은 사실이 주목된다.

첫째, 1927년 성진회의 해체 이후에도 1929년까지 각 학교에서 연구모임이 지속되고 있었다는 점이다. 1928년 2월 모임의 취지가 각 학교에 졸업생이 생겨 사회주의 연구 지도자를 상실하게 되었으므로 그 후계자를 선정하는

---

92 지용수는 광주보통학교를 졸업한 후 사회운동에 투신했다. 1925년 광주청년회 위원, 1926년 광주협회 청년부 위원, 신우회 간부 등으로 활동하였다. 1927년 3월 고려공산청년회에 가입하여 광주야체이카에 소속되었다. 그는 특히 1924년 광주고보생들의 맹휴 당시 전교생 400명이 무기정학을 당하자 이의 해결을 위한 학부형대회를 주도했고 도민대회 준비위원으로 활동하는 등 맹휴해결에 앞장섰다(『조선일보』, 1924년 6월 30일·7월 8일 ; 『동아일보』, 1924년 7월 8·20일). 맹휴해결에 적극적으로 참여했던 이러한 경력이 학생들과의 유대형성에 도움이 되었을 것이다.

93 고려공청 광주야체이카 소속의 金寅洙와는 다른 사람이다.

94 「대구복심법원 판결문」, 1931년 6월 13일, 『독립운동사자료집』 13, 1687쪽의 정종석 신문조서, 김인수 신문조서 내용.

모임이었다고 한다. 실제로 이 자리에 참석한 고보의 임주홍·최규창·김광용이 모두 성진회 출신이며 그중 김광용이 졸업생이었다. 농교는 성진회원인 문승수·정종석과 김인수가 졸업생이었다. 그 외에 사범학교의 하의철·이동선·박무길·정귀석이 졸업생이었다.

그런데 문승수는 1927년 11월에 결성된 사회과학 연구모임의 주도자였다. 농업학교 후계자로 선임된 유치오, 주당석은 앞서 보았듯이 동년 11월 문승수 주도의 사회과학 연구 모임의 참가 멤버였다. 이로 보아 농업학교의 경우 문승수 그룹을 중심으로 사회과학 연구가 진행되고 있었음을 알 수 있다. 농업학교의 문승수 그룹과 같은 연구 모임은 고보와 사범학교에도 존재했다고 보아야 할 것이다. 그렇기 때문에 각 학교별로 사회과학 연구 지도를 위한 후계자 선정이 필요했을 것이다. 고보의 경우 재학생인 임주홍, 최규창이 성진회원이었으므로 별도의 후계자 선정이 필요 없었을 것이며 전남사범학교의 경우는 참석자 중 유일하게 졸업생이 아닌 임종근이 선정되었을 것이다. 이 모임에 사범학교에서 하의철·이동선·박무길·정귀석·임종근 등이 참여하고 있는 것으로 보아 사범학교에도 사회과학 연구 모임이 활성화되고 있었음을 알 수 있다. 이 모임의 각 학교 참석자들은 자신의 학교를 중심으로 사회과학 연구를 계속하고 있었던 것으로 이해된다. 그리고 이는 고보와 농교의 경우 성진회 출신 재학생들이 주도했을 것이다. 성진회 출신 재학생들은 조직 결성의 경험, 사회과학 학습 경험 등을 통해 사회과학 연구모임을 이끌었을 것이다. 이들에게 부여된 임무는 '학생들에게 주의를 보급하고 동지를 규합하여 지도하는 것'이었다.

이들은 이후 소속 학교에서 사회과학 연구 모임을 지속적으로 가졌다. 이 모임은 1929년까지 계속된 것으로 보인다. 한 예로 농교의 경우 1929년 유치오, 주당석이 졸업하자 동년 5월 1일 농교의 조길룡·정욱·권수동·김남철·

이령범·김순복 등이 사회과학 연구모임을 결성했다.

사범학교의 경우 이 모임에 참석한 유일한 재학생이었던 임종근이 이듬해 사범학교생을 중심으로 이와 유사한 모임을 가졌다. 즉 1929년 3월 사범학교를 졸업하면서 같은 졸업생인 김기주·최상호·김태영(수)·임종대·김필재와 함께 하급생인 송동식·강문범·황상남·신명철·이춘수·김종화 등과 회합했다. 이 자리에서 임종근은 '공산주의를 함께 연구하던 하급생'인[95] 송동식 등에게 "자기들은 지금까지 공산주의 사회 건설의 목적하에 사회과학의 연구를 하여 왔으나 이제 헤어지지 않을 수 없게 되었다. 자기들은 이제부터 공산주의를 학동들에게 주입하고 사회 혁명의 투사를 양성하지는 못하게 되었으나 재학생 여러분들은 적극 이를 연구하여 동지의 확보에 노력해 달라"고 역설하였고 송동식은 "졸업생의 노력한 그 뜻을 이어받아 끝까지 분투노력하겠다"고 답변했다.[96] 이들은 사회과학을 연구하며 상호 연락 제휴하여 활동할 것을 협의했다. 실제로 임종근은 졸업 후인 1929년 7월 하급생인 송동식을 통해 '하기 휴가 중의 우리의 활동범위'라는 유인물을 작성하여 사범학교, 농업학교 독서회원에 배포케 하는 등 재학생과의 연계활동을 계속했다.[97] 이로 보아 1928년 당시 사범학교 재학생이었던 임종근이 1929년 졸업할 때까지 하급생들과 함께 사회과학 연구를 지속해 왔던 것을 알 수 있다. 임종근과 함

---

95 예심종결결정서에는 "재학 당시 함께 공산주의를 연구한"으로 지방법원 판결문에는 "공산주의자인 하급생" 복심법원 판결문에는 "공산주의를 함께 연구하던 학급생인"으로 기록되어 있다. 모임에 참가했던 학생들이 이전부터 사회과학을 함께 연구하고 있었던 것을 알 수 있다.

96 이 자리에 참석한 김태영은 자신은 처음으로 동석했으나 이전부터 이러한 목적으로 단결, 협력하고 있는 것을 알았다고 진술했다(「대구복심법원 판결문」, 『독립운동사자료집』 13, 1689쪽).

97 「대구복심법원 판결문」, 『독립운동사자료집』 13, 1681~1682쪽.

께 사회과학을 연구하던 송동식은 1929년 6월 장재성의 권유로 사범학교 독서회를 결성하는 핵심 인물로서 사범학교 독서회의 회대표로 활동했다.

둘째, 고려공산청년회가 적극적으로 각 학교의 독서모임을 지도하고 있다는 점이다. 제3차 고려공청의 광주지역 야체이카원인 강해석과 지용수가 광주고보, 광주농교, 전남사범학교의 사회과학 연구모임을 적극적으로 지도했다.[98] 1928년 3월 졸업을 맞아 이들이 각 학교의 사회과학 연구 후계자를 선정했다면 이미 그 이전부터 고려공청이 학생들을 지도하고 있었다고 보아야 할 것이다.

강해석은 자신의 집에 하숙하는 광주농교생들과 사범학생들의 교류를 주선하기도 했다. 특히 사범학교 독서모임은 강해석 등 고려공산청년회원의 지도에 의한 것으로 보인다.[99] 또한 이들을 통해 각 학교의 독서 모임 간에 연계가 형성되고 있었음을 알 수 있다.

그런데 광주지역 고려공청원들이 적극적으로 학생조직에 관여한 것은 당시 중앙당의 방침인 학생의 조직화에 부응한 활동으로 이해된다. ML당은 학생들의 의식화에 착안하여 1927년부터 학생위원회의 설치를 계획하고 서울 조선학생과학연구회에 학생야체이카를 조직했다. 1928년 초에는 조과연 간부 전원이 고려공청에 가입하기도 하는 등 공청의 학생조직에 대한 영향력이 크

98 강석원이 회고(표 2-2의 ⑨)하고 있는 ML당 Y부 학생지도책 강해석과 지용수가 성진회를 지도했다는 것이 이 시기의 활동을 의미하는 것으로 여겨진다.

99 일례로 사범학교생 이동선은 강해석의 권유로 강해석 집에 하숙하던 농교생 정종석, 김인수 등과 교류했다. 정종석은 성진회원이었으며 정종석, 김인수, 이동선은 모두 지용수 집에서의 사회과학 연구자 모임에 참여했다. 당시 강해석은 광주청년회장으로서 농업학교와 사범학교 간의 알력을 중재하였다고 한다(「李東宣 陳情書」, 『思想月報』 11, 286~287쪽). 강해석 자신이 사범학교의 전신인 임시교원양성소를 졸업했으므로 사범학교 내에 인맥을 형성하기 쉬웠을 것이다.

게 증대했다. 이러한 제3~4차 공청의 학생운동 중시방침은 전남에서도 관철되었던 것 같다. 지용수·강해석은 모두 고려공청의 광주야체이카원이었고 이들에 의해 학생 독서모임이 지도되고 있는 것이다.

1927~1928년 각 학교별로 진행되었던 사회과학 연구모임은 1928년 6월부터 전개된 광주고보와 광주농교의 동맹휴학 운동을 계기로 좀 더 구체적인 조직체로 발전했다. 먼저 고보의 경우 1928년 9~10월경 동맹휴학으로 퇴학당한 4학년생 김시성을 비롯하여 3학년의 김상환·김보섭·김몽길·여도현이 김시성의 하숙인 현준호의 집에서 매월 사회과학 연구모임을 갖기로 했다. 당시 김시성은 '이경채 사건'이 계기가 된 고보의 동맹휴학 활동을 주도하다 퇴학당한 상태였다. 그런데 여도현이 장석천과 연계된 것으로[100] 보아 이 모임의 성원들이 장석천의 지도를 받고 있었을 가능성이 높다. 이 모임의 재학생들은 이후 1929년 6월 고보 독서회의 핵심 주도 인물로 활동하게 된다.

농업학교의 경우 1927년 11월에 결성된 문승수 그룹의 김재용, 유상걸이 1928년 맹휴를 주도하다 체포되어 옥고를 치렀다. 같은 문승수 그룹원으로 1928년 초 이래 사회과학 연구 지도를 위한 후계자로 선임되었던 주당석·유치오는 2개의 연구반을 지도하고 있었다. 1929년 이들이 졸업하게 되자 조길룡·정욱·권수동·김남철·이영범李翎範·김순복 등이 학생들을 3개 반으로 확대 개편하여 사회과학 연구모임을 이끌었다.[101] 이들 역시 1929년 6월 농업학

100 고보의 여도현은 사회과학을 연구하다 의문 나는 점을 장재성과 장석천에게 문의했고 이들로부터 실제 운동의 방법 등을 지도받았다고 한다. 장재성의 경우 일본 유학 중 방학기간에 귀향하여 학생들을 지도하였다. 또 "1929년 1월 장석천은 동인 집에서 자신(여도현 – 필자 주)에게 대하여" 장래 사회주의 운동은 경제운동에서 정치적 운동으로 전환되어야 한다는 점을 지도했다고 한 것으로 보아(「대구복심법원 판결문」, 1931년 6월 13일) 여도현 등의 사회과학 학습자들이 장석천의 지도를 받고 있었음을 알 수 있다.

101 「예심종결결정서」, 광주지방법원, 1930년 7월 17일, 『독립운동사자료집』 13, 1619쪽.

교의 독서회 결성 당시 주요 참가자로 활동했다.

사범학교의 경우는 앞서 보았듯이 1929년 3월 졸업생 임종근 등의 제의로 송동식·강문범·황상남·신병철·신휴근·이춘수·김종화·홍귀용 등이 매주 1회씩 사회과학 연구 모임을 갖기로 협의한 바 있었다. 이후 이들 전원이 1929년 7월 사범학교 독서회원으로 활동했다.

결국 장재성이 1929년 귀국 즉시 독서회를 결성할 수 있었던 것은 이와 같이 각 학교 단위의 독서모임이 유지되고 있었기 때문이다. 이러한 면에서 보면 성진회의 여맥이 이어지고 있었던 것도 사실이라고 하겠다.

광주여자고등보통학교에도 독서회[102]가 조직되었다. 1928년 11월 초순경 장재성의 여동생인 장매성張梅性을 중심으로 박옥련·고순례·장경례·암성금자岩城錦子[103]·남협협(섭섭) 등이 독서회를 조직했다. 결성의 계기는 1928년 4월 광주여고보의 맹휴 이후 사회과학 연구의 필요성이 제기되었기 때문이라고 한다.[104] 1928년 광주지역 중등학교에서의 사회과학 연구 분위기가 반영된 것이라고 할 수 있다.

1927년 초 성진회가 해산한 후 각 학교 단위로 사회과학 연구 모임이 결성

---

102 판결문에는 단체명이 少女會로 기록되었으나 결성 주모자인 장매성은 소녀회라는 명칭은 취조 과정에서 붙여진 것이며 정식 명칭은 독서회라고 주장한다(「실록 광주학생독립운동(7) 광주여고보 독서회」, 『전남일보』, 1989년 10월 20일).

103 父가 일본인이며 모가 이광춘의 부친과 재혼한 이광춘의 異父姉妹이다. 나주역 사건 당시 이광춘과 함께 현장에 있었다.

104 광주여고보 학생들은 1928년 4월 가사 선생의 체육 교육에 항의하여 맹휴를 일으켰는데 장매성은 이러한 맹휴활동이 독서회 결성의 계기였다고 술회했다(「실록 광주학생독립운동(7) 광주여고보 독서회」, 『전남일보』, 1989년 10월 20일). 장매성이 계급차별, 민족차별, 여성차별에 대한 철폐를 위해 사회과학을 연구할 것을 제안하자 일동이 찬성하여 결성했다고 한다(「昭和5年刑控合第45號(張梅性 등)判決文」, 광주지방법원, 1930년 10월 6일, 『광주학생독립운동사』, 119쪽).

되어 1929년 초까지 지속되고 있었음을 알 수 있다. 1927~1928년 사회과학 연구모임은 고려공산청년회의 지도를 받아 광주고보, 광주농교, 사범학교로 확대되고 있었다. 이러한 연구모임은 조직 체계와 명칭을 갖춘 정식의 결사로서 조직되지는 않았던 것 같다.[105]

그런데 1928년 8월 강해석·지용수 등의[106] 고려공산청년회원들이 발각 체포됨으로써 독서모임은 더 이상 고려공청의 지도를 받지 못하게 되었다. 고려공청의 지도가 단절되면서 전남청년연맹 위원장인 장석천[107]을 비롯하여 나승규[108] 등 전남청년연맹의 주도적 인사들이 학생들의 지도를 맡게 된 것으로

---

105 『조선일보』, 1930년 10월 20일 기사에 의하면 1927년 3월 성진회가 해체된 후 동년 11월 김복만·김재룡·유상걸·정동수·문승수 등이 재조직을 했으나, 하등의 구체적인 조직방법이 없다가 1928년 2월 강해석의 지도로 임주홍 등 10명의 회원이 모여 활동방법을 협정했는데 會制는 부문과 의원이 없고 매우 부산한 것이었다고 한다. 그 후 1929년 3월 임종근 외 14명이 모여 새로운 활동방법을 결정하였다고 하여, 성진회 해체 후 연구모임이 지속되었으나 구체적인 조직은 없었던 것으로 보도하고 있다.

106 강해석, 지용수는 제3차 고려공청의 광주야체이카였으나 ML당 지도부에 대해 비판적이었던 것으로 보인다. 강해석은 1927년 말 안광천의 신간회 헤게모니 쟁취논란이 일어나자 김재명의 지도노선에 반대입장을 표명하기도 했다(신주백, 「1925~ 1928년 시기 전남지방 사회운동연구」, 154~155쪽).

107 장석천이 ML당 소속이었는지는 불분명하다. 그는 3차 공산당 검거과정에서 체포되지 않았다. 이에 대해 이기홍은 장석천이 후보당원이어서 일제에 노출되지 않았기 때문이라고 주장한다(이기홍 遺稿·안종철 정리, 『광주학생독립운동은 전국학생독립운동이었다』, 향지사, 1997, 179쪽). 그러나 광주지역 청년운동 조직에서의 그의 위상을 감안하면 후보당원이었다는 것은 납득하기 어렵다. 오히려 그가 제3차 조공 또는 공청에 가입하지 않았을 가능성이 높아 보인다. 또 장석천이 광주학생운동으로 옥고를 치른 후 1931년 출옥하여 활동을 재개하면서 접촉하는 인사가 柳赫과 權泰錫이었다(「張錫天 公判請求書」, 1932년 10월 21일, 경성지방법원 검사국, 『思想事件起訴狀決定判決綴』, 국회도서관). 유혁은 김재명, 강석봉 등 ML당 지도부에 대해 비판적이었다(신주백, 「1925~1928년 시기 전남지방 사회운동연구」, 158쪽).

108 나승규도 제3차 고려공청의 후보당원이었다고 하나(「실록 광주학생독립운동(2) – 20년대 광주사회운동단체」, 『전남일보』, 1989년 9월 8일), 이 역시 그대로 믿기는 어렵다.

보인다. 1929년 11월 3일의 학생시위운동 이후 학생들의 대규모 검거사태가 발생하자 광주지역의 전남청년연맹 주도 인사들이 즉시 학생시위운동을 추진할 수 있었던 것도[109] 이러한 연계가 형성되어 있었기 때문이다.

학교별 사회과학 연구자 간에는 유기적인 연락이 형성되어 있었다. 이는 1929년 5월경 광주고보의 최규창·김기식·김상환·김보섭·윤창하 등과 사범학교의 송동식·이신형·강달모, 광주농교의 조길룡·김순복 간에 장석천과 나승규의 지도로 소비조합을 조직하려는 움직임이 있었던 것[110]에서 알 수 있다. 또한 다음에 보듯이 장재성이 귀국하여 즉시 광주고보생 김상환을 통해 각 학교의 사회과학 연구자들을 규합할 수 있었던 것에서도 알 수 있다.

독서회 중앙부의 결성과 학생운동역량의 성숙

각 학교별 연구모임이 운영되는 가운데 1929년 6월 장재성이 귀국했다.[111] 그

---

109 1929년 11월 12일의 대시위운동은 독서회 중앙부를 이끌었던 장재성을 매개로 하여 장석천·국채진·나승규·강석원 등의 광주지역 전남청년연맹 주도인사들에 의해 추진되었다. 당시 장성에 거주하던 나승규는 소비조합 활동 등으로 이전부터 학생들과 연계되어 있었으므로 시위계획에 참여했다.

110 「예심종결결정서」, 광주지방법원, 1930년 7월 26일, 『독립운동사자료집』 13, 1631쪽.

111 장재성의 귀국에 대해 강석원은 "ML당 Y부에서는 1928년 맹휴 이래 그(장재성-필자 주)를 학생야체이카 후보당원으로 선정했어요. 그래서 1929년 6월 일본에서 불러들여 광주학생 조직을 관리하도록 임무를 맡겼다"고 한다(이재의, 앞의 글, 1989년 11월호, 63쪽에서 재인용). 그런데 장재성이 ML당 후보당원이었을 가능성은 적어 보인다. 맹휴가 전개된 1928년 여름에는 이미 ML당이 발각 와해된 상태였으므로 강석원의 증언은 시기적으로 맞지 않는다. 또 1927년 초 일본 동경에 유학한 장재성이 1929년 6월 귀국하기까지 일본에서 적극적으로 사회주의 활동에 참여한 행적이 확인되지 않는다. 이는 광주군 하남면 출신으로 와세다대학에 유학한 朴炯埰(박노백)가 3차 고려공산청년회 일

는 일본 중앙대학을 중퇴하고 귀국하여 학생 사회과학 연구모임의 조직화에 적극 나섰다. 그는 일본 유학 중에도 방학이면 귀국하여 후배들을 지도했던 관계로 사회과학을 연구하는 학생들에게 신망을 얻고 있었다. 더욱이 1928년 광주고보와 광주농교의 맹휴 당시 이를 중재하기 위해 일본에서 파견되어 학생들의 맹휴를 지원한 바 있었으므로[112] 학생 간에 그의 위상은 남다른 것이었다. 그는 귀국 직후인 동년 9월 전남청년연맹 정기대회에서 집행위원에 선임되어 학생과 청년조직의 가교역할을 맡았다.[113] 여기에는 일본에 유학한 바 있는 전남청년연맹 위원장 장석천의 추천이 작용했던 것으로 보인다. 이후 전남청년연맹의 장석천, 장재성 등은 적극적으로 학생의 조직화에 나섰다.

장재성은 중앙대학을 자퇴하기 전인 1929년 3월 김상환을 통해 사회과학을 연구하는 고보생 십여 명을 자신의 집에 소집하여 연구해야 할 서적 등을 지도했다.[114] 이는 1929년 3월에 장재성이 이미 이들을 지도하는 위치로 부상했음을 의미한다. 장재성이 동년 6월 학업을 포기하고 귀국하는 것도 이와 같은 사회과학 연구의 저변을 확인했기 때문일 것이다. 그가 귀국하자마자 바로 각 학교의 사회과학 연구자들이 장재성의 집을 방문하여 의견을 교환하는[115] 등 연구자들의 결속 움직임이 가시화되었다.

본부의 지역 야체이카 책임자, 4차 고려공산청년회의 동경유학생학우회 플랙션 책임자로 활동한 것과 비교된다(「(박형채)예심종결결정서」, 동경지방재판소, 1930년 6월 30일). 만약 장재성이 ML당 후보당원이었다면 일본에서 구체적인 행동에 나섰을 것이다.

112 이애숙, 「1920년대 광주지방의 청년·학생운동과 지역사회」, 『광주학생운동연구』, 아세아문화사, 2000, 90~91쪽.

113 『중외일보』, 1929년 9월 14일.

114 「昭和5年刑控第880~881號 判決文」, 대구복심법원, 1931년 6월 13일, 『독립운동사자료집』 13, 1690쪽의 동 판결문 번역본에는 '수십 명'으로 기재되었으나 이는 번역의 오류이다. 판결문 원문에는 '약 10명'으로 되어있다.

115 위의 판결문과 같음.

이와 같이 각 학교의 사회과학 연구실태를 파악한 장재성은 각 학교별로 개별적으로 진행되고 있는 연구 모임의 통합에 나섰다. 그는 동년 6월 중순 광주고보생 김상환·김보섭·윤창하, 사범학교생 송동식·강달모, 광주농교생 조길룡·김순복 등과 함께 김기권의 집에서 모임을 갖고 운동의 방향을 논의했다. 장재성은 이 자리에서 각 학교의 학생들이 "무작정하게 집합하여 분파적으로 연구를 하고 있다"고 진단하고 "조직적으로 단결하여 공산주의 사상을 연구하고 이를 보급 실행할 것"을 역설했다. 이들은 이를 위해 즉석에서 다음과 같이 독서회 중앙부를 결성했다.[116]

책임비서 : 장재성
조사선전부 위원(동지획득, 공산주의 선전 보급) : 김상환, 김보섭
조직교양부 위원(반 편성, 공산주의 연구방법 지도) : 송동식, 김순복
출판부 위원(인쇄물의 인쇄 반포) : 조길룡
재정부 위원(회비 징수 회계사무) : 강달모, 윤창하

부원은 매주 1회씩 회합하여 협의할 것, 중앙부에 의해 3개 학교별로 독서회를 조직하고 중앙부에서 연락 통일을 도모할 것, 학교별 결사원에게는 중앙부의 존재를 비밀로 할 것 등을 협의 결정했다. 이어 표 2-4와 같이 고보, 농교, 사범학교에 각각 개별적으로 독서회가 조직되었다.

독서회 조직이 앞서 결성된 성진회와 다른 점은 첫째 성진회가 16명의 전체 모임 중심이었던 데 비해 각 학교의 독서회는 이를 다시 몇 개의 소그룹으로 나눔으로써 사회과학 연구의 밀도를 높였다는 점이다. 이는 비밀유지에

116 위의 판결문, 『독립운동사자료집』 13, 1679쪽.

표 2-4 각 학교별 독서회 조직 상황

	광주고보	광주농업학교	전남사범학교
결성일시 및 장소	1929년 6월 하순 무등산	1929년 6월 하순 무등산	1929년 7월 초순 수피아여학교 뒷산
참석자	김상환, 김보섭, 윤창하, 김대원, 오쾌일, 최병연, 박기원, 조계현, 김동은, 주경석, 최규문, 박석훈, 정석규, 김용준, 김무삼, 이형우, 김홍남, 문학연, 김병기, 강문영, 이영범(李榮範), 김종섭 (22명)	조길룡, 이영범(李翎範), 권수동, 정해두, 정욱, 김남철, 최차도, 최정기, 송두현, 김복근, 김종기, 김문일, 홍원표, 박종주, 김현수, 박석진, 윤익하, 김순복 (18명)	송동식, 이신형, 강달모, 강문범, 이덕우, 신명철, 황상남, 신휴근, 김종화, 이춘수, 이영백, 홍귀주, 김재용, 박노기 (14명)
조직	회대표 겸 조직교양부 위원 : 김상환 조사선전부 위원 : 윤창하, 박기원, 이영범 조직교양부 위원 : 오쾌일, 김대원 재정부 위원 : 김보섭, 이형우	회대표 겸 재정부 위원 : 조길룡 조사선전부 위원 : 이령범, 권수동, 정해두 조직교양부 위원 : 김남철, 정욱, 최정기, 김순복	1929년 9월 조직 개편 회대표 : 송동식 조사선전부 위원 : 이신형 조직교양부 위원 : 강문범 재정부 위원 : 강달모
논의사항	회원을 5개 반으로 구분, 오쾌일, 김보섭, 김상환, 윤창하, 김대원이 그룹대표, 그룹별로 사회과학 연구	회원을 4개 반으로 구분, 김순복, 조길룡, 이령범, 정욱이 그룹대표, 그룹별로 사회과학 연구	회원을 5개 반으로 구분, 이신형, 황상남, 이영백, 김재용, 박노기가 그룹대표, 그룹별로 사회과학 연구
결성 이후 변동사항			1929년 6월 하순 송동식, 강달모, 이신형, 신휴근이 4개 반으로 나누어 각자 반원 모집 후 7월 초순 독서회 조직

도 효과적인 방법이었을 것이다. 또 조직구성도 조직교양부, 조사선전부, 재정부 등으로 구분하여 성진회 당시에 비해 세련된 모습을 보여주고 있다. 특히 각 학교별 독서회 중심으로 운영하되 이를 통할하는 독서회 중앙부를 설치함으로써 독서회의 통일적인 운영을 도모하고자 한 점이 주목된다. 이는 성진회 당시의 학교 연합적 모임의 장점과 1928년 맹휴 전개과정에서 맹휴중앙본부를 결성하여 맹휴를 통할 주도했던 경험[117] 등이 작용했을 것으로 추측된다. 독서회 중앙부의 경우 각 학교별 독서회와는 달리 출판부를 두어 각 학교별 연구에 필요한 자료들을 등사하여 공유하도록 했다. 장재성은 독서회 중앙부의 '책임비서'에 선임되었다. 이와 같은 독서회의 조직형태는 공산당 조직을 모방한 것으로[118] 기성 사회단체와의 연계를 추정해 볼 수 있는 단면이다.

각 학교 독서회원 총 54명 중 29명은 광주시내에서 하숙생활을 하는 학생이었다. 그중 김상환, 김홍남, 김병기는 전남소년동맹 간부인 박광신[119]의 집, 정석규, 최규문은 최동문의[120] 집, 권수동, 송두현, 홍원표, 박종주, 안종변은

---

117 1928년 광주고보의 동맹휴교 당시 맹휴 중앙본부가 결성되어 참모부·통신부·외교부·회계부를 비롯하여 지방대표기관을 설치하고 맹휴를 조직적으로 이끌었다(朝鮮總督府警務局, 『最近に於ける同盟休校の考察』, 1929, 110~111쪽). 맹휴 중앙본부에는 성진회원이었던 임주홍·최규창이 참가했다.

118 일제도 독서회가 공산당 조직을 모방하여 중앙에 각 부문을 설치하고 각 학교에 세포단체를 조직한 것으로 파악했다(朝鮮總督府警務局, 『朝鮮の治安狀況』, 昭和5年版, 不二出版, 78~79쪽). 1927년 12월 대구에서 결성된 혁우동맹도 공산당 조직을 모방하여 중앙부와 야체이카회로 구분하고 책임비서가 이를 통할하는 체제였다(김일수, 「1920~1930년대 전반기 경북지역 학생운동의 전개와 성격변화」, 17~21쪽).

119 『중외일보』, 1928년 4월 23일.

120 최동문은 광주고보를 졸업하고 일본에 유학하던 중 1928년 광주고보생의 맹휴 당시 장재성과 함께 동경유학생대책강구회 위원으로 맹휴의 조정에 앞장섰다. 1928년 광주에서 아동학교 교사로 활동하다가 체포된 바도 있다(『중외일보』, 1928년 8월 26일).

정치운의 집에서 각각 하숙 중이었다.[121] 같은 집에서 거주하는 이러한 하숙 생활은 회원 모집과 결속에도 도움이 되었을 것이다.

독서회 조직과정에는 장재성이 반드시 참석하여 사회과학 연구의 필요성을 역설하고 조직 결성을 독려했다. 그는 회 밖에서 회를 지도하는 역할을 맡았다. 각 학교별로 즉시 20여 명의 독서회원이 결집될 수 있었던 것은 독서회 결성 이전부터 학내에서 지속적으로 사회과학 연구모임이 유지되고 있었기 때문이다.

독서회는 각 학교별로 조직되었을 뿐 아니라 학년별로도 조직할 계획이었다. 농업학교의 경우 최정기·최차도·안종변[122] 등의 2학년과 김남철·정해두·권수동 등의 3학년생들이 학년별 독서회 결성을 시도했다.[123] 광주고보 2학년생이던 이기홍도 자신이 2학년 독서회원이었다고 술회한 것으로 보아 광주고보에도 학년별 모임이 있었던 것 같다.[124] 그리고 장재성은 동년 7월 「공산당선언」을 등사하여 각 학교의 독서회원에게 배포하는 등 독서회의 통일적인 지도에 힘을 쏟았다.[125]

광주고보 독서회원 이기홍은 당시 『사회주의대의社會主義大義』, 『청년에게 고

---

121 「昭和4年豫52號等 豫審終結決定書」, 광주지방법원, 1930년 7월 17일, 『독립운동사자료집』 13, 1611~1617쪽.

122 안종변의 수형내역을 기재한 名籍表에 의하면 그는 1929년 9월 학우 19명과 연구회(독서회로 생각된다)를 조직하여 사회과학을 연구했다고 한다.(光州刑務所,「改875番(安鍾卞) 名籍表」 1930년대 초, 국가기록원, 1161쪽) 명적표는 형무소에서의 수형진행 상황 기록이므로 수감 중 수시로 변동 상황을 기재한다. 안종변의 경우 1931년 6월 17일 출옥 사실이 최종적으로 기재되었으므로 활동내용은 그 이전에 작성되었을 것이다.

123 「昭和5年刑控第880~881號 判決文」, 대구복심법원, 1931년 6월 13일, 『독립운동사자료집』 13, 1682쪽.

124 이기홍 遺稿·안종철 정리, 앞의 책, 1997, 180쪽.

125 「昭和5年刑控第880~881號 判決文」, 대구복심법원, 1931년 6월 13일, 독립운동사편찬위원회, 『독립운동사자료집』 13, 1697쪽.

함』 등의 서적을 읽고 우리의 현실과 대비하며 토론했다.[126] 성진회원 정동수는 장재성에게 『자본론』을 빌려 읽었다고 한다.[127] 일제가 독서회의 소비조합 사무실에서 압수한 『공산당선언』, 『무산자정치교정無産者政治教程』, 『노동자전勞動字典』, 『학생과 정치』 등의 서적을[128] 통해서도 독서회 회원들의 독서 목록을 짐작할 수 있다.

독서회 중앙부는 종전에 계획된 바 있던 소비조합의 결성도 추진했다. 소비조합을 통해 동지를 규합하고, 독서회 운영자금을 조달할 목적이었다. 각 학교 독서회원이 1구좌당 3원씩 징수하고 김기권[129]이 500원, 나승규가 100원을 출자하기로 했다. 그러나 실제로는 고보 독서회원이 60원, 김기권이 500원을 출자하여 1929년 9월 초순 장재성의 빵집 옆에 문방구점을 열고 경영은 김기권이 전담했다.[130] 문방구점은 독서회원의 모임 및 토론 장소로 활용되었다.[131] 문방구점의 개설은 독서회에 대한 경제적 지원 외에 안정적인 모임장소의 확보라는 점에서도 중시되었던 것으로 보인다. 소비조합 결성은 장석천,

---

126 「이기홍 인터뷰자료」, 신주백, 「1925~1928년 시기 전남지방 사회운동 연구 – 조공 전남도당의 조직과 활동을 중심으로」, 189쪽에서 재인용.

127 이재의, 앞의 글, 1989, 61쪽.

128 「檢證調書」, 『思想月報』 11, 1932년 2월 15일, 253~255쪽. 광주경찰서의 소비조합 현장 검증서이다.

129 김기권은 광주고보 출신으로 1928년 고보 맹휴를 주도하다 퇴학당한 바 있었다. 독서회에 참여하지는 않은 상태에서 문방구점 운영을 담당했다.

130 자료마다 각 학교별 징수 금액에 차이가 있으나 복심법원의 기록을 따랐다. 또 동년 5월경 소비조합 설립 논의 당시 나승규가 100원을 출자하기로 되었으나 실제로 출자하지는 않았다(이기홍 遺稿·안종철 정리, 앞의 책, 1997, 184쪽).

131 일제가 빵집과 문방구점을 현장 조사한 검증조서에 의하면 동 빵집과 문방구점의 2층은 3개의 방으로 구성되었는데 가장 큰 10칸짜리 방에는 탁자 1개만 놓여있어 회의장소로 활용되었던 것으로 검증되었다. 또 이곳에서 등사판용 기계와 공산당선언을 비롯한 몇 가지의 사회과학 서적이 발견되었다(「檢證調書」, 『사상월보』 11호, 1932년 2월 15일, 252~259쪽).

나승규 등 기성 사회인사들과도 연계된 활동이었다.

각 학교별 독서회도 장기간 유지되지는 않았다. 광주고보와 광주농교는 동년 9월, 전남사범학교는 동년 10월 각각 독서회를 해산했다. 표면적인 이유는 회원 간의 내분 때문이었다고 하나 그대로 믿기 어려운 점이 있다. 우선 시기적으로 거의 동시에 해산한다는 점이다. 고보와 농교는 9월에 해산했고 사범학교는 9월 중순 장재성의 지도로 조직을 개편하였는데 10월 상순에 바로 해산하고 말았다. 개별 학교만의 독서회였다면 내분이 이유가 될 수 있을 것이다. 그러나 중앙부에서 운영을 조율하고 있는 상태였으므로 장재성의 지시에 의해 9~10월에 모두 해산했다고 보아야 할 것이다. 장재성이 왜 해산을 결정했는지는 알 수 없다. 위장 해산이었을 가능성도 있다. 농업학교의 경우 모임에 성실하지 못한 박종주, 윤익하를 제명하기 위해 일동이 윤익하의 집에 모여 해산한 후 이들을 제외하고 독서회 재조직을 논의했다고 한다. 다른 학교의 경우도 이와 유사하게 조직 재정비의 차원에서 위장 해산했을 가능성이 있다. 세 학교 모두 11월 학생시위운동이 일어날 때까지 조직을 재건하지는 못했다. 그러나 1929년 말까지 광주지역 전 중등학교에 비밀 독서회가 결성되었던 경험은 유사시 강한 조직력을 발휘하는 근간이 되었다. 11월 3일의 학생시위 이후 대규모 학생 검거사태가 벌어지자 독서회원들을 중심으로 11월 12일의 제2차 학생시위운동을 추진해 갈 수 있었던 것도 이 때문이었다.

광주지역 학생 동맹휴학운동의 고양 02

1920년대 전반 동맹휴학의 양상

다른 지역과 마찬가지로 광주지역의 학생들도 여러 차례 동맹휴학 활동을 전개했다. 학생들은 이러한 맹휴를 통해 민족적 자각을 키워나갈 수 있었다. 광주고보에서는 1923·1924·1927·1928년에 각각 1회씩 총 4회의 맹휴가 일어났다.[132] 광주농교는 1923년과 1928년, 광주여고보는 1928년에 맹휴가 있었다.

광주고보의 맹휴횟수는 관공립 중등학교 중 가장 많은 4회에 달했고, 사립 중등학교를 합쳐도 서울 이외의 지방학교로서는 송도고보, 고창고보에 이어 세 번째로 많았다.[133] 이는 광주고보 학생들의 불만이 계속 누적되고 있었음을 의미한다.

1923년 1월 광주고보에서는 일본인 선생이 이유 없이 학생을 구타한 사건

132 조선총독부 경무국, 『朝鮮ニ於ケル同盟休校ノ考察』, 1929, 13쪽.

133 일제의 조사에 의하면 4회 이상 맹휴가 발생한 학교는 관공립의 경우 광주고보가 유일하며 사립은 보성고보(4회), 송도고보(5회), 고창고보(6회), 휘문고보(6회), 경신학교(5회), 보광학교(원산, 4회)에 맹휴가 빈번했다(『朝鮮ニ於ケル同盟休校ノ考察』, 13~14쪽).

으로 1·2·3학년 학생들이 맹휴를 전개했다.[134] 2월 초 학부형회의 조정으로 학생들이 등교했으나, 학부형회에 맹휴 주동학생을 처벌하지 않겠다고 약속한 교장이 주동학생 5명을 정학 처분했다. 교장의 행위에 격분한 3학년생들이 정학 처분의 취소를 요구하며 다시 맹휴를 벌였다.[135] 광주농교에서는 학제가 3년제로서 상급학교 진학에 장애가 있자 1923년 3월에 5년제로의 학년 승격을 요구하며 맹휴가 전개되었다.[136]

광주지역 맹휴의 특성은 1924년의 맹휴에서 잘 드러난다. 1924년 6월 14일 고보와 재광在光 일본 선발팀 간의 야구경기에서 고보 측 선수에게 모욕적인 언사를 한 일인 의사 안도安東進를[137] 관중과 고보 선수들이 구타하는 사태가 발생했다.[138] 문제는 16일 경찰이 고보 선수 중 최동문, 지창수, 윤처현, 김재영 등을 인치 취조하면서 확대되었다. 그런데 경찰서에 학생조사를 의뢰한 사람이 고보의 일본인 교장 구리노栗野傳之函였다. 이에 분개한 400여 명의 학생들이 17일 강당에 모여 인치 학생의 석방과 무책임한 교장의 반성을 촉구했다. 인치된 학생들은 당일 밤 보석 방면되었으나 학생들은 18일에도 강당에 모여 선후책을 논의했는데, 이 자리에 교장이 입장하여 돌연히 전교 학생 400명에게 무기정학을 선언했다. 이에 학생들은 교장 사퇴시까지 맹휴할 것을 결

---

134 『조선일보』, 1923년 1월 30일, 당시 광주고보는 3학년까지만 있었다.

135 『조선일보』, 1923년 2월 13일.

136 『조선일보』, 1923년 3월 12~13일.

137 안도는 光州監獄醫로서 奏任官 5등의 총독부 보건기사였다. 일본인 學校組合의 議員이기도 했다(片岡議, 『南鐵沿線史』, 1933, 453쪽).

138 고보 야구부와 일인으로 구성된 星俱樂部와의 경기 중 예민해진 한일 선수 간에 약간의 다툼이 일어나자 심판의 판정을 기다리던 차에 일본인 의사인 안도란 자가 달려들어 고보 측 선수를 잡아당기며 모욕적인 언사를 했다. 이에 흥분한 군중들이 소리를 지르며 서로 격투가 벌어졌다. 안도는 중상을 당했고 다른 사람들도 다소 경상자가 발행하여 경기가 중단되었다(『조선일보』, 1924년 6월 20일).

정하고 교장의 비행을 들어 총독부 당국에 진정서를 제출하기로 했다. 지방출신 학생 100여 명은 교장 교체시까지 등교하지 않기로 결의하고 귀향했다.[139]

사태가 확산되자 21일 광주에 거주하는 학부형들이 흥학관에서 최상진, 지용수 등의 주도로 긴급회의를 열었다. 이 자리에서 학부형들은 무기정학 처분의 취소, 교장의 퇴직, 불응시에는 도민대회를 개최하고 총독에게 직접 진정할 것 등을 결의했다. 이에 대해 구리노 교장이 강경한 어조로 무기정학 처분 취소를 거부하자[140] 학부형들은 25일 흥학관에서 전남 학부형대회를 개최했다. 학부형대회에는 전남 각 군에서 학부형 100여 명이 출석했고 축문만 50여 통이 답지했다고 한다. 최흥종의 사회로 진행된 대회는 10명의 위원을 선정하여 학교 측에 향후 대책을 질문했다. 그러나 학교 측의 태도에 변화가 없자 격분한 전남 학부형대회 참가자들은 앞서 재광在光 학부형의 결의대로 "한국부적 문제가 아니니 일반 사회의 엄정한 비판에 호소하여 결의의 관철을 도모"하려고 도민대회 개최를 결의했다.[141] 그러나 광주경찰서에서 도민대회 소집취지서를 전부 압수함으로써 도민대회 개최는 좌절되고 말았다.

이러한 경찰의 협조에 기세가 오른 학교 측은 주동 학생 10여 명을 퇴학 처분하기로 하고 20여 명에게는 "진사陳謝치 아니하면 제명하겠다"는 통지를 발송했다. 학생들은 학교 당국에 대처하여 통일된 행동을 취하기 위해 광주에 모두 집합하기로 하고 학생대회 개최를 준비했다.[142] 이 맹휴투쟁은 동년 9월

---

139 『조선일보』, 1924년 6월 23일.

140 구리노 교장은 "무기정학 처분은 학교 체면을 보아서 취소할 수 업소. 학교장은 천황폐하의 임명인 즉 그대들이 배척한다고 퇴직할 수 업소. 도민대회를 열고 안여는 것은 당신들의 마음대로 할 일이오"라고 답변했다고 한다(『조선일보』, 1924년 6월 30일).

141 『동아일보』, 1924년 7월 8일 ; 『조선일보』, 1924년 7월 8일. 도민대회 준비위원은 조준기 · 임문호 · 최준기 · 한용수 · 지용수 등이었다.

142 『동아일보』, 1924년 7월 20일.

수습되었으나 주도한 4학년의 고광우, 국채덕, 최헌주, 지창수 등이 퇴학 처분을 당했다.[143]

1924년의 맹휴는 일제 식민지 교육현실에 대한 저항을 표방한 맹휴는 아니었다. 그러나 이후 1928년의 맹휴와 1929년의 학생시위에 중요한 경험으로 작용한 것 같다. 1924년 맹휴와 1929년 시위운동은 교외에서의 한·일인 간 충돌에 기인한다는 점에서 공통점을 갖고 있다. 또한 경찰의 학생 연행이 계기로 작용했다는 점에서도 일치한다. 이는 광주지역 사회에서 한·일인 간에 팽팽한 대립구도가 형성되어 있었고, 이러한 긴장이 학생들에게 전이되어가는 현상을 방증한다고 하겠다. 1924년 맹휴는 1928년의 맹휴와도 유사한 점이 많았다. 첫째 교장의 비교육적이고 즉각적인 징계조치로 인해 교장과 학생 간의 감정적인 대립이 심했다는 점이다. 둘째 학부형들의 즉각적인 개입문제이다. 대규모 무기정학과 맹휴사태가 발생하자 바로 학부형들이 학교 당국과 교섭하고 도민대회를 준비하는 등 활동했다. 이는 1928년의 맹휴과정에서도 계속되었다. 반면 1929년 시위과정에서는 학생들이 경찰에 연행되는 상황이 벌어졌음에도 학부형들이 적극적으로 나서지 못했다. 결국 학부형들은 자신의 자제들이 연루된 대규모 무기정학 사태에서만 행동하고 있었다.

1928년 '이경채 사건'과 동맹휴학운동의 고양

1927년 5월 하순 광주고보에 다시 맹휴가 일어났다. 수학여행 중 평양고보를 방문한 2·3학년 학생들이 평양고보에 비해 현저하게 열악한 광주고보의 시

143 양동주, 『항일학생사』, 1956, 26쪽.

설 개선을 요구하며 맹휴를 전개한 것이다. 학생들은 물리, 화학교실의 신축 등을 요구했고 시라이白井 교장이[144] 이 요구를 수용하는 것으로 맹휴는 마무리되었다.

1928년 광주고보 5학년생인 이경채의 격문 사건으로 광주고보에 다시 맹휴가 촉발되었다. 이경채는 1926년경부터 동리 친우인 박병하, 윤해병과 사회과학을 연구해 왔다.[145] 이는 성진회와는 별도의 독서모임이었다. 1928년 3월 이경채는 평소 읽던 사카이堺利彦, 야마자키山崎郁山 등의 사회주의 서적을 참고로 '자본주의 사회 파괴' 등을 기재한 3종의 선언서를 작성하여 파출소 게시판, 광주고보 앞 전주 등 10여 곳에 붙이고 전남 각 중등학교, 경찰서 등에 우송했다. 이경채는 동년 6월 8일 체포되었다.[146]

학교에서는 형이 확정되지 않은 19일 이경채를 권고퇴학시켰다. 이경채의 퇴학 사유에 대한 해명을 요구하던 4·5학년 학생 대표 11명은 24일 학부형회 석상에 진정서를 배포했다.[147] 학교에서는 11명의 학생 대표에게 즉시 근신

---

144 시라이 교장은 구리노 교장의 후임으로 1924년 새로 부임했다. 그는 히로시마高等師範學校 출신으로 히로시마와 야마구찌의 사범학교에서 교편을 잡았다. 그 후 1921년 경성사범학교로 전근하였다가 1924년 광주고보 교장으로 부임했다. 『청춘기의 심리와 교육』 등의 저서를 내었다고 한다(佐堀伸三, 『實錄 若き抗日の群像 1929年の光州學生運動』, 1999, 63쪽).

145 박병하는 송정리 중학원 졸업, 윤해병은 송정리 중학원 중퇴자로서 이경채와 죽마고우였다. 이경채는 1926년부터 독서회를 비밀 조직하여 박병하, 윤해병을 비롯하여 광주고보생 梁泰成, 柳秉厚, 金武三 등과 사회과학을 연구하였다고 한다(이경채, 「이경채의 일제와 투쟁경력」, 1977년 작성, 필사본). 실제로 이경채가 1926년부터 이들과 독서회를 결성했다면 성진회와는 별도의 조직으로 보아야 할 것이다.

146 이에 연루되어 십수 명의 사회운동자들이 체포되었고 그중 강해석, 한길상, 지창수, 조칠성, 박승남 등은 예심 면소되었다. 실제 격문 배포과정에 참여했던 이경채, 박병하, 윤해병 등 3명은 실형을 언도받았다(『동아일보』, 1928년 7월 26일, 『예심종결결정서』, 광주지방법원, 1928년 7월 21일).

147 진정서의 내용은 1927년 맹휴 당시 교장이 약속한 물리, 화학 교실의 신축 약속 위반,

처분을 내렸다. 이에 6월 26일 2·3·4·5학년 학생들은 교장에게 다음과 같은 진정서를 제출하고 맹휴에 돌입했다.

광주고보 맹휴 요구사항[148]

- 교우회 획득에 관한 건
- 교 당국 교육 방침에 관한 건
- 조선인 본위의 교육실현에 관한 건
- 물리, 화학 교실을 신축할 사
- 교외 일반집회에 생도 자유 참가를 허가할 사
- 4·5학년생 급장 11인에게 명한 근신을 즉시 취소할 것

이 조건을 실현 불가능의 제際에는 시라이白井 교장 선생은 전 책임을 부하고 사직할 사

학교에서는 이튿날 바로 맹휴 주동 학생 27명을 퇴학시키고 281명을 무기정학 처분하는 등 강경한 태도로 나왔다. 학생들 역시 맹휴 요구조건을 제시하고 실현이 불가능할 경우 교장이 사직할 것을 요구하며 대립했다. 이를 보면 이경채 사건은 맹휴를 촉발시킨 계기였을 뿐 실제로는 학생들의 학교당국

광주중학교에 비해 시설이 미비하고 年 경비의 차이도 심한 점, 도서실에 한국어 서적을 비치할 것, 충실한 수업 요구 등 주로 학교 운영에 관한 문제였다(양동주, 앞의 책, 1956, 35~36쪽).

148 『중외일보』, 1928년 7월 4일. 요구 조건 중 학교 당국의 교육방침에 관한 건은 크게 시라이 교장이 기만적 행동을 반성할 것과 무자격 선생은 사직할 것인데 세부적인 조건은 "이경채 사건의 유래를 알게 할 것과 제적에 관한 건, 작년 동맹휴학 해결의 시에 斷言한 사를 실현치 아니한 건, 학부형회에 관한 건" 등이다. 또 조선인본위의 교육 실현의 건의 세부적인 내용은 "조선인 교관을 다수 채용할 것, 조선역사를 교수할 것, 조선어 문법을 교수할 것" 등이다. 맹휴본부에서 학부형에게 보낸 진정서에는 1항의 교우회 건이 맹휴의 가장 중요한 사안이라고 언급하고 있으나 이는 학부형에게 보내는 진정서라는 특수성도 감안되었을 것이다.

에 대한 누적된 불만이 폭발한 것이었음을 알 수 있다. 그 불만이란 일인 교사와 교장의 기만적이고 강압적인 태도, 열악한 교육환경, 그리고 일제 식민지 교육에 대한 저항이었다.

구리노 교장의 후임인 시라이 교장도 학생들에게 고압적인 태도로 임한 것은 마찬가지였다. 그 대표적인 예로 남정욱 퇴학사건을 들 수 있다. 1925년 하기 방학 중 소년척후대少年斥候隊 주최의 웅변대회에 참가했다는 이유로 4학년 남정욱을 퇴학 처분한 것이다.[149] 이러한 일인 교장의 비교육자적 태도에 학생들의 불만이 누적되었던 터에 이경채 퇴학 처분은 학생들의 결속을 가져왔을 것이다. 맹휴 요구조건 중 '교외 일반집회에 생도 자유 참가' 요구가 포함된 것은[150] 집회 참가 자체가 제한되어 있을 만큼 학교 당국의 학생에 대한 취체가 강압적이었다는 사실을 말해 준다.

다음으로 열악한 교육환경을 들 수 있다. 물리, 화학교실의 설치는 1927년 맹휴 당시부터의 요구사항이었고 시라이 교장이 그 해결을 약속했으나 여전히 해결되지 않고 있었다. 더욱이 뒤늦게 설립된 광주중학교보다 시설이 낙후되었다는 사실이 학생들의 자존심에 상처를 주었을 것이다. 도서실에 한국

149 1925년 하기방학 중 고보 4학년 남정욱이 고향인 강진군에서 소년척후단이 주최한 웅변대회에 참가하였다. 동년 9월 개학이 되자 시라이 교장은 웅변대회에서 불온한 말을 했다는 이유로 남정욱을 교장실과 교장 자택으로 불러 조사한 후 돌연 퇴학처분을 했다(『동아일보』, 1925년 9월 15일). 당시 동아일보에서는 사설을 통해 경찰의 처분이 없었음에도 불구하고 방학 중의 행동을 빌미삼아 광주고보에서 학생을 퇴학 처분한 비교육적 행위의 부당성을 지적하기도 했다(「사설 誤謬된 교육방침, 광주고보생 퇴학사건」, 『동아일보』, 1925년 9월 17일). 왕재일은 후일 남정욱 퇴학사건이 성진회 결성의 한 계기가 되었다고 술회한 바 있다(『조선일보』, 1960년 11월 3일 조간).

150 서울 등 다른 지역의 맹휴에서 '언론·집회·출판의 자유'를 요구하고 있는 것보다 훨씬 구체적이고 제한적이다. 1925년 교외 웅변대회에 참가한 남정욱의 퇴학조치(주 149 참조)도 영향을 주었을 것이다.

어 신문, 잡지 등이 전무함에도 불구하고 교우회의 운영이 학생 측에 있지 않음으로써 이를 시정할 수가 없었다. 학생들에게서 거둔 교우회비는 운동 경기 등으로 소비하고 도서실 운영 등에 활용되지 않아 학생들의 불만을 사고 있었다.[151] 따라서 이러한 학생의 요구가 충실히 반영되기 위해서 교우회를 자치적으로 운영하는 것은 매우 중요한 사안이었다.

이는 광주고보뿐 아니라 전국 중등학교에 공통적인 현실이었다. 그 결과 교우회의 자치권 획득 요구는 당시 전국적으로 빈발하던 중등학교 맹휴의 일반적인 요구사항이 되었다. 교우회의 자치권 획득 주장은 1927년 이래 고려공산청년회의 학생 맹휴 지도방침 중의 하나였다. 그러나 이러한 지도방침이 아니더라도 학내문제 해결의 유일한 방안이 교우회의 자치적인 운영에 있었으므로 맹휴과정에서 자연스럽게 제기되었다. 광주고보의 맹휴에서는 이러한 교우회 획득문제가 구체적으로 제기되고 있는 것이 특징적이다.[152] 그리고 이러한 차별현상이 궁극적으로 일제의 식민지 노예교육에 기인한다는 점을 자각하면서, 한국어 문법 교육, 한국사 수업, 한국인 교원의 채용을 요구했다. 맹휴 요구사항 3항의 '조선인 본위의 교육실현'이 그것이다. 이는 1927년 이후의 전국적인 맹휴에서 주된 요구사항으로 자리 잡고 있었다.

고보에서 맹휴가 시작된 3일 후인 6월 29일 농업학교 2·3·4학년생 130명이 맹휴에 돌입했다. 이후 1학년도 맹휴에 참가했다.[153] 농업학교의 맹휴는 고

---

151 「통고문」, 1928년 7월 24일 ; 양동주, 앞의 책, 1956, 49~50쪽.

152 구체적으로 교우회의 운영을 다음과 같이 개선할 것을 요구했다.
총무부 : 운영을 일임할 것 ; 도서부 : 구입·취급을 일임할 것 ; 문예부 : 교우회지 편집 일임, 문예회 개최(『중외일보』, 1928년 7월 4일)

153 농업학교 학생들의 요구사항은 다음과 같다.
1. 교육자로서 민족적 차별을 심히 하는 사 ; 2. 공소, 기숙사의 신축 및 개축 ; 3. 조선어 교수 시간을 증가할 사 ; 4. 학급을 증가하고 매년 100명을 모집할 사 ; 5. 생도의 개

보 맹휴에 대한 동조맹휴의 성격이 강했다. 학교 당국은 역시 주모자 12명을 퇴학시키고 102명을 무기정학, 나머지 참가 학생들에게 근신처분을 내렸다.

학교 당국의 즉각적이고 완강한 탄압은 오히려 광주고보 맹휴생들의 결속을 다지는 계기가 되었다. 맹휴 직후인 동월 30일 맹휴 결속 위반자를 감시하던 허진환, 주재성 등의 맹휴생들은 교사를 만나러 간 1학년 홍모를 구타·응징하기도 했다.[154]

7월 10일에는 고보 맹휴활동의 통일적인 지도를 위해 최규창이 하숙하던 최동문의 집에서 임주홍, 최규창, 정동화, 변진설,[155] 박세영, 이만동, 김기권, 서재호 등을 중심으로 맹휴중앙본부가 결성되었다. 중앙본부는 참모부, 통신부, 외교부, 회계부를 설치하여 조직적인 투쟁을 전개했다. 또한 지방 학생들의 결속을 위해 지방대표기관을 조직했다.[156] 농업학교에도 모계부謀計部와 탐정부探偵部 등의 맹휴 지도본부가 결성되었다. 고보의 맹휴 중앙본부는 학부형들에게 통고문 등을 우송하여 맹휴의 정당성을 알리고 적극적인 지원을 호소했다. 맹휴생에게는 격문, 경과보고 등을 통해 끝까지 투쟁할 것을 선언하며 결속을 다졌다. 시라이 교장과 맹휴생 출신 보통학교장에게 보내는 항의문[157]도 작성 배부했다. 광주지역의 경우 지방의 통학생이 많았으므로 맹휴중앙본부의 결성은 장기적이고 효율적인 투쟁을 가능하게 한 원동력이었다.

성을 존중할 사 ; 6. 조선역사를 교수할 사

154 이들은 모두 재판에 회부되어 징역형을 받았다. 구타당한 홍모가 치료 1주일의 경상이었음에도 불구하고 관련자 7명 전원에게 실형이 언도되었다(「昭和三年刑公第681號 判決文」, 광주지방법원, 1928년 8월 13일).

155 1919년 광주지역 3·1운동 주도자의 한 사람으로 옥고를 치른 邊舜基의 아들이다.

156 朝鮮總督府 警務局, 『最近に於ける同盟休校の考察』, 110~111쪽.

157 맹휴생 출신의 각 지역 보통학교장에게 그 지역 출신 맹휴생의 회유를 맡겼으므로 이들의 간섭을 비난하는 항의문을 발송한 것이다.

학부형들에게 보낸 다음과 같은 고보 맹휴 중앙본부의 격문을 통해 이들이 맹휴를 단순히 학교 차원의 문제로 인식하지 않고 있었음을 확인할 수 있다.[158]

> 한일합병 후 18년 이래 우리 민족은 일본제국주의의 철제하鐵蹄下에서 극도로 유린당하여 왔습니다. 피등彼等의 가혹한 경제적 착취를 감행하는 데에는 악독한 정치적 압박이 있고 그를 미식美飾하는 데에는 음험한 문화적 만착瞞着이 있읍니다. 현하의 조선 교육은 피등의 만착정책의 노골적 전형입니다. …… 교장 시라이 씨는 조선총독부 식민지 노예교육 정책의 전형적 이행자로서 ……

맹휴 중앙본부의 구성원들은 자신들이 식민지 노예교육을 받고 있다는 사실을 분명히 밝히고 있다. 더 나아가 이들이 맹휴운동을 항일 민족운동으로 인식하고 있었음을 알 수 있다. 단순히 교육 현실에 대한 항변에 그치는 것이 아니라 한국인 전체가 일제의 압제하에 고통받고 있는 현실을 적시했다. 식민지 노예교육은 일제의 한국인 전체에 가해진 전반적인 기만정책의 전형적인 한 형태에 불과하고 '민족적 파멸의 경향'이 있는 것이라고 보았다.

이들은 "우리들의 맹휴의 자체에만 향한 승리가 아니다. 이 승리는 실로 우리들 피압박 민족의 해방의 길이요 소생의 원천이 되는 것이다"[159]라고 하여 맹휴운동을 민족해방운동으로 간주하고 폐교를 각오한 결사 투쟁을 선언했다. 광주농업학교 학생들도 이와 유사한 생각이었다. 문승수그룹의 독서회원이었던 김재룡, 유상걸 등이 작성한 광주농업학교의 격문에도 "싸우자, 싸우

158 「격문」, 1928년 8월 1일 광주고보생 맹휴중앙본부(양동주, 앞의 책, 1956, 74~78쪽에서 재인용).

159 「사백 용사에 격함」, 양동주, 앞의 책, 1956, 48쪽에서 재인용.

자, 모국을 위하여 최후까지 싸우자, 모국의 생명은 우리들의 활동 여하에 있다. 2천만 동포를 부활시켜 3천리 강산을 빛나게 하는 것은 우리들의 양어깨에 있다"고[160] 하여 맹휴를 민족적 사명감으로 인식하고 있었다. 맹휴 지도부의 이러한 인식은 당시 전국적으로 전개되던 각 학교의 맹휴활동과 비교했을 때 매우 선진적인 것이었음을 알 수 있다. 당시 일제가 대표적인 맹휴로 지목했던 함흥고보, 경신학교 등의 성명서가 군국주의 교육, 식민지 노예교육만을 지적하고 있는 데에서 더 진전된 것이라고 하겠다.

맹휴 지도부는 맹휴 학생들의 행동강령 등을 통해 행동 통일과 결속을 강화해갔다. 지도부가 맹휴 학생들에게 배포한 실행요목에는 일반 사회인과 경찰 취조시의 답변 요령까지 자세히 열거되어 있다.[161]

투쟁 양상은 1927년 휘문고보, 중앙고보, 이듬해 함흥고보의 등교생 폭행 등 실력행사, 1927년 보성고보와 1928년 전주고보, 전주농업학교생의 교장을 교외로 강제 추방한 활동[162] 등에 비해 온건한 방식을 택했던 것으로 보인다. 이는 맹휴기간이 하기 방학기간과 겹쳐있었던 점도 작용했을 것이다. 따라서 맹휴는 주로 맹휴지도본부를 중심으로 학교당국과 학부형에 대한 성명전으로 전개되었다. 이러한 특성 때문에 맹휴 지도본부의 역할이 더욱 중요했다. 그럼에도 불구하고 고보와 농교 맹휴생에 대한 일제의 탄압은 매우 강도

---

160 「昭和三年刑控公第565號(宋聖秀 等)判決文」, 대구복심법원, 1928년 11월 8일 ; 독립운동사편찬위원회, 『독립운동사자료집』 13, 1499~1503쪽.

161 양동주, 앞의 책, 1956, 81~83쪽. 여기서 일반 사회인에게는 맹휴의 근본적인 동기가 이경채 사건이 아니고 단지 무죄 시 복교를 요구한 것에 불과하다는 것, 근본 원인이 1927년 맹휴에 대한 시라이 교장의 기만에 있다는 것을 지적했다. 또 경찰 취조 시에는 중앙 집행부의 조직 및 인물을 알 수 없다는 것, 중앙 본부에서의 통신서 등은 소각하였다는 것 등을 행동요령으로 제시하고 있다. 또 행동 규약으로서 향리의 여론을 모으고 자기의 감상 및 맹휴에 대한 미래관을 적기하여 보고할 것을 지시하고 있다.

162 정세현, 앞의 책, 1975, 229~244 · 254~261쪽.

높은 것이었다. 고보의 배반자 응징 가담자뿐 아니라 고보 맹휴 지도본부 성원과 농교 맹휴 지도본부의 송성수, 김재룡, 유상걸, 김윤성, 나석현 등이 검거되어 실형을 선고받았다. 이는 다른 학교 맹휴의 경우 폭력행위자에 대해서만 실형을 선고한 것에 비하면 매우 가혹한 것이라고 할 수 있다.[163]

고보의 맹휴에 대해 졸업생 대책위원회, 학부형회 등이 학교와의 중재에 나섰다. 특히 광주고보 출신의 동경 유학생들이 대책강구회를 결성하고 장재성, 최동문, 전창모를 대표로 선정하여 맹휴의 진상 조사와 선후책을 강구토록 했다. 맹휴는 결국 학부형회가 학교 당국에 굴복·타협하여 학교 측의 최후 통첩일인 9월 17일 자제들을 등교시킴으로써 종결되고 말았다. 이에 앞서 농교에서도 9월 12일 수업을 재개했다. 등교 후에도 9월 18일 고보 3학년 학생들이 수업을 거부하고 퇴장했으나 경찰이 학교로 난입하여 주모 학생 수 명을 검거했다.[164] 경찰이 교내에서 맹휴 학생을 체포하는 현상에 대한 항쟁은 이듬해 1929년 학생시위 당시 "교내에 경찰관 침입을 절대 반대하자"는 구호로 구체화되었다.

맹휴 중앙본부가 결성된 최규창의 하숙은 맹휴 대책강구회 위원인 최동문의 집이었고, 장재성과 최규창은 같은 성진회원이었다. 또 맹휴 지도부에 등사판을 제공한 사람이 광주청년회가 주관하는 청년학관의 선생인 서재익이었다. 이런 면에서 맹휴 지도부가 청년운동 세력의 지도를 받고 있었을 가능성은 매우 높아 보인다.[165]

---

163 1927년 중앙고보, 휘문고보 맹휴생의 등교생 폭행자는 기소유예, 보성고보 교장 방축생은 집행유예, 전주고보, 전주농고생은 집행유예를 받았다(정세현, 앞의 책, 1975, 226~261쪽).

164 「光州公立二校 盟休問題再燃」, 『조선일보』, 1928년 9월 21일.

165 이애숙, 앞의 글, 2000, 90~91쪽.

고보와 농교의 맹휴 과정에는 성진회 등 독서회원들이 주도적으로 활동했다. 고보의 경우 맹휴 중앙본부가 성진회원인 최규창의 하숙에서 결성되었고 성진회원인 최규창, 임주홍 등이 격문 작성과 등사 등 주요한 역할을 맡았다.[166] 농교의 경우 맹휴 주도혐의로 실형을 받은 학생 중 김재룡과 유상걸이 1927년 11월에 결성된 문승수 그룹의 연구 모임원이었다. 김재룡과 유상걸은 농교의 맹휴 지도본부원으로서 선언서를 작성하는 등 활동을 주도했다.[167] 전교생이 참가한 맹휴투쟁이므로 학년별 주도자가 있었을 것이나 이들은 사회과학 학습을 통해 얻어진 현실인식을 맹휴과정에서 적극적으로 실천하고 있었다. 1928년 고보와 농교의 맹휴는 지도부의 학생맹휴에 대한 명확한 인식과 강렬한 투쟁의지에도 불구하고 실패로 끝나고 말았다.

1928년 '이경채사건'을 계기로 전개된 광주고보와 광주농교의 맹휴활동은 동년 9월에 종결되었으나 이후에도 광주고보 학생들의 저항은 계속되었다. 1928년 9월 광주고보생의 맹휴 도중 김시성, 김상환, 김보섭 등과 함께 사회과학 연구모임을 결성한 김몽길, 여도현[168] 등은 '소행 불량'을 이유로 1929

---

166 일부 기록에는 주로 최규창이 격문을 작성하고 임주홍이 등사를 맡았다고 한다(「실록 광주학생독립운동(9)」, 『전남일보』, 1989년 11월 3일). 그러나 판결문에 의하면 격문은 주로 임주홍과 尹昇鉉이 작성한 것으로 나타난다(「刑控公第573號(林周弘 等)判決文」, 대구복심법원, 1928년 11월 29일 ; 김경일 편, 『한국민족해방운동사자료집』 10, 332~338쪽). 이는 체포된 학생들이 신문과정에서 도피 중이었던 윤승현에게 활동사실을 전가했기 때문일 수도 있다.

167 「昭和三年刑控公第565號(宋聖秀 等)判決文」, 대구복심법원, 1928년 11월 8일 ; 독립운동사편찬위원회, 『독립운동사자료집』 13, 1499~1503쪽.
김재룡과 유상걸은 6월 27일 일인 교유에 대한 사직권고서와 교장에 대한 진정서 제출을 비롯하여 6월 29일의 맹휴를 주도했다가 즉시 퇴학 처분되었다. 이들은 이후에도 맹휴 과정에서 謀計部員으로 선언서를 기안하는 등 핵심적인 역할을 맡았다.

168 여도현은 1928년 9월 고보 내에 독서모임을 결성한 이후 장석천의 지도를 받고 있었다(주 100 참조). 그는 고보 퇴학 후 고향인 여수로 귀향하여 1929년 8월 여수수산학교 학

년 3월 유시퇴학諭示退學을 당했다. 이들은 학교 당국의 부당한 퇴학조치에 항쟁하기로 협의하고 여도현이 선전격문 700여 매를 작성했다. 격문에는 1928년 맹휴 주도 학생에 대한 무더기 퇴학에 항거하고 기숙사 입퇴사의 자유, 스파이 박멸 등을 비롯하여 "교우회 자치, 조선인 본위의 교육 실시, 노예교육에 항쟁, 독서의 자유획득, 학원 내 경찰 투입과 간섭 반대" 등이 포함되었다. 이들은 1929년 3월 23일 졸업식 날 식장, 휴게실 등에 격문을 살포하고 학생들에게 격문의 취지를 연설했다. 졸업식이 시작되자 김몽길, 여도현 등은 시라이 교장에게 퇴학 이유의 설명을 요구하였는데 시라이 교장이 이를 거부하고 교장실로 피신했다. 이에 김몽길, 여도현을 비롯한 270여 명의 전교생들이 교장실로 몰려가 면담을 요구하며 유리창을 파괴하는 등 활동하다가 출동한 경찰에 의해 해산되었다.[169]

이와 같이 계속된 맹휴는 1929년의 시위운동이 전교생 차원에서 전개될 수 있는 축적된 경험으로 작용했을 것이다. 여기에 교육현장에서 직접적으로 이루어진 민족교육을 통해서도 학생들의 항일의식이 연마되고 있었다. 대표적인 예로, 광주고보에서 한문을 가르치던 송홍宋鴻[170] 선생을 들 수 있다. 그는 일제 감시의 눈을 피해 학생들에게 민족교육을 실시했는데, 이는 살아있는 항일교육이었다.

생들과 독서회를 조직하여 사회과학을 계속 연구했다(「昭和9年刑控公第615號(呂道鉉)判決文」, 대구복심법원, 1935년 3월 14일).

169 「昭和4年刑公第434號(呂道鉉 등)判決文」, 광주지방법원, 1929년 4월 24일.

170 송홍 선생은 원래 광주농교에서 장기간 재직하다가 광주고보로 전근했다. 1925년 광주농교에서 10여 년을 재직한 3명의 한국인 선생에 대한 사은식이 있었는데 송홍 선생도 포함되었다(『동아일보』, 1925년 11월 25일). 따라서 고보뿐 아니라 농교생에게도 그의 영향은 컸다. 송홍 선생은 수업시간에 일제의 감시를 피해 민족의식을 고취하곤 했다(「광주 전남 인물현대사」, 宋泓 편, 『무등일보』, 1992년 11월 21일). 1967년 제자들이 그의 민족의식과 가르침을 기려 광주일고 교정에 흉상을 세웠다.

1929년 11월 광주지역 학생시위의 전개 과정 03

한·일학생의 충돌과 11월 3일, 1차 시위운동

전남지역의 교육중심지인 광주에는 인근 나주, 영산포를 비롯하여 담양[171] 등지에서까지 통학하는 학생들이 많았다. 기차 통학생이 고보생만 69명, 광주중학교 학생은 98명에 달했다.[172] 고보의 경우 전교생의 6분의 1이, 광주중학교는 4분의 1이 기차 통학생인 셈이었다. 따라서 통학생 간의 여론은 곧 학생 전체의 여론으로 전화轉化될 가능성이 높았다. 남녀 학생들은 통학 열차의 각기 다른 객차를 이용했다. 한일 남학생도 객차가 구분되어 있었으나 같은 객차를 이용하는 경우도 있어[173] 한일 학생 간에 사소한 충돌이 끊이지 않았다.

---

171 1928년 당시 광주고보에 재학 중인 담양 출신 학생은 40여 명이었는데 1학년생인 국승준은 담양에서 통학했다고 회고했다(鞠承駿, 「세 가지 기억」, 광주제1고등학교·광주제1고등학교동창회, 『光州高普·西中·一高65年史(1920~1985)』, 1985, 127쪽).

172 조선총독부 학무국, 「全羅南道光州に於ける內鮮人生徒鬪爭事件の眞相並之が鮮內諸學校に及ぼしたる影響」, 1930년 2월 ; 정세현, 앞의 책, 1975, 337쪽 ; 광주지방법원 검사국, 「증인 福田修三 신문조서」, 1929년 11월 9일, 국사편찬위원회, 『한민족독립운동사자료집』 50, 314쪽.

173 광주~송정리 간의 광주선 통학열차에는 광주중학생을 위한 전용 객차가 배정되어 있어서 한일 남학생이 이용하는 객차가 서로 달랐다고 한다(최성원, 『광주학생독립운동

대표적인 예가 1929년 6월의 운암역雲岩驛 개고기 사건이다. 차창 밖으로 개를 그을리는 한국인을 본 통학열차 내의 광주중학교 통학생 곤도近藤靜雄 등 수 명의 일인 학생이 "야만이다"라고 했다. 이에 동석한 30여 명의 광주고보 통학생들이 한인을 모욕하는 말이라고 하여 일인 학생들을 구타한 사건이다.[174]

곤도는 송정리松汀里 경찰서장의 아들이었다.[175] 통학열차를 통해 곤도가 경찰서장의 아들이라는 사실을 잘 알고 있었을 고보 학생들이 곤도를 구타한 것은 단순히 개고기 문제만은 아니었을 것이다. 여기에는 1928년 송정리 출신 이경채가 격문 배포 활동으로 체포된 데 대한 불만도 작용했던 것으로 보인다. 더욱이 이경채 사건을 계기로 고보생들의 맹휴가 촉발되었고 주도 학생들이 사법처리된 상황이었으므로 경찰서장에 대한 적개심이 간접적으로 표현된 것으로도 해석된다.[176] 이 사건은 통학열차 안에서 한일 학생의 충돌이 수시로 일어났으며 한인 학생들이 일인 학생들을 압도하고 있었음을 보여준다.[177]

의 주역들』, 고려원, 2001, 26쪽). 송정리에서 나주를 거쳐 목포에 이르는 호남선은 주요 간선철도였으므로 광주중학생의 전용 객차가 없었다. 따라서 승객이 많을 때에는 한일 남학생이 같은 객차에 함께 탑승하기도 했다(광주지방법원 검사국, 「朴準埰 訊問調書」, 1930년 8월 27일, 국사편찬위원회, 『한민족독립운동사자료집』 50, 311쪽).

174 「光州學生事件及び其各地波及の狀況摘錄 其の一」, 姜在彦 편, 『光州抗日學生事件資料』, 62쪽. 당시의 상황에 대해 다른 기록도 보인다. 즉 1929년 6월 26일 고보 2학년 金麒洙가 일인 학생들이 탑승한 객차에 동승했다가 광주중학교 3학년생인 近藤의 "야만이다"라는 말을 듣고 이를 한인 학생들에게 전했다. 이에 이틀 후인 28일 등교 열차 안에서 통학생 중 崔榮洄, 徐炯允, 河三松, 김보섭, 오쾌일, 최희선 등이 近藤을 한인 학생들의 객차로 불러내어 추궁한 후 사과를 받았다는 것이다(최성원, 『광주학생독립운동의 주역들』고려원, 2001, 25~30쪽).

175 佐堀伸三, 『實錄 若き抗日の群像 1929年の光州學生運動』, 1999, 75쪽.
광주중학교 측 통학단장인 藤澤의 부친이 나주경찰서장이었다고도 한다(최성원, 앞의 책, 29~32쪽).

176 佐堀伸三, 『實錄 若き抗日の群像 1929年の光州學生運動』, 1999, 75쪽.

177 조선총독부 경무국, 『朝鮮の治安狀況』, 1930, 76쪽.
이외에도 통학열차 안에서 한일 학생의 충돌이 종종 일어났는데 이 경우 주로 일인 학생

숫자는 적었지만 한인 학생의 연령이 일인 학생보다 많았을 뿐 아니라[178] 결속력도 강했기 때문일 것이다. 개고기 사건 당시에도 한인 학생 30여 명이 일시에 참가할 정도로 학생들이 응집되어 있었다. 이 때문에 양교兩校에서는 각각 통학단장과 감독부장을 선정하여 통학생들을 단속했다.[179]

광주뿐 아니라 통학열차가 운행되는 지역에서 한일 학생들이 충돌하는 경우는 종종 있었다. 일례로 1926년 11월 수원에서 서울로 통학하는 한일 학생 간에 폭력사태가 일어나기도 했다. 한일 통학생이 200여 명이었는데 오산역에서 고의로 한인 여학생의 발을 밟은 일인 학생에게 한인 남학생이 항의한 것을 계기로 통학열차 안에서 집단 격투가 벌어져 부상자까지 발생했던 것이다.[180] 광주와 유사한 형태의 학생충돌이라고 하겠다. 단지 학생 격투가 열차 안에서 벌어졌으므로 더 이상 확대되지 않았다. 그러나 광주의 경우에는 통학생의 숫자가 많았을 뿐 아니라 같은 학교 재학생들이었으므로 지속적으로 충돌하며 상호 악 감정이 누적되고 있었다.

1929년 10월 30일 오후 4시 45분 광주역을 출발한 열차가 오후 5시 35분경 나주역에 도착했다. 통학생을 포함한 30여 명의 승객들이 하차했다. 개찰

들이 구타당했다. 일례로 1928년 12월 광주중학교 4학년생이 광주농업학교 5학년생의 지팡이를 빌려달라는 요구를 거절했다가 구타당한 일이 있었고, 1929년 5월 광주중학교 4학년생이 고보생과 다투다가 구타당하기도 했다(광주지방법원, 「증인 吉田金造 訊問調書」, 1930년 1월 21일, 『한민족독립운동사자료집』 50, 320쪽).

178 박찬승, 「11·3학생독립운동과 나주」, 『광주학생독립운동과 나주』, 경인문화사, 2001, 16쪽. 고보생의 연령이 일본인 고등전문학교, 많게는 대학생과 같은 정도였다고 한다(강달모, 「陳情書」, 『사상월보』 11호, 278~279쪽).

179 광주지방법원, 「증인 白井規一 신문조서」, 1930년 1월 21일, 『한민족독립운동사자료집』 50, 국사편찬위원회, 305쪽. 고보와 광주중학교가 각각 기차 통학생 중에서 단장, 부단장을 선정하고 교사로서 감독부장을 두어 이를 감독하도록 했다.

180 『조선일보』, 1926년 11월 13일.

구에서 광주중학교 스에요시末吉克己, 후쿠다福田修三 등 3명의 일본인 학생이 광주여고보 박기옥朴己玉, 이광춘李光春, 암성금자岩城錦子 등 여학생들을 밀치는 사태가 벌어졌다.[181] 이를 본 박기옥의 사촌동생이자 광주고보 2학년생인 박준채朴準埰가[182] 후쿠다를 꾸짖었고 후쿠다와 박준채가 언쟁을 하게 되었다. 이

---

181 일반적으로 알려진 것과 같이 일인 학생이 한인 여학생 박기옥의 댕기머리를 잡아당기며 희롱한 것은 아니다. 당시의 상황에 대해 여러 가지 異論이 있으며 이는 박찬승이 자세히 정리한 바 있다(박찬승, 앞의 글, 2001, 11~21쪽). 단지 박찬승은 이광춘의 증언에 입각하여 당시 박기옥이 중퇴 중이었으므로 현장에 없었다고 한다. 전남여고의 퇴학자 명단에는 박기옥이 1929년 2학년 중퇴로 기록되었다. 그러나 퇴학자 명단을 보면 이광춘 등 소수의 학생이 수료로 되었을 뿐 광주학생운동에 참가한 많은 학생이 1929년 중퇴로 기재되어 있다(「퇴학자명단」, 전남여자고등학교). 또 당시의 신문보도뿐 아니라 관련자의 신문조서, 판결문에 모두 박기옥으로 기재되었고 1930년 2월 26일『조선일보』에 사건의 장본인인 박기옥이 자퇴했다는 내용과 본인의 감회가 보도되었다. 따라서 사건의 당사자가 박기옥일 가능성이 높다.

댕기머리 문제는 박준채의 회고(박준채, 「독립시위로 번진 한일학생충돌」, 『新東亞』 1969년 9월호, 317~318쪽)에서 비롯되었는데 이는 착오이다. 당사자인 박준채는 검사의 신문 당시 후쿠다가 개찰구에서 박기옥의 어깨를 건드리며 나갔고 대합실에서도 앞서 나가며 어깨를 건드렸기 때문에 후쿠다에게 항의했다고 진술했다(광주지방법원 검사국, 「朴準埰 신문조서」, 1929년 11월 9일, 『한민족독립운동사자료집』 50, 310쪽). 댕기머리가 아니라 어깨를 건드린 것을 문제 삼았다는 것이다. 또 다른 당사자인 후쿠다, 스에요시[末吉克己]와 증인인 광주고보 교장 시라이[白井規一], 광주중학교 교유 요시다[吉田金造]는 검사의 신문 당시 일인 학생들이 개찰구에서 어린 아이를 피하기 위해 여학생 앞을 가로질러 갔다고 진술했다(국사편찬위원회, 『한민족독립운동사자료집』 50권, 305~323쪽). 양자의 진술에 차이가 있으나 댕기머리는 전혀 거론되지 않고 있다.

182 박준채는 나주의 재력가인 朴正業의 아들이다. 박정업은 부친이 구한말 장흥군수를 역임한 朴在圭로서 그의 재산을 상속받아 나주의 대표적인 지주로 성장했다. 박정업은 1920년대 초 이미 3천 두락의 대지주였으며 1930년 당시 논 207정보, 밭 14정보를 소유하고 있었는데, 이는 나주군 내의 전체 한일인 지주 중에서도 영산면의 일인 지주 구로즈미[黑住猪太郎]와 나주면의 한인 지주 허영규에 다음가는 규모였다. 박정업은 1922년 나주청년회 부회장을 역임하기도 했다. 박준채의 형인 박준삼은 일본 立敎대학 영문과를 중퇴하고 1927년 나주청년동맹 집행위원장, 신간회 나주지회 상무간사를 역임했고 1928년 소위 '儒林閣事件'으로 구속되어 옥고를 치렀다. 그는 1929년 당시 신간회 나주지회 집행위원으로 재임하고 있었다(박찬승, 「일제하 나주지역의 민족운동과 사

과정에서 후쿠다가 "조선인인 주제에"라는 모욕적인 발언을 하자 격분한 박준채가 후쿠다를 구타하여 서로 격투가 벌어졌다.[183] 나주역의 일인 순사 모리타森田에 의해 격투는 중지되었으나 분이 풀리지 않은 박준채가 후쿠다에게 "내일은 학교를 쉬지 말라"고 말하자 이를 본 모리타 순사가 박준채의 따귀를 때렸다.[184] 나주역을 나온 한인 학생들은 일인 학생들을 쫓아가 이광춘의 부친이 경영하는 조면공장의 창고 부근에서 다시 후쿠다를 구타했다.[185] 당시 나주에서 통학하던 고보생 중에는 독서회의 핵심적인 활동가인 김보섭과 오쾌일이 포함되어 있었다. 또 나주 통학생 중 김보섭과 김만섭, 최희선과 최희연, 서형윤과 서형수는 친형제 간이었다. 이광춘, 이순태와 암성금자는[186] 이

회운동」, 역사문제연구소, 『한국근현대지역운동사』 II 호남편, 212~218 · 268쪽). 박준채에게는 대지주가 후예로서의 자부심과 사회운동에 참여하고 있던 친형 박준삼의 영향이 내재되었을 것이다.

183 당시 당사자인 3인의 신문조서의 내용에 모두 차이가 있다. 박준채는 후쿠다가 박기옥의 어깨를 건드려 후쿠다에게 항의하다가 격투가 벌어졌다고 증언했다. 이에 비해 후쿠다와 스에요시는 모두 박준채가 스에요시에게 항의하였고 이를 말리던 후쿠다와 박준채 간에 격투가 벌어졌다고 증언했다(광주지방법원 검사국, 「朴準埰 訊問調書」, 1929년 11월 9일 : 광주지방법원 검사국, 「證人 福田修三 訊問調書(1회)(2회)」, 1929년 11월 9일 : 광주지방법원 검사국, 「證人 末吉克己 訊問調書」, 1929년 11월 9일 ; 국사편찬위원회, 『한민족독립운동사자료집』 50, 309~316 · 322~324쪽). 박찬승은 현장에 있던 일본인 학생 다나까[田中] 등의 증언에 근거하여 희롱한 자를 후쿠다로 보고 있다(박찬승, 「11 · 3학생독립운동과 나주」, 『광주학생독립운동과 나주』, 경인문화사, 2001, 11~15쪽).

184 『조선일보』, 1929년 11월 5일 ; 『동아일보』, 1929년 12월 28일 호외.

185 박찬승, 앞의 글, 2001, 16쪽.

186 이들은 박정업과 더불어 나주의 대표적인 재력가인 李基性의 자녀들이다. 이기성은 나주지역의 대표적인 한인 미곡상으로 조면업과 정미업을 했다. 1922년 나주청년회의 회장을 역임했는데 당시 박준채의 부친인 박정업이 부회장을 맡고 있었다. 박정업은 이기성의 재정보증을 서 줄 정도로 가까운 사이였다. 1930년대 이기성이 米豆 투기로 몰락하여 박정업도 큰 타격을 입었다(박찬승, 「일제하 나주지역의 민족운동과 사회운동」, 역사문제연구소, 『한국근현대지역운동사』 II 호남편, 1993, 224 · 265쪽).

복형제, 박준채와 박기옥은[187] 사촌형제 간이었다. 따라서 통학생 간의 결속력이 매우 강했다. 이들 중 현장에 있던 이순태, 김만섭, 서형윤 등 6명이[188] 박준채와 함께 후쿠다를 구타한 것이다.

이튿날인 10월 31일 통학열차 안에서 다시 박준채와 후쿠다의 다툼이 있었다. 나주역에서의 충돌이 통학열차 안으로 이어진 것이다. 이 날의 다툼은 박준채가 주도한 것으로 보인다. 박준채는 고보생 3~4명과 함께 고보생들이 많이 탄 차량이 아닌 후쿠다가 탄 차량에 탑승했는데 그 칸의 통학생은 이들을 제외하면 모두 광주중학생이었다. 이들은 의도적으로 광주중학생들이 탄 차량에 탑승했다.[189] 박준채는 후쿠다에게 전날의 사단을 재론하며 사과를 요구했고 이를 거부한 후쿠다와 또다시 격투를 벌였다. 동승한 광주고보생들이 가세하여 이날도 후쿠다가 수세에 몰렸다.[190] 광주중학교 통학생이 다수인 열차

187 박기옥의 부친 朴寬業은 박준채의 부친 朴正業의 친동생이다. 박관업은 1925년 나주에서 결성된 사상단체 曉鍾團의 간부와 나주청년회의 집행위원으로도 활동했다.

188 당시 나주에서 통학하던 고보생 14명이 현장에 있었으며 이들이 박준채와 함께 후쿠다를 쫓아가 구타했다고 한다(박준채를 제외하고 현장에 있던 광주고보생의 숫자가 자료마다 상이하다. 박준채, 앞의 글, 1969, 318쪽에는 9명이라고 되어있고, 광주학생독립운동동지회 편, 『광주학생독립운동사』, 1974, 55쪽에는 13명으로, 佐堀伸三, 『實錄 若き抗日の群像 1929年の光州學生運動』 98쪽에는 14명으로 기록되었다). 그런데 당시 신문조서에 의하면 현장에 있던 고보생은 6명이었다. 그중 박준채와 동급생인 2학년의 김만섭과 이순태, 4학년의 서형윤 등이 거명되고 있다(광주경찰서, 「朴準埰 신문조서」, 1929년 11월 9일 ; 광주지방법원 검사국, 「증인 福田修三 신문조서(2회)」, 1929년 11월 9일 ; 국사편찬위원회, 『한민족독립운동사자료집』 50, 310~312·316쪽). 그 외에 3명 정도가 더 있었던 것 같으나 성명이 확인되지 않는다.

189 박준채는 검사의 신문 당시 고보생들이 이용하는 차량이 만원이어서 광주중학생들의 차량에 탑승했다고 진술하였다(광주경찰서, 「朴準埰 신문조서」, 1929년 11월 9일, 국사편찬위원회, 『한민족독립운동사자료집』 50, 311쪽). 그러나 전날의 다툼 당시 박준채가 후쿠다에게 "내일은 학교를 쉬지 말라"고 경고한 정황으로 보아 의도적인 탑승으로 보인다.

190 광주경찰서, 「朴準埰 신문조서」, 1929년 11월 9일 ; 광주경찰서, 「증인 福田修三 신문

칸에 일부러 탑승하여 격투를 벌일 정도로 당시 한인 학생들은 일인 학생들을 압도하고 있었던 것이다. 이를 본 차장이 박준채와 후쿠다를 2등실로 연행했다. 일인들이 대부분인 2등실 승객들은 무조건 일인 학생을 두둔하고 박준채를 비난하여 민족감정을 자극했다.

11월 1일에는 박준채와 후쿠다의 다툼이 통학생 전체로 확대되었다. 이날 광주역에서 광주중학교 학생들은 유도 교사까지 동원하여 광주고보 학생들을 무력으로 제압하려 했다. 일인 학생이 한인 학생에게 두 차례나 구타당한 사실이 식민지 지배민족으로서의 우월감에 손상을 입혔다고 생각했을 것이다. 더욱이 통학열차 안에서 다수의 일인 학생들이 지켜보는 앞에서 격투가 있었으므로 일인 학생들의 사기와 연결된 문제로 생각했을 개연성도 높다. 기차 통학생이 아닌 학생까지 포함된 일인 학생 30여 명이 "어제는 우리 학교 생도가 고보생에게 당했으니 오늘은 복수한다"며 통학열차로 몰려들었다.[191] 한인 통학생 20여 명도 플랫폼에서 일인 학생들과 대치하며 일전을 불사했다. 이 소식을 들은 양교 학생들이 모여들었다. 개인 간의 다툼이 통학생 전체의 감정적인 대립으로 발전하여 광주역에서 한일 통학생 수십 명이 서로 철길을 마주하고 무력 충돌에 돌입할 상황이 된 것이다. 광주중학교의 유도 교사는 보

조서」, 1929년 11월 9일 ; 광주지방법원 검사국, 「증인 福田修三 신문조서(2회)」, 1929년 11월 9일 ; 광주경찰서, 「증인 末吉克己 신문조서」, 1929년 11월 9일, 국사편찬위원회, 『한민족독립운동사자료집』 50, 311~317·323쪽.

후쿠다는 코피를 흘렸다고 한다. 이 싸움에는 동승한 한인 학생들과 광주중학교 일인 학생 후쿠가와[深川覺] 등이 서로 가담하여 격투를 벌였다.

191 광주지방법원, 「증인 白井規一 신문조서」, 1930년 1월 21일, 『한민족독립운동사자료집』 50, 307쪽 ; 광주학생독립운동동지회, 『광주학생독립운동사』, 55쪽. 당시 신문기사에는 50여 명의 광주중학생들이 배트로 무장하고 광주역으로 돌입했다고 보도하였으나(『조선일보』, 1929년 12월 28일 호외) 이때 광주중학생들이 배트 등으로 무장한 것은 아니었다.

복을 위해 후쿠다를 앞세워 대치중인 한인 학생 중에서 박준채를 찾아 나서기도 했다.[192] 그러나 연락을 받고 급히 달려온 양교 교사와 경찰의 제지로 학생들은 큰 충돌 없이 학교로 돌아갔다.

학교에 집결한 광주고보생들은 박준채로부터 지난 2일간의 경과보고를 들은 후[193] 사태의 선후책을 논의했으나 결론을 얻지 못하고 오쾌일의 제안으로 해산했다.[194] 광주중학생들은 일본인 교사의 호위를 받으며 집단적으로 귀가했다.[195] 11월 1일 한일 통학생들의 광주역에서의 집단적인 대치 상황은 종결되었으나 재충돌의 여지를 안고 있었다. 광주고보의 경우 학생들이 학교에 집결하여 선후책을 논의했다. 여기에서 집단충돌의 대비책도 논의되었을 것이다. 일인 학생들은 시내에서 단도를 구입하는 등 학생충돌에 대비하여 무장하기도 했다.[196] 이제 한일 학생의 대립은 통학생 간의 대립을 넘어 광주지역 한일 학생들의 집단적인 충돌 분위기로 발전하고 있었다.

통학생 간의 대립은 11월 3일 한일 학생 간의 충돌로 폭발했다. 이 날은 일제의 명치절이자 전남지역 누에고치 6만석 돌파 축하식이 거행되는 날이었으므로 광주 시내는 많은 인파로 붐볐다. 광주신사光州神社의 광장에 1,200명의 내빈이 초대되었고 도지사를 비롯하여 총독부 식산국장 등이 참석했다. 또

---

192 『동아일보』 1930년 2월 27일.

193 광주지방법원 검사국, 「朴準埰 신문조서」, 1929년 11월 9일, 『한민족독립운동사자료집』 50, 311쪽.

194 梁東柱, 『抗日學生史』, 103~104쪽.

195 광주중학교 교사인 마스다[增田功]는 영산포에 거주하는 일인 학생 학부형들의 요청으로 1개월간 여관에 숙박하며 학생들과 함께 통학했다고 한다(佐堀伸三, 『實錄 若き抗日の群像 1929年の光州學生運動』, 1999, 103쪽). 이는 당시 일본인 사회가 한일 학생의 충돌에 상당한 위기감을 느끼고 있었음을 보여주는 것이다.

196 『동아일보』, 1930년 2월 22일 ; 독립운동사편찬위원회, 『독립운동사자료집』 13, 244~247쪽.

시내 5개 소에 환영문이 설치되었고 집집마다 일장기를 걸도록 했다. 오후 1시에는 비행기가 광주 상공에 축하 전단을 살포했다고 한다.[197] 일요일임에도 불구하고 광주고보를 비롯한 중등학교 학생들은 명치절 기념식에 참석하기 위해 등교했다. 기념식 후 광주고보 당국에서는 학생들의 격앙된 상태를 감안하여 개별적으로 신사에 참배토록 했으나 참배한 학생은 없었다. 11월 1일 광주역에서의 대치 상황 이후였으므로 한일 학생들은 집단적으로 행동했다. 명치절 행사에 한일 학생이 참가하는 것은 의례적인 일이었다. 그러나 11월 1일의 대치국면으로 격앙된 상태에서 누에고치 6만석 행사로 호들갑스러운 일인들의 행태는 한인 학생들의 민족의식을 자극했을 것이다. 더욱이 이날은 음력으로 개천절에 해당했다.

11시경 수기옥정 우편소 앞에서 황남옥, 김향남 등 고보생 7~8명이 신사참배를 끝내고 돌아가는 일인 학생 십여 명과 시비가 붙었다. 학생들이 서로 부딪친 것이 발단이었다.[198] 시비는 바로 격투로 발전하여 정상렬, 최쌍현 등의 고보 학생들이 일인 학생이 휘두른 단도에 부상을 당했다. 한일 학생의 격

197 佐堀伸三, 앞의 책, 1999, 105쪽.

198 우편국 앞에서 한일 학생의 충돌이 의도적인 행동이었다는 지적이 있다. 즉 독서회에서 명치절이자 음력으로 개천절인 이날을 기해 일인 학생들과 격투를 유도한 후 시위운동을 결행하려 했다는 것이다. 독서회에서 시내 요소요소에 인원을 배치하고 실행책임자도 정했다고 한다(佐堀伸三, 앞의 책, 1999, 105~107쪽). 佐堀伸三은 이의 근거로 격투 학생 중 김향남과 황남옥이 완도 출신으로 장석천과 연결되어 있었던 점을 들고 있다. 그러나 11월 3일에 이미 독서회원들이 의도적인 충돌과 시위운동을 계획했다고 보는 것은 무리인 것 같다. 우편국 앞에서 일인 학생들과 격투를 벌인 한인 학생들 중 독서회원은 없었다. 단지 11월 1일 한일 학생들의 대치로 학생들의 감정이 고조되어 있었으므로 은근히 일인 학생과의 격투를 바라는 학생들이 많았을 것은 짐작할 수 있다. 박찬승은 당시 충돌한 한인 학생 중 나주 통학생이 한 명도 없었던 점을 들어 우편국 앞에서 한일학생의 충돌을 미필적 고의라고 보았다(박찬승, 「11·3학생독립운동과 나주」, 『광주학생독립운동과 나주』, 30쪽).

투를 목격한 최상을 등 20여 명의 고보 학생들이 격투에 가세하자 열세에 몰린 광주중학교 학생들은 광주역으로 도주했다. 고보 학생들이 이들을 추적하여 역전 광장에서 고보 학생들과 광주중학교 학생 수십 명의 집단 난투가 벌어졌다. 광주여고보 학생들은 물과 돌을 나르며 학생들을 성원했다. 이 소식을 듣고 고보생 100여 명이 달려와 200여 명의 고보 학생들은 대나무, 장작 등을 소지하고 광주중학교로 통하는 성저리城底里로 쇄도했다. 광주중학교로 돌진하려 한 것이다. 죽도, 장작 등으로 무장한 광주중학생 백 수십 명도 마주 달려와 토교土橋를 사이에 두고 서로 대치하게 되었다.[199] 사태가 확대되자 양교의 교사들이 나서고 경찰은 소방대까지 동원하여 학생들을 제지, 해산시켰다. 마침 한일 학생의 격투 상황을 목격한 장재성도 대치하고 있는 고보생들에게 학교로 돌아가 선후책을 강구하자는 제의를 했다.[200]

양교 학생들은 각기 학교로 돌아갔으나 고보생 200여 명은 고보 강당에 모여 사건의 선후책을 논의했다. 전년도인 1928년 장기간의 맹휴로 단련된 학생들은 집단행동으로의 전환이 빨랐고 단결력도 강했다. 여기에 부상당한 최쌍현, 정상렬 등이 나와 학생들에게 당시의 상황을 설명했다. 격앙된 학생들 간에는 광주중학교를 습격하자는 의견이 제기되었다. 이러한 분위기를 이어 나주 통학생이자 독서회원인 오쾌일이 투쟁방안을 논의하자고 제의했고, 역시 독서회원인 이형우는 광주중학생에 대항하기 위해 무장하여 시위할 것을 주장했다.[201] 통학단장인 광주농업학교생 최태주는 광주농업학교 학생들의

199 광주지방법원, 「鄭相烈 신문조서」, 1930년 8월 27일, 국사편찬위원회, 『한민족독립운동사자료집』 50, 324~325쪽.

200 『전남일보』, 1989년 11월 10일 ; 「증인 白井規一 신문조서」, 『한민족독립운동사자료집』 50, 국사편찬위원회, 307쪽. 당시 장재성은 막 결혼을 끝내고 신혼여행 후 신부 집에서 자택으로 돌아오던 중에 한일 학생의 충돌을 목격하고 이에 개입했다고 한다.

201 佐堀伸三은 이 자리에서 金容大, 閔泳興 등이 즉각 광주중학교를 습격하자고 발언했으

참가를 선언했다. 이 자리에는 장재성도 참석했으며[202] 그는 독서회원을 통해 시위운동을 지도했던 것으로 보인다. 시위운동을 주장한 학생들이 모두 독서회원이었던 점도 이러한 정황을 뒷받침해 준다.

독서회원인 김병기가 솔선하여 농구실農具室을 열어 곤봉을 반출했다. 이에 다른 학생들도 괭이, 죽도, 곤봉, 배트 등으로 무장하고 오후 1시경 시위행진

나 독서회원인 李亨雨가 일반 시민에게 조선독립을 주장하기 위해 광주시내를 시위행진할 것을 제안했다고 한다. 또 李光春의 증언을 인용하며 당시 학생들이 시위행진 중에 '독립 만세'를 불렀다고 한다(佐堀伸三, 앞의 책, 1999, 121~122쪽). 그러나 일인 교사가 입회한 상태에서 '조선독립'이 언급될 수 있었는지는 의문이다. 또 시위행진 중에 '독립 만세'가 고창되었다고 하나 호들갑스럽게 당시 상황을 과장하던 일인 신문이나 경찰의 신문조서에도 이러한 내용이 없어 사실 여부를 확인할 수 없다.

202 광주지방법원, 「黃南玉신문조서」, 1930년 1월 6일, 『한민족독립운동사자료집』 50, 국사편찬위원회, 319쪽. 당시 광주고보 2학년 독서회원이었던 이기홍은 3차 조선공산당(ML당)의 와해 이후 후보 당원인 장석천, 박오봉 등이 1928년 3월 학생지도부를 재건했는데 1929년 11월 3일 광주역에서 한일 학생이 충돌하자 이 소식을 들은 학생지도부가 흥학관에서 긴급회의 결과 이를 시위운동으로 전환할 것을 결의하고 학생들을 지도했다고 한다. 장석천이 고보의 담을 넘어 들어가 화장실에 숨은 채 장재성을 통해 회의를 지시했다는 것이다(이기홍 遺稿·안종철 정리, 『광주학생독립운동은 전국학생독립운동이었다』, 향지사, 1997, 179~186쪽). 이재의도 이기홍의 진술에 근거하여 11월 3일 장석천 등 청년운동가들에 의해 '학생투쟁 지도본부'가 결성되었고 장재성이 시위현장을 지도하도록 결의했다고 한다. 장재성은 학생들의 투쟁대상을 광주중학교에서 '일제 식민지 지배로부터의 독립'으로 전환시켰다고 한다(이재의, 「새롭게 부각, 논란 활발한 배후세력의 성격」, 『월간 藝鄕』, 1989년 11월호, 광주일보사, 63쪽). 그런데 이러한 주장들은 강석원의 회고에 근거한 것으로 보인다. 강석원은 11월 3일 한일학생의 역전 충돌 후 장재성의 보고를 받은 장석천, 나승규, 국채진 등이 장재성에게 "1. 투쟁대상은 光中生이 아니고, 일본제국주의이니 투쟁방향을 일제로 돌려야 한다. 2. 光中生에 대한 적개심과 투쟁을 일제에 대한 증오와 독립투쟁으로 지향 발전시켜야 한다. 3. 학생들을 고보교로 집결시켜 식민지 강압정책 반대 시위운동으로 방향을 돌릴 것" 등을 지시했다고 한다(강석원, 「1929년 11월 3일을 회고하면서」, 광주학생독립운동기념회관, 『관보 광주학생회관』, 창간호, 1972, 36쪽). 그러나 이를 그대로 믿기는 어렵다. 11월 3일 한일학생 격투의 상황에 기성 사회단체 인사가 조직적으로 개입했다고 보는 것은 무리이다. 또 학생들의 시가행진 당시에도 '민족독립' 등의 구호가 제기되지는 않았다.

에 돌입했다. 광주농업학교생까지 가세한 300여 명의 학생들은 독서회원인 김보섭, 김상환, 김무삼과 김향남 등 주도학생들이 앞장서고 5학년생을 선두로 교가校歌와 운동가를 부르며 시가로 진출했다. 처음에 학생들은 광주역전에서 성저리城底里를 지나 광주중학교를 습격하려 했다. 그러나 두 차례에 걸친 광주중학교 습격 시도가 경찰과 소방대의 강력한 저지로 무산되자 방향을 바꿔 시내 중심가를 시위행진했다. 중심가인 본정통本町通을 지나 광주우편국을 경유하여 광주도립병원 앞으로 행진했다. 이 과정에서 전남사범학교 학생들과 광주여고보의 일부 학생들이 시위대에 참가했다. 경찰과 소방대가 우편국 앞 등에서 저지했으나 학생들의 기세를 막지는 못하였다. 시위대가 광주도립병원 앞에 이르자 경찰과 소방대가 시위대의 무장을 해제하려 했으나 학생들은 이에 불응하고 행진을 계속했다. 이들은 광주천을 건너 소시장小市場을 거쳐 다시 수기옥정을 지나 오후 3시경 광주고보로 귀교했다. 광주농업학교와 전남사범학교 학생들도 학교 앞에서 해산했다.[203] 광주고보에 집결한 학생들은 오쾌일 등의 제안으로 부상 학생들을 병원에 입원시킬 것 등을 결의한 후 해산했다. 이날 한일학생의 격투와 시위운동 과정에서 광주고보생 10명과 광주중학교생 16명이 부상을 당했다.[204] 이튿날인 11월 4일 저녁에도 농업학

---

203 일부 기록에 의하면 이날 학생들은 평소 한인에 대해 편파적으로 보도해 온 광주일보사를 습격하여 윤전기에 모래를 뿌렸다고 하는데(佐堀伸三, 앞의 책, 1999, 105~106쪽 ; 양동주, 앞의 책, 1956, 107~108쪽) 이 역시 사실 여부가 확인되지 않는다.

204 조선총독부 학무국, 「全羅南道光州に於ける內鮮人生徒鬪爭事件の眞相並之が鮮內諸學校に及ぼしたる影響」, 1930년 2월, 4~5쪽. 부상 학생의 숫자가 언론 보도마다 차이가 있다. 고보생 10여 명, 중학생 20여 명(『조선일보』, 1929년 11월 5일), 고보생 9명, 중학생 16명(『동아일보』, 1929년 11월 6일), 고보생 29명, 중학생 16명(『동아일보』, 1929년 11월 6일)으로 보도되기도 했다. 일제 당국은 중학생 26명, 고보생 9명이 부상한 것으로 발표했다(『조선일보』, 1929년 12월 28일 호외 ; 조선총독부 경무국, 『朝鮮の治安狀況』, 1930, 77쪽). 학무국 자료에는 부상당한 광주고보 학생 10명과 광주중학교

교와 중학교 학생 간에 다시 충돌이 있었다.[205]

문제는 11월 3일의 한일학생 충돌 이후 더욱 확산되었다. 학생들의 시가행진에 놀란 일본인 사회에서 큰 소동이 벌어졌다. 한일 학생의 격투에 이어 계속된 한인 학생들의 시가행진은 광주중학교 학부형들은 물론이고 나주와 광주지역 일본인 사회에 큰 충격을 주었던 것이다. 일인 신문들은 무기를 소지한 300여 명의 고보 학생과 150여 명의 광주중학생들이 격투를 벌였으며 광주중학생 측에서 중상자 3명, 경상자 13명, 고보 측에서 경상자 9명이 발생했다고 보도하였다.[206] 또 일인 소학교 학생 70~80명이 한인 학생들에 의해 부상당했다는[207] 허위기사를 보도하는 등 앞장서서 이러한 분위기를 부추겼다. 일인 유지들은 "적군의 포위를 받은 사수군의 태도로 회의를 거듭하여" 경찰서, 전남도지사, 학무국 등에 주동학생들의 처벌과 광주고보의 폐교 등을 강력히 요구했다. 또 조선총독과 일본군사령부에 군대 출동을 요청하고[208] 청년단과 재향군인이 출동할 수 있도록 인쇄물을 준비하는 등 지나친 과민반응을 보였다.[209] 광주의 일인들은 11월 3일 광주고보생들의 시가행진을 통해 자신들이 구축해 놓았던 식민질서 자체의 지방적 붕괴를 목도한 셈이었다. 이는 한인에 대한 우월감이 극도로 유린당한 것으로 인식되었다.[210] 더욱이 한

학생 16명, 광주소학교 학생 1명의 명단이 수록되어 있다.

205 『조선일보』, 1929년 11월 6일.

206 『京城日報』, 1929년 11월 5일.

207 『京城日報』, 1929년 11월 6일. 광주일보 주필 카노[鹿野]의 아들이 당시 광주중학교 3학년에 재학 중이었다. 광주일보 기자 후쿠가와[深川覺]는 10월 31일 박준채와 후쿠다가 다툴 때 열차 2등실 일인 승객으로 박준채를 일방적으로 힐난한 장본인이다(佐堀伸三, 앞의 책, 1999, 105~106쪽).

208 『동아일보』, 1930년 2월 27일 ; 강재언 편, 앞의 책, 132쪽.

209 『동아일보』, 1929년 11월 7일 ; 정진석 편, 『일제시대 민족지 압수기사모음』 2, 592~595쪽.

인 학생들의 시위행진은 누에고치 6만석 기념행사로 들뜬 분위기에 찬물을 붓는 것이었다. 따라서 시가행진으로 광주지역의 한인 학생들이 일시적이나마 광주시내를 장악한 사태가 진정된 이후 극렬한 적대감을 표현했다. 이러한 일인 사회의 반응은 경찰 당국의 대책에도 영향을 주었다. 11월 5일 경찰은 당초 중학생 7명, 고보생 14명만 체포했던[211] 입장을 바꾸어 한인 부상 학생을 포함해 시위 주동학생들에 대한 대규모 검거에 착수했다.[212] 결국 11월 12일까지 72명의 한인 학생들이 검거되어 그중 62명이 검사국에 송치되었다.[213] 일제 경찰은 한인 학생의 대규모 체포가 시위운동 때문이라는 이유를 들었다. 11월 3일 한일 학생의 충돌을 이유로 체포된 한인 학생들에게는 상해죄가 적용되었다. 나머지 학생들은 시위운동 관련자로 구분했다.[214] 그러나 한일 학생 충돌의 또 다른 당사자인 일인 학생들은 7명이 체포되었으나 한 명도 송국되지 않았다. 이러한 일인들의 과민반응과 편파적인 대규모 검거 선풍은 한인 학생들뿐 아니라 광주지역 사회단체 인사들의 위기감을 자극하여 2차 시위를 준비하는 계기가 되었다.

---

210 강재언 편, 앞의 책, 132쪽.

211 11월 4일에 검거한 학생 수이다(『조선일보』, 1929년 11월 6일).

212 『동아일보』, 1929년 11월 7일 ; 정진석 편, 『일제시대 민족지 압수기사모음』 2, 592~595쪽.

213 『동아일보』, 1929년 11월 12일 ; 독립운동사편찬위원회, 『독립운동사자료집』 13, 235쪽. 송국자는 광주고보생 44명, 광주농업학교생 13명, 전남사범학교생 5명이었다. 그중 40명이 기소되었다. 일제 당국의 발표로는 한인 학생 64명(고보생 48명, 농업학교생 11명, 사범학교생 5명)과 중학교생 8명을 합해 72명을 검거하여 그중 40명(고보생 39명, 농업학교생 1명)을 기소한 것으로 나타난다(『조선일보』, 1929년 12월 28일 호외).

214 佐堀伸三, 앞의 책, 1999, 137쪽.

11월 12일, 2차 시위운동과 전국화 계획

11월 3일의 시위를 배후 지도했던 장재성은 11월 4~5일 전남청년연맹 상무집행위원장인 장석천을 비롯하여 동 연맹의 간부인 국채진鞠埰鎭, 강석원姜錫元, 박오봉朴五鳳 등과 박오봉의 집에서 시위운동의 선후책을 논의했다.[215] 이들은 박오봉을 제외하고는 모두 전남청년연맹의 집행위원으로 장석천의 측근들이었다. 이 자리에서 장재성은 검거된 학생들의 석방을 위해 시위운동을 제안했고 참석자들이 모두 찬성하여 시위계획이 추진되었다.[216] 그런데 왜 학생문제를 전남청년연맹 등 청년세력이 주도했는지가 문제이다. 11월 3일의 시위 이후 광주지역 중등학교는 모두 임시휴업에 들어갔다. 따라서 독

---

215 국채진은 전남청년연맹 집행위원이었고 1929년 4월 장석천과 함께 조선청년총동맹 집행위원에 선임되었다(『중외일보』, 1929년 4월 29일 ; 『동아일보』, 1929년 9월 17일). 강해석의 동생인 강석원은 전남청년연맹 집행위원이자 광주소년동맹의 위원장, 박오봉은 광주소년동맹 집행위원이었다(『중외일보』, 1929년 5월 9일). 박오봉은 朝鮮少年總聯盟 중앙집행위원, 강석원은 조선소년총연맹 집행위원 후보이기도 했다(경성종로경찰서, 「京鍾警高秘第17542號 朝鮮少年總聯盟第2回定期大會開催ノ件」, 1929년 1월 7일). 이들은 모두 장석천의 최측근 세력이라고 할 수 있다. 일제 경찰은 이들이 장석천을 책임자로 하는 조선공산청년회의 전남지역 조직원이라고 파악했다. 그러나 이는 조작된 것으로 보인다. 이들은 11월 3일의 시위운동 이후 장석천의 소집으로 즉각 모임을 갖고 대책을 협의했다(경성종로경찰서, 「장석천 신문조서(4회)」, 1930년 1월 15일, 국사편찬위원회, 『한민족독립운동사자료집』 50, 39쪽).

216 「昭和5年刑控第880~881號判決文」, 대구복심법원, 1931년 6월 13일, 『독립운동사자료집』 13, 1700쪽. 이러한 판결문 내용과는 다른 주장도 제기된다. 즉 강석원, 이기홍 등은 장재성이 12일의 시위운동을 반대했다고 증언한다. "운동은 명분이나 의기만으로 안되고 조직력과 사회적 여건이 충족돼야 하는 것인데 광주학생 300~400명으로는 역부족"이며 따라서 제2차 시위는 "학생들을 투옥시키고 운동 조직을 드러내는 결과만을 가져올 뿐"이라고 반대했다는 것이다(「실록 광주학생독립운동(11)」, 『전남일보』, 1989년 11월 17일). 그러나 판결문에 의하면 장재성뿐 아니라 장석천도 시위운동을 제안한 사람이 장재성이라고 진술하고 있고 시위 준비과정이 독서회원을 중심으로 진행된 점 등을 감안하면 장재성이 시위를 주도한 것으로 보아야 할 것이다.

서회 중앙부를 통해 학생층과 연계되었던 장재성과 이전부터 학생조직을 지도한 바 있던 장석천을 중심으로 대규모 학생검거의 대책이 논의되었던 것이다. 이들은 7일과 9일에도 조선만의[217] 집에서 모임을 갖고 시위운동의 방안을 협의했다.

한편 광주의 학생시위와 이로 인한 대규모 학생검거 사실은 언론을 통해 전국에 알려져 큰 반향을 일으켰다.[218] 6·10만세운동 이후 학생의 시가행진과 대규모 학생 검거는 초유의 사태였기 때문이다. 『동아일보』는 시위운동 직후인 11월 6일 "이 사건은 십 년 전 기미운동이 있은 이후 처음 보는 큰 사건"이라고[219] 보도할 정도였다. 당연히 서울의 각 학생단체와 사회운동 단체에서도 깊은 관심을 보였다. 11월 7일 서울의 조선학생과학연구회와 중앙청년동맹에서는 권유근과 부건을 광주에 파견하여 사태를 조사토록 했다. 광주에 도착한 권유근과 부건은 강영석, 장석천과 회담하여 사태를 파악한 후 시위운동을 전국적으로 확대하자는데 의견을 모았다. 이를 추진하기 위해 강영석, 권유근은 7일 밤 상경했다.[220] 중앙청년동맹에서 파견된 부건은[221] 광주에 잔류하면서

---

217 조선만은 광주청년회, 광주인쇄직공조합, 광주소년동맹 등의 간부로 활동했으므로(이애숙, 「1920년대 전남 광주지방의 청년운동」, 한국역사연구회, 『한국근현대청년운동사』, 풀빛, 1995, 255쪽) 박오봉과 가까운 사이였을 것이다. 그는 강석원의 매형이기도 하다. 그의 집은 2차 시위를 계획 추진한 전남청년연맹 세력들의 근거지 역할을 했다. 반면 독서회원들은 박석기의 집을 근거지로 하여 격문 인쇄 등 실제적인 작업을 진행했다.

218 동아일보와 조선일보는 사태의 보도 뿐 아니라 광주의 한일학생충돌과 학생검거에 관한 일제의 정책을 우려하는 사설을 실었다(『조선일보』, 1929년 11월 5일 사설 ; 『동아일보』, 1929년 11월 6일 사설).

219 『동아일보』, 1929년 11월 6일.

220 광주경찰서, 「장석천 신문조서(4회)」, 1930년 1월 15일, 『한민족독립운동사자료집』 50, 38~39쪽. 강석원은 1924년 서울의 경신학교에 입학하여 1년후 퇴학하고 1926년 東京私立岩倉鐵道學校에 입학했다가 이듬해 귀국하였다(佐堀伸三, 앞의 책, 1999, 141쪽). 따라서 강석원과 권유근은 경신학교 동문인 셈이다. 부건과 강영석은 친구사이

광주고보, 광주농교, 전남사범학교 등의 기숙사를 방문하여 학생들의 시위 참가를 독려하다가 11일 광주경찰서에 검거되었다.[222] 부건이 광주에서 각 중등학교 학생들의 시위참가를 독려했다는 사실은 서울의 파견원들이 시위운동의 확산에 합의했다는 사실을 방증한다.

이어 11월 9일 장석천은 신간회에서 현지조사를 위해 광주에 온 허헌, 황상규, 김병로를 만나 전국적인 시위운동과 신간회의 자금지원에 합의했다.[223] 서울지역 학생, 기성 사회단체와의 연계투쟁 계획이 수립된 것이다. 이는 광주의 학생시위가 광주라는 지역을 넘어 전국적인 시위운동으로 발전하는 계기가 마련된 것을 의미한다. 또 광주의 학생시위가 민족운동으로 전환되는 계기이기도 했다. 이후 광주에서의 시위계획이 본격적으로 추진되었다.

장재성은 전남청년연맹 간부들과의 합의에 따라 9일 학생들에게 배부할 세 종류의 전단을 작성했다. 이어 10일 밤 박석기의 집으로 고보의 오쾌일, 이영범, 사범학교의 이신형, 황상남, 농업학교의 조길룡, 김남철, 정욱 등 각 학교의 독서회 중심인물들을 소집했다. 이 자리에서 장재성은 자신이 작성한 격문

였고(경성지방법원, 「권유근 신문조서(2회)」, 1930년 6월 16일) 부건과 장석천은 모두 조선청년총동맹원이자 중앙청년동맹원이었다. 부건과 권유근이 조사차 광주에 와서 전남청년연맹의 핵심인사들과 바로 만나 대책을 협의할 수 있었던 데에는 이러한 인적 연계도 작용했을 것이다.

221 夫健(일명 夫炳準)은 제주도 신좌면 출신으로 18세에 화북사립학교를 졸업하고 경성중앙고보에 입학하여 3학년을 중퇴한 후 일본대학 전문부 경제과에 입학했으나 그만두고 23세 때 서울로 와서 조선청년총동맹과 중앙청년동맹에 가입하여 서무부원으로 활동하고 있었다(광주지방법원 목포지청 검사분국, 「夫健 等 送致意見書」 1934년 12월 27일 ; 제주도, 『제주항일독립운동사』, 691쪽).

222 광주지방법원 목포지청 검사분국, 「의견서」, 1934년 12월 27일 ; 제주도, 『제주항일독립운동사』, 691쪽.

223 김성민, 「광주학생운동의 확산과 서울지역 시위의 성격」, 『한국독립운동사연구』 20, 한국독립운동사연구소, 2003, 219~220쪽.

을 제시하며 구속 학생의 석방을 위한 시위운동을 제안했다. 참석한 각 학교의 독서회원들이 이에 찬동하여 시위운동의 구체적인 준비에 착수했다. 이들은 임시휴업이 끝나는 11일의 수업시작 시간을 기해 세 개 학교가 일제히 선전 전단을 살포하고 시위운동을 감행하기로 약정하였다. 원고는 오쾌일의 책임하에 인쇄하여 조길룡, 이신형을 통해 학생들에게 전달하기로 했다.[224] 독서회 회원들을 중심으로 2차 시위운동의 구체적인 계획이 추진되기 시작한 것이다.

이러한 장재성의 준비와는 별도로 장석천은 고향인 완도 출신의 고보 5학년생인 김향남을 통해 학생들의 동향을 파악했다. 이어 10일 밤 김향남 등 고보생 6명을 규합하여 시위운동 계획을 논의했다.[225] 이 자리에서 장재성이 거사일을 11일로 약정했음을 알게 된 장석천은 이를 12일로 변경하도록 지시했다.[226]

거사일이 12일로 변경되자 장재성은 다시 11일 오전 일반 민중에게 배포할 목적으로 「조선 민중이여, 궐기하자」라는 제목의 전단 원고를 작성했다.[227]

---

224 「豫第52號 豫審終結決定書」, 광주지방법원 예심괘, 1930년 7월 17일, 독립운동사편찬위원회, 『독립운동사자료집』 13, 1632쪽.

225 경성종로경찰서, 「장석천 신문조서(4회)」, 1930년 1월 15일, 『한민족독립운동사자료집』 50, 국사편찬위원회, 39쪽.

226 거사 일시 변경 사유는 11월 11일은 임시휴업이 끝나고 첫 등교일이므로 학생들의 등교 여부를 확인하기 어렵다는 것이었다. 또 12일이 장날이었던 점도 작용했을 것이다. 그런데 이와 같은 혼선은 장석천과 장재성 간의 협의가 긴밀하지 못했음을 보여준다. 11월 4~5일경 시위운동 결정회의 이후 장석천, 국채진, 강석원, 박오봉 등은 7일과 9일에도 모임을 가졌다. 그런데 이유는 알 수 없으나 장재성은 이 모임에 참여하지 않았다(경성종로경찰서, 「장석천 신문조서(4회)」, 1930년 1월 15일, 『한민족독립운동사자료집』 50, 국사편찬위원회, 38~39쪽). 장재성이 회의에 참여하는 것은 거사 하루 전인 11일이었다. 이 때문에 장석천이 별도로 고보 학생들을 규합하여 시위계획을 논의했을 것이다.

227 이 격문도 12일의 시위과정에서 살포되었다. 그러나 12일 시위에 일반인의 참여는 미약

동일 오전에는 장재성, 장석천, 박오봉, 강석원, 나승규가[228] 모여 시위운동 계획을 협의했다. 이 자리에서 장재성은 미리 작성한 원고를 보이며, 기회를 잃지 말고 선전 전단을 인쇄 배부하여 학생들이 시위운동을 전개해야 함을 역설했다. 참석자들은 12일 수업 개시 시간에 거사하기로 최종 결정했다.

11일 밤 장재성, 장석천, 강석원, 박오봉, 국채진 등은 조선만의 집에 회합하여 광주의 시위운동을 전국으로 확산시키기 위해 각자의 역할을 분담했다. 장재성, 장석천은 학생 측의 선동, 박오봉은 인쇄직공 등 노동자 측의 선동,[229] 강석원, 국채진은 타지방 동지들과의 연락을 담당하기로 부서를 정했다.[230]

했던 것으로 보인다. 격문도 '검거자 탈환', '언론 집회 결사 출판의 자유 획득' 등이어서 일반인의 공감을 얻기는 어려운 내용이었다.

228 나승규는 장성청년동맹과 전남청년연맹의 집행위원이었으며 1929년 4월 장석천, 국채진과 함께 조선청년총동맹 집행위원에 선임되었다(『중외일보』, 1929년 4월 29일 ; 『동아일보』, 1929년 9월 17일). 그는 신간회 중앙집행위원 후보이기도 했다(이균영, 앞의 책, 1993, 180~182쪽). 활동 근거지는 전남 장성이었으나 1929년 광주의 중등학교 독서회원들의 소비조합 결성활동에 참여하는 등 광주지역 중등학생들과 밀접한 관계를 형성하고 있었다. 이러한 인연으로 논의에 참여했던 것으로 보인다.

229 강석원은 박오봉의 실제적인 역할이 시위가 격화되면 관공서를 습격, 방화할 것을 책임졌다고 증언하고 있으나(이재의, 앞의 글, 1989년 11월호, 63쪽) 사실 여부를 확인하기 어렵다.

230 「昭和5年刑公合第47號 判決文」, 광주지방법원, 1930년 10월 27일, 『독립운동사자료집』 13, 1662쪽.

『光州抗日學生事件資料』, 364쪽에는 이때 결정된 부서가 광주 및 全鮮 학생의 선동 ; 장석천, 광주선인학생의 선동 ; 장재성, 도내 지방학생의 선동 ; 국채진, 직공 및 노동단체의 선동 ; 박오봉, 도내 공립보통학교 교사와의 연락 ; 임종근, 외래 동지와의 연락 ; 강석원, 운동자금의 조달 ; 나승규로 기재되어 있다. 그러나 이는 과장된 것으로 보인다. 임종근은 당시 논의에 참가하지 않았으며 체포된 이후에도 혐의 없음으로 방면되었다. 나승규도 역할 분담 논의 당시 참석하지 않았으며 운동자금의 조달을 맡았다고 하나 강석원, 국채진에게 운동자금을 제공한 사람은 장석천이었다(경성종로경찰서, 「장석천 신문조서(4회)」, 1930년 1월 15일, 『한민족독립운동사자료집』 50, 38~40쪽). 박오봉은 직공 및 노동단체와의 연락을 맡았으나 구체적인 활동은 보이지 않는다. 그는 1929년 12월 19일 구치감에 입감되어 구속영장이 발부되었다(광주형무소, 「改735號(朴五鳳) 名籍表」 1930년대 초, 국가기록원, 1015쪽). 이후 실제로 장석천, 강석원을 제외

장석천은 역할 분담에 따라 11일 밤 농업학교생 조길룡과 고보생 김향남에게 "12일 수업 개시와 동시에 시위운동을 감행할 것, 학생 전원이 체포, 구속될 때까지 시위운동을 감행할 것, 형무소 앞까지 행진하여 함성을 질러 수감된 학생들에게 용기를 줄 것" 등을 지시했다.[231] 장석천은 12일의 시위 이후 일경의 검거를 피해 17일 서울로 상경하여 서울지역 시위를 추진하는 데 주요한 역할을 담당했다.[232]

한 인물들의 구체적인 행동이 확인되지 않는다. 국채진은 상경했으나 서울에서의 행적이 나타나지 않는다.

231 「昭和5年刑控第880~881號 判決文」, 대구복심법원, 1931년 6월 13일, 『독립운동사자료집』 13, 1702쪽.

232 여기서 운동자금의 제공에 대해 검토할 필요가 있다. 11월 3일 신간회 광주지회장인 丁洙泰가 운동자금 500원을 제공했다는 기록이 있다(「그 횃불 영원히 - 성진회 창설자 왕재일씨의 회고」, 『조선일보』, 1960년 11월 3일 조간 ; 박준채, 「독립시위로 번진 한일학생충돌」, 『신동아』 322쪽). 이 돈이 신문기자인 崔仁植을 통해 장석천에게 전달되었고, 정수태의 자택을 본부로 하여 장석천은 曺秉哲, 尹昇鉉, 金好善 등과 격문을 인쇄하여 시내 각지에 살포했다는 것이다(「탄압의 감시망 뚫고 - 최인식」, 『동아일보』, 1968년 11월 2일). 이러한 증언의 진원지는 당시의 신문보도이다. '광주 부호 丁某라는 사람이 모 단체에 제공한 5,000원 중 수천 원을 소지한 姜某가 상경하여 학생들을 선동하였다'는 내용이 일제 신문에 보도되었다(『매일신보』, 1929년 12월 7일). 이러한 일제 신문보도는 해방 이후 운동 참가자들에 의해 재생산된 것으로 보인다. 그런데 이러한 회고에 오류가 발견된다. 우선 자금 제공 일자가 11월 3일이라는 것이다. 앞서 본 바와 같이 11월 3일의 시위는 기성 사회단체 인사들의 조직적인 사전 개입에 의해 진행된 것이 아니었다. 또 조병철, 윤승현, 김호선 등은 당시 시위운동 추진 인사들이 아니었다. 특히 윤승현은 1928년 광주고보의 맹휴 당시 검거를 피해 일본으로 도피하여 1930년 8월에 귀국했다(「昭和7年豫第16號(金載棟 等) 豫審終結決定書」, 광주지방법원, 1933년 11월 18일). 따라서 이들이 오쾌일 등 주도 학생들과는 별도로 격문을 준비하여 시내에 살포했다고 보기는 어렵다. 정수태의 집이 운동본부였다고 하나 장석천 등 시위추진 인사들은 조선만의 집을 운동본부로 삼고 있었다. 회고자 중 왕재일은 성진회 주도자이기는 하나 1929년의 시위 모의에 참가하지 않았으므로 자신이 직접 겪은 일은 아니다. 사실 이 부분을 제외하고도 이들의 회고 내용에는 역사적 사실과 다른 부분이 적지 않다. 이렇게 보면 정수태의 자금제공설은 사실이 아닌 것으로 판단된다. 그러면 당시 매일신보의 보도는 어떻게 해석해야 할까. 전날인 12월 6일 매일신보는 서울지역 시위운동의 배후에

한편 장재성은 11일 고보의 오쾌일에게 격문 원고를 넘겼고 오쾌일은 검거를 각오하고 자신의 이름을 기재한 전단을 제작했다. 오쾌일은 고보 독서회원인 김홍남과 강민섭의 도움을 받아 4종의 선전 전단 4,000부를 인쇄했다. 인쇄된 전단은 농업학교 독서회원인 조길룡을 비롯하여 고보생 김안진, 강민섭 등을 통해 고보와 농업학교의 학생들에게 배부되었다.

거사일인 12일 아침 농업학교에서는 독서회원인 김남철, 박종주 등이 조길룡을 통해 받은 격문을 교실에 살포하여 시위를 격발시켰다. 고보에서는 장석천의 지시를 받은 김향남이 5학년 을조 교실에서 학생들을 독려하여 시위운동을 개시했다. 계획대로 고보와 농업학교의 학생들이 수업 개시와 동시에 일제히 교문을 박차고 나가 시가행진을 전개했다. 농교에서는 김남철, 김현수, 최달봉 등 3학년생들이 먼저 교실 밖으로 뛰쳐 나가자 교사에 의해 저지된 5학년생을 제외한 전교생이 동참했다. 고보는 김향남의 선도로 5학년생이 교

비밀결사가 있다고 보도했다. 서울 시위운동이 학생들만의 계획이 아닌 '배후세력의 책동'이라는 점을 강조하고 있었던 것이다(「各校 盟休의 背後에 可恐할 一大 秘密結社」, 『매일신보』, 1929년 12월 6일). 이러한 논조가 허위보도로 이어진 것으로 보인다. 광주에서 상경하였다는 姜某는 장석천이나 강영석, 강석원 등을 생각해 볼 수 있는데 강영석은 11월 7일 밤 상경했으므로 해당되지 않는다. 강석원은 11월 28일 상경한 후 광주로부터 도피 자금을 기다리고 있었다(경성종로경찰서, 「강석원 신문조서」, 1929년 12월 15일, 『한민족독립운동사자료집』 49, 216쪽). 따라서 장석천을 지칭하는 것으로 여겨진다. 그런데 장석천의 신문조서 어디에도 정수태의 자금제공 문제는 나타나지 않는다. 장석천은 서울 상경자금 150원을 집에서 얻었다거나, 신간회 나주지회장인 김창용과 박준삼의 부친에게 얻었다고 진술했다(서울종로경찰서, 「장석천 신문조서(4회)」, 1929년 12월 19일 · 1930년 1월 15일, 『한민족독립운동사자료집』, 49권, 243쪽, 50권, 38~43쪽). 또 격문 제작에 500원의 거금이 필요한 것은 아니었다. 12월 초 서울의 시위 당시 조선학생전위동맹 측에서 1,800매의 격문을 제작하는 데 소요된 자금은 10원이었다. 광주에서도 격문 제작비용은 자체 조달이 가능한 수준이었을 것이다. 따라서 매일신보의 보도는 정수태가 평소 신간회 광주지회의 운영자금을 제공한 사실을 서울 시위의 운동자금으로 확대 해석한 것으로 판단된다.

실 밖으로 나가자 전교생이 시위에 참가했다.[233]

이 과정에서 미리 배부한 격문이 시가에 살포되었다. 즉 오쾌일을 통해 격문을 전달받은 김안진은 김삼석, 김동섭, 송만수, 김홍남에게 격문을 전달했고, 이들은 시위 도중 고보 교정과 광주여고보 부근의 도로에 이를 살포했다. 강민섭 역시 시위 도중 오쾌일로부터 전달받은 격문을 광주여고보 부근에 살포했다. 고보 학생들은 교문을 나와 수기옥정 우편국과 궁정宮町의 형무소를 거쳐 사범학교 앞까지 시위행진했다. 사범학교 부근에서 190여 명의 학생들이 경찰에 검거되었다. 농업학교 학생들은 광주고보 시위대와 합류하여 광주형무소로 진출하기 위해 광주고보로 시위행진했다. 시위대는 광주고보와 광주여고보를 지나 사범학교 앞에 이르러 고보생들과 함께 함성을 높였다. 이곳에서 60여 명의 학생이 경찰에 검거되었다.

광주여고보와 사범학교 학생들은 학교 측의 사전 저지로 시위대에 합류하지는 못했다. 사범학교는 고보와 농교생 30여 명이 2학년 교실에 들어가 "나가자"고 외쳤으나 교사의 제지로 동참하지 못했고, 고보와 농교생 30여 명은 경찰에 체포되었다. 마침 3학년생들은 부속 보통학교에서 실습 중이었다. 광주여고보생들은 고보생들의 함성을 듣고 일제히 교실 밖으로 달려나갔으나 경찰의 제지로 교문 밖으로 진출하지는 못했다.

---

233 조선총독부 학무국, 「全羅南道光州に於ける內鮮人生徒鬪爭事件の眞相並之が鮮內諸學校に及ぼしたる影響」, 1930년 2월, 12~14쪽. 일제 당국의 발표에 따르면 고보생 약 300명, 농업학교생 약 250명이 시위운동에 참가하여 그중 250명이 일시 검거되었다고 한다(『조선일보』, 1929년 12월 28일 호외 ; 조선총독부 경무국, 『朝鮮の治安狀況』, 1930, 78쪽). 그런데 학무국 기록에는 농업학교 시위참가자가 140여 명으로 나온다. 5학년생들은 교사의 제지로 참여하지 못했다는 것이다. 당시 농업학교의 전교생이 234명이었으므로 이 기록이 옳은 것 같다. 이날 시위로 고보생 190여 명, 농교생 60여 명이 검거되었다.

격문의 배포 과정을 보면 제작은 오쾌일 등 독서회원이 맡았으나 고보의 격문 배포는 비독서회원 중심으로 이루어졌다. 고보의 시위운동도 독서회원이 아닌 김향남이 추동했다. 검거학생에 대한 공감대가 형성되어 있어서 학생 동원에 문제가 없었기 때문일 것이다. 고보의 오쾌일은 구태여 격문에 자신의 성명을 단독으로 기재했다. 이는 개인적인 희생을 감수하고 책임을 도맡으려는 것이었다. 이미 많은 학생들이 검속된 상황에서 희생을 최소화하려는 의도로 보인다. 격문의 배포 과정에서 독서회원을 최소화한 것도 이러한 의도의 반영으로 이해된다. 물론 독서회원들이 시위 과정에서 적극적으로 참여한 것은 말할 필요도 없다.

반면 농업학교는 독서회원에 의해 격문이 사전에 학생들에게 배포되면서 자연스럽게 시위운동으로 이어졌다. 2·3학년뿐이었던 사범학교의 경우 논의 과정에 이신형과 황상남이 참여했으나 격문 배포과정은 불분명하다. 황상남 등은 사전에 사범학교 학생들의 시위 참여를 종용했다. 따라서 학생들의 참여 열기는 조성되었을 것으로 보인다. 그러나 공교롭게도 시위 당일 3학년생들의 교외 실습이 실시됨으로써 학생들이 결속할 기회를 잃고 말았다.

고보와 농업학교는 12일 시위가 일어나자 바로 임시휴교했는데 13일부터는 광주여고보와 전남사범학교 학생들이 뒤를 이어 항쟁하였다. 광주여고보와 전남사범학교는 12일의 시위에는 참여하지 못했지만 이튿날 13일 학생들 간에 동조활동의 조짐이 일었다. 14일에는 광주여고보와 전남사범학교 학생들이 아침부터 교내에서 항쟁했다. 특히 광주여고보 기숙사생들은 오후 7시경 교정에서 독립가獨立歌를 합창하며 만세를 외치고 사감실에 투석하여 유리창을 파괴하는 등 격렬하게 항쟁했다. 광주여고보생들은 15일에도 만세를 외치며 독립가를 고창했다.[234] 전남사범학교 학생들도 역시 교내에서 구속학생 석방 등을 외치며 항거했다. 양교 학생들은 수업을 거부하며 고보와 농업학교 학생들에 동조하여 맹휴활동을 전개했다. 19일에는 광주여고보의 등교생이 10여 명에 불과했다. 결국 광주여고보는 임시 휴교할 수밖에 없었다.[235] 광주여고보생들은 비록 교내이지만 맹휴 당시 독립가를 고창했는데 이는 학생시위가 민족운동으로 발전하는 단초를 보여주고 있는 현상으로 주목된다.

11월 3일의 시가행진 당시에 고보생 300여 명이 참가했다. 전교생의 4분의 3이 참가한 것이다. 이로 인해 수십 명의 학생들이 일경에 체포되었다. 따라서 11월 12일 격문과 연설을 통해 제기된 '구속 학생 탈환', '식민지 노예교육 제도 철폐' 등의 구호는 남아 있는 학생들에게 그만큼 절실하고 현실감 있는 요구였다. 전해인 1928년의 맹휴과정에서 단련된 조직적인 투쟁경험도 크게 작용했을 것이다. 이 과정에서 독서회원들이 주도적으로 활동했다. 독서회원들은 격문의 인쇄, 배포뿐 아니라 12일 당일의 시위 추동 및 행진을 주도했다.

학생 시위는 전남청년연맹 소속의 광주지역 청년활동가들의 계획하에 추진되었다. 독서회를 지도했던 장재성을 매개로 광주지역의 청년운동 조직이 참여한 것이다. 이들은 역할을 분담하여 조직적인 학생시위를 계획했다. 더욱이 서울의 조선청년총동맹, 신간회 등과 연계하여 전국적인 학생시위를 추진함으로써 운동의 확산에 결정적인 역할을 했다.

한편 각 중등학교에 결성되었던 독서회 중앙부 소속의 학생들은 11월 3일의 시위운동을 주도했을 뿐 아니라 11월 12일의 시위에서도 전위대前衛隊의 역할을 맡았다. 준비과정에서부터 각 중등학교의 독서회원이 참여함으로써 연합시위운동이 전개될 수 있는 기반을 마련했다. 이들은 그동안의 훈련된 조

234 「昭和5年1月 光州學生事件及び其各地波及の狀況摘錄 其の一」, 강재언 편, 『光州抗日學生事件資料』, 64쪽.

235 앞과 같음.

직역량을 바탕으로 광주의 각 중등학교 학생들을 효율적으로 동원했다. 이 과정에서 11월 3일의 가두 시위로 격앙된 학생들의 전폭적인 참여가 있었음은 물론이다. 결국 시위운동의 계획은 전남청년연맹 소속의 광주지역 활동가들에 의해 모의되었으며, 이의 실행은 독서회 출신 학생들에 의해 추진되었다고 하겠다.

12월 12일의 시위 이후 일제는 학생들에 대한 일제 검거에 나섰다. 또 시위운동의 배후세력을 색출하기에 혈안이 되었다. 12월 17일까지 광주고보생 247명, 광주농업학교생 80명이 검속되었다.[236] 1월 중순에는 독서회 관련 학생들이 추가로 검속되었다. 이들 중 다수는 석방되었으나 1930년 1월 8일의 개학 당시에도 광주형무소에만 200여 명이 수감되어 있었다.[237]

광주에서 벌어진 한·일 학생의 충돌과 대규모 검거사태, 이에 항거하는 시위투쟁은 전국 학생들에게 '광주 구속 학생 석방'이라는 공통적인 투쟁 슬로건을 제시해 주었다. 이러한 슬로건은 '식민지교육 철폐', '조선인 본위의 교육 실시' 등 당시 고조되었던 맹휴조건과 맞물리면서 일제 식민통치에 대한 전국적인 항쟁으로 발전하는 원동력이 되었다.

11월 12일 광주에서 전개된 시위운동에는 4종의 격문이 제작 배포되었다. 3종은 학생, 1종은 일반인을 대상으로 한 것이었다. 학생을 대상으로 한 세 종류의 격문은 유사한 내용을 담고 있다. 격문은 다음과 같이 표어만을 제시하고 정황 설명은 생략되어 있다.[238]

---

236 조선총독부학무국, 「全羅南道光州に於ける內鮮人生徒闘爭事件の眞相並之が鮮內諸學校に及ぼしたる影響」, 1930년 2월, 25~27쪽.

237 『조선일보』, 1930년 1월 15일.

238 강재언 편, 『光州抗日學生事件資料』, 154~156쪽.

용감히 싸워라! 학생대중이여!

우리들의 슬로건 아래 궐기하라!

우리들이 승리는 오직 우리들의 단결과 희생적 투쟁에 있다!

가) 우리 투쟁 희생자를 우리들의 힘으로 탈환하자!

나) 검거자를 즉각 석방하라!

다) 교내 경찰권 침입을 절대 방지하라!

라) 수업료와 교우회비를 철폐하라!

마) 교우회 자치권을 획득하자!

바) 언론, 집회, 출판, 결사의 자유를 획득하자!

사) 직원회의에 학생대표를 참석시켜라!

아) 조선인 본위의 교육제도를 확립하라!

자) 식민지 노예교육제도를 철폐하라!

차) 사회과학 연구의 자유를 획득하자!

카) 전국 학생대표자 대회를 개최하라!

학생들은 먼저 구속 학생의 즉각적인 석방을 요구하고 있었다. 이는 11월 3일의 시위 당시 고보생 300여 명이 참가하여 전교적 항쟁이 전개된 만큼 체포되지 않은 학생들에게 공감을 얻을 수 있는 당연한 요구였다. 특히 광주지역 일인사회의 호들갑스러운 반응으로 인해 구속 학생의 사법처리 가능성이 높아지고 있었기 때문에 시급한 요구이기도 했다. 그 외의 요구조건들은 대체로 1927년 이후 전국적인 맹휴과정에서 제기되었던 문제들을 망라한 것이다. 식민지 노예교육 철폐, 조선인 본위의 교육 실시, 교우회의 자치권 획득 등은 1927년 이후 전국적인 맹휴과정에서 지속적으로 제기된 문제였다. 이는

1928년 광주고보와 광주농교의 맹휴 당시에도 제기된 바 있었다. 다만 1928년 광주고보의 맹휴 당시에는 '교우회의 자치권 획득'에 머물렀으나 이 격문에서는 '수업료와 교우회비 철폐'로까지 발전한 것을 볼 수 있다. 직원회의에 학생대표의 참석 요구는 1928년 전국적 학생맹휴 당시 일부 학교에서 제기된 요구조건이었다. 그 외 사회과학 연구의 자유, 언론·집회·출판·결사의 자유 요구가 있었다. 1928년 이후 사회과학 연구에 대한 당국의 취체가 강화되고 있던 현상을 반영한 것이다. 1928년 고보의 맹휴 당시 제기되지 않았던 전국 학생대표자 대회 개최 요구가 포함된 것은 전국적인 동조시위를 전망한 주도측의 의도가 반영된 것으로 보인다.[239]

일반 민중에게 배포된 격문은 이와 달리 일인사회의 반응에 대항하는 성격이 강했다.[240] '재향군인단의 비상소집에 반대, 소방대와 청년단을 즉시 해산하라'는 요구는 11월 3일의 시위 당시 이들이 동원된 상황을 반영한 것이다. 또한 일인들의 고보 폐쇄 요구에 맞서 광주중학교의 폐쇄를 주장했다. 그 외에 미온적 태도의 학부형위원회를 분쇄하고 전체 학부형대회의 소집을 요구했다.

---

239 격문 작성자인 장재성이 1929년까지 일본에 유학했던 점을 상기할 필요가 있다. 재일 신흥과학연구회나 재일 조선청년동맹 등에서 1927년 이후 지속적으로 전국학생대표자 대회 개최를 주장했으므로 이의 영향도 있었을 것이다.

240 격문의 내용은 다음과 같다.
"조선민중이여 궐기하라! 청년대중이여 죽음을 초월하여 투쟁으로! 검거자를 즉시 석방하라! 검거자를 탈환하자! 재향군인단의 비상소집에 절대 반대하라! 경계망을 즉시 철퇴하라! 소방대 청년단을 즉시 해산하라! 만행의 光中을 폐쇄하라! 기성 학부형위원회를 분쇄하자! 학부형대회를 즉시 소집하라! 언론·집회·결사·출판의 자유를 획득하자!" 강재언, 『光州抗日學生事件資料』, 155쪽.

나주 · 목포지역 학생시위로의 파급

11월 12일 광주에서 대규모의 2차 시위운동이 전개되자 일제는 곧바로 보도통제를 실시했다. 따라서 광주의 실상이 외부에 알려지기 어려웠다. 그런 와중에도 가장 먼저 광주의 운동 진행 상황을 파악하고 이에 동조하는 시위운동을 전개한 곳이 목포상업학교였다. 목포는 일찍부터 개항장으로 발달되어 전남지방에서 일인이 가장 많이 거주하는 지역이었다. 따라서 다른 지역보다 비교적 빨리 상업학교가 설립되었다. 목포상업학교는 전남지방의 유일한 상업학교로서 한일공학이었고 한일 학생의 비율도 비슷하여[241] 평소 한일 학생의 민족의식이 대립되는 경우가 많았다.

그런데 목포상업학교에는 독서회인 반회班會가 조직되어 사회과학을 연구하고 있었다. 결성 시점은 확인되지 않으나 1929년 당시 2~5학년생 20여 명의 회원으로 구성되었던 것으로 보인다. 이들은 잡지 『개벽開闢』의 내용을 토론하고 일본공산당의 기관지인 『적기赤旗』를 윤독하기도 했다.[242] 그런데 회원 중 3학년의 박종식과 2학년의 양재욱은 김면수의 집에서 함께 하숙하고 있었다. 김면수는 3·1운동 당시 나주군수였으나, 1927년 신간회 목포지회의 창립 당시부터 1930년까지 계속 목포지회 회장과 집행위원장을 역임한 인물이었다.[243] 또한 광주고보 독서회의 간부로서 11월 3일의 학생시위로 체포된 김보섭의 부친이었다. 따라서 광주고보 독서회원인 김보섭과 목포상업학교 독

241 목포상업학교는 수업연한 5년제로서 1929년 당시 일인 학생 130명, 한인 학생 122명이 재학하고 있었으며 일인 교사는 11명 한인 교사는 2명이었다(조선총독부 학무국, 『昭和四年編纂 朝鮮諸學校一覽』, 385~386쪽).

242 朴相俊의 친필 유고, 작성년대 미상.

243 李均永, 『新幹會硏究』, 613쪽 ; 木浦百年會 『木浦開港百年史』, 1997, 221~225쪽.

서회원인 박종식, 양재욱 등은 자연스럽게 연계되어 있었을 것이다. 독서회는 목포상업학교 졸업생인 조점환을[244] 비롯하여 김철진, 최경하 등 지역 사회주의자들의 지도를 받고 있었다.[245] 이들은 러시아혁명기념일인 11월 7일 회원 이상원의 집에 모여 러시아혁명사를 학습하였다. 이 자리에서 11월 3일의 1차 광주학생시위 사실을 논의한 결과 진상파악을 위해 대표를 파견하기로 했다.

11월 9일 5학년생 최창호와 3학년생 이인형이 광주에 파견되었다. 이튿날 10일 이들은 장재성이 경영하는 빵집을 방문하여 장재성과 면담했다.[246] 장재성은 이들에게 "단도를 가지고 공격해온 일본 중학생을 단지 방어한데 불과한 조선인 고등보통학생을 검거하는데 일본인 학생은 겨우 7~8명인데 반해 조선인 학생은 수십 명에 이르니 민족적 차별에 의해 고보생에 편파적이고 가혹한 조치에 우리는 죽음을 각오하고 당국자와 싸워야 하니 협력하라"고[247] 투쟁결의를 밝히며 협력을 부탁했다. 이들은 목포로 돌아와 독서회원들과 협의한 결과 19일 목포상고의 전 한인 학생을 규합하여 구속학생 석방을 요구하는 동조시위를 전개하기로 결정했다.

시위 방법은 학생을 3개 대로 편성하여 2개 대는 학교 앞, 1대는 송도공원에 집합하여 선전 격문을 살포하면서 시위행진하는 것이었다. 이들은 이인형

---

244 조점환은 1928년 목포상업학교를 졸업하고 일본대학 경제과에 입학하였으나 동교를 중퇴한 후 귀향한 상태였다(『동아일보』, 1930년 3월 10일 ; 「昭和九年刑控第1090號 判決文」, 광주지방법원 목포지청, 1934년 3월 20일).

245 전라남도, 「光州學生事件並其餘波受道內各學校生徒動搖顚末」, 1930년 4월, 김재기·임영언·권향숙 공역, 『일제 관헌이 기록한 광주학생독립운동』, 2012, 마루, 139쪽.

246 『동아일보』, 1930년 3월 15일. 독서회 대표들이 장재성을 면담한 시점이 신문기사에는 11월 11일로 보도되었으나 관련자들의 판결문에는 11월 10일로 나타난다.

247 「昭和5年刑公合第11~12號(李麟炯 등)判決文」, 광주지방법원, 1930년 3월 20일.

의 기초起草로 "이천만 피압박 민중 제군이여"라는 격문 등 3종 약 1,500매를 제작했다. 19일 거사 당일 예정대로 50여 명이 정명여학교 앞에 집결했다. 이들은 먹으로 구호를 기재한 적색赤色 대기大旗를 앞세우고 각자 적색 소기를 흔들며 목포 역전까지 시내를 시위행진했다. 시위행진 중에 선전 격문도 살포했다. 송도공원에서 준비 중이던 1대는 경찰의 제지로 격문만을 살포한 채 시위에는 이르지 못하였다.[248] 이들은 학교 측이 경찰에 연락하는 것을 막기 위해 전화선을 절단하는 치밀함을 보이기도 했다. 이일로 시위현장에서 15명, 이후 12명 등 모두 27명이 경찰에 체포되었다. 22일에는 1학년을 제외한 한인 학생들이 검거된 학생들의 석방을 요구하며 학교 밖으로 진출하여 목포경찰서로 시위행진하다가 경찰의 제지로 해산했다.[249]

목포상업학교의 동조시위운동 당시 배포된 격문은 광주지역의 격문과는 전혀 성격을 달리하고 있어 주목된다. 먼저 격문의 대상을 '2천만 피압박 민중 제군'으로 확대하고 있는 점이다. 격문 내용에서는 광주학생시위로 수십 명이 빈사의 중상을 입었고 200명이 검거된 사실을 지적하고 있다. 광주에서 학생시위로 인한 구체적인 피해를 언급하고 있는 것이다. 이어 검거된 광주학생의 석방을 요구하며 시위한다고 하여 광주 검거 학생 석방을 위한 동조시위임을 분명히 했다. 그러나 슬로건 내용을 보면 시위의 의도가 이것만은 아닌 것을 알 수 있다. 내용이 유사한 4종의 격문이 살포되었으나 슬로건에 나타난 학생 관련 사항은 '피감금 학생을 탈환하자'는 주장과 '교육에 경찰간섭 반대' 밖에 없었다. 그 외에는 사회주의적 성향의 구호로 채워져 흡사 메이데이 투쟁 격

248 「예심종결결정서」, 광주지방법원 목포지청, 1930년 2월 24일 ; 광주학생독립운동동지회, 『광주학생독립운동사』, 141~145쪽.

249 조선총독부학무국, 「全羅南道光州に於ける內鮮人生徒闘爭事件の眞相並之が鮮內諸學校に及ぼしたる影響」, 1930년 2월, 25~27쪽.

문을 연상케 한다. "노동자농민은 혁명적 조합을 결성하라! 피착취계급은 동맹파업을 단행하라! 만국 무산계급혁명 만세!" 등 노농계급의 조직화를 지향하고 있다. 또 '적색 러시아 지지', '프롤레타리아 조국 사수', '중국혁명 지지' 등 코민테른 6차 대회의 결정사항인 러시아 사수가 강조되고 있다. 이는 독서회를 지도하던 기성 사회인사의 영향이 작용했던 것으로 판단된다. 또 앞서 보았듯이 격문을 준비한 목포상업학교 독서회원들의 11월 7일 러시아혁명기념일 추념의 기분이 반영되기도 했을 것이다.

11월 27일에는 나주에서 동조시위가 전개되었다. 한일 학생충돌의 장본인인 박준채의 고종사촌으로, 박준채의 집에 기거하던 나주농업보습학교 2년생 유찬옥(만 16세)이 광주학생들의 항쟁사실을 전해 듣고 동조시위를 계획한 것이다. 유찬옥은 나주청년동맹 검사위원장이자 신간회 나주지회 서기장인 박공근에게 협조를 구했다. 이들은 11월 13일경부터 나주농업보습학교와 나주보통학교 학생의 연합시위를 계획했다. 거사일을 27일의 장날로 정하고 유찬옥이 격문을 기초하여 "대중이여! 학생 제군이여! 아는가? 우리들이 얼마나 강압과 폭압을 받고 있는가를"이라는 격문과 행동강령을 기재한 격문 약 2,000부를 제작했다. 거사 당일 농업보습학교 학생 47명과 나주보통학교 학생 130여 명이 일제히 교문을 나와 대열을 이루어 나주 시내를 행진했다. 이들은 나주시장에 이르러 격문을 살포하고 '조선민중 만세', '조선학생 만세'를 고창했다. 이날은 나주 장날이었으므로 수많은 장꾼들에게 큰 자극이 되었을 것이다. 시위대는 경찰과 충돌하여 해산하고 주모자들은 체포되었다.[250]

송정리松汀里 사립공민학교 학생들도 광주학생에 호응하여 11월 15일 맹휴

250 박찬승, 「11·3학생독립운동과 나주」, 『광주학생독립운동과 나주』, 36~46쪽 ; 김성민, 「광주학생운동과 나주지역 학생들의 활동」, 『항일민족운동과 나주』, 나주시·나주학생독립운동기념관, 2009, 215~224쪽.

의 조짐이 일었으나 학교 측에서 이를 탐지하고 22일까지 휴교했다. 개교하자 3학년 주도 학생들은 12월 2일의 장날을 기해 시위운동을 계획하고 자금을 모집하는 한편 격문을 제작하는 등 거사를 준비하다가 11월 30일 경찰에 발각, 체포되었다. 사립공민학교 시위추진에는 지역 사회주의자의 배후지도가 있었다고 한다.[251] 학교 측에서는 다시 12월 2일부터 자발적으로 휴교했다.[252] 11월 29일에는 영산포의 영산포공립보통학교 학생들이 광주 학생에 동조하여 맹휴를 전개했다.[253] 이는 동교 6학년 김방남이 나주농업보습학교와 나주보통학교 시위 당시 살포된 격문을 입수하여 동급생과 열람한 후 추진한 것이었다.[254]

일제 당국의 보도통제로 인해 광주의 실상이 제대로 알려지지 않은 상태였으므로 11월의 동조시위는 광주와 인접한 목포와 나주 등지에서 개인적인 경로를 통해 확인된 정보를 바탕으로 계획 추진되었다. 이들이 동조시위를 계획한 동기는 기본적으로 일제의 편파적인 한인 학생 구속을 규탄하고 석방을 촉구하기 위한 것이었다. 그러나 시위 전개과정에서는 식민교육 전반에 관한 요구사항이 제기되었다. 그동안의 누적된 식민교육에 대한 불만이 반영된 것이다. 목포의 경우에는 독서회 학습과정에서 논의되었던 계급투쟁적 요구들

251 전라남도, 「光州學生事件並其餘波受道內各學校生徒動搖顚末」, 1930년 4월 ; 김재기·임영언·권향숙 공역, 『일제관헌이 기록한 광주학생독립운동』, 마루, 2012, 142~143쪽.

252 「光州學生事件及其影響 其の一」, 강재언 편, 『光州抗日學生事件資料』, 135~136쪽 ; 『조선일보』, 1929년 12월 28일 호외 3면에는 송정리 공민학교 학생들이 11월 30일 시위운동을 전개하다 학생 9명이 검속된 것으로 보도되었다.

253 『동아일보』, 1928년 12월 28일 호외 2면.

254 전라남도, 앞의 자료, 1930년 4월 ; 김재기·임영언·권향숙 공역, 앞의 책, 2012, 145쪽. 이 자료에는 11월 28일 시위운동에 참여할 것을 협의하기 위해 5·6학년생 백수십명이 학교 뒷산에 집합하려다가 경찰의 경계로 인해 실패한 것으로 기록되었다.

이 격문에 반영되었다. 특히 11월 7일 러시아혁명기념일 추념의 열기가 그대로 표현된 것으로 보인다. 나주의 격문에는 "식민지 탄압정치에 절대 반대, 언론·집회·출판·결사의 자유 획득, 조선인 본위의 교육제도 실시, 치안유지법에 반항하라" 등 1927~1928년 전국적인 맹휴 당시 제기된 문제들이 다시 거론되었다.

목포와 나주의 동조활동은 시가를 행진하는 시위운동의 형태로 전개되었다. 광주에서 두 차례의 시위운동으로 많은 학생들이 체포된 상황이었다. 그런데 구속 학생 석방 등의 요구는 학교 당국이 아니라 일제 총독부 당국에 요구해야 할 문제였다. 따라서 운동 형태도 학교 당국을 대상으로 하는 맹휴가 아니라 일제 총독부 당국을 대상으로 한 시위운동으로 전개되었다. 구속 학생의 석방을 요구하는 시위운동은 정치적 시위운동의 성격을 지닐 수밖에 없었던 것이다.[255] 이는 이후의 동조활동이 시위운동 위주로 전개되는데 일정한 방향타의 역할을 했을 것으로 보인다.

255 통상 시위운동은 자신의 위력을 과시하여 적에게 공포심을 주거나, 목적을 밝히기 위해 행하는 공공연한 행동이라고 할 수 있다. 계급운동에서는 그 외에 참가한 대중의 단결력을 공고히 하여 단결적 행동의 훈련을 쌓게 하는 목적도 있었다. 시위운동은 그 목적에 따라 정치적·경제적 시위운동과 정기적·자연발생적 시위운동으로 구분되기도 한다(中川矩方, 『思想犯罪搜査提要』, 新光閣, 1934, 47~48쪽).

光州學生運動

1929년 12월 서울지역 학생시위와 확산 3

서울지역 학생시위는 학생조직인 조선학생전위동맹과 청년조직인 조선청년총동맹의 연계활동으로 추진되었다. 각 학교의 대표자들은 사전 협의를 통해 요구사항을 통일하고 연합시위운동을 전개했다.

1929년
광주학생운동

서울지역 학생시위의 계획과 추진 01

조선학생전위동맹 주도의 시위계획

1928년 조선공산당이 와해되고 동년 12월 코민테른에서 조공 재조직에 관한 결정서가 채택되면서 국내는 물론 중국, 일본 등지의 사회주의 세력 간에 조공 재건을 위한 활동이 활발하게 전개되었다. 이는 서울·상해파, 엠엘파, 화요파 등 주요 사회주의 세력이 모두 그러했다. 이 중 광주학생운동 당시 서울지역 시위운동에 결정적인 역할을 한 것이 구서울파 사회주의 운동세력이었다.

구서울파 사회주의 조직이 역할 할 수 있었던 것은 1928년 조선공산당의 해체 이후 1929년 말까지 유지된 서울지역 각 학교단위의 독서회 조직이 대체로 서울파였다는 데 있었다.[1] 또한 학생조직과의 연대가 가능한 청년조직,

1 ML파의 경우 1929년 초 元泰喜 등이 입국하여 전문학교와 중등학교를 중심으로 독서회를 결성하고 보성전문학교, 연희전문학교의 맹휴를 지도하는 등 활동하다가 동년 6월 조직이 발각·와해되었다(조선총독부 경무국장, 「朝保秘第61號 朝鮮共産黨再組織運動ニ關スル件」, 1930년 1월 27일, 姜德相 편, 『現代史資料』 29, 219~220쪽). 이후 李宗林이 1929년 9월 입국하여 후계공산당 조직을 시도했으나 1930년 2월까지도 뚜렷한 성과를 거두지 못하고 있었다(조선총독부 경무국장, 「朝保秘第1407號 朝鮮共産黨後繼組織計劃 檢擧ニ關スル件」, 1930년 10월 22일, 姜德相 편, 위의 책, 263~268쪽). 화요파의

즉 조선청년총동맹, 중앙청년동맹 등을 서울파가 장악하고 있었다는 점도 서울파 조직확산에 큰 영향을 미쳤던 것으로 파악된다.[2]

1928년 4월 서울·상해파 조선공산당이 와해되자 당 중앙간부 이운혁은 이준열, 이민용(이준호) 등에게 후계당 조직을 일임하고 블라디보스톡으로 피신했다. 이준열 등은 동지를 규합하여 1929년 1월 이래 서울에서 회합하고 조선공산당의 잠정조직을 결성했다. 그런데 동년 3월 이운혁의 밀사를 통해 코민테른의 기존 당 부인 결정이 알려지면서 당의 잠정조직을 조선공산당재조직준비위원회로 개칭했다. 이어서 야체이카, 고려공산청년회, 조선피압박동맹회 등의 조직에 착수하여 당재조직준비위원회 책임비서에 이준열, 고려공산청년회 책임비서에 이민용을 선임했다.[3] 고려공산청년회 조직부를 담당한 이민용, 정헌태는 조직확대에 노력하여 민병회를 비롯, 고학당苦學堂의 정관진, 김태래, 김성기, 박치우, 전진한 등을 입회시키고 3월 하순 고려공산청년회의 부서를 결정했다.[4] 그런데 이때 조선학생전위동맹의 전신인 조선학생혁명당朝鮮學生革命黨

경우 1929년 7월 金泰淵이 입국하여 11월 13일 조선공산당조직준비위원회를 결성했으나 11월 말까지도 조직 기반을 마련하지 못하고 있는 상태였다(「朝保秘 第1025號 火曜派朝鮮共産黨再組織事件檢擧ニ關スル件」, 姜德相, 앞의 책, 229~246쪽).

2 화요파 조선공산당조직준비위원회에서도 광주학생사건을 이용하여 혁명운동을 전개할 것을 계획하고 권오직과 조두원이 협의한 결과 정달헌을 1930년 1월 초순 전남지역에 파견하여 시위운동을 지도하도록 했으나 큰 성과를 거두지는 못했다. 또한 서울의 경우 조두원이 책임을 맡아 1930년 1월 중순 이후 근화여학교 교사 金啓鎬를 통해 구체적인 운동에 착수하다가 1월 말 체포됨으로써 좌절되었다. 권오직의 지시를 받은 이승엽이 인천에서 이두옥, 김점권을 통해 3·1절 기념시위 촉구 격문을 배포한 바가 있었다(조선총독부 경무국장, 「朝保秘第1025號火曜派朝鮮共産黨再組織事件檢擧ニ關スル件」, 1930년 7월 25일, 姜德相, 앞의 책, 230~246쪽).

3 조선총독부 경무국장, 「朝保秘第61號 朝鮮共産黨再組織運動ニ關スル件」, 1930년 1월 27일, 姜德相, 앞의 책, 219쪽.

4 경기도, 「京高秘第7182號 朝鮮共産黨組織計劃其他檢擧ニ關スル件」, 1929년 8월 10일, 姜德相, 앞의 책, 216쪽.

의 핵심인사들이 고려공산청년회에 참가하여 학생조직과의 연계가 실현되고 있는 점이 주목된다.[5] 이는 당재조직준비위원회 책임비서가 조선학생혁명당을 결성한 이준열이었음을 볼 때 당연한 결과라고 하겠다. 따라서 당재조직준비위원회와 고려공산청년회의 활동은 자연히 학생운동 조직을 결성하는 방식으로 추진되었고, 그 전면에 나선 것이 조선학생혁명당이었다.

이를 위해 동년 3월 종래 고학당 중심의 학생조직이었던 조선학생혁명당을 조선학생전위동맹朝鮮學生前衛同盟(이하 전위동맹)으로 확대 개편했다.[6] 고려공산청년회 학생운동부 책임 김태래는 전위동맹 책임을 겸임했다. 따라서 전위동맹이 고려공산청년회 학생부의 실질적인 활동을 맡고 있었다고 하겠다. 전위동맹은 고려공산청년회의 행동조직이었던 것이다.[7] 1929년 6월 당재조직준비위원회와 산하의 고려공산청년회가 발각, 와해된 이후 전위동맹은 동년 10월 조직을 정비하여 독자적인 활동을 전개해 갔다.[8] 전위동맹은 서울지역 각

---

5 張錫興, 「朝鮮學生前衛同盟의 조직과 활동」, 『韓國學論叢』 22, 국민대 한국학연구소, 2000, 98쪽. 고려공산청년회 청년운동부 및 경기도 지역 책임을 맡은 정관진은 조선학생혁명당의 정치문화부, 동회의 학생운동부 책임인 김태래는 학생혁명당의 조사조직부를 담당했다.

6 조선학생혁명당은 1929년 3월 고려공산청년회가 결성된 이후 김태래 체제로 전환되면서 전위동맹으로 명칭을 변경하고 각 학교에 독서회 조직을 결성해 갔다.

7 장석흥, 위의 글, 2000, 100쪽.

8 전위동맹은 1929년 10월 조직을 개편했는데 중앙책임 김순희, 조직부원 이능종, 선전부원 송건호가 선임되었다(조선총독부 경무국장, 「朝鮮共産青年會並朝鮮學生前衛同盟 檢擧ニ關スル件」, 1930년 4월 15일, 姜德相, 앞의 책, 378쪽). 김태래는 강령 및 행동강령을 후계간부에 인계했으나 여전히 실제적인 지도는 김태래에 의해 이루어졌다. 일부 자료에는 동년 10월 전위동맹의 조직 개편 당시 본부, 조직부, 선전부, 정치문화부, 통신부를 설치하고 유축운·부건·박일·권유근 등이 각기 책임을 맡았으므로 취조 중이라고 하여(「光州·京城に於ける學生事件の裏面竝學生秘密結社及其の系統」, 1929년 12월, 『光州抗日學生事件資料』, 367쪽), 앞의 기록과 차이가 있다. 그런데 이는 1929년 12월 당시의 기록이며 유축운·부건·권유근의 신문조서, 예심청구서, 판결문 등의 다른 자료에서는 이러한 사실이 발견되지 않는다. 부건은 법정학교를 중퇴한

학교를 통할, 지도하는 조직체로서 각 학교에 독서회를 결성하며 조직을 넓혀갔다. 1929년 5월 중앙간부 김태래, 한경석, 김순희가 중앙부회를 열고 각 학교를 분담하여 독서회를 조직하기로 결의하고 운동의 진전을 도모했다. 그 결과 동년 11월까지 다음과 같이 고학당과 배재고보, 경신학교, 중동학교, 중앙고보 등지에서 동지를 포섭하거나 독서회를 조직할 수 있었다.[9]

경신학교 : 10월에 권유근 · 유축운 · 정종근 · 김재을 · 김창식으로 세포 조직.
이후 강목구, 박노몽 가입

고학당 : 이능종 · 한경석 · 이채 · 허미순으로 세포를 조직

배재고보 : 정부균은 정종근의 소개로 가맹했으나 세포조직 미완성

중동학교 : 11월 중순 김인배를 책임으로 김일식 · 이원우로 세포조직

기타 : 중앙고보 2명, 제1고보 이석을 후보당원으로 승인[10]

전위동맹의 각 학교 세포조직이 결성되는 데는 표면단체인 조선학생과학

24세의 청년으로 다른 이들보다 연령이 많았으므로 학생조직인 전위동맹에 참가했다고 보기 어렵다. 결국 본부, 조직부, 선전부, 정치문화부, 통신부를 설치하여 유축운 · 부건 · 박일 · 권유근 등이 책임을 맡았다는 『光州抗日學生事件資料』의 기록은 검거 초기 일제 조사 과정에서의 착오로 보인다.

9 조선총독부 경무국장, 「朝鮮共産青年會並朝鮮學生前衛同盟檢擧ニ關スル件」, 1930년 4월 15일, 姜德相, 앞의 책, 377~378쪽.

10 전위동맹에서 광주학생운동 당시 경신 · 중동 · 중앙 · 휘문 · 제1고보 · 제2고보 · 배재 · 보성 · 양정 · 여자상업 · 동덕 · 이화 · 숙명 · 근화 · 법정 · 고학당 · 청년학관 등 17개교에 독서회를 설치하고 조직원이 59명에 이르렀다는 기록(姜在彦 편, 『光州抗日學生事件資料』, 367~368쪽)이 있으나 신빙성이 의심스럽다. 이는 1929년 12월 일제의 보고서 내용인데 1930년 4월 15일 보고(주 8참조)에는 본문에 기재된 것과 같이 6개 학교만 거명되고 있기 때문이다. 또한 격문 배포과정에도 이들 17개 학교의 세포조직이 모두 동원되지 않은 것으로 보아 과장된 것 같다.

연구회를 통한 교우관계 등도 크게 작용했을 것으로 보인다.[11] 이러한 독서회 조직은 서울지역의 학생시위 당시 각 학교의 핵심적인 활동 주체로서 역할 했다.

11월 12일 광주에서의 시위 이후 일제는 보도통제를 실시하여 광주학생시위의 진상이 일반에게 알려지지 않았으나 서울지역 학생 간에는 비상한 관심을 끌고 있었다.[12] 특히 시위운동의 형태로 전개된 점과 수백 명의 학생이 체포된 점에서 세인의 관심대상이 되었다. 여기에 일제의 보도통제는 오히려 관심을 고조시키는 역할을 했다. 보도통제가 이뤄지는 가운데 광주에서 "일본 소방대가 동원되어 한국인을 학살했다"는 소문이 돌았다. 서울의 학생들 사이에서는 한인 여학생 2명이 일본 군인에게 코를 절단당하고 한인 남학생 12명이 피살되었다는 소문이 나돌았다.[13] 광주 거주 일본인들과 광주일보가 도지사에게 광주고보의 폐교를 요구했다는 점도 학생들의 감정을 자극하였다.[14]

11월 3일 광주에서 대대적인 시위가 일어나고 많은 한인 학생들이 체포 구금된 사실이 신문 보도를 통해 알려지자 서울의 각 사회단체에서는 진상조사를 위해 광주에 조사원을 파견했다. 조선학생과학연구회에서는 박일朴日과 권

---

11 김순희, 한경석, 정종근, 조훈, 권유근, 강목구, 유축운, 김인배 등은 1929년 5월 현재 조선학생과학연구회의 회원이었다(서대문경찰서장, 「警高秘第979號 朝鮮學生科學硏究會名簿ノ件」, 1930년 4월 18일, 독립기념관 소장 MF).

12 경신학교생 권유근은 광주에 파견되어 실상을 조사하고 상경한 이튿날 경신학교의 학우회에서 광주사건 조사 보고회를 가졌는데, 당시 광주시위운동에 대해 학생들이 비상한 관심을 가지고 있었으므로 이들의 요청에 의해 보고회를 열었다고 진술했다(경성지방법원 예심괘, 「권유근 제2회 신문조서」, 1930년 6월 16일).

13 경성지방법원 검사국, 「崔賢守 訊問調書(2회)」, 국사편찬위원회, 『한민족독립운동사자료집』 51, 157~158쪽.

14 광주지역의 정서를 대변한다고 할 수 있는 장석천은 차재정 등과의 논의과정에서 광주고보의 폐교문제를 심각히 거론하고 있다(서대문형무소, 「차재정 신문조서(2회)」, 1930년 6월 23일).

유근權遺根, 중앙청년동맹에서는 부건, 조선학생회에서는 이한성李漢星 등을 파견했다.

조선학생과학연구회에서 파견된[15] 권유근은 조사부장 김봉진(중앙고보)의 명을 받고 11월 6일 광주로 출발했다. 그는 자신과 박일의 파견 사실을 부건에게 알렸고 부건이 동행하기로 했다. 부건은 공식적으로는 중앙청년동맹에서 파견한 것이었다.[16]

권유근, 부건은 광주로 내려가서 조선일보 광주지국, 광주일보 등을 방문한 후 바로 강영석, 장석천과 사건의 진상과 향후대책을 논의했다. 그 결과 시위운동을 전국적으로 확대하여 전개하자는 데 의견의 일치를 보았다. 이를 위해 강영석과 권유근은 7일밤 바로 상경했다, 그리고 부건은 잔류하여 장석천, 국채진, 강석원, 박오봉과 전국적인 시위확산 계획을 논의하다가 11일 체포되었다.[17]

광주에서 상경한 강영석과 권유근을 통해 광주의 실상이 알려지면서 서울에서도 동조활동이 모색되었다. 강영석은 10일경 사립중동학교 5학년의 신용우申用雨를 만나 광주의 실정을 전하고 서울의 학생들도 시위운동에 나설 것을 촉구했다.[18] 권유근은 8일 경신학교에서 광주의 실정에 관한 보고회를 가졌다. 권유근은 조선학생과학연구회 명의로 현지조사를 실시한 것이므로 귀경

15 당시 권유근은 조과연의 교양부 상무위원이었는데 광주에서 시위운동이 일어났다는 소식이 전해지자, 조선청년총동맹 회관에서 같은 교양부 상무위원인 박일, 조사부원 유축운과 상의한 결과 권유근과 박일이 광주로 파견되어 사태를 조사하기로 되었다. 박일은 여비문제로 11월 9일 출발했다(경성종로경찰서, 「권유근 신문조서(2회)」, 1929년 12월 14일).

16 경성종로경찰서, 「권유근 신문조서(4회)」, 1930년 1월 6일.

17 경성종로경찰서, 「부병준 신문조서(1회)」, 1929년 12월 28일.

18 경성종로경찰서, 「申用雨 訊問調書」, 1929년 12월 10일, 국사편찬위원회, 『한민족독립운동사자료집』, 49, 190~191쪽.

후 조사부장인 김봉진을 만나 대책을 협의했다. 이들은 각 학교 학생들을 동원하여 시위운동을 일으킬 것에 합의했다. 그러나 조선학생과학연구회원 전체를 동원하는 방식이 아니라, 개별적으로 학생을 접촉하며 학생동향을 파악하기로 했다.[19] 이러한 움직임은 경신학교생 정종근을 통해 전위동맹 간부회에 보고되었다.

동조운동 계획은 전위동맹을 통해 처음으로 구체화되었다. 전위동맹은 11월 중순경 중앙간부회의를 개최하여 광주사건에 호응하여 활동하기로 하고 운동방식을 논의했다.[20] 총동맹휴학, 시위운동, 격문 살포의 3가지 방식을 논의했는데 처음에는 격문 살포의 방식이 채택되었다.[21] 총동맹휴학보다는 시위운동이 낫지만, 현실적으로 시위운동이 불가능하니 차선책으로 격문을 살포하여 광주의 실상을 알리고 구속학생 석방 등을 요구하자는 것이었다. 그러나 후술하듯이 장석천 등의 시위계획이 진행되고 있다는 사실을 정종근을 통해 알게 된 후 전위동맹 측에서도 방침을 바꾸어 격문 살포와 더불어 시위계획을 추진하게 되었다.[22]

---

19 경성종로경찰서, 「權遺根 신문조서(2회)(3회)」, 1929년 12월 14·20일. 『한민족독립운동사자료집』 49, 208~211, 246~247쪽.

20 경성종로경찰서장, 「京鍾警高秘 제3445호 三一紀念日ニ際シ不穩計劃ニ伴フ學生秘密結社事件等檢擧ニ關スル件」, 1930년 3월 18일.
전위동맹에서는 11월 중순경 중앙간부회를 개최하여 운동방안을 논의하였는데 이 자리에서 결정된 사항은 전국적으로 격문을 살포하여 학생부문 운동을 고조시키는 것이었다.

21 경성종로경찰서, 「한경석 신문조서(1회)」, 1929년 12월 24일 ; 경성종로경찰서, 「정종근 신문조서(2회)」, 1929년 12월 10일.

22 경성종로경찰서, 「한경석 신문조서(1회)」, 1929년 12월 24일, 『한민족독립운동사자료집』 49, 272쪽. 한경석의 진술에 따르면 전위동맹 간부회에서는 장석천 등의 시위계획을 접하고 이에 호응하지 않으면 자신들이 □□한 것으로 인식될 것을 우려하여 이에 동조하기로 했다고 한다. 경찰 신문과정의 진술이므로 신중한 해석이 필요하지만 처음 전위동맹이 시위방식에 소극적이었던 것은 사실로 보인다. 전위동맹에서 정종근 1인에

간부회는 격문 살포 등의 계획을 정종근에게 일임했다.[23] 이는 희생자를 최소화하여 조직을 보호하기 위한 것이었다. 이후 시위운동의 준비 및 전개과정에도 전위동맹 간부회는 전면에 나타나지 않고 정종근을 중심으로 기존에 조직된 각 학교의 독서회원들이 동원되었다. 전위동맹은 15일경부터는 서울에서 격문 살포 등 광주학생운동에 호응하는 운동을 추진했다.[24]

정종근은 이를 위해 신용우(중동학교), 권유근(경신학교), 이석李錫(제1고보) 등을 논의과정에 포함시켜 준비를 진행했다.[25] 이들은 정종근이 마련한 자금으로 용지를 구입하고 29일부터 30일까지 격문 1,800여 매를 인쇄했다. 격문은 전위동맹의 김태래와 정종근이 작성했다.[26] 처음 정종근 등은 전위동맹 간부회의 결의에 따라 격문 작성에 치중했던 것 같다. 그러나 장석천 등의 시위계획이 진행되어 전위동맹이 이에 호응하기로 결정하고, 11월 25일경 장석천과 밀접한 관계인 권태동 등 제2고보 맹휴지도자들이 경신학교와의 연합시위를 제안하자 이에 참가했던 것으로 보인다. 이후 이들은 각 학교의 유력자들과

게 모든 활동을 일임한 것은 조직 보위의 문제 외에 운동을 격문 제작과 살포에 국한했기 때문이었을 것이다.

23 경성종로경찰서, 「한경석 신문조서(1회)」, 1929년 12월 24일.

24 경성종로경찰서, 「정종근 신문조서(2회)(6회)」, 1929년 12월 10 · 28일. 『한민족독립운동사자료집』 49, 283~284쪽.

25 이 중 권유근은 조선학생전위동맹의 경신학교 독서회원이었고 이석은 조선학생전위동맹의 후보위원이며 신용우는 고학생갈돕회원이었다. 신용우는 11월 10일경 광주에서 상경한 강영석으로부터 광주의 실상을 전해 듣고 서울에서의 시위를 권유받은 바 있었는데 이후 정종근의 권유로 전위동맹 측의 계획에 참여했다(경성종로경찰서, 「신용우 신문조서(1회)」, 1929년 12월 10일). 정종근은 고학생갈돕회원이기도 했으므로 신용우와는 전부터 아는 사이였을 것이다.

26 경성종로경찰서, 「한경석 신문조서(1회)」, 1929년 12월 24일 ; 경성지방법원, 「(정종근 등) 公判調書(3회)」, 1931년 3월 30일, 『한민족독립운동사자료집』 50, 273~274쪽. 전위동맹 측의 시위계획도 김태래가 안을 제출하여 중앙간사회에서 결의한 것이다.

연락하며 시위계획을 추진했다.

각 학교와의 연락은 권유근과 정종근이 주로 담당했는데 각 학교의 전위동맹 독서회 조직이 적극적으로 활용되었다.[27] 격문은 12월 2일 이석을 중심으로 각 학교 배부자들을 통해 학교에 배포되었다.[28] 또한 조선교육협회 등 32개 사회단체와 신문사 등에도 격문을 배포했다.[29] 지방에도 배부할 계획이었

---

27 각 학교별 연락자는 다음과 같다.

제2고보 : 권태동, 제1고보 : 이석(노응호), 중앙고보 : 권유근(이석)이 김봉진에 연락, 휘문고보 : 권유근(신용우)이 장병창과 연락, 보성고보 : 권태동, 경신학교 : 권유근이 조훈·김창주·김재을과 연락, 협성실업학교 : 권유근, 남대문상업학교 : 성명 미상(중앙청년동맹 동구지부 회원), 중동학교 : 신용우가 윤영순(崔基涉, 김인배 등)에 연락, 배재 : 맹휴 중이라 불가능, 양정고보 : 맹휴로 韓裕燮이 검거되어 불능, 여자고보 : 권유근이 秦任에게, (숙명여고 : 金惠淑), 근화여학교 : 신용우의 동생(경성종로경찰서, 「정종근 신문조서(2회)」, 1929년 12월 10일 ; 경성종로경찰서, 「신용우 신문조서(1회)」, 1929년 12월 10일. 위 명단 중 ( )는 신용우의 진술내용임).

이와는 별도로 정종근도 각 학교 학생들과 교섭했다. 즉 제2고보 권태동·하공현 등, 경신학교 조훈·김창주, 제1고보 박진갑, 중동 김인배, 중앙 黃幹禧 등을 만나 시위계획을 논의했다(조선총독부 경무국장, 「朝保秘第465號 朝鮮共産青年會並朝鮮學生前衛同盟檢擧ニ關スル件」, 1930년 4월 15일. 姜德相, 앞의 책, 378~379쪽).

28 격문배포과정은 다음과 같다.

경신학교 : 이석→유축운 150매, 휘문고보 : 이석→장병창, 보성고보 : 이석→원재희 150매 반송되어 성명미상 4년생에게 전달(양갑석), 보성전문 : 신용우→성명미상 100매, 법전, 경성대학, 의학전문 : 이석→남국희(법전생) 150매, 중동학교 : 이석→윤영순, 200매, 중앙고보 : 이석→김순희 150매, 제2고보 : 신용우→하공현 200매, 제1고보 : 신용우, 이석→노응호, 200매, 고학당 : 이석→최석진, 100매(앞의 「정종근 신문조서(2회)」).

이 중 양갑석과 남국희는 격문을 배부하지 않고 소각했으며 하공현은 맹휴 때 살포하기 위해 은닉했다가 발각되었다(「朝鮮共産青年會並朝鮮學生前衛同盟檢擧ニ關スル件」, 姜德相, 앞의 책, 378~379쪽).

29 「예심청구서」, 경성지방법원 검사국, 1930년 2월 8일.

배부된 주요 사회단체와 언론사는 다음과 같다(경성종로경찰서, 「정종근 신문조서(2회)」, 1929년 12월 10일).

『조선일보』, 신간회 경성지회, 근우회, 조선청년동맹, 조선학생회, 학생과학연구회 : 정

으나 각 학교에서 시위가 동시에 전개되지 않은 관계로 우체국의 검열이 있을 것을 우려하여 은닉했다가 발각되고 말았다.[30] 각 학교의 주모자들과 협의된 내용은 제2고보가 먼저 시위운동을 일으키면 이어 각 학교가 맹휴를 선언하고 일제히 시위운동을 전개하기로 했다. 그리고 각 학교가 연합하여 대대적 시위운동으로 발전시킨다는 것이었다. 각 단위 학교에서는 그 학교의 연락자가 나서서 시위의 필요성을 연설하고, 총지휘를 담당하기로 했다.[31]

조선청년총동맹의 지원과 전국 확산 추진

조선청년총동맹에서도 광주지역 학생시위에 대한 지원방안이 논의되었다.[32]

종근 배부
신간회 본부, 천도교, 중외일보사 : 이석 배부
동아일보사, 중앙청년동맹 서구지부, 고학생갈돕회 : 신용우 배부

30 앞의 「정종근 신문조서(2회)」.

31 앞의 「정종근 신문조서(2회)」.

32 당시의 신문 보도기사, 일제 정보보고서 등에 의하면 1929년 4월 서울의 조선청년총동맹 중앙집행위원 차재정을 중심으로 공산당 재건을 위한 朝鮮共産青年會가 결성되었다고 한다.

그 조직 부서와 책임은 다음과 같다.
중앙책임비서 : 차재정, 조직부 책임 : 심치녕, 선전부 책임 : 임윤재,
정치부 책임 : 황태성(대용), 학생부 책임 : 부병준(부건), 검사부 책임 : 이항발,
조사부 책임 : 곽양훈(곽현), 경기도 책임 : 심치녕, 충청도 책임 : 임윤재,
전라도 책임 : 장석천, 경상도 책임 : 황태성

또 전라도 지역 책임자인 장석천이 박오봉·나승규·국채진 등을 규합하여 조선공산청년회의 전라도 지역조직을 구성했으며 장재성을 학생부 책임으로 선정하여 독서회 중앙부를 이끌었다는 것이다(「豫審請求書」, 경성지방법원, 1930년 2월 8일. 국사편찬위원회 소장 MF ; 조선총독부 경무국장, 「朝保秘第465號 朝鮮共産青年會並朝鮮學生前衛同盟檢擧ニ關スル件」, 1930년 4월 15일. 姜德相, 앞의 책, 374~377쪽). 이렇게 보

8일 광주에서 상경한 강영석은 바로 조선청년총동맹 집행위원장인 차재정車載貞을[33] 비롯하여 이항발李恒發, 황태성黃泰成(황대용黃大用) 등과 운동방안을 협의했다. 이어 조선청년총동맹, 중앙청년동맹원들 간에도 격문 제작 등의 논의가 있었으나[34] 학생 조직의 미비와 운동방안에 관한 이견으로 진척을 보지 못했다.[35] 조선청년총동맹 측의 준비가 본격화된 것은 17일 조선청년총동맹 중

면 광주지역 중등학교 내에 조직된 독서회 중앙부는 조선공산청년회의 산하 학생조직이 된다. 종래의 연구들은 대체로 조선공산청년회의 존재를 인정하고 있다. 필자 역시 조선공산청년회의 존재를 인정한 논문을 발표한 바 있다(김성민, 「광주학생운동의 확산과 서울지역 시위의 성격」, 『한국독립운동사연구』 20, 2003).

그러나 이는 일제가 서울지역 학생시위를 주도한 조선청년총동맹 간부인 차재정·황대용·곽현 등을 연루시키기 위해 조작한 단체일 가능성이 크다. 왜냐하면 관련자들이 경찰조서에서는 조선공산청년회 가입 사실을 진술했으나 검찰조서, 예심조서에서는 모두 이를 부인하며 혹독한 고문으로 인한 거짓 자백이었다고 진술하고 있기 때문이다. 이들은 재판 결과 대부분 면소되었고 실형을 받은 차재정, 곽현 등의 범죄사실도 조선공산청년회 조직 사실이 아니라 격문 배포 등이었다. 전남지역 조직원이라는 장석천·나승규·박오봉 등의 재판과정에서도 조선공산청년회 가입사실이 전혀 언급되지 않고 있다. 일제가 광주학생운동의 배후관계를 조사한 보고서에도 광주지역 중등학교의 독서회 중앙부를 시위의 배후 세력으로 지목하면서도 조선공산청년회는 전혀 거론하지 않고 있다(「光州京城に於ける學生事件の裏面竝學生秘密結社及其の系統」, 강재언 편, 『광주항일학생사건자료』, 357~384쪽). 따라서 조선공산청년회는 가공의 단체일 가능성이 크다. 필자는 기존에 발표한 논문(「광주학생운동의 확산과 서울지역 시위의 성격」, 『한국독립운동사연구』 20, 2003)의 내용 중 조선공산청년회 관련 부분이 오류임을 인정하고 취소한다.

33 차재정은 1917년 인천상업학교를 졸업하고 1922년 東京正則英語學校에 입학하여 동교를 졸업한 후 명치대학에서 1년을 수학했다. 1922년 이후 은행원, 학교 교사, 생명보험회사에서 근무했다. 그 후 서울청년회에 입회하여 주도적으로 활동했다. 李英, 姜宅鎭, 張彩極, 林鍾萬 등과 교우관계를 맺고 있었다. 차재정은 조선청년총동맹의 위원장으로서 靑總 집회 금지의 해금운동에 주력했다. 서울시위 당시 곽현의 격문 배포활동을 후원했으나 시위운동에는 소극적이었다(『왜정시대인물사료』, 3권, 11쪽). 그는 일제의 신문과정에서 일관되게 참여사실을 부인했다. 출옥 후에는 변절하여 친일활동을 했다.

34 「朝鮮共産靑年會竝朝鮮學生前衛同盟檢擧ニ關スル件」, 姜德相, 앞의 책, 375쪽.

35 황태성은 이항발, 차재정 등이 시위계획에 반대하고 자신만이 시위운동을 주장하다가

앙집행위원인 장석천이 상경하여 18일 차재정, 이항발, 황태성, 곽현, 강영석 등과 협의한 이후부터이다.[36]

이 자리에서 운동방식에 관해 격론이 벌어졌다. 장석천은 광주에 이어 서울에서도 시위운동을 전개할 것을 주장했고 차재정, 이항발 등은 시위운동에 반대하였다. 서울에서는 경계가 엄중하여 시위운동을 일으키기 어렵고 많은 희생이 따른다는 것이 그 이유였다. 논의 결과 황태성이 시위운동에 찬성함으로써 학생들을 동원한 시위방식과 차재정, 곽현郭炫(곽양훈郭良勳)[37] 등의 격문 살포방식을 동시에 추진하기로 했다.[38] 차재정은 곽현에게 격문 제작 등을 일임했고 장석천, 황태성은 시내 각 중등학교 학생들의 동원을 맡았다. 또한 신간회와 연계하여 활동하기로 하고 신간회와의 연락은 이항발이 맡기로 했다.[39] 이

수용되지 않아 그만두었다고 한다(서대문형무소, 「황대용 신문조서(2회)」, 1930년 6월 24일).

36 11월 18일의 간부회의에 허헌이 참석했다는 신문보도 기사가 있으나(『조선일보』, 1930년 9월 13일 호외) 다른 인사들의 신문조서 및 일제의 보고서, 민중대회 관련 판결문 등의 자료에서 허헌의 참가 사실이 전혀 언급되지 않고 있는 것으로 보아 誤報인 것 같다.

37 곽현은 전북 김제군 출신으로 당시 21세였다. 중앙고보 4학년을 수료하고 연희전문학교 영문과 1학년에 재학 중이었다. 당시 중앙청년동맹 교양부장이자 신간회 경성지회원이었다(경성종로경찰서, 「郭炫 訊問調書」, 1929년 12월 4일 ; 경성지방법원, 「공판조서(3회) 1929년 12월 30일. 국사편찬위원회, 『한민족독립운동사자료집, 49권, 99~100쪽, 50권, 276쪽).

38 경성종로경찰서, 「장석천 신문조서(2회)(4회)」, 1929년 12월 6일·1930년 1월 15일, 『한민족독립운동사자료집』, 50, 38~43쪽.

39 장석천, 황태성 등은 이항발이 신간회와 연락을 맡기로 했다고 진술했으나(경성종로경찰서, 「황태성 신문조서(6회)」, 1929년 12월 29일 ; 경성종로경찰서, 「장석천 신문조서(4회)」, 1930년 1월 15일) 이항발은 신문과정에서 이를 극력 부인했다(경성종로경찰서, 「이항발 신문조서(1회)」, 1929년 12월 7일 : 경성종로경찰서, 「이항발 신문조서(3회)」, 1930년 1월 11일). 일제 재판기록에는 이항발이 신간회 연락임무를 맡았다는 것을 범죄혐의로 열거하고 있다(「判決文」, 경성지방법원, 1931년 4월 7일, 국가기록원 소장 MF). 결국 이항발이 신간회와의 교섭 임무를 맡았으나 민중대회 준비 등에 전혀 참가하

항발은 학생들이 시위운동을 먼저 일으키면 신간회, 사상, 청년단체와 협력하여 이를 전민족적 운동으로 발전시키기로 했다.[40] 격문 인쇄 비용은 차재정이 마련하여 곽현에게 지급되었다.[41] 장석천은 20일 황태성과 함께 신간회의 황상규를 만나 서울의 운동계획을 전했고 21일에는 허헌에게도 이를 통보했다.[42]

이후 황태성과 장석천은 각 중등학교의 학생들과 접촉하며 시위운동 동참을 권유했다. 장석천은 11월 20일 이래 15회에 걸쳐 휘문고보, 보성고보, 경신학교, 배재고보, 제2고보, 중동학교 등의 학생들과 접촉하며 시위운동에 참여할 것을 적극 권유하고[43] 구체적인 운동방법 등을 지도하였다.[44] 황태성은 11월 하순부터 12월 초까지 제2고보 권태동, 중앙고보 김봉진·강대성, 보성

지 않은 것으로 보아 그가 신간회 측과 적극적인 교섭을 벌이지 않았거나 또는 신간회의 민족주의계 인사들에 의해 배제되었던 것 같다.

40 경성종로경찰서, 「장석천 신문조서(4회)」, 1930년 1월 15일 ; 경성종로경찰서, 「황태성 신문조서(6회)」, 1929년 12월 29일.

41 자금 제공문제는 자료마다 차이가 있다. 장석천은 광주에서의 약속과 같이 차재정이 허헌에게서 100원을 받아 곽현에게 인쇄비로 50원을 제공했다고 진술했다(경성종로경찰서, 「장석천 신문조서(4회)」, 1930년 1월 15일). 조선일보 기사에는 차재정과 이항발이 수차례 허헌을 방문하여 협의한 결과 허헌이 소요자금 100원을 차재정에게 제공했다고 보도되었으나(『조선일보』, 1930년 9월 13일 호외) 허헌의 자금제공 문제는 검사에 의해 무혐의 처리되었다(경성지방법원 검사국, 「不起訴事件 記錄」, 1930년 8월 30일, 국사편찬위원회 MF). 판결문에는 차재정이 지급한 것으로 나타난다. 그러나 차재정이 어떤 경로로 자금을 마련했는지는 좀 더 구명이 필요할 것으로 보인다.

42 경성종로경찰서, 「장석천 신문조서(4회)」, 1930년 1월 15일.

43 「朝鮮共産青年會並朝鮮學生前衛同盟檢擧ニ關スル件」, 강덕상, 앞의 책, 376~377쪽. 각 학교 학생들이 처음부터 시위계획에 찬성했던 것은 아니다. 장석천은 권태동 등 제2고보 측과 시위운동계획에 합의했는데, 시위운동에 망설이는 다른 학교 학생들에게는 제2고보가 시위를 준비 중임을 강조하며 함께 거사할 것을 종용했다(경성종로경찰서, 「정종근 신문조서(2회)」, 1929년 12월 10일).

44 장석천은 중동학교 신용우 등에게 "먼저 삐라를 全鮮 각지에 발송하고 경성에서도 살포하여 일제히 데모를 실행하지 않으면 안 된다"고 운동 방법을 지도했다(경성종로경찰서, 「장석천 신문조서(4회)」, 1929년 12월 19일).

고보 이기표, 휘문고보 장병창 등과 만나 시위운동을 논의했다.[45]

여기서 주목되는 것은 장석천, 황태성 등이 시위운동 권유를 위해 학생들을 만나면서 중동학교 신용우, 경신학교 정종근, 권유근 등 전위동맹 측의 운동 주모자들과도 접촉했다는 점이다. 특히 장석천은 정종근, 신용우, 권유근 등을 수차례 만나 시위운동 계획에 동참을 권유했다.[46] 이 과정에서 전위동맹 측의 핵심 추진자인 정종근도 제2고보 측과 연합하여 경신학교의 동원을 약속했다.

권유근은 광주에 파견되었을 때 이미 장석천 등과 서울에서의 시위운동계획에 합의한 상태였다. 그런데 권유근은 전위동맹 측의 학생동원을 담당했으므로 장석천 등의 학생동원활동은 권유근의 학생동원 활동과 맞물려 추진되었던 것으로 보인다. 결국 학생동원 과정에서는 조선청년총동맹 측과 조선학생전위동맹이 보조를 같이 했음을 알 수 있다.

한편 곽현은 격문 제작과 배포활동을 주도했다. 차재정으로부터 70원의 격문인쇄 비용을 받은 곽현은 7종의 격문을 직접 작성했다.[47] 이어 동생인 중동학교 학생 곽이형과 함께 격문 8,000여 매를 인쇄했다. 30일경 곽현은 권유근을 만나 격문을 배포할 학생의 소개를 부탁했다. 권유근은 정종근과 협의하여 전위동맹 측에서 12월 2일 격문을 살포할 예정이니 곽현도 이와 때를 맞추

---

45 「豫審請求書」, 1930년 2월 8일, 경성지방법원 검사국 ; 「(黃大用 등)判決文」, 1931년 4월 7일, 경성지방법원.

46 장석천은 권유근의 소개로 11월 20일 이후 정종근, 신용우 등을 수차례 만났다(경성종로경찰서, 「정종근 신문조서(6회)」, 1929년 12월 28일 ; 경성종로경찰서, 「신용우 신문조서(1회)」, 1929년 12월 10일).

47 판결문에 곽현이 인쇄한 격문 6종이 수록되었고 조선총독부 경무국이 보고한 자료에는 격문 7종의 일본어 번역문이 수록되어 있는데(강재언 편, 『光州抗日學生事件資料』, 159~165쪽), 판결문 상의 격문과 내용이 동일하여 『光州抗日學生事件資料』상의 격문 10-16호는 조선청년총동맹 측에서 배포한 격문으로 파악된다.

어 살포하자고 제안했다.[48] 이에 따라 곽현은 12월 2일 중동학교(2,400매), 경성여자상업학교(500매), 동덕여고보(300매), 중앙고보(700매), 보성고보(700매), 제1고보(700매), 제2고보(200매) 등에 격문을 배포했다.[49] 지방의 사상단체에도 격문을 우송했다.[50] 특히 전국의 청년회와 청년동맹 등 90여 개 지방조직에 격문을 우송했다.[51] 이는 이후 시위운동의 전국확산과정에서 지방 청년동맹원

---

48 곽현은 실제 격문 배포에 어려움을 겪었다. 조선청년총동맹이나 중앙청년동맹이 청년운동 단체인 관계로 학생 동원이 쉽지 않았기 때문일 것이다. 그는 격문이 완성되자 권유근, 정종근 등에게 배포인물의 알선을 부탁했다(경성종로경찰서, 「권유근 신문조서(2회)」, 1929년 12월 14일). 그뿐 아니라 전위동맹 정종근 측이 격문을 준비하였음을 알고 자신이 제작한 격문도 함께 배포해 줄 것을 부탁하였다. 이 제안은 정종근이 거부하였고 권유근은 곽현에게 격문을 소각하라고까지 극언했다(경성종로경찰서, 「곽양훈 신문조서(3회)」, 1929년 12월 14일). 곽현 측이 격문을 배포한 학교를 보면 여학교와 일부 남학교에 국한되었고 각 학교 배부 부수가 지나치게 많다는 것을 알 수 있다. 이는 배부과정에서 조선청년총동맹 측의 학생동원을 담당한 황태성, 장석천 등과 충분한 사전협의가 되지 않았다는 것을 의미한다. 곽현 측이 배포한 중앙, 중동, 보성, 제1고보, 제2고보 등은 전위동맹 측에서도 배포한 곳이므로 격문배포과정에서 학교별로 역할을 분담하였다고 보기도 어렵다.

49 각 학교별 배부자는 다음과 같다.
중동학교 : 곽이형
경성여자상업학교·동덕여고보·중앙고보 : 곽현
보성고보 : 김재동(곽현과 동향인)
제1고보 : 조규영
제2고보 : 권태동
강덕상, 앞의 책, 376~377쪽 ; 「예심청구서」, 「판결문」, 경성종로경찰서, 「곽양훈 신문조서(3회)」, 1929년 12월 14일 ; 서대문형무소, 「곽양훈 신문조서(2회)」, 1930년 6월 23일.
권유근은 곽현에게 보성고보 원재희, 경신학교 유축운, 제2고보 권태동, 휘문고보 장병창 등을 소개했는데 곽현은 이중 권태동에게만 격문을 전달했다(경성종로경찰서, 「권유근 신문조서(2회)」, 1929년 12월 14일).

50 「豫審請求書」, 1930년 2월 8일, 경성지방법원 ; 『동아일보』, 1929년 12월 28일.

51 경성종로경찰서, 「郭良勳 신문조서(4회)」, 1929년 12월 17일, 『한민족독립운동사자료집』 49, 222~223쪽.

들의 참여를 이끌어내는 데 큰 역할을 했을 것으로 보인다. 장석천은 각국 영사관에 피압박민족의 실정을 호소하는 내용으로 진정서를 작성 우송할 것을 계획했으나 실행에 옮기지는 못하였다.[52]

이로 볼 때 조선청년총동맹 측과 전위동맹은 서로 격문배포를 준비 중인 것을 알고는 있었으나 상호 연계하여 추진한 것은 아니었음을 알 수 있다. 단지 격문의 배포과정에서는 12월 2일 동시에 배부하기로 합의하여 실행했다. 반면 시위운동을 위한 각 학교의 학생동원에는 조선청년총동맹과 조선학생전위동맹원이 협의하여 추진해 갔다.

전위동맹은 광주 시위의 보고에 접하자 바로 격문 살포 등 동조활동을 결의하고 이를 실천에 옮겼다. 전위동맹이 기본적으로 학생들로 구성된 조직이었기 때문일 것이다. 따라서 전위동맹이 각 중등학교에 결성해 둔 독서회 조직이 적극 활용되었다. 이에 비해 조선청년총동맹은 서울지역 학생조직의 미비로 인해 구체적인 계획을 추진하지 못하다가 장석천이 상경하여 협의가 진행된 18일 이후부터 운동계획의 가닥을 잡기 시작했다. 조선청년총동맹 측에서는 장석천, 황대용의 학생 조직화 활동과 곽현의 격문배포 활동으로 역할을 나누어 운동을 준비했다. 장석천, 황대용 등은 각 중등학교 학생들을 개별 접촉하며 시위참여를 독려했다. 이 과정에서 전위동맹 측의 준비자들인 정종근, 권유근, 신용우 등과 접촉하며 연합시위운동을 추진할 수 있었다.

처음 서울지역 운동자의 경우 서울에서 시위운동이 현실적으로 어렵다는

격문 2만여 매를 제작하여 수천 매를 서울 각 학교 등에 배부한 후 나머지는 평양, 대구 등 주요 지방의 사상단체와 청년단체에 우송했고 그중 8천여 매는 우편국에서 압수되었으나 일부는 각지로 배포되었다고 한다(『동아일보』, 1928년 12월 6·28일).

52 경성종로경찰서, 「장석천 신문조서(4회)」, 1929년 12월 19일 ; 경성종로경찰서, 「차재정 신문조서(1회)」, 1930년 1월 10일.

인식이었고[53] 장석천이 접촉했던 각 학교 학생들도 대체로 같은 생각을 갖고 있었다.[54] 그러나 광주에서 시위를 주도하고 상경한 장석천을 통해 시위운동 방식이 학생층에 전달되었고 조선청년총동맹과 학생전위동맹에서도 본격적으로 시위방식의 운동을 추진했던 것으로 여겨진다.[55] 이렇게 보면 광주지역 시위운동은 서울지역 시위운동에 운동의 계기뿐 아니라 운동의 방식에 있어서도 추동력이 되었음을 알 수 있다.

---

53 경성종로경찰서, 「차재정 신문조서(1회)」, 1930년 1월 10일.

54 보성고보 이기표는 장석천의 시위권유에 대해 서울은 광주와 달라 시위운동이 불가능하다고 답변했는데(경성종로경찰서, 「장석천 신문조서(4회)」, 1929년 12월 19일) 다른 학교 학생의 경우도 유사한 의견들이 있었다.

55 장석천이 각 학교 학생층과 조선청년총동맹 주도인사들에게 시위운동의 필요성을 강조한 것은 이를 통해 광주 구속학생의 형량을 경감시키려는 의도도 작용했던 것으로 보인다. 그는 이들과의 협의과정에서 시위운동을 전개하면 구속학생의 형량이 경감될 것이라는 희망을 거듭 피력했다. 또 그는 신문과정에서 시위의 목적으로 "총독정치 반대, 위정자의 반성촉구, 광주사건의 온정적 해결"을 들고 있다(경성종로경찰서, 「장석천 신문조서(3회)」, 1929년 12월 14일).

02 서울지역 1차 시위와 성격

서울지역 1차 시위의 전개

1929년 12월 서울 시위의 계획 단계에서는 격문이 배포된 다음날 각 학교가 일제히 시위를 전개한다는 전술을 구상했다.[56] 그러나 11월 30일부터 경신학교, 중앙고보, 휘문고보, 제1고보, 제2고보, 보성고보, 중동학교의 주도자들이 개별적으로 접촉하며 대표자회의를 개최하여 시위계획을 변경했다. 실제 연락이 여의치 않은 상황이었으므로 각 학교의 사정에 따라 시위를 일으킨 후 연합하여 대대적인 시위운동을 전개하기로 한 것이다.[57] 이미 동맹휴학을 준비 중이던 제2고보생 권태동이 장석천과 협의하여 먼저 시위운동을 전개하기로 했다.[58] 이에 따라 제2고보에서 12월 5일 시위운동을 전개하자 사전에 연

---

56 경성종로경찰서, 「신용우 신문조서(1회)」, 1929년 12월 10일.

57 경성종로경찰서, 「정종근 신문조서(2회)」, 1929년 12월 10일, 『한민족독립운동사자료집』 49, 188~189쪽.

58 권태동은 1927년 8월 임윤재와 함께 고려공산청년회에 가입하여 야체이카 책임자로 활동했다(경기도, 「京高秘第1628號 學生事件ニ伴フ不穩計劃檢擧ニ關スル件」, 1930년 3월 28일, 독립기념관 소장 MF). 그는 황대용과도 전부터 알던 사이로 장석천이 상경했을 때 황대용과 함께 장석천의 숙소를 알선해 주기도 했으며 장석천의 시위계획에 가장

락된 각 학교에서 순차적으로 시위를 전개했고 9일에는 연합시위로 발전할 수 있었다.

시위는 학교장에게 진정서를 제출하고 동맹휴학을 결행한 다음, 교정에 집합한 학생들이 교외로 진출하여 시가행진을 하기로 계획되었다. 각 학교의 시위주도자들은 경찰의 저지로 시위대가 해산되면 각자 종로에 다시 집합하여 대시위운동을 전개하기로 결의했다.[59] 또한 표어와 진정서 등의 요구사항에 '식민지 노예교육제도 반대', '광주고보사건 관계자를 석방하라', '학우회의 자치' 등을 반드시 포함시키기로 합의했다.[60]

12월 2일 격문이 각 학교에 배포되고 전위동맹 및 조선청년총동맹의 주요 인사들이 거사 직전 체포되었음에도[61] 시위가 전개될 수 있었던 것은 기존 독서회 조직과 각 학교 시위 추진세력이 건재했기 때문이다. 또한 추진 주체들의 치밀한 사전 계획도 주효했다. 정종근, 권유근 등이 관련한 각 학교는 지도부를 제1선과 제2선으로 나누어 시위를 추진해 갔다. 즉 제1선이 먼저 시위운동을 전개하고 이들이 경찰에 체포되면, 제2선이 그 뒤를 이어 시위를 전개한다는 계획을 세웠다. 경신학교의 경우, 정종근이 제1선, 권유근이 제2선을 담당했다. 이는 연락된 모든 학교에서 공통적으로 적용되었을 것으로

적극적으로 호응했다. 그는 11월 26일 동맹휴학을 준비 중이던 제2고보 맹휴 지도자들을 장석천에게 소개했는데, 이들은 장석천의 권유를 받고 서울시위에 참가하기로 결정했다(서대문형무소, 「황대용 신문조서(2회)」, 1930년 6월 24일).

59 경성종로경찰서, 「정종근 신문조서(2회)」, 1929년 12월 10일, 『한민족독립운동사자료집』 49, 189쪽.

60 경성종로경찰서, 「박진갑 신문조서(2회)」, 1929년 12월 10일, 「이석 신문조서(3회)」, 1929년 12월 11일, 「노응호 신문조서(3회)」, 1929년 12월 10일, 국사편찬위원회, 『한민족독립운동사자료집』 49, 183·196~201쪽.

61 차재정을 제외한 조선청년총동맹 측 주도 인사들은 12월 4~5일 대부분 체포되었다(조선총독부 경무국, 『朝鮮の治安狀況』, 1930, 85쪽).

보인다.[62]

제2고보는 특히 참모부, 탐정부, 철권부, 선전부를 구성하여 조직적인 시위를 전개했다.[63] 제2고보의 경우 서울시위가 논의되기 전부터 학내문제로 동맹휴학이 계획되었고 장석천과의 연계를 통해 이를 광주학생운동 동조 시위로 전환했으므로 이와 같이 조직적인 움직임이 가능했다.

각 학교는 살포된 격문으로 인해 학생들의 투쟁의식이 고양된 상태였으므로 각 학교의 연락 및 격문 배포자들이 진정서 전달, 시위촉구 연설 등을 통해 주도적으로 시위를 이끌었다. 격문에 격앙된 학생들이 자생적으로 시위를 주도한 경우도 있었다.

제2고보의 경우 권태동이 12월 4일 학우 최선관 등과 협의한 후 광주학생시위 동조와 교내 문제를 적시한 진정서를 작성했다. 이튿날 5일 맹휴를 한다는 내용의 진정서를 교장에게 제출하고 강당에 집합한 300여 명의 학생들에

---

62 「권유근 신문조서(3회)」, 1929년 12월 20일, 종로경찰서. 중동학교의 경우 제1선은 김인배, 권오덕, 김정구, 유승혁이었고 제2선은 박상목, 조재덕 등이었다(경성종로경찰서, 「김인배 신문조서(2회)」, 1929년 12월 7일, 『한민족독립운동사자료집』 49, 162~164쪽).

63 姜在彦, 앞의 책, 47쪽. 대체로 탐정부나 철권부는 동맹휴학 과정에서의 이탈자를 막기 위한 조직이었다. 1927년 보성고보, 휘문고보 맹휴의 경우에도 철권단이 조직된 바 있었다(朴哲河, 「1920년대 후반 서울지역 학생운동의 양상과 성격변화」, 『향토서울』 55호, 서울특별시사편찬위원회, 1995, 140쪽). 제2고보에서는 1929년 11월 중순부터 학내문제로 동맹휴학을 준비하고 있었다. 권태동, 이흥종, 김주성 등의 주도로 각 학년별 대표를 선정하고 맹휴를 총지휘할 참모본부와 연락부, 경고부 등의 부서를 설치했다. 연락부와 경고부원은 30여 명으로 2개 분대를 편성하여 참모본부의 지휘를 받도록 했다. 참모본부원은 권태동, 김주성, 김찬규, 김종인, 이흥종, 최선관, 고승원 등이었다. 또 가정방문 위원을 선정하고 각기 조를 나누어 학생 개개인의 집을 방문하여 학생들의 맹휴 참가를 독려했다. 이러한 활동 중 장석천의 지도를 받아 맹휴운동을 광주학생 동조시위 운동으로 전환한 것이다(경성종로경찰서, 「김찬규 신문조서」, 1929년 12월 5일, 국사편찬위원회, 『한민족독립운동사자료집』 49, 112~113쪽). 제2고보에서 이러한 지도조직이 가능했던 것은 사전에 교내문제로 동맹휴학을 준비하고 있었기 때문이다. 따라서 시위 당시 모든 학교에서 체계적인 지도조직을 갖추었던 것은 아니다.

게 광주 학생시위에 호응하여 동맹휴학을 단행하자는 연설을 한 후 시위운동에 돌입했다.[64] 학교에서 무조건 교외로 나오면 시위대오가 편성되지 않으므로 동맹휴학의 명분으로 학생들을 집결시켜 대오를 편성한 후 교외로 진출하여 시위운동을 전개한 것이다.[65] 위장 맹휴를 통해 학생들을 결집하는 방법은 각 학교의 대표자 모임에서 결정된 시위방법이었다.[66]

12월 6일 중동학교에서는 김인배, 김정구, 권오덕, 유승혁 등이 진정서를 작성하여 학생들에게 낭독하고 각 학년 급장인 최기섭, 김찬규, 곽남용 등을 통해 교장에 전달한 후 시위운동을 전개했다.[67] 주도 인물 중 김인배는 전위동맹의 중동학교 독서회원이고 권오덕, 김찬규는 황태성과 시위계획을 논의한 바 있으며 최기섭은 전위동맹 측의 중동학교 연락자였다.[68]

7일 제1고보 노응호, 이석, 박진갑 등은 자체적으로 선언서와 진정서를 작성하여 각 학년별로 선언서를 낭독하고 시위에 돌입했다. 이들은 '제1고보 학생 만세', '광주 조선학생 만세', '조선학생 만세' 등의 표어를 기재한 큰 기 3개를 만들어 기를 앞세우고 구호를 외치며 교문을 나와 안국동까지 시위할 계획이었다. 그러나 경찰에 의해 제1고보생들의 교문 밖 진출은 좌절되었다. 이들 중 이석은 전위동맹의 후보 당원이며 전위동맹 측 시위준비의 핵심적인

---

64 「(權泰東 等)判決文」, 1930년 12월 19일, 경성지방법원 ; 경성종로경찰서, 「崔善寬 신문조서(2회)」, 1929년 12월 6일, 『한민족독립운동사자료집』 49, 136~139쪽.

65 경성종로경찰서, 「권태동 신문조서」, 1929년 12월 5일, 국사편찬위원회, 『한민족독립운동사자료집』 49, 119~120쪽.

66 경성종로경찰서, 「정종근 신문조서(2회)」, 1929년 12월 10일, 『한민족독립운동사자료집』 49, 189쪽.

67 경성종로경찰서, 「金仁培 訊問調書(1회)(2회)」, 1929년 12월 6~7일, 국사편찬위원회, 『한민족독립운동사자료집』 49, 142~144 · 162~164쪽.

68 경성종로경찰서, 「황태성 신문조서(2회)」, 1929년 12월 10일 ; 경성종로경찰서, 「신용우 신문조서(1회)」, 1929년 12월 10일.

활동가였다. 제1고보의 선언서와 진정서도 그가 작성한 것이다.[69] 노응호는 이석으로부터 전위동맹 측의 격문을 인수받아 제1고보에 배포하는 역할을 맡았었다.

그 외에 배재고보와 양정고보는 교내 문제로 맹휴가 진행 중인 상태였으므로 격문이 제대로 배포되지 않았다. 배재고보의 경우 전위동맹 조직원인 정부균과 부건의 동생인 부기준을 중심으로 시위운동 계획이 추진되었다. 이들은 배재고보 퇴학생인 손율기의 배후지도로 시위운동을 준비했는데, 손율기는 앞서 보았듯이 1928년 ㄱ당의 배재고보 세포조직원으로 한병선과 함께 맹휴를 시도하다 퇴학당한 바 있었다. 시위결행일인 12월 8일 손율기가 작성한 진정서를 제출하고 정부균과 부기준의 주도로 시위운동을 전개할 계획이었으나 사전에 발각되어 실패했다.[70]

중앙고보에서는 강대성,[71] 심홍택 등이 황간희와 협의한 후 동교생이자 전위동맹 간부인 김순희가 지시한 내용의 진정서를 작성했다. 이들은 12월 9일 진정서를 교장에게 제출한 후 학생들에게 낭독하고 시위를 전개했다.[72] 그런데 주모자인 강대성, 심홍택, 황간희 등은 김순희, 황태성, 정종근 등과 시위계획을 사전 논의한 바 있었다.[73]

---

69 경성종로경찰서, 「盧應昊 訊問調書」, 1929년 12월 7일 ; 경성종로경찰서, 「李錫 訊問調書」, 1929년 12월 7일 ; 경성종로경찰서, 「朴鎭甲 訊問調書」, 1929년 12월 10일 ; 국사편찬위원회, 『한민족독립운동사자료집』 49, 156~162·176~178쪽.

70 경성종로경찰서, 「夫己準 訊問調書」, 1930년 5월 15일, 경성종로경찰서, 「意見書」, 1930년 6월 10일, 국사편찬위원회, 『한민족독립운동사자료집』 53, 243~248쪽.

71 강대성은 조선학생과학연구회원이었으며 황태성과 시위운동 계획을 협의한 바 있다(「(姜大成 等)豫審請求書」, 경성지방법원, 1930년 2월 8일).

72 「(姜大成 等)判決文」, 경성지방법원, 1930년 12월 19일.

73 경성종로경찰서, 「京鍾警高秘第3445號 三一紀念日ニ際シ不穩計劃ニ伴フ學生秘密結社事件等檢擧ニ關スル件」, 1930년 3월 18일.

또한 경신학교에서는 정종근, 권유근, 장훈, 김창주, 김재을 등이 진정서를 작성하여 교장에 제출한 후 시위운동을 전개했다. 이들은 모두 사전 논의과정에 참여했던 학생들이며 대부분 전위동맹의 경신학교 독서회원이기도 했다.[74]

이상에서 보듯이 각 학교의 시위운동은 전위동맹과 조선청년총동맹에서 사전 접촉을 통해 시위계획을 논의했던 학생들의 주도로 전개되었음을 알 수 있다. 이러한 각 학교 학생들의 사전 협의는 진정서와 표어의 내용 조정이나 시위대 편성을 위한 위장 맹휴 등의 구체적인 시위방식으로 나타났다. 특히 9일의 시위는 경신학교와 보성고보, 중앙고보, 휘문고보, 남대문상업학교 등의 연합시위로 전개되었다. 연합시위운동으로 전개될 수 있었던 것도 각 학교 주도 학생들이 시위운동 계획을 사전 협의했기 때문이다.[75]

9일에는 연합시위운동이 전개되면서 절정을 이루었다. 경신학교에서 9시경 교정에 모여있던 학생 500여 명이 지휘자의 광주 진상 보고 연설을 듣고 만세를 고창하며 시위를 전개했다. 학생들은 기마경찰의 경계를 뚫고 혜화동의 남대문상업학교로 진출하여 시위동참을 권유했다. 남대문상업학교 학생들은 교문이 폐쇄되자 교내에서 통곡하며 호응했다. 다시 경신학교 학생들은 맞은편의 보성고보 정문에서 만세를 고창했다. 보성고보 학생들은 수업을 중지하고 교정에 모여 '학생만세'를 부르며 수십 명의 경관이 에워싼 정문을 돌파하고 경신학교 시위대에 합류했다. 이들 연합시위대는 박석고개를 향해 시위행진했는데 2대로 나뉘어 1대는 경성제국대학 앞을 지나 종로 5정목 큰길로, 다른 1대는 박석고개礴石峴를 넘어 창경원 앞을 지나 종로로 향했다. 시위대의 숫자는 1,100명에 달했는데 경신학교생이 약 400명, 보성고보생이 약 700명

74 주 9), 주 27) 참조.

75 경성종로경찰서, 「權泰東 訊問調書(2회)」, 1929년 12월 20일 ; 국사편찬위원회 『한민족독립운동사자료집』 49, 258쪽.

이었다. 그러나 각 시위대는 1대가 박석고개, 2대는 경성제국대학 부근에서 수백 명 경찰대의 포위를 받아 950여 명이 일제히 검거되었다.

한편 계동의 중앙고보는 9시 조회시간에 학생 수 명의 광주진상보고 연설이 있은 후 700명의 학생이 일제히 시위를 벌였다. 경찰 100여 명이 정문을 봉쇄하자 학생들은 후문을 통해 취운정翠雲亭에 모여 "조선학생 만세"를 고창하며 시위행진했다. 시위대는 삼청동을 지났으나 경복궁 뒤 경무대 앞에서 경찰에 포위되어 500여 명의 학생들이 체포되었다. 이들의 최초 계획은 제2고보 학생들과 합세한 뒤 총독부 앞을 지나 광화문통과 종로네거리로 시위행렬하기로 한 것인데 중도에서 좌절되고 말았다.[76]

원동의 휘문고보생 400여 명도 교내 연설 후 만세를 고창하며 안국동 큰 거리로의 진출을 시도했다. 그러나 경찰의 저지로 여의치 않자 교정에 모여 앉아 한 학생이 일어나 연설을 하면 일제히 만세를 고창하고, 그 학생이 잡혀가면 다른 학생이 일어나 다시 연설을 하는 식으로 시위했다.[77] 재동의 경성여고보 학생들도 교내에서 통곡하며 호응했다. 일제는 택시 40여 대와 소방자동차까지 징발하여 자동차 백수십 대를 동원하고 2,000여 명의 경찰을 총출동시켜 학생들을 검거했다. 9일 하루에만 1,200명의 학생들이 검거되어 유치장, 회의실 등에 수용되었다.[78]

시위는 이튿날에도 계속되었다. 10일에는 휘문고보, 숙명여고보, 근화여학교, 협성실업학교, 기독교청년학관, 배재고보 학생들이 만세를 부르거나 통곡하며 시위했다. 11일에는 진명여고보, 경성여자상업학교, 동덕여고보, 실천여학교, 정신여학교 학생들이 맹휴를 선언하자 학교에서 즉시 임시휴교했

76 『조선일보』, 1929년 12월 28일 호외 ; 『동아일보』, 1929년 12월 28일 호외.

77 『동아일보』, 1929년 12월 28일 호외.

78 『조선일보』, 1929년 12월 28일 호외.

다.[79] 이날 청량리의 경성농업학교, 태평통의 법정학교, 황금정의 고등예비학교, 고시정의 전기電氣학교도 맹휴를 전개했다. 13일 배화여고보, 중앙보육학교, 어의동간이공업학교, 청운동보통학교 등이 같은 방식으로 맹휴했다. 16일에는 용산의 선린상업학교의 한인 학생 전부가 맹휴했다. 한편 12일에는 경성의전 한인 학생 전부가 광주관련 3개조 요구조건을 학교 당국에 제출하고 맹휴했다. 법학전문학교 2학년 한인 학생들과 세브란스의전 학생들도 맹휴를 벌였으며 보성전문, 연희전문 등은 학교에서 자체적으로 조기 휴학했다.[80]

12월 5일부터 16일까지 모두 30개의 남녀 전문학교와 중등학교를 비롯하여 각종학교, 보통학교에서 1만 2천여 명의 학생들이 시위 또는 맹휴를 전개했고 총 1,400명의 학생이 검거되었다.[81] 서울의 거의 모든 중등학교 학생들이 참여했다고 해도 과언이 아니다. 해방 직후 사회주의계의 한 잡지에 실린 짧은 삽화를 통해 그 당시의 열기를 느낄 수 있다.[82]

> "애! 모자를 버서 버려라!"
> "이 계집애가!"
> "이 계집애라니! 너이들도 조선인 학생이냐! 조선인 학생이거던 우리 조선인 학생들 설욕전에 참가해라!"
> "우리 학교는 ……" 하고 남학생은 어름어름 다러난다.
> "저게 남자야! 저게 조선인 학생야! 에이 못나니! 바보! 바보!"하며 여학생은 거이 발이라도 구를 듯이 목이 미여 부르젓다. …… 1929년 11월 3일 직후 어느 날 서울 가두에서 목격한 필자筆者의 머리깊이 아로색여진 하나 짧

---

79 강재언 편, 『光州抗日學生事件資料』, 141~143쪽.

80 『동아일보』, 1929년 12월 28일 호외·12월 29일.

81 『조선일보』, 1929년 12월 28일 호외.

82 R生, 「학생의 날에」, 『新建設』, 창간호, 1945년 12월 15일 ; 박경식 편, 『朝鮮問題資料叢書』 14, アジア問題研究所, 18쪽.

은 기억이다. 그 15~16세의 여학생 울상을 하고 남학생에게 막우 덤비던 얼골 — 직금도 눈앞에 선연하다.

서울지역 시위운동의 성격

서울의 1차 시위 당시 배포되었던 격문은 크게 두 종류가 있었다. 조선학생전위동맹에서 배포한 격문과 조선청년총동맹 측에서 배포한 격문이다.[83] 조선학생전위동맹에서는 1종의 격문, 조선청년총동맹 측에서는 7종의 격문을 제작 배포했다.[84]

조선학생전위동맹의 한 종류의 격문과 조선청년총동맹 측의 격문 7종 중 하나를 적기하면 다음과 같다.

> ① (조선학생전위동맹 격문)
> 조선학생 청년 대중이여! 궐기하라! 제국주의적 침략에 반항적 투쟁을 가지고 광주학생사건을 지지하고 성원하자! 우리들은 이제 과거의 약자는 아니다. 반항과 유혈이 있는 곳에 결정적 승리가 있다는 것은 역사적 조건이 입증하고 있지 않는가? 조선학생 청년 대중이여! 그대들은 그 제국주의 단말마 일본 이민배의 광만적狂蠻的 폭거를 확실히 들었을 것이다. 이것은 광주

83 강재언 편, 『光州抗日學生事件資料』, 158~166쪽에 수록된 격문 제9호~16호와 판결문에 열거된 격문의 제목 및 내용을 비교하면 두 단체에서 살포한 격문을 구분할 수 있다. 12월 3일 경성제일고보에 살포된 제9호 및 12월 11일 휘문고보에 살포된 17호가 조선학생전위동맹에서 제작한 격문이고 제10호~16호는 조선청년총동맹 측에서 제작 배포한 것이다.

84 당시 언론에는 6종의 격문이 배포된 것으로 보도되었으나(『동아일보』, 1929년 12월 28일 호외 ; 『조선일보』, 1929년 12월 28일 호외), 일제가 수집한 격문 내용을 분석하면 총 8종이 된다.

조선 학생동지들의 학살의 음모임과 동시에 조선학생 대중의 압살적壓殺的 시위이며, 전 세계 약소민족에 대한 강압적 백색테러 행동이다. 보라! 그들의 언론기관은 이를 선동하고 그들 횡포배는 '일본인의 생명을 위하여 조선인을 학살하라'는 슬로건 밑에 소방대와 청년단을 무장시켜 재향군인 연합군을 소집하여 횡포 무쌍한 만행을 자행한 후 소위 그들의 사법 경찰을 총동원하여 광주 조선학생 동지 400여 명에게 참혹하게 쇠고랑을 걸고 말았다. 그대들이여! 궐기하라! 우리들의 피 마지막 한 방울까지 조선학생의 이익과 약소민족의 승리를 위해 항쟁적 전투에 공헌하라. 미래의 세계를 소유할 피압박 대중에게는 자신에 묶여 있는 쇠사슬 외에는 상실할 아무 것도 없는 것이다. 조선 전초군前哨軍인 피압박 학생대중이여! 전투적 반항으로 학살된 광주사건을 지지하고 성원하자. 미래의 역사는 우리들의 것이다.

- 구속된 광주조선학생을 즉시 탈환하자.
- 식민지노예교육에 반대하자.
- 살인적 폭도 일본 이민군을 방축하자.
- 신간회, 청총에 민족적 환기를 호소하자.
- 세계피압박대중 건투 만세.

② (조선청년총동맹의 7종의 격문 중 한 예)

피압박 민중 제군에게 격함!

…… 일본제국주의 야수들이 암암리에 매장 소멸시키려고 했던 재래의 학살방법(3·1운동과 관동대진재 당시의 학살 : 필자 주) 보다 한층 조직적이며 더욱 계획적인 광주 조선인 대살육 음모사건을 알고 있는가?

피억압 민중 제군! 흉포 무쌍한 일본제국주의의 의식적 의도인 광주 조선인 대학살음모의 한 단면을 들어보라! …… 재향군인단을 비롯하여 일본 제국주의의 번견 소방대, 청년단, 전남청년단연합회, 소·중학교 부형회 등 모든 반동집단을 총동원하여 광주 조선인의 최후 1인까지 모두 학살 초멸시키려는 음모를 꾸미고 있었다. …… 가장 무장 학살도당인 소방대는 그들의 야수적 무기! 쇠갈구리와 곡괭이로 조선인 상점 기타를 …… 도괴, 파쇄하고 …… 암살대, 폭격대 등을 조직하여 전위분자를 암격하였다. …… 그들은 소, 중학 아동까지 단도를 휴대시키고 조선인을 만나자마자 마구 찌르게 하였던 것이다. 수백의 조선인을 중상 치사시켰다. …… 분연히 궐기하여 광주 수난동포를 구출하자! 현재 광주는 계엄상태에 빠져들어 조선인 대 일본인의 처참하고 비장한 시가전이 계속되고 있는 것이다. 여기저기에 산재해 있는 붉은 피로 싸여있는 차가운 시체는 핏자국이 을씨년스러운 거리에 이중 삼중으로 쌓여 있다는 것이다. 피억압 민중제군! 그들 추악한 일본제국주의의 아성에 육박 돌진하여 그들의 심담을 찔러 우리의 피억압민중의 혁명적 의기를 보여야만 한다. 다음에 게시된 표어 밑에 광주 수난동포의 구출을 위해 매진하자!

- 식민지 노예교육제도를 절대 반대하자!
- 구금된 광주학생의 무조건 즉시 석방을 요구하라!
- 대중적 시위운동을 조직하라!
- 치안유지법 기타 제 악법의 철회를 요구하라!
- 일본 제국주의의 주둔을 절대 반대하라!
- 군사 경찰 정치에 절대 반대하라!
- 총독 정치 절대 반대!
- 타도 일본제국주의!

위 격문에서 주목되는 것은 한국인 학살설이 제기된 점이다. 전위동맹의 격문에는 광주에 거주하는 일본 이민배들이 소방대와 청년단, 재향군인을 무장시켜 한인 학생들을 학살하고 있다고 성토했다. 격문은 이를 '일본 이민배'가 자행하는 "광주 조선 학생동지들의 학살의 음모임과 동시에 조선학생 대중의 압살적 시위이며 전 세계 약소민족에 대한 강압적 백색테러"라고 규정했다. 이러한 주장은 조선청년총동맹 측의 격문에서 더욱 강조되고 있다.

특히 조선청년총동맹 측의 격문은 7종이 모두 일제의 한국인 대학살음모가 진행되어 광주에서 수백 명이 살상당했다고 격렬한 어조로 성토하면서 전민족적 봉기를 촉구하고 있다. 즉 광주에서 '조선인 대학살음모'가 진행 중이며 암살대, 폭격대 등을 조직하여 사회운동의 전위분자를 암살하고 있다고 했다.

또 소·중학교 아동까지 단도를 휴대하고 조선인을 난자하여 수백 명의 사상자를 냈다는 것이다. 그리하여 광주시가는 계엄상태에 빠져 일본인 대 조선인의 시가전이 연출되고 있으며 조선인은 전멸적 패배를 당할 것이라고 우려하고 있다.

이러한 전제하에 전위동맹의 격문에서는 '살인적 폭도 일본 이민군을 방축하자'는 구호를 내걸었다. 조선청년총동맹 측에서도 '일본제국주의의 둔병인 일본 이주민의 주둔에 절대 반대하라'고 주장했다. 그런데 격문의 본문에서 일제의 학살이 자행되고 있다고 격렬하게 성토한 어조에 비해 실천 구호에서는 '이민배 방축' 정도로 축약하여 제기되고 있다. 학살 사실에 저항하는 내용의 표어가 제기되지 않고 있는 것이다. 이로 보아 격문 작성자들도 수백 명 사상자 발생을 사실로 받아들이지는 않았던 것 같다.[85] 단지 학생들을 격동시키기 위한 전술적 언어로 보이는 것이다. 즉 이러한 내용을 통해 학생들의 항쟁의식을 격발시킴으로써 광범위한 참가를 유도하고자 한 것이다. 이러한 시위 주도층의 의도는 상당히 주효했던 것으로 보인다. 한국인 학살음모설은 당시 보도통제의 상황에서 광주의 실정에 관심이 높았던 학생들에게 커다란 호소력을 지녀 광범위한 학생들의 시위참가를 촉발하는 계기가 되었던 것으로 판단되기 때문이다.

다음으로 앞의 조선학생전위동맹의 격문과 조선청년총동맹 측이 준비한 7종의 격문에서 사회주의 성향의 구호가 거의 발견되지 않는다는 점이다. 학생전위동맹 측 격문에서 "세계피압박대중 건투 만세"라는 구호가 발견되나

---

85 각 격문을 작성한 전위동맹원이나 조선청년총동맹 측이 모두 광주에서 상경한 장석천과 협의했으므로 광주의 실상을 잘 알고 있었을 것이다. 그럼에도 불구하고 광주의 사실과 달리 수백 명 학살설이 제기된 것은 학생층 참여를 유도하기 위한 방책이었던 것으로 판단된다.

계급투쟁적 구호로는 생각되지 않는다.[86] 앞서 본 바와 같이 서울의 1차 시위는 특히 사회주의 비밀결사에 의해 준비 추진되었음에도 격문 등에서 사회주의적 요소가 적었다. 이는 사회주의 성향의 구호를 자제함으로써 광범위한 학생의 참여를 유도하기 위한 전술적 방책이었던 것으로 보인다.

당시의 격문에 공통적인 요구가 "식민지노예교육 철폐", "교우회의 자치", "구속 학생의 석방"이었다. 특히 "교우회의 자치", "식민지 노예교육 철폐"의 구호는 식민교육의 모순을 절감하고 있던 당시 학생들의 실제적인 요구를 반영한 것이었다. 이는 1927~1928년의 맹휴에서 적극적으로 제기된 문제의식이기도 했다. 맹휴의 경험이 광주학생운동으로 이어지고 있었던 것이다.

아울러 조선청년총동맹의 격문에는 "언론·집회·출판·결사의 자유 획득", "치안유지법 등 악법 철폐" 등의 정치적 요구가 담겼다. "언론·집회·출판·결사의 자유" 주장은 1928년 이후 학생들의 사회과학 연구모임의 취체 강화와 외부 강연회 참석 금지 등 총독부 당국의 학생 집회 규제가 반영된 것이다. 그런데 이는 학생뿐 아니라 집회 금지로 어려움을 겪던 사회단체의 절실한 요구이기도 했다. 노동총동맹, 농민총동맹, 청년총동맹은 모두 집회 금지로 전체모임을 갖지 못해 3총해금투쟁三總解禁鬪爭이 벌어질 정도였다.[87] 재동경조선청년동맹에서는 1928년 청총해금靑總解禁데이를 맞아 격문을 살포했다. 조선청년총동맹의 집행위원장인 차재정은 1929년 11월 말 총독부를 방문하여 청년총동맹의 집회금지 해제를 요구하기도 했다.[88] 이러한 사정은 신간회도 마찬가지였다. 따라서 당시 사회단체에서 언론·집회·출판·결사의 자유

86 전위동맹의 강령과 비교하면 전위동맹에서 작성한 격문이 사회주의적 성향을 자제한 것을 알 수 있다.

87 『동아일보』, 1928년 7월 14일.

88 『동아일보』, 1929년 11월 30일.

요구는 긴급한 현안이었다. 또한 치안유지법 철폐는 학생의 이해를 반영했다기보다는 기성 사회 활동자들의 요구가 반영된 것으로 보인다. 치안유지법은 1929년 신의주 학생사건에 처음으로 적용되었을 뿐[89] 일반적으로 학생사건에 적용되지 않고 있었다. 조선학생전위동맹 측의 격문에 이 조항이 없는 것을 보아도 이러한 사정을 짐작할 수 있다.

나아가 조선청년총동맹 측의 격문에는 "군사 경찰 정치 반대", "총독정치 반대", "타도 일본제국주의" 등을 주장하여[90] 민족독립운동적 성격을 분명히 했다. 특히 "타도 일본제국주의" 등의 주장은 일제에 대한 직접적인 항쟁을 선언한 것으로서 이후 각지에서 전개된 시위 및 맹휴운동의 방향성을 제시한 것으로 주목된다. 그 결과 1930년 1월 서울의 2차 시위과정에는 운동이 고양되면서 구호뿐 아니라 구체적 실체로서 태극기, 적기 등이 등장하기 시작했다.

조선청년총동맹의 총 7종의 격문 중 행동 강령이 제시된 격문이 4종이고 행동 강령의 제시가 없는 격문이 3종이다. 그런데 행동 강령이 제시된 4종의 격문에는 공통적으로 '대중적 시위운동을 조직하라'는 내용이 포함되었다. 이는 조선청년총동맹이 청년조직을 이용하여 시위운동을 전국적으로 확산시키려고 했던 의도를 반영한 것으로 보인다. 이는 전위동맹이 배포한 격문의 표어가 학생운동 차원에 국한된 것과 대비되는 측면이다. 때문에 조선청년총동맹에서는 격문의 대상을 학생과 청년으로 구분하여 별도로 작성했던 것이다.

조선학생전위동맹의 격문에는 "신간회와 청총에 민족적 환기를 호소하자"

---

89 장신, 「조선총독부의 광주학생운동 인식과 대응」, 『광주학생운동연구』, 한국역사연구회, 265쪽.

90 *姜在彦*, 앞의 책, 138~166쪽. 이는 11월 19일 목포상업학교의 시위 당시 격문이 "만국무산계급단결 만세", "프롤레타리아 조국 사수" 등 사회주의적 요소가 강조된 반면 일제 식민통치에 대해서는 "총독정치 절대 반대", "피압박민족 해방만세"의 수준에 머물고 있는 것과 비교된다.

는 구호가 포함되었다. 반면 조선청년총동맹의 격문에는 당연히 이 부분이 없는데 신간회와의 연계활동 계획이 진행 중인 상황도 반영되었을 것이다.

서울의 1차 시위운동은 다음과 같은 성격을 띠고 있었다.

첫째, 1차 시위의 경우 사회주의 학생, 청년조직의 치밀한 계획에 의해 추진되었다는 점이다. 조선청년총동맹과 조선학생전위동맹은 청년조직과 학생조직이라는 차이에도 불구하고 상호 연계된 활동을 전개했다. 전위동맹의 경우 학생 단체인 만큼 독서회 조직과 학생 간의 인적 유대 등을 이용해 각 학교 간의 횡적인 연대를 이룰 수 있었다. 따라서 조직적인 학생동원이 가능했다. 이에 비해 조선청년총동맹은 청년조직인 관계로 학생조직이 미비했으나 장석천, 황태성 등이 각 학교 학생들을 개별 접촉하며 시위참가를 권유하고 운동방법을 지도했다. 또한 곽현은 7종의 격문을 통해 운동의 방향성을 제시하는 등 학생들을 추동했다. 그 결과 각 학교 간의 사전 연락을 통해 연합시위로까지 발전시키는 등 대규모 시위투쟁을 펼 수 있었다. 이와 같이 1929년 12월 서울의 1차 시위운동은 조선청년총동맹과 조선학생전위동맹 등 청년·학생운동 조직의 개입이 결정적인 역할을 했음을 알 수 있다.

둘째, 1차 시위의 경우 사회주의 비밀결사가 주도하였음에도 불구하고 투쟁수위를 조절하여 사회주의 성향의 구호를 자제함으로써 광범위한 학생의 참여를 유도하였다는 점이다. 1차 시위 당시 조선학생전위동맹에서 작성한 한 종류의 격문과 조선청년총동맹 측이 준비한 7종의 격문에서 사회주의 성향의 구호는 거의 발견되지 않는다. 앞서 본 바와 같이 1차 시위는 특히 사회주의 비밀결사에 의해 준비 추진되었음에도 격문 등에서 사회주의적 요소가 적었다. 반면에 당시의 격문에서 공통적으로 강조하고 있는 것이 광주에서 일본인 소방대, 재향군인 등에 의해 대대적으로 한인 학살이 자행되고 있다는 점이었다. 특히 조선청년총동맹 측의 격문은 7종이 모두 일제의 한인 대학살음모가 진행되고 있으며 광주에서 수백 명이 살상당했다고 격렬한 어조로 성토하면서 전민족적 봉기를 촉구하고 있다. 이러한 한인 학살음모설은 당시 보도통제의 상황에서 광주의 실정에 관심이 높았던 학생들에게 커다란 호소력을 지녀 광범위한 학생들의 시위참가를 촉발하는 계기가 되었을 것이다.

셋째, 1차 시위운동 준비자들이 전국적인 시위로의 확산을 계획하고 있었다는 점이다. 장석천은 조선청년총동맹 간부들과의 협의과정에서 서울에서 시위를 일으키고 이를 전국에 확산할 것을 거듭 주장한 바 있다. 장석천이 신간회의 허헌과 합의한 것도 서울시위와 전국확산이었다. 조선청년총동맹 측에서 배포한 7종의 격문에는 공통적으로 "대중적 시위운동을 조직하자"는 제안을 담아 향후 운동의 방향을 제시하였고 지방에의 배부도 시도했다. 이는 전국적 대중시위를 전망하고 있었기 때문일 것이며, 이 과정에서 일반대중과의 결합을 시도하여[91] 전민족적 공감대를 형성하려고 하였다. 비록 이들이 전국적인 시위를 직접 주도하지는 못했으나 이후 전국으로 시위가 확산된 데에는 서울시위의 영향이 컸던 것으로 보인다.

넷째, 운동방식이 대규모 시위운동으로 전개되어 일제 식민통치에 대한 직접적인 항쟁으로 나타났다는 점이다. 1926년 6·10만세운동으로 인해 고조된 학생운동은 1927~1928년에는 학생비밀결사의 결성과 활발한 맹휴투쟁으로 발전했다. 그러나 이 시기에도 학생운동은 개별 학교단위 맹휴투쟁의 범위를 넘지 못하였다. 투쟁의 양상도 주로 학내문제 등의 요구사항을 담은 진정서를 제출하고 동맹휴학을 하는 교내투쟁에 국한된 것이었다. 그런데 1929년 12월~1930년 1월 서울에서 전개된 학생시위운동은 종래의 개별학교 단위의 맹휴

91 제2고보생들은 "일반부민도 시위운동에 참가시킬 것"을 운동방침으로 삼았다(姜在彦, 앞의 책, 47쪽). 또한 조선청년총동맹 측과 전위동맹 모두 격문을 기성 사회, 사상단체에도 배포하여 이들의 참여를 유도했다.

투쟁이 아니라 대규모 시위운동으로 전개되면서, 일제 식민통치에 대한 직접적인 항쟁의 성격이 강화되었다.

다섯째, 민족운동적 요구를 통해 이후 전국적으로 전개된 운동의 지향점을 제시했다는 점이다. 당시의 격문에 공통적인 요구가 "식민지노예교육 철폐", "구속 학생의 석방"이었다. 이는 식민교육의 모순을 절감하고 있던 당시 학생들의 실제적인 요구를 반영한 것이었다. 아울러 조선청년총동맹의 격문에는 "언론·집회·출판·결사의 자유 획득", "치안유지법 등 악법 철폐" 등의 정치적 요구가 담겼다. 나아가 "군사 경찰 정치 반대", "총독정치 반대", "타도 일본제국주의" 등을 주장하여[92] 민족독립운동적 성격을 분명히 했다. 특히 조선청년총동맹 측 7종의 격문에 공통적으로 등장하는 "타도 일본제국주의" 등의 주장은 일제에 대한 직접적인 항쟁을 선언함으로써 이후 각지에서 전개된 시위 및 맹휴운동의 방향성을 제시한 것으로 주목된다. 그러나 실제 학생들의 시위운동 과정에서 "타도 일본제국주의"나 "조선독립" 등의 구호가 제기되지는 않았다. 이는 학생운동 조직이 아직 일제와의 전면적인 투쟁을 제기하지 않았다는 것을 의미한다. 학생들이 일제와의 전면투쟁에 나서는 것은 1929년 12월 전국 주요도시의 중등학교로 확산되는 과정을 거쳐 1930년 1월 이후에 본격화되었다. 이는 운동의 발전양상을 보여주는 것이다. 그 결과 1930년 1월 서울의 2차 시위에는 운동이 고양되면서 구호에서 뿐 아니라 항일운동의 구체적 실체로서 태극기, 적기 등이 등장하기 시작했다.

92 姜在彦, 앞의 책, 138~166쪽.

1929년 12월 학생시위의 확산과 사회단체 동향 03

학생시위의 확산과 특징

12월 초 서울지역의 학생 시위를 계기로 동조활동은 전국으로 확산되었다. 12월에는 고보나 상업학교 등의 중등학교가 소재한 대도시를 중심으로 운동이 전개되었다. 개성(송도고보), 평양, 원산, 춘천, 동래, 함흥 등에서 광주학생 동조활동이 있었다. 그런데 각 지역의 동조활동은 지역적 특성에 따라 그 전개양상을 달리하고 있다.

12월 2일 충남 공주고보 2~4학년생 200여 명이 학교 당국과 충남 도 학무과에 6개항의 요구조건을 제시하며 일제히 맹휴를 전개했다.[93] 공주고보의 맹휴에는 사회단체 인사의 배후지도가 있었다. 공주청년회 집행위원장인 윤귀영은 11월 3일 광주지역 한일학생 충돌에 대한 일제 관헌의 편파적인 조치에 분노하고 있던 중 공주고보 4학년 이관세로부터 공주고보 학생 간에 맹휴 조짐이 있음을 전해 들었다. 공주고보 5학년 담임인 일인 교유가 5학년 학생 8

---

93 『조선일보』, 1929년 12월 3·5일·1930년 1월 9일 ; 『동아일보』, 1929년 12월 7일 ·1930년 1월 12일 ; 公州高等學校, 『公州高60年史』, 1982, 99~104쪽.

명을 대동하고 경찰부장의 관사를 방문하여 학생을 경찰의 간첩으로 삼으려 한 행위 때문이었다. 윤귀영은 이관세에게 일제 식민지 교육의 결함과 식민통치의 부당함을 지적하며 공주고보 학생들이 맹휴를 결행할 것을 촉구했다. 이에 고무된 이관세는 4학년 학생들을 조직하여 12월 2일 맹휴를 전개했다.[94] 맹휴는 12월 8일까지 계속되었는데 이에 호응하여 사립 영명학교, 영명여학교 학생들도 맹휴를 전개했다. 맹휴는 학교측의 임시방학 조치로 더 이상 확대되지 못했다.[95] 공주지역 중등학교의 맹휴는 직접적으로 광주학생 동조활동을 목적한 것은 아니었으나 광주학생 사건의 영향으로 인해 전개된 측면이 강했다.

서울을 제외한 12월의 첫 시위운동은 전남 함평에서 계획되었다. 함평농잠보습학교 학생들은 귀성한 광주고보생으로부터 시위운동을 권유받고, 함평공립보통학교 상급생들과 연락하여 12월 12일의 장날을 기해 시위운동을 전개할 계획을 추진했다.[96] 이들은 선전격문과 태극기를 제작하는 등 준비를 갖추다가 9일에 사전 탐지되어 주모자 등 10여 명이 검거됨으로써 실패했다. 12월 12일에는 동교생들이 검거자 석방을 요구하며 맹휴를 전개했다.[97] 이는 11월 27일 나주농업보습학교와 나주보통학교 학생의 장날을 이용한 연합시위운동과 유사한 운동형태라고 하겠다. 12월 중순경 해남군 해남공립보통학교 5학년 김세균 등은 광주학생사건으로 귀성한 광주농교의 독서회원 박종주로부터 해남장날을 이용해 시위운동을 결행할 것을 권유받았다. 이에 김세균 등 보통학교생 9명은 「2천만 동포에게」라는 제목으로 '조선독립만세'를 기재한

---

94 「昭和五年刑公第44號(尹貴榮 等)判決文」, 공주지방법원, 1930년 3월 8일.

95 『조선일보』, 1929년 12월 28일 호외 3면.

96 전라남도, 「光州學生事件並其餘波受道內各學校生徒動搖顚末」, 1930년 4월 ; 김재기·임영언·권향숙 공역, 『일제관헌이 기록한 광주학생독립운동』, 마루, 2012, 140~141쪽.

97 『조선일보』, 1929년 12월 28일 호외 2면 ; 『동아일보』, 1930년 1월 12일.

격문을 준비하던 중 발각 체포되었다.[98]

함평농잠보습학교와 해남공립보통학교 학생들의 시위운동 계획은 사전발각으로 좌절되었으나, 태극기와 '조선독립만세' 격문을 준비하는 등 민족운동적 성향이 드러나기 시작한 것으로 주목된다.

12월 초 서울의 시위 이후 동조활동은 서울과 인접한 경기도 일대로 확산되었다. 전국적으로 몇 개에 불과한 사립고보의 하나인 개성의 송도고보에서 서울의 열기가 이어졌다. 1920년대 후반 맹휴가 활발했던 개성 사립 송도고보는[99] 12월 10일 광주학생에 호응하여 맹휴를 단행했다. 호수돈여고보 학생들도 맹휴의 조짐이 있었으나 학교 측의 임시휴교로 확산되지 못했다.[100] 개성의 공립상업학교와 사립 개성학당상업학교 학생들은 12월 13일 일제히 맹휴를 전개했다. 개성학당상업학교는 맹휴가 지속되지 않았으나 개성상업학교 2~4학년생은 맹휴를 계속하다가 12월 20일 동계방학을 맞았다.[101]

서울과 인접한 인천상업학교 학생들은 서울지역 학생시위의 영향으로 곧바로 12월 12일 광주학생에 호응하여 맹휴를 전개했다.[102] 인천상업학교 학생들

---

98 전라남도, 앞의 자료, 1930년 4월 ; 김재기·임영언·권향숙 공역, 앞의 책, 146쪽.

99 송도고보생들은 1920년대에 총 5번의 맹휴를 전개했다. 특히 1926년부터 매년 맹휴가 전개되었다(조선총독부 경무국, 『朝鮮ニ於ケル同盟休校ノ考察』, 1929, 14쪽). 송도고보는 미국 남감리교회 선교사업의 일환으로 설립된 韓英書院의 후신으로 교육령 개정에 따라 송도고등보통학교로 변경되었다. 한영서원 당시 뿐 아니라 고보 승격 후에도 한동안 尹致昊가 교장을 맡았다. 한영서원은 1910년대 애국창가 사건으로 교원이 구속되는 등 항일적 기운이 강했고 이러한 전통이 송도고보에도 계승되었다고 보인다. 1927년에는 미국 선교부의 재정 지원 감축으로 어려움을 겪다가 1934년 한인 유지들이 재단법인을 설립하여 유지되었다(『동아일보』, 1927년 7월 25일 4면·1933년 11월 5일 석간 3면).

100 『조선일보』, 1929년 12월 28일 호외 2면, 일제의 보고서에는 1929년 12월 12일 송도고보 학교 측이 임시휴교하여 맹휴가 전개되지 않은 것으로 기록되었다(「光州學生事件及其影響 其の一」, 강재언 편, 『光州抗日學生事件資料』, 146쪽).

101 「光州學生事件及其影響 其の一」, 강재언 편, 『光州抗日學生事件資料』, 151쪽.

의 맹휴를 촉구할 목적으로 서울 각 학교에 배부된 격문을 전달한 인천 거주 서울 통학생인 경성협성실업학교 학생 조오상과 경성청년학관 학생 이복이가 검거 송국되었다.[103]

그런데 12월 12일 평북 선천의 기독교계 사립 신성信聖학교 학생들이 맹휴를 단행하고 시가로 진출하여 시위운동을 전개했다.[104] 전남 함평을 제외한 다른 지방 학교와는 달리 시위운동 방식을 채택하여 이채를 띤다.

원산에서는 원산상업학교 4학년 한인 학생들이 12월 16일 맹휴를 단행했다. 원산누씨여고보는 학생들의 맹휴 조짐이 있자 예정을 앞당겨 12월 14일 조기 방학했다. 일인 학교인 원산고등여학교의 일부 한인 학생들도 12월 14일 맹휴를 벌였다.[105] 원산의 학교들이 일제히 호응하고 있는 것은 1929년 초 원산총

---

102 인천상업학교는 1895년 관립한성외국어학교 인천지교로 개교하여 1904년 관립 인천일어학교, 1909년 관립 인천실업학교로 변천되었다가 1차 조선교육령 발포 이듬해인 1912년 인천공립상업학교로 개칭되었다. 1922년에는 甲種상업학교로 승격하여 교육연한이 5년으로 늘었다. 일인 상업학교인 인천남상업학교와 대비하여 인천북상업학교로 불리기도 했다(上仁川中·인천고등학교 동창회, 『仁高百年史』, 1995, 105~189쪽). 당시 몇 명의 학생이 맹휴를 반대하고 학교 측에 밀고했는데 1930년 1월 17일에는 학생들이 이들을 응징한 후 다시 시위운동을 추진했다(『조선일보』, 1930년 1월 18~19일).

103 『조선일보』, 1930년 1월 2·9일.

104 『조선일보』, 1929년 12월 28일 호외 2면 ; 일제는 경찰의 사전 사찰로 시위에는 이르지 못한 것으로 보고하였다(「光州學生事件及其影響 其の一」, 강재언 편, 『光州抗日學生事件資料』, 151쪽). 선천 사립신성학교는 1906년 梁甸伯, 金錫昌 등이 宣川中學會를 조직하여 설립한 학교이다. 이후 경영난으로 북미 선교회에 이관되어 운영되었다. 1920년에는 尹山溫(맥큔)이 교장을 맡기도 했다. 1929년에는 재단 설립과 지정학교 승인을 얻기 위해 선천읍내 기독교 교회와 지역 유지들이 기부금을 출연하기도 했다. 1928년에 미국에서 귀국한 張利郁이 교장으로 취임했다(『동아일보』, 1928년 4월 13·23일, 1929년 8월 18일). 성경과목 이수문제로 고보 승격에 부정적인 선교회 측과 이를 요구하는 학생 간의 알력으로 맹휴가 전개되기도 했다.

105 『조선일보』, 1929년 12월 28일 호외 2면 ; 「光州學生事件及其影響 其の一」, 강재언 편, 『光州抗日學生事件資料』, 149쪽에는 원산상업학교에서 맹휴계획이 추진되었으나 호응이 적어 12월 16일 4학년 학생들의 백지답안 제출에 그쳤다고 기록되었다.

파업을 통해 형성된 항일기운의 영향도 작용했을 것으로 짐작된다.

동조활동의 집단적인 움직임은 중등학교가 밀집한 평양에서 그 조짐을 보이기 시작했다. 평양에는 중등학교가 12개 교에 달했으나 1929년까지 학생맹휴가 그리 활발한 편은 아니었다. 숭실학교가 1922년과 1927년, 평양농업학교가 1921년과 1926년에 각각 맹휴를 전개한 바 있었다. 두 학교 모두 1920년대 후반에는 한 차례씩 맹휴한 것이므로 당시 전국적인 추세로 보면 그리 활발하다고 할 수는 없다. 그런데 1929년 12월 숭실전문학교를 필두로 각 중등학교에서 광주지역 학생사건에 대한 동조활동이 전개되었다.

12월 5일 서울의 조선청년총동맹 측에서 발송한 격문이 평양우편국에서 압수된 바 있었다.[106] 그럼에도 불구하고 기독교 장로파 경영의 사립 숭실전문학교에는 "조선학생이여 분기하라, 용감히 싸워라. 일본 중학생의 총검의 학대를 받아 20여 명 광주고보생 절명"이라는[107] 격문이 살포되었다. 또 서울의 협성신학교에서 귀향한 학생 등을 통해 서울의 시위 상황이 전해졌다. 학교 교문에 궐기를 촉구하는 격문이 부착되기도 했다.[108] 이에 격동한 숭실전문학교생들은 12월 14일의 역사시험과 국어시험을 거부하며 백지답안을 제출하고 학생 일동이 학교를 탈출하여 귀가했다. 숭실전문학교의 백지답안 제출은 인근 학교에도 파급되었다. 16일 사립광성고보와 사립 숭인학교, 공립농업학교생이 역시 백지답안을 제출했다. 같은 날 평양공립여고보생들은 일제히 맹휴를 단행했다. 17일에도 사립 광성고보, 사립 숭인학교, 공립농업학교, 사립 숭실학교생들이 백지답안을 제출했다. 평양공립고보생들 간에는 광주학생사건에 호응하여 시험을 거부하자는 논의가 진행되기도 했다. 평양의 중등 이상

106 『동아일보』, 1929년 12월 7 · 29일.

107 「光州學生事件及其影響 其の一」, 강재언 편, 『光州抗日學生事件資料』, 146~147쪽.

108 『동아일보』, 1929년 12월 29일.

12개 학교 중 9개 학교에서 백지동맹이나 맹휴가 전개되었던 것이다.[109] 평양의 각 학교는 20~25일 동계방학에 들어감으로써 동조활동이 더 이상 확대되지는 않았다. 이와 같이 기말시험기간이었던 평양지역 학교의 운동은 시험거부, 백지답안 제출, 맹휴 등 온건한 방식으로 전개되었다. 숭실전문학교의 백지동맹을 시작으로 인근 중등학교들이 이에 동참하여 동조활동이 확산되고 있었다. 중등학교가 밀집한 지역특성은 운동의 확산에 유리한 조건이었으며 1930년 1월 광범위한 시위운동으로 발전하는 동력이 되었다.

평양의 경우 광주학생의 희생에 대한 동정적 동조활동의 성격이 강했던 것을 알 수 있다. 반면 이와는 달리 목적의식을 분명히 한 움직임도 있었다. 1928년의 격렬한 맹휴를 통해 투쟁성이 강화된 함흥고보와 함흥농교의 경우가 이에 해당한다. 12월 16일 함흥고보에 「싸워라, 조선인 학생대중이여」라는 격문이 살포되었다. 고보생들은 이를 계기로 '조선학생 만세', '약소민족 만세'를 고창하며 강당 유리를 파괴하는 등 격렬한 교내 시위를 전개했다. 결국 경찰에 주모자 34명이 검거됨으로써 해산하였다. 그런데 사전 계획에 의하면 만세고창 후 학교 밖으로 진출하여 시위운동을 전개할 예정이었다. 이러한 계획은 고보 학생 10여 명과 이를 지도하는 지역 활동가 수 명이 추진했던 것이다. 이들은 광주 검거학생의 석방과 함께 함흥수리조합, 갑산화전민문제 등의 해결을 요구했다.[110] 학생들이 농민문제를 제기하여 사회운동과의 연계투쟁을 전망하면서 활동 범위를 확장하고 있었다. 이는 지역 활동가의 영향도 작용했을 것으로 보인다.

12월 16일 영생중학교와 영생고등여학교 학생들도 시위운동의 조짐이 있

109 『동아일보』, 1929년 12월 29일.

110 『조선일보』, 1929년 12월 28일 호외 2면.

자 경찰이 경계했는데 동일 학교 측에서 함흥고보의 시위운동에 놀라 휴교했다.[111] 12월 17일에는 함흥농교생들이 선전격문 1만여 매를 배포하고 시내로 진출하여 시위운동을 전개할 계획을 추진했으나 사전에 발각되어 실패했다. 이들은 시위 당시 '조선독립 만세', '피압박 민족 만세' 의 구호를 외칠 계획이었다고 한다.[112] 12월 21일에는 함흥공립제2보통학교에서 6학년생을 중심으로 맹휴를 단행하려 했으나 교사와 경찰이 학생들을 강당에 집결시켜 설득 후 귀가시킴으로서 뜻을 이루지 못했다.[113]

평양과 달리 함흥고보와 함흥농교의 운동은 시위의 형태로 추진되었고 학생들이 제기한 구호에서 알 수 있듯이 광주학생에 대한 동조의 차원을 넘어 민족해방운동으로 발전하고 있었다. 전남지방에 국한되던 시위운동이 12월 초 서울 각 학교의 시위운동을 거쳐 이제 전국으로 확산되기 시작한 것이다. 그러나 양 학교가 임시 휴교하고, 이어서 동계방학이 시작됨으로서 운동은 더 이상 진척되지 못했다.

함북 경성鏡城에서는 1929년 12월 19일 신간회 주을지회朱乙支會 집행위원장 이제백이 집행위원인 유상화, 윤성우 및 경성고보 5학년생 박영식 등과 함께 조선청년총동맹에서 경성군 청년동맹 앞으로 우송된 "조선 피압박 민중에게 격함"이란 격문을 접하고 시위운동을 계획했다.[114] 이제백은 의제義弟인 경성고보생 박영식에게 격문을 기초케 한 후 이를 수정하여 "조선 피압박 학생 제군에게 고함"이란 격문 수백 매를 인쇄하여 박영식을 통해 경성고보에 살포토록 했다. 박영식은 12월 23일 2학기 종료식 전에 이 격문을 살포했고 5학

111 『조선일보』, 1929년 12월 28일 호외 2면.

112 강재언 편, 『光州抗日學生事件資料』, 148~149쪽.

113 강재언 편, 『光州抗日學生事件資料』, 149쪽.

114 「光州學生事件及其の影響 其の二」, 강재언 편, 『光州抗日學生事件資料』, 214~215쪽.

년생 50여 명이 시위계획을 협의했으나 주모자들이 검거되어 실패했다.[115] 이 격문은 서울의 조선청년총동맹에서 살포한 격문의 내용을 거의 그대로 모방한 것이나 행동강령이 '식민지 노예교육에 절대반대', '총독정치에 반대하자', '구금된 광주학생을 무조건 석방 요구하라' 등으로 축소되어 있다.[116] 이는 조선청년총동맹 측의 시위 전국화 계획이 지방에서 실현된 구체적인 사례라고 할 것이다.

춘천고보에서는 서울지역 학생시위로 귀향한 중동학교생 박광옥의 추동으로 2학년생들을 중심으로 시위계획이 추진되었다.[117] 12월 19일 전교생 400여 명이 교정에 집합하자 2학년 곽재원이 중앙에 나와 맹휴를 독려하는 연설을 했다. 학생들은 "백의白衣의 신흥동지여, 피압박 민족인 그대들은 압박교육에 복종할 것인가, 해방운동을 위하여 결사각오로 휴교를 단행하라"라는 격

---

115 「昭和5年刑控第70號(박영식)判決文」, 경성복심법원, 1930년 3월 27일, 「광주학생독립운동사」, 광주학생독립운동동지회, 203~204쪽 ; 조선총독부 학무국, 「全羅南道光州に於ける內鮮人生徒鬪爭事件の眞相並之が鮮內諸學校に及ぼしたる影響」, 1930년 2월, 80쪽.

116 경성고보에 살포된 「피압박학생제군에 격함」이란 격문은 내용과 표현법 등이 조선청년총동맹에서 살포한 수종의 격문과 거의 같다(「光州學生事件及其影響 其の一」, 「「光州學生事件及其の影響 其の二」, 강재언 편, 『光州抗日學生事件資料』, 162~165, 245~246쪽). 이는 서울의 조선청년총동맹 측에서 제작한 격문이 지방에 전해진 구체적인 사례로 볼 수 있다.

117 춘천농업학교의 교지에 의하면, 춘천고보의 시위는 춘천농업학교와의 연합시위운동으로 추진되었던 것 같다. 즉 1929년 12월 10일경 춘천농교와 춘천고보 학생들이 연합하여 시위운동을 계획하고 농업학교에서는 4학년 이정호·김무규, 3학년 윤형중 등을 중심으로 격문을 제작했으나 사전에 발각되어 선생에게 압수당했다고 한다. 이들은 춘천고보와 약속한 12월 19일 궁성요배를 이용해 만세를 부르고 시위운동을 할 계획이었으나 사전에 일경에게 알려져 실패했다고 한다(춘천농업고등학교 동창회, 『春農75年의 脈絡』, 1984, 318~321쪽). 그런데 1927년 학생들의 맹휴로 축출되었다는 일인 교사 大川立七이 학생들의 거사를 저지하였다고 기록되어 내용에 부분적인 착오가 있는 것으로 보인다.

문을 배포하고 만세를 고창한 후 각자 귀가했다. 12월 20일에는 수십 명만 등교하였고 21일에는 대부분 등교했으나 모두 시험에 백지답안을 제출하며 항거했다. 5학년생 수십 명이 통곡하며 교장에 항의하는 등 사태가 확산되자 학교에서 각 반별로 방학식을 거행하고 말았다.[118]

또 12월 20일 동래고보에서도 동조 활동이 추진되었다. 동래고보는 1925년, 1927년, 1928년 3차례의 맹휴를 통해 학생들의 결집력이 제고되어 있었다. 이러한 맹휴의 역량은 조직적인 투쟁으로 나타났다. 즉 학생들이 대표자를 선출하여 '구금 광주학생의 무조건 석방', '가해자를 엄벌할 것' 등 2개항의 진정서를 교장에게 제출하고 광주사건 수습 때까지 등교 거부를 선언했다.[119] 때마침 25일부터 동계방학이 시작되었으므로 운동은 더 이상 진척되지 못했다.

1929년 12월 전국의 주요 도시를 중심으로 확산되던 동조활동은 동계방학으로 인해 지속적인 투쟁으로 발전하지 못했다. 12월의 동조활동은 주로 대도시에 소재한 공립고등보통학교와 실업학교에서 추진되었다. 이는 광주 지역의 광주고보와 농업학교 학생들의 투옥에 항의하는 차원에서 전개된 것이었다. 따라서 광주학생에 대한 동조활동의 성격이 강했다.

또한 투쟁의 양상도 백지동맹, 맹휴, 시위운동 등 다양한 방식이 시도되었다. 12월 초순까지도 종래 학내문제의 해결을 위해 시도되던 맹휴 방식이 일반적이었다. 송도고보, 호수돈여고보, 개성공립상업학교, 개성학당상업학교, 인천상업학교, 원산상업학교 등의 맹휴활동이 그것이다. 시험기간이었던 평양에서는 주로 백지답안 제출 등의 시험거부활동이 많았다. 그런데 12월 16일 함흥고보 학생들의 동조활동이 시위운동의 형태로 전개되면서 이후 시위

118 『중외일보』, 1930년 1월 13일 석간.

119 『조선일보』, 1929년 12월 28일 호외.

표 3-1 1929년 12월 전국 각 학교의 운동상황

일시	소재지	종별	학교명	규모	양상	비고
12/2	충남 공주	고보	공주고보	200여 명	공주청년회 집행위원장의 지도로 맹휴	12월 8일까지 전개
12월 초	충남 공주	각종	영명학교, 영명여학교		공주고보에 동조맹휴	
12/13	충남 공주	보통	금성(錦城)보통학교	6학년	식민교육 배척, 맹휴시도	사전 발각
12/9	전남 함평	실업	함평농잠보습학교	10여 명	함평보통학교생과 연합하여 장날에 시위 계획 추진	사전 발각
12/12	전남 함평	실업	함평농잠보습학교	다수	검거자 석방을 요구하며 맹휴 전개	
12월 중순	전남 해남	보통	해남보통학교	9명	광주농교생의 권유로 '조선독립만세' 격문 준비	사전 발각
12/10	경기 개성	고보	송도고보	다수	광주학생에 호응하여 맹휴 단행	
12/10	경기 개성	고보	호수돈여고보	다수	맹휴의 조짐이 있었으나 학교에서 임시휴교함	미실행
12/13	경기 개성	실업	공립상업학교	2~4학년	맹휴 전개	20일까지 맹휴지속
12/13	경기 개성	실업	개성학당상업학교	다수	맹휴 전개	
12/13	경기 인천	실업	인천상업학교	다수	서울 시위의 영향으로 맹휴 전개	
12/12	평북 선천	각종	신성학교	다수	맹휴 단행 후 시가로 진출하여 시위운동 전개	
12/14	함남 원산	고보	누씨여고보	다수	맹휴 조짐이 있었으나 학교에서 조기 방학	미실행
12/14	함남 원산	고보	원산고등여학교	일부	일인 학교에 재학 중인 한인여학생들이 맹휴단행	
12월 초	평남 평양				숭실전문학교에 격문 살포	

일시	소재지	종별	학교명	규모	양상	비고
12/14	평남 평양	전문	숭실전문학교	다수	백지답안 제출하고 귀가	
12/16	평남 평양	고보	사립광성고보	다수	백지답안 제출	
12/16	평남 평양	실업	공립농업학교	다수	백지답안 제출	
12/16	평남 평양	각종	사립숭인학교	다수	백지답안 제출	
12/16	평남 평양	고보	평양여고보	다수	맹휴 단행	
12/16	함남 함흥				함흥고보에 격문 살포됨	
12/16	함남 함흥	고보	함흥고보	다수	항일격문에 자극되어 교내시위 전개, 교외진출 시도	사회단체 인사가 관여
12/16	함남 함흥	각종	영생학교, 영생여학교	다수	시위 움직임이 있자 학교에서 휴교	미실행
12/17	함남 함흥	실업	함흥농업학교	다수	격문 1만여 매 배포, 시내에서 시위운동 추진	사전 발각
12/21	함남 함흥	보통	함흥공립제2보통학교	6학년	맹휴 추진하였으나 교사가 제지	미실행
12/19	강원 춘천	고보	춘천고보	400명	2학년생의 맹휴 독려 연설로 만세고창후 귀가	
12/21	강원 춘천	고보	춘천고보	다수	백지답안 제출, 5학년생이 통곡하며 교장에 항의	
12/23	함북 경성	일반	신간회원	수 명	격문 제작, 경성고보에 살포	
12/23	함북 경성	고보	경성고보	50여 명	5학년생 50여 명이 시위운동을 논의하다 주모자 체포로 실패	신간회원의 격문에 자극, 추진
12/20	부산 동래	고보	동래고보	다수	대표자를 선출하여 진정서 제출하고 맹휴	25일 방학

운동이 점차 확산되어갔다. 17일의 함흥농교, 19일의 춘천고보와 경성고보의 활동은 시위운동을 추진한 것이었다. 함흥고보, 경성고보와 같이 지역 사회운동 단체의 인사들과 연계된 경우 시위운동이 추진되었으며 이를 위해 격문이 제작 살포되었다.

그런데 시위는 단체로 행진하는 방식을 취하므로 자연히 구호를 통해 결속력을 강화해 가기 마련이었다. 12월에 시위가 주요 도시로 확산되는 과정에서 함흥지역의 중등학교에서 "조선학생 만세", "약소민족 만세", "조선독립 만세", "피압박 민족 만세" 등의 구호가 등장했다. 동조활동이 시위운동으로 전개되면서 민족운동의 형태로 발전하기 시작한 것이다. 이는 12월 초 서울지역 학생시위 당시의 격문에서 "타도 일본제국주의" 등의 구호를 통해 제기된 운동의 방향이기도 했다. 함흥지역에서 제기된 "조선독립 만세", "피압박민족 만세" 등의 구호는 이후 1930년 1월 시위운동이 전국으로 확산되면서 일반적인 현상으로 발전해갔다. 1929년 12월 전국의 운동상황은 표 3-1과 같다.

신간회의 민중대회 개최 계획과 좌절

1927년 2월에 결성된 신간회는 주지하듯이 사회주의계와 민족주의 좌파 계열의 민족협동전선체였다. 신간회는 결성 당시부터 학생문제에 관심을 갖고 있었다. 이는 조직구성을 통해서도 확인할 수 있다. 창립 당시의 부서는 서무부, 재무부, 출판부, 정치문화부, 조사연구부, 조직선전부였다. 그런데 특별부로서 학생부가 설치된 것이다. 다른 부서가 기능에 따라 조직된 것에 비하면 학생부의 존재는 이채롭다. 신간회 발기인회에서 이 문제가 논란이 되었다. 학생부의 설치에 대해 최원순이 규약 기초자인 안재홍에게 이의를 제기한 것

이다. 최원순과 안재홍간의 문답 내용을 살펴보자.[120]

문 : 신간회의 취지로 볼 때 학생부를 둘 필요가 있는가.
답 : 신간회는 정치에 관한 운동과 함께 한편 교화 및 도덕적 훈련 등을 할 필요가 있어서 학생부를 두었다.
문 : 그렇다면 신간회는 관사립 학교 당국자와 동일 보조로서 가는가 아닌가?
답 : 결국 동일 보조를 취하지 않으면 안 된다.
문 : 그렇다면 회 내에 학생부를 두지 말고 바로 학교에 의뢰하면 어떤가?
답 : 그렇게는 할 수 없다.
문 : 학생부를 둔다면 특별 취급을 폐지하자. 왜냐하면 전문학교 학생 중에는 우리 회의 간부로서 상당한 수완과 기량을 가진 자도 많다. 이러한 사람을 회원으로 활동할 수 없도록 한다면 회로서는 손실이 크다.
답 : 그럴 때는 학교를 그만두면 가능하다.
문 : 그러니 특별 취급을 폐지하여 동등하게 회에 대해 권리와 의무를 주자
답 : 우리 회의 운동 상 학생을 동일시할 수는 없다.

안재홍의 설명에 의하면 학생부를 설치하는 이유는 문화 도덕적 훈련을 위해 필요하다는 것이었다. 이에 대해 최원순은 학교와 학생 간에 맹휴가 발생하면 신간회가 공사립 학교 당국과 다른 입장을 취할 것인지를 질의했다. 안재홍은 신간회가 학교 당국과 보조를 같이 한다고 답변했는데, 그렇다면 학교에 일임해야지 학생부로 별도조직을 만들 필요가 없다는 것이 최원순의 의견이었다. 이를 통해 신간회의 학생부 설치 목적이 문화 도덕적 훈련이라는 개량적 차원에서 비롯된 것임을 알 수 있다. 당시 노동운동, 농민운동, 청년운동에는

120 경성종로경찰서장, 「京鍾警高秘1812號 新幹會發起人會ニ關スル件」, 1927년 2월 13일, 『사상문제에 관한 조사서류(2)』, 국사편찬위원회.

형식상이나마 노동총동맹과 농민총동맹의 분립이 결정되었고, 청년총동맹 등의 전국적 단일 조직체가 구성되어 있었다. 소년운동 역시 조선소년연합회의 결성을 준비 중이었다. 이에 비해 학생운동은 전국 조직이 부재한 상황이었다.

그런데 민족주의자나 사회주의자를 막론하고 당시 학생문제는 식민지의 구조적 취약성을 가장 잘 드러내주는 현상으로 인식되었다. 한인 학생에 대한 교육적 차별과 억압은 일제가 주장하는 '일시동인一視同仁'이나 '내선일체內鮮一體'가 허구라는 사실을 적나라하게 드러내는 아주 분명한 현상이었다. 따라서 학교 설비문제, 보통교육의 의무교육화, 교육용어의 문제 등 총체적인 '조선인 본위의 교육' 요구는 커다란 사회문제로 인식되었다. 또 학생맹휴 등 학생들의 요구도 지속적으로 증가하고 있었다. 이러한 상황이었으므로 신간회의 학생부 설치는 민족운동계가 학생문제를 민족문제의 차원에서 취급하겠다는 의사 표시로도 읽힌다. 즉 학생부 자체보다 학생문제가 민족문제로 인식될 만큼 성장하고 있었다는 점에서 주목되는 것이다. 이러한 변화에는 6·10만세운동 당시 학생계가 보여준 역량이 크게 작용했을 것으로 보인다.

신간회는 학생부를 조직하고 학생부장에 이관용李灌鎔을 선출했으나, 학생부 설치는 뜻대로 이루어지지 못했다. 5월 16일 조선교육협회관에서 준비위원회를 개최할 예정이었으나 경찰에서 학생 교육상에 영향을 준다는 이유로 금지하여 개최하지 못했다. 1927년 6월말의 간사회에서도 총독부의 금지로 학생부가 조직되지 못해 경무국장과 교섭중이라고 하여 조직 결성의 어려움을 설명하고 있다.[121] 총독부는 끝까지 학생부를 허가하지 않았으므로 결국 학생부는 부장만 선출한 채 유명무실한 상태가 되었다.[122] 신간회 본부 차

---

121 경성종로경찰서장, 「京鍾警高秘7403號 新幹會本部幹事會ニ關スル件」, 1927년 6월 30일, 『사상문제에 관한 조사서류』(3), 국사편찬위원회.

122 신간회 학생부의 설치로 "조선학생회와 조선학생과학연구회가 협동전선을 펼치게 되었

원에서 학생부의 활동은 없었으나 명목상 이관용은 학생부장의 직책을 지니고 있었다.[123] 그런데 1928년 6월 조사연구부 총무간사인 안재홍이 신문지법 위반으로 구속되자 그 후임으로 이관용이 임명되었다. 이에 따라 신간회는 이관용이 맡고 있던 학생부 총무간사에 동경지회장이었던 조헌영趙憲泳을 선출했다. 총독부 당국은 기왕에 조직 자체를 금지했으므로 임원을 개선하는 것은 묵인할 수 없다며 부회장 권동진과 학생부장 조헌영을 호출하여 해임할 것을 종용함으로써 결국 조헌영은 해임되었다.[124] 그 후 학생부는 1931년 신간회가 해소될 때까지 특별한 활동을 보이지 못했다.[125]

일제가 신간회 본부에 학생부 설치를 허가하지 않았던 것은 신간회가 사회문제에 개입하는 것을 근본적으로 차단하기 위한 의도였다. 이는 근우회 창립 당시 학생부가 설치된 것과 대비되는 것이다. 근우회는 창립 당시에 학생부를 설치하고[126] 별도로 학생부 규정도 제정했다. 이에 의하면 학생부에는 고

고, 신간회 학생부는 그 매개체의 역할을 했으며, 신간회 학생부를 매개체로 학생운동은 비밀결사를 통한 민족운동으로 승화되었다"고 평가한 연구도 있다(강대민, 『부산지역 학생운동사』, 국학자료원, 2003, 69쪽 ; 김호일, 『한국근대 학생운동사』, 선인, 2005, 158~159쪽). 이의 근거로 신간회 학생부가 학생운동의 통일적 지도기관이었다는 일제시기의 기록을 들고 있다(中川矩方, 『思想犯罪搜查提要』, 新光閣, 1934, 334~336쪽). 그러나 신간회의 성립으로 조선학생회와 조과연의 협동 분위기가 조성되었을 수는 있으나 실제로 협동전선이 이루어진 것은 아니었으며, 신간회 학생부가 학생운동을 통일적으로 지도하지도 못했다.

123 학생부장인 이관용은 학생부 총무간사로서 본부 총무간사회에 참석했다.

124 경성종로경찰서장, 「京鍾警高秘7616號 新幹會學生部ニ關スル件」, 1928년 7월 2일.

125 자료에서 확인되는 신간회 학생부의 활동은 1929년 6월 신간회 학생부 명의로 전북에 격문이 살포되어 경찰이 이를 조사한 정도이다(『동아일보』, 1929년 6월 22일). 이 격문을 정말 신간회 학생부에서 살포했는지는 확인되지 않았다. 신간회 학생부는 신간회의 해소 움직임에 따라 1931년 4월 해소되었다(中川矩方, 『思想犯罪搜查提要』, 新光閣, 1934, 337쪽).

126 경기도, 「京高秘第2594號-1 槿友會創立ニ關スル件」, 1927년 6월 3일.

등과와 전문과의 여학생에 한하여 가입이 허용되었다. 별도로 총회와 간사회를 두었고 간사회 산하에 다시 서무부, 재무부, 운동부, 지육부智育部를 두도록 했다. 서울의 본부에는 당분간 학생특별위원회에서 직접 지도하도록 했다.[127] 일제는 근우회에 학생부의 설치는 용인하면서도 신간회의 학생부는 인정하지 않는 모순을 보이고 있었다.

이와 같이 신간회 본부에서 학생부의 존재가 유명무실한 것과 달리 신간회 동경지회에서는 학생부의 활동이 활발했던 것 같다. 신간회 동경지회가 유학생을 중심으로 운영되었던 것과 무관하지 않을 것이다. 또 국내의 신간회 지방지회에 학생부가 설치된 경우도 있었다.

신간회가 회 차원에서 학생운동에 관여하는 것은 한계가 있었다. 1927년 7월에는 빈발하는 맹휴의 원인을 조사하여 대책을 강구하기 위해 7명의 조사위원을 선정하여 조사토록 했다.[128] 신간회는 맹휴의 근본 원인이 "조선의 특수사정 미테 침례한 교육제도가 일취월장하는 학생사상과 충돌됨에 잇는 것"으로[129] 파악하였다. 일제 식민지 교육제도와 성장하는 학생의식이 충돌하여 맹휴가 발생한다는 것이다. 이는 신간회내 민족주의자와 사회주의자들의 공통적인 인식이었던 것으로 보인다.[130] 이에 따른 대책은 일반사회에 성명서를

127 경성종로경찰서장, 「京鍾警高秘6935號 槿友會執行委員會ノ件」, 1927년 6월 20일, 『사상문제에 관한 조사서류』(3), 국사편찬위원회.

128 7명의 조사위원은 홍명희, 이관용, 권태석, 李鈺, 안재홍, 金俊明, 송내호였다(경성종로경찰서장, 「京鍾警高秘7831號 新幹會本部總務幹事會ノ件」, 1927년 7월 12일, 『사상문제에 관한 조사서류』(3), 국사편찬위원회).

129 『중외일보』, 1927년 7월 22일. 조사위원은 이관용, 이옥, 김준연, 권태석, 이관구, 송내호, 안재홍, 한위건, 홍명희로 보도되었다.

130 맹휴 조사위원들에 민족주의자와 사회주의자가 같이 포함되어 있고 조선일보의 사설도 중외일보의 보도내용과 거의 같은 표현으로 맹휴의 근본원인을 거론하고 있는 것으로 보아 좌우파의 공통적인 인식으로 보인다.

발표하여 여론을 조성하고 학교 당국에 통고문을 발송하여 반성을 촉구하는 것이었다.[131]

같은 해 8월 17일 신간회 경성지회의 주최로 개최 예정인 학생맹휴 비판 연설회의 연제는 '학생맹휴의 원인에 대하야', '현교육제도의 산물인 맹휴사건에 대하야', '교육의 근본의의를 망각한 최명환崔鳴煥' 등이었다.[132] 1927년 4월 경성제2고보에 퇴학사건이 발생하자 김준연으로 하여금 실상을 조사한 후 비판연설회를 개최하고 성명서를 발표할 계획이었으나, 경찰의 금지로 무산되었다. 동년 12월 중앙고보의 맹휴 당시에도 신간회 경성지회에서 김진국金振國에게 진상 조사와 대책 강구를 지시했으나 조사 도중 맹휴가 해결되어 취소되고 말았다.[133] 일제의 사립 소안학교 폐쇄에 대해서는 최익환이 출장 조사한 후 비판 연설회를 개최했다.

신간회는 맹휴가 활발해지는 과정에서 개별 학교의 맹휴에 대한 조사와 성명서 발표 등의 표면활동을 전개했으나 맹휴를 직접적으로 지도할 수는 없었다. 이는 합법 단체로서의 근본적인 한계였다. 심지어 학생맹휴의 대책을 논의하는 것조차 쉽지 않았다. 일례로 1927년 9월 총무간사회에서 맹휴 대책을 토의하려하자, 해당 학교에서 처리할 문제로서 국외자가 개입할 사안이 아니라는 이유로 토론이 금지되기도 했다.[134]

1929년 11월 3일 광주에서의 한일 학생충돌사건은 신간회 광주지회의 전

---

131 『조선일보』, 1927년 7월 22일. "대책을 결정하얏는데 그 요령은 일반사회에 성명서를 발표하야 여론의 향하는 바를 선명하는 동시에 각 학교 당국자에 통고문을 반표하여 그 반성을 촉할 터."

132 『중외일보』, 1927년 8월 15일.

133 경성종로경찰서장, 「新幹會京城支會第二回定期大會開催ノ件」, 1927년 12월 11일.

134 경성종로경찰서장, 「京鍾警高秘9764號 新幹會總務幹事會ノ件」, 1927년 9월 2일, 『사상문제에 관한 조사서류』(3), 국사편찬위원회.

문電文 보고를 통해 신간회 본부에도 알려졌다.[135] 11월 5일 신간회 중앙상무집행위원회는 광주지회 임시대회의 소집을 보류하고 광주, 송정, 장성지회에 광주사건의 진상을 파악하여 보고하라고 지시했다.[136] 이어 11월 9일 현지조사를 위해 집행위원장 허헌許憲과 서기장 황상규黃尙奎, 회계 김병로金炳魯를 광주에 파견했다.[137] 내광來光한 조사단은 광주지회원인 장석천으로부터 광주사태의 실상을 보고받았다.[138] 조사단은 광주경찰서를 방문하여 한인 학생의 일방적인 구금에 항의했다.

그런데 여기서 주목되는 것은 이들이 장석천과 향후 계획을 협의했다는 점이다. 이튿날 10일 집행위원장 허헌과 장석천간에 대책협의가 이루어졌다.

---

135 趙炳玉, 『나의 回顧錄』, 1959, 104쪽. 조병옥의 회고록에는 학생시위 이튿날인 11월 4일 신간회 광주지회에서 본부에 보고했고 장석천이 상경하여 신간회 본부에 사건의 실상을 전했다고 한다. 이에 따라 본부에서 대책회의를 열고 허헌 등의 조사단을 파견했다는 것이다. 그러나 장석천이 상경하여 신간회 본부에 실상을 알렸다는 것은 장석천이 광주에서의 시위운동을 주도한 후 11월 17일 상경한 이후의 일을 착각한 것으로 보인다. 장석천은 11월 4~5일 광주에서 전남청년연맹 회원들과 대책을 협의했고 7일과 9일에도 회의를 거듭했다. 7일에는 서울에서 내광한 조선학생과학연구회 권유근 등과 대책을 협의했다. 이어 9일에 신간회 본부의 조사단을 맞이했다(경성종로경찰서, 「장석천 신문조서(4회)」, 1930년 1월 15일, 국사편찬위원회, 『한민족독립운동사자료집』 50, 38~40쪽). 따라서 장석천이 상경해서 신간회와 협의할 여유가 없었다.

136 『조선일보』, 1929년 11월 7일 ; 『중외일보』, 1929년 11월 7일.

137 『중외일보』, 1929년 11월 10일.
이병헌은 신간회 본부에서 광주사건 즉시 조사단을 조직하고 조병옥을 대표로 광주에 파견했으나 일경이 송정리에서 저지하여 할 수 없이 신간회 광주지회장 丁洙泰를 송정리로 불러 현지 상황을 조사했고 다시 변호사협회장이었던 김병로를 파견했다고 한다(이병헌, 「신간회 운동」, 『新東亞』, 1969년호, 199쪽). 그러나 당사자인 조병옥의 회고록에 이러한 언급이 전혀 없으며 이후 신간회 조사단이 광주에서 조사활동을 벌인 것을 보면 조병옥의 사전파견 여부가 불분명하다.

138 장석천은 신간회 본부로부터 이들이 광주에 온다는 전보를 받고 신간회 나주지회 위원장인 金昌容 등과 함께 맞이하여 여관에 안내하고 광주사건의 실상을 설명했다(경성종로경찰서, 「장석천 신문조서(4회)」, 1930년 1월 15일).

장석천은 시위운동의 전국 확산을 제의하고 신간회의 협조를 구했다. 광주에서의 2차 시위준비와 서울에서도 시위운동을 전개할 계획임을 알렸다. 또 서울에서 시위운동이 전개되면 신간회에서도 그 뒤를 이어 운동을 전국으로 확산시키자고 제안했다. 허헌은 서울에서 시위운동을 전개하고 이를 전국으로 확산하자는 장석천의 제안에 동의했다. 이에 필요한 자금제공도 약속했다.[139] 이에 따라 장석천은 허헌에게 11월 12일의 광주시위계획을 통보했다. 허헌과 황상규는 11월 10일 상경했고 김병로는 학부형회의를 개최하여 선후책을 강구하기로 했다.[140]

광주에서 장석천과 시위계획에 합의한 허헌 등은 귀경하여 '광주학생사건보고 대연설회'의 개최를 계획했다. 11월 15일 허헌의 사회로 중앙상무집행위원회를 개최하고 황상규의 조사보고를 받은 후 '진상조사서를 작성하여 발표할 것, 진상보고·비판 연설회를 개최할 것, 시일·장소·연사는 특파원에게 일임할 것' 등을 결의했다.[141] 11월 23일에 개최된 제2회 중앙집행위원회에서도 대책이 논의되었다. 조사단을 대표하여 황상규가 전국 각지에서 참석한 40~50명의 집행위원들에게 조사결과를 보고했다. 집행위원회는 일제 당국의 한인 학생에 대한 태도가 불공평한 점을 총독부에 진정하고 비판연설회를 개최하기로 했으며, 그 일시는 상무집행위원회에 일임하기로 결의했다.[142]

---

139 경성종로경찰서, 「夫丙準 신문조서(1회)」, 1929년 12월 28일, 경성종로경찰서, 「장석천 신문조서(4회)」, 1930년 1월 15일, 국사편찬위원회, 『한민족독립운동사자료집』 49권, 276~281쪽, 50권, 38~39쪽 ; 『조선일보』, 1930년 9월 13일 호외.

140 경성종로경찰서, 「장석천 신문조서(제4회)」, 1930년 1월 15, 국사편찬위원회, 『한민족독립운동사자료집』 50, 40쪽. 김병로가 실제로 학부형회의를 개최했는지는 확인되지 않는다.

141 「광주학생사건 비판연설회, 신간회에서 열기로 결명」, 『조선일보』, 1929년 11월 20일.

142 경성지방법원 예심괘, 「李時雨 신문조서(제2회)」, 1930년 7월 4일, 국사편찬위원회, 『한민족독립운동사자료집』 50, 207쪽. 이시우는 李恒發이며 자신도 신간회 검사위원

그러나 비판연설회는 일제의 저지로 개최되지 못했다.[143] 신간회는 총독부의 허가를 받으려고 했으나 총독부 당국이 연설회 개최를 허가할 리가 없었던 것이다. 이미 11월 21일에 장석천이 허헌에게 서울학생들의 시위 계획을 통보했음에도[144] 불구하고 신간회는 광주학생운동에 대한 적극적인 대응책을 마련하지 못하고 있었다. 그러나 전국 각지에서 참석한 집행위원들에게 광주학생사건의 진상을 알리고 대책을 협의했던 점은 이후 시위운동이 전국적으로 확산될 때 신간회 지회원들의 참여를 이끌어내는 동인이 되었을 것이다. 이후 12월 5일 학생들의 시위가 시작되자 비로소 허헌의 발의로 민중운동을 계획하고 제1회 발기회를 열었다. 발기회의 중심인물은 허헌, 홍명희, 이관용과 조병옥이었다.

11월 23일의 제2회 중앙집행위원회에서 비판연설회의 개최일정을 상무집행위원회에 일임했는데 복대표대회 이후 상무집행위원은 대체로 민족주의계

자격으로 동 집행위원회에 참석했다고 진술했다.

143 「예심종결결정서」, 경성지방법원, 1930년 9월 6일, 『중외일보』, 1930년 9월 10일. 조병옥은 신간회 본부에서 '광주학생사건보고 대연설회'를 개최하기 위해 선전 삐라 수만 매를 인쇄하여 시내에 살포했으나 경찰이 금지하여 개최하지 못했다고 한다. 이에 항의하여 다시 선전 삐라를 시내에 배포하고 '언론압박탄핵 대연설회' 개최를 추진했으나 이 역시 일제의 저지로 좌절되었다고 한다(趙炳玉, 『나의 回顧錄』, 1959, 106쪽). 그러나 상무집행위원회에서 연설회 개최가 결정된 것이 11월 15일이며 중앙집행위원회에서 연설회 개최를 상무집행위원회에 일임하기로 결정한 것이 11월 23일이므로 시간상으로 '사건보고 연설회'와 '언론압박탄핵 대연설회'를 연이어 개최하기는 어려웠을 것 같다. 「예심종결결정서」에는 비판연설회를 당국이 금지했다고 한다. 이는 신간회가 당국의 허가 하에 비판연설회를 개최하려고 했음을 의미한다. 조병옥의 회고록에는 자신이 주도적으로 활동한 민중대회의 개최과정에 대한 기록이 불분명하다. 회고록 상의 언론압박탄핵 대연설회는 갑산화전민사건 진상보고연설회의 금지에 항의하여 동년 8월 4일 천도교기념회관에서 개최하려다 좌절된 언론압박비판대연설회를(『동아일보』, 1929년 8월 4~5일) 지칭하는 것으로 보인다.

144 경성종로경찰서, 「장석천 신문조서(제4회)」, 1930년 1월 15일 ; 국사편찬위원회, 『한민족독립운동사자료집』 50, 2002, 41쪽.

가 주류를 이루고 있었다.[145] 그 결과 공개연설회 개최 계획은 집행위원장 허헌을 비롯하여 상무집행위원인 홍명희, 경성지회장이자 교육부장 조병옥, 그리고 창립 당시 학생부장이었고 이후 조사부장을 역임한 이관용 등을 중심으로 추진되었다. 성향의 차이는 있으나 조병옥과 이관용은 함께 연희전문학교에 교수로 재직한 바 있어 학생문제에 개입하기가 수월했을 것이다.[146] 이들은 교육부장, 전 학생부장이었으므로 신간회내 학생문제의 담당자이기도 했다. 연설회의 실제적인 준비는 이관용, 홍명희, 조병옥 등을 중심으로 추진되었다. 이들은 본부 간부 및 경성지회원을 대상으로 협의를 진행했는데 황상규, 김항규, 손재기, 권동진, 김탁원, 이원혁과 주요한, 한용운 등이었다. 12월 8일에는 이미 '광주학생사건 공개연설회를 개최할 것'과 '연설회가 금지될 경우 전 지회에 민족적 시위운동을 일으키도록 할 것'을 논의했다. 이들은 광주사건이 단지 한일학생의 문제가 아니라 총독부의 조선민족에 대한 폭압정책의 문제로 파악하고 있었다.[147]

학생들의 연합시위운동이 전개된 이튿날인 10일에는 허헌의 집에서 조병옥, 홍명희, 이관용, 허헌 등과 신간회 검사위원장 권동진을 비롯하여 『동아일보』 사장 송진우, 『조선일보』 부사장 안재홍, 『중외일보』 조사부장 이시목과 손재기, 한용운, 주요한 등이 회합하여 학생운동 대책을 논의했다. 이들은 즉석에서 11명의 연서連署로 다음과 같은 내용의 결의문을 작성하고 그날 밤으로 각 사회단체 등에 배부하여 취지를 알렸다.[148]

---

145 이균영, 『신간회연구』, 역사비평사, 1993, 198~199쪽.

146 독일 철학박사인 이관용은 명목상이기는 하나 신간회 창립 당시 학생부 부장이었다. 조병옥 역시 미국에서 경제학 박사 학위를 받고 연희전문에서 교수로 재직한 바 있다. 따라서 이들이 학생문제가 발생했을 때 앞장서서 개입할 소지는 많았다.

147 조선총독부 경무국, 『朝鮮の治安狀況』, 1930, 85~86쪽.

148 『조선일보』, 1930년 9월 7일. 구체적으로 결의문을 어떤 단체에 배부했는지는 알 수 없

• 민중대회를 개최할 것
• 시위운동을 조직할 것
• 다음과 같은 표어로 민중여론을 환기할 것
가. 광주학생사건의 정체를 폭로하라.
나. 구금된 학생을 무조건 탈환하자.
다. 경찰의 학원 ××(유린–필자 주)을 ××(배격 – 필자 주)하라.
라. ××(포학–필자 주)한 경찰정치를 ××(타도 – 필자 주)하자.

이를 통해 공개연설회는 민중대회 개최로 발전하고 시위운동과 표어 설정 등 구체적인 활동 방향이 설정되었다. 그런데 『조선일보』·『동아일보』·『중외일보』 등 3대 신문의 책임자가 민중대회 개최에 원칙적으로 합의한 사실이 주목된다. 특히 『동아일보』 사장 송진우가 참여하여 민중대회 개최를 논의한 것은 송진우가 1928년 1월 신간회 경성지회에 가입한 점,[149] 그리고 『동아일보』 편집국장 주요한이 참여하고 있던 점이 작용한 것으로 보인다.

신문사 관계자들은 신문 운영상 직접적으로 참여하기는 곤란하나 운동이 진행되면 호외를 발행하여 호응하기로 합의했다.[150] 이 자리에서 격문작성은 허헌, 연사 선정은 조병옥이 각각 분담하여 준비하기로 결정했다. 민중대회는 14일 오후 시내에서 개최하기로 했다. 조병옥은 10~12일의 3일에 걸쳐 천도교청년당 조기간, 전 신간회 경성지회장 한용운, 동우회 회원이자 『동아일보』 편집국장 주요한, YMCA 간사 오화영, 세브란스병원 의사 이용설, 장로교 목

다. 『조선일보』에는 모임일자가 12월 9일, 예심종결결정서에는 12월 10일로 기록되었다(「(許憲 등) 豫審終結決定書」, 경성지방법원 예심괘, 1930년 9월 6일 ; 『중외일보』, 1930년 9월 10일).

149 이균영, 앞의 책, 1993, 136~137쪽.

150 경성헌병대, 「昭和五年二月一日朝京第250號 京城ヲ中心トスル管內鮮人學生動搖ノ顚末」, E7쪽.

사 김필순, 감리교 목사 박연서 등을 만나 교섭했다. 이중 한용운과 주요한이 연설회의 연사로 나서기로 했다.

허헌은 11일 김무삼에게 연설 광고문 2만 매의 제작을 의뢰했다.[151] 허헌과 이관용이 기초한 광고문의 내용은 '학생사건공개 대연설회'의 제하題下에 앞서 11명이 연서한 것과 같은 내용의 구호와 권동진, 허헌, 김항규, 이관용, 홍명희, 조병옥 등 연사들을 기재한 것이었다. 그런데 이런 계획이 11일 일경에 탐지되었다. 경기도 경찰부는 12일 신간회 간부들을 호출하여 계획 중지를 종용했다. 신간회는 12일 밤 간부회의를 개최하고[152] 선후책을 논의한 결과 계획을 그대로 진행하기로 하고 다음과 같은 실행계획을 세웠다.

- 13일을 기해 자동차로 광고문을 살포한 후 시내 번화가에서 광주학생사건 진상발표 대연설회를 개최하고 일경의 검거가 시작되면 즉시 시위운동으로 전환한다.
- 『조선일보』·『동아일보』·『중외일보』는 즉시 2회에 걸쳐 호외를 발행한다.
- 신간회 지회에도 본부와 동일한 행동을 취할 것을 지령한다.

---

151 『(許憲 等) 豫審終結決定書』, 경성지방법원 예심괘, 1930년 9월 6일. 일부 자료에는 허헌과 이관용이 격문을 작성하여 김무삼에게 인쇄를 의뢰한 날짜가 12일로 나온다(「光州京城に於ける學生事件の裏面竝學生秘密結社及其の系統」, 1929년 12월, 강재언 편, 『광주항일학생사건자료』, 366쪽).

152 허헌, 권동진, 홍명희, 이관용 등이 12월 11일에 회합하여 다음의 결의를 했다는 기록도 있다.

- 13일 오후를 기해 경성부내 요소에서 大道 연설회를 개최할 것
- 격문을 살포할 것
- 대시위운동 개시
- 각 신문에 보도하여 지방민을 궐기케 할 것
- 각지 신간회 지회 앞으로 비밀지령을 발송할 것

(조선총독부 경무국, 『朝鮮の治安狀況』, 1930, 85~86쪽).

그러나 13일 새벽 허헌을 비롯한 신간회와 사상단체의 간부 수십 명이 체포됨으로써 계획은 큰 차질을 빚게 되었다. 체포를 면한 이관용, 홍명희, 조병옥, 김무삼, 이원혁 등은 재차협의한 결과 '시민대회를 개최하여 여론을 환기할 것, 공개연설회를 개최할 것, 각 지방지회에 활동개시 지령을 발할 것' 등 3개 항을 결의했다. 즉석에서 앞서 허헌 등이 의뢰한 것과 유사한 내용의 결의문 6매를 작성하여 그중 3매를 이원혁이 『조선일보』·『동아일보』·『중외일보』에 전달했다. 이어 자리를 옮긴 이관용, 홍명희, 조병옥, 이원혁이 일경에 체포되자, 김무삼은 단독으로 앞과 같은 내용의 격문 60여 매와 지회로 발송할 통지문 80여 매를 작성했다. 김무삼은 '본부와 동일한 행동을 하라'는 내용의 전국의 지회로 발송하는 통지문 60여 매를 우체통에 투함했다. 이어 그날 밤 조선극장에서 격문을 살포하며 광주학생사건의 진상을 알리다가 체포됨으로써 민중대회 계획은 좌절되고 말았다.

신간회 지회로의 통지문 발송은 나름대로 성과를 얻었을 것으로 보인다. 지회에 발송한 지령서 중 일제가 12월 14일까지 압수한 것은 19개였다.[153] 따라서 상당수의 지령서가 지회원에게 전달되었을 것이다. 또 본부 간부급 인사의 체포는 지회에 큰 자극이 되었다. 일제도 "본 건의 일제검거는 지방지회, 그 밖의 주의主義 단체에 상당히 충동을 준 것으로 인정된다"[154]고 파악하고 있었다.

신간회가 시위라는 대중적 운동방식을 채택하고 이를 전국적 차원에서 전개하기 위해 각 지회도 본부와 동일한 행동을 취할 것을 결정한 것은 큰 의미를 갖는다.[155] 당시 최대의 민족운동 단체에서 학생운동을 후원하기 위해 적

---

153 강재언, 앞의 책, 69쪽.

154 강재언, 앞의 책, 68쪽.

155 신간회의 민중대회에 대한 평가는 논자마다 상이하다. 이준식은 연사선정의 협애성, 준

극적인 운동방식인 시위운동을 계획한 것이기 때문이다. 종래 농민, 노동운동에 대해 소극적으로 개입했던 신간회 본부에서 실질적으로 운동에 동참하고 있는 것이다. 이는 학생운동계에도 큰 자극이 되었고, 운동의 상승 기류를 형성하는 데에도 기여했을 것으로 판단된다.

신간회는 학생시위가 전개되면 이를 전국적인 민중시위로 확산시킨다는 의도를 갖고 있었다. 광주에서 장석천과 허헌이 합의한 것도 서울에서의 학생시위에 뒤이어 전국적인 시위운동 확산에 신간회가 협조한다는 것이었다.[156] 따라서 시위가 시작된 12월 5일 대책발기회를 열었고 학생들의 연합시위가 전개된 이틀날인 10일에는 연설회 개최를 결정한 것이다. 이러한 인식이었으므로 13일 개최할 민중대회의 격문에서 "학생사건은 기미己未 이후의 대사건"[157]이라고 규정했던 것이다. 그러나 3·1운동 이후 최대의 사건으로 인식하면서도 운동계획은 치밀하게 진행되지 못했다. 우선 시위운동을 전개하는 데 주요한 동원능력을 가진 학생층과 사전 협의가 없었다.[158] 가두연설이 금지 당하

비의 불철저성, 개최 시기 및 내용의 부적절성 등을 들어 신간회의 미온적인 활동을 비판했다(이준식, 「광주학생운동과 민족운동 세력」, 『광주학생운동연구』, 한국역사연구회·전남사학회, 2000, 189~198쪽). 반면 김호일은 조병옥의 회고록 등을 근거로 신간회가 장석천을 통해 독서회 간부들에게 광주의 실상을 전하도록 했다는 점을 지적하며 전국적인 확산에 결정적인 역할을 했다고 보았다(김호일, 「광주학생운동」, 『한민족독립운동사』 8, 국사편찬위원회, 1990, 334~335쪽). 필자는 신간회가 학생시위에 호응하여 시위운동을 계획하고 이를 전국적으로 확산하려 했던 긍정적인 시도와 실제 민중대회 준비의 불철저성을 구분하여 평가할 필요가 있다고 생각한다.

156 조병옥은 신간회가 광주에서 상경한 장석천을 통해 서울 시내 각 학교 독서회 조직의 간부를 소집하여 광주의 실상을 전하고 이에 따른 행동은 독서회에 일임토록 지시했다고 한다(조병옥, 『나의 回顧錄』, 107쪽). 즉 신간회가 장석천을 통해 서울 시내 학생조직의 행동을 추동했다는 것이다. 이러한 주장을 그대로 믿기는 어려우나 장석천의 신문조서 등과 비교해 보면 장석천과 신간회 본부 간에 사전 연락 및 교감이 있었음을 짐작할 수 있다.

157 강재언, 앞의 책, 282~283쪽.

158 조선학생전위동맹의 격문에 "신간회와 청총에 민족적 환기를 호소하자"는 구호가 포함

면 군중을 선동하여 시위운동을 전개한다는 막연한 계획이 있었을 뿐이다. 준비의 불철저함은 다음과 같은 내용에서도 확인된다.

첫째 논의과정과 연사 선정에서 사회주의계 인사들이 배제된 가운데 민족주의 계열 인사들을 중심으로 진행되었다는 점이다.[159] 연사 선정자인 조병옥은 천도교, 기독교, 불교 등 3·1운동 당시의 민족대표를 연상시키는 종교계 인사들만을 접촉했다. 그런데 당시 기독교 계통의 사립학교에서도 학생맹휴가 많이 일어났고 요구조건 중에 성경시간 배제 등이 포함된 경우도 있었으므로 기독교계 인사들의 학생운동에 대한 인식은 부정적인 경우가 많았다.[160] 따라서 김필순, 박연서, 이용설, 오화영 등은 참가를 거부하고 주요한만이 참여했다. 주요한은 동우회원이지만 실력양성론을 비판하고 신간회에 가입했다. 따라서 그의 참여는 종교적인 측면과는 달리 보아야 할 것이다.[161] 천도교계의 경우도 천도교 신파의 조기간과 구파의 중진인 권동진, 천도교청년동맹 대표위원 손재기와 접촉했다. 이들 중 천도교 구파의 권동진과 손재기가 참여했으나, 이들의 역할이 연설회의 연사에 국한되어 개인차원의 참여일 뿐 구파

된 반면 조선청년총동맹 측의 격문에 이 부분이 없는 것은 신간회와의 연계활동을 의식했기 때문일 것이다. 이러한 기대에도 불구하고 신간회 측에서 조선청년총동맹 측과 협의한 흔적은 보이지 않는다. 더욱이 민중대회를 개최하기로 한 12월 13일은 대부분의 학교가 휴교에 들어간 상태였다.

159 이준식은 민족주의 좌파 인사들의 민중대회 활동이 사회주의자들 주도의 학생운동에 대한 대응책의 성격을 지닌 것으로 보았다(이준식, 「광주학생운동의 전개과정과 역사적 성격」, 『한국근현대청년운동사』, 한국역사연구회, 풀빛, 1995, 218쪽).

160 사립 경신학교 교장이며 선교사인 미국인 에드윈 쿤스는 재경 미국영사관내 정보조사부에도 관련이 있었는데 그가 광주학생사건에 관해 미국 뉴욕에 보낸 통신문은 '광주사건에는 노동 또는 주의자의 후원이 있으며 일본 및 조선의 학생은 자본주의에 반항하는 것이 분명하다'는 것이었다(경성헌병대, 「昭和五年二月一日朝京第250號 京城ヲ中心トスル管內鮮人學生動搖ノ顚末」, F12쪽).

161 이준식, 「광주학생운동과 민족운동 세력」, 『광주학생운동연구』, 2000, 93쪽.

조직 자체를 활용하지는 않았던 것으로 보인다. 이는 천도교계열의 운동조직을 적극적으로 이용하려는 의도가 없었던 것으로 이해될 수 있다. 즉 시위운동의 전국적 전개를 신간회 지회 차원에서만 계획했던 것이다.

추진 주체 측에서는 동아일보의 송진우를 참여시킬 정도로 범우파汎右派의 결집을 시도하고 있었다. 반면 사회주의 계열에서는 별도의 시위운동을 준비하던 조선청년총동맹의 차재정 등과 연계된 검사위원 이항발조차 계획에 참여하지 못했다. 이러한 극단적인 사회주의계의 배제에 대해 다음 두 가지의 가정을 세울 수 있다. 먼저 신간회에 참여한 사회주의 계열이 조선공산당의 해체 이후 계파별로 조직적인 응집력을 보여주지 못했기 때문일 수 있다. 복대표 대회를 통해 사회주의 계열의 인사들이 다수 중앙에 진출했으나 행동통일을 이룰 만큼 중앙 각 계파의 응집력이 작용하지 못했다고 볼 수 있다. 이와는 다른 가정이 신간회 내의 민족주의계 인사들이 복대표대회에서 드러난 사회주의계 인사들의 급격한 성장에 반발하여 의도적으로 이들을 배제했을 수도 있다. 아마도 이러한 두 개의 조건이 복합적으로 작용했을 것 같다. 그 결과 민중대회 계획은 민족주의계 인사들을 중심으로 추진되었고 12월 10일 각 사회단체에 추진계획을 알렸음에도 불구하고 적극적인 호응이 없었던 것으로 보인다.

둘째, 민중대회 개최일정이 변경되어 사전 준비에 차질이 있었던 점이다. 민중대회는 원래 12월 14일에 개최될 예정이었다. 그러나 11일에 이미 일제가 개최 계획을 탐지하고 12일에는 신간회 간부들을 호출하여 금지를 종용하자 개최일을 13일로 앞당겼다. 김무삼이 허헌으로부터 격문 인쇄를 지시받은 것은 12월 11일이었고 12일 밤에는 개최일 변경사실도 알았으나 13일 오후까지 격문은 제작되지 않았다. 13일 아침 일경의 일제 검거가 시작되자 추적을 피해 음식점에서 급하게 격문 수십 매를 필사하여 작성하는데 그쳤다. 당초의 계획에 변동이 있기는 했으나 격문 등이 전혀 준비되지 못한 것은 사전 준비의 불철저함을 말해 준다.

셋째, 주최 측 인사들의 개최의지도 부족했다. 12일 밤의 회합에서 13일 오후 민중대회 개최가 재확인되었다. 그런데 13일 아침부터 허헌을 비롯한 신간회와 사회단체 주요 인사들이 체포되었다. 1차 검거를 피한 이관용, 조병옥, 김무삼, 홍명희, 이원혁 등은 개최 예정일인 13일 오후까지도 민중대회를 개최한다는 사실만을 재확인했을 뿐 이를 위한 적극적인 행동에 나서지 못했다. 단지 격문을 작성하여 우송하는 활동만을 했을 뿐이다. 이들이 실질적으로 민중대회를 준비했던 인사들임을 감안하면 일제의 검거선풍 앞에 무력했던 것을 알 수 있다. 결국 신간회 본부 차원에서 전개한 민중대회 계획은 무산되었고,[162] 이후 시위가 전국으로 확산되면서 각 지회원들은 지역 사정에 따라 개인적으로 참가할 수밖에 없었다.

162 신간회의 민중대회 추진인사 중 마지막까지 체포되지 않았던 金武森은 13일 밤 단독으로 조선극장에서 신간회 인사들의 석방 등을 요구하며 격문을 배포하다가 체포되었다. 이는 신간회 측에서 학생 및 사회주의계 등 광범한 인사들과 연계되지 않은 채 '자폭적' 활동을 한 것이라고 할 수 있으며 민중대회 준비의 한계를 드러낸 것으로 보인다.

光州學生運動

1930년 학생시위의 전국화와 해외 확산 4

국내의 학생운동은 국외로 파급되면서 각지의 민족운동 세력에 의해 새로운 운동력으로 전화(轉化)되었다. 중국 관내에서는 유일당운동의 부흥이 시도되었고, 만주에서는 반제동맹이 결성되는가 하면 만세시위운동으로 호응했다.

1929년
광주학생운동

서울지역 남녀 학생연합의 2차 시위운동 01

1월 초 개학과 학생계의 동향

서울의 각 중등학교는 1930년 1월 7일부터 개학을 맞았다. 1929년 12월의 서울지역 시위로 인해 각 학교가 사정에 따라 자체적으로 임시 휴교를 하거나 일찍 동계방학에 들어간 관계로 개학일에 약간의 차이가 있었다. 1929년 12월 서울지역 중등학교의 시위를 경험한 경찰은 개학과 더불어 삼엄한 경계를 폈다. 종로경찰서, 동대문경찰서 등에서는 각 단체의 회원 명부를 놓고 형사들이 각기 분담하여 각 지방 학생 친목회 등의 동향과 각 단체 회원의 소재를 사전 조사하는 등 경계에 분주했다.[1]

1월 11일에는 동묘東廟 등 시내 주요 지점의 전주에 격문이 부착되었다.[2] 13일에는 종로서에서 학생들이 모종의 계획을 준비 중이라는 정보를 입수하고 20대隊의 경계부를 편성하여 관내 각 학교와 요소에 철통같은 경계를 폈다. 특히 원동의 휘문고보 일대에는 10여 명의 기마 경관과 100여 명의 정복 경관이

1 『중외일보』, 1930년 1월 7일 석간.

2 『중외일보』, 1930년 1월 11일 석간·1월 12일 석간.

동원되어 경계했다. 그 외에 경기도 경찰부 고등과 형사와 교습 중인 견습경찰 60여 명까지 총출동해 각 학교에 배치되어 학생들의 동태를 감시했다. 또 자동차대隊까지 특설하여 대기토록 하는 등 시내는 삼엄한 광경을 연출했다.[3]

일경의 학원 감시는 서울에 국한된 것이 아니라 지방 중등학교에도 이어졌다. 일례로 1929년 12월 광주학생 동조움직임이 있었던 선천 신성학교의 경우 개학일인 1월 10일 고등계 형사들이 교내의 개학식장에까지 들어와 학생의 동태를 감시했다.[4]

한편 1929년 12월 서울지역 학생들의 시위를 필두로 전국의 주요 도시로 확산되던 시위운동은 동계방학으로 인해 그 열기가 잠복된 상태였다. 개학과 더불어 전국의 각 중등학교를 중심으로 광주학생에 호응하는 시위의 움직임이 다시 일기 시작했다. 특히 1929년 12월 28일 보도통제가 해제되어 신문보도를 통해 전년도 12월 서울과 전국 주요 도시의 시위양상이 알려지면서 전국적으로 동조운동의 분위기가 형성되었다. 이런 움직임은 신의주고보에서 가장 먼저 구체화되었다.

신의주고보에서는 1월 8일 개학식 당시 교장의 훈시 후 3학년 학생 계경순이 강단에 나와 눈물을 흘리며 광주학생사건의 진상을 설명하고 이에 호응하여 맹휴를 전개하자고 연설하다 제지당했다. 이어서 2학년 김두성, 3학년 김도흡, 김서휘, 5학년 윤갑빈 등이 차례로 등단하여 동일한 연설을 하고 맹휴를 역설했다. 그러나 학교 당국에서 교문을 닫고 경찰이 주모 학생들을 검거함으로써 맹휴에는 이르지 못했다.[5] 주도 학생들은 전날부터 사전 협의를 통해 학생 시위운동의 방안을 협의한 바 있었다. 신의주고보는 1929년 12월 광

3 『조선일보』, 1930년 1월 14일 ; 『중외일보』, 1930년 1월 11일 석간.

4 『동아일보』, 1930년 1월 15일 7면.

5 『조선일보』, 1930년 1월 9~10일 ; 『중외일보』, 1930년 1월 9일 조간.

주학생 동조활동이 전국 주요도시의 고보와 상업학교로 확산될 때 특별한 움직임이 없었으나 1930년 1월 초 개학과 더불어 맹휴활동에 나선 것이다.

신의주고보 학생들의 맹휴계획은 동조 분위기가 형성되기 전에 학교 당국과 경찰의 저지로 구체적인 시위운동으로 전환되지 못했다. 반면 송도고보를 비롯한 개성지역 중등학교 학생들은 시가행진 등 시위운동을 전개함으로써 개학 초 학생계에 큰 파문을 던졌다.

1월 9일 개성 송도고보에서 개학식 후 학생이 등단하여 일제의 광주지역 학생에 대한 편파적인 조치를 규탄하자 학생들이 일제히 궐기했다. 송도고보 학생 280여 명은 만세를 고창하며 학교 밖으로 진출하여 시내에 있는 호수돈여고보 앞에서 여고보생들의 시위참가를 촉구했다. 이에 호응하여 호수돈여고보생 250여 명이 합류함으로써 연합시위대로 발전했다. 이들은 다시 미리흠여학교 학생들과 합세하여 600여 명으로 증원되었다. 시위대는 개성상업학교 앞에서 학생들의 동참을 호소했으나 경찰이 출동하여 학생 30여 명이 검속되었다. 시위 학생들은 개성 남대문에서 만세를 고창하고 북부로 진출하다가 경찰의 저지로 주동 학생들이 체포됨으로써 해산했다.[6]

이에 자극되어 1월 10일 오후에는 미리흠여학교와 호수돈여고보 학생 30여 명이 학교 밖의 시내에 집합하여 만세를 고창하다 체포되었다.[7] 이들은 시내 개성경찰서 앞까지 시위행진하며 만세를 고창했는데 시민 100여 명이 동참했다.[8] 이에 놀란 일제 당국은 경기도경찰부는 물론 서울 각 경찰서에서 차

---

6 『동아일보』, 1930년 1월 10일 ; 『조선일보』, 1930년 1월 10일 ; 『중외일보』, 1930년 1월 10일 석간.

7 『조선일보』, 1930년 1월 11일.

8 『동아일보』, 1930년 1월 12일 ; 『조선일보』, 1930년 1월 12일·16일. 특히 동아일보 기사에는 이들이 "○○○○(조선독립 – 필자 주) 만세를 고창"하였다고 보도했다. 이들이 "조선독립 만세"를 불렀다면 1929년 12월의 시위에서 더욱 진전된 것으로 볼 수 있다.

출한 경찰까지 동원하여 개성 전 시내를 철야로 삼엄하게 경계했다. 송도고보와 호수돈여고보는 1월 11일부터 3일간 휴교했는데 1월 13일 송도고보의 개학 당시 일부 학생들은 등교 저지 투쟁을 전개하다 체포되기도 했다.[9] 개성경찰서에서는 송도고보 내에 정사복 경찰을 배치하여 경계했다.[10]

개성의 송도고보를 비롯하여 호수돈여고보, 미리흠여학교 등은 1929년 12월 10일을 전후하여 맹휴 활동이 모색되었으나 사전 탐지나 조기 방학 등으로 제대로 의기를 펴지 못했었다. 따라서 1929년말 활동에 대한 학생들의 아쉬움이 개학과 더불어 바로 시위운동으로 폭발된 것이다. 개학과 동시에 전개된 개성지역 중등학교의 시위운동은 개성 시내를 행진하며 만세를 고창하는 적극적인 방식으로 전개되었다. 학생들은 개성 시내 남대문과 가장 번화한 경찰서 앞에서 만세를 고창하며 성공적으로 시위운동을 펼쳤다. 송도고보를 비롯한 3개 중등학교가 연합하여 전개함으로써 시위효과도 높일 수 있었다.

이는 1929년 12월 초 서울 각 학교들의 연합시위운동 이후 1930년 3학기 시작과 함께 전개된 최초의 연합시위운동이었다. 더욱이 일반 시민의 동참을 이끌어 냄으로써 일제 경찰을 경악케 했다. 이러한 개성지역 학생들의 운동 양상은 1930년 신학기 개학 후 학생계의 동향에 큰 영향을 주었을 것이다. 그런데 서울에서 다수의 격문이 신의주와 개성 일대에 우송되었다고 하므로[11] 신의주와 개성지역 학생들의 운동에는 이의 영향도 있었을 것이다.

한일학생 충돌의 진원지였던 광주에서도 개학과 더불어 구속학생의 석방을 요구하는 동조활동이 전개되었다. 광주는 일제 경찰의 삼엄한 경계와 전국

그러나 조선일보 기사나 일제 정보보고서에는 이러한 내용이 없어 단정하기는 어렵다.

9 『중외일보』, 1930년 1월 15일 조간.

10 『조선일보』, 1930년 1월 16일.

11 『조선일보』, 1930년 1월 10~11일.

적인 주목을 받고 있었고 이미 많은 학생들이 검거된 상황이어서 운동이 쉽지 않았다. 광주고보 학생 중에 1월 8일 개학과 동시에 3차 시위계획이 모색되었으나 바로 발각되어 17명이 즉시 퇴학 처분을 당했다.[12] 이러한 관계로 3학기 개학 후 광주의 운동은 시험거부 즉 백지동맹의 형태로 추진되었다. 광주고보 2학년의 독서회원인 강문영은 신간회원의 지도를 받아 광주고보와 광주농업학교 학생들을 재결속하여 시험거부 투쟁을 전개했다.[13] 양 교 학생들은 1월 9일부터 시작된 학기말 시험에 수감자의 석방을 요구하며 백지답안을 제출했다.[14] 1월 14일에는 광주고보 4학년 이하 319명 중 254명이 결석했고 1월 17일에는 2학년생이 일제히 퇴학계를 제출하는 등 항쟁했다. 광주경찰서는 학교에 경찰을 파견하여 학생들을 감시하고 시내에 비상경계를 계속했다.[15] 시험거부 투쟁 주모자 5명이 검속되었으며 광주고보 당국에서는 백지답안을 제출한 학생 65명을 퇴학 처분했다.[16] 광주농업학교에서도 독서회원인 안종변을 중심으로 1월 17일 맹휴가 추진되었으나 사전에 발각되어 실패했다.[17]

광주여고보 학생들도 구속 학생의 석방을 요구하며 백지동맹에 참여했다. 3학년생인 최순덕이 광주고보와 광주농업학교 맹휴 주도 학생들과 연계하여

12 『동아일보』, 1930년 1월 11일.

13 당시 광주고보 2학년이었던 이기홍은 1930년 1월 개학 후 등교과정에 낯선 청년으로부터 시험거부의 백지동맹을 실시하라는 지시를 받았다고 회고했다(이기홍 遺稿, 안종철 정리, 『광주학생운동은 전국학생독립운동이었다』, 190~191쪽).

14 1930년 1월 8일 광주지역 중등학교의 개학 당시 광주형무소에만 200여 명의 학생들이 수용되어 있었다. 광주고보와 광주여고보 학생들은 이러한 상태에서 시험에 응시할 수 없다는 이유로 백지동맹을 결의한 것이다(『조선일보』, 1930년 1월 15일).

15 「光州學生事件及其影響 其の二」, 강재언 편, 『光州抗日學生事件資料』, 183쪽 ; 『조선일보』, 1930년 1월 17일.

16 『중외일보』, 1930년 1월 10일·1월 17일 조간.

17 光州刑務所, 「改875番(安鍾卞) 名籍表」1930년대 초, 국가기록원, 1161쪽.

맹휴 호소문을 제작, 배포하며 여학생들의 참여를 독려했다.[18] 광주여고보 학교 당국은 1월 7일부터 학생들의 백지답안 제출의도를 탐지하고 학부형을 호출하여 주의를 주었으나 학생들은 1월 10일 백지답안을 제출하며 항거했다. 1월 13일에는 학교 당국의 엄중한 추궁으로 학생들이 시험에 응하려는 분위기였으나, 나주역전 충돌의 당사자인 이광춘이 끝까지 백지동맹을 계속하자는 열변을 토함으로써 백지답안을 제출하며 호응했다.[19]

경남지역은 1929년 12월 동래고보에서 "구금 광주학생 석방" 등을 요구하며 맹휴투쟁을 벌였으나 방학으로 인해 지속되지 못했었다. 그런데 1930년 1월 신학기 개학 직후부터 부산제2공립상업학교를 시작으로 학생시위가 경남 일대의 중등학교로 빠르게 확산되었다.

부산제2공립상업학교 4학년생 임기홍, 문길환, 장남현 등은 겨울 방학 중에 광주학생사건에 호응하여 궐기할 것을 촉구하는 격문을 준비했다. 이들은 "일본제국주의를 멸망시켜라", "총독정치에 절대 반대하라"는 내용의 3종의 격문 6천여 매를 작성하여 1월 8일 개학을 맞아 부산제2상업학교와 부산공립여고보의 교실과 부산진, 초량 등의 가로에 살포했다.[20]

이어 1월 9일에는 부산공립제2상업학교 2학년생들이 장남현의 지도로 "광주학생 가해자의 엄중 처벌, 식민지 노예교육 절대반대, 검거학생의 무조건 석방, 학교와 경찰의 야합 반대" 등을 요구하며 맹휴를 전개했다.[21] 학교 당국

---

18 양은찬, 「광주학생운동의 주역 최순덕 여사의 증언 – 잊을 수 없는 광주학생의거 그날의 함성」, 『자주민보』 통권7, 2000년 11월, 97~100쪽 ; 이광춘, 박지, 「입증서」, 국가보훈처 소장.

19 『조선일보』, 1930년 1월 15일 ; 『중외일보』, 1930년 1월 11일·1월 15일 조간.

20 「昭和5年刑控公第564號(張南鉉)判決文」 대구복심법원, 1930년 8월 7일 ; 광주학생독립운동동지회, 『광주학생독립운동사』, 185~189쪽.

21 『조선일보』, 1930년 1월 12일.

에서 경남 도참여관 남궁영을 초청하여 광주사건을 설명토록 했는데, 사전에 장남현 등의 격문 배포로 격동되었던 학생들은 남궁영의 연설 도중 대오를 이루어 교문 밖 진출을 시도하며 맹휴를 전개한 것이다. 수십 명의 경찰이 파견되어 김성태 등 2학년 학생 수 명이 검거되었다.[22]

장남현 등의 격문에 자극된 부산공립여고보에서도 1월 11일부터 맹휴가 모의되어 14일에는 맹휴를 단행했다.[23] 1월 9일의 시위로 부산제2상업학교 2학년생 중 2명이 퇴학, 80명이 무기정학 처분되었는데, 1월 13일 퇴학생과 무기정학생이 전부 등교하여 재시위를 추진하다가 경찰의 저지로 실패하기도 했다.[24]

1월 11일 동래고보에서는 1929년 겨울방학 직전의 맹휴활동으로 퇴학당한 12명의 복교를 요구하는 제2차 맹휴가 전개되었다. 이들은 "경찰과 학교와의 연락을 끊고 퇴학 처분을 해제할 때까지 맹휴함"이라는 선언서를 제출하고 경찰의 교내 침입 반대와 퇴학생의 복교를 요구하며 5학년을 제외한 전교생이 맹휴를 전개했다. 학교 측에서는 맹휴 학생 전원을 정학 처분하고 사복 경관이 학교 내에 상주하며 경계했다.[25] 1월 12일 마산공립상업학교에서는 3학년생을 중심으로 "광주학생 구금자 무조건 석방" 등의 격문을 준비하며 맹휴를 모의했으나 사전 발각되어 주모자 3명이 검거되고 격문이 압수되었다.[26]

경북지역에서는 대구고보 학생의 시위 계획이 사전에 발각되기도 했다. 1월 12일 대구고보 2학년생 문학봉이 대구청년동맹 검사부장 박명줄의 지도

22 『중외일보』, 1930년 1월 11일 조간.

23 『조선일보』, 1930년 1월 14·17일.

24 『중외일보』, 1930년 1월 14일 조간.

25 『중외일보』, 1930년 1월 12일 석간·1월 14일 조간.

26 『조선일보』, 1930년 1월 14일 ; 『중외일보』, 1930년 1월 14일 조간.

를 받아 시위운동을 계획하다가 사전에 발각 체포되었다. 1927년 이후 대구고보, 대구상업학교 학생들이 기성 사회단체 인사들과 연계하여 신우동맹 등의 비밀결사를 조직했던 것에서 보듯이, 이 지역 사회운동 조직과 학생의 긴밀한 유대관계를 확인해 볼 수 있는 대목이다.

함남지방에서는 전년도와 같이 함흥의 중등학교를 중심으로 시위운동이 전개되었는데 학생들은 시가진출에 성공하여 격렬한 시위를 벌였다. 이는 개성의 연합시위와 더불어 3학기 개학 초 학생들의 동조 분위기 형성에 크게 기여했을 것으로 보인다. 1월 4일 홍원청년동맹원이자 신간회 홍원지회원인 신동철 등이 1929년 12월 함흥고보 동조시위의 주모자로 도피 중인 오태신 등과 상의하여 함흥고보생의 신학기 등교저지 격문을 우송했다. 1월 8일의 함흥고보 개학일에는 시내 요처에 격문 수천 장이 살포되었다.[27]

1월 11일 함흥의 기독교계 사립 영생학교[28] 학생 200여 명은 조회 후 광주학생사건에 관한 연설을 하고 교문 밖으로 진출했다. 시위대는 3대로 나뉘어 조직적으로 활동했다. 1대는 함흥 군영통軍營通 큰 거리를 돌며 만세를 고창하다 경관과 충돌하여 쌍방에 부상자가 발생했다. 2대는 반용산을 넘어 영생여학교에 이르러 동참을 호소했다. 여학생 수백 명이 만세로 호응했으나 교사가 교실문을 잠그자 여학생들이 통곡하며 저항했다. 일부 남학생들이 유리를 부수고 교실문을 개방하여 여학생들이 교문 밖 진출에 성공했다. 남녀 학생들은 군청 앞거리를 지나 대화정大和町 등 큰 거리를 거쳐 가장 번화한 우편국 앞에

27 『중외일보』, 1930년 1월 12일 석간.

28 함흥 사립 영생학교는 캐나다 장로회가 경영하는 학교로서 종교 교육에 치중하여 고등보통학교 승격에 소극적이었다. 이에 따라 학생들이 상급학교 진학에 불이익을 당하자 1926년 6월 고보 승격을 요구하며 맹휴를 전개하기도 했다(『동아일보』, 1926년 6월 20일 4면).

서 만세를 고창했다. 이어서 남녀학생은 본정에서 기다리던 3대와 합류하여 시위운동을 계속했다. 군인·경찰·소방대가 총출동하여 자동차로 추격하며 학생을 검거했다.[29] 이날은 장날이어서 많은 장꾼들이 시위현장을 목격함으로써 일반 사회에도 큰 반향을 일으켰을 것이다.

이와 같은 영생학교생들의 활동에 자극되어 1월 14일 아침 조례 후 함흥공립상업학교 2~3학년생 60여 명이 시위운동을 전개했다. 이들은 "최상의 목적 조선의 독립" 등이 기재된 적기赤旗를[30] 앞세우고 시내로 진출하여 신탄시장 등 번화가를 거쳐 경찰서 앞까지 시위행진했다. 이들은 시가행진 도중 "싸워라, 피압박 민중이여, 3천리 강산을 붉은 피로 물들이더라도, 싸워라, 조국을 위해", "들으라 무산대중이여, 미래를 고하는 우리의 부르짖음을, 싸워라 우리의 원수 지배계급을 향하여" 등의 격문 200여 매를 살포했다.[31] 학생들은 저지하는 경찰과 격투 끝에 해산했는데 일제는 소방대까지 출동시켜 학생 20여 명을 검거했다.[32]

평양에는 시가지에 격문이 살포되면서 학생시위의 분위기가 무르익어 갔다. 1월 12일 평양부 시가지 중앙인 종로 각처에 조선○○회 명의로 펜으로 쓴 "여러분 학생여러분, 우리 조선을 위하여 독립만세를 외칩시다", "1월 14일 오전 10시부터 평양 종로에 집합, 대한독립 만세 합창"이라 기재한 격문이 살포되었다.[33]

---

29 『동아일보』, 1930년 1월 12일 ; 『중외일보』, 1930년 1월 12일 조간·1월 14일 조간.

30 「光州學生事件及其の影響 其の二」, 강재언 편, 『光州抗日學生事件資料』, 244쪽.

31 「昭和五年刑控第56號(元鑄淵 등)判決文」, 경성복심법원, 1930년 3월 27일 ; 독립운동사편찬위원회, 『독립운동사자료집』 13, 1545~1546쪽.

32 『조선일보』, 1930년 1월 15일 ; 『중외일보』, 1930년 1월 15일 석간·1월 17일 조간.

33 「光州學生事件及其の影響 其の二」, 강재언 편, 『光州抗日學生事件資料』, 193·242쪽 ; 『동아일보』, 1930년 1월 14일 ; 『중외일보』, 1930년 1월 14일 조간 3면.

이러한 격문의 영향으로 1월 13일 오후 평양 사립 숭인학교 학생들이 반회班會를 열고 시위운동을 계획했다. 이들은 14일 오후 전교생 200여 명이 교정에서 만세고창 후 교문 밖으로 진출하여 시내 중심지인 종로로 나오며 시위할 계획이었으나 사전에 탐지되고 말았다. 주모자 10여 명이 경찰에 검거되고 기마경찰까지 동원되어 경계하여 뜻을 이루지 못했다.[34]

3학기 개학 직후의 서울 학생계에도 시위운동의 조짐이 일었다. 1월 10일 중동학교 특과 1년생 60여 명과 예과 2년생 40여 명 등 100여 명의 학생이 광주학생사건이 완전히 해결되기 전에는 수업할 수 없다고 외치며 교문 밖 진출을 시도했다.[35] 학교 측에서 교문을 폐쇄하고 수십 명의 경찰이 경계하여 뜻을 이루지 못하자, 학생들은 1월 13일부터 시작된 기말시험에 백지답안을 제출하며 항거했다.[36] 휘문고보는 13일부터 2학기 시험을 시작할 예정이었으나 3~5학년생들이 연기를 요구하며 백지답안을 제출하고 교외로 진출을 시도했다. 학교 측은 교문을 폐쇄하여 학생들의 교외 진출을 저지한 후 일주일간 시험연기를 승인했다.[37] 그런데 중동학교와 휘문고보생의 백지동맹은 2차 시위운동을 준비하던 해당 학교의 주도자들이 시위 분위기 형성을 위한 방안으로 추진한 것이었다.[38] 백지동맹을 통해 학생들의 결속을 이끌어 낸 중동학교와 휘문고보의 주도 학생들은 계속해서 시위운동 계획을 추진했다. 이들은 후술하듯이 상호 연락하며 1월 18일을 기해 서울지역 중등학교 학생들의 제2차

34 『조선일보』, 1930년 1월 15일 ; 『중외일보』, 1930년 1월 24일 석간 2면 ; 『동아일보』, 1930년 1월 17일.

35 『조선일보』, 1930년 1월 11일.

36 『조선일보』, 1930년 1월 15일.

37 『조선일보』, 1930년 1월 14일 ; 『중외일보』, 1930년 1월 14일 석간.

38 경성종로경찰서장, 「京鍾警高秘第23-3號 第二次學生示威運動事件檢擧ノ件」, 1930년 2월 26일.

시위운동을 계획했으나 여학생들의 시위계획에 합류하여 1월 15일의 연합시위에 나섰다.

이와 같이 일제의 삼엄한 경계에도 불구하고 3학기 개학 직후의 학원가는 신의주, 개성, 부산, 동래, 대구, 함흥, 평양 등 주요 도시를 중심으로 학생시위가 빠르게 확산되고 있었다. 신의주고보, 송도고보와 같이 개학식장에서 바로 시위운동으로 전환할 정도로 학생들의 열기가 고조되어갔다. 특히 개성의 송도고보, 호수돈여고보, 미리흠여학교와 함흥의 영생학교, 영생여학교, 함흥상업학교는 시내 번화가를 행진하는 연합시위운동을 이끌어내었다. 함흥상업학교 시위 당시에는 "조선의 독립" 이라 기재한 적기赤旗가 등장했으며 평양의 시가지에는 공개적으로 "독립만세를 외칩시다"라는 격문이 나돌았다. 함흥상업학교 시위에서는 무산대중의 지배계급에 대한 투쟁이 슬로건으로 제기되기도 했다. 이제 광주학생운동은 학생운동에 그치지 않고 민족운동으로 발전하는 분명한 표징들을 보여주고 있었다. 여기에는 보도통제의 해제로 인해 1929년 12월 서울을 비롯한 전국 주요도시의 시위운동이 일반에 알려지기 시작한 것이 크게 영향을 미쳤을 것으로 보인다. 또 기성 사회운동 단체인 신간회나, 청년총동맹 측의 지원활동도 학생들을 고무시켰을 것이다. 이에 더하여 1월 15일부터 서울에서 전개된 남녀학생의 연합시위운동은 전국적으로 시위운동을 급속히 확산시키는 계기가 되었다.

서울지역 남녀학생의 2차 연합시위

1929년 12월 초 서울의 학생시위운동은 남학생들에 의해 주도되었으나 여학생의 참여가 전혀 없었던 것은 아니었다. 12월 5일부터 전개된 시위는 9일 학생연합시위로 발전하며 학생들의 시가행진으로 이어졌다. 이때까지도 시위에는 남자 학교만 참가했다. 광주의 학생쟁투사건이 여학생 희롱사건에서 시작되었으므로 여학생들의 시위 동조분위기가 팽배했으나, 이를 운동으로 유도할만한 주도자가 부재한 상태였다. 이러한 여학생들을 시위참여로 이끈 것은 근우회의 허정숙許貞淑과 박차정朴次貞이었다. 물론 근우회 조직차원에서 학생운동에 대한 논의가 없었던 것은 아니었다. 근우회가 당시 최고의 여성운동단체인 만큼 근우회의 지도가 필요하다는 논의도 있었으나 결국 회 차원에서의 활동은 불가능하다는 결론이었다.[39] 따라서 학생운동의 지원은 개인 차원에서 이루어졌다.

근우회 서무부장 허정숙과 조사연구부장 박차정은 12월 9~10일 시내 일부 여학교의 학생 대표들을 규합하여 시위운동을 논의했다.[40] 박차정은 동래 일신여학교 후배로 이화여고보 4학년인 최복순을 포섭했다. 또 허정숙은 숙명여고보 3학년 구무선을 통해 경성여고보 4학년생 김영수(김신복)와 경성여자상업학교 3학년생 송계월 및 동덕여고보 4학년생 안갑남을 규합했다. 이들은 허정숙의 집에서 모임을 갖고 각 학교 여학생들의 동정을 확인한 결과 맹휴분위기가 팽배하다는 결론에 도달했다. 허정숙과 박차정은 이튿날인 11일 각 여학교에서 바로 동조맹휴를 결행할 것을 지시했다.[41] 구체적인 방법으로는 "첫째 피구금 광주사건 학생 전부를 무조건 석방하라, 둘째 경찰권의 침입을 방지하고 학원의 독립을 기하라"는 내용의 진정서를 학교에 제출하여 결의를

---

39 서대문경찰서, 「朴次貞 訊問調書」, 1930년 2월 9일, 국사편찬위원회, 『한민족독립운동사자료집』 53, 2003, 233쪽.

40 처음 논의과정에는 근우회 정치문화부장 韓晨光이 참가했으나 학생규합과정에서 탈락했고 집행위원장인 鄭鍾鳴은 개인적인 사정으로 참여를 거부했다고 한다.

41 경성지법법원 검사국, 「金辛福 신문조서」, 「安甲男 신문조서」, 1930년 2월 6일, 『한민족독립운동사자료집』 51, 244~248쪽.

표명토록 했다.[42] 이어서 '감금학생 석방 만세', '노예교육 철폐 만세'를[43] 고창하며 맹휴를 결행하기로 했다.

그 결과 이들의 주도로 12월 11일 동덕여고보, 경성여자상업학교에서 맹휴가 전개되었다.[44] 동덕여고보와 경성여자상업학교의 경우 조선청년총동맹 측에서 12월 초에 격문을 배포했으므로 학생들의 참여를 이끌어내기가 쉬웠다. 전위동맹에서 격문을 배포한 근화여학교도 12월 10일 동맹휴교를 단행했다. 그러나 이들 여학교의 활동은 교내투쟁에 그쳤고 각 학교들이 바로 조기방학을 실시하여 지속되지 못했다. 이화여고보는 학생들이 미처 맹휴를 전개하기 전에 학교에서 조기방학을 선포한 관계로 실행에 이르지 못했다.

1930년 1월의 제2차 시위운동은 위와 같은 1차 시위운동의 연장선상에서 1930년 1월 9일경부터 여학생들을 중심으로 다시 논의되기 시작했다. 각 여학교 학생 간에는 1차 시위 당시 여학생들의 참가가 소극적이었던 데 따른 반성과 구금 학생의 석방운동에 나서야 한다는 폭넓은 공감대가 형성되어 있었다.[45]

---

42 서대문경찰서, 「意見書」, 1930년 2월 17일, 국사편찬위원회, 『한민족독립운동사자료집』 53, 241~242쪽.

43 서대문경찰서, 「金英秀(金幸福) 증인신문조서」, 1930년 2월 14일.

44 『동아일보』, 1929년 12월 28일 ; 강재언, 앞의 책, 142~145쪽.

45 허정숙이 여학교 대표들과 회담할 당시 학교 상황을 묻자 여자상업학교 宋桂月과 동덕여고보 安甲男은 "자신의 학교에서는 광주사건에 분개하여 통곡하는 자도 있고 비상히 동요하고 있다"고 대답했다(서대문경찰서, 「金英秀(金幸福) 증인신문조서」, 1930년 2월 14일). 이화여고보 최복순은 "자신의 학교에서도 동요의 조짐이 보인다. 내일이라도 폭발할지 모른다"고 교내 분위기를 전했다고 한다(경성지방법원 검사국, 「허정숙 신문조서(2회)」, 1930년 1월 31일). 이러한 교내 분위기였으므로 최복순이 이화여고보 학생들이 시위의 이유를 물을 때 대답할 말을 구하자 허정숙은 "광주사건으로 구속된 사람들의 석방과 복교를 위해 동정적 시위운동을 한다"고 말하라고 지시했다(고등법원 검사국 사상부, 「秘 京城市內女學生萬歲騷擾事件」, 김경일 편, 『韓國民族解放運動史資

시위논의는 이화여고보에서 시작되었다. 동교 4학년생으로 기독교학생회 회장인 최복순은 1차 시위 당시 모교의 조기 방학으로 시위운동을 제대로 실행하지 못한 것을 아쉬워하여 재거의를 계획했다. 그는 1월 9일 동급생인 김진현, 최윤숙 등과 협의한 결과 다른 학교와 연계하여 만세시위운동을 일으키기로 하고 허정숙에게 협조를 구했다. 1월 11일 이들은 허정숙을 통해 다음과 같이 서울 시내 각 여학교의 대표 학생을 소개받았다. 근우회가 학생운동에 대해 소극적이었으므로[46] 허정숙은 개인적으로 여학생들의 시위계획을 후원한 것이다.

경성여자미술학교 : 최말수

진명여고보 : 김음전

숙명여고보 : 한소애

근화여학교 : 김연봉

경성여자상업학교 : 송계월

최순복, 김진현, 최윤숙은 이들 학교 외에 자신들이 연락 가능한 학교를 포함하여 각자 학교를 분담하여 연락을 취하며 시위계획을 협의해갔다.[47] 각 학

料集』 10, 영진문화사, 1993, 402~403쪽).

46 근우회 집행위원장 鄭鍾鳴은 광주학생운동에 대한 근우회의 입장을 묻는 허정숙에게 "원래 학생사건은 바로 끝나는 일이니 방관적 입장에서 사태를 지켜보는 것이 좋다"고 대답했다고 한다(「京城市內女學生萬歲騷擾事件」, 김경일 편, 앞의 책, 1993, 399쪽). 근우회 본부 차원에서는 광주학생시위에 대해 어떤 움직임도 없었다.

47 이들이 분담하여 연락한 학교는 다음과 같다.
최복순 : 진명여고보, 숙명여고보, 정신여학교
김진현 : 경성여고보, 동덕여고보, 근화여학교
최윤숙 : 배화여고보, 경성여자상업학교, 경성여자미술학교

교의 대표 학생들도 소속 학교의 동참을 약속하여 시위계획은 급속히 추진되었다. 이들은 1월 15일을 기해 각 학교에서 일제히 만세를 고창하며 시위운동을 전개하기로 합의했다. 1월 15일로 약정한 것은 3학기의 정기 개학일이 1월 15일이었으므로 1929년 12월의 시위로 조기 방학한 학교를 제외하면 이 날 개학식이 있었기 때문이다.

이화여고보에는 운동본부가 설치되었다. 4학년의 최복순, 최윤숙, 김진현이 본부를 담당하고 3학년은 학급별로 1명씩의 본부원을 선출하여 본부의 지휘에 따라 활동하기로 한 것이다. 이들은 기숙사에서 격문과 "학교는 경찰의 침입에 반대하라. 식민지교육정책을 전폐하라, 광주학생사건에 대해 분개하라, 학생희생자를 석방하라, 일본의 야만정책에 반대하라, 각 학교의 퇴학자를 복교시켜라"라는 표어가 기재된 큰 기와 태극기를 제작했다.[48] 시위 당시 사용하기 위해 애국가를 종이에 적어 준비하기도 했다.[49] 이화여고보는 전교생으로 구성된 기독교학생회의 회장인 최복순을 정점으로 중앙본부의 지도 아래 체계적으로 준비를 진행해 갔다. 기숙사생들을 중심으로 시위를 추진했으므로 이와 같은 사전 준비가 가능했던 것이다.

이화여고보 출신으로 중앙청년동맹원인 이순옥[50]은 시위 계획을 접하고 적

(경성서대문경찰서, 「意見書」, 1930년 1월 30일, 국사편찬위원회, 『한민족독립운동사자료집』 51, 91쪽).

48 경성지방법원 검사국, 「최복순 신문조서(2회)」, 1930년 2월 1일 ; 「京城市內女學生萬歲騷擾事件」, 김경일 편, 앞의 책, 1993, 405~416쪽.

49 경성서대문경찰서, 「昭和5年 押第361號 押收金品 總目錄」, 「差押調書」, 「證據物件發見에 관한 件」, 1930년 1월 15일, 『한민족독립운동사자료집』 52, 47·50~51쪽.

50 이순옥은 부친이 노령 하바로브스크에서 사회주의 활동을 하던 李正洙이고 모친이 근우회 집행위원인 鄭順姬로서 모두 사회주의 활동가였다. 따라서 일찍부터 사회주의 사상을 접해 혁명에 투신할 결심이었다고 한다. 경찰 신문과정에서도 사회주의 계급혁명의 개념과 필요성을 논리정연하게 주장하고 투옥을 각오한 행동이었음을 진술했다(경성서대문

기赤旗 2개와 "제국주의타도 만세, 약소민족해방 만세, 무산계급혁명 만세, 피압박민족해방 만세" 등의 문구가 수록된 격문 100여 매를 작성하여 시위운동을 준비했다.

한편 남학생들 간에도 휘문고보를 중심으로 2차 시위의 계획이 추진되고 있었다. 휘문고보에는 1929년 초 장홍염, 장병창 등을 중심으로 ML파 고려공산청년회의 세포조직이 결성된 바 있었다.[51] 동년 6월 고려공산청년회가 발각 와해되었으나 장홍염[52] 등의 세포조직원들은 노출되지 않은 상태였다. 이들은 1차 시위에서 "운동 목적 달성이 불만족스러울 뿐 아니라 제1차 운동 당시 재학 학교(휘문고보 – 필자 주)가 실행하지 못한 것을 유감으로 여겨"[53] 휘문고보의 주동으로 2차 시위운동을 계획했다. 1월 13일 장홍염, 한전훈 등 휘문고보생 10여 명은[54] 1월 18일을 기해 각 학교가 일제히 제2차 만세시위운동을 전개할 것을 결의하고 각자 학교를 분담하여 연락하기로 했다.[55] 휘문고보의 시위 계

경찰서, 「李順玉 訊問調書(1회)(2회)」, 1930년 1월 24일·25일, 국사편찬위원회, 『한민족독립운동사자료집』 51권, 32~34쪽, 52권, 184~188쪽). 그녀는 이화여고보를 졸업하고 동교 전문부 1년 휴학 중인 중앙청년동맹 회원이었다(「判決文」, 1930년 3월 22일, 경성지방법원 ; 「京城市內女學生萬歲騷擾事件」, 김경일 편, 앞의 책, 1993, 391·419쪽).

51 강재언, 앞의 책, 376~377쪽.

52 장홍염은 ML파 고려공산청년회의 휘문고보 세포조직원일 뿐 아니라 학생과학연구회원이었다(姜在彦, 앞의 책, 376~377쪽). 그는 1928년 이종률 등과 함께 전국학생맹휴옹호동맹 명의의 격문 배포활동으로 체포되어 옥고를 치른 바 있다.

53 경성종로경찰서, 「意見書」, 1930년 2월 19일, 국사편찬위원회 MF.

54 경성종로경찰서, 「한전훈 신문조서(1회)」, 1930년 2월 11일 ; 경성종로경찰서, 「李興永 신문조서(1회)」, 1930년 2월 12일. 논의과정에 참여한 13명 중 이흥영 등 2명만 4학년생이고 11명이 5학년생이었다. 이 중 장홍염, 金炳欽, 李興永과 초기 논의과정에 참여했던 李天山, 朴海雋은 ML파 고려공산청년회의 휘문고보 세포조직원이었다(강재언, 앞의 책, 376~377쪽). 그러나 조직이 와해된 후였으므로 ML파 고려공산청년회가 2차 시위 준비과정에 조직적으로 개입하지는 못했다.

55 경성종로경찰서, 「한전훈 신문조서(1회)」, 「李興永 신문조서(1회)」, 「崔瑛煥 신문조서(1회)」, 1930년 2월 12일.

획은 주로 졸업을 앞둔 5학년생을 중심으로 추진되었다. 이들은 중앙고보, 보성고보, 배재고보, 경신학교 학생들과 연락하며 연합시위운동을 추진했다.[56]

이어 장홍염과 한전훈, 이정우는 여학생과의 연락을 위해 경성여자상업학교생 송계월과 협의했다.[57] 송계월은 1929년 12월 초 서울의 1차 시위운동 당시 동교의 맹휴를 주도했다가 기소유예된 바 있는 맹렬여성이었다. 장홍염 등은 송계월을 통해 여학생들이 15일을 기해 시위운동을 전개할 예정임을 전해 들었다. 장홍염 등이 남녀 연합시위운동을 제의하자 송계월은 이에 찬동하고 여학교 학생 대표자 모임을 주선했다.[58] 남학생과 여학생이 각기 별도로 추진하던 시위계획이 합류하게 된 것이다.

1월 14일 밤 송계월 방에서 장홍염 등의 휘문고보 남학생과 시내 각 여학생 대표자가 모임을 가졌다. 여학교로는 숙명여고보, 경성여자상업학교, 동덕여고보, 경성여고보, 배화여고보, 경성여자미술학교, 실천여학교, 근화여학교 등의 여학생 대표들이 모였다. 이들은 이 자리에서 다음과 같이 남녀 연합시위운동을 전개하기로 합의했다.[59]

- 15일 9시 30분을 기해 각 학교는 일제히 만세를 부르며 종로의 사거리에

---

56 경성종로경찰서, 「李廷禹 신문조서」, 1930년 1월 23일, 『한민족독립운동사자료집』 53, 104~105쪽.

57 휘문고보의 이정우는 경성여자상업학교 학생 이정희의 남동생이었으므로 이정우를 통해 송계월과의 연계가 형성된 것이다. 이정희도 경성여자상업학교 시위 추진의 주모자로 활동했다(경성지방법원 검사국, 「송계월신문조서(2회)」, 『한민족독립운동사자료집』 51, 206쪽).

58 「判決文」, 1930년 3월 22일, 경성지방법원 ; 「京城市內女學生萬歲騷擾事件」, 김경일 편, 앞의 책, 1993, 387~388 · 419쪽.

59 서대문경찰서, 「意見書」, 1930년 1월 30일, 국사편찬위원회, 『한민족독립운동사자료집』 51, 89~90쪽.

집합하여 남대문 방면으로 행진할 것

- 시위운동에는 '광주학생 석방만세', '피압박민족 해방만세'를 연호할 것
- 만일 경찰에 연행되어도 절대 회합자의 성명을 알리지 말 것
- 경찰에 유치 당할 때에는 단식할 것

서울의 남녀 중등 학생들이 연합하여 15일 시위운동을 전개할 것에 합의한 것이다. 이러한 내용은 이화여고보 측에도 전달되었다. 장홍염과 한전훈은 이 같은 결의 사항을 급히 휘문고보 시위 논의자들에게 전하고 각기 배재, 중앙, 중동, 경신, 보성 등 학교를 분담하여 시위참가를 독려했다.[60] 중동학교의 경우 1차 시위 당시 김인배 등으로부터 2차 시위운동을 위임받은 조재득, 박상점 등을 중심으로 2차 시위계획이 추진되고 있었다. 이들은 1930년 1월 9일부터 황의태, 차문철 등의 급우들을 규합하여 2차 시위운동을 준비했다.[61] 황의태 등은 휘문고보 이흥영, 경신학교 강목구 등과[62] 연합 시위운동을 협의하던 중[63] 여학생들의 시위계획에 보조를 같이하여 1월 15일 만세시위운동을 전개하기로 하고 적기赤旗를 제작하는 등 준비를 갖추었다.

약속된 15일 9시 30분 조회시간을 이용하여 시내 각 중등학교 남녀 학생들

---

60 경성종로경찰서, 「意見書」, 1930년 2월 19일. 이들은 1월 13일부터 각 남학교 학생들에게 시위계획을 통보했다가 시위일정이 변경되자 재차 학교를 분담하여 수정계획을 통보했는데 담당 학교와 연락자는 다음과 같다.
배재고보 : 정황학, 중앙고보 : 최영환, 중동학교, 경신학교, 보성고보 : 이흥영

61 경기도, 「京高秘第424號 學生事件關係者檢擧ノ件」, 1930년 3월 13일, 『思想ニ關スル書類』(1), 국사편찬위원회.

62 이 중 이흥영은 ML파 고려공산청년회의 휘문고보 세포조직원이며 강목구는 전위동맹 경신학교 세포조직원이었다.

63 경성종로경찰서장, 「京鍾警高秘第23-3號 第二次學生示威運動事件檢擧ノ件」, 1930년 2월 26일.

은 일제히 시위운동을 전개했다. 이날의 시위는 여학생들의 전폭적인 참가 속에 이루어졌다. 시위에 참가한 대부분의 여학교에서 전교생이 참가했다.[64] 이들은 교정에 나와 "광주학생 석방 만세" 등의 구호를 외치며 교문 밖 진출을 시도했다. 이화여고보의 경우 최순복과 이순옥이 준비한 격문을 살포하고 태극기 백수십 개와 적기 2개를 흔들고 학생들이 애국가와 즉석에서 만든 혁명가를 부르기도 했다.[65] 학생들은 "대한독립 만세, 광주학생 만세, 피압박민족 만세" 등의 구호를 고창했다.[66]

그러나 사전에 시위계획을 접한 일경과 학교 측의 완강한 제지로 교내투쟁에 그치는 경우가 많았다. 1월 15일의 시위계획을 사전 탐지한 총독부에서는 아침 일찍 각 학교에 학무과 직원을 파견했다. 또 경찰이 학교를 에워싸고 형사들은 교정에서 시위에 대비했으며, 학생들이 교정에 집합하여 만세를 고창하면 바로 교내로 진입하여 학생들을 검속하거나 교실로 몰아넣었다.[67] 이러

---

64 일제가 파악한 각 학교의 시위참가 인원은 다음과 같다.
이화 310명 전원, 동덕 190명 전원, 배화 200명 전원, 경성여자상업 282명 전원, 경성여자미술학교 48명 중 28명, 泰和여학교 103명 중 20명, 경성실천여학교 112명 전원, 貞信여학교 93명 전원, 숙명여고보 406명 전원, 근화여학교 265명 중 3학년 이외의 전원 때문에 일제도 "경성시내의 鮮人 女子中等 정도의 학교는 거의 참가하였다"고 보았다(「京城市內女學生萬歲騷擾事件」, 김경일 편, 앞의 책, 388~389쪽).

65 「京城市內女學生萬歲騷擾事件」, 388·420쪽 ; 경성지방법원 검사국, 「증인 安衡中 신문조서」, 1930년 2월 6일, 『한민족독립운동사자료집』 51, 227쪽.

66 경성서대문경찰서, 「보안법 위반 피의사건에 관한 범죄 상황의 건 보고」, 1930년 1월 15일, 『한민족독립운동사자료집』 52, 48~49쪽. 이화여고보 성영호, 유선경, 정봉득의 경우 경찰 신문과정에서 시위의 목적이 '조선의 독립'이라고 진술했다(경성서대문경찰서, 「兪善璟 신문조서」, 「鄭鳳得 신문조서」, 1930년 1월 20일, 「成永鎬 신문조서」, 1930년 1월 21일, 『한민족독립운동사자료집』 52, 123·138~139·153쪽).

67 경성지방법원 검사국, 「증인 尹槿 신문조서」, 「증인 朴聖煥 신문조서」, 「증인 金智煥 신문조서」, 「증인 李允世 신문조서」, 1930년 2월 6일, 『한민족독립운동사자료집』 51, 228~233쪽. 윤근은 근화여학교, 박성환은 동덕여고보, 김지환은 배화여고보 교사, 이윤세는 경기도 학무과 직원이었다.

한 경계에도 불구하고 경성여자미술학교, 실천여학교, 정신여학교, 태화여학교 학생들은 교문 밖 진출에 성공하여 가두시위를 전개했다.[68] 진명여고보와 경성여자상업학교는 이튿날 16일에도 시위운동을 계속했다. 남학교는 휘문고보의 시위추진자들과 사전 연락이 있었던 경신, 배재, 중동, 휘문고보 등을 비롯하여 보성전문학교가 시위운동에 참여했다.

각 학교별 시위상황을 살펴보면 다음과 같다.

15일 9시 30분~10시경 거의 동시에 수송동 실천여학교를 필두로 보성전문학교까지 14개 남녀 학교가 시위운동을 전개했다. 수송동 실천여학교 학생 150여 명은 9시 30분 교내에서 만세를 고창했다. 윤아지 등 40여 명의 학생들은 교사와 경찰의 저지를 뚫고 안국동으로 진출하여 맞은편 경성여자상업학교 문전에서 만세를 부르다 검속되었다. 경성여자미술학교에서는 박계월의 유도로 동교생 수십 명이 교문을 나와 함께 만세를 외치며 행인이 많은 조선총독부 앞을 경유하여 안국동에서 종로에 이르려고 했으나 저지되었다. 배화여고보생 200명은 만세를 부르고 통곡하며 교문 밖으로 진출을 시도했다. 교직원과 경찰이 저지하여 여의치 않자 학생들은 교실 창문 등을 파괴하며 격렬히 저항했다. 정신여학교 학생 90여 명도 경신학교 학생들의 만세고창과 동시에 교정으로 나와 호응하여 만세를 불렀다. 근화여학교와 경성보육학교 학생들은 교정에서 만세를 고창하고 교문 밖 진출을 시도했으나 경찰에 저지당해 뜻을 이루지 못했다. 이화여고보 300여 학생들은 10시경 태극기, 적기赤旗, 소기 등을 들고 언덕에서 배재고보 쪽을 향해 만세를 불렀다. 학생들은 그 길로 시내로 진

68 경성지방법원 검사국, 「증인 李亨雨 신문조서」, 「증인 李一星 신문조서」, 「증인 黃信德 신문조서」, 「증인 崔三悅 신문조서」, 1930년 2월 6일, 『한민족독립운동사자료집』 51, 234~242쪽. 이형우는 경성여자미술학교, 이일성은 태화여학교, 황신덕은 실천여학교, 최삼열은 정신여학교 교사였다.

출하려 했으나 기마대와 소방대까지 출동한 경찰의 제지로 좌절되었다.

수일 전부터 백지동맹을 통해 결속력을 다지던 휘문고보 학생 700여 명과 중동학교 학생 800여 명은 교정에서 만세를 고창한 후 교문 밖 진출을 시도했다. 그러나 사전에 집중적인 사찰과 감시를 당하던 터라 저지당해 교내에서만 만세를 불렀다. 경신학교 학생 470여 명은 교정에서 만세를 고창하다가 100여 명이 시가지로 진출하여 시위를 전개했다. 배재고보 학생들은 이화여고보 학생들의 만세 고창에 호응하여 교정에 나와 만세를 불렀다. 그중 일부 학생들이 교문 밖으로 진출하여 서소문정 일대에서 만세를 부르고 양정고보로 향했으나 역시 체포되고 말았다.

보성전문학교 학생 150명도 교실 내에서 만세를 고창하고 교문 밖 진출을 시도했으나 좌절되었다. 이에 학생들은 교내에서 학생대회를 개최하고 학생 일동 명의로 일본 총리대신, 문부대신, 조선 총독, 학무국장에게 "피검학생 즉시 석방, 학원독립의 인정" 등을 요구하는 전보를 보냈다.[69]

시위는 이튿날인 1월 16일에도 계속되었다. 15일의 시위에 참가하지 않았던 숙명여고보, 경성여자상업학교, 협성실업학교, 진명여고보 등 네 학교가 만세를 불렀다. 16일 협성실업학교 학생 150여 명이 "학원의 독립", "만세 피압박 민족"이라 쓴 적기赤旗 2개를 앞세우고 만세를 고창하며 단성사 앞 대로로 내려오다 기마순사에 차단되어 체포되었다. 일부 학생들은 파고다 공원으로 진출하여 계속 만세를 불렀다. 협성실업학교의 시위는 조선학생과학연구회원인 동교 3학년 정윤희 등의 주도로 추진된 것이었다.[70]

---

69 『조선일보』, 1930년 1월 16일 ; 『동아일보』, 1930년 1월 16일 ; 『중외일보』, 1930년 1월 16일 석간.

70 경성종로경찰서, 「李世遠 訊問調書」, 1930년 1월 17일 ; 경성종로경찰서, 「鄭允熙 訊問調書」, 1930년 1월 17일 ; 「公判調書」, 경성복심법원, 1930년 7월 16일 ; 국사편찬

진명여고보 학생 400명과 숙명여고보 학생 300여 명도 조회시간에 만세를 부르며 교외 진출을 시도했으나 경찰의 저지로 실패하자 교내에서 통곡하며 항쟁했다. 견지동 경성여자상업학교생 300여 명은 16일 오전 교실에서 만세를 고창했다. 이들은 몸부림을 치면서 교문 밖 진출을 시도했으나 경찰의 저지로 좌절되자 유리창을 파괴하며 격렬히 저항했다. 교사 정태술은 경찰의 교내 진입에 항의하다가 연행되기도 했다.[71] 15~16일의 시위 당시 일제는 시내 및 경기도 경찰 1,200여 명, 경찰관교습소 학생 300여 명 등을 비롯해 총 3,000여 명의 경찰을 동원하여 시위를 저지했다. 경찰관 수송을 위해 버스, 택시 등 100여 대의 차량이 동원될 정도였다.[72]

1월 17일에는 4개 남자 학교에서 시위가 일어났다. 중앙기독교청년학관 학생 150명은 교정에서 만세를 부르며 대열을 지어 종로 4거리로 나오려 했으나 경찰의 제지로 뜻을 이루지 못했다. 실업전수학교 학생 100여 명은 조회 후 만세를 불렀으나 감시중인 경찰이 제지하여 교외로 진출하지는 못했다.[73] 이들은 교내에서 "대한독립 만세"를 고창했으나 경찰이 교내에 진입하여 학생들을 검거했다.[74]

배재고보는 15일에 이어 17일에도 연속하여 시위운동을 전개했다. 17일 교정에 모인 530명의 학생들 중에서 적기가 등장하자 학생 일동이 만세를 고창하며 교외 진출을 시도했으나 감시 중이던 경찰에 저지되었다. 배재고보생 김종락은 단지斷指 혈서血書로 기를 만들어 학생들을 격동시켰다.[75] 오후에는 전

위원회, 『한민족독립운동사자료집』 53, 35~90쪽.

71 『중외일보』, 1930년 1월 17일 석간.

72 『조선일보』, 1930년 1월 17일.

73 『조선일보』, 1930년 1월 18일 ; 『동아일보』, 1930년 1월 18일.

74 이천경찰서, 「李昌業 訊問調書(2회)」, 1930년 2월 3일 ; 이천경찰서, 「李昌業 素行調書」, 1930년 2월 3일 ; 국사편찬위원회, 『한민족독립운동사자료집』 53, 179~183 · 193쪽.

기학교電機學校 학생들이 전차실로 몰려가 만세를 고창하고 큰 길로 나오다가 경관에 제지당해 해산했다.[76] 18일에는 향상여자기예학교向上女子技藝學校 학생 20여 명이 하학 후 시내에서 만세를 부르기도 했다.[77]

한편 1929년 12월 신간회의 민중대회 개최 계획 당시 신간회원 김무삼이 극장에 격문을 살포한 것과 유사하게 시내 극장에 격문이 살포되었다. 1월 16일 밤 10시 30분 인사동 조선극장에서 소등 중에 광주학생사건의 진상을 알리는 격문이 다수 배포되었다. 즉석에서 청년과 학생 등 79명이 검거되었다. 청년 2명을 제외하면 77명이 중앙고보, 중동학교, 휘문고보, 보성고보, 경신학교 등의 학생이었다. 또 조선극장에 살포된 것과 같은 내용의 격문이 시내 각 학교에 배포되기도 했다.[78] 일제는 시내의 극장과 각 단체를 철야로 경계하고 주요 사회인사들의 행동과 학생들의 숙소를 감시했다.

17일에는 전매국 경성지국 공장의 남녀 직공들이 구금학생의 석방과 광주사건에 동정하여 18일부터 일제히 파업에 돌입할 것을 협의하다가 사전에 발각되었다. 또 숭인동 종연방적공장鐘淵紡績工場의 직공들도 이와 유사한 계획을 추진했으나 역시 사전에 발각되어 실패했다.[79] 이는 학생운동과 노동운동의 연계투쟁 가능성을 보여주는 사례로서 주목되는 것이지만 더 이상 진전되지는 못했다.

15일 보성전문학교, 근화여학교, 휘문고보, 태화여학교, 중동학교, 이화여고보, 배재고보, 배화여고보, 경성보육학교, 동덕여고보, 경신학교, 정신여학교, 실천여학교, 경성여자미술학교 등 14개 학교가 시위운동을 전개했다. 16

---

75 『동아일보』, 1930년 1월 31일 ; 『조선일보』, 1930년 4월 3일.

76 『조선일보』, 1930년 1월 18일 ; 『동아일보』, 1930년 1월 18일 ; 『중외일보』, 1930년 1월 18일 조간.

77 『동아일보』, 1930년 1월 19일 ; 『조선일보』, 1930년 1월 20일.

78 『동아일보』, 1930년 1월 18~19일.

79 조선총독부 경무국, 『朝鮮の治安狀況』, 1930, 88쪽.

일에는 숙명여고보, 경성여자상업학교, 협성실업학교, 진명여고보 등 4개 학교가 만세를 고창했다. 15~16일의 이틀에 걸쳐 18개 학교에 7,000여 학생이 시위운동에 참여한 것이다, 이로 인해 이틀간 500여 명의 학생이 검거되었고, 200여 명이 구류처분을 받았다.

15일부터 17일까지 3일간 계속된 서울지역 각 학교의 시위운동은 일제 당국에도 큰 충격이었다. 1929년 12월초 서울에서 전개된 대규모 시위운동의 재연이었을 뿐 아니라 이미 전국적으로 시위가 확산되던 상황을 가속화시킬 것으로 예상되었기 때문이다. 15일 서울의 학생시위는 일제 내부에서도 이견이 제기될 정도로 충격적으로 받아들여졌다. 즉 일본 내 척무성에서는 "15일 경성 소동은 작년 말 소동의 연장으로 생각된다. …… 이면에 공산당이 있다는 것은 믿을 수 없다. 이는 민족주의의 발로로 보는 것이 지당하다"는 견해를 제기했다. 이에 대해 총독부 경무국장은 "척무성 의견은 추측에 불과하며 배후 책동의 악분자를 철저히 취체하고 이들에 동요되는 학생도 단호히 처치하겠다"고 다짐했다.[80] 일제 총독부당국은 학생 시위를 학생만의 운동이 아니라 "배후의 세력에 의한 계획적인 책동"[81]으로 간주하려고 했던 것이다. 그러면서도 학생시위가 학생운동에 국한되는 것이 아니라 민족운동이며 민중운동임을 자인하고 있었다.[82]

총독부 학무국장은 학교 당국에서 시위를 저지할 수 없는 학교 3곳 정도는 폐쇄해도 무방하다고 극언했다. 사이토 총독은 예정되었던 일본행을 연기했

80 『중외일보』, 1930년 1월 17일 석간.

81 『중외일보』, 1930년 1월 17일 석간.

82 「경찰방침 결정, 騷擾罪로 검거, 사건진전을 중대시」『동아일보』, 1930년 1월 16일. 학생사건이 본래 학무과 관할이나 내무부와 경찰부의 협의 결과 소요죄를 적용하여 학생들을 검거하기로 결정했다. 그 이유는 "각 학교 생도들의 운동이 단순한 학생운동이 아니요 민족적 의미를 가진 민중운동"이라는 것이다.

다. 경기도에서는 1월 17일 도내 23개 중등학교장 회의를 소집하여 '학생취체 방침'을 시달했다.[83] 같은 날 총독부에서 13도 경찰부장 회의가 소집되어 학생시위의 대처방안이 논의되기도 했다.[84] 1월 25일 경기도 학무과에서는 다시 시내 각 중등학교장을 소집했다. 이 자리에서 일제 당국은 각 학교별 시위 관련 학생 300여 명의 성명이 기재된 명단을 제시하며 한 명도 빠짐없이 반드시 학사조치할 것을 지시했다.[85]

2차 시위운동의 경우 사회주의 비밀결사의 조직적인 참여가 없었으며 처음부터 남녀학생의 연합시위운동으로 전개되었다는 점이 주목된다. 이는 학생들이 외부 세력의 추동과 개입 없이 자체적으로 운동을 준비해 갈만큼 운동이 고조되고 있었음을 의미한다. 1차 시위운동은 각 학교에 배포된 격문을 통해 학생들의 투쟁의식이 고양된 바탕에서 주동 학생들이 학교의 사정에 따라 시위를 추진하면서 연합시위로 발전시켜 갔다. 반면 2차 시위운동은 각 학교 내 독서회 등 기존 조직이 와해되었으나 시위에 대한 공감대가 형성된 상태에서 추진되었다. 즉 여학생과 남학생들이 각기 시위운동을 준비하다가 시위 일정에 대한 합의를 거쳐 1월 15일 남녀 학생들이 일제히 시위에 돌입한 것이다. 특히 여학생들의 전폭적인 참여가 있었다. 조직적 토대가 없었음에도 이와 같이 일치된 행동을 보인 것은 1차 시위의 경험을 통해 광주와 서울 시위에서 많은 학

---

83 취체방침은 4가지인데 다음과 같았다.

1. 생도의 동요에 대해 가정과 연락 합력하여 극력 방지할 것
2. 만일의 사태 시 화근의 근절을 기하야 최선의 조치를 강구할 것
3. 학교 소요 취체에 관한 당국의 방침과 학교의 처분 방침에 대한 요지를 명료하게 학부형에게 양해할 것
4. 교원과 직원은 협력 일치하여 힘을 다해 생도의 선도에 노력할 것(『중외일보』, 1930년 1월 18일 조간).

84 『중외일보』, 1930년 1월 18일 석간.

85 『조선일보』, 1930년 1월 28일.

생들이 체포된 상황에 대한 폭넓은 공감대가 형성되었기 때문일 것이다.

따라서 학생들은 대체로 "광주학생 석방 만세" 등의 구호를 외치는 것이 일반적이었다. 아울러 "대한독립 만세", "피압박 민족 해방 만세", "약소민족 해방 만세", "제국주의 타도 만세"[86] 등의 구호가 제기되어 식민통치체제에 대한 저항임을 분명히 했다. 1월 14일 남녀 학생들의 논의과정에서는 시위 당시의 공통적인 구호로 "피압박 민족 해방 만세"를 고창하기로 합의되었다. 이는 1929년 12월 1차 시위 당시의 공통적인 구호였던 "식민지 노예교육 타파"에서 크게 진전된 것일 뿐 아니라 학생들이 민족운동의 전면에 나선 것을 의미하는 것이다. 그 구체적인 표현으로 격문이 표어 수준으로 단순화 된 반면 태극기와 적기赤旗가 등장하기 시작했다. 태극기는 그 자체가 곧 민족의식을 반영한 것으로 볼 수 있다. 또 애국가가 불려지기도 했다. 이화여고보, 협성실업학교, 중동학교의 시위에서는 적기가 나타났다.[87] 특히 이화여고보 학생들이 사용한 적기에는 "제국주의 타도 만세", "약소민족 해방 만세", "피압박민족 해방만세", "무산계급 혁명 만세" 등이 기재되었다.[88] 또 시위과정에서 "무산

86 「(鄭允熙 등) 公判請求書」, 경성지방법원 검사국, 1930년 2월 20일, 국사편찬위원회 『한민족독립운동사자료집』 53, 75~76쪽.

87 협성실업학교에서도 "학원의 독립"과 "피압박민족 만세"라고 기재한 삼각 赤旗가 등장했으나 이를 바로 사회주의 의식의 발로로 이해하기는 어려울 것 같다. 관련자들이 한결같이 적기 제작의 목적이 학생들을 격동시키고 시선을 집중시키기 용이하기 때문이라고 답변하고 있기 때문이다(경성종로경찰서, 「朴在烈 신문조서(1회)(2회)」, 1930년 1월 18·29일 ; 「李世遠 신문조서(2회)(3회)」, 1930년 1월 20·26일 ; 「鄭允熙 신문조서(2회)(5회)」, 1930년 1월 21·28일 ; 「李東遠 신문조서(3회)」, 1930년 1월 27일, 『한민족독립운동사자료집』 53, 35~60쪽).

88 이화여고보의 경우 적기와 계급투쟁적 격문을 작성한 이순옥이 이화여고보 졸업생이고 중앙청년동맹원이었다는 점에서 당시 이화여고보 학생들의 의식과는 구분할 필요가 있을 것 같다. 그러나 시위과정에서 "무산계급 해방만세"와 革命歌가 불려진 것은 학생들의 공감이 확산되고 있었던 것을 반영한다고 하겠다.

계급 해방 만세"의 구호와 혁명가革命歌가 고창되는 등 사회주의적 계급투쟁의식이 표출되기도 했다.

1929년 12월과 1930년 1월 서울지역 시위운동을 주도했던 학생들은 어떤 사람들일까? 당시 체포된 주도 학생들의 신문조서를 통해 이들의 가정환경을 살펴보면 다음과 같다.[89] 신문조서가 남아있는 남학생 48명의 출신 도는 전북, 경북, 함남이 각각 8명으로 많았다. 다음 서울과 지리적으로 가까운 충청도(충북 5명, 충남 4명)가 많았으며 전남(4명), 경남(4명)이 뒤를 잇고 있다. 특이한 것은 동조시위가 활발하게 전개된 평안도와 함북은 한 명도 없었다는 점이다. 평안도의 경우는 평양에 중등학교가 밀집되어 있었기 때문에 구태여 서울로 유학하는 경우가 많지 않았던 것 같다. 서울 출신은 3명에 불과했다. 이는 지방에서 유학한 학생들을 중심으로 시위운동이 모색되었음을 보여준다. 지방 출신 학생들이 전체 학생수에서 많았을 뿐 아니라 하숙 생활 등을 통해 서로 연계되었고, 활동도 그만큼 자유로웠기 때문일 것이다.

서울지역 남자 중등학교의 경우 4~5학년생이 25명으로서 고학년을 중심으로 시위가 추진된 것을 알 수 있다. 특히 2차 시위 당시의 휘문고보를 비롯하여 1차 시위 때의 경신학교, 중앙고보, 경성제1고보, 경성제2고보 등은 4~5학년생이 시위를 주도했다. 이들은 대체로 20세 전후의 청년들이었으므로 청년운동 조직의 활동가들과 연령상 큰 차이가 없었다. 따라서 청년운동

---

89 본 책의 말미에 편철된【부록 1】참조. 이는 1929년 12월과 1930년 1월의 1·2차 서울시위를 주도했다가 체포된 서울지역 중등학교 시위주도 학생 111명(남학생 48명, 여학생 63명)의 신문조서에서 추출한 개인 신상기록이다(국사편찬위원회, 『한민족독립운동사자료집』, 49~53권 참조). 그런데 이화여고보 학생의 경우 기숙사에서 시위가 모의, 추진되었으므로 다수의 기숙사생이 검거되어 조사를 받았다. 그 결과 다른 학교 시위주도 학생보다 월등히 많은 인원이 조사 대상에 포함되었다. 조사대상에 시위 주도 학생이 모두 망라된 것이 아니고, 각 학교 학생 수가 균등하게 포함된 것이 아니므로 조사 결과 역시 한정적인 의미만을 지닌다.

조직에 참여하거나 인적 연계를 이루고 있는 경우도 많았을 것이다.

신분구성은 양반 18명, 상민 27명, 미상 3명으로 양반 출신이 비교적 많았다. 가정의 재산상태는 대체로 상류층에 속했다. 수만 원에서 2천 원의 재력을 가진 가정이 대부분이다. 생활이 곤란한 경우는 4명에 불과하다. 서울에 유학하기 위해서는 많은 경비가 소요되었던 현실을 감안한다면 당연한 결과일 것이다. 보호자의 직업은 농업이 대부분인데 일제 관청에 근무하는 경우도 4명이나 된다.

여학생은 전국적으로 분포되어 있다. 그중 함남이 10명으로 가장 많고 서울(8명), 황해(8명), 전남(7명)이 뒤를 잇고 있다. 함남 지방은 남학생도 8명이나 되어 높은 교육열을 보여준다. 남학생과는 달리 충청도(충남 1, 충북 1명) 출신이 많지 않다. 조사 대상자 63명 중 기독교인의 숫자가 32명으로서 50%를 넘고 있는 점이 눈에 띈다. 기독교 학교인 이화여고보 학생들이 조사대상에 많이 포함되었기 때문이기도 하지만 다른 학교 학생 중에도 기독교인이 많았다. 보호자의 직업은 농업이 주류를 이루지만 의사가 7명이나 된다. 보호자가 서구적 근대의식을 수용했거나 유식계급에 해당하는 경우 자녀를 유학하는 경우가 많았음을 짐작할 수 있다. 그 외에 고리대금업, 여관업, 잡화상, 무역상 등 3차 산업에 종사하는 경우도 있었다. 일제 관청 근무자는 4명이다. 가정의 재산상태는 5천 원에서 수십만 원에 이르는 상류층이 많았다. 생활 곤란자는 6명으로 10% 정도였는데 대체로 친척 등 주변의 도움을 받고 있었다. 여학생 역시 3~4학년의 고학년이 시위를 주도하고 있었다. 이를 통해 서울 시위는 지방 출신 고학년 중등학생들의 주도로 이루어졌음을 알 수 있다. 또한 서울의 중등학교에는 지방에서 유학한 학생들이 많았기 때문에 휴교 또는 징계로 인한 시위 참가 학생들의 귀향은 지방으로 시위가 확산되는데 일정한 영향을 미쳤을 것으로 보인다.

시위운동의 전국 확산과 성격 02

시위운동의 전국 확산과 지역별 양상

1930년 3학기 개학과 더불어 학생시위운동은 전국적으로 확산되었다. 따라서 전국적인 운동 양상을 파악하기 위해서는 지역적 특성, 사회단체와의 관계 등을 종합적으로 파악한 사례 연구가 요망된다. 그러나 본 연구에서는 운동의 대체적인 추세를 파악하는 데 중점을 두었다. 사례연구는 지역 특성 등을 감안하여 보다 정밀한 구명이 필요하기 때문이다. 본 절에서는 각 도별 주요 활동의 양상과 추세를 중심으로 파악하고 이의 근거가 된 전국적인 활동의 내용을 지역별로 구분하여 부록으로 수록했다.[90]

우선 1929년 당시 전국의 각종 학교 상황을 도별로 살펴보면 표 4-1과 같다. 1930년 1~2월에 전개된 전국 각 학교의 활동양상을 도별로 정리하여 그 특징을 살펴본다.[91]

---

90 실제로 더 많은 학교에서 시위계획이 추진되었을 것이나 일제 보고서나 언론에 보도된 경우만을 집계한 것이다.

91 본 항목은 강재언 편, 『光州抗日學生事件資料』를 주 자료로 하여 당시의 신문, 판결문, 신문조서, 교지 등을 보완하여 정리한 것이다. 특별한 논거가 없는 경우는 강재언 편, 『光州抗日學生事件資料』의 내용이다.

표 4-1 1929년 전국 도별 각급 학교 현황

구분	서울 경기	충북	충남	전북	전남	경북	경남	강원	황해	평북	평남	함북	함남	계
사립 보통	21	1	1		8	5	2	1	10	1	3	7	18	78
공립 보통	169	72	122	135	205	161	203	94	122	103	101	54	79	1,620
공립 고보	2(1,2 고보)	1 (청주)	1 (공주)	1 (전주)	1 (광주)	1 (대구)	2 (동래, 진주)	1 (춘천)	1 (해주)	1 (신의주)	1 (평양)	1 (경성)	1 (함흥)	15
사립 고보	6			1 (고창)						1 (오산)	1 (광성)			9
공립 여고보	1 (경성)			1 (전주)	1 (광주)	1 (대구)	1 (부산)				1 (평양)			6
사립 여고보	6						1 (일신)				1 (평양 정의)		1 (원산 루씨)	9
관공 사범	2	1	1	1	1	1	1	1	1	1	1	1	1	14
공립 실업	7	1	2	3	4	4	7	2	1	4	3	3	4	44
사립 실업	5													5
공립 실업 보습	12	2	9	2	7	4	9	5	7	5	3	4	6	75
일반 각종 학교	43		1	2	2	8	9	10	11	37	33	29	109	294
종교 각종 학교	33	2	6	11	6	9	9	3	21	38	68	4	4	214
계	307	80	143	157	235	194	244	117	174	191	216	103	223	2,383

※출전 : 朝鮮總督府, 『朝鮮總督府統計年報』, 1929. ; 朝鮮總督府 學務局, 『朝鮮諸學校一覽』, 1929.

서울·경기

서울은 1930년 1월 15~17일 3일간의 격렬한 시위운동이 있은 후 시위에 참가했던 학교들이 대체로 임시휴교함으로써 한동안 소강상태에 들어갔다. 그러나 1월 18일 봉래정蓬萊町 자유당지부自由黨支部 명의로 "대한독립 만세, 내일 효창공원에 집합하여 외치자"는 격문이 중앙고보, 휘문고보, 양정고보, 배재고보의 학생회 간부와 세창, 창명고무회사 직공회 간부 앞으로 우송되어 재거의를 촉구했다. 이 격문은 작성 주체가 '자유당지부'로 표기되고 세창, 창명고무회사 직공회 간부에게도 우송된 점 등을 고려하면 학생이 아닌 사회 인사가 작성했을 가능성이 크다. 특히 이 격문은 "대한독립 만세"를 외치자고 제안함으로써 민족독립운동으로의 전환을 촉구하고 있다. 이는 1월 12일 평양부 시내에 조선○○회 명의로 살포된 격문이 "여러분 학생여러분, 우리 조선을 위하여 독립만세를 외칩시다"라고 촉구한 것과 상통한다고 하겠다. 1월 27일에는 세브란스의전, 연희전문, 보성전문, 법학전문, 고등상업, 상공전문 등 시내 전문학교 학생들이 맹휴를 계획했으나 실행에는 옮기지 못했다. 단지 같은 날 연희전문 학생들만 "검거된 학생의 전원 석방", "퇴학, 정학 처분자의 복교"를 요구하는 결의문을 학교에 보내고 맹휴를 전개하는데 그쳤다.[92] 서울 시내 전문학교의 참여는 맹휴의 형태로 전개되었고 시위에는 소극적이었다.

서울의 각 중등학교는 이후 일경의 철저한 감시로 지속적인 활동을 전개하지는 못했다. 단지 광주학생들의 공판일인 2월 19일과 20일을 기해 동조 움직임이 있었다. 즉 중동학교와 경성제1고보 학생들이 태화여학교, 보육학교 학생들과 연계하여 공판일에 3차 시위운동을 계획했으나 뜻을 이루지 못했다. 중앙고보 학생들은 2월 18일 "검거된 광주학생의 전원 석방"을 요구하며

92 강재언 편, 앞의 책, 89쪽.

수업시간 중 퇴교했다.[93] 2월 19~20일에는 중앙고보, 경신학교를 비롯하여 10여 개 중등학교 학생들이 등교를 거부하며 맹휴를 전개했다.[94] 그런데 서울을 제외하면 경기도 일대의 운동은 개성과 인천에서 발견될 뿐이다.

그중 개성지방은 앞서 본 바와 같이 1930년 3학기 개학 초 시가행진을 통해 전국적 시위운동의 불을 지피는 역할을 한 바 있었다. 1월 9~10일 개성 송도고보와 호수돈여고보, 미리흠여학교의 시위운동은 3학기 개학 후 최초의 시위운동이었다. 이후 송도고보와 호수돈여고보의 학생들을 중심으로 1월 말과 2월 초 시위운동이 추진되었으나 뜻을 이루지 못했다. 그런데 개성의 남녀 중등학교 학생들은 서로 밀접히 교류하며 연계투쟁을 모색했던 점이 돋보인다. 예를 들어 2월 15일 호수돈여고보의 맹휴 주모자인 홍형옥 등의 여학생들과 송도고보의 시위 주모자인 배영복을 비롯한 남학생 6명 등 남녀 학생 13명이 호수돈여고보의 맹휴 지속 방안을 협의, 추진하고 있었다.[95]

---

93 강재언 편, 앞의 책, 113쪽.

94 『조선일보』, 1930년 2월 20일 ; 경성종로경찰서장, 「京鍾警高秘第2026號 學校生徒ノ動搖ノ件」, 1930년 2월 18일 ; 강재언 편, 앞의 책, 248~250쪽.
각 학교의 동향은 다음과 같다.
– 19일 상황
휘문고보 : 등교거부(결석자 590명, 출석자 189명)
협성실업학교 : 10명을 제외한 전교 학생이 등교거부
중앙고보 : 등교거부(출석자가 수 명에 불과)
중앙기독교청년학관 : 등교거부(결석자 218명, 출석자 29명)
– 20일 상황
경신학교 : 등교거부(등교자 1명도 없음)
휘문고보 : 등교거부(191명 결석)
협성실업학교 : 등교거부(출석자 17명)
중앙고보 : 등교거부(등교생 12명뿐)

95 경기도개성경찰서장, 「開高秘第44號 學生動搖事件ニ關スル件」, 1930년 2월 17일, 『思想ニ關スル情報綴』, 제2책. 신문에는 호수돈여고보 4학년 홍명옥과 송도고보 3학년 김동기가 만세시위를 계획하다가 발각된 것으로 보도되었다(『중외일보』, 1930년 2월 19일

그 외에 인천상업학교 학생들이 1929년 12월의 시위에 이어 1930년 1월 17일 밀고자를 응징한 후 만세를 고창하며 교외 진출을 시도했으나 경찰의 저지로 주동자 17명이 검거되고 교내 시위에 그치고 말았다.[96] 이 시위의 주도자로 퇴학당한 이두옥은 인천의 활동가인 이승엽의 지도를 받아 동년 2월 말 인천청년동맹과 인천노동조합 간부인 김점권, 신간회원 이수봉, 유창호 등과 3·1운동 11주년 기념 격문을 살포하다 체포되어 옥고를 치렀다.[97]

서울·경기 지역에는 190개의 공사립 보통학교가 있었으나 다른 지역과는 달리 보통학교 학생들의 시위참여가 거의 발견되지 않는다.[98] 서울의 경우는 중등학교가 밀집되어 중등학교만으로도 대규모 시위가 가능했다. 그러나 서울을 제외한 경기도 일대 보통학교 학생들의 시위가 없었다는 것은 시위가 경기도내 전 지역으로 확산되지 않았다는 것을 의미한다. 그 결과 경기도의 경우 중등학교가 일경의 감시로 행동의 제약을 받게 되는 1월 하순 이후에는 급격히 활동이 위축되었다.

석간). 그 외에도 1930년 1월 26일 송도고보 4학년 李永善 등이 시위운동을 계획하고 송도고보생 및 호수돈여고보생의 동참을 권유하다가 체포된 바 있다(『중외일보』, 1930년 1월 28일 석간).

96 『조선일보』, 1930년 1월 18~21·29일 ; 『동아일보』, 1930년 1월 20일 ; 上仁川中·仁川高等學校 同窓會, 『仁高90年史』, 128~132쪽.

97 『동아일보』, 1930년 9월 3일·6일, 1931년 5월 8일 ; 『중외일보』, 1930년 3월 11일. 李斗玉은 출옥 후 1931년 한전종 등과 함께 서울지역 중등, 전문학교 학생들을 규합하여 反帝同盟을 결성하고 朝鮮共産黨再建工作委員會를 조직하여 활동하다 다시 체포되어 징역 3년형을 받았다(『동아일보』, 1932년 4월 7~8일·1933년 8월 15~16일, 1934년 9월 30일·10월 7일 ; 인천경찰서장, 「仁警高秘第2771號秘密結社産業別勞動組合事件 起訴中止者檢擧 ニ關スル件」, 1933년 6월 7일, 『思想ニ關スル情報綴』, 2권).

98 1930년 2월 14일 경기도 양주군 화도면 마석공립보통학교학생 徐順成이 광주사건의 신문보도에 자극되어 "만세"라고 적은 기 40여 개를 제작 배포하다가 발각된 것을(『중외일보』, 1930년 2월 16일 석간) 제외하면 거의 확인되지 않는다.

충청북도

충북지방은 10개 군, 106개 면으로 구성되었다.[99] 표 4-1에서 보듯이 보통학교가 공사립을 합쳐 73개 교로서 절대수로는 함북 다음으로 적었다. 그러나 1.4면당 1개교로서 1면 1교에 근접한 수치를 보여주고 있다. 반면 중등교육기관은 도청소재지인 청주군 청주면에 고보와 사범학교, 실업학교가 1개교씩에 불과하고, 실업보습학교와 각종학교도 각각 2개교로서 교육시설 면에서 보면 전국적으로도 매우 낙후된 지역이었다.[100]

충북지방의 시위운동은 고보와 농업학교에서 시작되었다. 1930년 1월 21일 청주고보생 200여 명과 청주공립농업학교생 130여 명은[101] 학교 밖으로 진출한 후 합류하여 시가에 격문 200여 매를 살포했다.[102] 이어 "한국독립 만세"를 고창하며 시내로 진출하여 시위운동을 추진하다가 주모 학생 20여 명이 체포되었다.[103] 청주경찰서는 1월 22일부터 수십 명의 정사복 경관을 자동

---

99 조선경찰협회, 『地方行政區域名稱一覽』, 1932, 28쪽.

100 보통학교는 청주군 15개, 보은군 5개, 옥천군 5개, 영동군 7개, 진천군 5개, 괴산군 8개, 음성군 8개, 충주군 8개, 제천군 7개였다. 중등교육기관은 청주에 고보와 농업학교가 1개씩, 종교계 각종학교는 청주와 음성에 각각 1개가 있었다. 서당은 812개가 개설되어 있었다(충청북도 학무과, 『忠淸北道教育及社寺宗教一覽』, 1936, 30~61쪽).

101 청주공립고등보통학교는 1924년 5월에 설립된 충북지방의 유일한 고등보통학교이다. 1929년 당시 10개 학급에 368명의 한인 학생이 재학했다. 1929년 제1회 졸업생 49명을 내었다. 특이한 것은 일인 학생 40명이 재학 중이었는데 이는 전국의 고등보통학교 중 전주고등보통학교의 일인 재학생 53명 다음으로 많은 숫자이다. 청주공립농업학교는 1911년에 설립된 충북지방 유일의 농업학교로서 충북공립농업학교로 불렸다. 수업연한 5년의 8개 학급으로 한인 학생 230명에 일인 학생 11명이 재학 중이었다(조선총독부 학무국, 『朝鮮諸學校一覽』 1930, 367~368 · 381~382쪽).

102 격문 내용은 "조선 정신의 소유자인 白衣魂을 감춰 달아나는 먹구름을 격파하고, 광명 있는 자유의 길을 딛고 용감하게 싸워라! 굳게 저항하라!", "조선 민족들이여 자각하라! 우리 2천만 동포의 자유를 얻기 위해 만세 만세" 등이었다.

103 「光州學生事件及其の影響(其の二)」, 강재언 편, 『光州抗日學生事件資料』, 177~178쪽 ; 조선총독부 경무국, 『朝鮮の治安狀況』, 1930, 89쪽 ; 박걸순, 「일제하 충북지방의

차 4대에 분승하여 청주고보와 청주농업학교의 교문 앞에 대기시키고 삼엄한 경계를 폈다. 1월 25일에는 청주공립농업학교 4학년생들이 검속 학생의 석방을 요구하며 동맹휴학을 전개했다.[104]

이후 시위는 도내 괴산, 충주, 음성군으로 확산되면서 보통학교 학생들을 중심으로 전개되었다. 충북 괴산군에서는 1월 25일 청천공립보통학교 학생과 1월 27일 괴산공립보통학교 학생들이[105] 장날을 이용하여 장터에서 격문을 살포했다.[106] 그중 청천보통학교 학생들은 청주고보생의 지도로 "대한독립 만세를 축하함" 등의 격문 1천여 매를 제작, 살포했다.

2월에 들면 충주군, 음성군 일대에서 지역 사회 인사나 귀향한 중등학교 학생의[107] 지도를 받아 보통학교 학생들이 시장에 격문을 살포하거나 만세시위를 추진했다. 충북 지방의 운동 상황은 표 4-2와 같다.

충북지방은 중등교육기관을 비롯하여 보습학교, 각종학교 등이 발달하지 않아 1월 21일의 청주고보와 청주농업학교를 제외하면 이후 모두 보통학교

학생운동」, 독립기념관 한국독립운동사연구소, 『한국독립운동사연구』 17, 375~378쪽. 일부 신문에는 경찰의 탄압으로 시위가 교내에서 그치고 학생들의 교문밖 진출이 실패한 것으로 보도되었다(『중외일보』, 1930년 1월 22일 석간). 그러나 『조선일보』, 1930년 1월 23일 기사에 시내에 뿌린 격문이 거론된 것으로 보아 시내 진출에 성공한 것 같다.

104 『중외일보』, 1930년 1월 25일 석간.

105 괴산군 청천면의 청천공립보통학교는 1921년에 설립된 6년제 보통학교로서 1935년 현재 6개 학급에 337명(남학생 289명, 여학생 48명)이 재학했다. 괴산면의 괴산공립보통학교는 괴산군 내에서는 가장 빠른 1911년에 설립되었다. 6년제로서 1935년 현재 9개 학급에 609명의 학생이 재학했는데 그중 여학생이 152명에 달했다(충청북도 학무과, 『忠淸北道教育及社寺宗教一覽』, 1936, 36쪽).

106 『조선일보』, 1930년 1월 28일.

107 일례로 2월 7일 충주군 이류면 대소원공립보통학교 학생들이 신간회원인 朴義陽의 지도로 방과 후 시장에 집합하여 시위운동을 전개했다. 음성군 무극공립보통학교 학생들은 2월 16일 京城苦學堂 학생 徐相淳의 지도를 받아 장터에서 만세시위를 추진하다가 발각되었다.

표 4-2 충북 소재 각 학교 운동 상황

일시	소재지	종별	학교명	규모	양상	비고
1/21	청주	중등	청주고보, 청주농업	270명 230명	격문 살포, 시내진출 기도	연합시위
1/21	청주	중등	청주고녀	한인 36명	만세고창, 시위	
1/25	청주	중등	청주농업	4학년	검거학생 석방요구 맹휴	
1/25	괴산 청천	보통	청천보교	40여 명	시장에 격문 살포	청주고보생의 지도
1/27	괴산	보통	괴산보교	수명	시장에 격문 살포	사전 발각
1/22	충주	보통	충주보교	수명	맹휴 논의	미실행
2/7	충주 이류	보통	대소원보교	27명	시장에서 시위	신간회원의 지도
2/10	충주 이류	일반	대소원보교 졸업생	수명	시장에 격문 살포	
2/10	음성	보통	음성보교	수명	시위운동 계획	사전 발각
2/16	음성 금왕	보통	무극보교	수명	경성고학당 학생의 지도로 시장에서 시위운동 추진	귀향학생의 지도, 사전발각

에서 시위운동이 추진된 점이 특색이다. 그런데 보통학교의 시위운동은 괴산, 충주, 음성 등 도내 일부 지역으로 확산되는 데 그쳤다.

충청남도

충남지방은 14개 군, 175개 면으로 구성되었다. 123개(공립 122개, 사립 1개)의 보통학교가 설립되어 1.42면 당 1개교의 비율로서 충북지방과 비슷했다. 중등교육기관은 공주고보와 사범학교 그리고 2개의 실업학교가 있었다. 그 외에 9개 교의 실업보습학교와 7개 교의 각종학교가 있었다. 충남에서는 1929

년 12월 초 공주고보 학생들의 맹휴활동 이후 1930년 1월 중순까지 구체적인 움직임이 없다가 신간회 등 사회단체 인사의 배후 지도로 시위운동이 추진되기 시작했다.

1월 16일 신간회 당진지회원인 임종만, 고인환의 권유를 받은 인완수가 당진군 석문石門공립보통학교 교사 인운식과 협의하여 격문을 작성하고 이를 동교 내에 살포했다가 체포되었다. 이는 보통학교 교사가 자신의 학교 학생들에게 격문을 배포하며 시위를 추진한 특이한 사례에 속한다.[108]

홍성공업전수학교 1학년 최원복, 오종규 등은 신간회 홍성지회 집행위원 박원식과 교회 전도부인 황인숙의 배후 지도로[109] 1월 20일의 장날을 기해 만세를 고창하며 시위운동을 전개할 것을 계획했다. 이들은 19일 저녁 '수감석방 광주만세' 등의 격문을 홍성 전 시내에 살포했는데, 발각되어 주모 학생 20여 명이 체포됨으로써 좌절되었다.[110]

충남 부여군에 거주하는 강성구는 평소 일어를 강요하는 일제의 교육정책에 불만을 갖고 있었다. 그러던 중 신문 보도를 통해 광주학생에 대한 일제의 편파적인 조치를 알게 되자 학생맹휴를 촉구할 것을 계획했다. 그는 1월 22일 격문을 작성하여 부여공립보통학교와 부여농업보습학교에 살포했다.[111] 이에

---

108 격문은 백지에 연필로 '만세 불러'라고 기재한 간단한 것이었다(「昭和五年刑控第6號(林鍾萬 등)判決文」, 경성복심법원, 1931년 1월 10일 ; 독립운동사편찬위원회, 『독립운동사자료집』 13, 1549~1550쪽).

109 『중외일보』, 1930년 1월 23일 석간.

110 『중외일보』, 1930년 1월 21일 ; 『조선일보』, 1930년 1월 23일.

111 격문의 내용은 "무산 학생을 구원할 것, 조선인을 본위로서 교육할 것, 조선인 일본인을 평등히 할 것, 희생학생이 없게 할 것, 이 4개 조목을 일본정부와 조선총독에 진정하여 허락할 때까지 반항하자, 강하게 싸워라 동심 동지여", "광주사건 만세, 선인 본위 교육, 언론결사 자유, 민족차별 철폐, 구속학생 석방, 작년 10월 30일 광주 일본 학생 폭행사건에 의해 조선학생은 희생되었다. 학생이여 분기하라, 조선학생 만세" 등이었다.

표 4-3 충남 소재 각 학교 운동 상황

일시	소재지	종별	학교명	규모	양상	비고
1/16	당진 석문	보통	석문보교		석문보교 내에 격문 살포	신간회원과 교사 연합
1/18	당진 석문	보통	석문보교	60명	5학년생 만세시위 계획	사전 발각
1/19	홍성	실업	홍성공업 전수학교	1학년	시내에 격문 살포, 장날 시위 추진	시위 사전 발각 신간회원지도
1/21	조치원	실업	조치원농업 보습학교	1학년	맹휴 추진	사전 발각
1/22	예산	실업	예산농업 학교	20명	장날 이용, 격문 살포 계획	사전 발각
3/7~8	예산	보통	대흥(大興) 공립보교	6학년	백지답안 제출, 동맹퇴학과 만세시위 계획	기자, 야학 강사의 지도
1/21	대전	실업	대전상업 보습학교	80명	교문 박 진출, 시위 시도	
1/24	대전	보통	대전2보교	수 명	여학생 주도로 태극기 제작, 시위 추진	사전 발각
2/10	대전				읍내에 '독립만세' 격문	
1/22	부여	일반		단독	부여보교, 부여농업보습에 격문 배부	강성구
1/26	부여	실업	부여농업 보습학교	수 명	위의 격문에 의해 맹휴 단행	사회인사 관련
2/5	온양 신창	실업 보통	신창농업 보습, 신창보교	수 명	맹휴 추진	일제 경계로 미실행
2/8	천안	보통	천안보교	수 명	맹휴 추진	미실행
2/28	논산	보통	논산보교		학교에서 3·1절 만세 계획	사전 탐지, 미실행

고무되어 1월 26일 부여농업보습학교 학생 우제홍 등 10여 명이 7개 항의 요구조건을 제시하고 1월 28일 맹휴를 전개했다.[112] 여기에는 노명우, 유기섭 등 지역 사회운동 단체 인사들이 관여하고 있었다.

그 외에 당진, 홍성, 조치원, 예산, 대전, 부여, 온양, 천안 등 도내의 여러 지역에서 운동이 전개되었다. 이는 전 도에 걸쳐 운동이 확산되고 있었음을 의미한다.

도청 소재지인 공주의 공주고보와 영명학교, 영명여학교 등이 1929년 12월 맹휴를 전개한 이후 1930년 3학기에는 구체적인 활동을 보이지 못했다. 대신 상대적으로 실업보습학교가 많았으므로[113] 실업보습학교와 보통학교를 중심으로 맹휴 또는 시위운동이 추진되면서 전도로 확산될 수 있었다. 운동 양상도 다른 지역과는 달리 2월 초순까지 맹휴활동이 주류를 이루었다는 점이 특징적이다. 그러나 1월 하순 부여공립농업보습학교의 맹휴를 제외하면 모두 사전에 발각되어 실행에 옮기지 못하고 말았다. 또 각 지역의 운동계획이 단발성으로 그치는 경우가 대부분이었다. 이는 학교의 특성 때문이기도 한데 보습학교는 2년 과정이어서 일반적으로 전교생이 50명 내외에 불과했다.[114] 따

---

112 「昭和五年刑公第51號(姜星求)判決文」, 공주지방법원 강경지청, 1930년 3월 25일 ; 『동아일보』, 1930년 2월 9일 ; 『조선일보』, 1930년 2월 7·14일.
강성구는 이 일로 체포되어 징역 1년 집행유예 5년을 받았다. 그는 이후 1931년 유기섭 등과 사회주의 비밀결사 火星黨을 조직하고 활동하다 다시 체포되어 앞의 집행유예가 취소되어 옥고를 치렀다(『동아일보』, 1932년 1월 6일).

113 충남지방의 실업보습학교는 9개 교로서 서울·경기의 12개 교 다음으로 많았다(표 4-1 참조).

114 1929년 당시 전국의 공립농업보습학교는 44개 교에 한인 학생 수가 1,800명이었으므로 평균 한 학교당 학생 수가 41명에 불과했다. 공립상업보습학교는 전국 9개 교에 한인 학생 741명으로 평균 한 학교당 82명, 공립공업보습학교는 9개교에 한인 학생 430명으로 한 학교당 48명의 학생이 재학했다(조선총독부 학무국, 『朝鮮諸學校一覽』, 1930년 1월, 381~408쪽).

라서 지속적인 운동의 추진이 어려웠다. 또 보통학교의 수가 123개였던 것에 비하면 보통학교로의 확산이 활발했던 것은 아니었다.

전라북도

전북지방은 군산부를 비롯하여 14개 군, 188개 면으로 구성되었다. 보통학교가 135개 교로서 1.4개 면당 1개 교의 비율을 보여주고 있다. 전북에서는 1929년 12월 전국의 주요 도시로 시위가 확산될 때나 1930년 1월 초 신학기 개학 직후에도 특별한 활동이 없었다. 그러다가 1월 15~17일 서울지역 학생들의 시위운동 이후 활동이 모색되기 시작했다. 특히 교육기관이 밀집된 전주와 정읍을 중심으로 1월 20일을 전후하여 시위운동이 전개되었다.

도청소재지인 전주에서는 서울의 2차 시위와 마찬가지로 전주공립여고보 여학생들에 의해 시위가 촉발되었다. 전주여고보는 1929년 임부득을 중심한 사회주의 비밀결사 적광회赤光會의 활동이 발각되어 사회적인 파장을 일으킨 바 있었다. 전주여고보 학생들은 임부득 등의 재판이 진행 중이던 1930년 1월 20일 "백의 만세"라고 쓴 깃발을 제작하고 전주고보, 전주농업학교, 전주공업보습학교, 사립 신흥학교의 학생들을 동참케 하여 시내에서 시위운동을 전개할 계획을 추진했으나 사전에 발각되어 실패했다.[115]

전주공립공업보습학교 학생들도 전주여고보 학생들의 계획에 발맞추어 1월 20일 학교 밖에서 모인 후 각 학교 학생들과 연계하여 시내에서 시위운동을

115 전주공립여고보 3학년 곽영옥, 2학년 이현숙 등 20여 명의 학생은 각 반마다 주도자를 선정하고 며칠에 걸쳐 연락을 취하며 시위를 준비했다. 이들은 1월 20일의 조회시간을 이용하여 시위운동을 개시할 예정이었다. 시가 중심지인 大正町通을 통과하여 전주천을 건너 신흥학교까지 진출하여 남학생들과 합류할 계획이었으나 사전에 발각되고 말았다(『동아일보』 1930년 1월 21일 ; 『중외일보』, 1930년 1월 21일 조간·1월 22일 석간).

전개할 계획이었으나 사전 감시로 인해 좌절되었다.[116]

1월 21일에는 전주시내 18개 처에 격문이 부착되어 경찰이 전시가를 엄중 경계했다. 이는 전주공업보습학교 시위 학생들로부터 격문을 입수한 사립 호영학교湖英學校[117] 2학년 백낙주와 전주고보 3학년 유돌기가 격문을 제작 배포한 것이었다.[118] 학생들의 시위 분위기가 무르익자 기독교계의 사립 신흥학교新興學校[119] 당국에서는 학생들의 시위를 지레 염려하여 자체 휴학을 결정했으나 학생들이 이에 불응하는 기현상이 전개되기도 했다.[120] 교내에서의 활동이 여의치 않자 신흥학교 기숙사생 36명은 1월 25일 전주시내로 진출하여 "철창에서 신음하는 피맺힌 소리가 들리는가. 학생대중이여! 백의민중이여! 끓는 피를 다하여 해방을 외치자"는 격문을 살포하고 만세를 고창하며 고보 및 농업학교 학생과의 합류를 시도했으나 모두 체포되고 말았다.[121]

---

116 『조선일보』, 1930년 1월 22·24일.

117 사립 湖英學校는 1920년 4월 호영강습원으로 설립되었다. 설립취지는 연령이 초과하여 공립보통학교에 입학하지 못하는 아동을 속성으로 강습할 목적이었다. 이후 1924년에 호영학교로 변경하고 고등과와 보통과를 설치했는데 보통과는 3년, 고등과는 1년 과정이었다(『동아일보』, 1925년 3월 9일). 지역 유지들의 후원으로 서울에서 李秉岐 등을 교사로 초빙하는 등 전주의 대표적인 일반 사립 각종학교로 성장했다. 1925년 전주 民衆運動聯盟 회원인 동교 시간강사 申時澈이 교내에서 경찰에 체포되기도 했다(『동아일보』, 1925년 2월 13일). 1931년 4월 경영난으로 폐교할 때까지 5백여 명의 졸업생을 배출했다(『동아일보』, 1931년 3월 13일·4월 7일).

118 「昭和五年刑公第470號(白樂柱 등)判決文」, 전주지방법원, 1930년 3월 10일 ; 『조선일보』, 1930년 1월 23·27일·3월 10일 ; 『동아일보』, 1930년 3월 10일.

119 1908년에 세워진 사립 신흥학교는 기전여학교와 더불어 미국 남장로교선교회에서 운영하던 학교였다. 1923년 보통과를 폐지하고 고등과 중심으로 운영되었다(『동아일보』, 1923년 4월 16일·10월 30일). 1922년 신흥학교와 광주 崇一학교 학생들이 "조선의 발전책이 교육이냐, 실업이냐"는 제목으로 연합 토론회를 개최하기도 했다(『동아일보』, 1922년 5월 28일). 1927년 10월에 학내문제로 맹휴가 전개되기도 했다(『동아일보』, 1927년 11월 1일).

120 『동아일보』, 1930년 1월 24일 ; 『중외일보』, 1930년 1월 24일 석간.

1월 26일 전주공립농업학교 학생들이 경찰의 경계를 피해 스케이트장에서 만세시위 거사를 논의했고,[122] 27일에는 전주고보 학생들이 시위운동을 계획했으나 모두 사전 발각되어 실패했다.[123] 전주고보는 학교 당국이 유력학생들의 출석을 제지하는 등 학생시위의 사전 차단에 분주하여 학부형의 원성을 샀다.[124] 2월 12일에는 기독교계 사립 영신학교생과[125] 삼례공립보통학교 학생들의 연합시위운동 계획이 사전에 발각되었다.[126] 2월 14일에는 사립 영신학교 학생 수 명이 삼례공립보통학교 운동장에 '학생만세' 등이 기재된 3종류의 기를 살포하며 삼례주재소 앞까지 시위하다 체포되기도 했다.[127] 이 시위에는 2학년생도 참가했다.

한편 정읍에서는 1월 20일 정읍공립농업학교 2학년생들이 중심이 되어 "학원에 자유를 다오" 등 5개 항의 진정서를 제출하고 적기를 선두로 시위운동

---

121 『조선일보』, 1930년 1월 26~27일 ; 『동아일보』, 1930년 1월 26일 ; 강재언 편, 『光州抗日學生事件資料』, 182쪽. 조선일보에는 시위학생이 80여 명으로 보도되었다. 동아일보에는 임시휴교가 해제되어 학생들이 등교할 때 태극기를 들고 격문을 살포했다고 보도되었다.

122 『조선일보』, 1930년 1월 29일 ; 『동아일보』, 1930년 1월 29일 ; 『중외일보』, 1930년 1월 29일 석간.

123 『중외일보』, 1930년 1월 29일 석간.

124 전주고보 학교 당국이 경찰서에 전화 연락하여 경찰 출동을 요청하고, 유력 학생의 학부형을 호출하여 시위의 염려가 있으니 학생을 당분간 가정에서 근신케 하라고 통보함으로써 학부형의 공분을 샀다(『중외일보』, 1930년 2월 4일 조간).

125 영신학교는 1909년 金在中이 설립하여 이후 미국 남장로교회에서 경영한 기독교계 각종학교이다(『동아일보』, 1926년 8월 2일).

126 동아일보에는 三禮보통학교, 永新학교, 新興학교, 紀全여학교가 연합시위운동을 계획하다가 영신학교생과 삼례보통학교 학생들이 체포된 것으로 보도되었다(『동아일보』, 1930년 2월 15일). 그러나 실제 검거된 학생들은 영신학교와 삼례보통학교 학생들이었으므로(『중외일보』, 1930년 2월 19·24일·3월 15일) 신흥학교, 기전여학교 학생의 참여를 계획했으나 실제 연결되지는 않은 것으로 보인다.

127 『중외일보』, 1930년 2월 18일 ; 『동아일보』, 1930년 2월 17일.

을 계획했으나 주도자들이 사전에 체포되어 실패했다.[128] 이에 1월 21일 동교 1·2학년생 100여 명이 "검거학생 석방", "학원의 자유" 등 수개 항의 진정서를 교장에게 제출하고 경찰서로 몰려가 구금 학생의 석방을 요구하다가 현장에서 70여 명이 일시 검속되기도 했다.[129]

1920년대 맹휴가 활발하게 전개된 바 있었던 사립 고창고보에서는[130] 1월 22일 장날을 기해 대대적으로 시위운동을 전개할 계획을 세웠다. 고창고보생들은 20여 명의 준비위원을 선정하고 격문 만여 매, 적기 50여 개의 제작을 준비하는 등 거사를 추진했다. 4학년생 이하 200여 명의 학생을 1·2대로 나누어 22일의 장날에 거사코자 했으나 학교 측에서 사전에 무기휴교하고 20일 주도 학생 20여 명이 체포되어 실패했다.[131] 고창고보는 1920년대 후반의 활발한 맹휴 경험과 교내에 결성된 사회주의 비밀결사 S당원黨員의 활동으로[132] 조직적인 시위운동을 추진했으나 학교 측의 무기휴교로 뜻을 이루지 못한 것이다.

전북지방은 1월 20일부터 며칠간 전주, 정읍 등의 중등학교를 중심으로 집중적으로 시위운동이 추진되었다. 그러나 전주고보, 고창고보 등의 시위운동이 좌절됨으로서 운동의 확산에 지장을 초래했다. 이를 대신하여 전주여고보, 기전여학교 등 여학생들의 시위추진이 있었다. 특히 신흥학교, 기전여학교,

---

128 강재언 편, 앞의 책, 79쪽 ; 「金吉洙 井邑公立農業學校 學籍簿」, 정읍제일고등학교 소장.

129 『중외일보』, 1930년 1월 24일 석간 ; 『조선일보』, 1930년 1월 22~23일.

130 사립 고창고보는 1920년대 6회에 걸쳐 맹휴를 전개했다. 이는 휘문고보와 더불어 전체 공사립 고보 중 가장 많은 맹휴횟수이다. 특히 1926~1928년간 5차례의 맹휴가 벌어졌다(朝鮮總督府 警務局, 『朝鮮ニ於ケル同盟休校ノ考察』, 1929, 13~14쪽).

131 『조선일보』, 1930년 1월 22~23·26~27·29일 ; 『동아일보』, 1930년 1월 22~23일 ; 『중외일보』, 1930년 1월 21일 ; 강재언 편, 『光州抗日學生事件資料』, 181쪽.

132 「光州學生事件及ひ其各地波及の狀況摘錄」, 강재언 편, 『光州抗日學生事件資料』, 109쪽 ; 『조선일보』, 1930년 4월 14일.

표 4-4 전북 소재 각 학교 운동 상황

일시	소재지	종별	학교명	규모	양상	비고
1/20	전주	고보	전주여고보	20명	학교 연합시위운동 추진	사전 발각
1/20	전주	실업	전주공업 보습학교		위의 계획에 호응하여 각 학교 연합시위 추진	
1/21	전주	각종 고보	호영학교 전주고보	수 명	격문 제작, 시내 및 시장에 살포	전주 공업보습학교생에 자극
1/24	전주	각종	기전여학교	100여 명	'동정만세' 기재한 태극기 제작, 만세 외침	기숙사생 주도
1/25	전주	각종	신흥학교	36명	시내에 격문 살포, 시위 각 학교연합시위 시도	기숙사생
1/26	전주	중등	각 중등학교		장날을 기해 연합시위추진	미실행
1/26	전주	실업	전주농업교	7명	교외에서 만세시위 모의	사전 발각
1/27	전주	고보	전주고보		시위운동 추진	사전 발각
1/28	전주	실업	전주농업교	2학년	시위운동 추진	사전 발각
2/1	전주				시내에 격문 수백 매 살포	
2/12	전주	각종 보통	영신학교 삼례보교	20여 명	연합시위운동 추진, 태극기, 격문 준비	사전 발각
2/14	전주	각종	영신학교	수 명	적기 살포, 시위 행진	
1/20	정읍	실업	정읍농업교	2학년	적기 제작, 시위 추진	사전 발각
1/21	정읍	실업	정읍농업교	1·2학년	검거학생 석방요구 시위	경찰서 앞 시위
1/22	정읍	보통	정읍보교		흑판에 '독립만세' 낙서	검거됨
1/22	고부	보통	고부보교		흑판에 '독립만세' 낙서	검거됨
1/26	정읍				장날 시위 촉구 격문 게시	미실행
2/17	정읍	보통	고부보교	단독	학우에 만세시위 촉구	단독 만세
1/22	고창	고보	고창고보	20명	격문, 적기 제작, 장날 거사 추진	사전 발각
2/10	고창	고보	고창고보	1학년	태극기, 적기 제작, 시위 추진	사전 발각
2/22	고창	고보	고창고보	1학년	일인 상점에 격문 부착	
2/4	김제	일반	백구청년회	3명	격문 제작	사전 발각
2/18	부안 백산	일반	신문기자	수 명	백산보교생의 장날 시위운동을 지도	격문 제작, 사전 발각
2/11	남원	보통	남원보교	수 명	태극기와 격문 부착	6학년, 졸업생
2/13	남원	일반	청년동맹	수 명	시내에 격문 살포	

호영학교, 영신학교 등 사립 각종학교의 참여가 활발했는데, 호영학교를 제외하면 모두 기독교계 사립학교였다. 시위도 외부 인사의 개입 없이 학생들이 독자적으로 계획, 추진하는 경우가 많았다. 2월에는 중등학교가 활동에 제약을 받아 소강상태에 접어들자 이를 이어 전주, 정읍, 남원 등지의 보통학교에서 시위운동이 전개되었다. 그러나 시위운동이 도 전체로 확산되지 못하고 몇 개 주요 도시에 국한되었다. 또 135개의 보통학교 수에 비하면 보통학교 학생들의 동참이 활발했다고 보기는 어렵다.

전라남도

전남지방은 목포부를 비롯하여 제주도와 21개 군, 266개 면으로 구성되었고 도청소재지는 광주군 광주면이었다. 213개(공립 205개, 사립 8개)의 공사립 보통학교가 설립되어 1.25면 당 1개교의 비율을 보이고 있다.

앞서 보았듯이 광주의 광주고보, 광주농업학교, 광주여고보 등은 3학기 개학 직후부터 백지동맹으로 항쟁하고 있었다. 서울시위가 전개된 1월 17일 이후에는 광주에서도 시위운동 형태의 재거의가 추진되기 시작했다.

1월 16일 광주농업학교 독서회원인 안종변, 이수동 등 10여 명은 서울의 시위운동에 호응하여 재거의할 것을 추진했다. 이들은 1월 20일 수감 중인 학생의 석방을 요구하는 진정서를 교장에게 제출하고 학교 전화선을 절단한 후 "궐기하자 만세" 라고 쓴 적기를 선두로 격문을 살포하며 시위할 것을 계획했으나 사전에 발각되어 좌절되었다.[133] 1월 27일 광주 수피아여학교 정옥순, 심만 등의 학생은 고다마兒玉 정무총감의 내광來光을 기해 조선지도와 "동포여

133 「光州學生事件及其の影響(其の二)」, 강재언 편, 『光州抗日學生事件資料』, 215쪽. 한편 광주시내 각 중등학교 학생들이 조직한 독서회 중앙부의 회원들은 1월 18일부터 검거되기 시작했다.

깨어나라, 영원히 만세를 외쳐라, 독립만세를 외쳐라"라고 기재한 격문과 태극기 등을 제작하고 대규모 시위운동을 추진했으나 주동자들이 체포되어 실패했다.[134]

그 외 강진군 대구大口공립보통학교 5·6학년생 및 졸업생 윤가현 등 수 명은 1월 17~18일 대구면 공립보통학교장, 광주고보 학생, 강진군 내 군동郡東, 강진, 엄천, 성전 등 8개 보통학교와 면내 각 구장 앞으로 광주고보 학생들에 호응하는 내용의 격문을 제작 발송했다.[135] 대구보통학교장 앞으로는 동맹휴교를 실시하겠다는 통보문을 보냈다. 이들은 통고문에서 일제의 조선통치가 조선민족의 자유를 빼앗고 압박을 가하고 있는데 광주학생사건이 그 일례라고 지적했다. 따라서 광주학생에 동조하여 맹휴한다고 맹휴 사유를 밝히고 있다.[136] 맹휴의 이유로 일제의 식민통치 자체의 문제점을 지적하고 있는 것이다. 결국 1월 18일 대구공립보통학교 학생 90여 명이 "광주사건 때문에 수업을 받을 수 없다"는 진정서를 제출하고 맹휴를 전개했다.

1월 21일에는 전남 여수공립수산학교 학생들이 격문을 살포하고 시위운동을 준비하다가 사전에 발각되어 학생 8명이 경찰에 검거되었다. 이에 다른 학생들이 교장에 항의서를 제출하기도 했다.[137] 1월 25일 전남 여수공립보통학

---

134 『조선일보』, 1930년 1월 30~31일 ; 『중외일보』, 1930년 1월 29일 조간 ; 「光州學生事件及び其各地波及の狀況摘錄」, 강재언 편, 『光州抗日學生事件資料』, 89쪽. 조선일보에는 체포 일자가 1930년 1월 28일로 보도되었다.

135 「昭和五年刑公第162號(尹珂鉉)判決文」, 광주지방법원 장흥지청, 1930년 3월 14일 ; 「昭和五年刑控公第222號(尹珂鉉)判決文」, 대구복심법원, 1930년 4월 22일.

136 이들이 밝힌 맹휴의 이유는 "우리들 조선민족은 군국주의 자본주의 침략주의인 일본국으로부터 총체적으로 자유를 빼앗긴지 20년 그간 우리의 신성한 조선민족을 식민시하여 총체적인 압박은 음으로 양으로 우리의 머리 위에 떨어졌던 것은 다시 말하지 않아도 알 수 있는 것이다. 금번의 광주사건도 그 일례이다. 동포학생이 옥중에 있는 것을 목격하고 이를 위안하는 의미에서 맹휴를 한다"라는 것이었다.

교 교정에 「친애한 학생 제군이여, 광주사건에 동정하라」는 제목으로 시위운동을 촉구하는 내용의 격문 80여 매가 살포되었다. 이는 광주고보 퇴학생인 여도현의 지도로 독서회를 조직하여 사회과학을 연구하던 김용환, 여운종 등이 제작 배포한 것이다. 이들은 여수에서도 광주학생에 대한 동조시위를 전개할 목적으로 향교鄕校에서 격문을 제작하여 1월 25일 밤 여수보통학교 교정과 교실에 살포한 것이다.[138]

2월 7일 목포 사립정명여학교 고등과 4학년 학생 최이선, 강안식, 서금복, 박덕순, 1학년 송영은 등은 표어가 기재된 대형 적기와 격문 수천 장을 제작하는 등 시위를 준비하다가 발각 체포되었다. 이들은 구금 중인 목포상업학교 학생에 동정하여 시위를 계획한 것인데 목포상업학교 학생 정병칠의 배후 지도를 받았다. 격문은 등사판이 없어 묵지에 써서 준비했고, 고등과 학생은 수가 적으므로 보통과 5~6학년생을 망라하여 2월 7일 아침 조회 시간을 마치고

---

137 『중외일보』, 1930년 1월 26일 석간. 맹휴는 여수수산학교 내에 조직된 독서회원이 주도한 것이다. 여수수산학교 내에는 광주고보 퇴학생 여도현의 지도로 동교 3학년생인 오우홍, 윤경현, 김권문, 2학년생 이용기 등을 중심으로 1929년 8월에 독서회가 조직되어 있었다(여수수산학교, 『開校70年史』1987, 120~121쪽).

138 『조선일보』, 1930년 2월 3일 ; 『중외일보』, 1930년 2월 14일 ; 「昭和五年刑公第53號(金龍煥, 呂運鍾)判決文」, 광주지방법원 순천지청, 1930년 3월 13일 ; 여수항일독립운동사편찬위원회, 『麗水抗日運動史』, 2006, 440~441쪽. 그런데 강재언 편, 『光州抗日學生事件資料』에는 여수공립보통학교에 격문이 살포된 시기가 1월 23일로 기재되어 있다. 동교에 격문 살포가 2차에 걸쳐 있었던 것은 아니므로 1월 23일은 착오인 것 같다. 여운종은 여수보통학교를 졸업한 후 1926년 광주고보에 입학했으나 가정사정으로 3학년을 중퇴했다. 이후 1929년 초 숙부인 여도현의 지도를 받아 1929년 8월부터 여도현, 김용운, 김양식 등과 독서회를 조직했다. 한편 여도현은 1928년 광주고보 재학 중 장석천의 지도를 받아 학우들과 사회과학을 연구하다 1929년 초 동교를 퇴학당하고 귀향하여 여수에서 독서회를 조직한 것이다. 이들은 강령으로 '첫째 우리들은 전투적 마르크스주의의 함양 보급에 노력한다. 둘째 우리들은 건전한 전위투사가 된다' 등을 결의하고 1930년 1월까지 20여 차례에 걸쳐 사회과학 서적을 연구했다.

표 4-5 전남 소재 각 학교 운동 상황

일시	지역	종별	학교명	규모	양상	비고
1/8	광주	고보	광주고보	다수	3차 시위계획 추진 중 발각	17명 퇴학
1/9	광주	고보 실업	광주고보 광주농교		수감자 석방요구, 백지동맹	독서회원 주도
1/10	광주	고보	광주여고보		수감자 석방요구, 백지동맹	
1/18	광주	고보	광주고보	24명	전교생 퇴학계 제출 권유	
1/20	광주	고보	광주농교	10명	진정서 제출, 격문 살포 후 시위 계획 추진	사전 발각
1/27	광주	각종	수피아여교	수명	격문, 태극기 제작, 시위운동 추진	사전 발각
1/18	강진	보통	대구보교생 및 졸업생	수명	대구면 내 각 보통학교에 격문 우송	
1/18	강진	보통	대구보교	92명	동맹휴학 전개	
1/27	곡성	보통	옥과보교		장날 시위운동 추진	사전 발각
1/21	여수	실업	여수수산교	8명	격문 살포, 시위준비	사전 발각
1/25	여수	일반		수명	여수보교에 시위촉구 격문 살포	
1/28	여수	실업	여수수산교	전교생	검거학생 석방촉구 맹휴	
1/18	담양	보통	창평보고	단독	시위촉구 격문 회람	사전 발각
1/19	담양	보통	창평보교	수십 명	태극기, 격문제작, 장날이용 시위 추진	사전 발각
2/2	담양	보통	담양보교	9명	만세 고창 후 시위 계획	사전 발각
2/7	목포	각종	정명여학교	수명	목포상업학생의 지도로 적기, 격문 제작 시위 추진	사전 발각
2/8	제주	실업	제주농교	3학년	백지답안 제출 결의	미실행
2/10	나주	실업 보통	농업보습 나주보교	300명	만세를 외치며 시내 진출 시도	연합시위
2/18	보성	보통	보성보교	4~6학년	조회 때 만세시위 전개 추진	광주고보생의 지도
3/1	함평	일반	신간회지회	수명	격문 제작, 장날 학생시민 연합시위 추진	사전 발각
3/3	함평	고보 보습 보통	광주고보 함평농잠보습 함평보교	수명	3·1절 기념 시위촉구 격문 100여 매, 태극기 제작, 함평 읍내에 살포	

거사할 계획을 추진했다. 그런데 정명여학교의 미국인 교장 카밍이 목포경찰서에 신고함으로써 사전에 발각되고 말았다.[139]

2월 10일 나주읍 장날을 이용하여 나주공립농업보습학교 2학년 이창신의 지도로 나주농업보습학교와 나주공립보통학교 5~6학년 300여 명의 학생들이 '학생만세'를 고창하며 시내진출을 시도하다가 해산했다.[140]

전남지방은 전북과 마찬가지로 지역 사회단체의 지도 없이 학생들이 독자적으로 시위운동을 추진하는 경우가 많았다. 시위 주도학생들이 사회단체 인사 대신 상급학교 학생이나 졸업생의 지도를 받기도 했다. 광주의 시위운동 직후인 11월 중순에는 전국 확산의 선도적 역할을 한 목포와 나주 일대 각급 학교들의 시위운동이 있었다. 12월에는 함평농잠보습학교 학생들이 서울과 거의 동시에 시위운동을 준비하기도 했다. 1930년 1월 3학기 개학 초에도 광주의 중등학교에서 재차 시위움직임이 일었다. 이렇듯 각 운동시기마다 선도적인 역할을 했던 것은 학생들 간에 운동 진원지로서의 지역적 공감대가 형성되어 있었기 때문일 것이다. 1월 중순에는 강진, 여수 등 전남 남부지역으로 운동이 확산되었다. 2월에 들면 1929년 11월 광주학생에 대한 최초의 동조시위를 폈던 목포와 나주지역에서 다시 시위운동이 전개되었다. 그런데 전국적으로 가장 많은 213개의 공사립 보통학교가 있었던 것에 비하면 보통학교의 시위참여가 활발한 편은 아니었다. 또 전남 서부지역에 비해 동부지역으로의 확산이 미진하여 지역적 편중현상을 보여주고 있다.

---

139 『중외일보』, 1930년 2월 8일 · 2월 9일 석간.

140 『중외일보』, 1930년 2월 12 · 14일 · 2월 19일 석간.

경상북도

경북지방은 대구부를 비롯하여 울릉도와 23개 군, 272개 면으로 구성되었다. 공사립 보통학교 166개(공립 161개, 사립 5개)가 설립되어 1.6개 면 당 1개교의 비율을 보이고 있다. 경북에서는 도청소재지이자 교육기관이 집중된 대구를 중심으로 운동이 모색되었다.

1월 14~15일 경북 경산군에서 야학을 경영하는 허동훈이 대구부내 각 중등학교와 청년동맹 등에 시위운동을 촉구하는 격문을 우송했다가 체포되었다.[141] 1월 16일 대구여고보에 허동훈이 혈서로 서명한 격문이 배달되자 이에 격동한 학생들이 18일 오후 1시 대구 남문 장날과 남성정南城町 약령시藥令市를 이용한 시위운동을 계획하다가 사전에 발각되어 체포되었다. 대구여고보 당국은 수업을 중지하고 교내에 수십 명의 형사대가 상주하며 경계했다.[142] 대구고보, 공립농림학교, 사립계성학교 학생들도 1월 20일을 기해 시위운동을 추진하다가 사전 발각되어 실패하고 말았다.[143]

대구고보 2학년 한경, 강이환 등은 2월 11일의 기원절 당일 시위운동을 계획하고 거사를 준비하다가 발각 체포되었다. 이들은 일부 학생들을 학교 밖의 달성공원에 집합시킨 후 교내 학생들과 상호 호응하여 만세운동을 전개할 계획을 추진했다. 또 부내府內 공사립의 각 학교 학생들도 참여토록 하여 연계투쟁을 구상했다. 수상, 조선총독, 경무국장, 재판소 앞으로 보내는 "식민지 교육제도의 철폐, 광주학생사건 피처분 학생의 관용" 등의 진정서를 작성하고

---

141 『조선일보』, 1930년 1월 18일 7면·1월 20일 ; 『중외일보』, 1930년 1월 20일 석간. 격문 배부학교는 대구고보, 대구사범학교, 대구농림학교, 대구상업학교, 대구여고보, 嶠南學校 등이었다.

142 『조선일보』, 1930년 1월 19일 ; 『중외일보』, 1930년 1월 20일 석간.

143 『조선일보』, 1930년 1월 20~21일 ; 『동아일보』, 1930년 1월 20일.

태극기를 제작하는 등 준비를 갖추다가 발각되고 말았다. 이들은 외부 인사의 개입 없이 독자적으로 시위를 준비했는데 비밀보장, 시위행렬, 각 학교의 연락, 격문 및 태극기의 제작, 옥중만세 신호, 사전 발각 시의 조치, 동지들의 배치 등으로 구분하여 치밀하게 계획을 추진했다.

2월 초 영주군 풍기면 신간회원인 안기석, 권석환 및 청년동맹 재무부장 김준상 등은 각지의 보통학교와 청년동맹에 격문을 우송하여 광주학생사건에 호응한 시위운동의 결행을 촉구하기로 했다. 이들은 농민조합의 등사판을 이용하여 "조선학생 대검거와 조선총독 폭압정치 및 야만경찰 압박에 전 조선 피압박 계급은 일제히 분기하라"는 내용의 격문과 "조선민족 만세"라고 기재한 「학생제군에게 격함」이라는 격문 2종 300여 매를 인쇄했다. 이들은 2월 2일 이 격문을 영주공립보통학교와 풍기공립보통학교의 교실 내 책상서랍에 투입하고 풍기농민조합과 청년동맹 지부 사무실, 노농야학당 등에도 살포했다. 또 대구사립 복명復明보통학교를 비롯하여 김천, 상주, 예천, 안동, 의성, 순흥의 공립보통학교에 우송했다. 안동, 영주, 순천, 남원의 각 청년동맹 지부에도 우송했다.[144] 이들은 학생들의 동향을 살펴 후속 행동을 추진하기로 했으나 격문 우송 사실이 발각되어 체포되었다.

2월 11일 영양청년동맹 석보石保지부 위원장 박병량, 신간회원 이명호 등 수십 명이 「전조선 피압박 약소민족에 고함」이란 격문 3천여 매를 준비하여 영양군 석보시장 장터에서 군중에게 살포하며 약소민족 만세를 고창했다. 이에 장터의 군중 400~500명이 합세하여 만세를 고창하며 시가 중앙을 향해 시위운동을 전개하다, 저지하는 경찰과 충돌하여 일대 아수라장을 이루고 수

---

144 「昭和五年刑公第1233~1234號(安基錫 等)判決文」, 대구지방법원, 1930년 7월 9일 ; 광주학생독립운동동지회, 『광주학생독립운동사』, 178~184쪽.

표 4-6 경북 소재 각 학교 운동 상황

일시	지역	종별	학교명	규모	양상	비고
1/12	대구	고보	대구고보	수명	대구청년동맹원의 지도로 시위운동 계획	사전 발각
1/14	경산	일반		단독	대구부내 각 중등학교와 청년동맹에 격문 우송	
1/18	대구	고보 실업	대구부 내 중등학교	다수	대구고보, 대구여고보, 계성학교, 농림학교생들이 1월 20일 시위계획 혐의 로 검속됨	사전 발각
1/16	대구	고보	대구여고보	30명	장날을 이용, 시위운동 계획	사전 발각
1/19	대구	고보	대구여고보	단독	요구사항 제시하며 학생규합	사전 발각
1/24	대구	고보	대구여고보	수명	성명서 준비, 시위 추진	사전 발각, 배후 지도
1/29	대구	고보	대구고보	8명	음력설을 이용, 시위 추진	사전 발각
2/11	대구	고보	대구고보	수명	부내 각 학교와 연계하여 시위운동 추진	사전 발각
3/3	대구	실업	대구농림학교	3학년	수업 중 맹휴 시도	학교의 저지
3/4	대구	실업	대구농림학교	3학년	교외진출, 대구상업학교생과 합세 시도	경찰의 저지
2/2	영주	일반	신간회원등	수명	시위촉구 격문을 각지 보통학교, 청년동맹에 우송	
2/11	영양	일반	청년동맹, 신간회원	수명	격문을 시장에 살포, 군중과 시위운동 전개	

십 명이 검거되었다.[145]

경북 지방은 대구를 제외하면 운동이 거의 확산되지 않았다. 대구도 대구고보와 대구여고보에 국한되었다. 대구여고보생들이 1월 18일 장날을 이용한

145 『중외일보』, 1930년 2월 16일 석간. 일제 보고서에는 이들이 장터에서 격문 500매를 살포하고 만세를 불렀으나 신간회원 4명 외에는 일반 군중이 전혀 호응하지 않아 바로 경찰에 검거되었다고 기록되었다(「光州學生事件及其の影響 其の三」, 강재언 편, 『光州抗日學生事件資料』, 260쪽).

시위운동 계획을 추진했으나 사전에 발각되어 뜻을 이루지 못했다. 그 외 한 두 차례 대구고보와 대구여고보 학생의 시위계획이 진행되었으나 역시 사전 발각으로 실행하지 못했다. 2월 11일 대구고보 학생들의 치밀한 시위계획 역시 마찬가지 결과였다. 이 때문에 사회단체 인사들이 나서서 시위촉구 활동을 벌였다. 2월 초 풍기와 영양의 신간회원과 청년동맹원이 격문을 제작 배포하며 시위를 촉구했으나 학생들의 호응이 적었다. 다른 지역과는 달리 영양청년동맹 석보지부 회원과 신간회원 등이 장터에서 격문을 살포하며 직접 시위를 주도했다.

166개에 달하는 보통학교가 있었음에도 보통학교의 호응이 전혀 없었다. 이는 도내 운동 확산의 진원지 역할을 해야 할 대구지방 중등학교들이 시위 열기를 만들어내지 못했기 때문으로 보인다. 중등교육기관이 대구에 집중되었던 것도 시위 확산의 걸림돌이었다. 평남지방과 같이 사립 각종학교가 발달하지 못한 관계로 사립학교들이 이를 뒷받침하지도 못하였다. 그 결과 일제의 감시로 대구지방 중등학교의 활동이 여의치 않자 운동이 도내 각지로 확산되지 못한 것이다.

경상남도

경남지방은 부산과 마산의 2부와 19개 군, 252개 면으로 구성되었다. 공사립 보통학교 205곳(공립 203개, 사립 2개)이 설립되어 1.2개 면당 1개교로서 1면 1교에 근접하고 있었다. 특히 남녀 고보가 4개 교, 실업학교가 7개 교로서 중등교육 기관이 발달했다. 그 결과 이들 학교에서 촉발된 시위운동이 도내 전 지역으로 광범위하게 확산될 수 있었다. 특히 1930년 1월의 3학기 개학 초부터 중등학교를 중심으로 시위가 추진됨으로써 이후 전 도로 확산될 수 있는 기반이 마련되었다. 3학기 개학 직후 부산제2공립상업학교와 부산공립여고보, 동래고보 등지에서 맹휴가 시도된 바 있었다.[146] 1월 중순 이후 시위는 진주, 통영, 김해 등지로 확산되었는데 특히 진주에는 진주고보와 일신여고보, 진주농업학교 등의 중등학교를 중심으로 대규모 연합시위가 전개되었다.

1월 16일 진주고보 3학년 조방제 등 20여 명이 모여 17일 아침을 기해 시위운동을 결행하기로 협의했다. 이에 호응하여 동교 2학년 정갑생, 정한영 등은 "노예적 교육폐지", "학교에 경찰침입 금지", "광주학생 석방" 등의 격문을 제작했다. 1월 17일 교장의 조회훈시가 끝난 후 3학년 조방제가 연단에 뛰어 올라가 "광주학생사건을 어떻게 생각하는가", "우리는 조선 전반의 학생과 행동을 같이하자"고 외치고 만세를 불렀다. 이에 4학년생 이하 학생 2백 수십 명 전원이 "××(독립 - 필자 주)만세"를 부르며 학교 밖으로 진출하여 앞서 준비한 "학생대중이여 궐기하라"는 격문을 살포하며 시위운동을 전개했다.[147] 이들은 천전리川前里 농업학교와 도립사범학교 앞에서 만세를 고창하며 시위 동참을 촉구했다. 이어 제1공립보통학교 운동장에 진입하여 만세를 부르자 보통학교 남녀 학생 수백 명이 이에 호응하여 "조선학생 만세"를 고창하며 교문 밖으로 진출했다.[148] 고보생들은 다시 일신여고보로 쇄도하여 경계 중인 경찰의 제지를 뚫고 십여 명의 학생이 담을 넘어 교문을 열자 학생들이 운동장으로 진입하여 격문을 살포하며 만세를 절규했다.

일신여고보 학생들도 이에 호응하여 만세를 고창하며 교문 밖 진출을 시도했으나 학교 측에서 교문을 폐쇄해 일부 학생만 교외로 진출했다. 400여 명으로 증원된 학생들은 사립 시원柴園여학교와 제2보통학교 앞에서 만세를 부

---

146 『조선일보』, 1930년 1월 12일 ; 『중외일보』, 1930년 1월 12일 석간·1월 14일 조간.

147 「刑控第248號(趙邦濟 등)判決文」, 대구복심법원, 1930년 5월 15일 ; 광주학생독립운동동지회, 『광주학생독립운동사』, 173~175쪽.

148 『중외일보』, 1930년 1월 18일 조간.

르며 기세를 올렸다. 학생들은 계속하여 2차 시위를 계획하려다가 경찰의 제지로 해산했다.[149] 제2보통학교 학생들은 이튿날 18일 아침 조회 때 시위운동의 움직임이 있었으나 학교 측과 경찰의 경계로 실행에는 이르지 못했다. 18일 진주고보생은 등교생이 한 명도 없었다. 이에 호응하여 일신여고보생과 진주제일공립보통학교생들이 시위운동을 시도하기도 했다. 특히 일신여고보의 시위에는 신간회 진주지회 집행위원이며 농민조합 위원장인 강두석과 신간회 하동지회 간부이며 하동청년동맹원인 강채홍 등이 개입했다.[150] 이들은 주도 학생인 정금자를 통해 시위 당시 "학생 대중이여 궐기하라, 조선어 시간을 연장하라, 조선 역사를 가르쳐라, 철장 속에 신음하는 동포를 위해 싸워라" 등 4개 항을 기재한 격문을 살포토록 지도했다. 일신여고보 학생들은 1월 25일과 2월 12일에도 시위운동을 계획 추진했으나 모두 사전에 발각되어 실패했다.[151]

그 외에 1월 23일 경남 사천공립보통학교, 김해공립보통학교, 양산 원동院洞공립보통학교, 창녕 영산靈山공립보통학교를 비롯하여 고성, 삼천포, 함안군 칠원의 각 공립보통학교 학생들이 맹휴를 계획했으나 사전에 탐지되어 실패했다. 이들 보통학교 학생들은 동일 10시를 기해 일제히 만세운동을 전개할 계획이었으나 교원의 사전제지로 뜻을 이루지 못한 것인데 각 학교 간에 비밀 계획이 있었던 것으로 알려졌다.[152]

1월 24일에는 경남 김해청년동맹 소년부 집행위원 김차봉이 신간회 김해지회 집행위원 최여봉 등과 모의하여 "자본주의의 최후의 형태인 제국주의에 …… 민족적으로 싸우지 않으면 안 된다"는 내용의 「전조선 피압박 학생 제

149 『중외일보』, 1930년 1월 18일 석간.
150 『동아일보』, 1930년 2월 24일.
151 『중외일보』, 1930년 1월 26일 조간·2월 13일 석간.
152 『동아일보』, 1930년 1월 30일.

군」이란 격문을 김해공립농업학교와 보통학교, 읍내 요소에 배포했다가 체포되었다.[153] 이에 격동된 김해농업학교 학생들은 2월 1일 교문 밖으로 진출하여 인근 사립 합성학교 교문 앞에서 "약소민족 만세"를 고창하며 시위운동 참여를 촉구하다가 경찰의 제지로 해산했다. 김해의 대표적인 사립학교인 합성학교[154]에서도 이에 호응하여 시위계획이 추진되었다. 합성학교생 이말봉 등은 공립보통학교생 김백돌 등과 2월 3일 연합시위운동을 전개하기로 합의하고 학교별 시위진행 경로를 논의하는 등 준비를 갖추다가 발각, 실패했다. 그런데 이 같은 활동은 김해청년동맹원 전말동, 송세율 등의 배후 지도로 추진된 것이다.[155]

2월 20일 김해농업학교, 공립보통학교, 합성학교, 청년회관 등을 비롯하여 김해읍내에 격문 1,000여 매가 살포되었다. 이는 신간회 김해지회 집행위원이자 김해청년동맹 집행위원장인 황찬숙이[156] 김해청년동맹 간부 김미동, 강윤갑, 조선일보 기자 황경규 등과 함께 제작 배포한 것이다.[157] 이들은 격문에

153 『동아일보』, 1930년 3월 19일.

154 合成학교는 1909년 배성두에 의해 사립합성보통학교로 설립되었다. 1922년 김해 지방의 유지인 許발과 朴錫權이 사재를 기부하여 보통과 6년 고등과 2년의 합성학교로 발전하며 김해지방의 대표적인 사립학교로 성장했다. 초대교장에 허발, 2대 교장에 윤백남이었다. 1927년 김해공립농업학교가 설립되면서 학교 부지를 농업학교에 양도하여 고등과가 폐쇄되었으나 1931년 재단법인 합성보통학교로 설립인가를 받아 사립합성보통학교가 되었다. 1967년 합성초등학교 교정에 허발과 박석권의 공적비가 세워졌다(『동아일보』, 1926년 11월 8일·1927년 2월 22일·1928년 12월 6일·1931년 6월 15·28일 ; 『조선일보』, 1931년 6월 17일·7월 8일 ; 김해문화원, 『김해지리지』, 국역판, 2002, 69쪽).

155 『동아일보』, 1930년 3월 5일.

156 이균영, 앞의 책, 1993, 590쪽 ; 『동아일보』, 1929년 3월 9일.
황찬숙과 강윤갑은 1929년 김해에서 개최된 각종 강연회에 연사로 활동했다. 황찬숙은 동년 11월 러시아혁명기념강연회에 연사로 참여하고 있다(『동아일보』, 1929년 2월 1일·11월 6일).

서 3·1운동 당시의 학살을 거론하며 노동자, 농민, 학생이 모두 3·1절 기념 시위에 나설 것을 촉구했다.[158]

경남지방의 운동은 지역에 따라 그 양상이 달랐다. 동래, 진주 등지에서는 1927~1928년의 맹휴를 통해 조직적인 운동역량을 쌓아왔던 동래고보, 진주고보 등의 중등학교를 중심으로 운동이 전개되었다. 또 이들 학교에서는 학생들이 독자적으로 운동을 추진했다. 반면 부산제2상업학교의 시위주도자들은 지역 사회단체 인사들과 연계되어 있었다. 여기에는 1월 10일부터 전개된 부산 조선방적회사 2,000여 여공들의 동맹파업도 영향을 미쳤을 것으로 보인다. 실제로 부산제2상업학교의 맹휴를 주도한 장남현은 조선방적회사 파업 직공들에 대한 동조 격문을 보내고 있었다.[159] 그 외에 운동역량의 축적이 미약한 김해지방은 신간회나 청년동맹원의 격문 배포로 시위운동 계획이 추동되거나 이들의 배후지도를 받았다. 경남지방의 운동은 중등학교의 활동에 힘입어 이미 1월 중순부터 도내 각 군의 보통학교로 폭넓게 확산되었다. 경남지

---

157 「光州學生事件及其の影響 其の三」, 강재언 편, 『光州抗日學生事件資料』, 278~279쪽 ; 「昭和五年刑控公第353號(黃贊淑 등)判決文」, 대구복심법원, 1930년 6월 3일 ; 독립운동사편찬위원회, 『독립운동사자료집』 12, 1977·1178~1179쪽.
판결문에는 격문 내용이 "야수와 같은 일본 제국주의를 타도하라, 조선총독정치에 절대 반대하라, 약소민족을 해방하라, 그를 위해 만세를 부르라"고 기재되었다.

158 격문은 "기미운동 및 일본 震災 때에 학살하고 또한 계획적으로 광주의 학살을 행하였다. 전 조선에서 검거된 학생을 구출하자, 야수와 같은 일본제국주의를 타도하자, 농민·노동자·학생 모두 함께 시위운동을 하자, 약소민족이여 레닌을 숭배하고 赤化를 선전하자, 기미년을 기념하고 약소민족 해방을 위해 대열을 짜고 만세를 부르자"는 내용이었다.

159 장남현은 1월 12일 신간회 부산지회 간부 林鍾業, 부산청년동맹 간부 金時爗 등과 함께 "우리는 일어났다"는 제목의 파업 지지격문을 작성하여 부산의 조선방적회사 파업직공을 비롯하여 전국 각지의 사회단체, 노동단체 등에 우송했다(「昭和5年刑控公第564號(張南鉉)判決文」 대구복심법원, 1930년 8월 7일 ; 광주학생독립운동동지회, 『광주학생독립운동사』, 187~189쪽 ; 『동아일보』, 1930년 2월 7일 ; 『조선일보』, 1930년 6월 14일·9월 24일).

표 4-7 경남 소재 각 학교 운동 상황

일시	지역	종별	학교명	규모	양상	비고
1/8	부산	실업	제2상업학교	수명	개학일 2상업, 부산여고보 및 시가에 격문 살포	1929년부터 사전 준비
1/9	부산	실업	제2상업학교	2학년	노예교육 철폐 검거학생 석방 요구 맹휴 전개	2명 퇴학, 80명 무기정학
1/11	부산	고보	부산여고보		제2상업학교의 격문에 자극되어 맹휴 계획 추진	사전 발각
1/14	부산	고보	부산여고보		맹휴 전개	
1/13	부산	실업	제2상업학교	다수	퇴학생, 무기정학생이 등교하여 재시위 시도	경찰이 저지
1/15	부산	실업	부산상업실천여학교	1·2학년 49명	진정서 제출하고 맹휴 전개	광주학생석방 한인 본위 교육
1/22	부산	보통	부산진공립보통학교	1,000명	학년별 비밀협의 중 주모자 체포	학교 경계로 미실행
1/31	부산				부산부내 거리 전주에 '조선독립만세' 격문 부착	
1/11	동래	고보	동래고보	전교생	29년 맹휴퇴학자의 복교요구 맹휴	전원 정학, 경관이 교내에 상주
1/18	동래	고보	동래고보	2학년	동맹휴학 선언	
1/20	동래	고보	동래고보	2·3학년	수업시간에 교내 시위 전개	제지로 미확산
1/21	동래	고보	동래고보	1~4학년	진정서 작성, 맹휴 시도	학교의 저지
2/10	동래	고보	동래고보		동래청년동맹·소년동맹 간부들과 기원절 시위 계획	사전 발각
1/12	마산	실업	마산상업학교	3학년	격문 준비 맹휴 모의	사전 발각
1/18	마산	각종	호신학교	다수	맹휴 움직임	미실행
2/12	마산	일반	마산청년동맹	다수	격문 살포, 시위 계획	사전 발각
1/17	진주	고보	진주고보 등	수백 명	진주고보, 일신여고보, 진주여고보, 제1보통학교 연합시위	신간회, 청년동맹, 농민조합원의 지도
1/17	진주	실업	진주농업학교	다수	격문 작성, 시위운동추진	사전 발각

일시	지역	종별	학교명	규모	양상	비고
1/17	진주	일반	제2보교 졸업생	단독	경찰서장, 교장, 군수에게 '조선독립만세' 엽서우송	
1/18	진주	고보 보통 각종	일신여고보 제2보통학교 시원여학교	다수	일신여고보 맹휴, 시원여학교, 제2보통학교생 동요	신간회 간부의 지도
1/20	진주	고보	진주고보생	단독	시내 요소에 격문 부착	김창숙의 子
1/20	진주	실업	진주농업학교	다수	시위 움직임	사전 발각
1/24	진주	고보	일신여고보	4학년	25일 시위운동 추진	사전 발각
2/10	진주	고보	일신여고보	다수	기원절 계기 시위 추진	사전 발각
1/18	통영	보통	통영보통학교	다수	통영소년동맹간부가 통영 보통학교생과 시위 추진	사전 발각
1/21	통영	실업	통영수산학교	1·2학년	교정에서 만세고창, 교외진출 시도	제지 해산
1/21	통영	보통	통영보통학교	5·6학년	조회시간에 만세고창, 시가진출 시도	제지 해산
1/22	통영				시내 극장에 '대한독립 만세' 벽보 부착	
2/10	통영	실업	통영수산학교 등	다수	통영수산학교와 보통학교 학생이 시위 추진	사전 발각
1/21	사천	보통	사천보통학교	5학년	22일 맹휴 추진	사전 발각
1/23	사전	보통	삼천포보통학교		맹휴 추진	사전 발각
1/27	사천	보통	삼천포보통학교	6학년	만세고창, 맹휴 기도	경찰, 교장이 저지
1/23	양산	보통	양산원동보통학교	6학년	학교 뒷산에서 모의중 교사에 발각, 귀가	진정서 작성, 사전 발각
1/23	고성	보통	보통학교		맹휴 추진	사전 발각
1/23	함안	보통	칠원보통학교	300명	만세고창 계획 추진	제지로 실패
1/23	창녕	보통	영산보통학교	수백 명	만세고창 계획 추진	사전 발각
1/22	김해	보통	진영(進永) 보통학교	6학년	시위와 맹휴 계획 추진	사전 발각

일시	지역	종별	학교명	규모	양상	비고
1/23	김해	보통	김해보통학교		만세고창 계획 추진	사전 발각
1/24	김해	일반			청년동맹원, 신간회원이 격문을 각 학교, 읍내에 배포	
2/1	김해	실업	김해농업학교	1~3학년	하교 후 합성학교 교문에서 시위	제지로 해산
2/2	김해	실업	김해농업학교	3학년	검거학생 동정맹휴 시도	
2/3	김해	각종	합성학교등	다수	합성학교, 보통학교 연합시위 추진	청년동맹원의 지도
2/4	김해	실업	김해농업학교		조회시 만세 고창	
2/20	김해	일반	신간회원 등		신간회, 청년동맹원이 각 학교에 격문 살포	
1/28	울산	일반	소년동맹원	단독	경찰서 구내에 격문 살포	

방의 보통학교 수는 전남 다음으로 많은 205개 교에 달했다. 따라서 보통학교로 빠르게 확산되었는데 전남지방 보다 활발한 양상을 보이고 있다. 그러면서도 보통학교의 궐기에 지역 사회 인사들의 개입이 별로 확인되지 않고 있는 점이 특징적이다.

황해도

황해도는 17개 군, 221개 면으로 구성되었고 도청소재지는 해주군 해주면이었다. 공사립 보통학교 132개 교(공립 122개, 사립 10개)가 설립되어 1.67면당 1개로서 비교적 낮은 비율이었다. 또 고보와 농업학교가 각각 1개 교에 불과하여 중등학교를 중심으로 시위가 확산되기 어려웠다.

1월 16일 사립 명신학교생[160] 민현기 등이 재령군 재령읍내의 각 처에 "2천만 동포여 광주학생사건을 해결하자, 만세!"라는 내용의 격문을 부착했다.

경찰서장 이하 전 경찰이 총출동하여 시내를 경계했다.[161] 그 외 연안보통학교, 안악보통학교, 누천금융조합 등지에도 광주학생사건에 관한 격문이 부착되었다.

1월 15일 해주 서변면 선산리 해주청년동맹 집행위원장이자 신간회 해주지회 집행위원인 양순영과[162] 청년동맹 위원 김종원, 이병전, 박용천 등은 전국 학생시위에 호응하여 해주고보생을 배후 지도하기로 결의했다. 이들은 비밀리에 해주고보 5학년 박종경, 3학년 고영일 등과 연락하여 역할을 분담했다. 격문 제작은 양순영과 박용천, 학생 측의 모든 준비 책임은 박종경이 맡기로 한 것이다. 박종경 등의 주도 학생들은 17일 선산에서 열린 해주고보 빙상경기대회를 기회로 각 학년과 연락을 취해 1월 20일 일제히 시위하기로 결의했다. 양순영 등의 사회 인사들은 경관의 주목을 피해 미리 해주청년동맹 회관에서 등사기를 반출했다. 이들은 20일을 기해 시위하자는 내용의 등사한 격문 2천여 매를 제작하여 준비 중 하루 전인 1월 19일 체포되고 말았다.[163]

학생들의 시위계획을 탐지한 경찰은 1월 20일 주재소원을 총동원하고 자동차대隊까지 준비하여 시가 주요지와 해주고보를 에워싸고 삼엄한 경계를 폈다. 학교 측은 휴식시간에도 학생의 운동장 출입을 막고 강당에 모여 있게 한

---

160 사립 明新學校는 기독교계 학교로서 1923년 동교 고등과 학생들이 남강 이승훈을 초청하여 "현대 요구는 金인가 人인가"라는 주제로 강연회를 개최했는데 8백여 명의 청중이 참석하는 등 활발한 활동을 벌이고 있었다(『동아일보』, 1923년 10월 2일).

161 『중외일보』, 1930년 1월 19일 조간 ; 『조선일보』, 1930년 1월 18일. 明善高普生 閔玄基, 吳景勳이 주도한 것으로 보도되기도 했다(『조선일보』, 1930년 1월 30일).

162 양순영은 1928년에도 수원고등농림학교의 맹휴에 관한 성명서를 해주에 거주하는 배재고보 학생을 통해 배재고보에 유포시켰다가 검거된 사실이 있다.

163 『조선일보』, 1930년 1월 23일 ; 『동아일보』, 1930년 3월 16·18일 ; 『중외일보』, 1930년 2월 5일 석간. 해주고보생, 사회단체원 등 18명이 검속되었는데 이 중 양순영과 박종경은 재판에 회부되어 집행유예 판결을 받았다(『동아일보』, 1930년 3월 18일).

후 수업을 진행했다.[164] 그럼에도 불구하고 1월 21일 11시경 해주고보 1~4학년 300여 명이 교정으로 나와 광주학생사건에 관한 연설을 하고 만세를 부르며 교문 밖 진출을 시도했으나 경찰의 저지로 좌절되었다.[165] 이후 경찰의 경계가 강화되어 해주고보에서 더 이상의 시위운동 추진은 어려웠다.

1월 27일 사리원공립농업학교생 200여 명이 1~2학년 김원기, 정봉식, 최찬용 등 20여 명의 주도로 봉산금융조합의 등사판을 빌려 "광주고보생 동정만세" 등의 격문 300여 매를 제작하고, 사리원 장날을 이용하여 만세운동을 전개할 계획이었으나 사전에 탐지되어 주모자들이 체포되었다.[166] 주모자 중 곽종성은 교내 사회과학 연구의 비밀결사 3성회姓會의 회원이었다.

황해도는 1월 20일 해주의 신간회, 청년동맹원 등 사회단체 인사와 해주고보 학생들이 연계하여 추진한 동교의 시위운동 계획이 사전에 발각됨으로써 이후 운동의 도내 확산에 많은 장애가 있었다. 해주고보는 휴식시간에도 학생을 강당에 집단 수용하며 수업을 진행할 정도로 학교 당국의 사전 제지가 심했다. 경찰과 학교 당국의 철저한 감시와 탄압으로 학생들의 궐기가 쉽지 않았던 것이다. 1월 27일 일반 사회인사와 연계된 사리원농업학교생의 시위계획도 사전에 탐지되어 실패했다. 반면에 일반 사회인사의 시위 추동이 활발했다. 이들은 재령, 안악, 평산, 연백군 등지의 보통학교나 시가지에 궐기를 촉구하는 격문을 부착, 또는 살포했다. 그런데 학생들의 호응이 적극적이지 않았다. 시위가 모의되었어도 실제로 궐기에 이른 경우는 1월 21일 해주고보생의 시위와 1월 26일 옹진군 용호도龍湖島 수산보습학교 학생들의 맹휴 정도였다. 또 도내 132개 보통학교에서 시위운동을 이어주지 못했다.

---

164 『중외일보』, 1930년 1월 21일 석간·1월 23일 석간.

165 『조선일보』, 1930년 1월 22일 ; 『중외일보』, 1930년 1월 22일 석간·1월 25일 석간.

166 『조선일보』, 1930년 1월 30일~31일·2월 4일 ; 『중외일보』, 1930년 1월 30일 조간.

표 4-8 황해도 소재 각 학교 운동 상황

일시	지역	종별	학교명	규모	양상	비고
1/16	재령	각종	명신학교	수명	명신학교생이 재령읍내 각 처에 격문 부착	
1/16					연안보통학교, 안악보통학교, 누천금융조합에 격문 부착	
1/26	재령	일반			청년이 격문 작성, 명신학교생의 시위 추진	사전 발각
1/15	해주	일반		다수	청년동맹, 신간회원 등이 해주고보생과 시위 추진	사전 발각
1/21	해주	고보	해주고보	1~4학년	교정에서 만세 고창, 교외 진출 시도	경찰이 저지
1/24	장연	보통	장연보통학교		장날을 이용하여 시위 추진	사전 발각
1/24	안악	일반			안악보통학교, 안신학교, 읍내에 '대한독립만세' 격문	발각 체포
1/26	안악	일반			읍내시장 등에 태극기, 장날 만세고창을 기재한 격문 살포	격문 수십 매
1/25	평산	일반			평산군 누천금융조합, 면사무소에 격문 부착	
1/26	옹진	실업	용호도(龍湖島) 수산보습학교		맹휴 전개	경찰, 학교의 제지
1/22	사리원	일반			일반인이 사리원농업학교생의 시위 추동	사전 발각
1/27	사리원	실업	사리원농업학교	1·2학년	사리원농업학교생 20명이 장날 이용 시위운동 추진	격문 300매, 사전 발각
2/23	연백	보통	탁영보통학교	5학년	장날 이용 시위 추진, 면사무소에 '대한독립만세' 격문 부착	
2/24	연백				민가에 '조선독립만세' 기재	

강원도

강원도는 21개 군, 176개 면으로 이루어졌으며 도청소재지는 춘천군 춘천면이었다. 공사립 보통학교가 95개 교(공립 94개, 사립 1개)로서 1.85면당 1개교에 해당하여 설립률이 매우 낮았다. 더욱이 산악지역임을 감안하면 초등교육을 받지 못하는 학령아동이 상당히 많았음을 알 수 있다. 동조활동은 경기도와 인접한 철원, 원주, 춘천 등지에서 시도되었다.

1월 20일경 서울의 사립협성실업학교 학생 이만수가 귀향하여 철원공립보통학교생들에게 서울의 시위상황을 알리고 만세운동을 권유했다. 이에 자극되어 1월 22일 철원공립보통학교 6학년생 일부가 만세시위를 계획했으나 사전에 탐지되어 실패했다.

1월 27일 철원청년동맹 집행위원 박용기, 동맹원 김순만 등이 "학생제군 총동원하여 최후까지 싸워라!", "우리들의 승리는 최후의 1인 1각까지이다" 등의 격문 800여 매를 철원공립보통학교와 철원읍내의 각 집에 일일이 투입하거나 노상에 살포했다.[167] 이에 놀란 철원공립보통학교 교장과 군수, 경찰서장이 총출동하여 동교 강당에 학생과 학부형을 소집하고 맹휴를 경계하는 연설을 하는 등 소란을 피웠다.[168]

서울의 실업전수학교 2학년생 이창업은 1월 17일 동교 1·2학년생의 만세시위를 주도하여 정학 처분을 받은 후 고향인 강원도 이천에 귀향했다. 그는 1월 25일 "대한독립 만세, 일본 타도, 대한 독립" 이라고 기재한 격문과 태극

167 경성지방법원 철원지청 검사분국, 「張鳳雲 訊問調書(제2회)」, 1930년 2월 17일 ; 「意見書」, 철원경찰서, 1930년 2월 14일, 국사편찬위원회, 『한민족독립운동사자료집』 53, 222~223·225~226쪽 ; 『중외일보』, 1930년 1월 28일 조간~29일 조간 ; 『동아일보』, 1930년 1월 29일.

168 『중외일보』, 1930년 1월 29일 조간.

기 약 140매를 제작하여 이천읍 장터와 읍내에 살포했다.[169] 그는 경찰의 신문과정에서 "나는 항상 일한병합에 불만을 품고 어떻게든 일본을 타도하고 조선을 독립시켜 제국주의의 격심한 압박으로부터 벗어나고 싶다고 생각하고 이 격문을 살포해서 조선인에게 습득하게 하여 일대 소요를 야기시키려고 했다"고[170] 당당하게 진술했다.

1월 강릉공립농업학교에서는 독서회 회원들을 중심으로 시위운동이 준비되었다. 동교 내에는 1929년 9월경부터 강덕희 등 28명의 학생들이 독서회를 조직하고 사회주의 서적을 회람 강독하고 있었다. 이들은 1월 26일 「백의민족 삼천리강산 2천만 민족이여」라는 제목으로 "이번의 대학살사건을 각오하라. 이 기회를 놓치지 말고 시위운동"이라는 내용과 태극기를 그린 격문을 준비하고, 장날을 기해 학교 전화선을 절단한 후 시위운동을 결행할 계획을 추진하던 중 발각되었다. 여기에는 이 지역 신간회 지회 간부들이 연루되어 있었다.

2월 1일 신간회 강릉지회원인 강덕상, 박승만 등이 "전 조선 피압박대중에 호소한다. 사선死線을 헤매는 노동자 농민 피압박 청년 학생 제군!"이라는 격문을 강릉농업학교, 민가 등에 살포했다.

강원도는 1929년 12월 춘천고보 학생들의 광주학생 동조 맹휴가 있었으나 이후 운동에 큰 진전을 보지 못했다. 1930년 1월에는 춘천공립농업학교와 강릉공립농업학교 학생의 시위계획이 발각, 좌절됨으로써 운동의 도내 확산에

---

169 이천경찰서, 「李昌業 訊問調書(제1회)(제2회)」, 1930년 2월 1·3일 ; 「意見書」, 이천경찰서, 1930년 2월 4일, 국사편찬위원회, 『한민족독립운동사자료집』 53, 164~168·179~183·194~195쪽 ; 「昭和五年刑控第169號 判決文」, 경성복심법원, 1930년 5월 5일 ; 『조선일보』, 1930년 2월 7일.

170 이천경찰서, 「李昌業 訊問調書」, 1930년 2월 1일 ; 국사편찬위원회, 『한민족독립운동사자료집』 53, 168쪽.

표 4-9 강원도 소재 각 학교 운동 상황

일시	지역	종별	교명	규모	양상	비고
1/17	이천	실업	실업전수학교	단독	실업전수학교생이 귀향하여 이천읍 장터에 '대한독립만세' 격문 살포	격문, 태극기 140매 제작
1/20	철원	실업	철원보통학교	단독	경성협성실업학교생이 귀향하여 철원보통학교생에게 시위운동 추동	미실행
1/22	철원	보통	철원보통학교	6학년	만세시위운동 계획	사전 발각
1/27	철원	일반		다수	철원청년동맹원이 철원보통학교, 읍내에 격문 살포	
1/22	원주	각종	기독교청년학관	단독	YMCA청년학관생이 귀향하여 원주보통학교 학생에 시위 권유	
1/24	춘천	실업	춘천농업학교	다수	춘천농업학교생이 춘천고보생과 연합하여 맹휴 계획	사전 발각
1월 말	화천	일반			상인이 화천보통학교생에 만세시위 종용	체포됨
1/26	강릉	실업	강릉농업학교	다수	강릉농업학교 내 독서회원 등이 격문, 태극기 제작 시위운동 추진	신간회원이 참여, 사전 발각
2/1	강릉	일반			신간회원이 강릉농업학교, 민가 등에 격문 배포	

지장을 초래했다. 1월 중순 이후로는 서울의 중등학교에 재학 중인 귀향 학생에 의해 서울의 학생시위 상황이 자세히 전해지면서 이들의 권유에 의해 궐기가 추진되는 경우가 많았다. 또 지역 청년동맹이나 신간회원이 격문을 살포하며 시위를 촉구하기도 했다. 그러나 전체적으로 시위운동이 활발한 편은 아니었다. 13개 교의 각종 사립학교가 있었으나 시위운동의 불을 지피지 못한 것이다. 또 철원보통학교를 제외하면 도내 95개의 보통학교가 전혀 호응하지 않았다. 그 결과 1930년 2월에는 운동이 발견되지 않고 있다.

평안남도

평남지방은 평양, 진남포의 2부府와 14군, 147개 면으로 구성되었다.[171] 표 4-1에서 보듯이 공사립보통학교가 104개(공립 101개 교, 사립 3개 교)로서 평균 1.4면당 1개 교가 설립되어 있었다. 중등교육기관은 고보 2개, 여고보 2개, 사범학교 1개, 실업학교 3개 교를 비롯하여 숭실학교, 숭인학교, 숭의여학교 등 십여 개에 달해 서울과 경남 다음으로 많았다. 중등학교들은 특히 평양에 밀집되어 평양은 평남의 교육 중심지일 뿐 아니라 전국적으로도 교육도시로 알려졌다. 서울, 경기지역을 제외하면 전국에서 유일하게 지방에 설립된 전문학교인 사립숭실전문학교가 이러한 자부심을 뒷받침하고 있었다. 주목되는 것은 각종학교가 101개 교라는 사실이다. 이는 전국적으로 함남지방의 113개 교 다음이며 서울의 76개 교보다 월등히 많은 숫자이다. 함남지방의 경우 일반 각종학교가 109개에 달한 반면 평남지방은 일반 각종학교 33개 교, 종교 각종학교 68개 교로서 종교계 각종학교가 많았다. 특히 종교계 각종학교의 수는 전국 총수 214개의 1/3에 육박하는 숫자이다.[172] 이는 일찍부터 평남지방에 개신교의 영향이 컸으며 교육계 역시 종교적 색채가 농후했음을 반영하는 것이다. 이러한 지역적 특성은 광주학생운동 당시에도 평양의 경우 종교계 사립학교를 중심으로 시위운동이 전개되는 요인이 되었다. 종교계 사립학교들은 자체 결속력을 바탕으로 남녀 고보와 더불어 대규모 연합시위를 전개했다. 평양의 기독교계 사립학교 간에는 학생조직도 결성되어 있었다. 숭실전문학교, 숭실학교, 숭인학교, 사립광성고보 학생들을 중심으로 조직된 무

171 朝鮮警察協會, 『地方行政區域名稱一覽』, 1932, 부록 2쪽.

172 전국의 종교계 각종학교 수는 서울 33개, 충북 2개, 충남 6개, 전북 11개, 전남 6개, 경북 9개, 경남 9개, 강원 3개, 황해 21개, 평북 38개, 함북 4개, 함남 4개 교였다(표 4-1 참조).

궁소년회無窮少年會가 그것이다.[173] 이들은 1930년 3월 초 격문을 배포한 혐의로 체포되어 조사를 받았는데, 이는 사립 중등학교 학생 간에 긴밀한 유대가 형성되어 있었음을 시사해 준다. 평양의 사립학교들은 1890년대에 설립되어 3·1운동 당시에도 평양지역 시위운동의 주요한 활동 동력이 되었던 전통이 있었다.

앞서 보았듯이 평양에는 신학기 개학 직후부터 시위운동을 종용하는 격문이 시내에 살포되었고 이에 호응하여 1월 14일 사립숭인학교[174] 학생들의 시위계획이 추진되기도 했다.

1월 19일에는 진남포공립상업학교 학생들이 "조선인 학생의 노예적 취급의 철폐를 요구함, 광주학생 및 광주사건에 의하여 금고 처분된 학생의 석방을 요구함" 등의 진정서를 교장에 제출하고 시위운동을 추진했으나 사전에 발각되어 실패했다. 3~4인의 사복형사가 진남포공립상업학교 교정에 상주했고, 정복 순사는 학교 주위를 에워싸고 경계를 계속했다.[175]

서울에서 학생 시위운동이 전개된 이후 평양에는 다시 각급 학교에 격문

---

173 『중외일보』, 1930년 3월 13일 조간(3) ; 『동아일보』, 1930년 3월 10~11일. 조직의 결성시점은 확인되지 않는다. 격문 살포의 수사과정에서 조직이 발각되었다. 無窮少年會는 강령과 규약도 있었는데 명칭으로 보아 사회주의 성향의 단체로는 보이지 않는다.

174 사립숭인학교는 구한말 미국 북장로교 선교사 모펫이 설립한 숭덕학교가 그 모체이다. 1923년 숭덕학교의 고등과가 분리되어 숭인학교로 설립되었다. 숭덕학교 초등부는 숭덕보통학교로 개편되어 장대현교회 옆에 남았고 숭인학교는 교사를 慶上里로 옮겨 5년제로서 고등보통학교에 준하는 학제를 갖추었다. 이후 숭인학교는 평양의 장로파 12교회에서 공동으로 경비를 분담했으며 평양 내 8개 중등학교 중 유일하게 한인들이 경영하는 사립학교였다. 이사회의 이사에는 조만식, 오윤선, 김동원, 변인서 등의 민족주의자들이 참가했고 1928년 당시의 교장은 조만식이었다(古堂傳·平壤誌刊行會, 『古堂曺晩植』, 1966, 94~95쪽 ; 『동아일보』, 1928년 3월 25일(4) ; 『중외일보』, 1929년 5월 9일).

175 『조선일보』, 1930년 1월 20일.

이 살포되어 학생들의 시위를 촉구했다. 즉 1월 19일과 20일 밤 평양전문학교 학생 김형두, 강기순, 김봉덕 등이 격문 수백 매를 인쇄하여 평양부내의 공립 평양고보, 평양사범학교, 평양여고보 기숙사와 사립광성고보, 사립숭실전문학교, 사립숭실학교, 명륜여자보통학교, 사립숭인학교 등 8개 학교에[176] 살포한 것이다.[177] 격문은 "조선 각지의 우리 동포들은 철창에서 신음하고 있다. 우리들은 평안하게 앉아서 공부할 수 있겠는가. 손에 깃발을 쥐고 진출하자! 그리고 생사를 함께 걸자! 같은 혈족이여!"라는 내용의 「학생 제군에게 고함」이란 격문과 "3천 5백만 백의인을 위해 철권을 힘차게 올려라"는 내용의 「3천 평양 남녀학생 제군」등의 2종류로서 모두 시위운동을 촉구하는 것이었다. 이에 놀란 경찰은 버스까지 동원하여 각 학교와 시내를 엄중히 경계했다.[178] 이러한 경계에도 불구하고 1월 20일 사립 숭인학교 2·4학년 100여 명이 교실에서 만세를 불렀으나 곧 경찰에 의해 제지당했다.[179]

그러나 1월 21일에는 숭실전문학교를 비롯하여 보통학교를 포함한 남녀 10개 학교 2,400여 명의 학생이 총궐기하여 시위운동을 전개했다.[180] 먼저 사립 숭실학교 전교생 360명이 오전 10시경 조회 후 교정에서 만세를 외치자 숭실전문학교 학생 150명도 이에 호응하여 교외 진출을 시도했다. 경계 중인 경찰의 저지를 뚫고 수십 명이 교외로 진출하여 상수보통학교, 사범학교, 광성

---

176 동아일보에는 숭의여학교와 정의여고보가 포함된 반면 명륜여자보통학교가 빠져 8개 학교로 보도되었다(『동아일보』, 1930년 1월 21일).

177 『동아일보』, 1930년 1월 21일·3월 12·14일 ; 『조선일보』, 1930년 3월 13~14일 ; 숭실대학교, 『숭실대학교 100년사』, 평양숭실편, 1997, 473~483쪽.

178 『중외일보』, 1930년 1월 21일 석간 2면·1월 22일 석간 2면.

179 『조선일보』, 1930년 1월 23일 ; 『중외일보』, 1930년 1월 21일 석간 2면 ; 『동아일보』, 1930년 1월 21일.

180 『조선일보』, 1930년 1월 22일.

고보, 평양고보 등 인근 지역 학교에서 시위참여를 촉구했다.[181] 이에 광성고보생 300여 명이 "학생석방 만세, 광주학생 만세" 등의 격문을 살포하며 교외 진출을 시도했으나 직원과 경찰의 제지로 실패했다. 사립 숭의여학교 학생들은 인근의 숭실학교와 숭실전문학교생들의 활동에 호응하여 전교생이 만세를 외치며 교외 진출을 시도했고, 교문을 폐쇄하자 유리창을 파괴하는 등 격렬하게 저항했다. 사립 정의여고보 학생들도 교문이 폐쇄되자 교실 내에서 창문을 열고 손수건과 목도리를 흔들며 만세를 불렀다.[182] 평양고보생 400여 명도 숭실학교생들의 시위참여 촉구에 호응, 오후 1시경 교정에 집합하여 만세를 부르며 교외 진출을 시도했으나 교사와 경찰의 저지로 실패했다. 학교 부근에서 구경하던 군중들도 만세를 부르다 3명이 검속되었다. 1시 30분 평양사범학교 학생 200여 명도 교정에 모여 만세를 고창했다.[183] 숭인학교생들도 다른 학교 학생 10여 명이 교정에 나타나 만세를 외치자 이에 호응하여 만세를 불렀으나 교외로 진출하지는 못했다. 상수보통학교와 명륜明倫보통학교 3학년 이상의 학생들도 교정에서 만세를 외쳤다.[184]

이튿날인 1월 22일 아침에도 부내 각 학교에 세 종류의 격문 수천 매가 살포되었다. 이는 용강龍岡 신흥학교 교사인 이능상이 숭실전문학교 학생 김양선, 채정근, 송희선, 숭실학교 학생 강기순 등과 함께 제작 배포한 것이었다.[185] 전날 시위의 열기와 격문에 고무되어 평양부내 중등 이상 학교 전부

---

181 『동아일보』, 1930년 1월 22일.

182 『중외일보』, 1930년 1월 23일 석간 2면.

183 『동아일보』, 1930년 1월 21일.

184 『조선일보』, 1930년 1월 22일.

185 격문은 「피는 끓는다」, 「삼천 평양남녀학생에게 고한다」, 「○○○○(제국주의 : 필자 주)를 ○○하라」는 3종류였다. 격문은 숭실전문학교, 숭실학교, 광성고보, 평양고보, 평양여고보, 숭인학교, 숭의여학교, 정의여고보 등 각 중등 이상의 학교에 배포되었다(『중

와 보통학교 4개교 등 총 14개 학교가 만세시위를 전개했다.[186] 만수보통학교 5학년생으로 12살인 최흥조는 붓으로 태극 문양 100여 매를 만들어 교우 19명과 함께 교문을 나와 만세를 외쳤다. 이들은 뒤쫓아 온 일인 선생에게 붙들려 학교로 되돌아온 후 종아리에서 피가 터지도록 구타를 당하기도 했다.[187]

숭실전문학교 당국은 임시 휴교를 단행했으나 학생들은 숭실학교 학생들과 함께 인근 각 학교로 흩어져 시위운동을 촉구하는 등 활동했다. 숭실학교 학생 300여 명은 애국가를 합창하고 유리창, 책상 등을 파괴하는 등 항거했다. 사립 숭의여학교[188] 학생들은 숭실전문학교생 수 명이 교실에 들어와 시위참여를 촉구하자 일제히 만세를 부르며 호응했다.[189] 사립 정의여고보생들도 맞은편에 위치한 숭의여학교생에 호응하여 만세를 고창했다. 사립 숭인학교생과 평양고보생들은 학교 당국이 임시 휴교하자 사범학교와 여고보 앞으로 진출하여 만세를 외치며 시위참여를 촉구했다. 평양고보생 200여 명은 학교 소

외일보』 1930년 3월 13일 ; 『조선일보』, 1930년 3월 13일 ; 숭실대학교, 『숭실대학교 100년사』, 평양숭실편, 1997, 480~482쪽).

186 『중외일보』, 1930년 1월 24일 석간 2면. 『조선일보』는 1월 22일의 평양 시위학교를 보통학교 3개교를 포함하여 12개 학교로 보도했다(『조선일보』, 1930년 1월 23일). 그러나 각 학교별로 시위상황을 보도한 중외일보에 의하면 14개 학교이다. 동아일보도 1월 22일의 시위참가 학교를 상수, 종로, 숭덕, 광성보통학교 등 4개 보통학교를 포함한 14개 학교로 보도했다(『동아일보』, 1930년 1월 24일).

187 崔興朝, 「민족 감정의 障壁」, 平高普同門會, 『大同江』, 창간호, 1980, 117~118쪽.

188 숭의여학교는 기독교 북장로교파와 북감리교파의 연합으로 1903년에 설립된 학교이다. 이후 북감리교파가 분리하여 정의여학교를 설립하자 북장로교파에 의해 운영되었다(『동아일보』, 1926년 9월 8일).

189 숭의여자중고등학교, 『숭의60년사』, 1963, 165~169쪽. 광주학생사건의 전말과 숭실전문학교의 시위계획을 알리는 문서가 숭의여학교생 우신실을 통해 학생들에게 전해졌다고 한다. 이에 학생들이 태극기를 제작하고 시위에 동참할 계획이었는데 마침 숭실전문학교 학생 4명이 교내로 들어와 시위를 촉구하자 이에 호응하여 교외로 진출했다고 한다.

재지인 상수리上需里에서 평양 시내 종로로 진출한 후 남문거리 평양경찰서 뒤까지 나와 일본경찰대와 충돌했다.[190] 평양공립여고보생들은 숭인학교생과 평양고보생들의 시위 촉구에 호응하여 통곡하고 만세를 부르며 교외 진출을 시도하기도 했다. 사립 광성고보도 임시 휴교하자 학생들이 평양 시내 종로를 향해 시위를 전개하다가 주도자들이 체포되었다. 공립농업학교와 공립 상수보통학교 학생들도 시위를 전개했다. 공립농업학교는 전교생이 10시부터 교정에 집합하여 만세를 부르며 시위하였다. 상수공립보통학교 학생들은 교내에서 만세를 외쳤다. 종로공립보통학교 학생들도 교실에서 만세를 불렀다.[191] 숭덕보통학교는 전교생이 교정에서 만세를 불렀다. 사립 광성보통학교 학생들은 연행 중이던 숭실전문학교와 숭실학교 학생들의 가두 격려에 자극되어 태극기를 흔들고 만세를 부르며 교외 진출을 시도하기도 했다. 평양신학교 학생들도 교내에서 만세를 고창하다 주도 학생 3명이 체포되었다. 이 날 하루에만 102명이 경찰에 검속되었다.[192]

1월 23~24일에는 보통학교생의 동조시위가 있었다. 1월 23일 남산공립여자보통학교, 명륜여자공립보통학교, 숭실여학교와 사립 숭덕학교 전교 학생, 광성보통학교생 수백 명, 평양 공립종로보통학교생, 상수공립보통학교생 등이 교내에서 만세를 외쳤다. 이날 정오경 임시 휴학 중인 광성고보와 숭실학교의 기숙사생 수백 명이 신양리 숭실학교 기숙사 마당에 집합하여 만세를 불렀다. 기성권번箕城卷番의 기생견습생 200여 명도 만세를 불렀다.[193] 평양부 내

---

190 李弘根, 「이웃 사촌학교 '平高普'」, 平高普同門會, 『大同江』 창간호, 1980, 93쪽.

191 광성보통학교, 종로보통학교, 상수보통학교의 3개 학교 시위참가 학생만 1,000여 명이었다(『조선일보』, 1930년 1월 23일).

192 『조선일보』, 1930년 1월 23일. 1월 21~22일 이틀간 167명이 검속되었다.

193 『조선일보』, 1930년 1월 24일 ; 『동아일보』, 1930년 1월 25일 ; 『중외일보』, 1930년 1월 26일 석간.

보통학교 간에는 정오 사이렌을 신호로 만세를 부를 계획이 진행되었으나 사전에 학교 측에서 주모자를 귀가시켜 확산되지 못했다. 1월 24일에는 평양 사립성모보통학교[194]와 숭덕보통학교 학생들이 만세를 불렀다.[195]

1월 21일부터 며칠간의 시위운동으로 인해 시민 8명을 포함하여 195명이 경찰에 검거되었다. 이 중 123명은 10일 이상 29일 이하 구류의 즉결처분을 받았고[196] 일부 학생들은 재판에 회부되었다. 숭실전문학교 기숙사생은 70여 명 전원이 검거되어 기숙사가 완전히 공동화되었다.[197] 이후 평양지역은 소강상태에 접어들었는데 2월에 평양고보, 숭실학교, 정의여고보 등 각 중등학교에 격문이 배포되기도 했다.[198] 이와 같은 평양지방의 시위열기는 평안도 지역에 광범위하게 파급되어 시위가 전도로 확산되는데 크게 영향을 주었던 것으로 보인다.

1월 27일 평양숭인학교 학생을 통해 평양 시위를 전해 들은 용강군 광양만 공립보통학교 학생들과,[199] 2월 12일 신간회원의 지도로 용강군 서화면 자복공립보통학교 학생들이 각각 만세시위를 추진했으나 경찰이 학교를 포위 경계하여 실패했다.[200]

1월 29일 맹산공립보통학교 5학년 박용수(15세)가 "맹산공립보통학교생은 음 1월 5일 조선독립 만세를 외침"이라는 격문 10여 매를 평남 맹산 수창리

---

194 평남의 사립보통학교는 1927년에 光成, 正進여자보통학교, 1929년에 성모, 三崇보통학교가 설립되었다. 성모보통학교는 각종학교로 존재하다 1929년 보통학교의 인가를 얻은 경우이다(平安南道教育會, 『平安南道の教育と宗教』, 1932, 50~51쪽).

195 『중외일보』, 1930년 1월 25일 석간 2면 ; 『동아일보』, 1930년 1월 25일.

196 『조선일보』, 1930년 2월 4일.

197 『동아일보』, 1930년 1월 25일.

198 『동아일보』, 1930년 2월 13일.

199 『중외일보』, 1930년 2월 2일.

200 『중외일보』, 1930년 2월 15일 석간.

우편소 앞에 살포했다가 체포되었다. 이는 맹산면협의원 방임주의 배후 지도에 의한 것이었다고 한다.[201] 맹산군 북창공립보통학교 5학년 김성기, 정달풍과 신농민新農民청년회원이며 신명新明소년회장인 김덕승 등 3명이 2월 9일 북창 장날을 기해 보통학교 학생과 청년회원의 연합시위운동을 계획했으나 사전에 발각되었다.[202]

2월 5일 맹산군 지덕면 사립 인화학교 4학년 안병승(14세), 안병만(13세), 길경세(12세) 등이 "구정월 8일 조선독립 만세를 고창하자"는 격문을 살포했다가 체포되어 조사 후 석방되었다.[203] 그 외 2월에 강서군 함종공립보통학교, 용강군 삼화공립보통학교, 순천군 자산공립보통학교, 개천군 북원공립보통학교 학생들이 시위운동을 계획했으나 사전에 발각되어 모두 실패했다.

평남지방은 함북과 더불어 가장 활동이 활발한 지역이다. 도내 16개 부군府郡 중 평양부와 진남포부를 포함하여 9개 군에서 시위운동이 추진되었다. 특히 평양부의 시위운동은 다른 지역과는 다른 특색을 보여주고 있다. 평양부는 20일부터 24일까지 부내 전 중등학교를 포함하여 총 20개 학교에서 시위운동이 전개되었다.[204] 그런데 사회단체 인사들의 개입 없이 학생들만의 힘으로 전개되었다는 점에서 주목된다. 격문이나 구호를 통해 볼 때 사회주의 성향보다 민족주의적 특성을 강하게 나타내고 있었다. 이는 평양부내의 사립학교에 기독교계 학교가 많았던 특성이 작용했던 것으로 보인다. 기독교계 학교들이 결속하여 연속적으로 시위운동을 전개했던 것이다. 다른 지역과는 달리 숭

201 『동아일보』, 1930년 2월 9일 ; 『중외일보』, 1930년 2월 13일 조간.

202 『중외일보』, 1930년 2월 11일 조간·2월 14일 조간(4).

203 『동아일보』, 1930년 2월 14일.

204 『중외일보』, 1930년 1월 26일 석간. 초등학교 8개교, 중등학교 10개교, 전문학교 1개교, 특종학교 1개교이다.

인학교, 숭실학교 등 사립 중등학교에서 시위가 촉발되어 부내 전 공사립 학교로 확산되었다. 또 숭실전문학교 학생들이 적극적으로 참여하고 있는 점도 특징적이다. 숭실전문학교 기숙사생 전원이 경찰에 연행될 정도로 적극적으로 참여하고 있는 것이다. 이는 서울의 전문학교들이 소극적으로 참여하거나 또는 전혀 참여하지 않고 있는 것과 대비된다. 숭실전문학교는 숭실학교와 그 뿌리를 같이 한다는 점에서 동질감이 작용했던 것으로 보인다.

평양의 시위운동은 이후 전 도내로 확산되었다. 그런데 1월 19일의 진남포상업학교, 1월 22일의 안주농업학교를 제외하면 모두 도내 각 군의 보통학교에서 계획되고 있었다. 보통학교의 궐기는 모두 만세를 고창하는 시위운동의 형태로 추진되었다. 맹산군 북창공립보통학교 학생들은 청년회원들과의 연합시위운동을 계획하기도 했다. 청년회원의 지도를 받는 차원을 넘어 연합시위운동으로 발전하고 있었던 것이다. 또 보통학교 졸업생들이 시위운동을 추진하기도 했다. 보통학교 고학년인 5~6학년뿐 아니라 4학년생들이 주도하는 경우도 증가했다. 맹산군 지덕면 인화학교 학생 궐기의 주모자는 12~14세의 4학년생들이었는데 "조선독립 만세를 고창하자"는 격문을 살포했다가 발각되었다. 저학년 아동에게까지 "독립 만세"의 시위 운동방식이 확산되고 있었던 것이다. 이와 같은 보통학교 학생들의 광범한 참여는 민족운동의 저변이 확대되던 현상을 반영하는 것으로, 광주학생운동의 가장 큰 특색 중의 하나라고 할 수 있다.

표 4-10 평남 소재 각 학교 운동 상황

일시	지역	종별	학교명	규모	양상	비고
1/12	평양	일반			조선○○회 명의로 시내에 격문 살포	
1/14	평양	각종	숭인학교	200명	교정에서 만세 고창 후 시내 진출 시도	사전 발각
1/19	진남포	실업	진남포공립상공학교	수 명	교장에 진정서 제출 후 시위운동 추진	사전 발각
1/19	평양				고보, 사범학교, 여고보, 광성고보, 숭실전문, 숭실중학, 명륜보통, 숭인학교 등에 격문 배포	
1/20	평양	각종	사립숭인학교	2·4학년	100여 명이 교실에서 만세 고창	경찰이 제지
1/21	평양				숭실전문 등 10개 학교 2천 4백여 명이 시위운동	
1/22	평양				중등 이상 10개 학교, 보통학교 4개 학교 시위운동	각 학교에 격문 살포
1/23	평양	보통			숭실여학교, 숭현여학교, 숭덕학교와 5개 보통학교생 교정에서 만세 고창	
1/23	평양	고보	광성고보, 숭실중학	수백 명	광성고보, 숭실중학 기숙사생이 만세 고창	
1/23	평양	각종		200명	기성권번의 견습기생이 만세 고창	
1/24	평양	보통			성모, 숭덕보통학교생이 만세 고창	
1/24	평양	고보	광성고보		일본 정부에 항의문 제출	
1월 중	평양	보통	만수보통학교	십수 명	태극 문양 100여 매를 만든 후 만세 시위 전개	
2/3	평양	각종	숭인학교	다수	일본 정부에 항의문 제출	
2/5	평양	보통	상수보통학교	6학년	교내에서 만세 고창, 시위	학교의 제지
2/10	평양				만주 학생단체 명의의 격문이 평양고보·숭실중학 등에 배포	

일시	지역	종별	학교명	규모	양상	비고
2/25	평양				평양고보에 격문 살포	
2/28	평양				숭실전문, 6개 중등학교에 격문 우송	
1/22	안주	실업	안주농업학교	80명	교정에서 만세 시위 시도	경찰이 저지
1/23	대동	실업	강남농업보습학교	수 명	맹휴 전개	교사의 만류로 복귀
1월 말	용강	보통	진지보통학교		장날, 설날 이용 시위 준비	미실행
1/25	용강	보통	용강보통학교		6학년생이 시위 추진	미실행
1/27	용강	보통	광양만보통학교	5학년	수업 중 만세 고창, 교외(校外) 진출 시도	귀향한 승인학교생의 지도
2/5	용강	보통	삼화보통학교	수 명	6학년생이 만세 권유 활동 중 발각	사전 발각
2/11	용강	일반			신간회원이 자복보통학교, 장꾼에게 시위 종용	발각 체포
2/12	용강	보통	자복보통학교	400명	만세 시위 추진, 경찰의 포위로 좌절	
1/28	중화	보통	능성보통학교	4학년	수업 중 만세 고창	교사의 제지
1/29	맹산	보통	맹산보통학교		5학년생이 '독립만세' 시위 권유 격문 살포	면협의원의 배후 지도
2/9	맹산	보통	북창보통학교		보통학교생과 청년회원이 장날에 보통학교, 청년회 연합시위 추진	
2월 중	안주	보통	입석보통학교		시위계획 추진	사전 발각
2/5	맹산	각종	인화학교	4학년	길경세(12세) 등이 '독립 만세' 고창 권유 격문 살포	
2/9	강서	보통	함종보통학교	4학년	4학년 김송식이 동창생과 만세 시위 계획	사전 발각
2/13	순천	보통	자산보통학교		6학년생이 만세 시위 계획	사전 발각
2/25	개천	보통	북원보통학교		태극기 제작, 시위준비	사전 발각
2/4	안주	일반		다수	만성(萬城)보통학교 교사와 졸업생이 장날 시위 계획	사전 발각

평안북도

평북지방은 신의주부와 19개 군, 193개 면으로 이루어졌다. 도청소재지는 신의주부였다. 공사립 보통학교가 104개 교로서 1.8개 면 당 1개 교로서 다른 도에 비해 보통학교의 설립률이 낮았다. 이러한 간극을 75개에 달하는 각종 학교에서 메우고 있었다.

1930년 1월 8일 신의주고보 학생 수 명이 3학기 개학식장에서 광주에서 일어난 학생사건의 진상을 설명하고 맹휴를 역설하다 체포된 바 있었다. 1월 25일에는 신의주고보 1~4학년생들이 "광주학생 동정만세"를 고창하며 학교 밖 진출을 시도했다. 그러나 경계 중이던 정사복 경찰 100여 명이 일시에 교내에 쇄도하여 4학년 백용식, 3학년 김상무 등 주모 학생 20여 명이 체포되었다.[205]

1월 17일 밤 오산고보 3학년 선우기성, 임창원 등이 4학년 신기복 등과 함께 동교 책상 서랍에 "민족해방", "대한독립 만세" 등의 격문 120여 매를 살포했다. 18일 9시 30분경 교실에 들어가 이 격문을 접한 1~4학년 300여 명의 학생들이 만세를 연호하며 교문 밖으로 진출하여[206] 고읍역을 지나 30여 리 떨어진 정주로 향했다. 학생들은 행진 도중 즉석연설을 통해 결의를 다졌으며 정주정거장 부근에서 저지하는 경찰과 격투가 벌어져 학생과 경찰이 부상하기도 했다. 학생들은 정주시내로 진입하여 시가지를 돌며 독립만세와 교가를 부르다 10여 명이 검거되었다. 다른 학생들은 정주경찰서로 몰려가 통곡하며 검거 학생의 석방을 요구했다.[207] 당시 학생들은 "대한독립 만세", "약

---

205 『동아일보』, 1930년 1월 26일 ; 『조선일보』, 1930년 1월 26~27일 ; 『중외일보』, 1930년 1월 26일 · 1월 27일 석간.

206 『중외일보』, 1930년 1월 21일 조간.

207 『동아일보』, 1930년 1월 19~22일 · 2월 3 · 12~13일 · 3월 27일 ; 『조선일보』, 1930년 1월 21 · 27일 · 2월 3일 · 3월 29일 · 4월 6일 ; 五山70年史編纂委員會, 『五山70年史』, 1978, 242~249쪽 ; 독립운동사편찬위원회, 『독립운동사자료집』 13, 635~640쪽.

소민족 만세", "단결 만세", "학생 만세" 등의 구호를 외쳤다.[208] 1월 20일까지 90여 명의 학생이 검속되었으며 주모자인 신기복, 임창원, 선우기성 등은 재판에 회부되어 징역 8월에 집행유예 판결을 받았다.

선천 사립 신성학교에서는 1월 23일 아침 기도회 종료 후 1~4학년생 170여 명이 격문을 살포하고 만세를 연호하며 교외로 진출, 시위운동을 전개하려 했으나 2~3학년 주도자들이 체포되어 실패했다. 사립 보성여학교 학생 100여 명도 신성학교 학생들에 호응하여 만세를 불렀으나 학교 측에서 교실 문을 잠그고 경관이 학교를 포위하여 교문 밖으로 진출하지 못하자 교내에서 통곡했다.[209]

2월 15일 영변읍 숭덕학교 3학년 박창덕 등은 학교 등사판을 이용, 격문과 큰 기를 제작하는 등 준비를 갖춘 후 학생에게 격문을 배부했다. 이에 전 학생들이 '학생만세', '조선민족 만세', '조선독립 만세' 등을 연호하며 교외로 진출을 시도했다. 경찰의 저지를 뚫고 교외에 진출한 학생들은 2대로 나누어, 1대는 영변공립농업학교 구내에 돌입하여 만세를 외치며 농업학교생의 참여를 촉구했다. 다른 1대는 공립보통학교로 진출하다가 좌절되었다. 농업학교생들은 숭덕학교 학생들의 요구에 호응하여 실내에서 만세를 고창했다. 이들은 조기 방과를 이용하여 교외에서 수백 명의 집단을 이루어 숭덕학교와 공립보통학교로 향하며 시위를 전개했다. 이에 격동된 보통학교 학생들도 만세를 부르며 시위대 참여를 시도했다. 숭덕학교의 여학생들은 교내에서 통곡하며 동조했다. 이 날은 장날이었으므로 학생들의 시위사실이 군중에게 그대로 전달되었으며 이후 보통학교의 시위계획에도 영향을 주었다.

---

208 「(林昌元)身分帳指紋原紙」, 정주경찰서, 1930년 2월 5일.

209 『동아일보』, 1930년 1월 24~25일 ; 『조선일보』, 1930년 1월 24~25일 ; 『중외일보』, 1930년 1월 24일 석간.

표 4-11 평북 소재 각 학교 운동 상황

일시	지역	종별	학교명	규모	양상	비고
1/8	신의주	고보	신의주고보	수명	개학식 당시 학생 수명이 광주진상 설명 후 맹휴 촉구	경찰이 체포 맹휴 불발
1/25	신의주	고보	신의주고보	1~4학년	만세 고창하며 교외 진출, 시위운동 시도	오산고보생이 연루 검거
1/18	정주	고보	오산고보	300여 명	'대한독립 만세' 고창하며 정주시내까지 시위 행진	경찰과 격투
1월	안주	실업	안주농업학교	2학년	교실에서 만세 고창, 시위촉구	교사의 제지로 실패
1/23	선천	각종	신성학교	1~4학년	기도회 종료 후 격문 살포, 교외(校外) 진출, 시위운동 시도	사전 발각
1/23	선천	각종	보성여학교	100여 명	신성학교 학생에 호응하여 교실 내 만세 고창, 학교에서 교실문 폐쇄	경찰이 학교 포위
1/28	영변	실업	영변농업학교	다수	필사한 격문 수백 매를 각 학급에 살포, 시위 추진	사전 발각
2/10	영변	보통	영변보통학교	고등과생	교정에 집합하여 만세 고창, 교외 진출 시도	경찰이 저지
2/15	영변	각종, 실업	숭덕학교 등	수백 명	숭덕학교, 영변농업학교, 보통학교 연합시위 전개	숭덕여학생은 교내 통곡
2/17	영변	각종	숭덕학교	수명	2학년생 수 명이 삼각기 제작, 시위운동 추진	사전 발각
2월 중	각지	보통			의주보통, 운전보통, 삭주보통, 태천보통, 오산보통학교에서 시위 추진	사전 발각
2/3	박천	보통	박천보통학교		고등과 2학년생이 만세 고창 계획 추진	사전 발각
2/7	박천	보통	가동보통학교	5학년	5학년 이경손(15세) 등이 10일 마을 소년을 규합, 시위 추진	사전 발각
2/14		보통	부호보통학교		6학년생이 맹휴 권유	사전 체포
2/27	영변	보통	소림보통학교	5~6학년	70여 명이 교외 진출, 시장 부근에서 태극기, 격문 배부, 만세 고창	경찰의 저지
2/27	영변	각종	보성학교	수십 명	소림보통학교의 활동에 동조	학생 체포
3/1	영변	보통	고성보통학교	다수	깃발 수십 개 제작하여 등교, 시위운동 추진	사전 발각

그 외 2월에는 소림보통학교, 박천공립보통학교, 의주공립보통학교, 운전공립보통학교, 삭주공립보통학교, 태천보통학교, 부호공립보통학교, 오산공립보통학교, 고성공립보통학교 등 보통학교에서 시위운동 계획이 추진되었으나 사전에 발각되어 대부분 실패했다.

평북지방은 사립 중등학교를 중심으로 운동이 추진되었다. 정주의 사립오산고보, 선천의 신성학교와 보성여학교, 영변의 숭덕학교 등에서 시위운동 계획이 진행되었다. 이들은 모두 기독교계의 사립학교였다. 당시 신의주고보는 1929년의 비밀결사 활동과 학생맹휴 활동으로 주요 활동자들이 검거되어 재판에 계류 중이었다. 따라서 1월 8일 개학식 당시의 맹휴 시도를 비롯해 1월 25일에는 시위운동 계획이 추진되기도 했으나, 경찰의 집중적인 감시를 받아 여의치 않았다. 1월 25일의 시위 즉시 100여 명의 경찰이 교내에 투입될 정도였다. 이를 대체하여 기독교계의 사립중등학교에서 시위운동이 추진되었다. 외부 기성 단체와의 연계는 거의 없었다. 그중 영변 숭덕학교의 시위운동은 시기적으로 비교적 늦은 2월 중순 인근 농업학교와 보통학교까지 추동하여 연계투쟁으로 전개되었다. 오산고보의 시위운동은 30리 거리의 정주시내에 진출하여 경찰과 격투까지 벌이는 등 활발한 양상을 보였다.

함경남도

함남 지방은 원산부와 함흥부의 2부와 16개 군, 139개 면으로 구성되었고 도청소재지는 함흥군 함흥면이었다. 함남에서는 중등교육기관이 집중된 함흥부과 원산부를[210] 중심으로 시위운동이 촉발되었다. 앞서 보았듯이 1929년

210 함흥부에 함흥고보, 함흥농업학교, 함흥상업학교, 원산부에 누씨여고보와 원산상업학교가 있었다.

12월 함흥고보 학생들의 동조시위 활동과 1930년 1월 11일 영생학교 학생들의 시위운동 등 선도적인 활동을 전개했던 함흥지역 학생들은 이후 경찰의 엄중한 감시로 인해 활동이 크게 위축되었다. 일례로 1월 14일 함흥상업학교와 영생학교 학생들의 격렬한 시위운동 이후, 16일 경찰이 등교하는 학생의 몸을 일일이 수색하고 함흥고보 각 교실에 경찰을 배치하여 학생의 동태를 감시했으므로 학생들이 격렬히 항의하기도 했다.[211] 이러한 경계로 인해 1월 23일 함흥고보 일부 학생들이 교장의 훈시 중 만세를 부르며 교문 밖 진출을 시도했으나, 경계 중이던 경찰의 저지로 실패하는 정도에 그치고 있었다.[212]

이와 같이 함흥지방의 시위운동이 봉쇄된 반면 원산 지방은 활발한 양상을 보이고 있다. 원산에서는 1월 17일 청년동맹원의 배후지도로 시위운동이 전개되었다. 1929년 말 함흥고보의 광주학생 동조시위에 연루되어 체포된 바 있던 덕원청년동맹德源青年同盟 집행위원 남상완은 원산에서도 학생시위운동을 계획했다. 그는 원산청년동맹 집행위원 남상효, 김영섭, 김종국, 유삼봉 및 사립학교 교원 노윤하 등과 협의하여 전국희생학생옹호동맹의 명의로 「전조선 전투적 학생제군에 고함」이란 격문 1,900여 매를 제작했다. 이 격문은 일본 동경에서 남상효에게 보내온 광주학생운동 격려 격문을 일부 수정하여 작성한 것이다. 이들은 이 격문을 원산여고보생에게 200매, 누씨樓氏여고보생과 원산사립청년학관생에게 각각 400매를 교부하고 시위운동을 배후지도했다.[213]

---

211 『동아일보』, 1930년 2월 22일.

212 『중외일보』, 1930년 1월 25일 석간.

213 「昭和五年刑控第384號(劉三奉)判決文」, 경성복심법원, 1930년 9월 29일 ; 광주학생독립운동동지회, 『광주학생독립운동사』, 198~201쪽 ; 『조선일보』, 1930년 1월 27일·8월 11·30일 ; 『동아일보』, 1930년 1월 27일·2월 10·20일. 연루 체포된 인사는 원산청년동맹 간부 김종국 등 4명, 신간회 원산지회 간부 진균, 신간회 덕원지회장 강기

이에 자극된 원산사립청년학관 학생 80여 명이 1월 17일 오전 9시 30분경 수업시작 종소리를 신호로 교문 밖으로 진출한 후 격문을 살포하고 만세를 외치며 사립 누씨여고보 앞으로 진출하여 동참을 호소했다. 누씨여고보 학생들도 이에 합류하여 300여 명의 학생들이 주재소 앞 등 원산 시내에서 시위운동을 전개했다. 이들은 다시 원산상업학교 앞에서 격문을 살포하며 시위동참을 촉구하다 출동한 100여 명의 경찰에 의해 주동학생 30여 명이 검거되었다.[214] 원산상업학교 학생 260여 명은 학교 측의 교문 폐쇄로 교실에서 만세를 고창했다. 누씨여고보생 30명은 검속 학생의 석방을 요구하며 경찰서 문전에서 시위하다 검거되었고, 일인 학교인 원산고등여학교의 한인 학생 7명도 시위에 참가했다.[215]

1월 27일에는 원산시내 십여 곳의 공사립보통학교에 28일을 기해 시위하자는 격문이 살포되었다.[216] 이에 호응하여 28일 아침 원산의 6개 공사립 보통학교에서 일제히 만세를 고창하려 했으나 사전에 탐지되어 사립 진성여학교의 김안라, 해성보통학교생 원병호 등 8명의 주도자가 체포되었다.[217]

이후 시위운동은 정평, 이원, 단천, 영흥 등지의 보통학교와 농업학교로 확산되었는데 2월에 더욱 활발해지는 모습을 보인다. 정평군 신상공립보통학교, 초원공립보통학교, 이원군 이원공립보통학교, 차호공립보통학교, 단천군

덕, 원산노동연합회 집행위원장 박태선, 함흥청년동맹 간부 한송, 석동천 등이다.

214 『조선일보』, 1930년 1월 18일.

215 『조선일보』, 1930년 1월 18~19일 ; 『중외일보』, 1930년 1월 18일 석간·1월 21일 조간·1월 22일 조간.

216 『동아일보』, 1930년 1월 29일.

217 『조선일보』, 1930년 1월 31일 ; 『중외일보』, 1930년 1월 29일 석간. 『조선일보』에는 검거학생이 해성보통학교 원병호·김진덕·이을구·이해봉, 진성여학교 김재정으로 보도되었다.

광천공립보통학교, 영흥군 인흥공립보통학교 등지에서 시위운동이 추진되었다. 그런데 보통학교의 시위운동은 신간회 지회나 지역 청년동맹원의 지도를 받는 경우가 많았다. 신상, 차호, 광천, 인흥공립보통학교 학생들의 시위운동은 지역 청년동맹원의 배후 지도 아래 추진되었던 것이다. (부록 2 참조)

함흥과 원산에는 청년동맹원의 격문이 배포되었으며 특히 원산의 시위운동은 지역 청년동맹원의 격문 살포가 시위확산의 큰 계기를 이루었다. 원산의 시위운동이 활발하게 전개된 데에는 1929년 수개월에 걸쳐 전개된 원산노동총파업의 영향도 컸을 것으로 보인다. 북청, 정평, 영흥에서도 지역 청년동맹원이나 신간회원의 참여가 있었다.

북청에서는 강습소 학생이 농업학교 학생과 연계하여 시위운동을 준비하다가 발각되기도 했다.[218] 이는 전국적으로도 매우 드문 사례로서 강습소나 야학의 경우 광주학생운동에 거의 참여하지 않고 있었다. 또 2월 20일 신간회 영흥지회와 영흥청년동맹 공동운영의 영흥군 억기면 소재 홍명학원洪明學院의 교사인 박화순은 격문을 제작하여 영흥읍내 곡마단 연극장의 관람객에게 배포하며 조선독립 만세를 고창하다가 체포되었다.[219] 강습소 교사가 격문을 배포하며 직접 만세운동을 선도한 것은 3·1운동 기념일과 연계하여 민중 시위로 확산시키려는 의도로 보인다. 이러한 열기로 인해 함남지방에는 3월 초순에도 간헐적으로 만세시위가 전개되기도 했다.

이와 같이 함남지방은 기성 사회운동 조직과 학생의 연계투쟁이 활발하게 전개된 점이 특징적이라고 할 수 있다. 사립보통학교가 18개 교, 각종학교가

---

218 「光州學生事件及其の影響(其の二)」, 강재언 편, 『光州抗日學生事件資料』, 204쪽.

219 격문의 내용은 "일본 제국주의를 타도하자, 만세사건의 희생자를 즉시 탈환하자, 조선 학생 만세, 우리 민족 만세, 전 세계 약소민족 만세" 등이었다(「光州學生事件及其の影響(其の三)」, 강재언 편, 『光州抗日學生事件資料』, 269~270쪽).

표 4-12 함남 소재 각 학교 운동 상황

일시	지역	종별	학교명	규모	양상	비고
1/4	홍원	일반		수명	홍원청년동맹원이 함흥고보 학생의 등교 저지 격문 우송	
1/8	함흥	고보	함흥고보		함흥고보 개학일 시내에 격문 수천 장 살포	
1/11	함흥	각종	영생학교 영생여학교	수백 명	영생학교, 영생여학교 연합시위, 시내에서 만세 고창	경찰과 격투
1/14	함흥	실업	함흥상업학교	200명	시내 진출, 격문 살포, 태극기, 적기 사용, 시위전개	경찰과 격투
1/16	함흥	고보	함흥고보	다수	경찰의 감시에 항의	경찰과 격투
1/23	함흥	고보	함흥고보	다수	교장의 훈시 중 만세 고창, 교외 진출 시도	경찰의 저지
1/17	원산	일반		수명	덕원, 원산청년동맹원들이 원산여학교, 누씨여고보, 원산청년학관에 격문 배포	시위 운동 지도
1/17	원산	각종 고보	원산청년학관 누씨여고보	다수	원산청년학관, 누씨여고보생 연합, 시내에서 시위	청년동맹 격문에 자극
1/17	원산	실업	원산상업학교	260명	학교 측에서 교문 폐쇄, 교실에서 만세 고창	
1/17	원산	고보	누씨여고보	30명	검속 학생 석방요구, 경찰서 앞에서 시위	원산고등여학교생도 참가
1/20	원산	보통	원산제2보통학교	100여 명	6학년생이 학교 뒷산에서 시위협의, 선생에 발각 좌절	사전 발각
1/27	원산	일반			10개 공사립보통학교에 28일 시위 감행의 격문 살포	
1/28	원산	보통	부내(府內) 6개 보통학교		진성여학교, 해성보통학교 학생의 주도로 6개 보통학교에서 연합시위 추진	사전 발각
1/22	북청	각종 실업	대성강습소 북청농업학교		대성학술강습소생이 북청농업학교생과 장날을 이용, 연합시위 추진	신간회원지도 사전 발각
1/27	정평	보통	신상(新上) 보통학교	100여 명	5~6학년생이 교정에서 만세 고창, 교외 진출 시도	정평청년동맹원의 지도
1/29	정평	보통	초원보통학교	다수	5~6학년생이 맹휴 준비	사전 발각
2/2	이원				이원읍내와 보통학교 교정에 격문 살포	

일시	지역	종별	학교명	규모	양상	비고
2/2	이원	보통	이원보통학교	다수	학생이 시위 추진	사전 발각
2/2	이원	보통	차호보통학교	다수	학생이 시위 추진	사전 발각, 청년동맹원의 지도
2/9	단천	실업	농업보습학교	다수	장날을 기해 시위운동 추진	사전 발각
2/18	단천	보통	광천보통학교	300명	4~6학년생이 맹휴 취지서 제출, 교정에서 만세 고창	청년동맹원 연루
1/20	영흥				시내에 광주학생옹호동맹 명의의 격문 부착	
2월	영흥			50명	소년소녀웅변대회에서 만세고창	경찰과 충돌
2/10	영흥	보통	인흥보통학교	20여 명	5~6학년생이 진정서 제출, 만세고창 추진	영흥청년동맹원의 지도, 사전 발각
2/20	영흥	일반		수 명	사립 홍명학원 교사가 일반인에게 격문 배포하며 '독립만세' 고창	경찰에 체포
3/1		보통	궁시보통학교 제3분교	50명	3·1운동 기념식 거행, '독립만세' 고창	
3/14	홍원			300여 명	16~17세 소년들이 격문 살포, 시위운동	일반인 시위 동참

203개 교로서 전국에서 가장 많은 사립학교가 있었던 데서[220] 알 수 있듯이 도내 일반 인사들의 교육열과 지원이 남달랐던 점도 작용했을 것이다. 그러나 사전에 발각되어 실패하는 경우가 많았다.

220 함남지방의 사립보통학교는 18개 교로서 이는 비교적 재원이 풍부했던 서울, 경기지방의 21개 교를 제외하면 충북, 충남, 강원, 평북의 각 1개교, 경남의 2개 교 등은 말할 것도 없고 그 외 가장 많은 황해도의 10개 교와도 현격한 차이를 보이고 있다. 또한 일반 각종학교가 109개 교로서 전국 일반 각종학교 총 수 294개 교의 1/3을 넘고 있다. 반면 공립보통학교는 79개 교로서 전국에서 충북의 72개 교 다음으로 적었다(표 4-1 참조).

함경북도

함북지방은 청진부와 11개 군, 81개 면으로 이루어졌다. 함북은 노령, 북만주 및 일본과 연결되는 교통의 요지일 뿐 아니라 천혜의 자연자원을 보유하여 개발의 여지가 많은 곳이었다. 반면 인구가 62만여 명에 불과하고 도민들의 경제적 상태가 열악했다. 그러나 교육방면에는 상대적으로 진전을 보여주고 있었다. 남북으로 인구밀도와 경제력의 차이가 커서 보통학교의 배치도 남방에 집중되었다.[221] 1929년 당시 총 81개 면에 61개의 공사립 보통학교가 설립되어 1.3개 면당 1개 교로서 1면 1교에 근접해 있었다. 그 중 11개 교는 4년제였다. 특히 일반 각종 학교는 29개 교 중 27개 교가 4년제였다. 반면 종교계 각종 학교는 4개 교 모두 6년제였다. 상급학교 진학에 제약이 있는 4년제 초등학교가 많았던 것을 알 수 있다. 중등교육기관은 도청 소재지인 경성 인근 지역에 밀집되어 있었다. 일본군 주둔지인 경성군 나남면에 공립사범학교와 일인 학교인 나남공립중학교, 나남공립고등여학교, 경성군 오촌면에 한인 학교인 경성공립고등보통학교와 경성공립농업학교가 있었다. 일인 여성 중등교육기관이 청진과 나남에 두 곳이나 있었던 반면 한인 여성 중등교육기관은 전혀 설치되지 않았다. 각종 학교에 속하는 두 곳의 여학교에 고등과가 부설되어 여성 중등교육을 맡고 있었다. 중등 실업학교도 경성농업학교, 길주농업실천학교, 회령상업학교가 있었으나 회령상업학교는 3년제였고 길주농업실천학교는 2년제로서 실업보습학교와 별 차이가 없었다. 2년 과정의 실업보습학교는 4개교가 있었으나 2개 교는 1929년에 설립되어 졸업생을 배출한 학교는 성진군의 임명공립농업보습학교와 청진군의 청진공립상업보습학교 두 곳뿐이었다. 그런데 보습학교는 모두 보통학교에 부설된 것이었고 보통학교장이

221 咸鏡北道, 『咸北要覽』, 1929, 1~2·19쪽.

보습학교장을 겸임하기도 했다.[222]

함북지방은 전국에서 가장 활발하게 운동이 전개된 곳이다. 특히 도청 소재지인 경성鏡城지방 각급학교의 격렬한 시위운동이 도내 운동 확산에 큰 자극제가 되었다. 다른 지방보다 비교적 늦은 1월 말에 회령공립상업학교의 시위운동을 시작으로 불붙어 2월로 이어지면서 격렬하게 전개되었다.

1월 19일 회령공립상업학교[223] 학생들이 적기와 격문 3,000여 매를 제작하는 등 시위를 준비하다 사전 탐지되었다. 학교에서는 기숙사를 수색하고 주모자를 교사의 사택에 감금한 후 휴학하려 했다. 그러나 1월 21일 회령공립상업학교생 130여 명과 보흥여학교[224] 고등과와 보통과 학생 150여 명이 만세를 고창하며 시위를 전개했다.[225] 회령군에서는 유일한 중등학교인 회령공립농업학교와 고등과 과정이 개설된 사립 보흥여학교를 중심으로 시위가 전개된 것이다. 1월 22일에는 신간회 회령지회와 회령청년동맹 집행위원인 박병균, 박세칭[226] 등이

---

222 함경북도, 『昭和6年編 學事及宗敎要覽』 1931, 2~13쪽 ; 西村綠也, 『朝鮮敎育大觀』 下卷, 1930, 4~11쪽.

223 회령공립상업학교는 1920년 6월에 설립된 수업연한 3년의 실업학교로서 1929년 당시 3개 학급에 일인 학생 2명, 한인 학생 133명이 재학했다(조선총독부 학무국, 『朝鮮諸學校一覽』, 1930년 1월, 387~388쪽).

224 보흥여학교는 함북 도내의 4개 종교학교 중의 하나이다. 기독교계 학교로 1914년 회령군 회령읍에 설립되었는데 보통과 6년 고등과 2년 과정이 개설되었다. 1931년 5월 현재 8개 학급에 207명의 여학생이 재학하고 있었다. 일인 교사가 1명뿐이고 한인 9명, 외국인 1명의 교사가 재직했다. 함북 도내의 다른 종교학교에는 일인교사가 한 명도 없었다. 그 외에 회령군 내 종교계 남자 학교로는 信興學校가 있었다. 회령군 내에는 3개의 공립보통학교, 9개의 일반 각종학교, 2개의 종교 각종학교가 있었다(함경북도, 『昭和6年編 學事及宗敎要覽』 1931, 9~11쪽). 함북내의 다른 군에 비하면 각종학교의 수가 많았다. 이는 일제 관제 교육제도에 편입되지 않은 학교가 많았다는 의미가 될 수 있다.

225 『동아일보』, 1930년 1월 26일 ; 『중외일보』, 1930년 1월 24일 석간·1월 26일 석간. 자료에 따라 회령상업학교의 시위일자가 1월 20일로 나타나기도 한다.

226 이균영, 앞의 책, 1993, 650쪽 ; 『조선일보』, 1930년 2월 6일.

"광주학생사건 만세" 등의 격문 수백 매를 회령 시내에 살포했다. 이에 고무되어 회령 보흥여학교생 십여 명과 공립보통학교생 등이 가두에서 만세를 고창했다.[227]

1월 21일 경성공립고등보통학교[228] 4학년 전달준, 이홍우 등은 동교 학생 십여 명과 시위운동을 계획하고 태극기 700여 개, "노예교육 타파", "광주사건으로 구금된 학생을 석방하라", "학원의 독립을 경찰은 간섭하지 말라"라고 크게 쓴 선도기先導旗 8개를 제작했다. 이들은 1월 25일 동교 학생들에게 사전 연락하여 방과 후 경성시내 서문 밖에 집합하기로 약정했다. 이에 따라 동교생 250여 명은 방과 후 경성시내 서문 밖에 집합하여 만세를 연호하며 큰 기를 앞세우고 각자 곤봉과 태극기를 들고 신남문新南門을 지나 농업학교로 향했다.[229] 이들은 경성공립농업학교 앞에서 격문을 살포하고 시위 참여를 독려하며 투석으로 유리창을 파괴하는 등 활동했다.[230] 경성고보생들의 질타를 받은 경성공립농업

---

227 「光州學生事件及び其各地波及の狀況摘錄」, 「光州學生事件及び其の影響(其の二)」, 강재언 편, 『光州抗日學生事件資料』 83, 208쪽.

228 함북지방 유일의 고등보통학교인 경성공립고등보통학교는 1922년에 설립되어 1925년 지방비 보조를 받는 경성공립고등보통학교로 변경되었다. 1927년 36명, 1928년 36명, 1929년 40명의 졸업생을 내었다. 1929년 당시 9개 학급에 346명의 학생이 재학했다. 교육방침은 實質, 강건, 勤勞愛好의 정신을 양성할 것, 교육에 관한 勅語의 취지를 체득시키고 고등보통학교규정을 준수하되 특히 농업의 실습, 상업의 실습, 운동경기, 검도 등을 장려 실시한다는 것이었다(조선총독부 학무국, 『朝鮮諸學校一覽』, 369~370쪽 ; 西村綠也, 『朝鮮敎育大觀』 下卷, 1930, 2~3쪽). 중등 인문교육 기관으로서의 기능보다 실업 교육에 주안점을 둔 실무 인력 양성기능의 측면이 강했다고 하겠다.

229 강재언 편, 『光州抗日學生事件資料』에는 "광주학생사건에 내포된 실지 내막의 비밀을 사회에 고함", "학생의 독립을 할 것" 등을 기재한 赤旗를 선두로 격문과 태극기를 살포하며 시위운동을 전개했다고 기재되었다.

230 「昭和五年刑控第109號(全達俊 등)判決文」, 경성복심법원, 1930년 4월 24일 ; 광주학생독립운동동지회, 『광주학생독립운동사』, 205~208쪽 ; 『동아일보』, 1930년 2월 25일·3월 6·12일. 전달준 등 주모자들은 징역 8월을 받았다.

학교[231] 학생 100여 명도 시위운동에 동참하여 500여 명의 학생들이 격렬한 시위를 전개했다.[232] 학생시위에 동조하여 경성읍 한인 주요 점포들은 폐점하고, 한인사회는 검거된 학생의 석방을 위한 시민대회를 개최했다.[233] 시민대회는 대표를 경찰당국에 파견하여 구속학생의 석방을 요구했다.[234]

1월 27일 청진공립상업보습학교 학생들은 회령, 경성지방 중등학교의 만세운동에 고무되어 시위운동을 전개했다. 전교생 90여 명이 운동장에 모여 "검거학생의 석방, 교사校舍 이전, 학교 승격" 등을 요구하며 만세를 고창하고 신암동, 포항동 등 시내 진출을 시도했다. 이로 인해 주모자 등 50여 명이 검거되었다.[235]

2월에 들면서 경성지방의 시위운동은 보통학교 학생들에 의해 계속되었다. 주남공립보통학교, 주을공립보통학교 학생들이 청년동맹원이나 신간회 지회원의 지도를 받아 시위운동을 추진했다. 또 인근의 주북공립보통학교 학생들도 자체적으로 시위운동을 계획했으나 사전에 발각되고 말았다. 이 지역은 보

---

231 경성공립농업학교는 도내 3개 실업학교 중의 하나로서 1918년에 설립되었다. 같은 실업학교인 길주공립농업실천학교가 2년제, 회령공립상업학교가 3년제인데 비해 5년제 학교로서 1929년 당시 137명이 재학했다(함경북도, 『昭和6年編 學事及宗教要覽』, 1931, 12~13쪽 ; 조선총독부 학무국, 『朝鮮諸學校一覽』, 383~384쪽). 교우회는 문예부, 체육부, 구매부, 서무회계부로 구성되었는데 매월 1회 모임을 가졌다. 모임은 외부 인사의 연설, 직원의 강화, 학생의 담화연습으로 구성되었다. 여기서 외부 인사나 직원의 강화가 식민지 교육의 일환으로 진행되었을 것을 짐작할 수 있다. 특히 매학기의 성적을 출신학교 교장에게 통지하고 학생의 퇴학·정학 시에도 출신학교 교장에게 통지했다. 입학생의 선정 권유 등은 관내 초등학교장에게 의뢰했고 졸업생의 취직, 소행 조사 등을 경찰과 학교 등이 맡았다(西村綠也, 『朝鮮教育大觀』 下卷, 1930, 3~5쪽).

232 『동아일보』, 1930년 1월 28일.

233 「光州學生事件及其の影響(其の二)」, 강재언 편, 『光州抗日學生事件資料』, 205쪽 ; 조선총독부 경무국, 『朝鮮の治安狀況』, 1930, 95~96쪽.

234 『조선일보』, 1930년 1월 29일.

235 『조선일보』, 1930년 1월 29~30일 ; 『중외일보』, 1930년 1월 31일 조간.

통학교 학생들의 경우에도 시위운동 당시 적기를 제작하여 사용하는 것이 일반화되어 있었다.

경성군 어랑면의 보통학교 학생들도 시위운동을 전개했는데 다른 지방의 보통학교 학생들보다 운동 양상이 격렬했다. 즉 2월 1일 어랑공립보통학교가 통학구역 안에 천연두가 발생하자 임시 휴교했는데, 학생들은 이를 이용하여 시위를 전개했다. 경성청년동맹원과 신간회원 50~60명을 선두로 동교학생 300여 명이 태극기와 적기, "광주학생 만세", "제국주의 타파" 등의 문구를 기재한 작은 기를 들고 격문 2,000여 매를 살포하며 학교로 쇄도했다. 이들은 학교 유리창을 파괴하고 제지하는 경찰관과 교사 등을 폭행하는 등 격렬하게 항거했다.[236] 2월 4일에는 어랑면 어대진의 어대진사립보통학교 허응련, 김춘봉 등 수 명의 학생들이 격문 1,000여 매와 적기를 준비하고 만세시위를 추진했으나 사전에 발각되어 주도 학생들이 검거되었다. 그럼에도 2월 5일 동교 5~6학년생 80~90명이 학교 부근에 집합하여 적기를 세우고 만세를 부르며 가두시위를 전개하다가 무장 경관에 70여 명의 학생이 체포되었다.[237] 이렇듯 경성지방의 보통학교에서 시위가 계속되자 함경북도 시학視學과 경찰은 주남보통학교와 어랑보통학교 학생이 다시 시위하면 무조건 폐교한다는 서약서를 학부형에게 강요했다. 또 이들 학교에 대한 경상비 지원도 중단했다.[238]

---

236 「光州學生事件及其の影響(其の二)」, 강재언 편, 『光州抗日學生事件資料』, 207·214~215쪽 ; 『중외일보』, 1930년 2월 4일 조간·2월 5일 조간 ; 『조선일보』, 1930년 2월 5일 ; 『동아일보』, 1930년 2월 15·18일.

237 「光州學生事件及其の影響(其の二)」, 강재언 편, 『光州抗日學生事件資料』, 207쪽 ; 『중외일보』, 1930년 2월 9일 석간. 200여 명의 학생들이 조회 후 6학년생의 주도로 만세를 고창하며 교외 진출을 시도하다 좌절되었다고 보도되기도 했다(『동아일보』, 1930년 2월 9일).

238 『중외일보』, 1930년 2월 12일 석간.

경성군은 오촌면에 소재한 경성고보와 경성농업학교의 시위운동 이후 2월에 접어들면서 주남, 주을, 주북, 어랑면 등 군내 전 면의 보통학교에서 시위운동이 추진되어 3월 초까지 지속되었다. 경찰이나 학교의 저지로 사전 발각된 경우에도 굴하지 않고 다시 준비하여 시위운동을 결행했다.

함북지방의 운동은 1930년 1월 청진, 회령, 경성 등 주요 도시의 상업학교에서 시작되어 2월부터 경성, 성진, 웅기, 명천, 길주군의 보통학교로 확산되었다. 길주공립농업학교 당국은 각지에서 학생들의 만세시위가 전개되자 동교 학생들의 시위운동을 방지하기 위해 개학 중임에도 불구하고 스스로 30일간 휴학하는 고육책을 쓸 정도였다.[239] 다른 도에 비해 보통학교의 숫자가 가장 적은 61개 교(사립 7개, 공립 54개)에 불과한데도 도내 각 군의 보통학교에서 시위운동이 전개되었다. 이 과정에서 지역 신간회원, 청년동맹원의 지도가 큰 영향을 미쳤다. 표 4-14에서 보듯이 도내 23개 학교에서 시위운동이 추진되었는데 그 중 10개 교에서 지역 사회인사의 개입이 확인되는 것이다. 지역 사회인사의 개입도 청진, 회령, 경성, 성진, 명천, 길주 등 시위가 추진된 전 지역에 걸쳐있다. 그 결과 시위운동의 양상도 격렬한 투쟁성을 보여주고 있다. 특히 도청소재지인 경성의 보통학교에서는 3월까지 시위운동이 추진되어 도내 각지의 보통학교로 시위운동이 확산되는 데 결정적인 역할을 했다. 함북지방은 만주와 노령 블라디보스톡 등과도 연결되는 교통요지로서 비교적 자유롭게 해외의 사정을 접할 수 있는 지역적인 이점이 있었다. 또 사회주의 운동 조직이 4차 조공의 와해 이후에도 잔존하면서 활발하게 활동했던[240] 영향도 크게 작용했을 것이다.

---

239 『중외일보』, 1930년 2월 2일 석간.

240 조선총독부 경무국장, 「朝保秘第1558號 朝鮮共産黨並共産青年會咸鏡北道機關檢擧ニ關スル件」, 1930년 11월 27일, 강덕상, 『現代史資料』 29, 281~290쪽. 3·4차 조선

표 4-13 함북 소재 각 학교 운동 상황

일시	지역	종별	학교명	규모	양상	비고
1/17	청진	실업	상업보습학교	다수	1~2학년생이 수업중 귀가, 30여 명이 시위 모의	경찰에 체포
1/27	청진	실업	상업보습학교	90여 명	전교생이 교정에 모여 만세 고창, 교외 진출 시도	경찰이 제지
1/29	청진		청부학원	200여 명	학생들이 동요하자 무기휴학	
2/10	청진	고보	청진고등여학교		신간회원 등이 태극기, 격문 제작, 청진고등여학교생을 지도, 시내 시위 추진	신간회원 지도 사전 발각
1/21	회령	실업	회령상업학교 등	다수	상업학교생 130여 명과 보흥여학교생 150여 명이 연합시위 전개	
1/22	회령	일반			신간회 회령지회원이 격문 수백 매를 시내에 살포	
1/22	회령	실업	회령상업학교	수십 명	귀가 중 회령 시내에서 만세시위 전개	지역 사회 인사의 지도
1/22	회령	각종 보통	보흥여학교 회령보통학교	다수	보흥여학교, 회령보통학교 학생이 연합시위	
1/22	회령	각종	보광여학교	다수	보광여학교생 만세시위	20여 명 검거
1/24	회령	실업	회령공업보습	다수	맹휴 전개	
3/5	회령	실업	회령상업학교	1~2학년	시위운동 퇴학생에 동조하여 맹휴 전개	
1/20	경성	실업	경성농업학교	수 명	3학년생이 격문 60여 매 제작, 교실에 살포	경성청년동맹원 연루

공산당 당시에는 청진, 나남, 경성, 회령, 성진 등지에 야체이카가 조직되어 활동했다. 1928년 조공 와해 이후 서울에서 이준열 등의 조선공산당 재조직준비위원회 결성을 지시했던 구서울파의 李雲爀이 노령 블라디보스톡으로 망명하여 함북 지방의 조공 재조직 활동을 지도했다. 1929년 당시 함북 책임비서 尹秉球를 중심으로 주을, 경성, 청진 등지에 조공 재건그룹이 결성되어 있었으며 1930년 5월 관련자 97명이 검거되었다.

일시	지역	종별	학교명	규모	양상	비고
1/21	경성	고보	경성고보	250여 명	태극기 등 제작, 250여 명이 교외에서 집합, 시위 전개	경찰과 격투 백여 명 검거
1/21	경성	실업	경성농업학교	백여 명	경성고보의 시위운동에 동참 시도	경찰이 제지
1/26	경성	일반			한인 점포 폐점, 검거학생 석방 시민대회 추진	27일 개 점
1/27	경성	고보	경성고보	40여 명	적기, 태극기 제작, 경찰서에 검거학생 석방 요구	
1/28	경성 주남	보통	주남보통학교	50여 명	5~6학년생이 교외에서 집합, 시장에서 격문 살포 시위 전개	청년동맹원의 지도
2/10	경성 주남	각종	삼향(三鄕)학교	다수	적기, 격문 제작, 면사무소 앞에서 만세시위	
2/5	경성 주을	보통	주을보통학교	60여 명	5~6학년생이 적기, 격문 2,000여 매 제작, 시위 준비	청년동맹원의 지도, 사전 발각
2/6	경성 주을	보통	주을보통학교	다수	신간회원, 경성청년동맹원이 적기, 격문 2,000여 매 제작, 주을보통학교생과 시위 추진	사회단체원 지도, 사전 발각
2/22	경성 주을	보통	주을보통학교	20여 명	교외에서 집합하여 격문 살포, 시위 전개	
2/24	경성 주을				주을면 온장(溫場)시장에 격문 부착	
2/27	경성 주을	보통	주을보통학교	다수	교정에서 만세 고창	
3/2	경성 주을				주을면 온장시장에 격문 살포	
3/3	경성 주을	보통	주을보통학교	수 명	격문 제작, 시위운동 추진	사전 발각
2/3	경성 주북	보통	주북사립 보통학교		시위운동 계획 추진	사전 발각
2/21	경성 주북	보통	주북사립 보통학교		적기, 백기 제작, 시위 준비	사전 발각
2/5	경성 주북	보통	주북공립 보통학교		시위운동 조짐	경찰이 제지

일시	지역	종별	학교명	규모	양상	비고
2/25	경성 주북	보통	주북공립 보통학교		태극기, 백기 제작, 시위운동 전개	
2/1	경성 어랑	보통	어랑보통학교	300명	격문 2,000여 매 살포하며 학교에 쇄도하여 시위	청년동맹, 신간회원지도, 경찰 폭행
2/4	경성 어랑	보통	어대진사립보통학교	수 명	격문 1,000여 매, 적기 준비, 만세시위 추진	사전 발각
2/5	경성 어랑	보통	어대진사립보통학교	90여 명	5~6학년생이 교외에서 집합, 적기 들고 가두시위 전개	70여 명 체포
3/3	경성 어랑	보통	어랑보통학교		수일간 교과서 미지참 등교, 태업	
3/4	경성	보통	경성보통학교	3학년	시위로 처분된 학생에 동조하여 맹휴	
1/28	성진	보통	학남보통학교		청년동맹, 신간회원의 지도로 학생들이 시위 시도	
2/3	성진	보통	성진보통학교		태극기 준비, 시위 추진	사전 발각
2/25	성진	보통	학동보통학교	80여 명	만세고창, 시위운동 전개	성진청년동맹원의 지도
3/11	성진	보통	임명보통학교	다수	통학생이 격문 살포, 만세시위	
1/30	웅기	보통	웅기보통학교	수 명	항일 창가 보급, 만세시위 추진	사전 발각
2/3	웅기	일반		수 명	시내에 격문 부착, 시위 촉구	경찰에 검거
2/8	명천	보통	명간보통학교	6학년	신간회원의 지도로 장날을 이용해 시위 추진	사전 발각
2/8	명천	보통	화태보통학교		방과 후 만세시위 추진	사전 발각
2/8	길주	보통	덕산보통학교	다수	6학년생이 적기, 격문 제작, 장날 이용 시위운동 계획	신간회원 연루 사전 발각
2/10	길주	보통	덕산보통학교		3~6학년생이 구금 중의 동교생 석방요구 맹휴 전개	
2/10	길주	보통	동해보통학교		시위운동 조짐	미실행

전국 시위운동의 성격

전국적 양상의 특징

1929년 12월 서울을 비롯한 전국 주요 도시 중등학교 학생들의 시위운동에 이어서 3학기 개학과 더불어 광주학생 동조시위가 빠르게 확산되었다. 그중에서도 1930년 1월 15~17일의 서울지역 시위는 20여 개 학교가 참가한 대규모 시위운동이었다. 특히 서울시위에는 여학생들이 대거 참여함으로써 이후 전국 확산에 큰 자극이 되었을 것으로 보인다.

사실 1929년 12월 시위 전국화의 초기단계인 서울지역 1차 시위 당시 여학교의 참여가 있었으나 지방으로 확산되는 과정에서는 참여가 미약했다. 12월 16일 평양여고보의 맹휴 참가가 있었으나 이튿날 17일에는 거의 전원이 출석하여 맹휴다운 모습을 보여주지 못했다. 그러던 것이 1930년 1월 15~17일 서울지역 시위가 여학생의 전폭적인 참여하에 진행되자 맹휴는 전국적으로 확대되기 시작했다.

1월 17일 진주고보생들이 배포한 격문에는 서울 시위의 영향이 많이 반영되었다. "광주학생사건에 대한 폭압에 철저하게 항쟁하는 경성 각지 동지와 단결하라!"고 주장하고 있는 것이다. 그리고 "광주학생 150명과 경성 각지의 검속을 받고 있는 동지들이 석방될 때까지 항쟁할 것"을 주문했다.[241]

광주학생운동에는 국내에서만 적어도 251개 학교, 총 5만 4천여 명 이상의 학생이 참가했다.[242] 시위를 전개한 간도지역 한인 학교 26개와 그 외 중국

---

241 「光州學生事件及其影響 其の二」, 강재언 편, 『光州抗日學生事件資料』, 237쪽.

242 일제의 통계 숫자도 자료마다 차이가 있다. 참가학교 149개 교(초등 54, 중등 91, 전문 4개교), 참가 인원 5만 4천여 명(「學校の盟休と秘密結社」, 조선총독부 경무국, 『高等警察報』, 5호, 43쪽)으로 파악한 기록이 있다. 다른 자료에는 참가 인원은 같으나 참가

학교 내 한인학생들이 참여한 4개교를 포함하면 적어도 281개 이상의 학교가 참가한 셈이다(부록 2 참조). 연합시위운동에 참여했으나 미처 확인되지 못했거나, 계획단계에서 좌절되어 기록이 남지 않은 경우를 포함하면 실제로는 더 많았을 것이다. 이 중에는 시위나 맹휴 등의 계획이 구체적으로 실행에 옮겨진 학교도 있었으나 계획 또는 준비 단계에서 사전에 발각되어 실패한 경우도 많았다. 반면 한 학교에서 여러 차례 시위운동을 벌인 사례도 많았다.

표 4-1과 표 4-14를 통해[243] 각급 학교별로 전국적인 양상을 살펴보면 남녀 고등보통학교와 실업학교의 참가율이 높았다. 남자 고보의 경우 전국 24개 학교가 모두 참가하여 100%, 여자 고보는 15개 학교 중 14개 학교가 참가하여 93%의 참가율을 보여주고 있다. 여자 중등학교의 경우 청주고등여학교, 청진고등여학교, 원산고등여학교 등 일인 여학교에 재학하는 한인 학생들의 시위참가도 있었다. 또 중등 실업학교는 전국 49개 학교 중 74%에 해당하는 36개 학교가 참가했다. 남녀 고보와 중등 실업학교가 각 도의 중심 시군에 위

학교가 194개 교(초등 54, 중등 136, 전문 4개교)로 나타난다(조선총독부 경무국, 『最近に於ける朝鮮治安狀況』, 1936, 111쪽). 또 다른 자료에는 총계 194개 교이나 각급 참가학교는 초등 54, 중등 91, 전문 4개의 149개 교로 계산이 잘못된 기록도 있다(조선총독부 경무국, 『조선 치안상황』, 1930, 74쪽, 단 부록에는 194개 학교로 기재). 반면 광주광역시 교육청에서 조사한 바에 의하면 320개 학교라고 한다(광주광역시 교육청, 『광주학생독립운동 참가학교 명단』, 2006 참조). 그러나 이는 학교 명칭의 착오로 동일 학교가 별개의 학교로 처리되었거나 활동 내용이 광주학생운동 관련이 아닌 경우, 근거가 불확실한 경우 등이 포함되어 있다. 일제가 집계한 참가 인원 5만 4천여 명도 194개 학교를 기준으로 한 것이므로 정확하지 않으며 이보다 더 많았을 것이다.

243 이 통계표가 반드시 정확하다고 할 수는 없다. 왜냐하면 주로 일제의 정보보고서나 신문보도 기사 등에 근거한 관계로 지방 학교의 전체적인 활동상을 망라하지 못했을 것이기 때문이다. 특히 시위의 추진과정에서 발각된 경우는 교내 문제로 그치고 기록되지 않는 경우가 많았을 것이다. 또 일제 보고서와 신문보도 기사에도 거사 일시나 활동 양상이 상이하게 나타나는 경우도 드물지 않아 정확한 내용을 파악하기 어렵다.

표 4-14 전국 학교 활동 현황

	전문학교(A)	고등보통학교(B)		농업·상업·수산학교(C)	각종학교(D)	보습학교(E)	보통학교(F)	기타학교(G)	일반인(H)	계(A~G)
		남자	여자							
서울·경기	7	8	6	8	14 (기예1)	1	1		2	45
충북		1	1 (청주고녀)	농업 : 1			6		1	9
충남		1		농업 : 1	2	5	7		2	16
전북		2	1	농업 : 2	4	1	4		3	14
전남		1	1	농업 : 2 상업 : 1 수산 : 1	2	3	9	사범 : 1	2	21
경북		1	1	농업 : 1					3	3
경남		2	2	상업 : 2 농업 : 2 수산 : 1	3	1	11		5	24
황해		1		농업 : 1	1	1(수산)	2			6
강원		1		농업 : 2			1		6	4
평남	1	2	2	상업 : 1 농업 : 2	7	1	21	사범 : 1 신학 : 1 권번 : 1	1	40
평북		2		농업 : 2	4		11			19
함남		1	2 (원산고녀1)	상업 : 2 농업 : 2	4	1	10	1 (강습소)	4	23
함북		1	1 (청진고녀)	상업 : 1 농업 : 1	4	2	17		3	27
계	8	24	17	36	45	16	100	5	32	251

* 일반인(H)은 학생이 아니면서 격문 배포, 시위 축구 등 활동자이며 계(A~G)에는 포함시키지 않음.

** 사범학교, 신학교는 참여 학교가 적어 기타학교로 구분함.

치할 뿐 아니라 해당 지역의 최고 학부로서 선도적 위치에 있었기 때문일 것이다. 더욱이 광주의 학생시위가 고보와 농업학교, 사범학교 등 중등학교에서 촉발된 것도 중등학교생들의 참여를 이끌어내는 동인이 되었을 것이다. 반면 사범학교의 참가율은 매우 저조했다. 광주와 평양에서만 활동이 확인되는 것이다. 사범학교 학생들은 관비로 기숙사 생활을 하는 관계로 학교 당국과 경찰의 감시를 피하기가 쉽지 않았기 때문으로 보인다. 또한 졸업 후 취직이 보장되는 미래도 학생들의 적극적인 참여에 걸림돌이 되었을 것이다.

1930년 1월 초 개학 이후 각 도별 시위 양상을 살펴보면 해당 도의 공사립 고보와 공립실업학교 등이 시위운동을 촉발한 경우가 많았다. 평북 신의주고보와 오산고보, 개성 송도고보, 경남 동래고보, 진주고보, 마산공립상업학교, 부산제2공립상업학교와 부산공립여고보, 경북 대구고보, 전북 전주여고보, 광주 농업학교, 황해도 해주고보, 함북 회령공립상업학교와 경성고보가 이에 해당한다. 반면 평양과 함흥에서는 중등과정이 개설된 사립 각종학교에서 시위가 시작되었다. 1월 15일부터 전개된 서울지역의 시위도 중등학교 학생들이 주도했다. 이와 같이 각도의 시위는 중등학교 학생들에 의해 점화되고 있었다. 그런데 중등학교의 시위운동이 성공적으로 이루어진 경우에는 도내 전지역 학교로의 파급도 활발했다. 반면 중등학교의 시위가 사전 발각된 강원도와 황해도, 경북의 경우는 전도로의 확산도 미흡했다. 결국 각 도의 시위운동은 중등학교를 중심축으로 전개되었던 것을 알 수 있다.

그 외에 실업보습학교도 전체 75개 학교의 22%에 달하는 16개 학교가 참가했는데 그 중 5개 교가 참가한 충남지방에서의 활동이 두드러졌다. 실업보습학교의 경우 고보, 농업학교 또는 보통학교와 연계투쟁을 전개하는 경우가 많았다. 이는 실업보습학교가 학생 수가 많지 않았고 보통학교에 부설되었거나 학생들의 연령이 중등학교 학생들과 비슷했던 점도 작용했을 것으로 보인다. 특히 고보와 실업학교의 활동이 여의치 않은 지역에서는 실업보습학교가 주도적으로 활동했다.

45개 교가 참가한 각종학교의 참가율은 전국 508개 교의 분포에 비하면 미약한 편이지만, 해당 지역 시위운동의 중추적 역할을 담당한 경우가 많아 지역 시위운동의 큰 동력으로 작용했다. 서울의 중동학교, 경신학교나 황해도 재령의 명신학교, 함남 함흥의 영생학교, 평양의 숭인학교, 평북 선천의 신성학교 등은 해당 지역의 시위운동에서 핵심적인 활동을 전개했다. 각종학교의 참가는 주로 중등과정이 개설된 학교에서 이루어졌다. 또한 기독교 계통 사립학교의 참가가 많았다.

100개 학교가 참가한 보통학교는 전체 비율보다는 전국적 확산의 근간이 되었고 운동의 대중화 현상을 보여준다는 점에서 큰 의미를 갖는다. 특히 중등학교의 시위가 소강상태를 보이는 2월에는 전국적으로 보통학교를 중심으로 시위운동이 전개되었다. 이는 1월의 시위운동이 각 도의 중심 시군에서 전개되던 것에서 도내 전체로의 공간적인 확산을 가져왔다. 그런데 야학, 강습소 또는 서당 등의 참가는 거의 없었다.[244] 한인 교사에 의한 교육이었으므로 일인 교사의 민족차별 등 교내 문제가 첨예화되지 않았기 때문일 것이다. 또 제도권의 일반 학교와는 달리 시위운동에 참여했을 경우 학교의 존폐문제가 제기될 수 있는 상황도 영향을 주었을 것이다.

학생시위가 전국 각 도로 확산되는 과정에 지역 사회운동 단체 인사들의 적극적인 참여가 있었다. 일제는 사회주의자가 개입한 경우를 29개 교, 신간회 등 민족주의자가 관여한 경우를 18개 교로 파악했다.[245] 그러나 이 통계가 정

---

244 함남 북청 大成講習所 학생들의 시위운동 계획이 확인되는 정도이다.

245 「學生の盟休と秘密結社」, 조선총독부 경무국, 『高等警察報』, 5호, 43쪽.

확한 것은 아니다. 사회주의계가 개입했다는 시위가 대체로 서울 1차 시위 당시의 각 중등학교를 제외하면 광주, 목포, 원산과 그 외의 몇 곳으로만 나타나기 때문이다. 또 신간회와 근우회를 무조건 민족주의계로 구분하고, 서울의 2차 시위 당시 여학교를 모두 근우회의 영향으로 파악하고 있다. 특히 신간회가 개입한 학교는 7개 교에 불과하다.[246]

그러나 학생시위에 개입한 사회단체 인사들은 지역의 청년동맹원이면서 신간회 지회원인 경우가 많았다. 결국 신간회원으로 개입한 경우도 청년층이며 사회주의적 성향의 인물이 다수였을 것으로 보이는 것이다. 다음 표 4-15에서 보듯이 전국적으로 신간회원은 22개 지역, 청년동맹원은 26개 지역에서 참여사실이 확인된다.[247] 한 지역에서 각 학교가 연합시위를 전개한 경우나, 직접적인 지도가 아니더라도 이들의 격문 살포에 자극되어 궐기한 학교를 포함하면 실제로 영향을 받은 학교 수는 더 많을 것이다.

신간회 지회나 청년동맹원들은 지역 학교의 학생들을 통해 시위운동을 배후지도하거나[248] 직접 격문을 제작 살포하여 궐기를 촉구했다. 이들은 격문

---

246 조선총독부 경무국, 「極秘 學生事件 裏面系統圖」, 1930년 2월, 『植民地朝鮮教育政策史料集成』 17권. 이 자료에는 사회주의 계열이 개입한 경우가 32개, 민족주의 계열이 17개 교로 나타난다. 그런데 이 계통도는 일제의 다른 조사내용과도 차이가 있다. 즉 일제가 신간회 지회원이 참여한 지역으로 꼽고 있는 영주, 진주, 하동, 진남포, 청진, 명천, 길주(조선총독부 경무국, 『朝鮮の治安狀況』, 1930, 51~52쪽) 등이 이 계통도에는 포함되어 있지 않다. 또 서울 1차 시위 당시 참여한 16개 학교를 사회주의 계열의 지도로, 서울 2차 시위 당시의 9개 여학교를 근우회 계통으로 묶고 있다. 따라서 실제 지역으로 구분하면 청년총동맹 등의 사회주의계열이 서울, 북청, 정평, 김해, 영흥, 대구, 해주, 함흥, 원산, 목포, 광주의 11곳, 신간회원이 참여한 지역은 서울, 경성, 회령, 원주, 강릉, 평양의 6곳에 불과하게 된다.

247 신간회원과 청년동맹원을 나누어 표시했지만, 실제로는 두 단체에 동시에 가입한 경우도 많았을 것이므로 정확한 구분이라고 할 수는 없다.

248 말미의 부록 3 중 나-⑥, 다-③, 바-①, 사-⑬, ⑰, ㉔, 자-⑧, 차-㉛, 타-⑥,

을 작성하여 각 학교에 우송하거나 읍내, 시가 등지에 부착 또는 살포하는 방법으로 항일의식을 고취했다.[249] 특히 등사판을 이용하여 다량의 격문을 인쇄 배부했으므로 그 파급 효과는 매우 컸을 것이다.

그 외에 서울이나 인근 지역에 유학한 학생들이 휴교로 인해 귀향하면서 고향의 학생들을 지도하는 경우도 있었다.[250] 반면에 노동운동이나 농민운동 단체의 참여는 거의 확인되지 않는다.[251] 이는 학생과의 계급적 이질감이 작용했을 수도 있으나 전민족적 운동으로의 발전에 장애요인이 되기도 했다.

지역 청년동맹과 신간회 지회의 활발한 참여는 이들 단체가 평소에도 교육문제를 제기해 왔을 뿐 아니라[252] 서울에서 표출된 본부 차원의 지원 활동이 영향을 주었을 것으로 보인다. 그런데 사회운동 단체의 참가는 소속원들이 개인적으로 개입하는 양상을 띠었다.[253] 사회운동 단체에서 궐기대회 등을 열어 단체 차원에서 지원하는 경우는 없었다. 종래 학생 맹휴 당시 사회운동 단체 또는 학부형회에서 시민대회 등을 추진하던 것과는 달랐다. 이는 일제의 강력한 제지 때문이었으나 학생시위가 일반 대중들까지 참여하는 전국적인 항일

---

⑩, ⑪, ⑮, ⑰, 파－④, ⑦, ⑯, ⑲, ㉙, ㉝, ㉟, ㊴ 등 참조.

249 말미의 부록 3 중 다－①, ⑩, 라－⑲, ㉒, 마－⑪, ⑳, 바－②, ⑩, ⑪, 사－㉞, ㊴, ㊵, 자－④, ⑨, 타－⑱, 파－⑥ 등 참조.

250 말미의 부록 3 중 나－③, ⑨, 마－⑲, 자－②, ⑤ 참조.

251 경남 진주와 함남 북청에서 농민동맹원의 참여가 있었을 뿐이다(조선총독부 경무국, 『朝鮮の治安狀況』, 1930, 97쪽).

252 이균영, 앞의 책, 1993, 293~296쪽.
신간회 지회에서 가장 활발하게 논의되었던 정치적 사안은 '언론, 집회, 결사의 자유 요구', '조선인 차별문제', '조선인 본위의 교육과 조선어 사용' 등이었다.

253 신간회는 조직체계상 단체가입제가 아닌 개인가입제였으므로 기본적으로 회 차원에서 노동, 농민, 학생, 형평운동 등 각 부문운동을 지도하기는 어려웠다. 단지 지지와 후원을 표명하는 정도였고 각 회원들이 이러한 부문운동에 개인자격으로 참가했다(이균영, 앞의 책, 1993, 296~297쪽). 광주학생운동에 대한 각 지회의 입장도 마찬가지였다.

표 4-15 사회단체 소속원의 참여 현황

지역	신간회		청년 단체		계
	시위 지도	격문 살포	시위 지도	격문 살포	
서울			1(서울 : 연합)		1(시)
충남	1(홍성 : 보습)	1(당진)	1(공주 : 고)		3(시2, 격1)
충북	1(충주 : 보)				1(시)
강원	1(강릉 : 실)	1(강릉)		1(철원)	3(시1 격2)
전남	1(나주 : 연합)		2(연합) 광주(연합) 나주(보습, 보)		3(시)
전북					
경남	1(진주 : 연합)	1(김해)	4(고2, 실1, 각종1) 부산(실) 동래(고) 진주(고) 김해(각종)	1(김해)	7(시5 격2)
경북		2(영주, 영양)	1(대구 : 고)	1(영양)	4(시1 격2)
황해	1(해주 : 고)		1(해주 : 고)		2(시)
평남	1(용강 : 보)		1(맹산 : 보)		2(시)
평북					
함남	2(고1, 실1) 함흥(고) 북청(실)		5(고1, 보4) 함흥(고), 정평, 단천, 이원, 영흥	2(홍원, 원산)	9(시7 격2)
함북	6(고1, 보5) 청진(고) 경성주을, 어 랑, 성진, 명천, 길주(보)	2(경성, 회령)	5(실1, 보4) 경성(실), 경성 주남, 주을, 어랑, 성진(보)		13 (시11 격2)
계	15(고3, 실2, 보습1, 연합2, 보7)	7	21(고6, 실2, 각종1, 연합3, 보9)	5	48 (시36, 격12)

※ ( ) 속의 고는 고보, 실은 실업학교, 보습은 보습학교, 보는 보통학교, 각종은 각종학교를 의미하며 연합은 각 학교 연합시위, 시는 시위운동, 격은 격문 배포활동임.

운동으로 발전하지 못한 원인이 되기도 했다.

전국의 경향을 지역별로 살펴보면 서울을 비롯하여 경남, 평안남북도, 함경남북도에서 학생시위가 활발했음을 알 수 있다. 서울에서 45개교, 경남 24개교, 평안도 59개 교(평남 40, 평북 19), 함경도 50개 교(함남 23, 함북 27)가 참가했다. 이는 전국 시위의 71%를 차지하는 것이다. 특히 서울에서 전개된 두 차례의 대규모 시위운동은 전국 확산의 기폭제가 되었다. 전국 각지의 학생들이 서울에 유학했으므로 1929년 12월의 시위 이후 조기 방학으로 유학생들이 귀향하면서 시위 상황이 전국으로 알려졌을 것이다. 일례로 인천상업학교의 맹휴에는 서울의 시위격문이 촉매제가 되었다. 평양지방 각 학교의 맹휴운동은 서울에 유학한 귀향학생과 조선청년총동맹의 격문 등이 직접적인 계기로 작용했다. 1930년 1월의 서울 남녀학생 연합시위운동도 언론에 대대적으로 보도되면서 전국 확산의 추동력이 되었던 것으로 이해된다.

표 4-15에서 보듯이 경남과 함경남북도에서는 특히 신간회, 청년동맹 등 사회운동 단체 인사들과 학생의 연계투쟁이 활발했다.[254] 경남 7개, 함남 9개, 함북 13개 지역에서 신간회 또는 청년동맹원의 적극적인 참여가 확인되는 것이다. 경남과 함경남북도는 전국적으로 청년동맹과 신간회 지회의 활동이 가장 왕성했던 지역이었다.[255] 경남에만 25개, 함경도에 24개의 신간회 지회가 설립되어[256] 지역 사회운동을 이끌고 있었다. 함경북도에는 신간회 함북지회

---

254 일제는 신간회 지회원이 개입한 경우로 북청, 회령, 주을, 어랑, 영주, 진주, 하동, 김해, 진남포, 청진, 명천, 길주지방을 들고 있다(조선총독부 경무국, 『朝鮮の治安狀況』, 1930, 51~52쪽).

255 일제는 전국적으로 청년동맹의 활동이 가장 활발했던 지역으로 경남과 함경남북도를 꼽고 있다(조선총독부 경무국, 『朝鮮の治安狀況』, 1930, 20쪽).

256 「現有勢力 總調査, 新幹, 農總, 勞總, 青總, 槿友, 天道敎, 基督敎, 佛敎」, 『三千里』, 9호, 1930년 10월, 25~26쪽. 위 1930년 당시 각 단체의 現勢調査 보고에 의하면 신간

연합회, 근우회 함북지회연합회가 조직되어 활동중이었다. 또 청년운동이 가장 활발한 곳도 함경남북도였다. 함경북도에는 조선청년총동맹 함북도연맹의 휘하에 11개 청년동맹과 55개의 지부가 소속되어 있었고 회원도 9,000여 명에 달했다.[257] 함경남도의 경우 12개 단체에 8천여 명의 맹원들이 활동하고 있었다. 경남과 함경도의 청년동맹, 신간회 지회원들은 학생과의 결합에도 적극적이어서 시위운동을 직접 지도하거나 격문 등을 배포하며 궐기를 촉구했다. 경남의 경우에는 신간회나 청년동맹원 외에 동래, 통영, 울산에서 소년동맹원의 시위운동 배후지도가 있었던 것이 특징적이다. 사회단체 인사와 학생의 결합은 당연히 해당 지역의 투쟁을 강화시키는 요인으로 작용했다. 그 결과 함경도에서는 보통학교 학생들의 시위에도 적기가 등장하는 경우가 많았다.

학생시위가 미약한 지방에서는 오히려 신간회, 청년동맹 등의 사회운동 단체가 학생 시위를 촉구하기도 했다. 황해도의 경우는 학생들보다 일반 사회단체 인사들의 활동이 두드러졌다. 재령, 해주, 안악, 평산, 사리원 등지에서 사회단체 인사들이 학생들의 시위운동을 지도하거나 격문을 배포하며 궐기를

회의 활동이 가장 활발한 곳이 경상남북도와 함경남북도라고 한다. 특히 함북 鏡城支會 소속의 漁朱支會에는 농민, 상공업자들이 대거 입회하여 회원수가 1,500여 명에 달해 京城支會와 백중할 정도였다. 반면 신간회 활동이 부진한 곳으로 평북, 충청남북도, 황해도, 강원도 등을 꼽고 있다.

257 조선총독부 경무국장, 「朝保秘第1558號 朝鮮共産黨並共産青年會咸鏡北道機關檢擧ニ關スル件」, 1930년 11월 27일, 강덕상, 『現代史資料』 29, 281~290쪽 ; 「現有勢力總調查, 新幹, 農總, 勞總, 靑總, 槿友, 天道敎, 基督敎, 佛敎」, 『三千里』, 9호, 1930년 10월, 25~32쪽. 『삼천리』에 게재된 각 단체 現勢는 청년총동맹의 활동이 가장 활발한 곳을 함북, 함남, 전남 순으로 꼽고 있다. 함북의 맹원 수 9,000여 명은 청년총동맹 전체 맹원수 3만 5천여 명의 4분의 1에 해당하는 숫자이다. 반면 가장 미약한 곳으로 충남, 강원도, 황해도를 들고 있다. 일제 보고서에는 함북의 단체 수가 10개, 맹원 수가 5,000여 명으로 나타난다.

촉구했던 것이다.[258] 경북 지방도 지역 청년동맹이나 신간회원이 전면에 나서고 있었다. 사회단체 인사들의 참여는 광주학생운동이 단순히 학생운동의 차원에 그치지 않고 전민족적 운동으로 발전하고 있던 현상을 보여준다. 이는 1920년대 민족운동의 역량 성숙에 따른 결과라고 할 것이며, 광주학생운동이 1920년대 민족운동의 총결산의 의미를 갖는 이유이기도 하다. 그러면서도 학생들이 실제 운동의 전면에 나섬으로써 민족운동의 주체로서 발돋움하고 있었다.

평양은 시위운동이 활발했으나 학생들이 외부 인사의 개입 없이 독자적으로 시위운동을 추진해 갔다. 평양은 공업도시로서 노동운동도 발달한 지역이었으나[259] 노동단체들이 학생시위에는 적극적으로 개입하지 않았다. 평안북도의 경우도 기독교 계통의 사립학교를 중심으로 시위가 추진되면서 외부 인사의 개입이 없었다. 평안북도는 보통학교로 시위가 확산되는 과정에서도 외부 인사의 개입이 확인되지 않는다. 평안남북도의 경우 유독 기독교 계통의 사립학교가 많았던 지역 특성이 작용했던 것으로 이해된다.[260] 그 결과 평안남북도의 시위 과정에서는 적기赤旗가 사용되는 경우가 드물었다. 전라남북도의 경우도 외부 인사의 개입이 별로 나타나지 않는다. 전북에서는 전혀 나타나지 않고 전남은 1929년 11월 초기 단계에서 외부인사의 개입이 활발했으

---

258 황해도의 경우 해주의 시위에 신간회원과 청년동맹원이 참여한 것만 확인되나(표 4-15 참조) 재령, 안악, 평산, 사리원에서 소속을 알 수 없는 일반인이 참여했다.

259 일제의 조사에 의하면 1929년 말 현재 전국의 노동단체가 473개, 조합원이 61,730명이었으며 서울, 평양, 부산, 원산, 군산, 진남포 등지에서 활발했다고 한다. 그중 평양은 노동운동이 가장 발달한 지역으로 평양노동연맹의 지도 아래 31개 단체의 직업별 조합이 조직되었고 조합원도 4,021명에 달했다(조선총독부 경무국, 『朝鮮の治安狀況』, 1930, 23~24쪽).

260 평남의 경우 종교계통의 사립학교가 68개교, 평북은 38개교로서 전국 214개 종교계 사립학교의 50%를 차지하고 있었다(앞의 표 4-1 참조).

표 4-16 시기별 · 각급 학교별 운동 경과

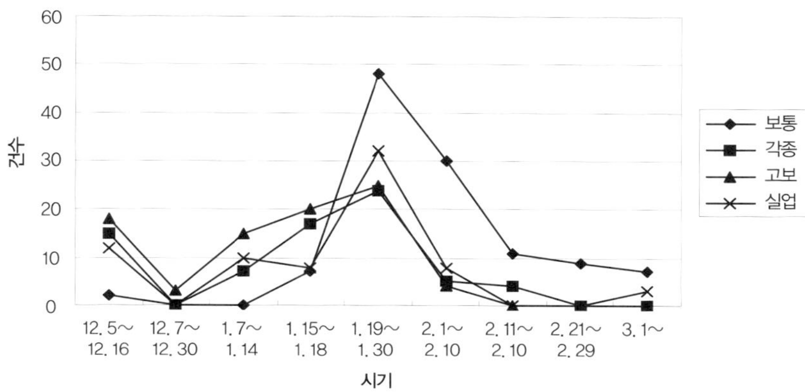

나, 1930년에 들면 사회단체 인사와의 연계가 그리 많지 않았다.

동조활동의 양상은 1930년 1월 신학기 초에는 맹휴투쟁과 시위투쟁의 방식이 병행되었으나 1월 중순 이후로는 교외 시위운동이 주류를 이루었다. 운동의 진전에 따라 보다 적극적인 투쟁으로 발전하고 있는 것이다. 시위운동은 1927~1929년 학생운동의 일반적인 양상인 맹휴투쟁과 비교할 때, 보다 진전된 운동양상이었다. 학생 차원의 문제 제기에서 민족 전체의 문제 제기로 변화하는 과정의 산물로 이해되기 때문이다. 시위운동은 만세를 고창하며 학교 밖으로 진출하여 시가를 행진하는 방식이었다. 태극기나 적기를 소지하는 경우도 많았다. 격문을 준비하여 시위 중에 배포하기도 했다. 이 과정에서 저지하는 경찰과 충돌하여 격투가 벌어지는 경우도 있었다. 구속 학생의 석방을 요구하며 경찰서 앞에서 시위하기도 했으나, 경찰서를 습격하는 폭력시위는 없었다. 단지 교외 진출이 저지되자 유리창 등 교내 기물을 파손하는 사례가 발견된다.

1930년 1월 신학기 초의 시위운동은 그 지역의 공사립 중등학교에서 시작된 경우가 많았다. 그런데 한 번 시위가 시도된 학교에는 일제 경찰당국과 해당 학교 직원들의 지속적인 감시가 실시되었다. 또 임시휴교하는 경우도 많았다. 따라서 동일 학교에서 재거의하기가 쉽지 않았다. 1930년 1월 초·중순에 공사립 중등학교에서 맹휴나 시위운동이 시도된 후 2월에 들면 대도시의 중등학교에서는 시위가 어려웠다. 이렇듯 2월에 중등학교의 투쟁이 어려워진 것은 시위가 3·1절기념투쟁과 연계되어 확산되지 못하는 결과를 낳았다.

학생시위를 3·1절기념투쟁과 연계하여 확산시키기 위해 2월 말 일부 지역의 사회단체 인사들이 시내에 격문을 살포하기도 했다. 그러나 일반인의 시위 동참은 거의 없었다. 이는 지역 차원에서 노동자, 농민 등 민중들과 연결되는 실제적인 구호를 제기하지 못했기 때문이었다. 아울러 3·1운동 때와 같이 준비과정에서 광범위한 지역 활동세력이 합류하지 못했던 점도 대중적 동참을 가로막는 요인이 되었다.

시기적으로는 표 4-16에서 보듯이 1930년 1월 중순 이후 1월말까지 중등학교, 실업학교, 각종학교와 보통학교 등 각급 학교의 시위가 폭발하며 최절정기를 이루었다. 2월에 들면 일제의 탄압으로 중등학교와 실업학교의 시위가 침체되면서 전국적으로 보통학교가 운동을 주도했다. 국내의 시위운동은 대체로 2월 말이면 종결되는 양상을 보인다. 간혹 3·1운동 기념일과 연계한 활동이 나타나지만 크게 확산되지 못하고 말았다. 반면 만주지역의 학교에서는 지역 사회운동 단체와 연계하여 3월 초까지 시위가 계속되었다.

2월에 들면 거의 전국적으로 보통학교 중심의 시위로 전환되고 있었는데 이는 시위가 읍면 단위로 확산되었다는 것을 의미한다. 보통학교로의 확산은 시·공간적인 측면에서 광주학생운동을 전국적 현상으로 제고시키는데 커다란 동력이 되었다. 그런데 보통학교의 시위는 지역의 사회운동 조직의 배후 지도를 받는 경우도 많았다. 이는 중등학교가 주로 대도시에 소재했으므로 군 단위의 청년동맹이나 신간회 지회의 경우 보통학교 학생들과 연계될 수밖에 없었기 때문이었다. 앞의 표 4-1 · 표 4-14에서 보듯이 함북의 경우 보통학교가 전국에서 가장 적은 61개에 불과하지만 17개 교에서 시위운동이 추진되었다. 함남도 97개 보통학교 중 10개의 학교에서 시위운동이 추진되어 높은 비율을 보이고 있다. 이 과정에서 지역 사회운동 단체 인사들의 배후 지도가 큰 역할을 하고 있었다.

보통학교 학생들의 활동도 중등학교 학생들처럼 만세를 고창하며 교외校外로 진출하여 시위운동을 시도하는 방식이 일반적이었다. 보통학교의 경우 대체로 5~6학년의 고학년생 중심으로 추진되었다. 장날을 이용하여 시위운동을 추진하는 경우가 많았는데, 장날을 이용하는 것이 시위라는 운동방식에 효율적이기 때문이었을 것이다. 또 보통학교가 지방의 읍면 단위에 많이 소재했으므로 지역의 장시를 활용하는 것이 자연스러웠을 것이다. 특히 1월 30일이 음력 설날이었으므로 1월 중순 이후의 지방 장터는 많은 인파로 붐볐다.[261] 그러나 조직적 역량이 미약한 관계로 사전에 발각되어 실패하는 경우가 많았다. 또 교내에서 시위가 진행되었더라도 교사가 제지하면 해산하는 경우도 있었다.

이와 같은 내부적인 운동 역량의 문제 외에 일제의 감시와 탄압이 심했던 점도 크게 작용했다. 군중이 많이 모이는 장터에는 일제의 경계가 매우 엄중했다. 3 · 1운동을 통해 장터를 이용한 대중시위를 경험했던 일제는 특히 대중이 많이 모이는 장날에 삼엄한 경계를 폈다. 일례로 1930년 1월 25일 충북 괴

261 「(李昌業 등 送致)意見書」, 伊川警察署, 1930년 2월 4일 ; 국사편찬위원회, 『한민족독립운동사자료집』 53, 194~195쪽.

산군에서 청천보통학교생 우병철이 장꾼들을 상대로 시위운동을 계획했으나, 경계가 심하여 결행하지 못하고 격문만 살포했다.[262]

그 뿐 아니라 일제는 정사복 경찰을 주요 학교에 배치하여 학생들의 교내 활동을 감시했다. 경찰이 퇴학생이나 주요 학생의 집을 일일이 감시하기도 했다.[263] 학교 당국에서는 시위 주도의 가능성이 있는 학생들의 등교를 막고 당분간 가정에서 교육하도록 지시하는 경우도 있었다. 동래고보와 진남포공립상업학교의 경우에 보듯이 사복 경찰이 학교 내에 상주하며 학생들의 동태를 감시하기도 했다.[264] 이들은 학생 감시뿐 아니라 시위운동 결행 시 시위대를 해산시키는 역할을 하고 있었다. 또 정복 경찰은 학교 주위를 에워싸고 삼엄한 경계를 폈다. 학교 당국에서도 경찰과 협력하여 학생들의 동정을 엄밀히 감시했다.[265] 심지어 해주고보의 경우에는 학생들을 휴식시간에도 운동장에 나가지 못하게 막고 강당에 모아 놓고 수업을 진행하기도 했다.[266] 따라서 교내에 집결하여 만세를 부르며 대오를 편성한 경우에도 교문 밖 진출과정에서 저지당하는 경우가 많았다.

3·1운동 당시에는 거사 주도층도 다양했고 거사 준비장소도 다양했다. 그러나 광주학생운동 당시의 학생시위는 학생이 학교에 집합하여 만세 고창 등으로 결의를 다진 후 교문 밖 진출을 시도하는 경우가 일반적이었다. 따라서 교내 학생들의 행동에 대한 집중적인 감시로 인해 학생들의 동태가 쉽게 파악될 수밖에 없었다. 그만큼 일제에 노출되기 쉬웠고, 시위계획이 사전에 발각

262 말미의 부록 3 중 나－③ 참조.

263 『동아일보』, 1930년 1월 18일.

264 『중외일보』, 1930년 1월 12일 석간·1월 14일 조간 ; 『조선일보』, 1930년 1월 20일.

265 『동아일보』, 1930년 1월 18일.

266 『중외일보』, 1930년 1월 21일 석간·1월 23일 석간.

되어 실패하는 경우가 많았다. 이러한 교내 활동의 어려움 때문에 사전 연락을 통해 학생들이 학교 밖에서 집결하여 시내로 행진하며 시위운동을 전개하는 방안이 모색되었다.

시위는 인근 학교의 학생과 사전 협의를 통해 연합투쟁이 시도되기도 했다.[267] 그러나 한 학교가 교문 밖 진출에 성공했을 경우 자연스럽게 인근 학교로 행진하여 시위 동참을 호소했고, 이에 호응하여 동조활동이 격발되기도 했다.[268] 이런 경우 각 학교 시위대가 합류하여 연합투쟁으로 발전했다.

시위가 사전에 준비된 경우는 격문과 깃발이 제작되었다. 학생인 관계로 등사판을 이용하지 못하는 경우가 많아서 대부분 직접 필사하여 만들었다. 따라서 격문의 내용도 길지 않았다. 몇 가지의 구호를 제시하는 것으로 그치는 경우가 많았다. 깃발은 적기赤旗와 태극기가 제작되었다. 소기小旗와 대기大旗로 제작되어 시위 당시 대기를 앞세우고 소기는 흔들면서 시위행진하는 것이었다. 이는 3·1운동 당시와 크게 다르지 않았을 것으로 보인다. 그런데 깃발에 구호를 적는 경우가 많았다. 이는 격문의 대량 제작이 어려웠으므로 요구사항을 제시하는 효과적인 방법이었을 것이다. 3·1운동 당시에도 대형 깃발에 "독립만세" 등의 구호를 적는 경우가 있었으나 광주학생운동 당시에는 대형 깃발에 구체적인 요구사항을 기재하는 경우가 흔했다. 적기와 태극기를 함께 사용하거나, 적기만 제작하는 경우도 있었다. 함북지방은 보통학교 학생들의 시위에서도 적기가 일반적으로 사용되었다. 그런데 적기를 사용했다고 해서 모두 사회주의적 성격의 시위로 보기는 어려울 것 같다. 적기가 시위 당시 눈에 띄기 쉬운 표지로서의 기능에 그치는 경우도 많았을 것이기 때문이다.[269]

---

267 말미 부록 3의 라-①, ②, ⑫, 사-㊲, 타-⑨ 등 참조.

268 말미 부록 3의 가-①, 라-⑥, 사-⑰, 카-⑥, ⑨, 타-⑥ 등 참조.

269 일례로 중동학교 학생들은 1929년 12월 16일 적기 2개를 앞세우고 시위를 전개했는데,

전국 확산의 이념

시위 당시에 배포된 격문은 대체로 사회주의 성향과 민족주의 성향의 내용으로 구분된다.

사회주의 성향의 격문은 신간회 지회나 청년동맹 등 지역 사회운동 단체 인사들과 연계되었거나 또는 사회운동 단체 인사들이 제작 배포한 경우가 많았다. 일례로 덕원청년동맹 집행위원 남상완과 원산청년동맹 집행위원 남상효 등이 1월 17일 전국희생학생옹호동맹 명의로 원산 청년학관과 누씨여고보에 배포한 격문은 다음과 같았다.[270]

> 악독한 제국주의의 지부인 조선총독부 노예적 교육정책은 조선청소년 제군에게 언제나 굴종적 마취제의 주사를 놓으며 강압을 계속하고 있다. 보라. 사회과학 연구 절대금지, 국사(조선역사 – 필자 주) 제외, 국어(조선어 – 필자 주) 사용금지, 일본제국주의의 충복이 된 자만을 교원으로 사용하는 등 이것은 무엇을 의미하는가? 우리 부형父兄의 피와 땀으로 얻은 금전을 강탈하여 문화향상, 교육계발 등 온갖 구실로서 놈들이 실시하고 있는 교육정책은 우리 학생을 기만하여 자본가 지주의 노예로 만들어 가고 타락의 심연에 영원히 빠뜨리려는 수단을 쓰고 있다. ……

홍원청년동맹원이자 신간회 홍원지회원인 신동철이 함흥고보생 오태신 등과 상의하여 함흥고보 학생들의 신학기 등교 저지를 위해 1월 8일 제작 살포

경찰 신문과정에서 적기가 눈에 띄기 쉽기 때문에 제작했다고 진술하고 있다. 물론 이는 사회주의 관련사실을 가급적 축소하기 위한 진술이었을 것이나, 지방의 보통학교에서 적기를 제작한 경우는 이러한 이유도 많이 작용했을 것으로 보인다.

270 「昭和五年刑控第384號(劉三奉)判決文」, 경성복심법원, 1930년 9월 29일 ; 광주학생독립운동동지회, 『광주학생독립운동사』, 198~201쪽 ; 「光州學生事件及其の影響 其の二」, 강재언 편, 『光州抗日學生事件資料』, 243쪽.

한 격문은 다음과 같았다.[271]

> 자본주의 최후의 몰락단계의 과정을 거치며 잔명殘命을 보존하는 일에 열중하고 있는 ××제국주의는 최후의 발악을 다하여 모든 반동적인 정책을 남용하고 있다. ××자본가 지주 등의 잔혹한 이욕利慾을 대리하는 조선총독부의 근본정책은 우리들의 고혈을 여지없이 짜내려는 것이다. …… 우리들의 운동은 약소민족 운동이며 최후까지 싸우지 않으면 안되는 필연적 사명을 가지고 있다. 불리한 조건하에 있는 동지여! 광주 동지들의 죽음을 개죽음으로 만들지 말라! 분연 궐기하자!

일제의 교육정책은 민중을 일제가 후원하는 자본가, 지주에게 예속시키려는 것이라고 하여 계급투쟁적 입장을 분명히 하고 있는 것이다. 따라서 이러한 식민지 교육에 항쟁하는 학생투쟁에는 노동자, 농민의 참여가 필요하다고 보았다.[272]

1월 18일 해주청년동맹 집행위원장인 양순영 등이 제작하여 해주고보생들의 시위 당시 배포하려던 격문에는 "조선 학생의 힘찬 투쟁은 맹렬한 파도와 같이 전조선 피압박 대중의 선두에 서서 모든 야만적 폭압에 대하여 대중적 투쟁을 전개해 왔다"고 자평하고 "노동자는 공장에서, 농민은 농촌에서 모두 일을 멈추고 전투적 투쟁에 참가하여 굳게 결합하라"고 하여[273] 노동자, 농민

---

271 「光州學生事件及其の影響 其の二」, 강재언 편, 『光州抗日學生事件資料』, 244~245쪽.

272 강재언 편, 『光州抗日學生事件資料』에는 인천에서 이승엽 등이 살포한 격문이 수록되어있다. 그런데 이는 3·1운동을 계기로 노동자 농민의 궐기에 초점이 두어진 것이다. 내용에 있어서도 광주학생문제는 거의 거론되지 않고 있다. 따라서 이 격문들을 통해 광주학생운동 당시 학생의 의식을 파악할 수는 없다. 『光州抗日學生事件資料』에 수록된 격문을 인용할 때에는 격문의 작성 주체를 구분할 필요가 있다.

273 「光州學生事件及其の影響 其の二」, 강재언 편, 『光州抗日學生事件資料』, 241쪽.

과의 연대투쟁을 촉구했다. 계급적 연대를 통한 전민족적 운동으로의 발전을 꾀하고 있었던 것이다.

그러나 노동자, 농민의 시위참가는 거의 없었다. 계급적 차이 때문이었을 것이다. 사회단체 인사들의 격문에서 지주, 자본가에 대한 투쟁이 제시되었으나, 중등학교 학생의 부형 중에는 유산층이 많았다. 결국 지주, 자본가에 대한 투쟁은 학생의 부형에 대한 투쟁을 의미하는 경우도 되었으므로 노동자, 농민들의 참여를 이끌어내기가 어려웠다. 노동, 농민운동계의 외면은 결과적으로 전 민중적 참여를 가로막는 요인으로 작용했다.

이러한 격문은 대체로 지역 청년단체나 신간회 지회에 소속된 인사들이 제작한 것이었다. 따라서 당시 학생들의 의식과 반드시 일치한다고 보기는 어렵다. 그러나 사회단체 인사들의 격문은 학생문제에 국한하지 않고 일본 제국주의의 본질과 투쟁의 방향을 제시함으로써 학생들의 시위참여에 이념적 추동력을 형성해 주었다. 사회단체 인사들은 학생들의 시위운동을 직접 배후 지도하거나, 격문을 통해 시위를 격발시켰다. 특히 이런 격문들은 소속 단체의 등사판을 이용하여 수백 매 또는 수천 매까지 대량 제작되었고 보통학교, 중등학교는 물론이고 장터, 시가지 등에 광범위하게 살포되었다. 따라서 그 영향력이 커서 이에 격동되어 학생들의 시위운동이 계획, 추진되는 경우가 많았다.

반면 학생들의 주도로 제작된 격문은 등사판을 사용하기 어려운 관계로 손으로 직접 필기한 것들이 많았다.[274] 따라서 간명하게 행동강령이나 구호만 제기되는 경우가 일반적이었다. 격문을 통해 사상의 전모를 파악하기는 어려우나 대체로 민족적 견지에서 구속된 광주학생에 호응하고 일제의 편파적인

274 일제는 학생들이 격문을 펜으로 필사하거나 복사하는 것을 출판법의 법망을 피하기 위한 수단으로 보았다(조선총독부 경무국, 『朝鮮の治安狀況』, 1930, 74~75쪽).

조치에 항의하여 궐기를 촉구하는 내용이 많았다.

1월 21일 충북 청주고보와 청주농업학교생에게 살포된 격문은 다음과 같이 민족적 측면에서 학생의 궐기를 촉구하고 있었다.[275]

> 조선 정신의 소유자여. 백의혼白衣魂을 포위한 검은 구름을 타파하고 광명한 자유의 길을 밟자! …… 조선 민족들이여, 자각하라! 우리 백의동포白衣同胞의 자유를 탈환하여 만세, 만세, 만만세 ……

또 1월 17일 진주고보생이 진주시내에 살포한 격문은 "그대는 백의인白衣人이 아니더냐, 백의인이라면 싸워라, 죽여라, 죽여라"라고[276] 격렬한 어조로 촉구하고 있다.

1월 20일 평양시내 각 학교에 살포되어 연합시위운동을 촉발했던 다음과 같은 격문도 민족적 견지에서 작성되었음을 알 수 있다.[277]

> 투쟁하라, 반항하라! 악독한 뱀의 독침에 신음하는 우리 3천 5백만 백의인白衣人을 위해 철권을 힘차게 울려라! 그리하여 싸워라! 놈들의 얼굴에 피를 뿌리자. 평양의 남녀동지 제군! …… 정당함에도 불구하고 감옥에 보내는 현상을 보고 있지 않는가? 아, 3천 남녀 학생 제군! …… 제군은 남을 위해 싸우지 말고 제군을 위해 싸워라! 학원의 자유! 학무국의 억지 처벌! 경찰의 제멋대로의 악형! …… 생각이 있으면 궐기하라! 투쟁하라! 반항하라! 아, 동지 제군이여, 이 비애에 공명하라.

이들 격문은 공통적으로 백의인白衣人, 백의동포白衣同胞 등의 용어를 사용하

---

275 「光州學生事件及其の影響 其の二」, 강재언 편, 『光州抗日學生事件資料』, 232~233쪽.
276 「光州學生事件及其の影響 其の二」, 강재언 편, 『光州抗日學生事件資料』, 237쪽.
277 「光州學生事件及其の影響 其の二」, 강재언 편, 『光州抗日學生事件資料』, 242쪽.

며 민족적 동질감을 통한 결속과 궐기를 촉구하고 있다. 당시 중등학교에 광범위하게 사회주의 연구모임이 결성되어 있었음에도 불구하고 실제 학생을 동원하는 과정에서는 사회주의적 색채가 드러나지 않고 있다. 광범위한 학생층의 동원에는 민족적 감정에 호소하는 것이 보다 손쉬웠기 때문이다. 이는 서울지역 1차 시위 당시 조선학생전위동맹의 격문에 사회주의적 색채가 탈각되어 있는 것과도 같은 맥락이라고 하겠다.

학생들의 격문에서 볼 수 있는 것과 같이 처음 동조활동은 광주에서 한일학생의 충돌 당시 일제의 편파적인 한인 학생 구속에 대한 민족적 저항에서 출발했다. 12월 초 경성제2고보의 시위운동을 주도했던 권태동은 동교 학생들에게 "광주에서는 고보 학생과 중학생이 충돌하고 일본인 측에서는 무장을 하고 있고 조선인 학생 다수는 검속되어 있는데 이것은 우리 조선사람으로서 묵과할 수 없으므로 우리 광주고보 학생에게 동정하여 맹휴를 단행하고 시위운동을 하지 않으면 안 된다"고[278] 시위의 이유를 역설했다. 권태동은 고려공산청년회의 야체이카원이었음에도 불구하고 실제로 학생들을 동원할 때에는 민족적 감정에 호소하고 있었다. 함북 청진에서 청진고등여학교 학생들에게 시위운동을 권유한 근우회 회령지회원 윤선녀와 윤천녀는 "광주사건에서 관헌은 한국 학생만을 검거 구속하고 내선內鮮 학생을 차별하며 불공평한 조치를 취했기 때문에 한국의 각지의 한국인 학생은 봉기하여 행동으로 나온 것이므로 청진고등여학생도 이와 같은 시위 행렬을 할 필요가 있다"고[279] 시위운동의 필요성을 설명했다.

---

278 경성종로경찰서, 「權泰東 訊問調書(2회)」, 1929년 12월 20일. ; 국사편찬위원회, 『한민족독립운동사자료집』 49, 257~258쪽.

279 「昭和5年刑控第155號(尹善淑 등)判決文」, 경성복심법원, 1930년 5월 1일 ; 독립운동사편찬위원회, 『독립운동사자료집』 13, 1533쪽.

학생시위로 검속된 학생의 신문과정에서 시위의 이유를 묻는 질문에 학생들은 대부분 광주에서 한일 학생의 충돌 당시 한인 학생만을 편파적으로 구속한 일제의 행위를 문제 삼고 있었다.[280] 또 일인 소방대, 재향군인회 등에 의해 한인 학생들이 살상되었으므로 이에 항의하고 구속 학생의 석방을 요구하기 위함이라고 답변했다.[281]

따라서 맹휴나 시위운동 등에 반드시 "구속학생 석방", "구속학생 탈환"의 요구사항이 포함되었던 것이다. 전국화의 계기를 형성했던 것은 광주에서 일제가 편파적으로 한인 학생만을 구속했다는 사실이었다. 그런데 이는 한민족에 대한 일제의 민족차별 때문이었다. 1930년 1월 서울 배재고보의 학생시위 당시 혈서로 격문을 작성하여 학생들을 격동케 한 김종락은 경찰의 신문과정에서 다음과 같이 시위의 목적을 진술하고 있다.[282]

> 광주사건에서 민족적 차별을 당함에는 …… 법률 적용상 동일한 행위에 대하여 일본인은 벌하지 않고 조선인만 처벌하는 민족적 차별대우에 대하여 우리 동족인 조선인, 더구나 열혈이 끓는 청년 학도로서 이를 좌시할 수 없어 민족의식에서 시위 만세운동을 실행하여 우리의 불평 항거심을 표명하고 ……

---

280 경성서대문경찰서, 「鄭瓊阿 신문조서」, 「郭榮淑 신문조서」, 1930년 1월 22일, 『한민족독립운동사자료집』 52, 164~167쪽 ; 경성종로경찰서, 「李世遠 신문조서」, 1930년 1월 26일, 『한민족독립운동사자료집』 53, 48쪽. 이외에도 검속된 학생의 訊問 당시 동일한 이유를 제시한 경우는 매우 많다.

281 경성서대문경찰서, 「韓晨光 신문조서」, 1930년 1월 22일, 「朴桂月 신문조서」, 「金瓊淑 신문조서」, 「증인 金玉仁 신문조서」, 1930년 1월 23일, 「金順禮 신문조서」, 1930년 1월 24일, 『한민족독립운동사자료집』 52, 168~178·214쪽.

282 「金鍾洛 訊問調書(2회)」, 국사편찬위원회, 『한민족독립운동사자료집』 55, 172쪽.

동일한 법률에도 불구하고 한일 학생에게 차별적으로 적용한 것은 민족적 차별대우에 기인한다는 것이다. 함흥상고의 시위운동을 주도했던 원주연은 1930년 1월 동교생 최예진 등과 시위운동 계획을 논의하면서 "이번의 광주 사건은 민족적 투쟁에 기인하며 총독정치는 항상 한국 민족을 압박하고 차별 대우를 하는 것이므로 우리들은 이에 저항하여 시위행렬을 하고 반동적 태도로 나가지 않으면 안 된다"고 시위운동의 당위성을 설명했다. 최예진 역시 경찰의 신문 당시 "이번의 광주사건은 한마디로 말하자면 민족적 충돌이다"라고 진술했다.[283] 1930년 1월 서울의 2차 시위운동 당시 휘문고보 학생 이흥영은 시위운동을 "아무 죄가 없는 동포를 구금하여 일본 정치가 너무 고압적이라고 일본 정치에 불만을 품은 민족성의 발로에서 일어난 것으로 요는 민족운동"[284]이라고 정의했다.

광주에서 한일학생의 충돌 자체가 민족적 충돌이었을 뿐 아니라 한인 학생만을 편파적으로 구속한 일제의 행위도 민족적 차별대우이니 민족적 충돌을 의미하는 것이었다. 따라서 시위운동 당시에도 일본에 대한 민족적 결속력을 강조하는 '백의인白衣人', '백의동포白衣同胞' 등의 용어가 많이 등장했다.[285]

---

283 「昭和5年刑控第76號(元鑄淵 등)判決文」, 경성복심법원, 1930년 3월 27일 ; 독립운동사편찬위원회, 『독립운동사자료집』 13, 1544~1546쪽.

284 경성종로경찰서, 「李興永 신문조서」, 1930년 2월 12일, 『한민족독립운동사자료집』 53, 114~115쪽. 그 외에 다른 학생들도 학생시위운동을 민족운동으로 이해하고 있었다(경성종로경찰서, 「鄭黃鶴 신문조서(2회)」 1930년 2월 15일, 「韓典勳 신문조서(3회)」 1930년 2월 12일, 「李廷禹 신문조서(2회)」 1930년 2월 15일, 『한민족독립운동사자료집』 53, 123~130쪽).

285 1930년 1월 21일 충북 청주고보, 청주농업학교, 1월 17일 진주고보생의 배포격문, 1월 20일 평양부내 각 학교에 배포된 평양숭실학교생의 격문, 2월 13일 충주군 대소원 장터에 배포된 격문, 2월 5일 예산군 민가의 벽보, 1월 20일 전주여고보 격문, 1월 27일 전주사범학교 격문(강재언 편, 『光州抗日學生事件資料』, 317~332쪽).

그런데 이러한 민족적 차별대우가 일제 총독정치에 의해 항시적으로 자행되고 있다는 것을 학생들은 교육현장에서 몸으로 체득하고 있었다. 교육현장에서의 민족적 차별대우는 곧 식민지 교육을 의미하는 것이었다. 이는 1927~1929년 전국적인 맹휴를 통해 지속적으로 제기된 문제이기도 했다. 따라서 1927년 이후의 맹휴과정에서 제시된 것과 같이 맹휴 또는 시위운동 시에도 "광주 구속학생의 석방"과 함께 "식민지 노예교육의 타파", "학원의 독립" 등이 제기되었다.[286] 격문에서는 종래의 '조선 역사 교수', '조선어 시간 연장' 등 구체적인 강령보다 '식민지 노예교육 타파'로 함축적으로 표현되는 경우가 많았다.[287] 1927년 이래 전국적인 맹휴활동의 영향력이 광주학생운동의 확산과정에 구체적으로 작용하고 있었던 것이다. 1927~1929년에는 "조선인 본위의 교육" 요구로 표현되면서 단위 학교 차원의 맹휴로 전개되었으나 이제는 "식민지 노예교육 타파"의 투쟁적인 구호로 발전한 것이다.[288] 그런

286 1930년 1월 경성고보의 시위운동을 주도한 전달준은 경찰의 신문과정에서 자신들의 시위운동이 "광주학생사건에 관련되어 구속된 학생의 무조건 석방, 학원의 독립, 노예적 교육의 타파를 실현하는 것"을 목적으로 했다고 진술했다(「昭和5年刑控第109號(全達俊 등)判決文」, 경성복심법원, 1930년 4월 24일 ; 광주학생독립운동동지회 『광주학생독립운동사』, 205~208쪽). 또 1929년 12월 5일부터 전개된 서울지역 각 중등학교의 시위운동 당시 경신학교, 제1고보 등 각 학교 간에는 시위운동 계획에 관한 사전 연락이 있었다. 이들은 시위운동 때 사용할 표어와 진정서에 "식민지 노예교육제도 반대, 광주고보 사건 관계자를 석방하라, 학우회 자치" 등 세 가지 조건을 반드시 넣기로 약속했다(「朴鎭甲 訊問調書(2회)」, 종로경찰서, 1929년 12월 10일 ; 국사편찬위원회, 『한민족독립운동사자료집』 49, 182~183쪽).

287 1930년 1월 9일 부산 제2상업학교생 맹휴 선언서, 1월 15일 이화여고보생 격문, 1월 14일 함흥상업학교생 격문 등. 1월 17일 진주고보생과 일신여고보생의 격문에는 조선 역사 교수, 조선어 시간 연장 등의 구체적인 요구조건이 제시되기도 했다.

288 1927~1929년 각 학교의 맹휴과정에서도 격문을 통해 당시의 교육이 "식민지 노예교육"이라는 인식이 광범위하게 확산되었다. 일례로 1928년 함흥고보와 광주고보의 맹휴 당시의 격문에서 이러한 인식을 확인할 수 있다. 그런데 당시의 맹휴는 학교 당국에 대한 단위 학교 차원의 투쟁에 그쳤다.

데 1929년 11월 광주지역의 학생사건은 일제 식민통치의 본질과 식민지 노예교육의 현실에 대한 전국적인 공감대를 형성케 했다. 이제 식민지 노예교육의 문제는 종전과 같이 단위 학교 차원에 그치는 것이 아니라 일제 식민통치 기관에 적극적으로 제기되어야 할 문제로 발전하고 있었다.

그러나 식민지 노예교육의 타파는 궁극적으로 식민지 상태에서 해방되지 않으면 얻어질 수 없는 것이었다. 따라서 단위 학교에 진정서를 제출하거나 학교를 상대로 맹휴를 전개하는 차원을 넘어 대외적인 시위운동의 형태로 운동방식이 변화되면서 구호나 격문에서 적극적으로 "민족독립"이 제기되기 시작했다.

1930년 1월 KM이란 필자는 광주학생운동 관련 기고문에서 이를 다음과 같이 지적하고 있다.[289]

> 학생 대중의 절규는 실로 저들 자신의 절실한 요구인 것이다, 여하한 탄압에도 굴하지 않고 최후까지 싸워감과 동시에 저들의 요구인 '노예교육 일체 폐지'는 ××(독립 – 필자 주)에 의해서만, 일본제국주의 타도의 때에서만 달성된다는 것을 확실히 인식하였다.

1930년 1월 15일 서울의 2차 시위운동 당시 중동학교의 시위운동을 주도했던 박상점은 재판과정에서 시위운동의 목적을 다음과 같이 진술했다.[290]

---

289 KM, 「光州學生運動」, 『인터내셔널』, 1930년 2월호 ; 金仁德 편, 『植民地時代 民族運動史資料集』 3, 국학자료원, 194쪽.

290 「昭和五年刑控第287號(朴相點)判決文」, 경성복심법원, 1930년 7월 14일 ; 독립운동사편찬위원회, 『독립운동사자료집』 13, 1505~1509쪽. 또 1930년 1월 16일 협성실업학교의 시위운동을 주도한 鄭允熙도 경찰 신문과정에서 "각 학교가 조선민족을 위하여 운동을 일으키고 있으므로 이것은 조선민족은 피압박 민족이니 우리는 현재의 정치, 즉 일본 제국정치 아래에서 떠나서 자유의 민이 되려는 것이니 우리도 그 취지에 찬동해서

광주사건으로 조선인 학생 다수가 수감되어 있음에도 불구하고 일본인 학생은 조금도 수감되지 않았다. 실로 차별적 대우이므로 제국주의적인 일본정부로부터 벗어나 한국의 독립을 부르짖고 자유로운 민족이 되려고 시위운동이나 동맹휴교를 한 것인데

즉 민족차별에 항거하여 일제로부터 벗어나 자유로운 민족이 되기 위해 한국의 독립을 요구했다는 것이었다. 1930년 1월 15일 동덕여고보의 시위를 주도했던 안갑남도 "피압박 민족으로서 광주사건과 같은 민족적 차별을 두는 것에 대해 그 불평을 호소하고 피압박 민족의 해방을 요구"하기[291] 위함이라고 시위의 이유를 밝혔다. 협성실업학교의 시위를 주도한 정윤희도 시위운동의 이유가 "각 학교가 조선 민족을 위해 운동을 일으키고 있는데 이것은 조선민족은 피압박 민족이니 우리는 현재의 정치, 즉 일본제국 정치 아래에서 떠나 자유의 민이 되려는 것"이라고[292] 진술했다.

박상점을 비롯한 중동학교 학생 수백 명은 1930년 1월 15일 적기 2개에 "이 압박 민족들이여, 야수적인 제국주의를 파괴하라, 기만적 현하 노예 교육기관을 철폐하라, 입감한 동지를 탈환하라"는 문구를 기재하고 "약소민족 만세", "광주학생 만세", "대한독립 만세" 등을 고창하며 시위운동을 전개했다.[293] 1930년 1월 서울 2차 시위 당시의 공통적인 구호가 "피압박민족 해방

한 것이다"라고 시위 이유를 진술하고 있다(경성종로경찰서, 「鄭允熙 訊問調書」, 1930년 1월 17일 ; 국사편찬위원회, 『한민족독립운동사자료집』 53, 38쪽).

291 경성서대문경찰서, 「安甲男 신문조서」, 1930년 1월 24일, 『한민족독립운동사자료집』 52, 234쪽.

292 경성종로경찰서, 「鄭允熙 신문조서」, 1930년 1월 17일, 『한민족독립운동사자료집』 53, 38쪽.

293 「昭和五年刑控第287號(朴相點)判決文」, 경성복심법원, 1930년 7월 14일 ; 독립운동사편찬위원회, 『독립운동사자료집』 13, 1505~1509쪽.

만세"였는데 이는 1929년 12월 초 서울지역 학생 시위 당시 "광주학생 석방", "식민지 노예교육 철폐"의 구호와 비교하면 민족독립운동적 성격이 크게 강화된 것을 알 수 있다. 또한 "피압박 민족 해방"은 "피지배 계급 해방"의 계급투쟁적 의식으로 발전할 소지를 안고 있었다. 시위과정에서 "피지배 계급 해방"의 구호가 적극적으로 제기되지 않았다고 하더라도 학생들은 시위 준비과정에서 사회단체 인사들과의 결합을 통해 계급투쟁적 의식을 발전시켜 갔다.

1930년 1월 중순 이후에는 "학생만세"[294]와 함께 "조선총독 폭압정치 반대",[295] "대한독립 만세",[296] "일본 제국주의 타도",[297] "약소민족 해방",[298] "약소민족 만세"[299] 등 일제에 대한 직접적인 항쟁이 표어로서 제기되었다. 이와 같이 1월 중순 이후에는 시위운동의 목적이 "조선독립", "민족해방"으로 발전해갔는데 2월에 들어서는 보통학교 학생들의 시위에서도 "조선독립"의 구호가 일반화되고 있었다.

일례로 함북 학남鶴南공립보통학교 6학년생 신택춘은 성진청년동맹원들과 연계하여 1930년 1월 28일 시위를 준비하다가 체포되었는데 경찰의 신문과정에서 "광주사건에 관해 전선全鮮의 학생이 동맹휴교와 만세소요를 하는데

---

294 1930년 2월 27일 평북 영변군 소림보통학교 시위, 2월 15일 영변군 숭덕학교 시위.

295 1월 18일 황해도 해주고보 격문, 2월 3일 영주 풍기 공립보통학교 살포격문.

296 일제가 정리한 격문 수집표에 의하면 전국 각 지역에 배포된 격문 내용 중 가장 일반적인 표어가 '대한독립 만세'였다(강재언 편, 『光州抗日學生事件資料』, 317~332쪽). 예를 들면 1월 12일 평양부내 격문, 1월 14일 함흥상업학교생의 격문, 1월 17일 진주고보생의 격문, 1월 20일 청주고보생 시위, 2월 15일 영변군 숭덕학교 시위 등이다.

297 1930년 1월 8일 부산제2공립상업학교 격문, 1월 18일 원산 청년학관과 누씨여고보생 시위 당시 격문, 2월 20일 함남 영흥군, 경남 김해 살포격문.

298 1930년 2월 20일 김해농학교에 살포된 격문, 2월 9일 함북 청진고등여학교 격문 등.

299 1930년 2월 1일 김해농업학교 격문 등.

이는 조선독립을 목적으로 하고 있다는 것은 자기도 알고 있으므로 우리 학교의 계획도 조선독립을 목적으로 한 것"이라고[300] 진술했다. 또 1930년 2월 10일 시위운동을 전개하다 검속된 나주공립보통학교 학생 원복준은 자신들은 "광주학생 동정만세를 부른 것이 아니라 ××××(대한독립-필자 주) 만세를 불렀다"고 당당하게 피력하여 취조하던 경찰을 놀라게 했다.[301] 평북 맹산군 지덕면 인화仁和학교 4학년생 안병승(14세), 안병만(13세), 길경세(12세) 등은 어린 나이에도 불구하고 1930년 2월 5일 "구정월 8일 조선독립 만세를 고창하자"는 격문을 살포했다가 경찰에 검속되기도 했다.[302]

이와 같이 보통학교 학생들에게까지 광범위하게 확산된 '조선독립'의 요구는 일제 식민지 교육의 전면적인 실패와 민족운동의 저변이 확대되고 있음을 보여주는 결정적인 징표라고 하겠다.

---

300 「昭和五年刑控第112號(李漢洙)判決文」, 경성복심법원, 1930년 4월 17일 ; 광주학생독립운동동지회, 『광주학생독립운동사』, 213~214쪽.

301 『중외일보』, 1930년 2월 12·14일·2월 19일 석간.

302 『동아일보』, 1930년 2월 14일.

03 광주학생운동의 해외 확산과 반향

중국지역 한인사회의 호응과 만세시위

중국 관내지역 한인사회의 반향

상해한인각단체연합회의 조직 국내의 학생운동은 국외로 파급되면서 각지의 민족운동 세력에 의해 새로운 운동력으로 전화轉化되었다. 그 원동력이 된 중심은 상해지역의 독립운동 단체였다. 1926년 6·10만세운동 이후 중국 각지에서 전개된 민족유일당운동의 일환으로 상해에서도 1927년 4월 좌우익이 참가한 민족유일독립당상해촉성회가 조직되었다. 동년 11월에는 상해에서 한국독립당관내촉성회연합회가 개최되어 전민족의 운동역량을 총집중한 유기적 통일기관의 조직을 위해 당조직주비회黨組織籌備會를 준비하는 등 대독립당 결성을 추진했다. 그러나 1928년 이후 중국 국공합작의 와해, 코민테른 12월테제의 영향 등으로 유일당운동은 결렬되고 말았다. 이는 상해뿐 아니라 만주, 북경 등 유일당 운동이 추진되었던 지역에서 공통적인 현상이었다. 1929년 10월 26일 상해의 좌파세력은 좌우파 합동의 민족유일독립당상해촉성회를 해체하고 좌파세력만으로 유호한국독립운동자동맹留滬韓國獨立運動者同盟을 결성했다.[303] 이로써 좌우연합의 유일당운동은 좌절되고 말았다. 우파세력 역시 좌파와의 협동전선을 중단하고 독자적인 단일정당 결성을 준비해야 하는 상황이었다. 이러한 때 1929년 11월 3일 광주에서의 학생시위운동을 시작으로 12월 초에는 서울에서 대대적인 동조 시위운동이 전개되었다.

국내 학생운동의 동향은 상해에 빠르게 전달되었다. 1929년 11월 20일 임시정부 국무위원을 비롯한 민족주의 계열 인사 30명이 임시정부 사무소에서 비밀회합을 가졌다.[304] 이 모임이 전적으로 광주학생운동의 대응책을 논의하기 위한 자리만은 아니었을 것이나,[305] 국내정세와 대응책도 논의되었을 것이다. 이어 12월 1일 개최된 중국공산당 산하 중국혁명호제회中國革命互濟會[306] 창립대회 석상에서 한인 뿐 아니라 중국인, 대만인이 모이는 기회를 이용하여

---

303 결성 당시 강령과 규약의 기초위원으로 조봉암·홍남표·황훈, 전형위원으로 홍남표·조봉암·구연흠·오소정, 집행위원에 구연흠·곽헌·이민달·김원식·정백·최봉관·고상준 등 7명이 선출되었다. 선전부, 총무부, 조직부를 두었고 1930년 3월 현재 총무부장 구연흠, 총무부원 곽헌·이민달, 선전부장 성시백, 조직부장 최봉관, 조직부원 김원식 등이며 39명의 후보위원이 있었다고 한다(김희곤, 『中國關內 韓國獨立運動團體研究』, 지식산업사, 1995, 275·278~279쪽).

304 外務省 亞細亞局 第二課, 『昭和五年三月十四日調 朝鮮學生事件ニ關スル在外朝鮮人ノ行動及支那人ノ言動』, 日本 防衛廳 防衛研究所 소장, 4쪽.

305 민족유일독립당상해촉성회가 해체되고 좌파 중심의 유호한국독립운동자동맹이 결성되었으므로 우파만의 정당 조직, 즉 한국독립당의 결성을 논의하는 자리였을 가능성이 높다. 당시 참여했다는 임정 요인을 비롯한 민족주의계 인사 30명은 한국독립당의 창당인원 28명과도 유사하다.
한국독립당의 창당 일시는 여러 설이 있으나 1929년 말부터 논의되다가 1930년 1월 25일 창당된 것으로 인정되고 있다(韓詩俊, 「上海韓國獨立黨研究」, 『龍巖車文燮博士華甲紀念史學論叢』, 1989, 202~203쪽).

306 중국혁명호제회는 1925년 상해에서 조직된 中國濟難會의 후신으로서 1929년 12월 중국혁명호제회로 개칭하고 혁명동정자의 대동단결, 혁명대중에 대한 직접행동, 반혁명자 제거 등의 활동을 전개했다(김희곤, 앞의 책, 1995, 299쪽).

한인 사회주의자들에 의해 국내 학생운동 상황이 전파되었다. 국내에서 학생운동이 전개되어 1만 8천여 명이 일경에 감금되었다는 사실을 전하며 일제 타도를 위해 각 단체가 협조해 줄 것을 호소한 것이다.[307] 이는 참석한 각국 항일반제국주의운동 세력에 적지 않은 충격을 주었다. 12월 1일이면 광주학생운동이 아직 전남지방의 국지성을 벗어나지 못하던 시기였다. 서울의 대대적인 동조시위가 전개되기 전이었으므로 전국화의 여지도 불투명한 상태였다. 그럼에도 불구하고 1만 8천여 명 감금설이 제기되며 학생운동을 적극적으로 부각시키고 있었다. 이는 상해지역 한인 사회주의계가 국내의 학생운동을 적극적으로 활용하고자 한 의도가 반영된 것으로 보인다.

국내 학생운동의 소식을 접하고 즉각적인 행동에 나선 것은 유호한국독립운동자동맹이었다. 유호한국독립운동자동맹은 국내의 학생운동을 사회혁명으로 간주하고 타도일본제국주의의 목표 아래 일본, 중국, 인도, 대만, 한국의 동방피압박약소민족의 공동투쟁을 계획했다.[308] 동맹은 12월 31일 상해지역 각 단체의 대표자 회합을 촉구했다. 이에 따라 1930년 1월 3~4일의 이틀간 불조계 내 최창식의 집에서 유호한국독립운동자동맹 주최로 좌우파를 망라하여 대항책협의회를 개최했다. 민족유일독립당상해촉성회가 와해되었음에도 우파세력이 대항책협의회에 참석한 것은 우파 세력도 국내의 학생운동을 "대한조국 광복을 위한 민족운동"으로 인식하고 있었기 때문이다.[309] 따라서 좌우파 인사들이 "종래의 주의 주장, 파벌 감정 등을 버리고 (광주학생운동을 -

307 外務省 亞細亞局 第二課, 『昭和五年三月十四日調 朝鮮學生事件ニ關スル在外朝鮮人ノ行動及支那人ノ言動』, 4쪽.

308 朝鮮總督府 警務局長, 「安昌浩一派의 韓國國民黨 조직 其後의 行動에 관한 件」, 1930년 8월 12일, 국회도서관, 『韓國民族運動史料』 중국편, 645쪽 ; 도산안창호선생기념사업회, 『島山安昌浩全集』 6권, 829쪽.

309 김희곤, 앞의 책, 1995, 294~295쪽.

필자 주) 전민족적 운동으로 전개시키려고"[310] 재결집한 것이었다. 이 자리에는 임시정부를 비롯하여 유호한국독립운동자동맹, 재중국한인청년동맹, 흥사단 원동지부, 병인의용대, 노병회 등 각 단체의 대표 21명이 참가했다.[311] 윤기섭, 안창호 등이 임시의장이 되어 국내학생운동의 대처방안을 논의한 결과 좌우파가 연합하여 상해한인각단체연합회上海韓人各團體聯合會를 결성하고 다음과 같이 임원을 선임했다.[312]

서무부 : 최석순(노병회 대표), 김원식(중국본부 한인청년동맹 상해지부 대표), 정유림(재중국 한인청년동맹 상해지부 대표)

재정부 : 김철(학교유지회 대표), 이태환(학우회 대표)

선전부 : 안창호(흥사단 대표), 구연흠(유호한인독립운동자동맹 대표)

상해지역의 각 개별 단체 대표들이 참가했으나 임원 구성을 보면 사회주의계가 주도적으로 참여하고 있는 것을 알 수 있다.

이어서 상해한인각단체연합회는 국내의 학생운동 지원을 위해 다음과 같은 사항을 결의했다.[313]

---

310 국회도서관, 『韓國民族運動史料』, 중국편, 645쪽 ; 도산안창호선생기념사업회, 『島山安昌浩全集』, 6권, 829쪽.

311 참가단체는 임시정부, 흥사단 원동지부, 인성학교, 병인의용대, 기독청년회, 학우회, 한국여자구락부, 대한교민단, 기독교회, 노병회, 초동한국학생연구회, 유호한국독립운동자동맹, 재중국한인청년동맹, 중국한인청년동맹 등이었다(外務省 亞細亞局 第二課, 『昭和五年三月十四日調 朝鮮學生事件ニ關スル在外朝鮮人ノ行動及支那人ノ言動』, 7쪽).

312 강재언 편, 『州抗日學生事件資料』, 219~220쪽.

313 外務省 亞細亞局 第二課, 『昭和五年三月十四日調 朝鮮學生事件ニ關スル在外朝鮮人ノ行動及支那人ノ言動』, 7~8쪽.

① 조선학생사건을 철저히 규탄하고 이를 중외에 선전하여 일본의 포학정치를 폭로하여 조선혁명운동에 대한 사회의 동정을 구할 것

② 1월 11일 오후 7시부터 상해재류 한인 군중대회를 개최하여 인도, 안남, 필리핀, 중국, 대만의 약소민족 혁명운동자 대표의 출석을 구하고 사건의 진상을 설명하여 각국의 동정을 환기함과 동시에 상해 재류 선인은 총동원 궐기하여 반일본제국주의의 국제적 대시위운동을 일으킬 것

③ 학생사건의 사진을 조선에서 입수하여 사진이 들어간 팸플릿을 만들어 세계 각지에 송부할 것

④ 본 운동비는 상해재주 선인 및 중국 측에서 기부를 받을 것

재중국한인청년동맹 제일구第一區 상해지부 등 사회주의계열의 단체는 1930년 1월 11일 군중대회가 개최되기 전까지 지속적으로 선전 격문을 배포하여 한인뿐 아니라 중국, 대만 등 반제세력의 광범위한 대회 참여를 독려했다. 1월 11일 불조계 민국로 침례회당에서 한인군중대회가 개최되었다. 중국인 100명, 대만인 3명을 포함하여 약 450명의 군중이 참석했다. 주석인 안창호의 개회사, 김원식의 상해한인각단체연합회(이하 연합회) 조직 경과보고가 있었다. 유호한국독립운동자동맹의 대표로 참석한 구연흠은 '국내운동의 진

결의사항이 다음과 같이 기록된 자료도 있다.

① 조선학생운동을 적극 원조함과 동시에 일제와 대전, 대항함.

② 조선 내에서 피살 및 피검거 학생, 유지의 근황을 조사하여 진상을 적발, 천명, 국내외에 알려 일본의 폭정을 국제적으로 소개 선전할 것.

③ 근일 중 민국로 침례회당에서 상해 한인군중대회를 소집하고 학생 피살사건을 근본적으로 토의하고 추도회를 개최할 것.

④ 군중대회에는 상해의 각 피압박 민족혁명운동자의 출석을 요청하여 본 사건을 세계에 알리고 각국의 동정을 환기할 것(강재언 편, 『光州抗日學生事件資料』, 219쪽).

상'이란 제목으로 연설했다.[314] 특히 구연흠의 연설은 광주에서 40명의 학생이 살해되고 경성 각지에서 약 2,000명의 학생이 체포되었으며 계속해서 학살과 체포가 자행되고 있다는 것이어서 참석자들을 격동시켰다. 내빈으로 참석한 중국, 대만의 단체 대표자의 축사와[315] 한위건, 조소앙 등의 연설이 이어졌다. 열기가 고조되자 좌중에서 광주 피살학생의 추도회 개최를 위한 긴급동의가 있었으나 장소 사용시간이 지나 폐회했다.

군중대회가 소정의 순서를 마치지 못하고 산회하자 안창호, 김원식, 구연흠 등 연합회 간부 20여 명은 별도 모임을 갖고 선후책을 강구했다. 이들은 "동경, 만주, 하와이, 북경, 천진, 북미 등 재류 동지들에게 사건을 전달하여 분기를 촉구하고 세계적 운동을 시작할 것", "경성, 신의주, 평양, 대구 등에 결사대원을 파견하여 원조하되 국내와 일본의 대관大官 및 관청, 은행 등도 폭파기도할 것" 등을 협의 결정했다.[316] 그러나 이러한 협의내용이 그대로 실천에 옮겨지지는 못했다. 이는 좌익계가 국내학생시위의 지원운동을 공산주의 운동 확산의 일환으로 전개한다는 민족계의 반발로 좌우파가 연합하여 적극적인 지원활동을 전개할 수 없었기 때문이었다. 1월 11일의 군중대회 당시 살포

---

314 『조선일보』, 1930년 1월 22일.

315 중국, 한국, 대만의 청년들이 참가한 상해청년반제국대동맹을 비롯하여 동방피압박민족반제동맹, 中國總工會 등의 대표들이 참석했다.

316 강재언 편, 『光州抗日學生事件資料』, 222쪽.
일부 기록에는 1930년 1월 13일 안창호의 사회로 개최된 대표자회의에 각 단체 대표자 20여 명이 참석하여 '근래 개최될 東方被壓迫民族反帝大同盟 회의에 申翼熙를 출석시켜 광주사건을 선전할 것' 등을 결의했다고 한다(경기도경찰부장, 「京高特秘第2306號 治安維持法違反被疑者吳基滿ノ取調ニ關スル件」, 1934년 8월 22일, 『警察情報綴』, 1934년). 그런데 같은 모임에서 "鮮內 학생사건을 歐美 각지 鮮人 혁명기관에 타전하고 여론을 환기하기 위해 시위운동을 감행할 것"도 결의했다고 한다. 이는 동년 1월 3~4일 상해한인각단체연합회 결성 당시의 결정사항과 유사한 내용이어서 이 모임을 지칭한 것인지 알 수 없다.

된 격문 중에도 좌익계인 재중국한인청년동맹 제일구 상해지부의 격문 등에는 "중국의 노동혁명과 소련을 옹호"하자는[317] 문구가 포함되어 있었다. 이로 인해 불조계 관헌의 기피를 의식한 우파의 철회 주장으로 좌우파간에 의견충돌이 벌어지기도 했다. 이는 중동로사건으로[318] 소련과 대립관계에 있던 중국 정부를 자극하는 행동이기도 했다.

동방피압박민족반제동맹주비회의 총무비서인 구연흠은 중국, 인도, 대만 등 각국 사회주의자와 협의하여 1월 19일 한국, 중국, 인도 등의 사회주의 단체가 참가하는 시위운동을 주도했다. 로자 룩셈부르크와 레닌의 기념일을 기해 전개된 이 시위운동은 한국학생운동 원조, 전 세계 피압박민족 혁명 원조, 제국주의 공장의 파업 지원 등을 목표로 한 것이었다.[319] 그러나 전차에 투석하는 등 폭력 시위 중에 '타도 제국주의'의 구호와 함께 '타도 국민당'의 구호

---

317 "…… 조선 국내에서는 금융자본에 복속한 지주계급도 개량주의로 변화하고 대중은 급격히 좌익화하고 있어서 조선혁명에 맹진할 好機이다. …… 우리들의 투쟁은 3·1운동의 실패를 교훈삼아 사기를 진작하고 타민족과 협조하여 중국의 노농혁명 및 소련을 옹호하여 혁명의 목적을 달성해야 한다(外務省 亞細亞局 第二課, 『昭和五年三月十四日調 朝鮮學生事件ニ關スル在外朝鮮人ノ行動及支那人ノ言動』, 40~41쪽)."

318 중동로 철도는 綏芬河~滿洲里, 哈爾濱~寬城子 간의 철도로서 소련이 운영하고 있었다. 중동로 사건은 1929년 7월 10일 장학량의 만주군벌이 소련 관할의 중동로 철도를 무력으로 회수한 사건이다. 이로 인해 동년 8월부터 11월까지 소련과 중국 간의 무력 충돌로 만 명 이상의 사망자와 5억 달러에 달하는 재산피해가 발생했다. 1929년 12월 22일 중동로 철도에 대한 소련의 지배권을 인정하는 조약을 체결했으나 1932년까지도 여전히 분란이 계속되었다. 중동로 사건이 일어나자 중국공산당 뿐 아니라 한인 사회주의자들도 소련 지지를 공개적으로 표방했다. 당시 한인 사회주의자와 중국공산당은 중동로 사건을 제국주의자들의 소련에 대한 침공으로 간주하고 '제국주의 국민당의 소비에트 진공에 반대하고 소비에트를 옹호하라', '국민당 군벌정부를 전복하라' 등의 구호를 제기하며 소련을 적극 옹호하고 있었다(黃敏湖, 『在滿韓人社會와 民族運動』, 국학자료원, 1998, 190~193쪽).

319 『중외일보』, 1930년 1월 25일 조간 ; 「外務省警察史 支那之部」, 『朝鮮民族運動史(未定稿)』 6, 고려서림, 565~569·669쪽.

도 제기되었으므로[320] 국민당과 연결된 한국 우익계가 불편할 수밖에 없었다. 중국에서 국공합작의 와해와 이후 국민당과 공산당의 대립구도는 이들과 연계된 중국 내 한인 독립운동계에 직접적인 영향으로 작용하고 있었던 것이다.

연합회와는 별도로 좌익계가 독자적인 활동을 전개하는 것도 좌우파의 간극을 벌이는 요인으로 작용했다. 일례로 좌익계 재중국한인청년동맹 제1구 상해지부에서는 연합회의 방침과는 상관없이 단독으로 국제적 시위운동 전개, 전단 배포 등을 추진했다. 유호한국독립운동자동맹도 기관지인 『앞으로』를 통해 '조선혁명운동속보' 등의 제목으로 운동 진행상황을 계속 보도하고 있었다. 이는 연합회의 기능을 무력화하는 것이었으므로 우파의 반발을 야기했다.

좌우파의 갈등이 심화되자 안창호, 김구 등은 매주 토요일마다 연합회원들의 자유 토론회를 개최하여 상호 협조의 기운을 조성코자 했다. 1월 27일 연합회는 다음과 같이 지원활동의 성과를 발표하며 향후의 계획을 천명하기도 했다.[321]

> 상해재류 한인의 지대적地帶的 임무를 수행할 목적으로 조직된 본회는 과거 24일간 내지 동포 혈전의 진상보도, 전단, 전황보고 등 2만 매를 전동방피압박민족 및 전 세계 통신사에 배부하고 재미동포에는 전보통지를 한 결과 각지에 여론을 환기하여 각 방면의 동정을 얻었다. 우리들은 이 운동을 조장하려고 노력함과 함께 일면 『독립전보獨立戰報』를 발행하여 내지 전황 보도의 민활을 기하고자 한다.

---

320 外務省 亞細亞局 第二課, 『昭和五年三月十四日調 朝鮮學生事件ニ關スル在外朝鮮人ノ行動及支那人ノ言動』, 122, 123쪽.

321 外務省 亞細亞局 第二課, 『昭和五年三月十四日調 朝鮮學生事件ニ關スル在外朝鮮人ノ行動及支那人ノ言動』, 56~57쪽.

연합회가 기관지로 『독립전보獨立戰報』를 발행하여[322] 국내의 전황을 신속히 전하겠다는 것이었다. 이는 국내 학생운동의 보도기관을 단일화하려는 의도로 파악된다. 그 외에 연합회의 업무 처리를 위해 김철을 상무위원장으로 하여 사무소를 이전하는 등 분위기를 쇄신코자 노력했다.

그러나 좌우익의 기본적인 입장 차이로 간극이 좁혀지지 않았다. 더욱이 흥사단 계통의 민족주의계와 유호한국독립운동자동맹 계통의 사회주의계의 주장이 서로 배치되는 경우가 많았다. 이러한 반목이 해소되지 않아 2월 26일 연합회는 결국 해산되었다.[323] 이후 구심점을 상실한 학생운동 지원활동은 더 이상 진전되지 못하고 말았다. 더욱이 상해총영사관 측의 항의로 중국공산당과 국민당 소속의 각 기관과 신문 등에서도 1930년 2월 말 이후로는 지지 격문과 신문기사 등의 지원활동을 중단하게 되었다.[324] 결국 1930년 3·1절도 교민단장 김구의 사회로 침례회당에서 500여 명의 교민이 참석하여 예년대로 기념식을 개최하는 정도로 그치고 말았다.

북평한족동맹회의 조직과 한교대회 광주학생운동은 중국지역의 민족, 사회주의계 어느 쪽에게나 충격과 자극이었으나 특히 민족주의 세력에게 큰 자극이 되어 민족유일당 운동의 침체된 국면을 극복하고 새로운 방안을 모색하는 계기로 작용했다. 다음과 같은 일제

322 강재언 편, 『光州抗日學生事件資料』, 285쪽에는 『韓報』로 기재되었으나 연합회의 기관지는 『獨立戰報』였다. 『韓報』는 한국독립당의 기관지였다.

323 윤대원은 상해지역 민족유일당운동의 실패 요인으로 '중국 국공합작의 와해, 사회주의 진영내부의 노선대립, 민족주의 진영의 반공주의 입장, 개조파와 정부옹호파의 대립' 등을 들었다(윤대원, 『상해시기 대한민국임시정부 연구』, 서울대 출판부, 2006, 290~299쪽). 이러한 요인은 상해한인각단체연합회의 해산 이유로도 적용될 수 있을 것이다.

324 강재언 편, 『광주항일학생사건자료』, 284~285쪽.

의 기록은 광주학생운동이 민족주의계 인사들에게 새로운 활력으로 작용하던 상황을 전해준다.[325]

> 객년(1929년) 11월의 광주사건은 재외 선인 그중에서도 민족주의자에 대해 가장 이상한 자극을 주어 그들은 이에 민족의식을 회복하여 조락의 비황에서 전환하여 일제히 활동을 개시하기에 이르렀는데 그중에서도 상해 임시정부 수령 이동녕 일파와 흥사단장 안창호 일파는 기회가 이르렀다 하여 빈성히 상해 천진 북평 간을 왕복하며 재외 각종 불령단체를 규합하여 조선민족의 대동단결과 통일운동에 힘씀으로써 인심의 일신을 책하려고 새로 한국국민당을 조직하고 ……

이러한 정황에서 북경지역은 상해, 만주 등지에서 유입되는 격문 등에 자극되어 민족주의자들을 중심으로 호응활동이 가시화되기 시작했다. 그리하여 1930년 1월 22일 이천민, 손일민, 이상일 등이 조성환의 집에서 학생문제 대책 협의회를 가졌다. 그 결과 동월 26일 분투학생 격려, 미온적인 학부형 행동의 문책, 중국인의 후원 요청 성명서 등을 각각 제작, 배포키로 했다. 아울러 재외 독립운동자의 통일회의 개최를 권유하는 격문을 각지에 발송할 것도 결의했다.[326]

민족주의계 인사들의 결집은 광주학생운동의 열기에 힘입어 민족운동의 전환을 모색하기 위한 조직 결성으로 이어졌다. 조성환, 이천민, 손일민 등 민족주의계 인사들이 동년 2월 중순 북평한족동맹회北平韓族同盟會를 조직했다.[327]

---

325 조선총독부 경무국장, 「安昌浩 一派의 韓國國民黨 조직과 其後의 행동에 관한 건」, 1930년 8월 12일, 국사편찬위원회, 『韓國獨立運動史資料』 3, 440쪽.

326 강재언 편, 『광주항일학생사건자료』, 286쪽.

327 外務省 亞細亞局 第二課, 『昭和五年三月十四日調 朝鮮學生事件ニ關スル在外朝鮮人ノ行動及支那人ノ言動』, 66쪽.

북평한족동맹회는 광주학생운동의 확산과 이를 이용한 민족주의계의 결집을 목적으로 결성된 것이다. 한족동맹회는 결성 직후 바로 1월 말에 제기된 내용의 성명서 2,000여 매를 인쇄하여 각지에 배포했다.

한족동맹회는 학생 및 학부형, 일반인, 중국인, 해외 동포 등으로 구분하여 작성된 성명서를 통해 각자에 합당한 행동지침을 제시했다.[328] 먼저 학생들에게는 "당면의 부분적 문제는 우리들 민족의 최고문제인 독립운동의 성공에 의해 모두 해결될 수 있으므로 …… 부분적 문제를 독립운동으로 전화轉化하여 강렬한 결전決戰에 의해 완성할 것"을 요구했다. 학부형에게는 자제에게 '노예의 비통'을 주었으므로 "민족의 의무, 부형의 책임을 다하기 위해 제군에 분기를 촉구하며 왜적과 건곤일척의 결전을 절망切望한다"고 촉구했다. 일반 동포에게는 "우리들은 독립전선의 선봉대인 학생대중의 뒤에 서서 용왕맹진勇往猛進해야 한다"고 했다. 또 이들 모두의 전투목적과 방법으로 "절대 독립의 기치 아래 폭동과 혈전血戰으로 왜적을 박멸할 것", "폭동과 혈전을 일층 조직화, 대중화할 것" 등을 제시했다. 해외재류 동포에게도 "개인적, 부대적部隊的으로 무장하여 내지 동포의 혈전에 진출하여 폭동과 혈전을 계속 확장할 것"을 임무로 규정했다. 특히 '대독립당' 조직문제를 제기하고 있는 점이 주목된다. 즉

일제는 한족동맹회를 大獨立黨組織北京促成會 계열로 파악하고 있었다(朝鮮總督府警務局, 『朝鮮の治安狀況』, 1930, 158쪽). 한족동맹회의 강구우, 조성환 등은 1926년 대독립당조직북경촉성회 창립 회원이었다. 북평한족동맹회의 결성은 상해에서 민족유일독립당상해촉성회가 해산되고 대독립당조직북경촉성회가 유명무실해 지는 등 민족운동계의 전체적인 지형변화 속에서 구명되어야 할 것이다. 그러나 북평한족동맹회를 결성한 조성환, 이천민, 손일민 등은 1월 22일의 학생운동 대책협의회에 참여했던 인사들이었다. 또 조직 결성 후 바로 대책협의회에서 논의된 것과 같은 내용의 성명서 배포에 나선 것을 보면 북평한족동맹회가 광주학생운동의 영향으로 결성되었음을 알 수 있다.

328 外務省 亞細亞局 第二課, 『昭和五年三月十四日調 朝鮮學生事件ニ關スル在外朝鮮人ノ行動及支那人ノ言動』, 66~75쪽.

"대독립당 조직을 급속히 완성하여 우리들의 정신과 역량을 결속 집중하고 운동 전체를 합리적으로 지도할 것을 요한다. 이를 위해 종래의 장애를 용감히 돌파해야 한다"고 했다.

이는 분열된 북경지역 좌우익 세력의[329] 재통합 분위기로 이어졌다.

2월 16일 화북대학 강당에서 북경 한인유학생회 집행위원회 주최로 학생사건 진상보고 및 성원대책 논의를 위해 재북평동포전체대회北平韓僑大會가 개최되었다.[330] 북경 한인유학생회가 주최했다고는 하나 실질적인 추진 주체는 의열단 계열의 인사들이었다. 당시 북경에는 의열단장 김원봉이 안광천과 손을 잡고 이영준, 박건웅 등 핵심 측근인사들과 조선공산당재건동맹을 조직하여 국내 공작을 준비하고 있었다. ML당 책임비서를 역임한 안광천과의 제휴는 의열단의 사회주의로의 노선변화를 의미하는 것이었다.[331] 이들은 국내에 레닌주의 정치학교 졸업생을 파견하여 노동자, 농민, 학생을 중심으로 공작위원회를 결성하려 했다. 이러한 국내 중심의 운동노선은 자연히 국내의 학생운동에 대한 관심과 지원으로 나타났다. 결국 재북평동포전체대회는 북경에서 종래 대립되던 민족주의계와 의열단을 비롯한 사회주의계가 광주학생운동의 대항책 마련

---

329 북경의 한인 민족운동계는 1929년 3월 대독립당조직북경촉성회 임시총회에서의 민족, 사회주의계의 난투극으로 사실상 두 세력으로 분열되어 있었다(신주백, 「1920~30년대 북경에서의 한인 민족운동」, 『한국근현대사연구』 23, 2002년 겨울, 125~126쪽).

330 북평한교대회 개최가 북평한족동맹회의 결성 이전인지 이후인지 분명하지 않다.

331 김영범은 후기 의열단의 운동노선이 국제주의적 사회주의와는 다른 것이었다고 한다. 민족적 사회주의, 또는 사회주의적 민족주의라는 것이다(김영범, 『한국근대민족운동과 의열단』, 창작과비평사, 1997, 423~424쪽). 그러나 1930년 초의 의열단은 레닌주의사를 선전기관으로 하여 안광천, 한위건의 논문이 실린 『레닌주의』를 간행하고 국내에서 조선공산당 재건을 시도했으므로 사회주의 편향이 강했던 시기로 여겨진다. 한편 '일국일당주의' 원칙에 따라 중국공산당 가입 열풍이 불던 시대 상황을 감안하면 의열단의 사회주의 지향은 국제주의 노선과는 차별성이 있었다고 하겠다.

을 위해 힘을 합쳐 조직한 대회였다.[332] 500여 명의 학생이 참가한 한교대회에서 화북대학생인 이영준을[333] 주석으로 선정하고 김정우(박건웅)[334]의 진상 보고에 이어 대책이 논의되었다. 그 결과 다음과 같은 사항이 결의되었다.[335]

– 고중국동포서告中國同胞書를 발표할 것
– 중국 반제反帝운동과 연락을 취할 것
– 일체 ○○세력과 연합하야 공동共同히 할 것

이에 따라 한교대회 명의의 선전 격문을 배포키로 했으나, 이영준이 준비한 원고가 공산주의적 주장이라 하여 민족주의계와 갈등을 빚기도 했다. 결국 이세영 등의 조정으로 수정을 거쳐 5천 매를 인쇄 배포하는 것으로 결정되

---

332 조선총독부 경무국, 『朝鮮の治安狀況』, 1930, 98~99쪽.

333 李英駿(1900~)은 일명 李英俊, 王現之, 陳義櫓로 알려져 있다. 평북 벽동군 출신으로 의열단원이자 김원봉과 황포군관학교 동기였다. 1929년 말 북경에서 김원봉, 박건웅, 안광천 등과 조선공산당 재건동맹을 조직하여 중앙부 위원으로 활동했다. 재건동맹 중앙부 직속의 레닌주의정치학교의 교관을 지냈다. 1932년 조선혁명군사정치간부학교의 비서 겸 정치조 교관, 이후 민족혁명당 중앙조사부장, 선전부장, 조선의용대 편집조 위원을 역임한 김원봉의 측근이었다(염인호, 『김원봉연구』, 창작과비평사, 1993, 136 · 160~161쪽 : 한상도, 『한국독립운동과 중국군관학교』, 문학과지성사, 1994, 225~226 · 262~263쪽). 일제 보고서에는 화북대학생으로 나타나나 실제 재학 여부는 알 수 없다. 이영준은 1927년 당시 중산대학에 재학하고 있었다(김영범, 앞의 책, 1997, 162~163쪽).

334 金正友(1903~)는 본명이 朴建雄이다. 평북 철산 출신으로 황포군관학교를 졸업하고 중국군 장교로 근무하기도 했다. 이영준, 김원봉, 안광천 등과 조선공산당 재건동맹의 위원이었다. 그도 김원봉과 함께 레닌주의정치학교에서 활동했고 조선혁명군사정치간부학교에서는 정치조 교관으로 재직했다. 이후 1936년 김성숙과 조선민족해방동맹을 결성했다(염인호, 앞의 책, 1993, 136 · 160~161쪽 ; 한상도, 앞의 책, 1994, 225~226 · 262~263쪽).

335 『중외일보』, 1930년 2월 28일.

었다.[336] 그런데 이후 북경에서 국내 학생운동 지원활동이 지속적으로 전개된 것 같지는 않다. 한교대회 개최 이후 눈에 띄는 지원활동은 없기 때문이다. 의열단의 활동도 국내 공작 추진으로 이행되고 있었다.

북평한족동맹회 역시 별다른 활동을 전개하지 못했다. 조직 결성 얼마 후 내분으로 인해 이천민과 강구우가 탈회하여 동년 7월 조선혁명당 제1지부를 조직하고 조성환과 대립하면서 세력이 약화되었던 것이다.[337] 이후 한족동맹회는 조성환의 주도로 유지되었으나 주목할만한 활동을 전개하지는 못했다.

천진지역 조선대독립당주비회 천진에서는 1930년 1월 하순 이 지역의 민족주의계를 이끌던 박용태[338]와 북경의 재중국 조선무정부주의자연맹 대표이자 북경시정부 비서로 재직하던 유기석이[339] 협력하여 조선대독립당주비회朝鮮大獨立黨籌備會를 결성했다. 당시는 사회주의계의 이탈로 만주, 중국 관내 각지의 유일당 운동이 좌절되던 시점이었다. 그럼에도 새로이 대독립당의 적극적인 준비기관을 자임하며 조선대독립당주비회가 설립된 것은[340] 광주학생운동의 영향이 컸다고 보아야 할 것이다.

---

336 강재언 편, 『광주항일학생사건자료』, 222~223 · 286~287쪽.

337 조선총독부 경무국, 『最近に於ける朝鮮治安狀況』 1936, 342쪽 ; 김영범, 앞의 책, 255쪽.

338 朴龍泰(1888~1938)는 1919년 천진에서 조직된 不變團의 총무로서 상해 임시정부와 연계하여 독립자금 모집활동을 전개하다 체포되어 징역 3년형을 받았다. 1929년 천진에서 다시 韓僑同志會를 조직하고 회장으로 활동하는(국사편찬위원회, 『韓民族獨立運動史資料集』 30, 122쪽) 등 천진지역 민족주의계의 핵심적인 활동가였다.

339 柳基石(1905~1980)은 1920년대 후반 상해와 북경을 오가며 활동하던 무정부주의자였다. 1927년 중국 福建省 泉州에서 무정부주의 자치조직인 泉永二屬民團編練處를 조직했다. 1928년 상해에서 在中國朝鮮無政府主義者聯盟을 결성했다. 1930년 4월에는 상해에서 柳子明 등과 무정부주의 결사인 南華韓人青年聯盟을 조직했다(鄭華岩, 『이조국 어디로 갈 것인가』, 자유문고, 1982, 84~85 · 103~112쪽).

340 朝鮮大獨立黨籌備會는 북평한족동맹회보다 더 적극적으로 유일당운동을 추진하기

조선대독립당주비회는 동년 1월 22일 "최후의 일인까지 일제에 대항하라"는 내용의 격문을 작성하여 일본 조계 거주 한인들에게 배부했다. 일제는 이를 임시정부 재무총장 김구, 중한협회원 이석호李石湖, 북경한교단원 장준향張俊鄕 등이 천진에 잠입하여 현지의 한인 운동자와 연계하여 제작 배포한 것으로 파악했다.[341] 이들은 국내에 암살대를 파견하여 암살, 파괴 등의 의열투쟁을 전개함으로써 학생운동을 확대하여 독립운동의 활로를 모색하려 했다. 이들은 "첫째 적의 시설과 기관을 파괴하고 조선에 이주한 왜노를 박멸한다. 둘째 학생은 적敵이 경영하는 교육기관을 소훼燒燬한다. 셋째 주구走狗 및 고식적姑息的 자치운동자를 배격하고 대독립당의 건설을 기期한다"는[342] 행동방침을 제시했다. 즉 학생운동을 적극적인 독립운동으로 전환하는 계기로 삼고자 했음을 알 수 있다. 다른 지역과는 달리 학생운동의 열기를 이용하여 이를 의열투쟁 등 보다 적극적인 독립운동으로 전환하려고 했던 점이 주목된다. 특히 학생들에게 공립 교육기관의 파괴를 촉구하고 있는 등 시위운동에서 폭력투쟁으로의 전환을 주문하고 있는 점이 눈에 띈다.

한편으로 대독립당 조직을 통한 독립운동 전선의 통일운동을 제창했다. 조선대독립당주비회는 동년 6월 기관지로 『조선지혈朝鮮之血』을 간행하고[343] 안

위해 조직된 것이었다고 한다(김영범, 『한국근대민족운동과 의열단』, 창작과비평사, 1997, 255~261쪽).

341 강재언 편, 앞의 책, 223~224쪽.

342 外務省 亞細亞局 第二課, 『昭和五年三月十四日調 朝鮮學生事件ニ關スル在外朝鮮人ノ行動及支那人ノ言動』, 65쪽.

343 旬刊의 한자신문이었는데 1,500부를 간행하여 천진, 북경, 상해, 남북 만주를 비롯하여 국내, 일본 등지로 송부했다. 주간은 천진의 박용태이고 북경의 유기석이 고문을 맡았다. 한자로 간행한 의도는 중국인에게 한국 혁명의 진상을 알리고 연대투쟁을 촉구하기 위한 것이었다(조선총독부 경무국, 「安昌浩一派의 韓國國民黨 조직과 그 후 행동에 관한 보고」, 1930년 8월 12일, 국회도서관, 『한국민족운동사료』 중국편, 640~647쪽 ; 국

창호와 함께 천진에서 해외 각지의 독립운동 단체 대표대회의 개최를 추진했다.[344] 안창호는 1926년 국내의 6·10만세운동을 계기로 민족유일당운동을 추동했던 것과 같이[345] 광주학생운동을 통해 침체된 민족유일당운동의 부흥을 기도했던 것이다. 그러나 이들의 독립운동 단체 대표대회 개최는 뜻대로 이루어지지 못했고 유일당 운동도 더 이상 진전되지 못했다.

국내의 학생운동은 중국 관내지역 한인사회에 큰 충격으로 받아들여졌다. 상해와 북경 등의 한인 사회는 민족주의계와 사회주의계가 연합한 한인군중대회를 개최하여 국내 학생운동을 지지, 성원했다. 천진에서는 국내 학생운동을 계기로 조선대독립당주비회가 결성되어 유일당운동의 부흥이 시도되었다. 국내 학생운동은 중국 내 한인사회가 결속할 수 있는 공통의 계기로 작용했던 것이다. 그러나 중국 관내지역 한인사회의 국내 학생운동 지원활동은 지속적으로 전개되지 못했다. 이는 국내 학생운동을 계기로 조직된 중국 내 운동조직이 활동할 수 있는 여지가 적었기 때문이었다. 다시 말해 1930년 중국 내 한인 민족운동계는 좌우익이 독자적인 운동노선으로 전환하는 추세였다. 사회주의계의 경우 민족유일당운동 보다 국제주의 노선에 따른 협동전선의 결성으로 옮겨가고 있었다. 민족주의계 역시 민족유일당운동이 좌절되자 부분적인 정당조직 운동으로 전환하고 있었다. 이러한 여건속에서 광주학생운동을 계기로 조직된 한족동맹회, 조선대독립당주비회 등이 활동할 수 있는 여지는 없었다. 따라서 국내의 학생운동을 지원할 조직 주체의 위상도 약화될 수밖에 없었던 것이다.

사편찬위원회, 『한국독립운동사자료』 임정편3, 440~446쪽).

344 김영범, 앞의 책, 1997, 257~258쪽.

345 6·10만세운동과 민족유일당운동의 관계는 장석흥, 『6·10만세운동연구』(국민대학교 박사학위논문) 참조.

만주지역 한인사회의 동향과 만세시위

길림 재만 한인반제국주의동맹 길림지역은 국내 학생운동의 소식이 비교적 빨리 전달되어 조선공산당 재건조직을 중심으로 학생시위운동의 대책이 모색되기 시작했다. 구 서울파와 상해파의 조선공산당 재건설 만주부위원회와 고려공산청년회 재건설 만주부위원회는 1929년 12월 18~19일 격문을 작성, 배포하며 학생운동의 혁명운동 전환을 촉구했다. 이들은 격문에서 "학생사건은 3·1운동 이상의 조직적, 대중적, 혁명적 행동으로서 우리들 피압박 민중은 일제히 궐기하고 재만 단체는 종래의 파쟁을 청산하고 협동전선을 구축하여 이 운동을 옹호, 원조하라"고 주장했다.[346] 북만청년동맹은 1929년 12월 22일 만주노력자신문 호외에 "전조선 대시위운동, 군대와 충돌, 사상자 다수, 8대 도시는 폭동화, 형세 시시각각 악화 확대" 라는 제하題下의 기사를 게재하여 국내의 운동소식을 긴박하게 전달했다.[347]

이러한 노력의 결과로 국내 학생운동의 지원책이 논의되기 시작했다. 1929년 12월 30일 김동삼, 손정도 등의 민족주의계와 최환, 박일파, 윤자영, 김찬 등 사회주의계 인사 20명이 길림성내에서 광주학생운동의 후원책을 논의하기 위해 혁명자긴급회革命者緊急會를 개최했다.[348] 이들은 학생운동이 3·1운동

---

346 강재언 편, 『광주항일학생사건자료』, 227쪽.

347 강재언 편, 위의 책, 227쪽.

348 조선총독부 경무국장, 「朝保秘第30號在滿韓人反帝國主義同盟組織ノ件」, 1930년 1월 17일, 『各國ニ於ケル社會主義其他危險主義關係情報雜纂』, 1930, 일본 외무성 외교사료관 소장. 이러한 모임이 가능했던 것은 서울청년회 구파와 상해꼼그룹이 1929년 9월에 결성한 조선공산당재건설 만주부위원회에 민족주의 계열의 인사들이 참여하고 있었기 때문이었다. 즉 한족노동당 위원장 김응섭은 만주부의 조직부장, 정의부의 김동삼은 만주부의 민족부장이었다(신주백, 『만주지역 한인의 민족운동사』, 아세아문화사,

이상으로 '대폭동화'할 형세이므로 서로 호응하여 국내운동을 지원해야 한다는데 뜻을 모았다.[349] 이를 위해 상설기관을 설치하여 전만적全滿的으로 공동전선을 형성키로 하고 1930년 1월 2일 재만한인반제국주의동맹을 결성했다. 이들은 창립선언서에서[350] 광주학생운동을 계기로 일제 타도, 혁명운동 원조 등을 목적으로 공동전선을 구성하기 위해 재만한인반제국주의동맹을 결성한다고 설립취지를 밝혔다.[351]

> 광주학생사건은 조선독립운동을 유발하여 일본제국주의의 야만적 폭압에 대해 혁명대중은 용감히 투쟁하고 있다. 우리들 재만의 투사는 지방적 대립, 당파적 내쟁을 배격하고 공동전선을 구성하여 결사적 투쟁을 전개함으로써 일본제국주의 타도, 조선독립의 완성, 피체포자의 탈환, 전조선의 혁명운동 원조에 전력을 경주할 목적으로 재만한인반제국주의동맹을 조직한다.

즉 광주학생운동의 지원을 목적으로 재만한인반제국주의동맹을 결성한 것이다. 재만한인반제국주의동맹에서는 다음과 같이 임원을 선출했다.[352]

1999, 240~241쪽).

349 강재언 편, 앞의 책, 290~291쪽. 1930년 1월 3일 상해에서 한인각단체연합회가 조직되었으므로 거의 같은 시기에 지원조직이 결성되고 있는 것을 알 수 있다. 이는 국내에서 서울지역 시위에 대한 보도통제가 1929년 12월 말에 해제된 것과 관련 있는 것으로 보인다.

350 外務省 亞細亞局 第二課, 『昭和五年三月十四日調 朝鮮學生事件ニ關スル在外朝鮮人ノ行動及支那人ノ言動』, 81쪽.

351 재만한인반제국주의동맹이 광주학생운동을 계기로 조직되었다는 것은 "작년 12월 길림에서 조선의 혁명적 시위운동에 호응 궐기하기 위하야 조직되었던 재만한인반제국주의동맹"(『만주노력자신문』제2호, 1930년 4월 1일, 제4면)이라는 기록에서도 확인된다.

352 在通化分館主任, 「機密公第44號吉林ニ於ケル在滿鮮人反帝國主義同盟ニ關スル件」, 1930년 2월 3일, 『各國共産黨關係雜件 反帝同盟關係』, 1권, 일본 외무성 외교사료관 소장.

집행위원장 : 김동삼

정치부위원장 : 김동삼(겸임)

위원 : 최환(상해파), 김준(신일용), 윤자영(상해파), 황기룡(김찬 : 화요파)

서무부위원장 : 최환

위원 : 박일파(조선공산당 만주총국)

선전부위원장 : 윤자영

위원 : 안붕(국민부)

조직부위원장 : 신일용

위원 : 손정도(전 임시정부 의정원 의장)

재정부위원장 : 황기룡

위원 : 김응섭(재만농민동맹 간부, 한족노동당 위원장)

광주학생운동을 계기로 길림지역 조선공산당 재건설 그룹을[353] 중심으로 김동삼 등 민족주의계열을 아우르는 반제조직이 결성된 것이다. 이전부터 조선공산당재건설 만주부위원회에 민족주의 계열의 인사들이 참여하고 있었으므로 자연스럽게 이들을 포함한 반제동맹의 결성을 이끌어 낼 수 있었다. 재만한인반제국주의동맹의 조직위상은 일개 정당이 아니고 상부로부터의 집권적 기관도 아닌 광범한 대중의 공동전선으로 설정되었다. 따라서 반제反帝 요

353 신주백은 재만한인반제국주의동맹의 조직 주체를 종래의 서울·상해파와는 다른 '재건설그룹'이라고 명명했다(신주백, 앞의 책, 1999, 238~239쪽). 일제 역시 구서울파와 상해꼼그룹의 연합을 '재건설파'로 명명하고 있다(「판결문」경성지방법원, 1933년 12월 20일 ; 在局子街 副領事, 「在滿洲朝鮮人共産黨ノ中國共産黨ヘ入黨シタル經過及延邊地方鮮支人共産黨ノ現狀」, 1930년 9월 18일, 강덕상, 『현대사자료』29, 580~583쪽).

소를 가진 단체 또는 개인을 광범하게 망라하여 조직할 것이며, 이에 가맹한 단체 또는 개인도 독자적인 조직과 투쟁의 자유를 구속받지 않는다고 했다. 재만 노동단체, 농민단체, 청년단체, 학생단체, 여성단체 등의 대중단체와 혁명단체를 비롯하여 일체의 피압박 대중은 반제 공동전선의 결성에 참여할 것을 촉구했다.[354]

재만한인반제국주의동맹은 1930년 1월 7일 선언서를 통해 자신들의 사명을 다음과 같이 밝히고 있다.[355]

> 재만 한인의 혁명전선은 이러한 결정적 현실(국내의 광주학생운동－필자 주) 아래 과거의 추태와 오류를 일소하고 대중적 혁명적 공동투쟁으로 재편성하지 않으면 안 된다. 재만한인반제국주의동맹은 이러한 역사적 임무를 수행하기 위해 단초적으로 출발하는 것이다. 그리하여 전만 각지에서 반제국주의적 공동전선의 결성을 촉진하여 호상互相의 연락을 도모하고 나아가 전만적全滿的 반제국주의反帝國主義의 대동맹大同盟을 사실상 실현함으로써 그 임무를 다하려는데 있다.

광범위한 반제反帝 공동전선의 구축을 통해 궁극적으로 전만적全滿的 반제 대동맹을 결성하자는 것이다. 이들은 기관지로 『노력자신문』을 발간하는 한편 조직 확대에 나섰다. 1월 7일 시민대회를 개최하여 동맹의 조직 경과를 보고하고 세포조직인 길림반제국주의자동맹吉林反帝國主義者同盟을 결성했다.[356] 이어

---

354 在吉林總領事, 「機密公第15號在滿韓人反帝國主義同盟ノ市民大會開催ニ關スル件」, 1930년 1월 9일, 『各國共産黨關係雜件, 反帝同盟關聯』, 1권, 일본 외무성 외교사료관 소장.

355 위의 자료.

356 在吉林總領事, 「機密公第15號在滿韓人反帝國主義同盟ノ市民大會開催ニ關スル件」, 1930년 1월 9일, 『各國共産黨關係雜件, 反帝同盟關聯』, 1권, 일본 외무성 외교사료관

1월 10일 길림성내 조선공산당 재건설만주부위원회 사무소에서 김중한(유동식), 고원, 이헌, 윤자영, 안붕, 박일파, 김찬, 안병기 등이 회합하여 반제국주의동맹 결성을 위한 선전활동을 결의했다. 이를 위해 제1선 합이빈 및 중동선 일대에 김중한, 윤자영, 제2선 간도지방 일대에 이헌, 제3선 남만연선 일대에 고원을 파견하기로 했다. 또 국내 학생운동의 확산을 위해 선전부장 윤자영을 국내에 파견하여 신간회 및 사상단체와 연락을 도모할 것을 계획하기도 했다.[357]

그 결과 3월 초에는 24개 단체가 중동한인반제동맹中東韓人反帝同盟을 조직했다. 남만지역에서는 2월에 반석현한인반제동맹이 조직되었고 돈화에서는 3·1운동 기념일을 앞두고 5개 단체가 연합하여 돈화한인반제동맹을 조직했다.[358] 이에 고무된 재만한인반제국주의동맹은 동년 3월 6일 중앙위원회를 개최하여 "조선민족의 영구한 공동투쟁기관으로 존속 활동할 것을 결의"하고 규약 개정 위원으로 신일룡과 최환을 선임했다. 이들이 표명한 규약 변경의 이유는 다음과 같다.[359]

> 본 동맹 당초의 목적은 조선내지에서 궐기한 혁명적 폭동(학생사건 – 필자주)을 옹호하는 데 불과하였는데 반제동맹은 광범한 의의를 가지고 혁명전선에서 조선민족의 공동투쟁의 역할을 다할 필요가 있으므로 전에 제정한

소장.

357 在通化分館　主任, 「機密公第44號 吉林ニ於ケル在滿鮮人反帝國主義同盟ニ關スル件」, 1930년 1월 9일, 『各國共産黨關係雜件, 反帝同盟關聯』, 1권, 일본 외무성 외교사료관 소장.

358 『만주노력자신문』, 제2호 4면, 1930년 4월 1일.

359 조선총독부 경무국장, 「朝保秘第314號在滿韓人反帝國主義同盟中央委員會開催ニ關スル件」, 1930년 3월 14일, 『各國ニ於ケル社會主義其他危險主義關係情報雜纂』, 1930, 일본 외무성 외교사료관 소장.

규약을 개정하여 영구히 공동투쟁 기관으로 존속 활동할 것을 결의한다.

이는 광주학생운동 지원조직에서 나아가 만주지역의 혁명운동을 주도하는 지속적인 반제동맹으로서의 위상 강화를 추구한 것이었다. 이들은 3월 8일의 부인데이에 남만여자교육회 길림지부와 공동으로 기념회를 추진하는 등 반제동맹 활동을 강화해 갔다. 3월에는 전만한인반제국주의대동맹창립주비회全滿韓人反帝國主義大同盟創立籌備會를 결성하고 조직확대에 나섰다.[360] 그러나 이들의 활동이 두드러진 성과를 거두지는 못했다. 왜냐하면 이들이 주장하는 반제 공동전선의 구축이 계급적 이해를 무시한 것이라는 비판에 직면했기 때문이었다.[361] 1928년의 코민테른 6차 대회 이후 '계급 대 계급' 전술이 채택되는 상황에서 계급 관계에 포용적인 조직이 활동할 수 있는 여지는 매우 적었다. 또한 동년 6월 재건설파 역시 일국일당주의를 수용하여 중국공산당에 입당하게 되면서 중국공산당 만주성위원회의 지도를 받을 수밖에 없는 처지였다.

간도지역 한인사회의 만세시위운동 간도지역에는 천도교 학생부의 선전문과 동계방학으로 귀향한 재경 학생 등을 통해 국내의 소식이 전해졌다. 이곳은 일찍부터 한인 사회가 형성된 관계로 학교를 중심으로 직접적인 시위운동이 전개되었다.

---

360 신주백, 앞의 책, 1999, 241~242쪽. 조선일보 보도에는 주비회 결성 시점이 5월 말로 나타난다(『조선일보』, 1930년 6월 14일).

361 일례로 반석현에 근거를 둔 중국한인청년동맹, 재만농민동맹, 길림현의 혁신농우회 등에서는 재만한인반제국주의동맹의 선언서를 비판하는 선언서를 발표하기도 했다(在吉林總領事, 「機密公第149號 在滿韓人反帝國主義同盟宣言ニ對スル批判宣言文譯報ノ件」, 1930년 3월 7일, 『各國共産黨關係雜件, 反帝同盟關聯』, 1권, 일본 외무성 외교사료관 소장).

학생들의 시위운동에는 지역 사회주의 단체의 지원이 크게 영향을 미쳤다. 일례로 1929년 12월 26일 재동만조선인청년총동맹在東滿朝鮮人青年總同盟은 용정龍井의 동흥학교와 대성학교에 시위를 촉구하는 선전문을 배포했다. 또 고려공산청년회 만주총국에서도 1930년 1월 대성중학교에 국내의 시위운동을 성원하라는 선전문을 배포한 바 있었다.[362] 1월 25일 용정시내에는 국내의 시위운동과 관련한 격문 수만 매가 살포되기도 했다.[363] 고려공산청년회 만주총국 명의의 이 격문은 동만조선인청년총동맹을 거쳐 대성, 동흥, 영신중학교 학생들이 배포한 것이었다.[364]

특히 1월 23일 함북 회령의 학생들이 만세시위를 결행했다는 소식은 용정 지역 학생들에게 큰 자극이 되어 시위운동의 움직임이 일었다. 시위계획은 명신여학교에서 시작되었다. 명신여학교 학우회는 은진중학교와 연합하여 시위를 결행하기로 의견을 모으고 3학년 김혜란이 은진중학교 학우회 간부를 방문하여 동일행동을 촉구했다. 이에 은진중학교 학우회는 준비 중이던 학교창립기념연극준비회를 시위운동준비회로 변경하고 작은 기와 선전격문을 제작했다. 마침내 1월 28일 용정의 은진중학교, 명신여학교, 동아소학교東亞小學校 학생들은 '학생만세'를 고창하고 작은 기를 흔들며 중앙중학교를 향해 연합시위운동을 전개했다. 이때 살포된 선전 격문에는 다음과 같은 내용이 수록되었다.[365]

---

362 강재언 편, 앞의 책, 224~225쪽.

363 『중외일보』, 1930년 2월 1일 석간.

364 吉林公所長, 「吉公情4第965號 朝鮮學生事件ガ間島地方ニ及ボセル波及」, 1930년 2월 9일, 中共中央編譯局 소장. 이 자료는 남만주철도주식회사의 조사보고서로서 길림공소장이 부총재에게 보고한 문서이다.

365 위의 자료.

- 조선 절대독립.
- 학생만세, 식민지 동화교육을 타파하라, 검거학생을 무조건 석방하라.
- 광주사건은 민족적 불평등의 실증實證이다. 우리들은 사력死力을 다해 총독정치에 반항한다.
- 일본제국주의를 타도하라. 민족해방 조선독립의 순간이 도래했다,
- 광주학생사건을 전선全鮮에서 전만全滿 전 세계에 확대하여 조선독립의 전위전前衛戰이 되게 하자.
- 지금의 광주학생사건은 3·1운동 이상의 좋은 기회를 조선민족에게 주어 더욱 진전이 있다. 일어나라 일반민중이여, 이 호기에.

일제도 이 시위가 3·1운동 당시의 만세시위를 방불한다고 평가하며 "학생해방운동으로 민족해방, 조선독립의 전위전前衛戰으로 삼으려한다"고 우려했다. 이로 인해 각 학교의 학생 70여 명이 일본 영사관경찰에 체포되어 취조를 받았다.[366] 또 용정촌의 동흥중학교, 대성중학교, 은진중학교 학생들은 졸업식을 이용하여 대대적인 시위운동을 계획했다. 이들은 격문 1만 매를 인쇄하여 용정, 두도구, 국자가, 백초구, 이도구, 남양평南陽坪, 대랍자大拉子, 동불사銅佛寺 등에 배포할 것과 각 학교 학우회대표연합회를 조직하여 연락을 도모할 것 등을 결의하고 활동했다.

2월 3일에는 영신중학교 학생들이 교정에서 만세를 불렀고 2월 5일에는 동흥중학교와 대성중학교 학생들을 중심으로 연합시위운동이 전개되었다. 이날 10시경 동흥중학교 전교생이 일제히 교문을 나와 "××××(민족해방 – 필자 주)

---

366 『중외일보』, 1930년 1월 29일 조간·석간. 검속된 은진학교, 명신여학교 학생들은 일본영사관의 유치장에서 만세를 고창하고 단식으로 항쟁하기도 했다(『동아일보』, 1930년 2월 7일).

만세"라고 쓴 적기赤旗를 선두로 용정시가로 진출했다. 이들은 격문을 살포하며 만세를 고창하고 시내 대성중학교 앞에서 시위동참을 촉구했다. 대성중학교 학생들이 합류한 시위대는 이어서 영신중학교, 광명고등여학교, 중앙학교를 경유하며 만세를 외쳤다. 시위 주도자가 시가지 동산 위에서 기를 흔들며 시위대의 진로를 지휘하여 마치 군대와 같은 치밀함을 보여주였다고 한다.[367] 일본 영사관의 기마경찰대가 출동하여 학생 50여 명을 검속했다. 그럼에도 불구하고 학생들은 10여 명씩 무리를 지어 시내 각지에서 만세를 불렀다.[368] 이날은 용정의 큰 장날이라 학생들의 시내 시위는 장꾼들에게 큰 자극을 주었을 것이다.

2월 12일에도 연합시위운동이 전개되었다. 오후 1시 동흥중학교, 대성중학교, 광명여자중학교 학생 200여 명이 태극기를 들고 격문 수천 매를 살포하며 대성중학교 교정에 집합했다. 이들은 진용을 정돈한 후 즉시 영신중학교로 몰려가 만세를 고창했다. 이어 격문을 살포하며 시내 각 처를 시위행진하다가 일본 영사관의 무장경찰에 의해 해산되었다.[369] 이에 호응하여 이튿날 13일에는 영신중학교 학생 300여 명이 격문을 살포하며 만세시위를 전개했다.[370]

이와 같이 용정지역에서는 사립 은진중학교와 명신여학교, 광명여학교, 동흥중학교, 대성중학교, 영신중학교 학생들을 중심으로 1929년 1월 말 이래 2월 초에 이르기까지 수차례에 걸쳐 시위운동이 전개되었다. 시위 당시 학생들은 적기와 태극기를 흔들고 '학생 만세', '독립 만세' 등을 고창했다. 일제는

---

367 吉林公所長, 「吉公情事第990號 間島地方ニ於ケル鮮人學生騷擾事件ノ經過續報(龍井駐在員 報)」, 1930년 2월 22일, 中共中央編譯局 소장.

368 『중외일보』, 1930년 2월 12일 석간 ; 『조선일보』, 1930년 2월 7일 : 『동아일보』, 1930년 2월 10일.

369 『중외일보』, 1930년 2월 17일 석간 ; 『동아일보』, 1930년 2월 13일.

370 『중외일보』, 1930년 2월 19일 석간.

이러한 시위운동이 "광주사건으로 발단되었으나 오랫동안 배양된 민족적 감정이 반일적 행동으로 표면화된 것"[371]이라고 보았다.

2월 중순에는 시위운동이 초등학교에까지 파급되었다. 2월 17일에 영신, 개성소학교, 19일에는 해성, 영신, 동흥소학교 학생들이 시위운동을 벌였다. 그 외에도 간도지방의 각 처에서 초등학교, 서당 생도 등의 시위운동이 전개되었다. 특히 2월 22일에는 두도구 일본영사분관 소재지 부근의 각 사립학교 학생이 서로 연락하여 장날을 이용한 연합시위운동이 추진되기도 했다. 즉 상청지하, 대동구, 소동구, 소오도구, 장인강, 봉의동, 세린하, 마록동 등지의 학생 100여 명이 대를 나누어 적기를 흔들고 격문을 살포하며 두도구 시내에서 시위운동을 전개했다. 이날의 시위로 65명이 일경에 체포되고 선전문 300여 매가 압수되었다.[372]

2월 16일 연길현 상의향 천보산에서는 보조서당 학생의 부형들이 간도 각지의 시위운동에 자극되어 학생 수십 명을 동원하여 시위운동을 계획했으나 일경에 탐지되어 뜻을 이루지 못했다.[373]

그런데 이와 같은 학생시위는 이 지역 사회주의 운동조직의 활동과 맞물려

---

371 吉林公所長, 「吉公情事第990號 間島地方ニ於ケル鮮人學生騷擾事件ノ經過續報(龍井駐在員 報)」, 1930년 2월 22일, 中共中央編譯局 소장.

372 外務省 亞細亞局 第二課, 『昭和五年三月十四日調 朝鮮學生事件ニ關スル在外朝鮮人ノ行動及支那人ノ言動』, 95~96쪽. 그 외에도 1930년 2월 7일 두도구에서 신흥학교, 약영동학교, 중평촌 서당 생도, 2월 9일 노두구 사립 중흥학교, 2월 16일 연길현 수신향 학산동 보통학교, 연길현 상의향 천보산 보조서당 생도(미수), 2월 19일 연길현 국자가 사립 숭신학교 생도(미수), 연길현 수신향 이도구 보조서당 구산학교 생도(미수) 2월 21일 두도구 영사분관, 이도구경찰분서 관내 수성촌, 어랑촌, 중남구 등 각지에서 학생시위가 있었다.

373 外務省 亞細亞局 第二課, 『昭和五年三月十四日調 朝鮮學生事件ニ關スル在外朝鮮人ノ行動及支那人ノ言動』, 97~98쪽.

전개되었다. 즉 구 화요파 중심의 조선공산당 만주총국에서는 국내의 학생시위운동이 국내는 물론 만주로 확산되자 이를 1930년 3·1운동 11주년기념 시위와 연결하여 만주지역의 대폭동운동으로 전환하려 했다. 조공 만주총국은 이를 위해 북만北滿에 만주총국 조직부장 강계환, 동만東滿에 선전부장 장주련(장시우)을 파견했다. 1월 말 동만에 파견된 장주련은 길림성 연길현에서 만주총국 동만도 간부들과 협의한 후 2월 하순 연변延邊학생연맹, 재동만조선인청년총동맹의 대표 등으로 '3·1폭동 11주년 기념 준비위원회'를 조직했다.[374] 이들은 수십 종의 격문 30여만 매를 인쇄하여 조공 동만도 간부 산하 각 세포원을 통해 간도 전역에 살포했다. 배포된 격문 중의 한 예를 들면 다음과 같다.[375]

> 지금 전조선은 강도 일본제국주의의 철제鐵蹄 아래에 짓밟히고 있다. 보라! 광주사건을 발단하여 전국적으로 움직이고 있는 학생운동자의 희생적 대혈투를 압살하기 위해 강도 일본제국주의는 우리의 학생 혁명자를 학살, 검거, 투옥하고 있다. 동지들이여! 우리들 혁명가는 우리의 혁명적 투쟁, 희생적 혈투를 바라고 있다. 동지들이여! 일제히 일어나서 투옥된 우리의 혁명적 학생을 탈환하라! 우리에게 고통과 압박을 가하는 일본제국주의를 반대하고 우리의 무장폭동을 연합하여 그놈들을 끝까지 박멸하자! 모든 방법을 이용하여 투쟁을 확장하고 폭동을 일으키자! 그리하여 즉시 노동자, 농민, 병사, 도시빈민의 민주공화국을 건설하자! 전도에는 우리들 혁명자의 승리가 있을 뿐이다. 전조선 학생혁명자의 혁명적 투쟁을 최후까지 무장적으로 후원하라! 조선독립만세!

374 「(張周璉 등)判決文」 경성지방법원, 1933년 12월 20일.

375 「전조선 학생혁명자의 혁명적 투쟁에 대하여 피압박 대중에 다시 檄함」, 경성지방법원 검사국, 『思想事件起訴狀決定判決寫綴』, 1930, 35쪽, 김창순, 김준엽, 『한국공산주의운동사』4, 청계연구소, 393~394쪽에서 재인용.

즉 국내에서 전개되는 학생시위운동에 호응하여 민중적 봉기로 무장폭동을 전개할 것을 주문하고 있는 것이다. 이들의 활동으로 2월 27일에는 두도구 부근의 농민 수백 명이 두 차례에 걸쳐 독립만세를 절규하며 시내에서 시위운동을 벌였다. 소오도구小五道溝 개척촌開拓村에서도 농민들의 시위운동이 전개되었다. 3월 2일에는 이도구二道溝 부근 농촌 청년 150여 명이 시내에서 시위운동을 추진했다.[376] 이들은 간도 혼춘 일대에서 학생과 농민, 청년이 연합하여 대대적인 시위운동을 추진했다. 시위 당시 태극기와 적기를 들어 사회주의 선전과 함께 조선민족의 독립을 표현하기도 했다. 이에 자신감을 얻은 조공 만주총국 동만도 간부들은 3월 5일 '3·1폭동 11주년준비위원회'를 '전동만폭동위원회全東滿暴動委員會'로 개편하여 5월 1일의 메이데이를 기해 전면적인 폭동을 일으키려 했다. 이같은 계획은 3월 중순 청년, 학생들이 검거되어 전모가 노출되었고 5월 중순까지 130여 명이 체포됨으로써 좌절되고 말았다.[377] 세칭 제3차 간도공산당 사건인 것이다.

이들 외에도 만주 각지에서 학생시위의 열기를 이어 3·1절을 계기로 연합시위운동이 추진되었다. 일례로 북만독립운동단체통일책강구예비회에서는 용정의 대성, 동흥중학교에 3·1절 기념일을 맞아 종래와는 달리 야간에 청년, 농민, 사회주의 단체 순으로 시위운동을 전개하자고 제의하기도 했다.

또 민족주의 계열의 한족총연합회 영안현지부에서는 국민부 모연대에 간부를 파견하여 간도지방에서 공동으로 모연활동을 전개할 것을 협의했다. 이들은 각 학교 사상단체와 연계하여 3월 1일을 기해 대시위운동을 전개하며 왕청, 화룡, 국자가, 이도구 각 지방에 7명으로 구성된 결사대를 파견하기로 했다.

---

376 「(張周璉 등)判決文」 경성지방법원, 1933년 12월 20일.

377 『조선일보』1931년 2월 5일.

이러한 학생시위운동에 대해 중국 관헌은 한인의 민족해방운동으로 인식하고 방임하는 태도였다. 단지 만주 침략에 부심하는 일제가 이의 취체를 구실로 외교문제를 야기할 것을 염려했다. 그 결과 길림성의 경무처장이 산하 각 기관에 형식적인 취체를 지시하기도 했다.[378]

간도지역의 학생시위운동은 비교적 늦은 1930년 1월 말부터 시작되어 2월에 들면 중등학교는 물론이고 초등학교와 서당 생도들에게 광범위하게 확산되었다. 서당 생도의 부형들까지 시위운동에 참여할 정도로 폭넓은 공감대를 형성했다. 그 결과 시위운동은 각 학교의 연합시위운동으로 전개되는 경우가 많았다. 이러한 시위 열기는 조선공산당 만주총국 등 사회주의 단체의 지원으로 국내와는 달리 일반인까지 합세한 연합시위운동으로 발전해갔다. 이는 국내의 학생시위가 일제의 탄압으로 소강상태에 접어드는 3월까지 계속되었다. 즉 3·1절 기념일을 맞아 청년, 농민, 사회주의 단체가 연합한 시위운동을 추진한 것이다. 이후 두 달 후인 5월 30일의 소위 5·30봉기는 바로 이러한 투쟁의 기반 위에서 가능했다고 이해된다.[379] 특히 국내와 인접한 간도 지역 학생들의 시위운동은 광주학생운동의 외연이 국외로 확장되면서 해당 지역 민족운동에 동력으로 작용하였다는 점에서 의미를 찾을 수 있다.

---

378 강재언 편, 『光州抗日學生事件資料』, 289쪽.

379 간도 5·30봉기는 중국공산당 만주성위원회와의 관계, 李立三 노선의 영향, 사회주의 운동노선의 변화 등 다양한 요인이 작용한 결과이다. 그러나 무장 폭동의 형태로 전개될 수 있었던 기반은 1930년 1~3월의 광범위한 시위운동에서 형성되었다고 할 수 있다. 특히 화요파 계열 조선공산당 만주총국의 세칭 제3차 간도공산당 사건 주체들이 무장 폭동의 운동방식을 채택한 것은 ML파 주도의 간도 5·30봉기에도 영향을 주었을 것이다. 당시 언론에서도 1930년 3월을 전후한 활동이 5·30봉기의 기초가 되었다고 평가하고 있다(『조선일보』1931년 2월 5일).

중국 내 한인사회의 광주학생운동 인식

1929년 11월 광주에서의 시위운동을 계기로 전국으로 확산된 학생운동은 동년 12월 중국지역의 한인 사회에 알려지기 시작했다. 주로 국내와 중국 내 언론을 통해 시위운동 상황이 전해졌다. 중국 내 한인 사회는 국내의 학생운동 상황을 대체로 다음과 같이 인식하고 있었다.

첫째 중국의 한인 사회는 국내에서 일제가 학생 수십 명을 학살하고 수천 명을 검거하는 대규모 탄압이 진행되고 있는 것으로 인식했다.

이러한 광주 한인학생 학살설은 이미 1929년 12월 초의 서울지역 학생들의 동조시위 당시 제기된 바 있었다. 1929년 12월 2~3일 조선학생전위동맹과 조선청년총동맹에서 서울 시내 각 학교, 사회단체, 언론사 등에 배포한 7종의 격문에는 공통적으로 광주에서 소방대, 재향군인 등에 의해 대대적으로 한국인 학살이 자행되고 있다고 하며 전민족적 봉기를 촉구하고 있었다. 이는 보도통제 하에서 서울 시내 대규모 학생의 동조시위 참가를 촉발하는 계기로 작용했다. 이러한 광주학살설은 즉각 일본 내 한인 사회에도 전달되었다. 1929년 12월 9일 일본 대판에서 "광주학생은 무엇 때문에 관헌에 맞아 죽고 있으며" 등의 내용이 수록된 문서 400여 매가 조선소년동맹원과 일반인에게 배포되기도 했다.[380] 광주에서 학생들이 학살되었다는 주장은 재중국 한인사회에도 전해졌다. 이러한 인식의 확산에는 중국신문의 보도도 크게 작용했다. 1929년 12월 초 서울지역의 동조시위 이후 내려졌던 보도통제가 해제되어 동년 12월 28일 국내의 신문들은 일제히 호외를 발행하며 시위상황을 대서특필했다. 이러한 국내 언론의 사실보도와 함께 중국의 신문들도 국내 학생운동의 상황을 보도했다. 이러한 과정에서 국내의 상황이 과장 보도되고 있었

---

380 강재언 편, 『光州抗日學生事件資料』, 217~218쪽.

다. '세계신문사世界新聞社 한경특신韓京特訊'으로 전한다는 1929년 12월 29일 상해 『민국일보民國日報』의 다음과 같은 보도내용은 이후 중국 내의 여론 형성에 중요한 기준점을 제시한 것으로 보인다.[381]

> 한국독립운동 학생폭동여일병항전 피포학생被捕學生 1,200명, 피살 40명 상자미확傷者未確 동맹파과同盟罷課 파급각지波及各地
>
> 한국광주 학생 반일폭동 후 전국학생이 모두 일어나 호응하고 있다. 전국 각 학교가 일률로 정과停課하고 경찰 당국은 계속하여 주모자를 검거하여 피포被捕 학생이 1,200명에 달하였다. 조금 조용했던 광주 학생들이 홀연히 다시 폭동을 일으켜 시가를 돌며 시위하였다. 경비 중인 일병이 학생 및 군중을 향해 총을 쏘아서 현장에서 피살자 40여 명이 발생하였고 부상자는 정확한 숫자를 알 수 없다. 일日 당국의 성명에 의하면 학생대學生隊가 먼저 일병日兵을 향해 돌을 던지며 싸움을 걸었고 일병은 처음 맨손으로 응전하여 서로 결투가 벌어졌다. 이때에 학생 중에 수 명이 권총을 들고 일병을 향해 난사하였다. 학생기숙사에서 탄약 수 상자를 발견하였으므로 이 때문에 학생을 피살한 것이다. 이는 일방적인 살상이 아니라 쌍방이 항전巷戰한 결과이다라고 운운한다.

중국국민당의 기관지인 상해 『민국일보』가 광주에서 학생과 일병日兵 간에 시가전이 벌어져 40여 명의 학생과 군중이 사망했다고 보도했다. 이는 일방적인 살상이 아니라 시가전의 결과라고 일본 당국이 발표했다는 것이다. 물론 시위 상황이 과장되었지만 상당히 자세하게 정황을 설명하고 있었다. 이러한 보도내용은 상해의 한인사회에 큰 반향을 일으켰으며 보도 내용도 그대로 받아들여졌다.

---

381 『民國日報』, 1929년 12월 29일(이 자리를 빌려 『민국일보』 자료를 제공해 준 한시준 교수께 감사드린다).

1929년 12월 31일 재중국한인청년동맹 제일구 상해지부의 격문에서는 광주에서 40여 명이 학살당했다는 『민국일보』의 기사내용을 그대로 인용하고 있다.[382]

재류동포여. 일본제국주의가 동만 및 동경에서 행한 8,600여 명의 학살사건은 우리들 민족이 잊을 수 없는 일인데 다시 광주에서 학생 1,200명의 검속과 40여 명의 학살을 행하였다. 이어 내무성을 습격하려 한다는 혐의로 400여 명의 동포를 체포하였는데 조선총독부는 이러한 사실의 보도를 금지하였다. 이제 선내鮮內의 대중 간에는 반일본제국주의 시위운동이 고조되고 있다. 우리들 재류동포는 총동원하여 내지의 운동에 호응하여 다른 혁명대중과 협동하여 제국주의 타도의 목적을 달성하지 않으면 안 된다.

이 단체는 1930년 1월 2일 격문에서 "작년 11월 이래 경성, 광주, 평양, 목포, 동경 등 각지에서 일어나는 동맹휴교, 파공罷工, 비밀출판 등의 운동에 대해 일본제국주의는 군대와 경찰로 대중을 학살, 감금, 고문을 자행하고 있다"고 했다. 또 이러한 사실을 은폐하기 위해 보도금지와 심지어 호남철도의 교통을 차단하고 있다고 지적했다. 이들은 기관지 『전보戰報』에 수차례에 걸쳐 광주학생운동의 진행경과를 보도했다. 『전보』 5호에 게재된 '광주사건의 전말약보'에는 "12월 12일 광주의 학생 및 시민은 세탁봉, 돌도끼 등을 들고 군경에 육박하였는데 군경은 우리 학생 40명을 총살하고 100여 명을 부상시켰다"고 보도했다. 이는 1929년 12월 31일 보도의 학생 40여 명이 피살되었다는 내용에서 더욱 진전된 것이었다. 즉 광주에서 무장한 한인과 일본 군경이

---

382 外務省 亞細亞局 第二課, 『昭和五年三月十四日調 朝鮮學生事件ニ關スル在外朝鮮人ノ行動及支那人ノ言動』, 6쪽. 원문은 한글이었을 것이나 일제가 일본어로 번역하여 보고한 것을 재번역하였다.

충돌하여 사상자가 발생했다는 것이다. 이후에도 『전보』는 '학생사건 속보' 등의 형태로 일자별로 각 지역 또는 학교의 동맹휴교, 시위운동 등을 연일 보도했다.

1930년 1월 11일 중국 상해에서 개최된 군중대회장에는 9종의 한글 격문과 5종의 중국어 격문이 살포되었다. 유호한국독립운동자동맹 뿐아니라 상해한인학우회, 재상해한인여자구락부, 중국본부 한인청년동맹 상해지부 등의 격문에서 공통적으로 '광주학생 40여 명 학살, 전국학생 2,000~3,000명 체포' 설이 제기되었다. 이러한 주장은 1월 13일에 발표된 상해한인각단체연합회의 선언서에도 그대로 수용되었고, 중국 각지를 비롯하여 미주에도 파급되었다.[383]

둘째, 학생운동이 정치문제로 전화轉化되어 '일본제국주의 타도'의 시위운동이 전국적으로 확산되고 있다고 보았다.

상해한인각단체연합회의 기관지인 『독립전보獨立戰報』의 1930년 1월 27일에는 '전선戰線'이 전국적으로 확대되고 있다고 보도했다.[384]

> 한일학생충돌사건은 정치문제로 전화轉化하는 도화선이 되어 전국적으로 확대되기에 이르렀다. 이미 1만 7천여 명의 투옥과 78명의 영웅적 투사의 도살을 낳았음에도 불구하고 운동의 계속을 보고 있는 것은 대중적, 전투적임을 알 수 있으며 전선戰線은 더욱 확대되어 전투는 일층 격렬해지고 있는데 ……

이는 학생뿐 아니라 일반 대중들도 참여한 전조선적 운동으로 파악했다.

---

383 外務省 亞細亞局 第二課, 『昭和五年三月十四日調 朝鮮學生事件ニ關スル在外朝鮮人ノ行動及支那人ノ言動』, 50~51쪽. 중국 신문은 상해한인각단체연합회의 보도내용을 그대로 인용하는 경우가 많았다.

384 外務省 亞細亞局 第二課, 『昭和五年三月十四日調 朝鮮學生事件ニ關スル在外朝鮮人ノ行動及支那人ノ言動』, 57쪽.

"도시, 농촌, 공장, 학교 등 반도半島 전도全島에 '타도일본제국주의', '조선독립 만세'의 소리가 충만하여 적의 심장을 옥죄고 있다",[385] "조선의 대중은 극도로 분격하여 전국에서 일제히 궐기하였으며, 대시위운동화 하여 '한국독립 만세'의 소리가 전토全土를 진동하고 있다"[386]는 것이다. 『전보』는 광주학생운동이 3·1운동 이상의 기세를 올리며 전국으로 확산되고 있다고 보도했다. 국내 각지에서 동맹휴교, 파업 등을 결행함과 동시에 '타도일본제국주의'의 대시위운동이 개시되었다는 것이다.[387]

그 외에 광주학생운동을 혁명운동으로 높이 평가하기도 했다. 중국 상해에서 안창호 등과 함께 상해한인각단체연합회를 주도했던 조소앙은 광주학생운동을 '광주혁명光州革命'으로 규정했다. 그는 국내 혁명운동의 주력군이 점차 민중적, 전국적으로 확대되고 있는데 청년과 학생이 그의 가장 주요한 계층이라고 보았다. 그는 특히 1927년 이후 고조된 국내의 학생 동맹휴학 활동에 주목하면서 학생계의 해방운동은 전국에 파급되고 있으며, 이는 혁명사革命史의 이채를 띠는 것이라고 진단했다.[388] 이와 같은 인식의 연장으로 1929~1930년의 광주학생운동을 '광주혁명'으로 파악한 것이다. 그는 광주학생운동에 고무되어 한국의 현상과 혁명적 추세를 체계화한 『소앙집素昂集』을 저술하면서 1930년 4월 광주학생운동을 대미로 『소앙집』 상권을 마무리했다.[389] 조소앙

385 앞의 자료, 31쪽.

386 앞의 자료, 42쪽.

387 外務省 亞細亞局 第二課,『昭和五年三月十四日調 朝鮮學生事件ニ關スル在外朝鮮人ノ行動及支那人ノ言動』, 31·58쪽.

388 -學生之革命運動與敵人高壓之最近慘狀-「素昂集」上篇, 한국정신문화연구원,『韓國獨立運動史資料集-趙素昂篇(一)』, 249~250쪽.

389「素昂集」 上篇, 한국정신문화연구원, 『韓國獨立運動史資料集趙素昂篇(一)』, 237~307쪽.「素昂集」上篇은 총 6장으로 구성되었는데 한국의 현상과 혁명적 추세를 주제로 한 것이다. 먼저 일제의 식민지배를 정치적 유린, 교육적 압박, 경제적 파멸의

이 광주학생운동을 중심으로 한국 혁명운동을 체계화하려 했던 의도를 엿볼 수 있는 것이다. 이는 광주학생운동에 대한 최초의 체계적인 역사서술이라고 할 수 있다.

광주학생운동은 중국으로 파급되면서 한인 민족운동계에 큰 영향을 주었다. 광주학생운동에 호응한 중국 내 한인 사회의 활동은 다음과 같이 요약될 수 있다.

첫째, 직접적인 시위운동, 선전활동을 통해 민족운동을 활성화시키는 계기로 작용했다는 점이다. 예를 들어 상해한인각단체연합회는 시위와 선전활동 등을 통해 국내의 운동 상황을 중국, 미주 등지의 한인 사회에 전달했다. 북경, 천진지역 한인사회에서도 한인대회 또는 격문 배포를 통해 국내의 학생운동을 지원했다. 이는 각 지역의 조건에 따라 해당 지역 민족운동을 활성화시키는 계기로 작용했다. 특히 북간도지역에는 한인 학생들을 중심으로 지속적이고 광범위하게 시위운동이 전개되었다. 학생들은 개별 학교 또는 학교 연합으로 시위운동을 벌였다. 이때 '독립만세' 등의 구호를 외쳤는데 이는 학생운동이 구체적으로 민족운동으로 변화되고 있음을 보여준다. 더욱이 조선공산당 만주총국 등 사회주의 단체의 지원으로 농민, 청년들의 시위운동을 이끌어내어 1930년 이 지역 농민폭동의 추동력이 되기도 했다. 간도지역 한인 학생들의 시위운동은 국내 학생시위운동이 국외로 확산되어 광주학생운동의 외연

3장으로 구분하여 서술했다. 4장에서는 한국 혁명운동의 역사적 기초를 고대 시기부터 고찰했다. 5장은 "韓國革命運動之體系"라는 제목으로 근대의 한국혁명운동을 5차 혁명이라고 표현한 3·1운동부터 살피고 있다. 이어서 상편의 마지막 장인 6장을 "光州革命之眞象"이라고 하고, 이를 다시 6개의 절로 나누어 자세히 서술하고 있다. 그런데 5장의 "韓國革命運動之體系"가 2개의 절에 불과한 데 비해 6장의 광주혁명 부분이 6개의 절로 구성된 것을 보면 조소앙이 광주학생운동을 중심으로 「소앙집」 상편을 체계화하려 했던 것으로 이해된다.

이 확대되고 있었음을 의미한다.

둘째, 광주학생운동을 계기로 항일운동 세력의 통일문제가 제기되었으나 소극적인 수준에 머물렀다는 점이다.

재중국한인청년동맹 제일구 상해지부는 1930년 1월 11일 군중대회 당시 배포한 격문에서 "내외의 우리 동포는 서로 호응하여 일어나 종래의 과대망상적 관념을 버리고 무릇 혁명세력의 통일을 기해 실제투쟁을 전개해야 한다"고 촉구했다.[390] 그러나 같은 격문에서 "타민족과 협조하고 중국의 노농혁명 및 소련을 옹호하여 혁명의 목적을 달성해야 한다"고 하여 소비에트 지지의 입장을 밝히고 있다. 반면 민족주의계와의 연합방안은 전혀 거론되지 않았다. 이는 중국 내의 한인 사회주의계가 코민테른 6차 대회 이후 12월테제, 일국일당주의의 수용으로 사회주의 국제연대에 기울어간 현실을 반영한다. 반면 광주학생운동이 민족주의계에는 새로운 활력과 운동방략 모색의 계기로 작용했다. 북경의 한족동맹회, 천진의 조선대독립당주비회 등의 결성은 광주학생운동이 직접적인 동인이 되었다. 이 단체들은 종래의 침체된 국면을 탈피하여 유일당운동 노선의 분화와 재시도 등 국면 전환을 모색했다. 그러나 당시 국제정세의 변화, 좌우파의 입장 차이 등으로 인해 만족할만한 성과를 거두지는 못했다.

중국 관내와는 달리 만주 길림에서는 사회주의계가 주도하여 광주학생운동의 후원을 목적으로 재만한인반제국주의동맹이 결성되었다. 이 동맹은 광범위한 반제공동전선反帝共同戰線의 구축을 시도했으나 역시 일국일당주의의 수용에 따른 한인 사회주의자의 중국공산당 입당의 분위기 속에서 지속적인 활동을 전개할 수 없었다. 결국 1929~1930년의 운동 조건은 1926년 6·10만

390 外務省 亞細亞局 第二課, 앞의 자료, 40쪽.

세운동의 영향으로 국내외에서 민족유일당 운동이 촉발되던 당시와는 매우 다른 상황이었던 것이다.

셋째, 중국 내 한인 단체는 중국을 비롯하여 대만, 인도 등 피압박 민족의 적극적인 지원을 요청했다. '조선혁명의 성공은 중국혁명의 성공을 촉진할 것이므로 상호 단결하여 제국주의 타도에 매진하자'고 호소했다. 상해한인학우회의 격문에는 "중국의 동포여, 일본 제국주의는 공동의 적이 아닌가, 우리와 공동하자, 연합하자, 공동의 적과 싸우자"[391]라고 하여 상호 협력해 공동의 적인 일제에 항쟁할 것을 촉구했다. 중국본부 한인청년동맹 상해지부는 격문을 통해 일제가 1929년 5월 3일 중국 제남濟南에서 자행한 학살사건과 유사한 대학살극을 벌이고 있으므로 중국 혁명민중은 조선의 혁명동지와 연합하라고 촉구했다.[392]

그런데 이러한 활동의 배경에는 일제의 학생운동 탄압으로 인해 수십 명이 학살당했고, '일제 타도'의 시위운동이 전국적으로 확산되어 학생운동이 정치문제로 변화되고 있다는 인식이 작용하고 있었다.

중국 정부와 언론의 광주학생운동 인식과 지원활동

국내에서 전국적으로 전개되는 학생운동은 중국에도 큰 반향을 일으켰다. 중국 언론은 국내의 학생운동 진행상황을 수시로 보도하며 중국 내 여론을 형성해갔다. 중국 내 보도는 총독부의 보도통제가 해제되어 국내 언론기관에서 일

391 앞의 자료, 45쪽.
392 앞의 자료, 44~45쪽.

제히 호외를 발행하는 1929년 12월 28일 이전에는 단순한 사실보도의 수준이었다.[393] 그 성격도 '학생폭동學生暴動'으로 평가하고 있었다. 그러던 것이 12월 28일 국내의 언론보도를 통해 서울지역 동조시위 등이 대서특필되자 중국 언론의 논조가 급변했다. 『민국일보民國日報』의 1929년 12월 29일 보도 제목은 '한국독립운동韓國獨立運動 학생폭동여일병항전學生暴動與日兵巷戰'이었다. 이후 중국 내 각 언론들은 국내 학생운동의 진행과정을 '한국독립운동개황概況' 등으로 연속 보도했다. 또 중국국민당, 중국공산당 등의 중앙 및 지방 당부와 각 사회단체의 성명서는 '원조援助한국독립운동', '한국혁명운동' 등으로 표현되었다. 활동성격을 '한국독립운동'으로 격상하여 보도하고 있는 것이다. 그러면서 보도내용도 과장이 많아졌다.

중국국민당 정부는 1930년 1월 한국학생운동에 대한 공식적인 지지입장을 표명했다. 중국국민당 중앙집행위원회는 중국 각지의 국민당 당무黨務·정치·군사기관, 민중단체, 언론기관 앞으로 다음과 같은 통전을 보내 한국 독립운동 지지를 공개적으로 천명했다.[394]

> 전국 각 당무黨務 정치군사기관, 각 민중단체, 각 보도기관 앞
> 이번 한국혁명은 노도같이 팽배하여 전국에 떨쳐졌다. 이는 20여 년 내 망국의 고통에서 벗어나기 위함이다. 그 독립의 목적을 달성하기 위해 전국

---

393 중국국민당 기관지인 『民國日報』의 보도를 중심으로 기사 제목을 살펴보면 '漢城學生暴動 與日警衝突被捕九百人(1929년 12월 11일)', '韓學生暴動眞相(1929년 12월 12일)', '韓學生 反日運動擴大(1929년 12월 19일)', '韓國學生 反日暴動 眞相(1929년 12월 20일)', '韓國學潮 延及女生(1929년 12월 21일)', '性質重大之韓京反日暴動(1929년 12월 28일)' 등이다. '학생폭동'으로 보면서 사실보도에 치중하고 있다. 물론 보도한 기사 내용이 정확한 것은 아니었다.

394 外務省 亞細亞局 第二課, 『昭和五年三月十四日調 朝鮮學生事件ニ關スル在外朝鮮人ノ行動及支那人ノ言動』, 126~127쪽.

> 민중이 죽음도 불사하며 일본제국주의와 항쟁하고 있다. 우리 유학생들이 연일 중앙에 전보한 바에 의하면 한국혁명지사와 혁명 민중으로 일본제국주의에 체포 살육된 자가 2만여 인이다. 우리들은 이에 한편으로 약소민족에게 무한한 동정을 보내며 한편 일본제국주의의 흉악 잔인함에 대해 공리公理에서 나오는 의분을 느낀다. 사람들이 서로 돕고 민족 자결의 입장에서 어찌 강 건너 불 보듯이 관망만 할 것인가. 사람을 구하는 것은 바로 자신을 구하는 것이다. 세계혁명의 성공이 진실로 중국 혁명에 달렸고 중국혁명의 진행 경과를 단축시키려면 한국독립운동이 일제국주의의 주요 수뇌자를 암살하지 않으면 능히 신속히 성공할 수 없으니 크게 관련이 있다. 일치하여 성원할 것을 바란다.

한국독립운동이 중국 혁명의 완수에 도움이 되므로 적극적으로 성원하라는 것이다. 그런데 중국국민당 정부는 광주학생운동으로 촉발된 한인들의 독립운동을 지원할 것을 천명하면서도 독립운동가들이 중국공산당의 반제국주의 운동에 현혹되지 말 것을 당부하고 있었다.

중국국민당 정부의 공식적인 지원 입장 표명에 따라 1930년 1월 하순 이래 중국국민당 강소, 절강, 산서, 하북성의 각 성당부省黨部 및 천진, 청도, 한구 등의 각 시당부市黨部에서는 중국의 항일단체, 언론사 등에 한인의 독립운동 원조에 관한 통전通電을 보냈다. 상해, 북평, 봉천, 한구, 합이빈, 복주福州 등의 중국 신문은 상해한인각단체연합회에서 배포한 광주학생운동 관련 격문을 게재하고 동정적인 사설을 실어 후원했다.[395] 일례로 항주 중국국민당 절강성집행위원회는 1930년 1월 30일 한국독립운동 원조의 결의를 하면서 상해 대한독립당大韓獨立黨[396] 앞으로 다음과 같은 전보를 보냈다.[397]

---

395 外務省 亞細亞局 第二課, 『昭和五年三月十四日調 朝鮮學生事件ニ關スル在外朝鮮人ノ行動及支那人ノ言動』, 120~121쪽.

396 한국독립당을 지칭하는 것으로 보인다.

귀국貴國 광주학생사건 발생 후 귀국 공인工人 청년 및 전체국민이 귀당貴黨의 영도하에 영용英勇 심의沈毅의 정신으로 일 제국주의에 육박肉搏 항거하고 있다. 이는 민족독립 자유로서 세계 악마를 제거하는 투쟁으로서 실로 본당 및 세계 일체의 피압박 민족과 연합하여 타도 제국주의의 주장이 서로 합치하는 것이다. 본회는 귀당 및 귀국 전체 국민의 이러한 영광스러운 투쟁에 실로 무한한 동정을 보내며 국민들의 조력을 환기할 것을 약속한다. 적아赤俄는 약소민족 부조扶助의 이름을 빙자하여 마음대로 침략하려고 하므로 …… 귀당貴黨이 민족독립 자유를 위한 투쟁에 노력할 때 이들의 현혹에 빠지지 않기를 바란다.

중국국민당 강소성 당무정리위원회는 1930년 2월 7일 한국 학생운동에 관해 다음과 같은 내용의 「한국국민당韓國國民黨에[398] 동정을 표하고 또 독립운동의 목적 달성을 기원하는 전보」 발송을 결의했다.[399]

일한병합 이래 일본제국주의의 귀국貴國 동포 압박은 말할 수 없는 것이었다. 또 이번 광주사건에서도 학살을 자행함으로써 귀국 민중은 독립운동을 위해 분기하였다. 이러한 정신이라면 피압박 민족 해방의 날은 가까이 있다. 우리 당은 세계약소민족과 연합하여 공동 분투하며 중한 양국은 같은 동방 피압박 민족으로서 상호 부조의 필요가 있다. 우리들은 전성全省 동지와 민중을 이끌고 귀국의 혁명운동을 후원할 것이므로 일층 독립의 완성에 노력

397 「浙省執委會 電慰韓國獨立運動, 光榮之鬪爭具無限同情 誓當喚起國人豫以助力 在鬪爭時毋墮赤俄詭謀」, 『민국일보』, 1930년 2월 5일.

398 여기서 韓國國民黨은 1930년 1월에 결성된 한국독립당을 지칭하는 것으로 보인다. 이는 일제 정보보고서에서 한국독립당을 한국국민당으로 칭한 것과도 같은 맥락이라고 할 것이다. 한국독립당은 결성 이래 비밀결사로 활동했으며, 표면적으로 그 존재가 드러난 것이 1932년으로 알려져 있다. 그러나 중국 정부에서는 1930년 1월 말에 이미 한국독립당의 결성 사실을 알고 있었던 것 같다.

399 「蘇省黨部 電韓國民黨表同情 預祝韓國革命成功」, 『민국일보』, 1930년 2월 10일.

> 해 줄 것을 바란다. 단지 주의를 요하는 것은 공산당배共産黨輩가 반제국주의 운동 등의 수단을 이용하여 혁명동지를 유혹할는지도 알 수 없으므로 이들의 간책에 빠지지 않고 세심한 주의로서 혁명 성공에 나아가야 한다.[400]

동방 피압박 민족은 상호부조의 필요가 있으므로 서로 연합하여 타도 제국주의운동에 나서자는 것이다. 중국 정부도 한인의 혁명운동을 후원할 것이니 독립의 완성에 노력하라는 격려도 포함하고 있다. 그러면서도 중국공산당이나 코민테른과의 연합을 경계하고 있다. 이와 같은 국민당 측의 좌파 견제는 국내 학생운동을 전민족적 운동으로 발전시키기 위한 독립운동계의 좌우파 연합전선 형성에 부정적으로 작용했을 것이다.

한편 중국공산당 측은 이 기회를 반제국주의 투쟁을 선전하는 호기로 이용하고자 했다. 중국 사회주의 단체는 일제의 한국 학생 시위운동 탄압을 규탄하면서, 전 세계의 피압박민족이 연합하여 반제국주의 투쟁을 전개하고 중국공산당과 소비에트를 수호하자는 주장을 폈다.[401] 한국 학생운동 지원을 통해 피압박민족의 반제국주의 투쟁을 고양시키고 이를 중국공산당 지지로 연결시키려고 한 것이다. 중국공산당 계열의 천진총공회天津總工會, 중국청년반제국주의동맹 등에서는 집회를 개최하고 한국 학생운동의 원조와 구속학생 위문 등을 결의하기도 했다.

중국국민당 정부와 각 시당부는 성명서 발표를 통해 한국 학생운동을 지지, 성원하는데 그쳤다. 이에 비해 중국 사회주의 각 단체는 반제국주의 집회 등을 통해 성원 결의, 시위행진 등 직접적인 지원 행동을 전개했다. 이러한 지원

---

400 外務省 亞細亞局 第二課, 『昭和五年三月十四日調 朝鮮學生事件ニ關スル在外朝鮮人ノ行動及支那人ノ言動』, 128~129쪽.

401 1930년 1월 11일 上海青年反帝大同盟의 격문(外務省 亞細亞局 第二課, 『昭和五年三月十四日調 朝鮮學生事件ニ關スル在外朝鮮人ノ行動及支那人ノ言動』, 49~50쪽).

활동에는 일제와 중국국민당 정부의 접근을 견제하고, 중동로사건으로 고조된 반소 감정을 반일감정으로 전환하려는 의도도 작용하고 있었다.[402]

그런데 중국 측에서 한국 학생운동에 대한 적극적인 지지와 후원을 선언하는 근저에는 다음과 같은 인식이 내포되어 있었다.

첫째 일제가 중국에서 자행한 학살사건과 연결하여 인식했다는 점이다. 중국 측의 언론 보도나 전문電文에는 국내에서 학생 학살이 확대 보도되고 있었다. 중국국민당 중앙집행위원회의 통전에는 '체포살육자 2만여 인'으로 표현되었다. 국민당뿐 아니라 사회단체의 선언문도 정도의 차이는 있지만 공통적으로 한국 내에서 대살육이 자행되었다고 전했다. 예컨대 1930년 1월 22일 중국청년반제대동맹 요녕분회遼寧分會의 선언서에는 "광주학생사건 발생 후 다시 1,700명의 민중을 살해하고 3만여 명을 체포했으므로 한국 대중은 분격하여 반일 대시위운동을 일으켰다"고 했다.[403] 1930년 2월 12일 중국국민당계의 상해 『민국일보』에는 '경성특전京城特電'으로 학생운동을 보도하면서 2개월 간의 학생맹휴 중 체포된 자가 4만 5천 명, 살해된 자가 수천 명에 이른다고 했다.[404] 그런데 일제는 제남濟南, 청도靑島, 철령鐵嶺 등지에서 학살을 자행하여 중국인의 공분을 일으킨 바가 있었다. 따라서 '광주참안光州慘案'은 1929년 5월의 '제남참안濟南慘案'과 비견되면서 일제의 잔학성을 다시 한 번 각인시키는 계기로 작용했다. "일본제국주의는 제남, 청도, 철령 등에서 흉포를 드러낸 역사가 있다. 우리들은 피도살자의 복수를 함과 동시에 중한민족이 연합하여 일본제국주의를 타도하자"는 북경유일피포동포원조회北京留日被捕同胞援助

402 조선총독부 경무국, 『朝鮮の治安狀況』, 1930, 99~100쪽.

403 外務省 亞細亞局 第二課, 『昭和五年三月十四日調 朝鮮學生事件ニ關スル在外朝鮮人ノ行動及支那人ノ言動』, 143쪽.

404 『民國日報』, 1930년 2월 12일.

會의 선언서가 공감을 얻을 수 있었던 것이다.[405]

둘째 중화사상과 연계하여 이해하는 측면이 있었다. 즉 "조선은 역사상 오래 아국我國에 예속되어 그 민족은 원래 중화민족의 일부분이었다"는 것이다.[406] 따라서 중국의 옛 속국屬國 또는 고토故土인 한국의 독립운동을 지원해야 한다는 것이다.[407]

셋째 무엇보다 중요한 것은 "일본의 대륙정책은 실로 조선을 책원지策源地로 하므로 조선이 일본의 기반羈絆에서 벗어나는 것은 아국我國 동북변경의 영토 주권을 스스로 강고히 하는 것"이라는 인식이었다.[408] 즉 한국이 독립되면 일본과 중국의 완충지대가 설정되기 때문에 중국 동북변경이 안정된다는 것이다. 이러한 인식은 1930년 당시 일제가 만주지역에 대한 침략을 본격화하는 시점이었으므로 상당히 설득력 있게 받아들여졌을 것이다. "중한 양국은 같은 동방피압박 민족으로서 상호 부조의 필요가 있다"는 인식도 광범위하게 주장되었다.

또 중국국민당 정부의 공식적인 지지 성명서에는 "중국혁명의 진행경과를 단축시키려면 한국독립운동이 일제국주의의 주요 수뇌자를 암살하지 않으면 능히 신속히 성공할 수 없으니 크게 관련이 있다"고 하여 중국 혁명의 단축을 위해 한국 독립이 필요하다고 지적하고 있었다. 중국혁명의 완성을 위해서는

405 1930년 1월 14일 北京留日被捕同胞援助會의 「宣言書」(外務省 亞細亞局 第二課, 『昭和五年三月十四日調 朝鮮學生事件ニ關スル在外朝鮮人ノ行動及支那人ノ言動』, 140쪽).

406 1930년 2월 19일 漢口特別市黨部의 「通電」(外務省 亞細亞局 第二課, 『昭和五年三月十四日調 朝鮮學生事件ニ關スル在外朝鮮人ノ行動及支那人ノ言動』, 131쪽).

407 1930년 2월 4일 河北省黨部의 「通電」(外務省 亞細亞局 第二課, 『昭和五年三月十四日調 朝鮮學生事件ニ關スル在外朝鮮人ノ行動及支那人ノ言動』).

408 1930년 2월 19일 한구특별시 당부 「通電」(外務省 亞細亞局 第二課, 『昭和五年三月十四日調 朝鮮學生事件ニ關スル在外朝鮮人ノ行動及支那人ノ言動』, 132~133쪽).

일본제국주의가 중국에서 배제되어야 하는데, 한국 독립운동자가 일본의 주요 수뇌자를 암살해 달라는 주문도 포함된 것이었다.[409]

국내의 학생운동은 중국 각지의 신문을 통해 중국인들에게 널리 알려졌다. 상해의 『민국일보』와 『신보申報』를 비롯하여 광동의 『광주민국일보廣州民國日報』 남경의 『중앙일보中央日報』 북경의 『익세보益世報』 봉천의 『신민만보新民晩報』 간도의 『민성보民聲報』 등 중국 각지의 신문들이 광주학생운동의 진행상황을 '한국독립운동개황韓國獨立運動槪況' 등의 연속 기사로 보도하고 있었다.[410] 이를 통해 학생운동이 전국으로 확산되는 과정이 비교적 소상히 중국 사회에 전해졌다. 사실과 다르거나 과장된 내용이 보도되기도 했으나, 이러한 언론 보도는 중국인의 대한의식對韓意識을 진작시키는 계기가 되었을 것이다. 즉 한국인에 대한 중국인의 부정적인 인식을 전환시키는 데 크게 기여했을 것으로 보인다. 일례로 중국청년반제대동맹 요녕분회遼寧分會는 1930년 1월 22일 다음과 같은 선언서를 발표했다.[411]

> 중국인 중에는 한인의 만주 이주가 일본의 중국 침략을 돕는 것으로 오해하고 있으나 한인은 일본의 압박을 견디지 못해 도피하여 온 것이므로 이를 도와서 한인의 독립운동을 달성시키기 위해 약소민족이 연합하여 제국주의 타도에 진력을 경주해야 한다.

한인의 만주 이주가 일본의 중국 침략을 돕는 것이라는 중국인의 인식은 오

---

409 백범 김구의 의열투쟁 방략은 중국국민당 정부의 이러한 '일본 수뇌자 암살' 열망을 잘 활용한 것이었다고 할 수 있다.

410 「出版警察槪況」, 『朝鮮出版警察月報』 16호~20호, 1929년 12월 6일~1930년 3월 31일

411 外務省 亞細亞局 第二課, 『昭和五年三月十四日調 朝鮮學生事件ニ關スル在外朝鮮人ノ行動及支那人ノ言動』, 143~144쪽.

해라는 사실을 주지시키고 있다. 이러한 인식은 국내에서 많은 학생들이 일경에 의해 학살되었다는 보도로 강화되면서 반제국주의 공감대를 형성했을 것이다.

이와 같이 중국국민당 정부는 광주학생운동에 대한 지지 성명서 등을 통해 한국독립운동을 지원했다. 중국공산당은 대만, 인도 등 피압박 민족과 연대하여 시위운동 등의 지원활동을 전개했다. 또 국내의 학생운동 전개과정이 중국 내 신문에 연일 보도되면서 중국인의 대한인관對韓人觀이 크게 호전되었을 것으로 보인다. 이와 같이 광주학생운동은 국내와 마찬가지로 중국 내에서도 민족운동의 새로운 전환점을 마련하는 계기로 작용하고 있었다.

일본 · 노령 · 미주지역의 반향

일본지역

국내와 가까운 일본은 비교적 빨리 국내의 운동 상황을 파악하고 있었다. 1929년 11월 말에 이미 재일본조선노동총동맹 동경조선노동조합에서는 다음과 같은 내용의 「광주학생사건에 제際하야 전조선피압박민족 제군에게 격檄함」이란 격문을 제작 배포했다.[412]

> 일체의 교육적 시설은 과연 조선민족의 지식욕을 만족식히기 위함인가. 단연코 안이다, 혁명적 학생의 반항을 말살하고 의식적 노예를 만들쟈는 것이

412 金仁德 편, 『植民地時代 民族運動史資料集』 일본지역편 1권, 국학자료원, 1996, 103~104쪽. 격문의 작성시기가 명시되지 않아 정확한 배포일자를 알 수 없으나 "內務省 昭和4年 11月 27日"의 도장이 찍힌 것으로 보아 이때 압수된 것으로 보인다.

제국주의적 교육의 목적이다. 보라 교내의 학생은 경찰과 야합한 일인학교 당국에 의하야 추호의 자유도 발휘치 못한다. 교내 학생회, 과학연구회, 스트라익 등 기타 일체 언론집회출판결사의 자유는 경찰의 폭압에 의하야 여지업시 유린당하고 잇지 안는가? …… 전조선 민족제군! 금 11월 초에 발발하야 지금까지 악전고투하고잇는 광주학생사건을 보라! …… 전투적 민족제군! 또 보라, 이것을 응원하는 농교農校 생도와 시민의 시위행렬에 질식한 경찰은 소방대, 군대를 동원하야 우리 민중의 항쟁을 유린하얏다. 제군! 또 보라 반동 총독정치는 이 사건의 기재記載를 금지하야 조선민족의 귀와 눈을 가리웟다. 이것은 반동적 총독정치가 전민족의 반항을 말살하려는 예방이 안이고 무엇인가! …… 전조선민중제군! 우리 미래 사회 주인공인 용사 광주고보 학생을 응원하라. 반동적 학교당국과 경찰의 민족적 압박에 반항하야 전민족적 항쟁으로 투쟁하라. 학부형은 학부형회로 단결하야 우리의 무죄한 자제를 구박하는 학교 당국과 경찰에 항쟁하라, 시 전체는 시민대회, 노동자는 공장파업, 학생은 스트라익을 통하야 광주학생××하라.

제국주의 노예교육 즉시 철폐
조선인본위 교육실시
학생의 언론 집회 출판 결사의 자유
학생사건에 경찰간섭 절대반대
광주학생사건 희생자를 탈환하라
제약법 철폐
조선총독 폭압정치 반대
타도 일본제국주의
조선민족 해방만세

이 격문은 일제의 교육을 노예교육이라고 규정하고 광주사건에 학교당국과 경찰이 민족적 압박을 가하고 있다고 지적했다. 따라서 학부형은 학부형회, 시민은 시민대회, 노동자는 파업, 학생은 스트라이크를 통해 전민족적으로 항쟁하라고 촉구했다. 이 격문은 내용에서 알 수 있듯이 일본 내의 한인을 대상으로 한 것이 아니라 국내 배포를 목적으로 제작된 것이었다. 그런데 이 격문

뿐 아니라 일본의 한인 단체에서 제작된 격문이 실제로 국내에 어느 정도 배포되었는지는 정확히 알 수 없다. 단지 1929년 12월 초 서울지역 학생시위를 준비 중이던 일부 중등학교 학생들이 재일본조선노동총동맹에서 배부한 격문을 입수하여 회람하고 있었던 사실이 확인된다.[413] 또 1930년 1월 초 함북 원산에서 남상완, 남상효 등이 전국희생학생옹호동맹全國犧牲學生擁護同盟 명의로 제작하여 누씨여고보 등에 배포한 격문은 일본 도쿄에서 보내온 격문에 기초한 것이었다.[414] 1927~1928년 국내의 맹휴 당시 재일 한인 사회단체의 지원 격문이 국내의 활동에 큰 자극을 주었던 것을 고려하면, 광주의 학생사건에도 재일 한인단체의 격문이 상당히 유입되었을 것으로 보인다. 1929년 12월 9일에는 "광주학생은 무엇 때문에 관헌에 맞아 죽고 있으며" 등 광주의 운동 상황이 수록된 오사카 조선소년동맹의 기관지 『뉴스』 3호가 동맹원과 일반인에게 배포되었다.[415]

광주학생운동이 서울로 확산되어 학생들의 대규모 시위운동이 전개된 이후인 12월 14일에는 유학생학우회 주최로 도쿄 간다마치의 조선기독교청년회관에서 광주학생사건 비판연설회가 개최되었다. 일인 변호사 5명의 연설 후 시위운동을 결행할 계획이었으나, 간부들이 체포되고 출연할 변호사들도 변론 중지를 받아 시위는 실패했다. 그 후 동회 간부들은 재일본조선노동총동맹 간부와 연락하여 12월 24일 재차 시위운동을 계획했으나 사전에 60여 명이 검거됨으로써 뜻을 이루지 못했다.[416] 12월 27일에도 다시 운동을 기도했으나

---

413 1929년 12월 초 중동학교의 권오덕, 김인배 등이 일본에서 보내온 격문을 회람한 바 있다(경성종로경찰서, 「金仁培 신문조서(2회)」, 1929년 12월 7일, 『한민족독립운동사자료집』 49, 163쪽). 이는 조선학생과학연구회를 통해 입수되었을 가능성이 크다.

414 「昭和五年刑控第384號(劉三奉)判決文」, 경성복심법원, 1930년 9월 29일.

415 강재언 편, 앞의 책, 217~218쪽.

416 『동아일보』, 1929년 12월 29일.

사전에 76명이 검거되고 말았다.[417] 일본 내에서의 동조 시위운동은 일제의 탄압으로 번번이 좌절될 수밖에 없었던 것이다.

1930년 1월 3학기 개학 후 전국적으로 시위운동이 확산되고 서울에서 남녀 연합시위운동이 전개되던 시기인 1월 18일 오사카조선노동조합 간부들을 중심으로 간담회가 개최되었다. 이 자리에서 일제 당국에 광주사건의 항의문을 제출하기로 결의했다. 1월 20일 오사카조선노동조합 확대집행위원회, 동 조합 서성西成지부 집행위원회, 오사카산업노동자공장 대표자회의 3단체는 구속 학생 석방을 요구하는 항의문을 조선 총독에게 우송했다. 1월 21일에도 조합 확대집행위원회 명의로 수상에게 항의문을 발송했다.

치바현 소재 조선노동조합에서는 1월 30일 국내의 학생운동에 대한 일제의 조치를 비판하는 연설회를 개최하려다가 일제의 탄압으로 실패했다. 2월 8일에는 효고현 조선노동조합에서 「조선 학생사건에 대한 야만적 탄압을 일본 조선노동자 제군에게 호소한다」는 격문 100여 매를 제작했으나 효고현 당국에 발각되고 말았다. 2월 10일에도 도쿄 조선노동조합 명의의 「피를 흘리며 투쟁하고 있는 내지內地의 형제들을 응원하자」는 격문이 살포되었다.

일본제국주의의 심장부인 일본 내에서의 활동은 쉽지 않았다. 철저한 감시로 인해 사전에 발각, 저지되어 구체적인 집단행동이 어려웠다. 1929년 12월 동경 유학생학우회에서 3차례에 걸쳐 시위운동을 추진했으나 번번이 좌절되고 말았다. 따라서 일본 내에서의 활동은 주로 격문을 배포하는 격려활동과 일제 당국에 대한 항의문 우송활동이 주류를 이루었다. 이는 도쿄, 오사카, 효고현 등 한인 교포들이 많이 거주하는 지역의 조선노동조합을 중심으로 전개

---

417 日本 內務省 警保局, 「特別高等警察資料」, 1929년 12월~1930년 2월 ; 朴慶植, 『在日朝鮮人關係資料集成』 2, 868~869쪽 ; 「光州學生事件及其の影響 其の二」, 강재언 편, 『光州抗日學生事件資料』, 217~218쪽.

되었다. 일본에서 작성된 격문은 국내로 전달되어 학생시위운동을 확산시키는데 일정한 기여를 했을 것으로 여겨진다.

노령지역

러시아 지역 한인들의 지원활동은 한인이 비교적 많이 거주하는 노령 블라디보스톡을 중심으로 추진되었다. 1929년 12월 28일 블라디보스톡 공산당 본부에서는 간부회의를 열고, 국내 및 동만도 각 단체에 지령을 내려 학생운동의 확대를 도모하기로 결정했다. 이들은 선전을 위해 『선봉先鋒』지를 살포하고, 근우회槿友會를 통한 여학생층의 결속을 위해 당원인 남南스라를 파견하기로 했다.

블라디보스톡의 고려혁명투사구제회는 1930년 1월 16일 국내의 학생운동을 후원하기 위해 운동자금 및 희생자 구호금을 모집할 것을 결정하고 조선인 각 호에서 기부금을 모금했다. 또 블라디보스톡 고려당학교高麗黨學校 학무위원회는 학생운동의 실황 조사와 후원책 강구를 위해 대표 13명을 국내 각지에 파견하기로 결정했다.[418]

이와 같이 노령지역의 공산당은 국내 학생운동의 실상 파악과 지원책 마련을 위해 수차례에 걸쳐 당원을 국내에 밀파하고 있었다.[419] 이는 만주지방 학생들의 직접적인 시위운동이나 사회주의 농민, 청년단체의 동조격문 배포 등과 비교할 때 간접적이고 신중한 접근이라고 볼 수 있다.

---

418 外務省 亞細亞局 第二課, 『昭和五年三月十四日調 朝鮮學生事件ニ關スル在外朝鮮人ノ行動及支那人ノ言動』, 112~114쪽.

419 槿友會 지도를 위해 南스라를 파견한 것을 비롯하여 함남 북청의 朴春一, 황해 평산의 李權得, 평북 강계의 金甲燮, 평남 중화의 李勳, 및 노령 출생의 申昌俊 등을 국내에 파견하였다고 한다(「光州學生事件及其の影響(其の三)」, 강재언 편, 『光州抗日學生事件資料』, 295~296쪽). 그런데 이들 파견원의 구체적인 행적은 확인되지 않는다.

반면 블라디보스톡의 『선봉』지에서는 자세하게 국내 학생운동의 진행과정을 보도하며 격려, 고무하고 있었다. 취재원이 주로 국내의 신문 기사를 재인용하는 경우도 많았으나, 국내나 만주에서 들어온 사람의 전문傳聞에 근거하기도 했다. 다음에서 『선봉』지의 기사를 통해 노령지역 한인사회의 광주학생운동 인식을 살펴보자.

먼저 국내의 신문 보도에 근거하여 광주에서 한일 학생의 충돌과정을 비교적 자세히 언급하고 있다. 그리고 '해삼항에 입항한 믿을 만한 사람의 전문傳聞'이라고 하면서 학생사건이 "전국적으로 파동되는 군중운동으로 화하엿다"고 보도했다. 그에 의하면 일인 교장이 한인 학생 3명을 교실에서 총살하자, 한인 학생들이 농기구로 무장하여 일인 중학생과 대충돌이 일어났다는 것이다. 그런데 일본경찰이 실탄을 발사하여 한인 학생 30명을 학살했다고 보도하였다. 이에 근거하여 기사의 제목도 「암흑에서 터저나온 됴선학생 대학살사변, 전국뎍으로 파동되는 광주학생충돌사건」이었다.[420] 이러한 한인 학생 학살설은 이후 더욱 확대되어 2월 중순에는 1,700명이 체포되고 78명이 학살당한 것으로 보도되었다.[421] 이는 미국 하와이 한인단체의 발표라고 그 취재원을 밝히고 있다. 이렇듯 학생 희생의 부분이 과장된 반면 학생 시위운동 등의 활동양상은 비교적 정확한 내용을 보도하고 있었다.[422] 이는 국내의 신문을 취재원으로 한 것이었다.

『선봉』지는 광주에서 한인 학생의 '적은' 충돌이 일본 교육자, 사법, 경찰들의 횡포한 처사를 도화선으로 학생운동의 분야를 초월하여 민족적 반제국주

420 『선봉』, 1929년 12월 30일.
421 「붙잡힌 사람이 1,700명 경찰과 충돌되여 죽은 사람 78」, 『선봉』, 1930년 2월 16일.
422 『선봉』, 1929년 12월 31일·1930년 1월 15·31일·2월 5·11·16일·3월 15·29일·4월 1·13일.

의 투쟁으로 발전하고 있다고 보았다. 그리하여 민중들이 모두 동원되어 교육부분의 투쟁적 요구에서 나아가 '조선의 절대독립'이라는 혁명적 정치적 표어를 내걸게 되었다는 것이다.[423] 『선봉』지는 광주학생운동을 평가하면서 "이 투쟁의 사회적 요소가 학생운동이라는 령역에 있음을 불구하고 투쟁의 정치적 본질이 일본제국주의에 반항하는 식민지 해방운동에 합류되고 있는 것은 의심할 여지가 없다"고 지적했다.[424] 그러나 혁명세력의 주관적 조건이 성숙하지 못해 이러한 운동만으로 일제에 승리할 수는 없다고 보았다. 그렇지만 이러한 투쟁은 "수많은 피압박 청년대중이 갑이 싼 혁명적 훈련을 받는데 있으며 …… 이 실제투쟁의 훈련으로 붙어 좌경화된 로력청년들이 혁명적 조직망에 군중적으로 흡수되는 좋은 기회를 주는 데 있으며 이 정치투쟁을 통하야 혁명적 조선의 무산계급과 그 전위들이 광대한 반제국주의 동맹군을 자긔 편에 전취할 가능을 얻는 데 있을 것"이라고[425] 투쟁 자체에 의미를 부여했다. 즉 학생들이 정치투쟁의 훈련을 쌓을 수 있는 기회이며, 이를 통해 단련된 좌익 청년, 학생들이 이후 혁명조직에 참가하는 계기를 이룰 것이라고 파악하고 있는 것이다. 실제로 학생시위운동에 참여했던 많은 학생들이 이후 1930년대의 혁명적 노동, 농민운동 조직에 투신했으므로[426] 『선봉』지의 예측이 틀린 것은 아니다.

423 『선봉』, 1930년 2월 11일.

424 『선봉』, 1930년 2월 5일.

425 『선봉』, 1930년 2월 11일.

426 이준식, 「광주학생운동의 전개과정과 역사적 성격」, 『한국근현대청년운동사』, 풀빛, 1995, 225~229쪽.

미주지역

미주지역은 국내와 멀리 떨어진 지역 사정으로 인해 광주학생운동에 관한 직접적인 정보를 얻기가 어려웠다. 따라서 국내의 신문과 중국 상해의 상해한인각단체연합회 등에서 보내오는 통문에 의지하여 학생운동의 진행경과를 알 수밖에 없었다.

국내의 학생운동 소식은 미주 본토의 한인 사회에 큰 반향을 일으켰다. 분열과 경제공황으로 침체되었던 미주 한인 사회에 국내 학생들의 운동은 신선한 충격이었다. 각 지의 한인사회는 국내 학생 후원을 목적으로 공동회共同會를 결성했다. 1930년 1월 26일 뉴욕의 학생들을 중심으로 뉴욕한인공동회가 결성되었다.[427] 이어 시카고한인공동회, 나성한인공동회, 중가주한인공동회 등이 계속하여 결성되었다.[428] 이들 공동회는 국내의 학생운동 후원을 위해 의연금을 모금했다. 중가주한인공동회는 이를 계기로 학생운동뿐 아니라 일반적인 독립운동의 모든 활동에도 관여하기로 하고, 한시기구인 공동회를 영구조직으로 변경하여 새로운 활로를 모색했다. 각지의 한인공동회는 활동에 보조를 같이하는 등 상호연합하기도 했다. 그 결과 공동회 연합문제가 제기되어 중앙위원회를 조직했으며, 미국의 언론에 국내 학생들의 독립운동을 선전하는 등 활발히 활동했다.[429] 한편 대한인국민회 총회에서는 '내지운동후

---

427 임원은 위원장 허정, 회계 황창하, 선전위원 오천석·윤병구·이기붕·이동재·우상봉, 수전위원 박리금·홍태호·정경희·오장호·김일선 등이었다(『신한민보』, 1930년 2월 6일).

428 1930년 2월 3일 결성된 시카고한인공동회의 임원은 회장 김경, 서기 김세선, 재무 강영소였고, 2월 9일 발기인 모임을 가진 나성한인공동회의 위원은 송헌주·김종림·전경무·강영승·곽임대·박재형·최능익 등이었다. 또 3월 8일 발기된 중가주한인공동회는 회장 김형순, 부회장 이살음, 서기 진영규·오임화 등이었다(洪善杓, 「1930년대 미주한인의 통일운동」, 『한국독립운동사연구』 10, 한국독립운동사연구소, 1996, 199~200쪽).

429 『신한민보』, 1931년 2월 5일 ; 홍선표, 앞의 글, 199~200쪽에서 재인용.

원회'를 결성하고 국내학생운동을 미주에 선전하기 위해 선전기관의 통일을 이루려고 했다. 이에 따라 뉴욕, 시카고후원회와 유학생총회의 찬성을 얻어 3월 10일 뉴욕에서 임시특별회를 개최하고 선전기관 통일문제를 토의한 후 중앙부 대표자로 황사용을 선출했다.[430] 이렇듯 미주 각지에서 국내의 학생운동 지원을 목적으로 공동회가 설립되고 이들 조직들이 영구적인 독자기관으로 전환되는 한편 대한인국민회도 학생운동 선전기관의 통일을 모색하는 등 미주지역의 한인사회는 새로운 활력을 찾기 시작했다.[431]

하와이의 한인 사회에도 광주학생운동은 큰 자극으로 받아들여졌다.[432] 1930년 1월 13일 호놀룰루에서 교민 50여 명이 모여 광주학생운동을 계기로 하와이에 정치기관을 설립하여 독립운동을 위해 상해 임시정부를 봉대할 것을 협의했다. 그 결과 한인협회를 조직하기로 하는 한편 '민족주의에 기초하여 대한독립운동을 촉진한다'는 주의 아래 다음과 같은 3대 강령을 결의하고 선언서를 발표했다.[433]

• 임시정부에 중력衆力을 집중함

---

430 中國遼寧省 海龍日本總領事分館, 『學生事件ノ海外ニ於ケル鮮人間ニ及ホセル反響(密偵報)』, 1930년 4월 28일. 中共 中央編譯局 소장(이 자료는 해룡일본총영사분관의 林元彦이 미주지역 밀정의 보고내용을 남만주철도주식회사에 재보고한 문서이다). 뉴욕동지회 측은 절차상의 문제를 들어 중앙선전기관에 반대의 태도를 보이기도 했다.

431 홍선표는 각지의 공동회 설립과 영구적인 독자기관으로의 전환이 한인 사회의 분열을 가속화시키는 결과를 초래했으나, 반면 1930년대 통일운동이 전개될 수 있는 토양을 형성한 것이었다고 평가했다(홍선표, 앞의 글, 201~202쪽).

432 1930년 초 하와이 한인사회는 연합하여 국내 독립운동을 응원하자는 여론이 들끓었다고 한다(홍선표, 「李承晩의 통일운동」, 『한국독립운동사연구』 11, 한국독립운동사연구소, 1997, 270쪽).

433 中國遼寧省 海龍日本總領事分館, 『學生事件ノ海外ニ於ケル鮮人間ニ及ホセル反響(密偵報)』, 1930년 4월 28일, 中共 中央編譯局 소장.

• 운동의 방략은 최후의 일인 최후의 일각까지 분투함
• 독립당獨立黨의 통일을 기성期成함

선언서에서는 "그 운동(광주학생운동 – 필자 주)의 범위와 조직이 기미년 후 제2차 독립운동인 것을 확실히 알게 되었다"고 하며, 과거 하와이 한인 사회의 분열을 일소하고 임시정부를 중심으로 단결할 것을 주장했다. 3·1운동 이후 제2차 독립운동으로 파악했으므로 강령에도 "최후의 일인, 최후의 일각까지 분투할 것"을 다짐하고 있었다. 일제는 이와 같은 움직임을 "1923년 이래 독립단과 교민단과의 파쟁으로 인해 정치운동을 중지한 바, 작년 말 조선학생운동을 계기로 다시 정치적 진전을 도모하려고 한다"고 평가하며 주목했다.[434]

이어서 호놀룰루의 교민단은 1930년 1월 26일 회의를 개최하여 국내의 학생운동 상황을 논의하고 학생 검거 반대결의를 했다. 이후 상해와 뉴욕에서 교민단장 이승만 앞으로 국내의 학생사건에 대한 지원요청이 있었다. 교민단에 전해진 국내 학생운동 실상은 1만 7천여 명이 검거되고 그중 78명이 사형에 처해졌다는 내용이었다.[435] 이는 당시 하와이 교민사회에 대한 지도력이 약화되어 있던 이승만이 다시 정치적 세력을 만회하는 계기로 작용했다. 이승만은 광주학생운동 지원의 명분으로 1930년 2월 하와이섬에서 호놀룰루로 나와 그의 개인 조직인 동지회를 재건하는데 착수했다.[436] 교민단에서는 2월 24일 제2차 대회를 개최하여 국내 학생운동 지원 대책을 논의했다.[437] 이승만은 한국 내 학생들의 시위운동을 미국 여론에 알리기 위해 노력하자는 내용을

434 위의 자료.
435 「光州學生事件及其の影響 其の二」, 강재언 편, 『光州抗日學生事件資料』, 229쪽.
436 김도형, 「1930년대 초반 하와이 한인사회의 동향」, 『한국근현대사연구』 9, 1998, 213쪽.
437 「光州學生事件及其の影響 其の二」, 강재언 편, 『光州抗日學生事件資料』, 229쪽.

담은 동지회 중앙부 명의의 공문을 발송하기도 했다.[438] 3월 1일에는 호놀룰루 전도기념관에서 700여 명이 모여 3·1절을 기념하며 학생사건을 미국 대통령과 국제연맹에 호소하기로 결의했다.[439] 이들은 결의문을 신문에 발표하고 워싱턴의 한인 교민단에도 송부했다.

미주지역은 지역 여건상 시위운동의 상황이 제때에 전해지지 않았다. 그럼에도 불구하고 광주학생운동은 미주 한인 사회에 큰 영향을 미쳤다. 그것은 광주학생운동의 구체적인 지원활동 보다도 이를 통해 미주의 한인 사회가 다시 활성화되었기 때문이다. 광주학생운동은 미주 본토와 하와이의 한인 사회가 모두 1920년대 후반의 침체를 벗어나 새로운 변화를 모색하는 계기로 작용했던 것이다.

---

438 「동지회 중앙부 공문 제이호」, 『태평양잡지』, 1930년 3월, 국사편찬위원회, 『태평양잡지·태평양주보 색인』, 17~18쪽.

439 外務省 亞細亞局 第二課, 『昭和五年三月十四日調 朝鮮學生事件ニ關スル在外朝鮮人ノ行動及支那人ノ言動』, 115쪽.

光州學生運動

광주학생운동, 우리에게 무엇인가 5

1929년 광주지역의 학생쟁투는 일제 식민통치의 본질과 식민지 노예교육의 현실에 대한 전국적인 공감대를 형성케 한 사건이었다. 학생운동은 국외로 파급되면서 각지의 민족운동 세력에 의해 새로운 운동력으로 전화되었다. 광주학생운동은 1920년대와 1930년대 민족운동을 이어주는 가교의 역할을 하였다.

1929년
광주학생운동

광주학생운동, 우리에게 무엇인가

일제의 한인 교육은 식민지 교육이었다. 식민지 교육의 목적이 식민 지배의 하수인을 만들기 위한 것이었으므로, 일제는 한인의 반일의식을 마비시키기 위해 학교교육을 철저히 통제하며 식민지 노예교육을 실시했다. 다른 한편으로는 교육 환경에서 한일 학생의 차별대우를 통해 일인 학생의 우월감과 한인 학생의 열등감을 조장하기도 했다. 일제 식민통치의 억압성은 일상생활의 전 부문에 걸친 것이었으나, 그 중에서도 교육상의 민족적 불평등은 한일인의 차별대우를 가장 잘 보여주는 두드러진 현상이었다. 이는 한일 학생들이 외형적인 조건에서 가장 선명하게 대비되는 비교집단이기 때문이었다. 결국 학교는 일제 식민정책의 특성이 가장 잘 드러나는 장소였던 것이다. 학생들은 식민지 교육이라는 학습상황에 공통적으로 노출될 수밖에 없었다. 반면 학생들은 상시적인 접촉으로 인해 의견 결집이 용이한 집단 특성이 있었다. 이는 학생들이 경험의 공유를 통해 식민지교육에 대한 반감을 증폭시켜갈 수 있는 조건이 되었다. 그 결과 일제의 식민지 교육에 대한 학생들의 항쟁의식은 갈수록 높아갔다.

한국 독립운동에서 학생이 운동의 주체로 나선 것은 3·1운동 때였다. 이후 6·10만세운동을 통해 민족운동의 전면에 나서면서 학생의 역량은 급속히 성장해갔다. 그러나 1926년까지만 해도 학생운동은 조직과 활동면에서 미성숙한 단계에 머물고 있었다. 학생운동 조직이 전국적으로 형성되지 못했으며, 맹휴가 일어나도 학내 문제를 넘지 못했고 개별 학교 차원에 그치고 있었다. 학생의 인식과 안목이 식민지 사회의 모순을 전반적으로 다루지 못하고 있었던 것이다. 6·10만세운동은 학생운동을 새로운 차원으로 발전시켜 나가는데 커다란 전환점이었다. 두드러진 특징을 간추리면 이들의 정신과 의식이 단순한 민족의식에 머물지 않고, 사회주의 사상을 수용하면서 한결 성숙된 민족논리와 항일의식을 키워나갔다는 점이다. 학생들이 식민지 현실에 대한 고민을 통해 식민지 사회를 과학적으로 분석한 사회주의에 접근해갔고 이의 학습을 위한 독서회를 결성하면서 투쟁의식이 더욱 강화될 수 있었다.

더욱이 1927년 사회주의와 민족주의 세력이 연합한 신간회의 결성을 전후하여 '정치투쟁'으로의 방향전환론이 제기되면서 학생운동도 이에 호응해 나갔다. 신간회 운동처럼 자연생장적 학생운동에서 목적의식적이고 전민족적인 정치투쟁에 합류하도록 방향을 전환해야 한다는 것이었다. 학생운동계에서 1920년대 후반 사회과학 연구를 목적으로 하는 비밀결사가 전국적으로 결성되었던 것은 그러한 시대적 요구의 반영이었다. 여기에는 조선공산당과 고려공산청년회 등 사회주의 단체의 역할도 큰 몫을 담당하고 있었다. 이들은 사회주의 세력을 확장하기 위해 학생층에 주목했고, 독서회를 통해 학생들을 아우르고자 하였다. 1927년 고려공산청년회가 중등학교 이상의 학생을 당黨의 정신에 기초하여 지도 훈련할 것을 결정하고 각 도 위원에게 학생에 대한 주의 선전의 방법 등을 지시한 것은 그러한 사실을 잘 말해주고 있다.

1928년 조선학생과학연구회는 상무집행위원 전원이 고려공산청년회에 가입했고 이들을 통해 서울 시내 각 중등학교에 비밀 독서회가 결성되었다. 지방에도 중등학교를 중심으로 부산제2상업학교의 혁조회革潮會, 북청농업학교의 독서회, 고창고보의 S당黨과 같은 독서회가 조직되었다. 이러한 개별 단위 학교의 독서회 조직 열기는 중등학교 학생들이 연합한 비밀결사로 발전했다. 서울의 중등학교 학생들이 연합한 ㄱ당黨, 조선공산당 대구지역 책임자가 직접 참가한 대구지역 중등학생 연합의 신우동맹新友同盟 등이 그 한 예이다.

1929년의 학생운동 조직은 조선공산당 재건운동과의 연계하에 활동하였다는 점에서 이전과는 다른 차별성이 있었다. 조선학생전위동맹朝鮮學生前衛同盟의 경우에서 보듯이 학생들만의 조직이 아니라 조공 재건조직의 지도를 받는 별동別動조직의 성격을 띠었던 것이다. 따라서 조직의 강령이나 규약도 보다 현실 지향적이었고 학생의 노동, 농민운동 참여가 적극적으로 제기되었다.

학교 단위, 또는 학교 연합의 비밀결사는 교내 조직 역량, 맹휴 전개 역량 등의 발전을 가져왔다. 1927~1928년의 맹휴는 맹휴 요구조건의 변화라는 측면 외에 맹휴 운동 조직화 역량의 성숙이라는 운동론적 측면에서도 중요한 의미를 갖는다. 광주학생운동은 이러한 학생의 조직적인 운동 역량이 최고조로 상승되고 집단화되면서 학생이 주체가 되어 전국적으로 확산된 운동이라는데 그 역사적 의미를 지니고 있다.

1927년을 기점으로 당시 학생운동의 가장 일반적인 형태였던 동맹휴학이 폭발적으로 증가했다. 중등학교의 맹휴가 증가하고 '식민지 노예교육'에 대한 자각이 확산되면서 요구조건도 변화해갔다. 한인 교사에 의한 수업, 수업용어의 '조선어' 사용, 한인 본위의 학교 시설 등 다양한 층위를 갖던 '조선인 본위의 교육' 주장이 '조선사 교육', '조선어 교육의 확대' 등 구체적인 요구로 제기되었다. 이는 민족의식의 강화에 따른 결과였다. 종래 설비문제, 교원자격 문제 등 개별 학교 차원에서 '조선사 교육', '조선어 교육의 강화', '자치권 획득' 등 교과과정이나 식민지 교육 자체에 대한 투쟁으로 발전하고 있었던 것이다.

운동 방식에서도 적지 않은 변화가 모색되었다. 이 시기의 맹휴는 1920년대 초의 맹휴에 비해 조직성과 투쟁성이 더욱 강화되었다. 맹휴 전개과정에서 개별 학교 차원의 투쟁지도본부가 결성되기도 했다. 또 동조맹휴 등 연대투쟁이 제기되어 개별 단위 학교 차원의 맹휴가 학교 간 연대투쟁, 지역 차원의 투쟁으로 발전하는 경향을 보였다. 1928년 전조선학생맹휴옹호동맹全朝鮮學生盟休擁護同盟이 대구고보와 휘문고보의 맹휴에 호응하여 전국 학생의 1일간 동정맹휴를 제안하고 있는 것은 이러한 변화 양상을 잘 보여주고 있다.

또 학생운동이 단순한 맹휴투쟁에 그치는 한계를 극복하고 시위운동이나 대중과의 연계투쟁이 시도되고 있었다. 1928년 학생연합의 비밀결사인 ㄱ당은 '전체적 정치투쟁'을 지향하면서 그 방안으로 기성 사회단체와 연계하여 대규모 3·1절 기념시위를 계획했다. 이는 학생조직이 주체가 되어 기존 맹휴방식의 운동을 시위방식의 대중운동으로 전환하려는 시도였다. 신의주고보에서는 1929년 3·1운동 10주년을 기념하여 학생들이 교실에서 '조선독립 만세'를 고창하기도 했다. 이는 학생운동이 민족독립운동으로 전환하는 질적인 발전을 의미하는 것으로 주목된다. 전주여고보 독서회인 반회班會 회원들이 극장에 격문을 배포하여 대중에게 식민지 교육현실을 직접적으로 호소하고 있는 것도 변화된 운동방식의 하나라고 하겠다.

이와 같이 1927~1929년의 학생운동은 질적·양적 조직화가 진행되고 있었다. 결국 1929년 말의 광주학생운동이 전국적으로 확산될 수 있었던 것은 이러한 학생운동의 질적·양적 성장의 결과였다고 할 수 있다.

광주는 학생 독서회 조직이 일찍부터 발달한 곳이었다. 1920년대 중반 광주지역의 청년단체, 사상단체에서는 독서회, 연구회 등을 통해 사회주의 사상 전파에 힘을 기울여 나갔다. 이로서 중등학생의 사회과학 학습열이 크게 일어났고, 학생 독서회의 결성으로 이어졌다. 학생들은 광주의 사회운동 단체가 집결한 흥학관興學館을 통해 기성 사상단체 내지 사회운동 단체의 인사들과 접촉하면서, 사회주의를 습득해 갔다. 1926년 11월 사회과학 연구를 목적으로 광주고등보통학교와 광주농업학교의 학생들을 중심으로 조직된 비밀결사 성진회醒進會는 그와 같은 과정에서 이루어낸 결실이었다.

성진회는 1927년 3월 해산했으나 이후에도 1929년까지 각 학교에서 연구 모임이 지속되고 있었다. 성진회 해산 이후의 독서모임에는 고려공산청년회 광주야체이카원들의 배후 지도가 있었다. 1929년 6월에는 성진회원이었고 전남청년연맹 간부인 장재성의 지도로 광주고등보통학교, 광주농업학교, 전남사범학교의 학생들을 중심으로 독서회 중앙부가 조직되었으나 동년 9~10월경 각 학교별 독서회는 자진 해산했다. 그러나 1929년 말까지 광주지역 전 중등학교에 비밀 독서회가 결성되었던 경험은 유사시 강한 조직력을 발휘하는 근간이 되었다. 11월 3일의 학생시위 이후 대규모 학생 검거사태가 벌어지자 독서회원들을 중심으로 11월 12일의 제2차 학생시위운동을 추진해 갈 수 있었던 것도 이 때문이었다. 또한 광주는 대구 등 다른 지역과는 달리 학생들을 지도해오던 장석천, 장재성 등의 청년운동가들이 1929년까지 활동하고 있었으므로 이들을 중심으로 즉각적인 시위계획이 수립될 수 있었다.

더욱이 광주고보, 광주농업학교 학생들은 1924년과 1928년의 맹휴를 통해 조직적 항쟁의 경험을 쌓아가고 있었다. 1924년 광주고보생들의 맹휴는 교외校外에서 한일인의 충돌로 야기되어 한일인간의 대립각을 첨예화시켰다. 또 1928년 광주고보와 광주농업학교의 맹휴 당시 학생들은 맹휴운동을 종래의 식민지 노예교육에 대한 항쟁에서, 더 나아가 항일 민족운동으로 인식함으로써 전국적으로 가장 선진적인 의식의 진전을 보여주었다. 이와 같은 항쟁의 경험은 광주학생운동 당시 학생들의 결집력을 강화시키는 요인으로 작용했다.

광주는 일제의 호남 수탈 배후 기지이자 인적 자원의 집결지였다. 이러한 지역 특성은 학생들에게도 전이되어 한일 중등학생들이 통학과정에서 격돌하는 상황으로 발전했다. 1929년 11월 3일 광주시내 한일 학생들의 충돌에서 비롯된 학생들의 시위활동은 현지의 일본인 사회에 큰 충격으로 받아들여졌고 대규모 학생 검거 선풍으로 이어졌다. 이에 독서회 중앙부를 통해 학생층과 연계되었던 장재성과 이전부터 학생조직을 지도한 바 있던 장석천을 비롯한 전남청년연맹 간부들을 중심으로 11월 12일 구속 학생 석방과 식민지 교육 철폐를 주장하는 2차 시위운동이 준비되었다.

반면 각 중등학교에 결성되었던 독서회 중앙부 소속의 학생들은 11월 3일의 시위운동을 주도했을 뿐 아니라 11월 12일의 시위에서도 전위대前衛隊의 역할을 맡았다. 이들은 그동안의 훈련된 조직역량을 바탕으로 광주의 각 중등학교 학생들을 효율적으로 동원했다. 또 준비과정에서부터 각 중등학교의 독서회원이 참여함으로써 연합시위운동이 전개될 수 있는 기반을 마련했다. 물론 이 과정에서 11월 3일의 가두시위로 격앙된 학생들의 전폭적인 참여가 있었음은 말할 것도 없다. 결국 시위운동의 계획은 전남청년연맹 소속의 광주지역 활동가들에 의해 모의되었으며 이의 실행은 독서회 출신 학생들에 의해 추진되었다고 하겠다. 독서회원들은 격문 인쇄, 배포, 시위 주도 등 전 과정에서 핵심적으로 활동했다.

장석천 등은 서울의 조선학생과학연구회와 중앙청년동맹에서 현지조사를 위해 파견된 권유근, 부건 등과 서울지역 학생들의 동조 시위운동을 추진했다. 또 신간회에서 파견된 허헌 등과 시위의 전국 확산계획에 합의함으로써 광주학생운동이 광주의 지역성을 벗어나 전국 운동으로 확산되는 기틀을 마련했다. 특히 11월 14~15일 광주여고보 학생들의 교내 시위에서는 독립가獨立歌가 제창됨으로써 이후 민족운동으로 전화轉化되는 단초를 보였다.

11월 12일의 시위 이후 일제는 학생들에 대한 일제 검거에 나섰다. 또 시위운동의 배후세력을 색출하기에 혈안이 되었다. 11월 17일까지 광주고보생 247명, 광주농업학교생 80명이 검속되었다. 1월 중순에는 독서회 관련 학생들이 추가로 검속되었다.

광주에서 벌어진 한·일 학생의 충돌과 대규모 검거사태, 이에 항거하는 시위투쟁은 전국 학생들에게 '광주 구속 학생 석방'이라는 공통적인 투쟁 슬로건을 제시해 주었다. 이러한 슬로건은 '식민지교육 철폐', '조선인 본위의 교육 실시' 등 당시 고조되었던 맹휴조건과 맞물리면서 일제 식민통치에 대한 전국적인 항쟁으로 발전하는 원동력이 되었다.

광주를 비롯하여 1929년 목포상업학교 학생의 시위, 서울지역 1차 시위 등 운동의 초기 점화과정에는 모두 사회주의 비밀결사의 배후 지도가 있었다. 광주지역 시위운동과 대규모 학생검거 후 구서울파 조선공산당재조직준비위원회의 별동조직別動組織인 조선학생전위동맹은 광주 시위의 보고에 접하고 바로 격문 살포 등 동조활동을 결의하였고 이를 실천에 옮겼다. 전위동맹이 기본적으로 학생들로 구성된 조직이었기 때문에 각 중등학교에 결성해 둔 독서회 조직이 적극 활용되었다. 현지에 조사원을 파견했던 조선청년총동맹은 운동방법의 이견으로 구체적인 계획을 추진하지 못하다가 장석천이 상경하여 협의가 진행된 18일 이후부터 운동계획의 가닥을 잡기 시작했다. 조선청년총동맹 측에서는 학생 조직화 활동과 격문배포 활동으로 역할을 나누어 운동을 준비했다. 장석천, 황대용 등이 각 중등학교 학생들을 개별 접촉하며 시위참여를 독려했다. 이 과정에서 전위동맹 측과 접촉하며 연합시위운동을 추진할 수 있었다. 서울 시내의 각 중등학교 학생들은 대표자 모임을 통해 '광주고보 사건 관계자 석방', '식민지 노예교육제도 반대', '학우회 자치' 등의 요구사항과 연합시위운동 방식에 합의했다. 그 결과 1929년 12월 5일부터 16일까지 서울 시내 30개의 남녀 전문학교와 중등학교에서 1만 2천여 명의 학생이 시위 또는 맹휴를 전개할 수 있었다. 서울 1차 시위 당시 조선청년총동맹이 제작한 7종의 격문에서 공통으로 등장하는 "타도 일본제국주의" 등의 주장은 일제에 대한 직접적인 항쟁을 선언함으로써 이후 각지에서 전개된 시위 및 맹휴운동의 방향성을 제시한 것이었다.

신간회 본부는 광주학생사건의 진상을 알리고 이를 민중 시위운동으로 전환하기 위해 민중대회 개최를 추진했다. 신간회 내의 민족주의 계열 인사들이 중심이 된 이 계획은 사회주의계와 학생의 배제, 사전 준비 소홀, 일제의 사전 검거 등으로 소기의 성과를 거두지는 못했다. 그러나 신간회 본부 차원에서의 시위운동 계획은 이후 전국 확산과정에서 신간회 지회 회원의 활발한 참여를 이끌어내는 동인으로 작용했다.

12월 초 서울의 학생 시위를 계기로 동조활동은 전국의 주요도시로 확산되었다. 주로 개성, 평양, 원산, 춘천, 동래, 함흥 등 고보나 상업학교 등의 중등학교가 소재한 대도시를 중심으로 운동이 전개되었다. 이는 광주 한인 학생들의 투옥에 항의하는 동조활동의 성격이 강했다. 투쟁의 양상도 백지동맹, 맹휴, 시위운동 등 다양한 방식이 시도되었다. 12월 초순까지도 종래 학내문제의 해결을 위해 시도되었던 것과 같은 맹휴의 방식이 일반적이었다. 그런데 12월 16일 함흥고보 학생들의 동조활동이 시위운동의 형태로 전개되면서 이후 시위운동이 점차 확산되어갔다. 함흥고보, 경성고보와 같이 지역 사회운동 단체의 인사들과 연계된 경우 시위운동이 추진되었으며 이를 위해 격문 등이 제작 살포되었다. 또 시위는 단체로 행진하는 방식을 취하므로 자연히 구호를 통해 결속력을 강화해 가기 마련이었다. 12월에 시위가 주요 도시로 확산되는 과정에서 함흥지역의 중등학교에서 "조선학생 만세", "약소민족 만세", "조선독립 만세", "피압박 민족 만세" 등의 구호가 등장했다. 동조활동이 시위운동으로 전개되면서 민족운동의 형태로 발전하기 시작한 것이다. 이는 12

월초 서울지역 학생시위 당시의 격문에서 "타도 일본제국주의" 등의 구호를 통해 제기된 운동의 방향이기도 했다. 함흥지역에서 제기된 "조선독립 만세", "피압박민족 만세" 등의 구호는 이후 1930년 1월 시위운동이 전국으로 확산되면서 일반적인 현상으로 발전해갔다.

1930년 1월초 3학기 개학과 더불어 광주학생에 호응한 시위운동은 전국적으로 확산되었다. 일제의 삼엄한 경계에도 불구하고 개학 직후의 학원가에는 신의주, 개성, 부산, 동래, 대구, 함흥, 평양 등 주요 도시를 중심으로 학생시위가 빠르게 확산되어갔다. 1929년 12월 조기 방학으로 인해 내연內燃된 학생들의 항쟁의식이 3학기 개학 초부터 폭발하기 시작한 것이다.

신의주고보, 송도고보와 같이 개학식장에서 바로 시위운동으로 전환할 정도로 학생들의 열기가 고조되어 있었다. 특히 개성의 송도고보, 호수돈여고보, 미리흠여학교와 함흥의 영생학교, 영생여학교, 함흥상업학교는 시내 번화가를 행진하는 연합시위운동을 이끌어내었다. 함흥상업학교 시위 당시에는 "조선의 독립"이라 기재한 적기赤旗가 등장했으며, 평양의 시가지에는 공개적으로 "독립만세를 외칩시다"는 격문이 나돌았다. 함흥상업학교 시위에서는 무산대중의 지배계급에 대한 투쟁이 슬로건으로 제기되기도 했다. 이제 광주학생운동은 학생운동에 그치지 않고 민족운동으로 발전하는 분명한 표징들을 보여주고 있었다. 이러한 시위의 전국화에는 보도통제의 해제로 인해 1929년 12월 서울을 비롯한 전국 주요도시의 시위운동이 일반에 알려지기 시작한 것이 크게 영향을 미쳤다. 기성 사회운동 단체인 신간회와 조선청년총동맹 측의 지원활동도 학생들을 고무시켰을 것이다.

여기에 1월 15일부터 수 일간 전개된 서울지역 남녀학생 연합의 2차 시위는 전국화의 기폭제가 되었다. 특히 서울시위에서 여학생들이 2차시위에 대거 참여했던 것은 학생시위의 파급을 가속화시키는데 적지 않은 영향을 미쳤던 것으로 보인다. 서울의 1차 시위운동은 각 학교에 배포된 격문을 통해 학생들의 투쟁의식이 고양된 바탕에서 주동 학생들이 학교의 사정에 따라 시위를 추진하면서 연합시위로 발전시켜 갔다. 반면 2차 시위운동은 각 학교 내 독서회 등 기존 조직이 와해되었으나 시위에 대한 공감대가 형성된 상태에서 추진되었다. 즉 여학생과 남학생들이 각기 시위운동을 준비하다가 시위 일정에 대한 합의를 거쳐 1월 15일 남녀 학생들이 일제히 시위에 돌입한 것이다. 특히 여학생들의 전폭적인 참여가 있었다. 18일까지 20개 남녀 학교에서 7천여 명 이상이 시위에 나섰다. 조직적 토대가 없었음에도 이와 같이 일치된 행동을 보인 것은 1차 시위의 경험을 통해 광주와 서울 시위에서 많은 학생들이 체포된 상황에 대한 폭넓은 공감대가 형성되었기 때문이다. 따라서 학생들은 대체로 "광주학생 석방 만세" 등의 구호를 외치는 것이 일반적이었다. 아울러 "대한독립 만세", "피압박 민족 해방 만세", "약소민족 해방 만세", "제국주의 타도 만세" 등의 구호가 제기되어 식민통치체제에 대한 저항임을 분명히 했다. 1월 14일 남녀 학생 대표들의 논의과정에서는 시위 당시의 공통적인 구호로 "피압박 민족 해방 만세"를 고창하기로 합의되었다. 이는 1929년 12월 1차 시위 당시의 공통적인 구호였던 "식민지 노예교육 타파"에서 크게 진전된 것일 뿐 아니라 학생들이 민족운동의 전면에 나선 것을 의미하는 것이다. 그 구체적인 표현으로 격문이 표어 수준으로 단순화 된 반면 태극기와 적기赤旗가 등장하고, 애국가가 불려지기도 했다. "무산계급 해방 만세"의 구호와 혁명가革命歌가 고창되는 등 사회주의적 계급투쟁의식이 표출되기도 했다.

국내에서만 적어도 251개 학교, 간도 등 해외를 포함하면 281개 이상의 학교가 광주학생운동에 참가했다. 참가 학생들은 총 5만 4천여 명 이상에 달했다. 이 중에는 계획 또는 준비 단계에서 사전에 발각되어 실패한 경우도 많았다.

전국의 경향을 각급 학교별로 살펴보면 남녀 고등보통학교와 실업학교 의 참가율이 높았다. 남자 고보의 경우 전국 24개 학교가 모두 참가했으며, 한인 여자 고보는 15개 중 14개 학교가 참가했다. 또 실업학교는 전국 49개 학교 중 74%에 해당하는 36개 학교가 참가했다. 남녀 고보와 실업학교가 각 도의 중심 시군에 위치할 뿐 아니라 해당 지역의 최고 학부로서 선도적 위치에 있었기 때문일 것이다. 반면 사범학교의 참가율은 매우 저조했다. 광주와 평양에서만 활동이 확인되는 것이다. 사범학교 학생들은 관비로 기숙사 생활을 하는 관계로 학교 당국과 경찰의 감시를 피하기가 쉽지 않았기 때문으로 보인다. 또한 졸업 후 취직이 보장되는 미래도 학생들의 적극적인 참여에 걸림돌이 되었을 것이다.

각도의 시위는 중등학교 학생들에 의해 점화되고 있었다. 그런데 중등학교의 시위운동이 성공적으로 이루어진 경우에는 도내 전 지역 학교로의 파급도 활발했다. 반면 중등학교의 시위가 사전 발각된 강원도와 황해도, 경북의 경우는 전도로의 확산도 미흡했다. 결국 각 도의 시위운동은 중등학교를 중심축으로 전개되었던 것을 알 수 있다.

그 외에 실업보습학교도 전체의 22%에 달하는 16개 학교가 참가했는데 그 중 5개교가 참가한 충남지방에서의 활동이 두드러졌다. 실업보습학교의 경우 고보, 농업학교 또는 보통학교와 연계투쟁을 전개하는 경우가 많았다. 이는 실업보습학교가 학생 수가 많지 않았고, 보통학교에 부설되었거나 학생들의 연령이 중등학교 학생들과 비슷했던 점도 작용했을 것으로 보인다. 특히 고보와 실업학교의 활동이 여의치 않은 지역에서는 실업보습학교가 주도적으로 활동하고 있었다.

45개 교가 참가한 각종학교의 참가율은 전국 508개 교의 분포에 비하면 미약한 편이지만, 해당 지역 시위운동의 중추적 역할을 담당한 경우가 많았으므로 지역 시위운동의 큰 동력으로 작용했다고 할 수 있다. 각종학교의 참가는 주로 중등과정이 개설된 학교에서 이루어졌다. 또한 기독교 계통 사립학교의 참가가 많았다.

100개 학교가 참가한 보통학교는 전체 비율보다는 전국적 확산의 근간이 되었고 운동이 대중화, 전면화되면서 심화되고 있는 현상을 보여준다는 점에서 큰 의미를 갖는다. 특히 중등학교의 시위가 소강상태를 보이는 2월에는 전국적으로 보통학교를 중심으로 시위운동이 전개되었다. 이는 1월의 시위운동이 각 도의 중심 시군에서 전개되던 것에서 도내 전체로의 공간적인 확산을 가져왔다. 보통학교 학생의 만세시위는 3·1운동 당시에 부분적으로 발견되나 6·10만세운동 당시에는 발견되지 않는다. 이때에 와서 보통학교 학생들의 시위운동이 전국적인 현상으로 확산되고 있었다. 이는 일제 식민지 교육의 전면적인 실패를 보여주는 상징적인 의미를 갖는다. 전문학교의 경우 8개 학교가 참가했다. 그중 서울의 7개 전문학교는 맹휴의 형태로 호응했으나 평양의 숭실전문학교는 적극적인 시위운동을 전개했다.

그런데 야학, 강습소 또는 서당 등의 참가는 거의 없었다. 한인 교사에 의한 교육이었으므로 일인 교사의 민족차별 등 교내 문제가 첨예화되지 않았기 때문일 것이다. 또 제도권의 일반 학교와는 달리 시위운동에 참여했을 경우 학교의 존폐문제가 제기될 수 있는 상황도 영향을 주었을 것이다.

시기적으로는 1930년 1월 중순 이후 1월말까지 중등학교, 각종학교, 보통학교의 시위운동이 폭발하면서 시위의 최절정기를 이루었다. 2월에 들면 일제의 강력한 통제로 중등학교와 각종학교의 시위운동이 제약을 받으면서 전국적으로 보통학교가 운동을 주도했다. 국내의 시위운동은 대체로 2월말이면 종결되는 양상을 보인다. 간혹 3·1운동 기념일과 연계한 활동이 나타나지만 크게 확산되지 못하고 말았다. 반면 만주지역의 학교에서는 지역 사회운동 단체와 연계하여 3월 초까지 시위가 계속되었다.

운동이 확산되어 전국화의 단계에서는 지역적 특성에 따라 다양한 양상을 보였다. 지역별로 살펴보면 서울을 비롯하여 경남, 평안남북도, 함경남북도 등지에서 시위가 활발했다. 청년동맹, 신간회 지회 등 지역 사회운동 단체의 활동이 왕성했던 경남과 함경남북도에서는 사회단체 인사와 학생의 연계투쟁이 두드러졌다. 사회단체 인사와 학생의 결합은 당연히 해당 지역의 투쟁을 강화시키는 요인으로 작용했고 적기赤旗와 사회주의적 구호가 제기되는 경우가 많았다. 함경도에서는 보통학교 학생들의 시위에도 일반적으로 적기가 등장했다.

학생시위가 미약한 지방에서는 오히려 신간회, 청년동맹 등의 사회운동 단체가 학생 시위를 촉구하기도 했다. 황해도의 경우는 학생들보다 일반 사회단체 인사들의 활동이 두드러졌다. 재령, 해주, 안악, 평산, 사리원 등지에서 사회단체 인사들이 학생들의 시위운동을 지도하거나 격문을 배포하며 궐기를 촉구했던 것이다. 경북 지방도 지역 청년동맹이나 신간회원이 전면에 나서고 있었다.

반면 평안남북도에서는 주로 학생들이 독자적으로 시위운동을 추진해갔다. 특히 평양에서는 사회주의 계열과 연결되지 않은 채 민족주의적 구호를 앞세우며 대규모의 학생시위를 전개해 나갔다. 그리고 평양의 학생시위는 서북지역의 학생시위를 확산시키는데 기폭제가 되었다. 부내府內 10여 개 학교에서 거의 모든 학생이 참가할 정도로 활발했던 평양의 학생시위는 광주학생운동이 내포하고 있는 이념의 다양성을 잘 보여주고 있다. 평안북도에서도 기독교 계통의 사립학교를 중심으로 시위가 추진되면서 외부 인사의 개입이 거의 없었다. 평안북도는 보통학교로 시위가 확산되는 과정에서도 외부 인사의 개입이 거의 확인되지 않는다. 평안남북도의 경우 유독 기독교 계통의 사립학교가 많았던 지역 특성이 작용했던 것으로 이해된다. 그 결과 평안남북도의 시위 과정에서는 적기赤旗가 사용되는 경우가 드물었다.

그런데 시위가 전국적으로 전개될 수 있었던 것은 이념이나 배후 세력의 문제만은 아니었다. 전국화의 가장 큰 동인은 민족차별, 식민지 노예교육에 대한 반감이었다.

학생들은 민족적 차별대우가 일제 총독정치에 의해 항시적으로 자행되고 있다는 것을 교육현장에서 몸으로 체득하고 있었다. 교육현장에서의 민족적 차별대우는 곧 식민지 교육을 의미하는 것이었다. 1927~1929년 전국적으로 전개된 동맹휴학은 일상적인 학교의 문제, 즉 학교 시설의 차별, 민족적 멸시 등의 학교 문제가 식민지 노예교육에서 기인한다는 자각을 증폭시켰다. 이는 맹휴 당시 조선어 교육, 조선사 교육 등의 요구조건 변화로 나타났다. 그런데 식민지적 차별교육, 노예교육의 현상이 공권력에 의해 표면적으로 극명하게 표출된 사건이 광주의 학생사건이었다, 특히 일인 학생이라는 상대방이 있었기 때문에 이러한 차별대우가 더욱 분명하게 드러났다. 광주에서 일인 학생의 잘못에도 불구하고 한인 학생만을 편파적으로 구속하여 처벌하고 있다는 사실은 학생들에게 이러한 누적된 차별대우의 상징적인 표현으로 받아들여졌다. 더욱이 한일 학생의 충돌이 교외에서 무력충돌의 형태로 벌어짐으로써 그 대립의 각이 클 수밖에 없었다. 한일인의 대립이 시각적으로 분명히 드러나는 현상이 되었던 것이다. 이는 일본인도 마찬가지였다. 광주지역의 일본인은 11월 3일 광주고보생들의 시가행진을 통해 자신들이 구축해 놓았던 식민질서 자체의 지방적 붕괴를 목도한 셈이었다. 따라서 시가행진으로 한인 학생들이 일시적이나마 광주 시내를 장악한 사태가 진정된 이후 극렬한 적대감을 표현했다. 이는 총독부에 의해 대규모 학생검거 선풍으로 반영되었다.

그런데 일방적인 한인 학생만의 처벌은 일제의 통치 권력에 의해 한인 학생들이 부당하게 탄압받는 것이었다. 따라서 구속된 광주학생에 동정하여 이들의 석방을 주장하는 것, 이것이 가장 단순하면서도 명료한 행동의 동기였다. 광주 학생들의 구속은 당시 학생들이 공통적으로 느끼고 있던 일상적인 식민지 차별대우를 상징적으로 보여준 현상이었다. 이러한 민족적 차별은 한인 학생 모두가 받는 것으로써 식민지 민족의 문제였다. 이것이 학생 전체를 움직이게 하는 힘이었다. 함흥상업학교의 시위운동을 주도했던 최예진이 경찰 신문 당시 "이번 광주사건은 한마디로 말하자면 민족적 충돌이다"라고 정의한 것에서도 이러한 의식의 일단을 읽을 수 있다. 이 때문에 시위과정에서는 백의민족白衣民族, 백의인白衣人 등 식민지 노예교육과 대비되는 민족적 자각, 민족적 동질감을 상징하는 용어 등이 많이 사용되었다.

따라서 1927~1929년의 맹휴과정에서 제시된 것과 같이 맹휴 또는 시위운동 시에도 "광주 구속학생의 석방"과 함께 "식민지 노예교육의 타파", "학원의 독립" 등이 제기되었다. 광주학생운동의 확산과정에 1927년 이후 전국적인 맹휴활동의 영향력이 구체적으로 작용하고 있었던 것이다. 1927~1929년에는 "조선인 본위의 교육" 요구로 표현되면서 단위 학교 차원의 맹휴로 전개되었으나, 이제는 "식민지 노예교육 타파"의 투쟁적인 구호로 발전하고 있었다. "식민지 노예교육 타파"는 식민통치에 대한 직접적인 항쟁을 전제한 것이었다.

결국 1929년 11월 광주지역의 학생쟁투는 일제 식민통치의 본질과 식민지 노예교육의 현실에 대한 전국적인 공감대를 형성케 한 사건이었다. 이제 식민지 노예교육의 문제는 종전과 같이 단위 학교 차원에 그치는 것이 아니라 일제 식민통치 기관에 적극적으로 제기되어야 할 문제로 발전하고 있었다. 그러나 식민지 노예교육의 타파는 궁극적으로 식민지 상태에서 해방되지 않으면 얻어질 수 없는 것이었다. 따라서 운동이 진행되면서 "노예교육 타파"의 주장은 자연스럽게 "민족독립", "민족해방"의 구호로 발전해갔다. 광주여고보 생들의 시위에서부터 그 단초를 보였던 "민족독립", "민족해방"의 문제는 12월 서울과 주요 도시 중등학생들의 시위운동을 거쳐 1930년 1월에는 전국적인 시위과정에서 주요한 구호로 자리 잡았다. 1930년 1월 중순 서울지역 남녀 학생들의 연합시위 당시 각 학교 대표자들이 "피압박 민족 만세"를 공통의 구호로 채택한 것도 그 한 예이다. 2월에 들면 보통학교 학생들의 시위운동에서도 "민족독립", "민족해방"의 구호가 일반화되고 있었다. 그러면서 광주학생운동은 학생운동의 차원을 넘어 민족 해방운동으로 발전되어 갔다. 또 "피압박 민족"의 문제는 "피압박 계급"의 문제로 연결되면서 1930년대 학생들이 반제투쟁反帝鬪爭과 노동, 농민운동에 적극적으로 참여하는 계기로 작용했던 것이다.

국내의 학생운동은 국외로 파급되면서 각지의 민족운동 세력에 의해 새로운 운동력으로 전회轉化되었다. 먼저 중국 관내지역의 동향을 살펴보면 상해의 경우 유호한국독립운동자동맹留滬韓國獨立運動者同盟, 재중국한인청년동맹 등의 사회주의계와 임시정부, 흥사단 원동지부, 병인의용대, 노병회 등의 민족주의계가 좌우파를 구분하지 않고 모여 광주학생운동 지원을 목적으로 상해각단체연합회上海各團體聯合會를 결성했다. 이들은 군중대회를 개최하고 『독립전보獨立戰報』를 발행하여 국내의 운동 상황을 중국과 미주 등지에 전파했다. 북경에서도 광주학생운동을 계기로 북평한족동맹회北平韓族同盟會가 조직되어 좌우파 연합의 한교대회韓僑大會를 개최하고 광주학생운동 후원 방안을 논의했다. 천진天津에서는 조선대독립당주비회朝鮮大獨立黨籌備會가 결성되어 국내의 학생들에게 공립 교육기관의 파괴를 촉구하는 등 시위운동에서 폭력투쟁으로의 전환을 주문하는 한편 유일당운동의 부흥을 시도했다. 국내의 학생운동이 중국 내 한인사회가 결속할 수 있는 공통의 계기로 작용했던 것이다. 그러나 중국 관내지역 한인사회의 국내 학생운동 지원활동은 지속적으로 전개되지 못했다. 이는 국내 학생운동을 계기로 조직된 중국 내 운동조직이 활동할 수 있는 여지가 적었기 때문이었다. 사회주의계의 경우 민족유일당운동 보다 국제주의 노선에 따른 협동전선의 결성으로 옮겨가고 있었다. 민족주의계 역시 민족유일당운동이 좌절되자 부분적인 정당조직 운동으로 운동노선을 전환했다. 이러한 여건속에서 광주학생운동을 계기로 조직된 한족동맹회, 조선대독립당주비회 등이 활동할 수 있는 여지는 매우 협소할 수밖에 없었던 것이다.

한편 최대의 한인사회를 구성하고 있던 만주에서도 지원활동이 전개되었다. 길림吉林에서는 광주학생운동 지원을 목적으로 조선공산당 재건설 그룹을 중심으로 김동삼 등의 민족주의 계열을 아우르는 재만한인반제국주의동맹在滿韓人反帝國主義同盟이 결성되었다. 이들은 국내의 학생운동을 계기로 반제국주의 공동전선의 결성을 주창하며 만주 각지에 지부 결성을 추진했다.

간도지역에서는 학생들이 직접 시위에 나설 뿐 아니라, 단순히 지원 차원을 넘어서서 3·1운동 때를 방불하리만치 독립만세시위로 전개되어 나갔다. 비교적 늦은 1930년 1월 말부터 학생시위운동이 시작되어 2월에 들면 중등학교는 물론이고 초등학교와 서당 생도들에게 광범위하게 확산되었다. 서당 생도의 부형들까지 시위운동에 참여할 정도로 폭넓은 공감대를 형성했다. 이러한 시위 열기는 각 학교 간의 연합시위운동뿐 아니라, 조선공산당 만주총국 등 사회주의 단체의 지원으로 국내와는 달리 일반인까지 합세한 연합시위운동으로 나타났다. 이는 국내의 학생시위가 일제의 탄압으로 소강상태에 접어드는 3월까지 계속되어 1930년 3·1절을 맞아 대대적 연합시위운동 계획으로 발전했다. 조선공산당 만주총국 등 사회주의계는 3·1절을 맞아 간도 혼춘 일대에서 학생과 청년이 연합하여 시위운동을 추진했다. 이후 두 달 후인 5월 30일의 5·30간도 봉기는 바로 이러한 투쟁의 기반 위에서 가능했다고 이해된다.

또 북만독립운동단체통일책강구예비회北滿獨立運動團體統一策講究豫備會는 용정의 대성, 동흥중학교에 3·1절기념일을 맞아 종래와는 달리 야간에 청년, 농민, 사회주의 단체 순으로 시위운동을 전개하자고 제의하기도 했다. 국내와 인접한 간도 지역 학생들의 시위운동은 광주학생운동의 외연이 국외로 확장되면서 해당 지역 민족운동에 동력으로 작용하였다는 점에서 그 의미를 찾을 수 있다.

이렇듯 광주학생운동이 확산되면서 중국 내 한인사회도 적극 호응하고 나섰다. 그런 가운데 한인사회의 인식도 다양했다. 대체로 공통적인 것은 이제 학생운동이 정치문제로 전화轉化되면서 '일본제국주의 타도'의 운동으로 발전한 것으로 인식하고 있었던 점이다.

국내에서 전국적으로 전개되는 학생운동은 중국에도 큰 반향을 일으켰다. 중국 언론에서는 국내의 학생운동 진행상황을 수시로 보도하며 중국 내 여론을 형성해 갔다. 1930년 1월 급기야 중국국민당 정부가 나서서 광주학생운동에 대한 공식적 지지입장을 표명했다. 한국독립운동이 중국 혁명의 완수에 도움이 되므로 적극적으로 성원한다는 것이었다.

일본제국주의의 심장부인 일본 내 한인사회에서도 지원활동이 전개되었다. 1929년 12월 동경 유학생학우회가 세 차례에 걸쳐 시위운동을 추진했으나 번번이 좌절되고 말았다. 철저한 감시로 인해 사전에 발각, 저지되어 구체적인 집단행동이 어려웠던 것이다. 따라서 일본 내에서의 활동은 주로 격문을 배포하는 격려활동과 일제 당국에 대한 항의문 우송활동이 주류를 이루었다. 이는 도쿄, 오사카, 효고현縣 등 한인 교포들이 많이 거주하는 지역의 조선노동조합을 중심으로 전개되었다. 일본에서 작성된 격문은 국내로 전달되어 학생시위운동을 확산시키는데 일정한 기여를 했을 것으로 여겨진다.

러시아 지역 한인들의 지원활동은 한인이 비교적 많이 거주하는 노령 블라디보스톡을 중심으로 추진되었다. 공산당 본부에서는 국내 및 동만도東滿道 각 단체에 지령을 내려 학생운동의 확대를 도모하기로 결정했다. 이를 위해 당원을 국내에 파견하고 운동자금 및 희생자 구호금을 모집하기도 했다. 이는 만주지방 학생들의 직접적인 시위운동이나 사회주의 농민, 청년단체의 동조격문 배포 등과 비교할 때 간접적이고 신중한 접근이라고 볼 수 있다. 반면 블라디보스톡의 『선봉』 지에서는 자세하게 국내 학생운동의 진행과정을 보도하며 격려, 고무하고 있었다.

국내의 학생운동 소식은 미주의 한인 사회에도 큰 반향을 일으켰다. 분열과 경제공황으로 침체되었던 미주 한인 사회에 국내 학생들의 운동은 신선한 충격이었다. 미국 본토 각지의 한인사회는 국내 학생 후원을 목적으로 공동회共同會를 결성했다. 1930년 1월의 뉴욕한인공동회를 시작으로 시카고한인공동회, 나성한인공동회, 중가주한인공동회 등이 계속하여 결성되었다. 이들 공동회는 국내의 학생운동 후원을 위해 의연금을 모금했다. 중가주한인공동회는 이를 계기로 학생운동뿐 아니라 일반적인 독립운동의 모든 활동에도 관여하기로 하고 한시기구인 공동회를 영구조직으로 변경하여 새로운 활로를 모색했다. 각지의 한인공동회는 활동에 보조를 같이하는 등 상호연합하기도 했다. 그 결과 공동회 연합문제가 제기되어 중앙위원회를 조직하고 미국의 언론에 국내 학생들의 독립운동을 선전하는 등 활동했다.

하와이의 한인 사회에도 광주학생운동은 큰 자극으로 받아들여졌다. 호놀룰루의 교민단은 국내 학생 검거에 대한 반대결의를 하고 학생운동 지원 대책을 논의했다. 3월 1일에는 호놀룰루 전도기념관에서 700여 명이 모여 3·1절을 기념하며, 학생사건을 미국 대통령과 국제연맹에 호소하기로 결의했다. 이들은 결의문을 신문에 발표하고 워싱턴의 한인 교민단에도 우송했다. 미주지역은 지역 여건상 시위운동의 상황이 제때에 전해지지 않았다. 그럼에도 불구하고 광주학생운동은 미주 한인 사회에 큰 영향을 미쳤다. 그것은 광주학생운동의 구체적인 지원활동 보다도 이를 통해 미주의 한인 사회가 다시 활성화되었기 때문이다. 광주학생운동은 미주 본토와 하와이의 한인 사회가 모두 1920년대 후반의 침체를 벗어나 새로운 변화를 모색하는 계기로 작용했던 것이다.

이렇듯 광주학생운동은 국내는 물론 해외 한인사회, 나아가 중국국민당 정부에도 커다란 반향을 일으키며 진폭을 넓혀 나갔다. 해외 독립운동계는 광주학생운동을 계기로 새로운 활로를 찾으려 했으며, 중국 정부 역시 한국 민족운동의 진작에 힘입어 중국인의 민족적 자각을 불러일으키려고 했던 것이다.

그런가 하면 광주학생운동은 6·10만세운동 당시와 비교해 볼 때 학생운동계의 지형 변화에 혁명적 분기점을 이룬 운동이었다. 6·10만세운동 때 학생운동은 서울지역의 일부 학생에 의해 주도되었다. 그런데 광주학생운동은 서울이 아닌 지방에서 먼저 발현해 서울을 거쳐 전국으로 확산되었다. 이는 학생운동이 1927~1929년 지방으로 확산되면서 전국적 공감대를 형성해갔던 역량에 기초한 것이었다. 광주학생운동을 계기로 학생운동이 전국적인 대중운동으로 발전하고 있었다.

광주학생운동은 학생이 민족운동의 선두에서 주체적으로 활동한 학생역량의 최고점을 보여준다는 점에서도 주목된다. 대표적인 민족운동인 3·1운동 당시만 해도 학생은 기성 민족운동가들의 지도를 받아 시위의 선봉적 역할이나 계획의 매개역할을 수행하는 것이 일반적인 현상이었다. 6·10만세운동 당시에도 학생은 제2차 조선공산당이 추진하는 만세운동 계획의 실행 선봉대였다. 그러나 광주학생운동에서는 학생이 주도적으로 시위운동을 전개하여 운동의 주체로서 발돋움했다. 일제시기 대중운동의 실행 주체였던 학생의 역량은 광주학생운동에서 그 정점을 맞고 있었던 것이다.

광주학생운동에는 신간회 본부, 조선청년총동맹을 비롯하여 지방의 신간회 지회, 청년동맹원들의 적극적인 참여가 있었다. 기성 사회단체 인사의 참여는 광주학생운동이 전국적인 민족운동으로 확산되는데 결정적인 역할을 했다. 조선청년총동맹의 서울시위 추진과 신간회 본부의 민중대회 계획은 운동의 전국화에 촉매제가 되었다. 초기 점화과정뿐 아니라 이후의 확산과정에서도 사회단체 인사와 학생들이 결합함으로써 운동의 상승효과를 볼 수 있었다. 신간회와 조선청년총동맹 본부 요인들의 조기 체포로 인해 중앙의 통일적인 지도가 지방에까지 관철되지는 못했다. 그러나 지방 확산과정에서 보여준 신간회 지회원과 지방 청년동맹원의 적극적인 참여는, 비록 개인적인 참여였다고 해도 민족문제에 대한 의식 제고에 기초한 것이었다. 사회단체 인사와 학생들의 결합은 운동의 확산과 투쟁력의 강화를 가져왔다. 이는 1920년대 후반 국내 민족운동의 성장과정에서 이룬 결실이었다. 따라서 학생운동에 머물지 않고 전민족적 운동으로 발전할 수 있었다. 광주학생운동이 1920년대 민족운동의 총결산의 의미를 갖는 이유이기도 하다. 그러면서도 학생이 운동의 주체가 되어 민족운동의 전면에 나섬으로써 학생운동계가 실질적으로 국내 민족운동계를 선도해 가는 중심적 위치로 도약할 수 있었다.

한편 기성 사회단체 인사와 결합하면서 학생들의 대사회對社會 인식認識은 심화되어갔다. 기성 사회단체 인사들이 격문과 시위 배후지도를 통해 노동, 농민운동과의 결합을 주장함에 따라 학생들도 학생운동을 사회운동과 연결하여 인식하게 된 것이다. 이 과정에서 종래 이론의 차원에 머물던 학생들의 사회참여가 더욱 촉진되었다. 즉 광주학생운동 참여 학생들이 1930년대 노동, 농민운동에 투신하거나, 해외로 망명하여 민족운동 단체에 참여하는 계기로 작용했던 것이다. 이는 광주학생운동이 1930년대 민족운동의 연결고리로 역할하고 있었음을 보여준다.

반면 광주학생운동의 전국확산 과정에서 이를 일관되게 이끌어갈 통일적 지도조직이 없었던 것은 아쉬운 점이다. 1927년 이후 지속적으로 제기되었던 전국학생대표자대회나 전국학생총연맹 등 학생운동의 통일적 지도기관이 부재함에 따라, 학생 간의 공감대를 바탕으로 학교단위나 지역차원의 연합시위에 그치고 보다 통일적인 항쟁으로 나아가지 못했다.

기성 단체인 신간회와 조선청년총동맹 본부 인사의 검거 이후 신간회 지회와 지역 청년동맹 등의 조직적인 지원이 미흡했던 것 역시 아쉬움으로 남는다. 지역 단체 차원의 규탄대회나 성명서 발표 등의 활동이 없었고 소속원들이 개인적으로 참여했던 것은 운동의 주체를 학생으로 한정하는 결과를 낳았다.

노동, 농민운동계의 참여가 미흡했던 점도 한계로 지적될 수 있다. 이는 계급적 차이 때문이었을 것이다. 사회단체 인사들의 격문에서 지주, 자본가에 대한 투쟁이 제시되었으나, 이는 학생의 부형에 대한 투쟁을 의미하는 경우도 많았으므로 노동자, 농민들의 참여를 이끌어내기가 어려웠다. 노동, 농민운동계의 외면은 결과적으로 전 민중적 확산을 가로막는 요인으로 작용했다.

이러한 한계는 1930년대 노동, 농민운동의 비밀결사화, 혁명적 농노조農勞組 결성 활동에 학생들이 적극적으로 참여함으로써 극복되어갔다. 그 결과 지역 노동 농민운동이 명망가적 활동에서 벗어나 새로운 인적자원을 충전하는 계기로 작용했다. 이와 같이 광주학생운동은 1930년대의 민족운동에도 새로운 전환점이었다. 즉 학생운동의 열기에 힘입어, 또 학생들의 '대중으로의 진출' 등으로 1930년대 민족운동은 한층 성숙될 수 있었던 것이다.

光州學生運動

부록

1. 1929~1930년 서울지역 중등학교 시위 주도자
2. 간도지역 학생시위 상황
3. 1930년 1~3월 각 도별 활동 상황

1929년
광주학생운동

부록 1. 1929~1930년 서울지역 중등학교 시위 주도자

여학생

소속학교	학년	성명	연령	본적	재산	신분	기타
배화여고보	3년	김준	22	전남 나주 나주	500석(石)	양반	기독교
경성미술학교	2년	송기순	18	황해 장연 장연	100석	상민	기독교
상동	2년	박계월	20	전남 화순 동복		상민	불교, 남편 대서업
숙명여고보	4년	박선봉	21	경성 낙원동	중류	상민	포목상, 불교
상동	4년	조종옥	18	강원 홍천 홍천		상민	잡화상, 기독교
상동	4년	윤을희	20	경기 여주 점동		양반	父 윤하영 (前 가평군수)
상동	4년	한소애	19	황해 해주 해주	보통	상민	농업, 기독교
상동	4년	조금옥	19	경기 개성 송도	만 원	상민	기독교
상동	4년	천소악	18	경남 마산 부정	2,000원 (중류)		자작농
동덕여고보	3년	박선숙	20	함남 함흥 함흥	월수입 8,000원	상민	父가 약종상(藥種商)
상동	3년	허복록	19	함북 회령 회령	여유	상민	잡화, 농업
상동	3년	홍옥인	21	경성 관훈동	1만 5천 원 (年 4,000원)	상민	잡화상
상동	3년	고옥경	20	경성 남대문통	여유	양반	父 고유상이 서점 경영
상동	3년	한정희	19	함북 함흥 북주	여유	상민	父가 면장
상동	4년	안갑남	23	전남 보성 문덕	2만 원	양반	학생과학연구회원
태화여학교	2년	정태이	29	경북 안동 와룡		양반	고학
상동	2년	곽영숙	17	강원 영월 영월	여유	상민	양복상
정신여학교	3년	하운학	18	강원 원주 원주	보통	상민	하숙 경영, 기독교

소속학교	학년	성명	연령	본적	재산	신분	기타
경성보육학교	1년	이음전	23	경북 대구 봉산	마차상, 농업 (자작)	양반	기독교
이화여고보	4년	최복순	20	부산 초량	약국경영	상민	기독교
상동	4년	김진현	20	제주 신좌 조천	10만 원	상민	잡화상, 기독교
상동	4년	최윤숙	19	강원 이천 이천	만 원	상민	부친이 이천면 회계
상동	3년	양원숙	19	함남 정평 춘류	연수입 5,000원	상민	기독교, 父가 의원
상동	3년	최현수	19	함남 원산 남촌	여유		기독교, 오빠가 의사
상동	3년	함덕훈	19	황해 송화 풍해	만 원 (연수입 2,000원)		농업
상동	3년	안임순	19	함남 함흥 함흥	5,000원	상민	기독교, 父가 군청 직원
상동	3년	이옥련	19	경기 광주 남종	생활곤란	상민	기독교, 독신
상동	3년	김복림	18	경북 대구 달성	여유	상민	기독교, 오빠 철공장운영
상동	3년	신옥봉	17	전남 고흥 고흥	10만 원	상민	기독교, 농업
상동	3년	박경희	17	경성 내자동	여유	양반	기독교, 父가 의원
상동	2년	김명희	16	충북 음성 읍내	여유	양반	기독교, 父가 금융업
상동	3년	곽복녀	18	함북 성진 성진	5만 원	상민	父가 무역상
상동	3년	김봉개	20	경성 당주동	3만 원	양반	기독교
상동	2년	임영선	16	전북 금산 금산	200석	양반	기독교, 농업
상동	2년	김정옥	19	경성 서대문정	생활곤란	양반	기독교, 숙모 김활란의 학비지원

소속학교	학년	성명	연령	본적	재산	신분	기타
상동	3년	김소남	18	황해 해주 해주	5,000석	상민	기독교, 농업
상동	3년	이귀수	18	강원 철원 철원	여유	상민	기독교, 오빠 의사
상동	2년	홍혜경	17	함북 부령 부거	생활곤란	상민	기독교, 父가 만주 이주
상동	2년	조숙현	18	황해 평산 안성	5천 원	상민	기독교
상동	3년	김원정	18	경성 마포동	생활곤란	상민	김한의 子
상동	3년	전덕제	17	충남 청양 청양	여유	상민	해산물상, 기독교
상동	3년	정봉득	16	경남 창원 창원	5,000원		
상동	2년	염우경	19	강원 금화 금화	여유		정미업
상동	4년	이창실	19	평남 평양 상수	여유		父 이용설(의사)
상동	3년	조연희	17	경성 관철동	7,000원		
상동	3년	김은도	18	평북 의주 송장	50만 원		농업, 기독교
상동	3년	최순영	18	함남 원산 상동	2만 원	상민	해산물상, 기독교
상동	2년	박옥수	18	전남 구례 구례	3,000석	상민	농업, 기독교
상동	3년	윤옥분	18	함북 경성 오촌	생활곤란		기독교, 이순옥과 4촌
상동	3년	임경애	19	황해 곡산 화촌			
근화여학교	4년	김귀인복	20	함남 함흥 함흥	10만 원	상민	연수입 만 원 (소작료 등)
상동	2년	김순례	17	전남 광주 광주	2만 3천 원		연수입 1,500원
상동	2년	최성반	17	평북 구성 방현	7,000원 연수입 1,000원		父가 의사, 방정환 집 하숙
상동	2년	전연봉	19	황해 옹진 마산	1만 5천 원	상민	고리대금업, 기독교
상동	2년	이충신	19	함남 영흥 홍인	생활곤란		친척의 송금으로 학업

소속학교	학년	성명	연령	본적	재산	신분	기타
상동	4년	김금남	20	전북 부안 백산		상민	농업
실천여학교	2년	김경숙	21	황해 옹진 용연	1,000원		여관업, 기독교
경성여자 상업학교	3년	송계월	18	함남 북청 신창	2,000원	상민	농업, 기독교
상동	3년	김귀임	20	경북 대구 남성	5만 원		연수입 6,000원 (1,000석)
상동	3년	이송죽	21	평북 의주 의주	3,000석		
경성여고보	4년	김신복	19	함남 함흥 주지	여유	상민	
상동	4년	이성숙	19	경남 함안 여항	여유	양반	父가 만주에서 공의(公醫)
상동	4년	정경아	19	전북 김제 만경	여유	상민	농업

남학생

소속학교	학년	성명	연령	본적	재산	신분	기타
휘문고보	4년	장병창	20	경북 예천 예천	생활곤란	상민	농업(자작농)
상동	5년	이정우	19	함남 홍원 보청	7만 원	상민	상업과 농업
상동	5년	정황학	23	경북 선산 구미	50석	상민	농업(자작농) 급장
상동	5년	이헌영	21	충북 옥천 청산	만 원 (100석)	상민	농업
상동	5년	유문희	22	전북 장수 장수	2만원 (200석)	상민	농업
상동	5년	한전훈	20	함남 함흥 조양	만 원	상민	농업(자작) 父가 군속(郡屬)
상동	4년	이흥영	21	함남 정평 춘류	5,000원	상민	정미업
상동	5년	최영환	21	함남 부령 서상	2만 원	상민	농업, 父가 서상면장
배재고보		엄규영	21	전북 부안 건선	여유		농업, 기독교
상동		부기준	20	전남 제주 신좌	30만 원	상민	부건(夫健)의 동생

소속학교	학년	성명	연령	본적	재산	신분	기타
경신학교	4년	정종근	21	충북 음성 대소	30석	양반	
상동	4년	권유근	21	경남 진주 진주	여유	양반	대서업
상동	5년	김창주	20	함남 삼수 삼남	2만 원	상민	양복점
상동	4년	권유근	21	경남 진주 진주	여유	양반	대서업
상동	5년	김창주	20	함남 삼수 삼남	2만 원	상민	양복점
상동	4년	유축운	17	함남 함흥 운전		상민	농업
중동학교	3년	김인배	19	전남 제주 구좌	여유	상민	비료제조업
상동	5년	신용우	21	전북 순창 순창	8,000원	양반	자작농
상동	3년	곽이형	19	전북 김제 만경	2만 원	양반	상업, 농업
상동	예1	김형석	18	전남 여수 화양	보통	평민	농업(자작농)
상동	예1	이일신	19	충북 충주 이류	2만 원	양반	농업, 시천교(侍天教), 조과연회원
상동	예1	주시영	20	경기 이천 설성	여유	상민	급장
상동	예1	윤영순	18	충남 예산 예산		상민	농업
상동	4년	강희옥	20	함남 영흥 순영		양반	농업
상동	특1	권오덕	18	경북 영주 영주	800원	양반	父가 재무주임
보성고보	2년	김재동	21	전북 김제 월촌	6,000원	평민	상업, 농업
상동		이기표	22	전남 순천 송광	2만 원	양반	농업, 불교
중앙고보	4년	심홍택	26	전북 익산 삼기	여유		농업
상동	4년	강대성	21	경남 함안 군북	30만 원		농업
상동	5년	박용칠	21	경기 안성 읍내	5,000석	양반	급장
경성제1고보	5년	노응호	20	경남 합천 덕곡	2만 원	양반	
상동	4년	이석	19	경북 칠곡 왜관	생활곤란	양반	가옥 1천 원
상동	4년	박진갑	20	경북 영주 순흥	1만 5천 원	양반	농업
상동	2년	조규영	15	전북 익산 함라	여유	상민	농업(자작농)
상동	2년	김호선	15	경성 장사동	5만 원	상민	농업
경성제2고보	4년	권태동	19	경북 영주 영주	150석	양반	농업, 상업

소속학교	학년	성명	연령	본적	재산	신분	기타
상동	3년	김찬규	18	경성 당주동	5,000원	상민	상점원
상동	3년	이홍종	18	충북 단양 단양	여유	상민	叔父가 강원도지사
상동	3년	김종인	18	황해 서흥 신막	2,000원	양반	불교
상동	4년	최선관	18	황해 재령 재령	여유	상민	자작농, 대서업
상동	3년	김주성	19	경북 상주 중동	여유	양반	농업
상동	5년	임성찬	24	함남 원산 명구	500원	상민	재목상
상동	5년	하공현	20	경남 함양 안의	여유	상민	농업, 불교
협성실업학교	1년	이세원	20	충남 예산 봉산	6,000원 연수입 500원	상민	농업(자작농) 급장
상동	3년	정윤희	21	충북 충주 신니	생활곤란	양반	농업(소작농) 급장
상동	3년	이동원	21	충남 예산 봉산	50석	상민	농업(자작농)
상동	2년	박재열	20	전북 진안 상전	만 원 연수입 150석	상민	농업(자작농) 급장
상동	3년	이규용	19	경성 낙원동	여유	양반	숙부 이재각
상동	3년	전택만	20	경북 영일 장기	50석	상민	농업(자작농)
고학당	4년	한경석	21	충남 아산 영인	생활곤란	양반	고학, 소작농

※전거 : 국사편찬위원회, 『한민족독립운동사자료집』, 49~53권

부록 2. 간도지역 학생시위 상황

일시	지역	학교명	규모	양 상	비고
1/28	용정(龍井)	은진중학교 명신여학교 동아소학교	수백 명	3개 학교 학생들이 기를 들고 격문 살포하며 연합시위운동 전개	67명 피체
1/31	용정	은진중학교	수 명	백기 소지 만세 고창	
2/5	용정	대성중학교 동흥중학교	300명	양교 300여 명의 학생이 태극기, 적기(赤旗) 들고 '한국 독립만세'를 고창하며 시위	70명 피체 (거사일 2월 7일로 나오기도 함)
2/12	용정	동흥중학교 대성중학교 광명여학교	200명	학생들이 연합하여 '조선독립 만세'를 기재한 적기 들고 시위운동	주모자 피체
2/13	용정	영신중학교	60명	격문 살포 만세시위운동	주모자 피체
2/17	용정	영신소학교 개성소학교	150명	정오에 삼각기를 들고 만세 고창 시위 전개	개성(開成)→ 해성학교설(海星學校說) (『동아일보』 1930년 2월 22일)
2/19	용정	해성소학교 영신소학교 동흥소학교	30여 명	상급생의 지도로 시위운동	
2/25	용정	대성중학교	수 명	적기, 삼각기, 격문을 시내 배포 시도	사전 발각
2/26	용정	공립중앙학교	다수	5학년생과 고등과 1년생 등 60명이 기를 들고, 격문 살포하며 시위	총독부 경영학교, 주모자 퇴학
2월 말	용정	동흥중학교 대성중학교 은진중학교	다수	격문 1만 매 제작, 각지 살포, 졸업식 당일 대규모 시위운동 계획	사전 발각
3/6	용정	광명여학교	30명	대형 백기 들고 격문 살포, 만세 고창, 시가행진	

일시	지역	학교명	규모	양 상	비고
3/6	용정	대성중학교	10여 명	시장에서 '조선독립만세' 고창	
2/7	두도구(頭道溝)	신흥학교 약수동학교 중평촌서당	다수	각 학교생 수십 명이 장날 이용, 격문 배포, 적기 소지 '독립만세' 고창 시위운동 전개	
2/22	두도구 부근	각지 학교	다수	두도구 부근 각 지역의 학생들이 4대(隊)로 나뉘어 시내에서 격문 살포, 만세 고창하며 시위	
2/9	노두구(老頭溝)	중흥학교	20여 명	격문 살포, 소기(小旗) 소지, '조선독립만세' 고창 시위운동 전개	주모자 피체
2/15	의란구(依蘭溝)	의란구학교	25명	신문기사에 자극, 시위운동 계획	조선인민회 경영 학교, 사전 발각
2/16	의란구(依蘭溝)	구룡평학교	200명	기를 들고 만세 고창 시위	
2/16	수신향(守信鄉)	학산동보통학교	수십 명	시위운동 전개	
2/21	이도구	부근 각 학교	수십 명	수성촌(水城村), 어랑촌(漁郎村), 중남촌(中南村)의 각 학생이 적기(赤旗)를 들고 시위운동	18명 피체
2/16	상의향(尙義鄉)	천보산 보조서당	수십 명	서당 학부형이 학생 수십 명을 지도, 시위운동 계획	사전 발각, 주모자 피체
2/19	국자가(局子街)	숭신학교	다수	장터에서 격문 살포, 시위운동 전개	
3/13	국자가	길림성 제4사범학교	30명	학생 30명이 장날을 이용하여 만세 고창	
3/13	국자가	현립제1학교	50명	한중(韓中) 학생이 기를 선두로 격문 살포, 만세 고창	

일시	지역	학교명	규모	양 상	비고
2/27	용지향	평풍리학교	100여명	학생들이 농민과 연합 독립 만세 시위	
3/6	화룡현 명신사(明新社)	창동학교	50명	장터에서 격문 살포, 적기 흔들며 만세 고창, 친일인 가옥에 투석	중국 군경의 위협 사격
3/12	연길현 동불사(銅佛寺)	인근 학교	200명	인근 한인 학교 학생과 청년 단체원, 농민 등이 시장에서 태극기 소지, 만세 고창	
3/11	삼도구	각 학교	200명	기를 들고, 격문 살포, 만세 고창	

※ 전거 : 강재언 편, 『光州抗日學生事件資料』, 外務省 亞細亞局 第二課, 『昭和五年三月十四日調 朝鮮學生事件ニ關スル在外朝鮮人ノ行動及支那人ノ言動』, 日本 防衛廳 防衛硏究所 소장, 『동아일보』, 『조선일보』, 『중외일보』, 광주학생독립운동동지회, 『광주학생독립운동사』, 1974.

부록 3. 1930년 1~3월 각 도별 활동 상황*

가) 서울·경기도

① 1월 9~10일 송도고보, 호수돈여고보, 미리흠여학교생의 개성시내 시위운동이 있었음

② 1월 17일 인천상업학교 200여 명의 학생이 강당에 집결하여 밀고자를 응징한 후 만세 고창. 교외로 진출하려 하였으나 경계하던 경찰이 강당을 포위하고 주모자 17여 명을 검거하여 좌절[1]

③ 1월 23일 호수돈여고보 3학년 백후복白後福 등 4명이 "구속중의 학생 모두 석방까지, 또 광주사건의 학생처분 판명까지 맹휴함"이라는 진정서를 작성하여 학생들에게 서명을 받다가 발각되어 25일 무기정학당함[2]

④ 1월 25일 호수돈여고보생이 학년시험에 백지답안 제출, 저녁 7시경 교내 기숙사생 100여 명이 통곡, 1·2학년생이 학교에 진정서 제출[3]

⑤ 1월 26일 송도고보 4학년생 이영선李永善 등이 시위운동을 계획하고 동교생 및 호수돈여학교 학생을 권유하다가 발각 체포됨[4]

⑥ 2월 8일 호수돈여고보 4학년생 50여 명이 학교 당국에 만세시위운동으로 정학된 학생의 처분 해제를 요구하며 맹휴. 학교 측은 정학생의 복교를 요

---

* 특별한 전거(典據) 표시가 없는 것은 강재언 편, 『광주항일학생사건자료(光州抗日學生事件資料)』에 근거한 것임.

1 『조선일보』, 1930년 1월 18~21·29일 ; 『동아일보』, 1930년 1월 20일 ; 上仁川中·仁川高等學校 同窓會, 『仁高90年史』, 128~132쪽.

2 『동아일보』, 1930년 1월 30일 : 광주학생독립운동동지회, 『광주학생독립운동사』, 462~463쪽.

3 『조선일보』, 1930년 1월 27일 ; 『동아일보』, 1930년 1월 30일.

4 『중외일보』, 1930년 1월 28일 석간.

구한 4학년생 전원을 무기정학 처분[5]

⑦ 2월 11일 경기도 양주군 화도면和道面 마석磨石공립보통학교생 서순성徐順成은 광주사건의 신문보도에 자극되어 만세라고 적은 기 40개를 배포하다 발각됨

⑧ 2월 15일 호수돈여고보 당국에서 4학년생의 복교를 지시하자 호수돈여고보 맹휴 주모자인 홍형옥洪衡玉 등의 여학생과 송도고보 시위주모자인 배영복裵永福, 경성제2고보생 김용길金龍吉 등의 남학생 총 13명이 모여 협의 후 2월 17일 학생들을 개별 방문하며 맹휴 지속을 종용하다가 구금[6]

나) 충청북도

① 1월 21일 공립 청주고보생 270여 명과 청주공립농업학교생 230여 명이 학교 밖으로 진출한 후 합류. 격문 200여 매를 살포하고 '한국독립 만세'를 고창하며 시내로 진출하여 시위운동을 추진하다가 주모 학생 20여 명이 체포됨으로써 좌절.[7] 1월 23일에는 청주공립농업학교 4학년생들이 검속 학생의 석방을 요구하며 동맹휴학 전개[8]

② 1월 21일 일본인 학교인 청주고등여학교에 재학 중인 한인 여학생 36명이 만세를 고창하며 시위[9]

---

5 『동아일보』, 1930년 2월 10·21일 ; 『중외일보』, 1930년 2월 9일 석간·2월 11일 조간·2월 13일 석간. 중외일보에는 학교 측에서 자진 휴교한 것으로 보도되었다.

6 『동아일보』, 1930년 2월 22·24일 : 강재언 편, 『光州抗日學生事件資料』, 250쪽.

7 강재언 편, 『光州抗日學生事件資料』, 177~178쪽 ; 『조선일보』, 1930년 1월 22일. 일부 신문에는 경찰의 탄압으로 시위가 교내에서 그치고 학생들의 교문 밖 진출이 실패한 것으로 보도되었다(『중외일보』, 1930년 1월 22일 석간) 그러나 당시 상황을 자세히 보고한 일제 기록에 의하면 저지를 뚫고 학생들이 교외로 진출하였다.

8 『동아일보』, 1930년 1월 25~26일 ; 『중외일보』, 1930년 1월 25일 석간.

9 『중외일보』, 1930년 1월 22일 석간.

③ 1월 25일 충북 괴산군에서는 청천보통학교생 우병철禹柄喆이 귀향한 청주고보생 김세열金世烈의 지도를 받아 "대한독립 만세를 축하함", "만세를 외칩시다" 등 수십 종의 격문 1천여 매를 작성하여 청천리靑川里 시장에 살포. 이들은 25일의 장날을 이용하여 장꾼들을 대상으로 시위운동을 전개할 계획이었으나 경계가 심하여 시위운동은 실행하지 못하고 격문만을 살포

④ 괴산공립보통학교생 조태용趙泰瑢 등은 1월 27일 괴산군 괴산면 장날을 이용하여 "1930년 1월 27일 전조선 학생 동정만세, 싸워라, 싸워라"라고 기재된 「조선학생 만세」등의 격문을 제작하여 동민에게 살포를 의뢰하였으나 사전에 발각 좌절

⑤ 1월 22일 충주군 충주읍 소재 충주공립보통학교 고등과 2학년 민세충 등이 교실에서 맹휴를 논의하였으나 반장 등의 반대로 실행하지 못함.

⑥ 2월 7일 충주군 이류면利柳面 대소원大召院공립보통학교 학생 27명이 지역사회주의자 박의양朴義陽 등의 지도로 방과 후 시장에 집합하여 '광주사건' 동정과 만세를 고창하며 시위운동 전개[10]

⑦ 이의 영향으로 대소원공립보통학교 졸업생인 한백곤韓百坤, 임장식林張植(임용식林龍植) 등이 2월 10일 대소원 시장에 "반도강산 백의소년 만세", "만세 삼천리강산 백의동포 만세" 등의 격문을 살포하였다가 체포됨

⑧ 음성군 음성공립보통학교 학생들은 괴산과 충주의 만세사건에 자극을 받아 2월 10일 장날을 이용하여 시위운동을 계획하다가 발각되어 실패

⑨ 2월 16일 음성군陰城郡 김왕면金旺面 무극無極공립보통학교생들도 경성고학당京城苦學堂 학생 서상순徐相淳의 지도로 2월 19일 장날을 기해 방과 후 무극시장에서 만세시위를 전개할 계획을 추진하다가 발각되어 실패

---

10 『동아일보』, 1930년 2월 12일.

다) 충청남도

① 1월 16일 신간회 당진지회원이 당진군 석문石門공립보통학교 교사와 협의하여 격문을 작성하고 이를 동교 내에 살포하였다가 체포됨[11]

② 1월 18일 당진군 석문보고 5학년생 60여 명이 만세시위 계획 중 사전 발각되어 실패[12]

③ 홍성공업전수학교 1학년 최원복崔元福, 모종규 등은 1월 20일의 장날을 기해 만세를 고창하며 시위운동을 전개할 것을 계획. 이들은 19일 저녁 '수감석방 광주만세' 등의 격문을 홍성 전 시내에 살포하였는데 발각되어 주모학생 20여 명이 체포됨으로써 좌절.[13] 신간회 홍성지회 집행위원 박원식朴源植과 교회 전도부인 황인숙黃仁淑의 배후 지도가 있었음[14]

④ 1월 21일 조치원공립농업보습학교 1학년 장영진張永鎭이 학생들에게 맹휴를 권유하였으나 실현되지 못하자 이튿날 22일 다시 맹휴를 추진하다가 체포됨[15]

⑤ 1월 22일 예산공립농업학교생이 24일의 예산 장날을 이용해 격문 살포와 만세 고창을 계획하였으나 사전 발각으로 20여 명이 검속[16]

⑥ 3월 7~8일 예산 대흥大興공립보통학교 6학년생이 중외일보 지국기자 강찬희姜讚熙 등의 지도로 광주학생에 호응하여 백지답안을 제출하고 만세시위

11 「昭和五年刑控第6號(林鍾萬 등)判決文」, 경성복심법원, 1931년 1월 10일 ; 독립운동사편찬위원회, 『독립운동사자료집』 13집, 1549~1550쪽.

12 『동아일보』, 1930년 1월 25일.

13 『중외일보』, 1930년 1월 21일 석간 ; 『조선일보』, 1930년 1월 21일.

14 『동아일보』, 1930년 1월 24일 ; 『중외일보』, 1930년 1월 23일 석간.

15 『동아일보』, 1930년 1월 26일 ; 『조선일보』, 1930년 1월 28일 ; 『중외일보』, 1930년 1월 28일 석간.

16 『조선일보』, 1930년 1월 25일.

를 계획하였다가 발각되어 실패[17]

⑦ 1월 21일 대전공립상업보습학교의 일본 학생 10명을 제외한 전교생 80여 명이 교장의 학생 맹휴에 대한 주의 설교 이후 5교시가 시작되자 대열을 지어 "전국 학생사건 구속자 석방", "퇴학 처분자의 복교" 등 5개항을 요구하며 교문 밖 진출을 시도. 경찰과 헌병대의 제지로 주동자 3명이 검거됨[18]

⑧ 1월 24일에는 대전제2공립보통학교 5학년 이순해李順海의 주도로 태극기를 제작하고 만세를 고창할 계획이 추진되었으나 사전 발각됨[19]

⑨ 2월 10일 대전읍내에 "싸워라, 동포여, 독립만세"라는 격문 부착

⑩ 1월 22일 충남 부여군에 거주하는 강성구姜星求는 "무산 학생을 구원할 것, 조선인을 본위로서 교육할 것, 조선인 일본인을 평등히 할 것, 희생학생이 없게 할 것, 이 4개 조목을 일본정부와 조선총독에 진정하여 허락할 때까지 반항하자, 강하게 싸워라 동심 동지여", "광주사건 만세, 선인 본위 교육, 언론결사 자유, 민족차별 철폐, 구속학생 석방, 작년 10월 30일 광주 일본 학생 폭행사건에 의해 조선학생 은 희생되었다. 학생이여 분기하라, 조선학생 만세" 등의 문서를 작성하여 부여공립보통학교와 부여농업보습학교에 살포[20]

⑪ 1월 26일 부여공립농업보습학교 학생 우제홍 등이 7개항의 요구조건을 제시하고 맹휴 단행, 조선일보지국장 노명우盧明愚와 이창병李昌炳, 유기섭柳基燮 등이 연루 체포됨[21]

---

17 『조선일보』, 1930년 8월 15일 ; 『동아일보』, 1930년 10월 1일 ; 『중외일보』, 1930년 8월 1일.

18 『조선일보』, 1930년 1월 23일 ; 『중외일보』, 1930년 1월 23일 조간.

19 『조선일보』, 1930년 1월 26~27일.

20 「昭和五年刑公第51號(姜星求) 判決文」, 공주지방법원 강경지청, 1930년 3월 25일.

21 「昭和五年刑公第51號(姜星求)判決文」, 공주지방법원 강경지청, 1930년 3월 25일 ;

⑫ 2월 5일 충남 온양군 신창新昌공립농업보습학교와 공립보통학교 학생들이 맹휴를 준비하였으나 일제의 경계가 엄중하여 실행하지 못함

⑬ 2월 8일 충남 천안공립보통학교 학생들의 맹휴 움직임이 있었으며 학생의 책상에 "2월 말에 독립만세를 외치자"는 격문 배포

⑭ 2월 28일 논산공립보통학교생이 3월 1일을 기해 학교에서 만세시위 계획하였으나 사전 탐지되어 미실행

라) 전라북도

① 1월 20일 전주공립여고보생 오계현吳桂鉉 등 20여 명의 학생이 '백의 만세'라고 쓴 깃발을 제작하고 전주고보, 농업학교, 공업보습학교, 신흥학교의 학생들을 동참케 하여 시내에서 시위운동을 전개할 계획을 추진하였으나 사전에 발각되어 실패[22]

② 전주공립공업보습학교생들은 1월 20일 학교 밖 오목대梧木臺에서 모인 후 각 학교 학생들과 연계하여 시내에서 시위운동을 전개할 계획이었으나 사전 경계로 인해 좌절

③ 그런데 전주공립공업보습학교 맹휴생으로부터 격문을 입수한 사립 호영학교湖英學校 2학년 백낙주白樂柱, 전주고보 3학년 유돌기柳乭基 등은 "힘 있는 겨레여, 일본제국주의의 침략적 총독정치는 겨레의 피를 빨고 이웃인 동포는 철창에 있다. 동포의 해방을 위해 백절불굴로 돌진하고 식민지 교육은 사기적 아편 주사이다. 만세 삼창"이라는 대소 삐라 420매를 제작, 1월 21일 전주 시내 각처의 요소 도로변 인가 벽에 부착하는 한편 전주시내의 시

『동아일보』, 1930년 2월 9일 ; 『조선일보』, 1930년 2월 7 · 14일.

22 『중외일보』, 1930년 1월 21일 조간 · 1월 22일 석간.

장에 살포[23]

④ 1월 21일 전주신흥학교 당국에서는 학생들의 맹휴를 우려하여 자체 휴학을 결정하였으나 학생들이 이에 불응[24]

⑤ 1월 24일 사립 기전여학교생 100여 명도 태극기를 제작하여 내걸고 학교 뒷산에 올라 소형 기를 흔들며 만세를 고창하다 경찰에 의해 해산[25]

⑥ 1월 25일 사립 신흥학교 기숙사생 36명이 전주시내에서 "철창에서 신음하는 피맺힌 소리가 들리는가. 학생대중이여! 백의민중이여! 끓는 피를 다하여 해방을 외치자"는 격문을 살포하고 만세를 고창하며 전주고보 및 전주농업학교생과의 합류를 시도하였으나 전원 체포됨[26]

⑦ 1월 26일 전주 소재 각 중등학교 학생이 26일의 장날을 기해 시위하려는 움직임이 있었으나 일경의 경계로 좌절

⑧ 1월 26일 전주농업학교생 7명이 경찰의 경계를 피해 스케이트장에서 만세 시위 거사를 논의하던 중 경찰에 체포됨[27]

⑨ 1월 27일 전주고보 학생들이 시위운동을 계획하다가 경찰에 사전 발각되어 실패[28]

⑩ 1월 28일 전주농업학교 2학년생들이 기원절이 되기 전까지 시위운동을 전

---

23 「昭和五年刑公第470號(白樂柱 등)判決文」, 전주지방법원, 1930년 3월 10일 ; 『조선일보』, 1930년 1월 27일 · 3월 10일 ; 『동아일보』, 1930년 3월 10일.

24 『중외일보』, 1930년 1월 24일 석간.

25 『동아일보』, 1930년 1월 25일 ; 『조선일보』, 1930년 1월 26일.
조선일보에는 기숙사생의 주도로 '동정만세(同情萬歲)'라고 기재한 기를 제작한 후 60여 명이 교내 운동장에서 만세를 고창하다 40여 명이 일시 검속되었다고 보도되었다.

26 『동아일보』, 1930년 1월 26일 ; 『조선일보』, 1930년 1월 26~27일.

27 『조선일보』, 1930년 1월 29일 ; 『동아일보』, 1930년 1월 29일 ; 『중외일보』 1930년 1월 29일 석간.

28 『중외일보』, 1930년 1월 29일 석간.

개할 것을 기도하다가 사전에 발각 체포됨

⑪ 2월 1일 새벽 전주시내 일대 노상에 "조선 민중이여! 백의 동포여! 만세" 라는 격문 수백 매가 살포됨

⑫ 2월 12일 전주 사립영신永新학교생과 삼례三禮공립보통학교생들이 연합하여 일요일인 16일 시위운동을 계획하고 "조선학생 만세" 등의 아지삐라와 태극기 120매를 준비하였으나 사전에 발각되어 좌절[29]

⑬ 2월 14일 삼례 영신학교 5학년 이규태, 김동기, 3학년 김종렬, 1학년 장금암張金岩, 19세) 등이 삼례공립보통학교 뒷산에 모여 "동감 만세", "동정 만세", "조선학생 만세" 등이 기재된 적기赤旗 수십 매를 보통학교 운동장에 살포하며 삼례주재소 앞까지 만세시위를 전개하다가 체포됨[30]

⑭ 1월 20일 정읍공립농업학교 2학년생이 "학원에 자유를 다오" 등 5개항의 진정서를 제출하고 적기赤旗를 선두로 시위운동을 계획하였으나 주도자들이 사전에 체포되어 실패. 이에 1월 21일 동교 1·2학년생들은 "검거학생 석방", "학원의 자유" 등 수개 항의 진정서를 교장에게 제출하고 학생들이 구금된 경찰서로 몰려가 항의[31]

⑮ 정읍 읍내에서도 1월 26일 장날에 시위하자는 격문이 게시되었으나 일경의 경계로 실패

⑯ 2월 17일 정읍군 고부古阜공립보통학교 6학년생 나종미羅鍾美(21세)는 동교생에게 만세시위를 종용하였으나 호응이 없자 교정에서 혼자 "조선독립만

---

29 『동아일보』, 1930년 2월 15·21일·3월 5·11·13·23일 ; 『중외일보』, 1930년 2월 14일 석간. 三禮보통학교생과 영흥학교생이 永信학교, 新興학교, 紀全여학교생과 14일을 기해 연합시위운동을 계획하다가 삼례보통학교, 영흥학교 학생들이 사전에 검거되었다는 기사도 있다(『동아일보』, 1930년 2월 15일).

30 『동아일보』, 1930년 2월 17일 ; 『중외일보』, 1930년 2월 18일 석간.

31 『중외일보』, 1930년 1월 24일 석간.

세"를 고창

⑰ 사립 고창고보에서는 1월 22일 장날을 기해 대대적으로 시위운동을 전개할 계획을 세움. 고창고보생들은 20여 명의 준비위원을 선정하고 격문 만여 매, 적기 50여 개를 제작할 준비를 갖추는 등 거사를 추진. 4학년생 이하 200여 명의 학생을 1, 2대로 나누어 22일의 장날에 거사코자 하였으나 학교 측에서 사전에 무기휴교하고 주도자 20여 명이 체포되어 실패[32]

⑱ 2월 10일 전북 고창고보 1학년 전갑수田甲秀는 태극기와 적기를 제작하고 시위운동을 계획하였으나 사전에 발각되어 실패. 2월 22일 전북 고창고보 1학년생 수 명이 일인 상점에 격문을 부착하였다가 체포됨[33]

⑲ 2월 4일 전북 김제군 백구白鷗청년회 간부 김상연金相連 등 3명은 "경찰 단속에 대해 일인과 조선인의 차별을 반대하라" 외 8개 항의 슬로건을 기재한 「광주고보사건에 대하여 전조선 학생제군에 격함」이란 격문 수십 매를 제작하였으나 사전에 발각되어 체포됨

⑳ 2월 18일 부안군扶安郡 백산면白山面에서는 지역 조선일보 기자 등이 백산보통학교 학생들을 통해 장날에 시위운동을 계획하였으나 사전에 발각

㉑ 2월 11일 남원공립보통학교 6학년 노해근盧海根(17세), 이형용李炯瑢(17세) 등이 남원군 남원우체국 앞 등에 태극기를 묘사하고 "조선인 만세"라고 쓴 격문을 첨부하였다가 체포됨

㉒ 2월 13일 남원에서 남원청년동맹원 최성록 등이 읍내 각처에 "동포여 정신차려라" 등 3개항을 기재한 격문을 살포하였다가 체포됨[34]

---

32 『중외일보』, 1930년 1월 25일 석간.

33 『동아일보』, 1930년 3월 1일.

34 『동아일보』, 1930년 2월 18일.

마) 전라남도

① 광주고보와 광주농교 학생들은 고보 2학년의 독서회원인 강문영姜文泳 등의 지도로 수감자의 석방을 요구하는 시험거부 활동을 전개. 1월 9일부터 시작된 학기시험에 광주고보생 전원이 백지답안을 제출하며 항거. 광주고보 당국에서는 백지답안을 제출한 학생 중 65명을 퇴학 처분.[35] 1930년 1월 15일 현재 광주형무소에만 200여 명의 학생이 수감 중이므로 석방 시까지 시험을 거부함. 광주고보 당국에서 학생들을 호별 방문하여 출석을 종용[36]

② 광주여고보 학생들도 1월 10일 백지답안을 제출하며 항거. 1월 13일에는 학교 당국의 엄중한 경계로 학생들이 동요하였으나 나주역전 충돌의 당사자인 이광춘이 끝까지 백지동맹을 계속하자는 열변을 토함으로써 백지답안을 제출하며 호응함. 이광춘은 눈물을 흘리며 선생 앞에서 전 책임은 자신에게 있으니 마음대로 자신을 처벌하라고 요구함. 학생들에게는 최후까지 분투하여 목적을 관철하라고 연설[37]

③ 1월 18일 광주고보생 24명이 전교생 일제히 퇴학계를 제출하자고 권유 중 검거됨

④ 광주농업학교 독서회원인 안종변安鍾卞, 이수동李壽童 등 10여 명이 회합하여 서울의 학생시위운동에 호응하여 재거의할 것을 추진. 1월 20일 수감 중인 학생의 석방을 요구하는 진정서를 교장에게 제출하고 학교 전화선을 절단한 후 "궐기하자 만세"라고 쓴 적기赤旗를 앞세우고 격문을 살포하며 시위할 것을 계획하였으나 사전에 발각되어 좌절

35 『중외일보』, 1930년 1월 10일·1월 17일 조간

36 『조선일보』, 1930년 1월 15일

37 『조선일보』, 1930년 1월 15일 ; 『중외일보』, 1930년 1월 11일·1월 15일 조간.

⑤ 1월 27일 전주신흥학교 학생의 권유를 받은 광주 수피아여학교 정옥순, 심만 등의 학생이 아옥兒玉 정무총감의 내광來光을 기해 조선지도를 그리고 "동포여 깨어나라, 영원히 만세를 외쳐라, 독립만세를 외쳐라"라고 기재한 격문과 태극기 등을 제작하고 대규모 시위운동을 추진하였으나 주동자들이 체포되어 실패[38]

⑥ 강진군 대구大口공립보통학교 5·6학년생 및 졸업생 윤가현尹珂鉉(20세) 등 수 명은 1월 18일 당진군 내 8개 보통학교와 면내 각 구장 앞으로 광주고보 학생들에 호응하는 내용의 격문을 제작 발송. 윤가현은 광주고보 학생, 강진군 대구면공립보통학교장, 대구면 내 군동郡東, 강진康津, 엄천, 성전城田의 보통학교 학생 등에게 격문을 우송[39]

⑦ 윤가현은 강원태姜遠太 등과 대구면공립보통학교의 상급생들을 규합하여 1월 18일 동맹휴교를 추진하다가 체포됨

⑧ 1월 18일 대구공립보통학교 학생 92명이 격문을 배포하고 맹휴 전개[40]

⑨ 곡성군谷城郡 옥과면玉果面 공립보통학교 6학생 이근만李根萬 등은 1월 27일의 장날이나 구정 설날을 기해 시위운동을 결행할 것을 준비하다가 역시 발각되어 실패

⑩ 1월 21일 전남 여수공립수산학교에서 격문을 살포하고 시위운동을 준비하다가 사전에 발각되어 학생 8명이 경찰에 검거됨. 이에 다른 학생들이 교

---

38 『중외일보』, 1930년 1월 29일 조간 ; 『조선일보』, 1930년 1월 31일 ; 전라남도, 「光州學生事件並其餘波受道內各學校生徒動搖顚末」, 1930년 4월, 김재기·임영언·권향숙 공역, 『일제관헌이 기록한 광주학생독립운동』, 마루, 2012, 146~147쪽.

39 「昭和五年刑公第162號(尹珂鉉)判決文」, 광주지방법원 장흥지청, 1930년 3월 14일 ; 「昭和五年刑控公第222號(尹珂鉉)判決文」, 대구복심법원, 1930년 4월 22일.

40 『동아일보』, 1930년 1월 25일 ; 『조선일보』, 1930년 1월 22·28일.

장에 항의서를 제출[41]

⑪ 1월 25일 전남 여수공립보통학교 교정에 "친애한 학생 제군이여, 광주사건에 동정하라"는 제목으로 시위운동을 촉구하는 내용의 격문 80여 매가 살포됨. 이는 김용환金龍煥, 여운종呂運鍾 등이 여수에서도 광주학생에 대한 동조시위를 전개할 목적으로 격문을 제작하여 1월 25일 밤 여수보통학교 교정과 교실에 살포한 것임[42]

⑫ 1월 28일 여수공립수산학교 2학년생들이 검거 학생에게 동정하여 맹휴를 전개하고 1·3학년생도 이에 동참[43]

⑬ 1월 18일 전남 담양군 창평공립보통학교 6학년생 박모가 교실에게 광주지방 학생투쟁 희생자를 찬양하고 조선독립을 기하기 위해 시위를 촉구한 격문을 학생에게 회람시키다 발각됨

⑭ 1월 19일 담양군 창평昌平공립보통학교생 18명은 1월 말의 창평 장날을 이용하여 시위운동을 거행할 것을 계획하고 태극기와 격문을 제작하는 등 준비하다가 체포되어 좌절[44]

---

41 『중외일보』 1930년 1월 26일 석간.

42 『조선일보』, 1930년 2월 3일 ; 『중외일보』, 1930년 2월 14일 ; 강재언 편, 『광주항일학생사건자료』 83쪽 ; 「昭和五年刑公第53號(金龍煥, 呂運鍾)判決文」, 광주지방법원 순천지청, 1930년 3월 13일 ; 여수항일독립운동사편찬위원회, 『麗水抗日運動史』, 2006, 440~441쪽.
그런데 강재언 편, 『광주항일학생사건자료』와 『조선일보』, 1930년 1월 27일 기사에는 여수공립보통학교에 격문이 살포된 시기가 1월 23일로 기재되어 있다. 동교에 격문 살포가 2차에 걸쳐 있었던 것은 아니므로 1월 23일은 착오인 것 같다.

43 『조선일보』, 1930년 2월 3일 ; 전라남도, 「光州學生事件並其餘波受道內各學校生徒動搖顚末」, 1930년 4월, 김재기·임영언·권향숙 공역, 『일제관헌이 기록한 광주학생독립운동』, 마루, 2012, 148~149쪽.

44 「昭和5年 1月 光州學生事件及其の影響 其の二」, 강재언 편 『光州抗日學生事件資料』, 184쪽.

⑮ 2월 2일 전남 담양공립보통학교 6학년 김영순(15세) 등 9명이 각 학년생의 서명을 받아 조회 때 일본 국가 합창을 거부하고 만세를 고창한 후 전화선을 절단하고 시위를 추진하다 발각·저지됨[45]

⑯ 2월 7일 목포 사립정명貞明여학교 고등과 4학년 학생 최이선崔二善, 강안식, 서금복, 박덕순, 1학년 송영은 등은 구금 중인 목포상업학교 학생에 동정하여 목포상업학교 학생 정병칠鄭炳七의 배후 지도를 받아 표어가 기재된 대형 적기赤旗와 격문 수천 장을 제작하고 시위를 준비하다가 발각 체포됨[46]

⑰ 2월 8일 제주도공립농업학교 3학년생 40여 명이 백지답안 제출을 결의하였으나 학교 당국의 종용으로 포기

⑱ 2월 10일 나주읍 장날을 이용하여 나주공립농업보습학교 2학년 이창신李昌信의 지도로 나주농업보습학교와 나주공립보통학교 5~6학년 300여 명의 학생들이 "광주학생 동정만세", "조선학생만세"를 고창하며 시내진출을 시도하다가 해산[47]

⑲ 보성군 보성공립보통학교 4~6학년 학생들은 귀향한 광주고보생 김기수金麒洙의 지도로 2월 18일 조회 때 만세운동을 전개할 계획을 추진하다가 사전에 발각 실패[48]

신문보도에는 1월 19일 5~6학년생 수십 명이 일요일을 이용하여 개인 집에 모여 시위운동을 협의하다가 발각·검거된 것으로 나타난다(『동아일보』, 1930년 1월 22~23일 ; 『조선일보』, 1930년 1월 26일).

45 『동아일보』, 1930년 2월 7일 ; 전라남도, 「光州學生事件並其餘波受道內各學校生徒動搖顚末」, 1930년 4월, 김재기·임영언·권향숙 공역, 『일제관헌이 기록한 광주학생독립운동』, 마루, 2012, 149~150쪽.

46 『동아일보』, 1930년 2월 10·13·16일 ; 『중외일보』 1930년 2월 8일·2월 9일 석간

47 『조선일보』, 1930년 2월 12일 ; 『중외일보』, 1930년 2월 12·14일·2월 19일 석간. 『조선일보』에는 나주농업학교와 나주보통학교 학생 200여 명으로 보도되었다.

48 『동아일보』, 1930년 2월 23·25일.

⑳ 3월 1일 신간회 함평지회 선전부장 겸 함평청년동맹 위원장 이현일李鉉一 등 10여 명의 청년들이 함평 장날에 민중과 학생이 합동한 시위운동을 계획하고 "궐기하라, 조선 청년대중이여, 일본제국주의 강도를 학살하라"는 격문 수백 매를 준비하였다가 체포됨[49]

㉑ 3월 3일 광주고보 3학년 이삼희李三喜, 함평농잠보습학교생 이재연李載淵이 이현일의 계획실패에 자극되어 함평보통학교 장희술張喜述 등과 함께 3·1절 기념 시위운동을 촉구하는 내용의 격문 100여 매와 태극기를 제작하여 함평읍내 가로에 살포[50]

바) 경상북도

① 1월 12일 대구고보 2학년생 문학봉文學奉이 대구청년동맹 검사부장 박명줄朴明茁의 지도를 받아 시위운동을 계획하다가 사전에 발각 체포됨.

② 1월 14~15일 경북 경산군慶山郡에 거주하는 허동훈許東薰이 대구고보, 대구사범학교, 대구농림학교, 대구상업학교, 교남학교嶠南學校, 청년동맹 등에 혈서로 서명한 격문을 우송하였다가 체포됨[51]

③ 1월 16일 대구여고보에 혈서로 쓴 격문이 우편으로 배달되자 학생들이 18일 오후 1시 대구 남문南門 장날과 남성정南城町 약령시藥令市를 이용하여 맹약서를 기재한 태극기를 준비하고 시위운동을 계획하다가 사전에 발각되어 30여 명의(여고보생 20명) 학생이 체포됨. 대구여고보 당국은 수업을 중지하고 교내에 수십 명의 형사대가 상주하며 경계[52]

---

49 『조선일보』, 1930년 3월 12일 ; 『동아일보』, 1930년 3월 3·12일.

50 「昭和5年刑公控第26號(李載淵 등)判決文」, 대구복심법원, 1930년 5월 29일.

51 『조선일보』, 1930년 1월 18일 7면·1월 20일 ; 『중외일보』, 1930년 1월 20일 석간

52 『중외일보』, 1930년 1월 20일 석간. 1월 17일 오후 4시 대구여고보 3~4학년생이 교내

④ 1월 18일 계성학교, 대구고보, 대구여고보, 대구농림학교 학생들이 1월 20일 시위운동을 계획하다가 사전에 발각·검거됨[53]

⑤ 1월 19일 대구여고보 4학년 반장 권유진權有鎭 등이 "광주 피검거 학생 석방" 등의 요구사항을 제시하고 학생들을 규합하려다가 발각·연행

⑥ 1월 22일 대구공립상업학교 학생 간에 공주에서 학생이 경찰에 총살되었다는 풍설이 유포되었고 풍설 유포자가 체포됨

⑦ 대구고보 2학년 한경, 강이환姜二煥 등은 2월 11일의 기원절 당일 시위운동을 계획하고 거사를 준비하다가 발각·체포됨. 이들은 일부 학생들을 학교 밖의 달성공원에 집합시킨 후 교내 학생들과 상호 호응하여 만세운동을 전개할 계획을 추진. 부내府內 공사립의 각 학교 학생들도 참여토록 하여 연계투쟁을 구상

⑧ 1월 24일 대구공립여고보 4학년 김덕생金德生이 동지들과 회합하고 "각지의 학생과 협동하여 광주 피구금 학생의 무조건 석방, 수업료 인하" 등의 성명서를 준비하여 점심시간에 각 학급에서 학생들에게 낭독하고 이튿날 25일 일제히 만세시위를 전개하려 하였으나 경찰이 탐지하고 여학생 8명을 체포. 김모라는 청년의 배후 지도가 있었다고 함[54]

⑨ 1월 29일 대구고보 학생들이 30일의 음력 설을 이용하여 일대 시위운동 계획을 추진하였으나 사전에 발각되어 고보생 8명이 검거됨으로써 실행에

에서 만세시위를 하려다가 학교 측에 발각되어 실패하고 주모자 20여 명이 검속되었다고 보도되기도 했다(『조선일보』, 1930년 1월 19일). 『동아일보』에는 거사 예정일이 1월 20일로 보도되었다(『동아일보』, 1930년 1월 20일).

53 『조선일보』, 1930년 1월 20~21일 ; 『동아일보』, 1930년 1월 20일. 이 활동이 위 ③항의 시위 계획과 같은 것인지는 알 수 없다.

54 『중외일보』, 1930년 1월 31일 석간 ; 『조선일보』, 1930년 1월 27일.

옮기지 못함[55]

⑩ 2월 초 영주군 풍기면 신간회원인 안기석安基錫, 권석환權錫煥 및 청년동맹 재무부장 김준상金俊相 등은 각지의 보통학교와 청년동맹에 격문을 우송하여 광주학생사건에 호응한 시위운동의 결행을 촉구하기로 계획. 격문 2종 300여 매를 인쇄하여 2월 2일 영주공립보통학교와 풍기공립보통학교의 교실 내 책상서랍에 투입하고 풍기농민조합과 청년동맹 지부 사무실, 노농야학당 등에도 살포. 대구사립 복명復明보통학교를 비롯하여 김천, 상주, 예천, 안동, 의성, 순흥공립보통학교에 우송. 안동, 영주, 순천, 남원의 각 청년동맹 지부에도 우송[56]

⑪ 2월 11일 영양청년동맹 석보石保지부 위원장 박병량朴秉亮, 신간회원 이명호李命浩 등 수십여 명이 "전조선 피압박 약소민족에 고함"이란 격문 3,000여 매를 준비하여 영양군 석보石保시장 장터에서 군중에게 살포하며 약소민족 만세를 고창함. 장터의 군중 400~500명이 합세하여 만세를 고창하며 시가 중앙을 향해 시위운동을 전개하다 저지하는 경찰과 충돌하여 수십 명이 검거됨[57]

⑫ 3월 2일 평양 7개 공사립 중등학교에 배포한 것과 같은 격문 3종 십여 매가 대구공립고보 학생회 앞으로 우송됨

⑬ 3월 3일 대구농림학교 3학년생이 수업 중 맹휴하자고 교실을 나서다가 저지됨

⑭ 3월 4일 대구농림학교 3학년생 등이 교외로 진출, 인근 대구상업학교 학생

---

55 『동아일보』, 1930년 2월 2일 ; 『중외일보』, 1930년 2월 1일 석간.

56 「昭和五年刑公第1233~1234號(安基錫 等)判決文」, 대구지방법원, 1930년 7월 9일 ; 광주학생운동동지회, 『광주학생독립운동사』, 178~184쪽.

57 『중외일보』, 1930년 2월 16일 석간.

과 합세하여 시위하려다 저지됨[58]

사) 경상남도

① 부산공립제2상업학교생 임기홍林基弘, 문길환文吉煥, 장남현張南鉉 등이 겨울 방학을 이용하여 12월 27일 「싸우는 소리」, 「피압박 민족의 대중에 격함」, 「대한 동포여 들어라」 등 3종의 격문 6천여 매를 작성. 격문에는 "총과 칼은 왜놈의 무기이지만 살과 뼈는 우리의 무기이다", "우리들의 피와 땀을 착취한 왜놈을 축출하자", "일본제국주의를 멸망시켜라", "총독 정치에 절대 반대하라", "남녀노소를 불문하고 모두 가두로 나와 만세를 외치자" 등의 내용이 수록. "노예교육 철폐", "검거 광주학생 석방" 등의 표어를 기재한 격문과 시위당시에 사용할 창가를 수록한 격문 등도 준비. 이 격문을 1월 8일 개학을 맞아 부산제2상업학교와 부산공립여고보 교실과 부산진, 초량 등의 가로에 살포[59]

② 1월 11일 부산공립여고보에서는 이 격문에 자극되어 3학년생 30여 명이 학생의 집에 모여 진정서를 작성한 후 13일 맹휴 결행을 모의하였으나 사전 발각으로 실패[60]

③ 1월 14일 부산공립여고보생이 맹휴 전개[61]

④ 1월 9일에는 부산공립제2상업학교 2학년생들이 장남현의 지도로 광주학생 가해자의 엄중 처벌, 식민지 노예교육 절대반대, 검거학생의 무조건 석

---

58 『동아일보』, 1930년 3월 5일.

59 「昭和五年刑控第877號(文吉煥)判決文」, 대구복심법원, 1930년 11월 29일 ; 「昭和五年刑控第564號(張南鉉)判決文」, 대구복심법원, 1930년 8월 7일 ; 광주학생독립운동동지회, 『광주학생독립운동사』, 185~189쪽 ; 『조선일보』, 1930년 1월 12일.

60 『동아일보』, 1930년 1월 17일 ; 『조선일보』, 1930년 1월 14일.

61 『조선일보』, 1930년 1월 17일.

방, 학교와 경찰의 야합 반대 등을 요구하며 맹휴를 전개.[62] 이 시위로 2학년생 중 2명 퇴학, 80명이 무기정학 처분되었으나 1월 13일 퇴학생과 무기정학생이 전부 등교하여 시가지로 시위행진을 추진하다가 경찰의 제지로 실패[63]

⑤ 장남현은 1월 12일 신간회 간부 임종업林鍾業, 부산합동노동조합원 김시엽金時燁 등과 함께 부산방직주식회사 직공들이 노동조건 개선을 요구하는 동맹파업을 지원하기 위해 "우리는 일어났다"는 격문 200매를 작성하여 각지의 사상단체에 우송[64]

⑥ 장남현 등은 다시 1월 21일 밤 부산부내 55개소에 "대한독립 만세, 타도 일본제국주의, 반대 조선총독 정치" 등의 벽보를 부착[65]

⑦ 1월 15일 부산 사립 상업실천여학교의 한인 학생 49명이 "검거학생의 무조건 석방, 조선인 본위의 수업" 등의 진정서를 제출하고 맹휴 전개[66]

⑧ 1월 22일 부산진釜山鎭공립보통학교 5학년 이하 천여 명이 학년별로 비밀협의 진행, 사전에 발각되어 주모학생 검속, 학교의 경계로 미실행[67]

⑨ 1월 31일 부산부내 대신大新, 보수寶水, 부민富民, 토성동土城洞 거리 전주 등에 "조선독립만세를 외친다, 조선독립 만세" 등의 격문이 부착됨

⑩ 1월 11일 동래고보에서 1929년 겨울방학 직전의 맹휴활동으로 퇴학된 12

---

62 『조선일보』, 1930년 1월 12일 ; 『중외일보』, 1930년 1월 11일 조간.

63 『조선일보』, 1930년 1월 14일 ; 『중외일보』, 1930년 1월 14일 조간.

64 「昭和五年刑控第564號(張南鉉 등)判決文」, 대구복심법원, 1930년 8월 7일 ; 광주학생독립운동동지회, 『광주학생독립운동사』, 187~189쪽.

65 「昭和五年刑控第877號(張南鉉 등)判決文」, 대구복심법원, 1930년 11월 29일 ; 광주학생독립운동동지회, 『광주학생독립운동사』, 185~186쪽.

66 『동아일보』, 1930년 1월 18일 ; 『조선일보』, 1930년 1월 17일 ; 『중외일보』, 1930년 1월 17일 조간.

67 『조선일보』, 1930년 1월 27일.

명에 대한 복교를 요구하는 제2차 맹휴가 전개됨. 이들은 "경찰과 학교와의 연락을 끊고 퇴학 처분을 해제할 때까지 맹휴함"이라는 선언서를 제출하고 경찰의 교내 침입 반대와 퇴학생의 복교를 요구하며 5학년을 제외한 전교생이 맹휴를 전개. 학교 측에서는 맹휴 학생 전원을 정학 처분하고 사복 경관이 학교 내에 상주하며 경계[68]

⑪ 1월 18일 동래고보 2학년생이 동맹휴학을 선언함.[69] 1월 20일 동래고보 2·3학년생들이 수업 시간에 교내 시위를 전개했으나 제지로 확산되지 않음

⑫ 1월 21일 동래고보 1~4학년생 전원이 맹휴를 계획하고 강권일姜權一이 진정서를 작성한 후 제출하려다가 경찰에 체포되어 실패, 학교 당국에서 6명을 정학[70]

⑬ 2월 10일 동래고보생들이 동래청년동맹 기장지부 집행위원장 김동득, 동래소년동맹 집행위원장 김영배 등과 협의하고 기원절을 맞아 시위를 계획하였으나 사전에 검거됨. 학교 당국은 기원절 당일 급장과 부급장을 제외한 학생 전부의 기념식장 참례를 금지[71]

⑭ 1월 12일 마산공립상업학교 3학년생을 중심으로 "광주학생 구금자 무조건 석방" 등의 격문을 준비하며 13일 시위를 모의하였으나 사전 발각되어 실패[72]

⑮ 1월 18일 마산 호신학교濠信學校 학생들 간에 맹휴의 조짐이 있었으나 실행

---

68 『조선일보』, 1930년 1월 15일 ; 『중외일보』, 1930년 1월 12일 석간·1월 14일 조간.

69 『동아일보』, 1930년 1월 20일.

70 『조선일보』, 1930년 1월 24일 ; 『동아일보』, 1930년 1월 24일 ; 『중외일보』, 1930년 1월 24일 석간.

71 『중외일보』, 1930년 2월 15일 석간.

72 『조선일보』, 1930년 1월 14일 ; 『중외일보』, 1930년 1월 14일 조간.

하지 못함

⑯ 2월 12일 마산청년동맹 간부 이태규李太圭 등이 음력 정월 대보름 줄다리기를 개최하고 격문을 살포하며 시위운동을 전개하려고 계획하였으나 사전에 탐지되어 좌절

⑰ 1월 16일 진주고보 3학년 조방제趙邦濟 등 20여 명이 모여 17일 시위운동을 결행하기로 협의함. 이 소식을 접한 동교 2학년 정갑생, 정한영 등은 "노예적 교육폐지", "학교에 경찰침입 금지", "광주학생 석방" 등을 기재한 격문을 제작. 1월 17일 아침 격문을 살포하며 시위운동을 전개.[73] 이들은 천전리 농업학교와 도립사범학교 앞에서 만세를 고창하며 시위 동참을 촉구. 제1공립보통학교 운동장에 진입하여 만세를 부르자 보통학교 남녀 학생 수백 명이 이에 호응하여 "조선학생 만세"를 고창하며 교문 밖으로 진출.[74] 고보생들이 일신여고보로 쇄도하여 만세 고창. 일신여고보 학생들도 이에 호응하여 만세 고창, 일부 학생은 교외로 진출. 400여 명으로 증원된 학생들은 사립 시원柴園여학교 앞과 제2보통학교 앞에서 만세를 고창 후 경찰의 제지로 해산.[75] 진주여고보생 십수 명도 시위에 참가함. 시원여학교와 제2보통학교 학생들은 이튿날 18일 아침 조회 때 시위운동의 움직임이 있었으나 학교 측과 경찰의 경계로 실행에 이르지 못함.[76] 18일 일신여학교 학생들도 동맹휴학을 실시. 이 시위는 신간회 진주지회 집행위원이며 농민조합 위원인 강두석姜斗錫과 신간회 하동지부 간부이며 하동청년동

---

73 「刑控第248號(趙邦濟 등) 판결문」, 대구복심법원, 1930년 5월 15일 ; 광주학생독립운동동지회, 『광주학생독립운동사』, 173~175쪽.

74 『조선일보』, 1930년 1월 19일 ; 『중외일보』, 1930년 1월 18일 조간.

75 『조선일보』, 1930년 1월 19일 ; 『중외일보』, 1930년 1월 18일 석간.

76 『조선일보』, 1930년 1월 22일.

맹원인 강채홍姜彩洪 등이 배후 지도.[77] 이에 호응하여 진주사립 일신여고보생과 진주공립제1보통학교생들이 시위운동을 시도. 진주고보와 일신여고보의 시위로 검속된 20여 명의 학생들은 유치장 안에서도 만세를 고창[78]

⑱ 1월 17일 진주농업학교생이 시위운동을 위해 격문 400여 매를 손으로 작성하여 조회 시간에 시위운동을 추진하다가 사전에 발각·체포됨[79]

⑲ 1월 20일 진주농업학교 학생들의 시위 움직임이 사전 발각됨[80]

⑳ 1월 17일 제2보통학교 졸업생인 박도제朴道濟는 진주경찰서장, 각 학교 교장, 군수 앞으로 "조선독립 만세" 등이 기재된 엽서를 우송[81]

㉑ 경북 유림단 활동을 주도한 벽옹 김창숙金昌淑의 2남인 진주고보 1년생 김찬기가 1월 20일과 21일 밤 진주고보 외 촉석루 등 교통 요지 10개소에 "여러분 이것을 보시라, 싸우러 나아가자, 뜨거운 피의 가슴을 안고 일어서라, 잠자고 있는 겨레여, 우리들의 절호의 기회이다"라는 격문과 총독부 당국을 비난하는 벽보를 게시하였다가 체포됨[82]

㉒ 1월 24일 진주사립 일신여고보 4학년 학생들이 '25일을 기해 만세를 외치며 교외로 진출하여 시위운동을 결행할 것'을 협의하였으나 사전에 탐지되어 실패함. 학교 측에서 당분간 휴학을 선언[83]

㉓ 2월 10일 일신여고보 학생들이 검거된 진주고보 학생들에 동정하여 일제

---

77 진주청년동맹 위원장 河振과 柳德天, 동경유학생 姜渭黃 등이 학생들을 선동하였다는 혐의로 검거되기도 하였다(『조선일보』, 1930년 1월 20일).

78 『조선일보』, 1930년 1월 23일.

79 『중외일보』, 1930년 2월 2일 석간.

80 『동아일보』, 1930년 1월 23일.

81 『동아일보』, 1930년 2월 25일·4월 16일.

82 『동아일보』, 1930년 2월 25일 ; 『중외일보』, 1930년 2월 11일 조간.

83 『조선일보』, 1930년 1월 28일 ; 『중외일보』, 1930년 1월 26일 조간.

의 기원절을 기회로 12일 맹휴를 전개할 계획을 추진하였으나 사전에 발각되어 실패[84]

㉔ 1월 18일에는 통영소년동맹 집행위원장 최석문崔石文이 통영공립보통학교 학생에게 격문 초안을 교부하여 1,500여 매를 제작토록 함. 장날을 이용하여 시위운동을 전개하려고 기회를 살피던 중 발각됨

㉕ 1월 21일 경남 통영공립수산학교 1~2학년생 30여 명이 교정에서 만세를 외치며 교외 진출을 시도하였으나 저지 해산[85]

㉖ 1월 21일 통영 공립보통학교 5~6학년생들이 조회시간에 만세를 고창하고 각색 기를 들고 행렬을 지어 시가로 진출하려다가 교장의 연락을 받은 경관의 제지로 해산[86]

㉗ 1월 22일 통영 대화정大和町 극장 간판에 "외쳐라, 대한독립 만세, 끝까지"라는 벽보가 게시

㉘ 2월 10일 통영공립수산학교와 보통학교 학생 간에 시위운동의 조짐이 있었으나 사전에 발각됨

㉙ 1월 21일 경남 사천공립보통학교 5학년생 일부가 "우리들은 조선 남자의

---

84 『중외일보』, 1930년 2월 13일 석간.

85 『중외일보』 1930년 1월 22일 조간.
조선일보에는 시위일자가 1월 20일로 보도되었다(『조선일보』, 1930년 1월 23일). 동아일보는 1월 20일 80여 명의 학생이 교내 운동장에서 만세를 고창하여 경찰이 학생 십여 명을 검속하였다고 보도하였다.(『동아일보』, 1930년 1월 23일) 이 시위운동은 동교 2학년생을 중심으로 추진되었으며 주모자인 池山萬, 高在日 등이 퇴학당했다고 한다[李暎炫(7회 졸업생), 「나의 統水시절」, 통영수산전문대학, 『統水70年史 1917~1988』, 103쪽]. 당시 수산학교는 3년제로서 전국적으로 경남 통영공립수산학교, 전남 여수공립수산학교, 평북에 용암포공립수산학교의 3교뿐이었다. 이 중 통영수산학교가 가장 앞선 1923년에 설립되었다.

86 『조선일보』, 1930년 1월 23일 ; 『중외일보』, 1930년 1월 22일 조간.

면목상 만세를 외치자, 광주사건은 일본인이 조선인을 학살했다. 우리들도 맹휴하자"라는 쪽지를 회람하며 22일을 기해 맹휴를 전개할 것을 계획 중 발각됨[87]

㉚ 1월 22일 김해 진영進永공립보통학교 6학년생 전원이 만세시위와 맹휴를 계획하였으나 사전 발각됨[88]

㉛ 1월 23일 아침 김해보통학교생의 만세 고창 계획을 일제 당국이 탐지하여 실패[89]

㉜ 1월 23일 경남 양산원동梁山院洞공립보통학교 6학년생 등 수십 명이 학교 뒷산에서 비밀회합 중 교사에 발견되어 귀가

㉝ 1월 23일 경남 고성, 사천군 삼천포, 함안군 칠원의 각 공립보통학교 학생들이 맹휴를 계획하였으나 사전에 탐지되어 실패[90]

㉞ 1월 24일에는 경남 김해청년동맹 소년부 집행위원 김차봉金次奉이 신간회 김해지부 간부 최여봉崔汝鳳 등과 모의하여 "자본주의의 최후의 형태인 제국주의에 …… 민족적으로 싸우지 않으면 안 된다"는 내용의 "전조선 피압박 학생 제군"이란 제목의 격문을 사립합성학교, 공립농업학교와 보통학교, 읍내 요소 수십 곳에 배포하였다가 체포됨

㉟ 김해공립농업학교 1·2학년생 전부와 3학년생 일부는 2월 1일 하학 후 인근 사립 합성학교 교문 앞에 쇄도하여 "약소민족 만세"를 고창하며 시위운

87 신문에는 2학년생 96명, 3학년생 103명, 4학년생 97명, 5학년생 83명이 21일 오후 하학 후 학교 뒤뜰에 모여 23일 조회시간에 만세 고창을 결의하였으나 교사에게 발각되어 실패하였다고 보도되었다(『동아일보』, 1930년 1월 24일).

88 『동아일보』, 1930년 1월 24일.

89 『조선일보』, 1930년 1월 25일.

90 『동아일보』, 1930년 1월 30일 ; 『조선일보』, 1930년 1월 26일.

동 참여를 촉구하다가 경찰의 제지로 해산. 학생 77명 검속됨[91]

㊱ 2월 2일 김해공립농업학교 3학년 최도식崔度植 등 3명은 2월 1일 검거된 학생에 동정하여 맹휴를 기도하다가 체포됨

㊲ 합성학교생 이말봉李末鳳 등은 공립보통학교생 김백돌金伯乭 등과 2월 3일 연합시위운동을 전개하기로 합의하고 학교별 시위진행 경로를 논의하는 등 준비하다가 발각됨. 이는 김해청년동맹원 김말동金末東, 송성(세)률 등의 배후 지도로 추진된 것임[92]

㊳ 2월 6일 김해공립농업학교 학생들이 강당에서 교장의 훈시 도중 만세 고창, 학교 측에서 학생을 교실에 수용하여 시위로 발전하지 못함[93]

㊴ 2월 20일 김해농학교, 공립보통학교, 합성학교, 청년회관 등에 "기미운동 및 일본 진재震災 때에 학살하고 또한 계획적으로 광주의 학살을 행하였다. 전 조선에서 검거된 학생을 구출하자, 야수와 같은 일본제국주의를 타도하자, 약소민족이여 레닌을 숭배하고 적화赤化를 선전하자" 등 수 개 항이 기

---

91 『조선일보』, 1930년 2월 3일 ; 『동아일보』, 1930년 2월 4일.

92 동아일보에는 2월 4일 김해공립보통학교 학생들이 하학 후 합성학교 앞으로 집합하는 것을 경찰이 해산하였고 이의 관련자로 김백돌 등을 4일 밤 검거하였다고 보도되었다(『동아일보』, 1930년 2월 6일). 『조선일보』는 2월 2일 김해보통학교 5~6학년생들이 교외에서 시위운동을 계획하다 발각되어 연루자로 김해청년동맹 여자부 부원 裵音全과 여자야학교 졸업생 金南順을 검거 취조 중이라고 보도하였다(『조선일보』, 1930년 2월 5일). 이 활동으로 일시 검거되었다가 석방된 8명의 학생이 모두 여학생인데 위의 김백돌 등의 시위계획과 같은 것인지는 알 수 없다.

93 『동아일보』, 1930년 2월 8일.
일제 기록에는 2월 4일 김해공립농업학교 3학년생 1명이 조회 때 "약소민족 해방만세"를 외치자 1학년생 일부가 호응하였으나 시위운동으로 발전하지 못한 것으로 나타난다(강재언 편, 『光州抗日學生事件資料』, 99, 261쪽). 이것이 2월 6일의 활동을 지칭한 것인지 별도의 활동인지는 알 수 없다. 동아일보에는 2월 4일부터 2월 6일까지 학생들의 정황이 자세히 기재되어 동아일보의 기록을 채택하였다.

재된 격문 100여 매가 살포됨. 이는 신간회 김해지부 집행위원 황찬숙黃贊淑이 김해청년동맹원 김미동金美東, 강윤갑姜允甲, 조선일보 기자 황경규黃敬圭 등과 함께 제작·배포한 것임[94]

㊵ 1월 28일 경남 울산의 소년회원인 오호근吳浩根(18세)은 언양彦陽경찰관 지서 구내에 "악마의 일본인 전멸시키고 반도를 도와라"라는 격문을 살포하였다가 체포됨

㊶ 1월 27일 사천군 삼천포공립보통학교 6학년 학생들이 만세 고창과 맹휴를 기도했으나 경계 중인 경찰이 즉시 출동하고 교장이 6학년 학생들을 교실에 집결시켜 저지됨[95]

아) 황해도

① 1월 16일 사립 명신학교생明新學校生 민현기閔賢基 등이 재령군 재령읍내의 각 처에 "2천만 동포여 광주학생사건을 해결하자, 만세!"라는 내용의 격문을 부착.[96] 그 외 연안보통학교, 안악보통학교, 누천금융조합 등지에도 광주학생사건에 관한 격문이 부착됨

② 1월 26일 재령군의 의식 청년이 격문을 작성하여 명신학교 학생의 시위를 선동하려고 하였으나 사전에 탐지되어 체포됨

③ 1월 15일 해주 서변면 선산리 해주청년동맹 위원장이자 신간회 해주지회 집행위원인 양순영楊順永과 청년동맹 위원 김종원金鍾元, 이병전李炳田, 박용

---

94 「昭和五年刑控公第353號(黃贊淑 등)判決文」, 대구복심법원, 1930년 6월 3일 ; 독립운동사편찬위원회, 『독립운동사자료집』 12집, 1977, 1178~1179쪽.

95 『중외일보』, 1930년 2월 1일 석간.

96 『중외일보』, 1930년 1월 19일 조간 ; 『조선일보』, 1930년 1월 18일.
明善高普生 閔玄基, 吳景勳으로 보도되기도 하였다(『조선일보』, 1930년 1월 30일).

천朴龍天 등이 전국 학생시위에 호응하여 해주고보생을 배후 지도하기로 결의하고 비밀리에 해주고보 5학년 박종경朴鍾卿, 3학년 고영일高英一 등과 연락하여 시위추진. 격문 제작은 양순영과 박용천, 학생 측의 모든 준비 책임은 박종경으로 역할 분담함. 격문 2천여 매를 제작하여 준비 중 하루 전인 1월 19일 체포됨. 해주고보생, 사회단체원 등 18명 검속.[97] 이 중 양순영과 박종경은 재판에 회부되어 집행유예 판결을 받음[98]

④ 1월 21일 11시경 해주공립고보 1~4학년 300여 명이 교정으로 나와 광주학생사건에 관한 연설을 하고 만세를 고창하며 교문 밖 진출을 시도하였으나 경찰의 저지로 좌절[99]

⑤ 1월 24일 장연長淵보통학교생이 장날을 이용하여 시위를 계획하였으나 사전에 발각 실패[100]

⑥ 1월 24일 안악공립보통학교, 사립 안신安新학교, 안악읍내 각 처에 태극기 모형에 "조선독립, 대한독립 만세, 만세, 우리 조선 인민은 입을 열어 소리 높여 만세를 외쳐라, 1월 25일"이라 기재한 격문을 붙인 주모자 5명이 발각 체포됨

⑦ 1월 26일 안악읍내 시장과 군청 앞 도로에 태극기를 그리고 "우리들은 왜 지금까지 독립되지 못했던가. 26일 장날만세 고창"이라고 적은 격문 수십 매가 살포됨

⑧ 1월 25일 평산군平山郡 누천漏川금융조합 면사무소 게시판에 "영원한 우리

---

97 『조선일보』, 1930년 1월 23일 ; 『동아일보』, 1930년 3월 16일·18일 ; 『중외일보』, 1930년 2월 5일 석간.

98 『동아일보』, 1930년 3월 18일.

99 『조선일보』, 1930년 1월 22일 ; 『중외일보』, 1930년 1월 22일 석간·1월 25일 석간.

100 『동아일보』, 1930년 1월 29일.

조선인으로서 마음을 함께 하자, 조선 민족들이여"라는 내용의 격문이 붙여져 경찰이 수색

⑨ 1월 26일에는 옹진군 용호도龍湖島 수산보습학교생들이 '광주사건' 해결을 요구하며 맹휴하였으나 경찰과 학교 당국의 제지로 중단

⑩ 1월 22일 황해도 사리원공립농업학교 학생을 선동하려고 한 외부인 6명이 검거됨

⑪ 1월 27일 사리원공립농업학교생 200여 명이 1~2학년 김원기金元基, 정봉식鄭鳳植, 최찬용崔贊鏞 등 20여 명의 주도로 봉산금융조합의 등사판을 빌어내어 "광주고보생 동정만세" 등의 격문 300여 매를 제작하고 사리원 장날을 이용하여 만세운동을 전개할 계획이었으나 사전에 탐지되어 주모자들이 체포됨[101]

⑫ 2월 23일 연백군延白郡 탁영공립보통학교 5학년 연두섭延斗燮 등이 장날을 이용하여 시위운동을 계획하고 연백군 목단면牧丹面 면사무소 벽에 "대한독립만세 고창"이란 격문을 부착

⑬ 2월 24일 연백군 봉서면鳳西面의 민가에 "대조선 만세, 학생 만세, 대조선 독립만세" 등이 크게 기재됨

자) 강원도

① 서울의 실업전수학교 2학년생 이창업李昌業(19세)이 1월 17일 동교 1·2학년생의 만세시위를 주도하여 정학 처분을 받은 후 고향인 강원도 이천伊川에 귀향하여 "대한독립 만세, 일본 타도, 대한 독립"이라고 기재한 격문과 태극기 약 140매를 제작하여 1월 25일 이천읍 장터와 읍내에 살포[102]

---

101 『조선일보』, 1930년 1월 30~31일·2월 4일 ; 『중외일보』, 1930년 1월 30일 조간.

② 1월 20일경 경성 사립 협성실업학교 학생 이만수李萬洙가 귀향하여 철원공립보통학교생들에게 여동생 이귀수李貴洙가 경성 이화학당의 학생시위 주모자로 검거된 사실을 알리고 만세운동을 일으키도록 교사했으나 실행되지 못함

③ 1월 22일 강원도 철원공립보통학교 6학년생 일부가 만세시위를 계획하였으나 탐지되어 실패

④ 1월 27일 철원청년동맹 집행위원 박용기朴容驥, 동맹원 김순만金順萬 등이 “학생제군 총동원하여 최후까지 싸워라!”, “우리들의 승리는 최후의 1인 1각까지이다” 등의 격문 800여 매를 철원공립보통학교와 철원읍내의 각 집에 일일이 투입하거나 노상에 살포.[103] 1월 28일 철원공립보통학교 당국은 학생과 학부형을 소집하여 교장과 군수, 경찰서장이 훈시[104]

⑤ 1월 22~23일 경성 종로중앙기독교 청년학관 학생 이지연李止淵이 원주에 귀향하여 공립보통학교 학생들에게 학생운동의 상황을 전하며 시위를 권유하다가 발각

⑥ 1월 24일 춘천공립농학교생 임문승 등은 학생사건에 관한 신문보도기사와 1929년 말의 춘천고보 시위운동에 격동되어 등사판으로 격문을 인쇄하고 동교 학생 및 춘천고보 학생들과 맹휴를 논의하였으나 사전에 발각되어

---

102 「李昌業 訊問調書(제1회)(제2회)」, 이천경찰서, 1930년 2월 1·3일 ; 「意見書」, 이천경찰서, 1930년 2월 4일, 국사편찬위원회, 『한민족독립운동사자료집』 53집, 164~168·179~183·194~195쪽, 「昭和五年刑控第169號 判決文」, 경성복심법원, 1930년 5월 5일 ; 『조선일보』, 1930년 2월 7일.

103 「張鳳雲 訊問調書(제2회)」, 경성지방법원 철원지청 검사분국, 1930년 2월 17일 ; 「의견서」, 철원경찰서, 1930년 2월 14일 ; 국사편찬위원회, 『한민족독립운동사자료집』 53집 222~223·225~226쪽 ; 『중외일보』, 1930년 1월 29일 조간·1월 28일 조간 ; 『동아일보』, 1930년 1월 29일.

104 『중외일보』, 1930년 1월 29일 조간.

체포됨.[105] 임문승은 1월 27일 방면되었으나 학교에서 사건 발각과 동시에 퇴학 처분[106]

⑦ 1월 말 화천서에서 자신의 상점 앞을 지나는 화천공보생 김모에게 만세시위를 종용한 장호복張好福이라는 청년을 검거[107]

⑧ 1월 26일 강릉공립농업학교 내 독서회원 강덕희를 비롯한 학생들이 「백의민족 삼천리강산 2천만 민족이여」라는 제목으로 "이번의 대학살사건을 각오하라. 이 기회를 놓치지 말고 시위운동"이라는 내용과 태극기를 그린 격문을 준비하고 장날을 기해 학교 전화선을 절단하고 시위운동을 결행할 계획을 추진하던 중 발각. 신간회 지회 간부들이 연루됨

⑨ 2월 1일 신간회 강릉지회원인 강덕상姜德祥, 박승만朴承萬 등이 "전 조선 피압박대중에 호소한다. 사선死線을 헤매는 노동자 농민 피압박 청년 학생 제군!"이라는 격문을 강릉농업학교, 민가 등에 살포

차) 평안남도

① 1월 12일 새벽 평양부 시가지 중앙인 종로 각처에 조선00회 명의로 펜으로 쓴 "여러분 학생여러분, 우리 조선을 위하여 독립만세를 외칩시다", "1월 14일 오전 10시부터 평양 종로에 집합, 대한독립 만세 합창"이라 기재된 격문이 살포됨[108]

② 1월 14일 오전 평양 사립숭인학교 학생 200여 명이 교정에서 만세 고창

---

105 『조선일보』, 1930년 1월 26일 ; 춘천농업고등학교 동창회, 『春農75年의 脈絡』, 1984, 318~321쪽.

106 『조선일보』, 1930년 1월 30일.

107 『중외일보』, 1930년 2월 1일 석간.

108 『동아일보』, 1930년 1월 14일 ; 『중외일보』, 1930년 1월 14일 조간 3면 ; 『조선일보』, 1930년 1월 15일.

후 교문 밖으로 진출하여 시내 중심지인 종로로 나오며 시위할 계획이었으나 학교 당국과 경찰의 제지로 실패함.[109] 이는 1월 13일 오후 숭인학교생들이 3학년생을 중심으로 반회班會를 열고 14일 오후 시위운동을 계획하였으나 사전에 발각되어 주모자 10여 명 검거됨[110]

③ 1월 19일 진남포공립상업학교 학생 수 명이 "조선인 학생의 노예적 취급의 철폐를 요구함, 광주학생 및 광주사건에 의하여 금고 처분된 학생의 석방을 요구함" 등의 진정서를 교장에 제출하고 시위운동을 추진하였으나 사전에 발각되어 실패. 3~4인의 사복형사가 진남포공립상업학교 교정에 상주, 정복 순사는 학교 주위를 에워싸고 경계[111]

④ 1월 19일 밤 평양부내 공립고보, 사범학교, 여고보 기숙사와 사립광성고보, 숭실전문, 숭실중학, 명륜여자보통학교, 숭인학교 등 8개 학교에[112] 격문 수백 매가 배부되어 동조활동을 촉구. 20일 새벽 200여 명의 경찰이 버스까지 동원하여 각 학교와 시내를 엄중 경계함[113]

⑤ 1월 20일 사립 숭인학교 2·4학년 100여 명이 교실에서 만세를 고창하였으나 경찰에 의해 제지됨[114]

⑥ 1월 21일 숭실전문학교를 비롯하여 보통학교를 포함한 남녀 10개 학교 2,400여 명의 학생이 시위운동 전개[115]

---

109 『중외일보』, 1930년 1월 24일 석간 2면 ; 『동아일보』, 1930년 1월 17일.

110 『조선일보』, 1930년 1월 15~16일.

111 『조선일보』, 1930년 1월 20일.

112 동아일보에는 숭의여학교와 정의여학교가 포함된 반면 명륜여자보통학교가 빠져 8개 학교로 보도되었다(『동아일보』, 1930년 1월 21일).

113 『중외일보』, 1930년 1월 21일 석간 2면 · 1월 22일 석간 2면.

114 『중외일보』, 1930년 1월 21일 석간 2면 ; 『동아일보』, 1930년 1월 21일.

115 『조선일보』, 1930년 1월 22일 ; 『동아일보』, 1930년 1월 22일.

⑦ 이 날 시위로 136명이 체포됨(숭실전문 48명, 숭실학교 36명, 숭실학교 교원 1명, 숭인학교 18명, 광성고보 14명, 광성보통학교 8명, 평양고보 8명, 평양신학교 1명, 시민 2명) 각 학교가 2~5일간 임시 휴교

⑧ 평남 도의회에서 학생시위운동을 의제로 토의코자 하였으나 도지사가 불허함[116]

⑨ 1월 22일 평양부내 중등이상 학교 전부와 보통학교 4개교 등 총 14개 학교가 만세시위 전개, 아침에 각 학교에 2종의 격문이 살포됨[117]

⑩ 1월 21일부터 2월 2일까지 195명 검거, 시민 8명, 123명은 10일 이상 29일 이하의 즉결처분, 취조는 10명[118]

⑪ 1월 23~24일에는 보통학교생의 동조시위가 전개

⑫ 1월 23일 남산공립여자보통학교, 명륜여자공립보통학교, 숭실여학교와 사립 숭덕학교 전교 학생, 광성보통학교생 수백 명, 평양 공립종로보통학교, 상수공립보통학교생 등이 교내에서 만세 고창

- 숭실여학교생은 오전 10시 반경 전 학생이 교실과 교정에서 만세 고창, 오후까지 계속됨
- 명륜여자공립보통학교생은 오전 11시 교실과 교정에서 만세를 고창
- 남산공립여자보통학교생은 정오경 교실내에서 만세를 고창하고 교정으로 몰려나오려 하였으나 교원의 제지로 교실안에서 만세 고창

---

116 『중외일보』, 1930년 1월 23일 조간 3면.

117 『중외일보』, 1930년 1월 24일 석간 2면. 『조선일보』는 1월 22일의 평양 시위학교를 보통학교 3개교를 포함하여 12개 학교로 보도하였다(『조선일보』, 1930년 1월 23일). 그러나 각 학교별로 시위상황을 보도한 『중외일보』에 의하면 14개 학교이다. 『동아일보』도 1월 22일의 시위참가 학교를 상수, 종로, 숭덕, 광성보통학교 등 4개 보통학교를 포함한 14개 학교로 보도하였다(『동아일보』, 1930년 1월 24일).

118 『조선일보』, 1930년 2월 4일.

• 종로공립보통학교생은 정오경 교정에서 만세 고창, 경관이 제지하였으나 계속 만세 고창

• 숭덕학교생은 오전 11시 교정에서 만세 고창, 교사들의 제지로 오후에는 수업함

• 광성보통학교생은 오전 10시경 교정에서 만세 고창, 경관대의 제지로 중지

• 상수공립보통학교생은 휴식 시간에 만세 고창

⑬ 1월 중 만수보통학교 5학년생들이 교외로 진출하여 만세시위 전개[119]

⑭ 1월 23일 사립 숭현여학교崇賢女學校 학생들의 시위 움직임이 있었으나 실행되지 못함.

⑮ 1월 23일 정오경 임시 휴학 중인 광성고보와 숭실학교의 기숙사생 수백 명이 신양리 숭실학교 기숙사 마당에 집합하여 만세 고창

⑯ 1월 23일 기성권번箕城卷番의 기생견습생 200여 명도 만세를 고창하여 경찰이 출동 제지[120]

⑰ 1월 24일 평양 사립 성모聖母보통학교와 숭덕崇德보통학교에서 어린 학생들이 만세를 고창[121]

⑱ 1월 24일 광성고보 학생들이 연명으로 일본 내각총리대신과 척무대신에게 "학원의 자유를 절대로 침해치 말 일, 검속학생을 일제히 석방할 일, 교육제도를 개혁할 일" 등 3개항의 요구사항을 담은 장문의 항의문을 제출[122]

⑲ 1월 19일 이후 1월 24일까지 평양지역 20개 학교에서 만세시위 전개(초등

---

119 崔興朝, 「민족 감정의 障壁」, 平高普同門會, 『大同江』 창간호, 1980, 115~118쪽.

120 『조선일보』, 1930년 1월 24일 ; 『동아일보』, 1930년 1월 25일 ; 『중외일보』, 1930년 1월 26일 석간.

121 『중외일보』, 1930년 1월 25일 석간 2면 ; 『동아일보』, 1930년 1월 25일.

122 『조선일보』, 1930년 1월 28일 ; 광주학생운동동지회, 『광주학생독립운동사』, 566쪽 ; 『중외일보』, 1930년 1월 28일 석간.

8, 중등 10, 전문학교 1, 특종학교 1)[123]

⑳ 2월 3일 숭인학교 학생 일동이 일본 내각총리대신과 척무대신에게 "검거 학생 석방, 노예적 학과제도 개혁, 퇴학생 복교" 등의 항의문을 발송[124]

㉑ 2월 5일 상수공립보통학교 6학년 60여 명이 점심시간에 교내에서 만세를 고창하며 시위, 학교 당국의 제지로 확산되지 못함[125]

㉒ 2월 10일 중국 만주의 학생 단체 명의로 제작된 격문이 평양고보, 숭실학교, 정의여학교 등 각 학교에 배부됨[126]

㉓ 2월 25일 평양부내 평양고보에 "2년생 여러분이여, 몸과 생명을 희생해서 조선학생 및 민족의 자유독립을 고창하라"는 격문이 살포됨

㉔ 2월 28일 평양부내 숭실전문 외 6개의 공사립 중등학교 앞으로 "동정하자, 이번의 학생사건" 등이 기재된 격문 수십 매가 우송됨

㉕ 1월 22일 안주농업학교 학생 80여 명이 오전 9시경 교정에 모여 만세시위 운동을 개시하려다가 경관의 학교 포위로 실패하고 주모자가 검거됨[127]

㉖ 1월 23일 대동군大同郡 남곶면南串面 강남江南공립농업보습학교 학생 15명은 서명한 종이를 남기고 일제히 귀가하였으나 교사의 설득으로 복교함

㉗ 또 용강군 진지동眞池洞공립보통학교 학생들은 1월 말 장날이나 설날을 이용하여 만세시위를 계획하였으나 실패

㉘ 1월 25일 용강군龍岡郡 용강공립보통학교 6학년 김길준金吉俊 등이 1월 27

123 『중외일보』, 1930년 1월 26일 석간.

124 『동아일보』, 1930년 2월 6일 ; 광주학생운동동지회, 『광주학생독립운동사』, 567쪽.

125 『동아일보』, 1930년 2월 8일. 『중외일보』에는 시위일이 1930년 2월 4일로 보도되었다(『중외일보』, 1930년 2월 7일 석간).

126 『동아일보』, 1930년 2월 13일.

127 『조선일보』, 1930년 1월 25일 ; 광주학생운동동지회, 『광주학생독립운동사』, 562쪽, 『중외일보』, 1930년 1월 24일 조간.

일을 기해 거사를 협의하였으나 교사의 설득으로 실행하지 못함

㉙ 1월 27일 용강군龍岡郡 광양만廣梁灣공립보통학교 5학년생 70여 명이 수업 중에 만세를 고창하며 교문 밖 진출을 시도하였으나 저지됨. 평양 숭인학교 2학년생으로 임시 휴교로 평남 광양만에 귀향한 오재순吳在淳(17세)이 광주와 평양의 만세시위 진상을 전한 것이 영향을 줌. 오재순은 29일간 구류에 처해짐[128]

㉚ 2월 5일 용강군龍岡郡 삼화三和공립보통학교 6학년 이원철李元哲(17세)은 각지의 학생운동에 호응하기 위해 "2월 7일 만세 고창"이란 쪽지를 배포하다가 발각됨

㉛ 2월 11일 용강군龍岡郡 서화면瑞和面 신간회원 임병현任秉賢 등이 자복공립보통학교 학생 및 시장의 군중에게 만세라고 쓴 기를 준비하여 12일 일제히 만세를 외치라고 종용하였다가 체포됨. 자복공립보통학교 학생 400여 명이 12일 만세시위를 추진했으나 경찰이 학교를 포위 경계하여 실패[129]

㉜ 1월 28일 중화군中和郡 능성陵盛공립보통학교 4학년생 일부가 수업 중 만세를 고창하였으나 교사가 제지하여 더 이상 진행되지 못함

㉝ 1월 29일 맹산공립보통학교 5학년 박용수朴鏞洙(15세)가 "맹산공립보통학교생은 음 1월 5일 조선독립 만세를 외침"이라는 격문 10여 매를 평남 맹산 수창리水昌里우편소 앞에 살포하였다가 체포됨. 맹산면협의원 방임주方壬柱의 배후 지도에 의한 것이라고 함[130]

㉞ 맹산군孟山郡 북창北倉공립보통학교 5학년 김성기金聖基, 정달풍鄭達豊과 신농민新農民청년회원이며 신명新明소년회장인 김덕승金德承 등 3명이 2월 9일 북

128 『중외일보』, 1930년 2월 2일.

129 『중외일보』, 1930년 2월 15일 석간.

130 『동아일보』, 1930년 2월 9일 ; 『중외일보』, 1930년 2월 13일 조간.

창 장날을 기해 보통학교 학생과 청년회원의 연합시위운동을 계획하였으나 사전에 발각.[131] 2월 6일 수업 중 담임선생이 김성기의 몸에서 주모자 명단을 발견하고 묻자 "××××만세"를 부를 계획임을 자백함. 일본인 교장이 5학년생 신체검사 후 경찰에 통보하여 경찰이 주모자 체포.[132] 동교 일본인 교장은 평소에도 수업 중에 "너희는 일본의 말만도 못하다. 대소변을 집안에서 보니 야만"이라고 말하여 학생들의 민족정신을 자극한 인물임[133]

㉟ 안주군安州郡 입석立石보통학교생들의 시위계획이 있었으나 사전에 발각되어 실패

㊱ 2월 5일 맹산군孟山郡 지덕면 사립 인화仁和학교 4학년 안병승安炳昇(14세), 안병만安炳萬(13세), 길경세吉京世(12세) 등이 "구정월 8일 조선독립 만세를 고창하자"는 격문을 살포하였다가 체포되어 조사 후 석방됨[134]

㊲ 평남 강서군 함종공립보통학교 4학년 김종식이 신문을 보고 2월 4일부터 동창생들과 만세시위를 계획하다 2월 9일 사전 발각되어 경찰에 검거됨[135]

㊳ 2월 13일 순천군順川郡 자산慈山공립보통학교 6학년 김연해金淵海(17세) 등이 14일 만세 고창을 계획하였으나 사전에 발각됨

㊴ 2월 25일 개천군价天郡 북원北院공립보통학교 학생들이 26일 만세를 고창하려고 태극기를 제작하였으나 사전에 탐지되어 실패

㊵ 평남 안주군安州郡 만성万城공립보통학교 교사 맹준길과 동교 졸업생으로

---

131 북창공립보통학교 학생 김성기와 정달호가 1930년 2월 5일 교내에서 만세를 계획하다가 검거되었다는 기사가 있는데(『동아일보』, 1930년 2월 10일) 두 차례의 계획이 있었던 것인지, 내용상의 착오인지 알 수 없다.

132 『중외일보』, 1930년 2월 11일 조간.

133 『중외일보』, 1930년 2월 14일 조간 4면.

134 『동아일보』, 1930년 2월 14일.

135 『중외일보』, 1930년 2월 12일 석간.

조직된 수양청년단의 북성분단장北星分團長 현병주 등은 동단 간사 등과 모의하여 2월 4일의 만성시장 장날에 시위를 계획하다가 발각·체포됨

카) 평안북도

① 1월 8일 신의주고보에서는 개학식 당시 교장의 훈시 후 학생 수 명이 강단에 나와 눈물을 흘리며 광주학생사건의 진상을 설명하고 이에 호응하여 맹휴를 전개하자고 연설하다 제지당함. 학교 당국에서 교문을 닫고 경찰이 주모 학생들을 검거·취조함으로써 맹휴에는 이르지 못함. 이는 개학 후 최초의 동조 활동임[136]

② 1월 25일 정오경 신의주공립고보 1~4학년생들이 "광주학생 동정만세"를 고창하며 학교 밖으로 진출하여 시위운동을 기도하였으나 체포됨. 정주 오산고보 학생이 선동혐의로 검거됨[137]

③ 1월 18일 사립 오산고보 교실 책상 안에 "민족해방", "대한독립 만세" 등의 격문이 살포됨. 당일 9시 30분경 교실에 들어가 이 격문을 접한 300여 명의 학생들이 만세를 연호하며 교문 밖으로 진출하여[138] 고읍古邑역을 지나 정주定州로 진출하여 시위함. 학생들은 저지하는 경찰과 격투

④ 안주安州공립농업학교 2학년생 일부가 교실에서 만세를 고창하며 시위를 촉구하였으나 교사의 제지로 실패

⑤ 선천宣川 사립 신성信聖학교 1~4학년생 150여 명이 1월 23일 아침 기도회 종료 후 격문을 살포하고 만세를 고창하며 교외로 진출, 시위운동을 전개하려 하였으나 주도자들이 체포되어 실패

---

136 『조선일보』, 1930년 1월 10일 ; 『중외일보』, 1930년 1월 9일 조간.

137 『중외일보』, 1930년 1월 26일·1월 27일 석간

138 『중외일보』, 1930년 1월 21일 조간.

⑥ 보성保聖여학교 100여 명이 신성학교 학생들에 호응하여 만세를 고창하였으나 학교 측에서 교실문을 잠그고 경관이 학교를 포위하고 경계[139]

⑦ 1월 28일 오후 3시 영변농업학교 학생들이 손으로 쓴 격문 수백 매를 각 학급에 살포하며 거사를 추진하다가 발각되어 실패[140]

⑧ 2월 10일 정오에 평북 영변공립보통학교 고등과생들이 교정에 집합하여 광주학생만세를 고창하며 교외 진출을 시도하였으나 경관의 제지로 해산함[141]

⑨ 영변읍寧邊邑 숭덕학교崇德學校 3학년 박창덕朴昌德 등이 학교 등사판을 이용, 격문과 큰 기旗를 제작한 후 2월 15일 등교하여 학생에게 격문을 배부, 학생들이 '학생만세', '조선민족 만세', '조선독립 만세' 등을 고창하며 교외로 진출. 영변공립농업학교 구내로 돌입하여 만세를 고창하며 농교생의 참여를 촉구, 농업학교생들은 숭덕학교 학생들의 요구에 호응하여 실내에서 만세 고창. 농업학교생 수백 명은 조기 방과를 이용하여 교외에서 숭덕학교와 공립보통학교로 향하며 시위 전개. 이에 격동된 보통학교 학생들도 만세를 부르며 시위대 참여. 숭덕학교의 여학생들은 교내에서 통곡하며 동조[142]

⑩ 2월 15일의 시위로 체포되었다가 훈계 방면된 숭덕학교 2학년 오기복吳基福 등은 "동무들이여 굳게 뭉치자" 등 5개 항을 적은 삼각기 십여 개를 제작하여 2월 17일 시위운동을 추진하다가 발각·체포됨

⑪ 2월에는 보통학교에서 시위운동이 추진되었으나 사전에 발각되어 대부분 실패. 의주義州공립보통학교, 운전雲田공립보통학교, 삭주朔州공립보통학교, 태천泰川보통학교, 오산五山공립보통학교 등에서 시위운동 계획이 추진됨

---

139 『중외일보』, 1930년 1월 24일 석간.

140 『조선일보』, 1930년 2월 2일.

141 『중외일보』, 1930년 2월 13일 석간.

142 『동아일보』, 1930년 2월 19일.

⑫ 2월 3일 박천博川공립보통학교 고등과 2학년 최상렬崔相烈 등이 만세 고창을 계획하였으나 사전 발각되어 실패

⑬ 2월 7일 평북 박천博川 가동嘉東공립보통학교 5학년생 이경손李京孫(15세) 등은 2월 10일 마을 소년들을 모아 만세를 고창할 것을 협의하다가 발각됨

⑭ 2월 14일 부호鳧湖공립보통학교 6학년 김순묵이 맹휴 권유하다 체포됨

⑮ 2월 27일 영변군 소림少林공립보통학교 5~6학년 70여 명은 등교 후 바로 교외로 진출하여 "학생만세"를 고창하면서 용산시장을 향해 시위운동을 전개하다가 해산. 동일 오후 2시 동교생 20여 명이 다시 용산시장 부근에서 태극기와 "피검 학생 동정 만세" 등의 격문을 배포하며 만세를 고창함. 동교 졸업생과 시장 소재 사립 보성普成학교 학생 수십 명도 이에 동조하였으나 일경에 의해 학생들이 체포됨

⑯ 3월 1일 영변군 고성古城공립보통학교 학생들이 만세 고창을 계획하고 깃발 수십 개를 제작하여 등교하였으나 사전에 발각되어 실패

타) 함경남도

① 1월 4일 홍원洪原청년동맹원이자 신간회 홍원지회원인 신동철申東徹 등이 1929년 겨울의 함흥고보 동조시위의 주모자로 도피 중인 오태신吳泰信 등과 상의하여 함흥고보생의 신학기 등교저지 격문을 우송한 사실이 발각됨. 1월 8일 함흥고보 개학일 시내 요처에 격문 수천장이 살포됨[143]

② 1월 11일 함흥사립 영생학교永生學校 학생 200여 명이 조회 후 광주학생사건에 관한 연설을 하고 교문 밖으로 진출함. 경관과 충돌하여 쌍방에 부상

143 『조선일보』, 1930년 1월 12일 ; 『동아일보』, 1930년 2월 4일 ; 『중외일보』, 1930년 1월 12일 석간.

자 발생. 영생여고보에 이르러 동참 호소. 여학생 200여 명이 만세로 호응. 일부 학생들이 교문 밖 진출에 성공. 남녀 학생들이 시내에서 만세 고창. 남녀학생은 본정에서 기다리던 학생들과 합류하여 시위운동 계속. 군인·경찰·소방대가 출동하여 학생 검거[144]

③ 1월 14일 함흥공립상업학교생 200여 명은 영생학교생들의 활동에 자극되어 시내로 진출하여 두 종류의 격문 3,000여 매를 살포하고 "조선학생 만세"를 고창하며 선두에 태극기와 적기赤旗를 높이 들고 시위운동을 전개하다가 저지하는 경관과 격투 끝에 해산. 소방대까지 출동하여 20여 명이 검거됨[145]

④ 1월 16일 경찰이 함흥고보생 수 명을 검거한 후 등교하는 학생의 몸을 일일이 수색하고 각 반에 순사를 배치하고 교장은 아침 조회를 중단함. 이에 학생들이 교장실 문을 파괴하고 교장에게 그 사유를 질문. 검거하려는 경찰과 학생이 충돌[146]

⑤ 1월 23일 함흥고보 일부 학생들이 교장의 훈시 중 만세를 부르며 교문 밖 진출을 시도하였으나 경계 중이던 경찰의 저지로 실패[147]

⑥ 1월 17일 덕원청년동맹德源青年同盟 집행위원 남상완南相完은 원산청년동맹 집행위원 남상효, 김영섭, 김종국, 유삼봉 및 원산 해성海星보통학교 교원 노윤하 등과 협의하여 전국 희생학생 옹호동맹의 명의로 "전조선 전투적 학생제군에 고함"이란 격문 1,900여 매를 제작. 원산여고보생에게 200매, 누

144 『조선일보』, 1930년 1월 12일 ; 『중외일보』, 1930년 1월 12일 조간·1월 14일 조간.

145 『동아일보』, 1930년 2월 20일 ; 『조선일보』, 1930년 1월 15일 ; 『중외일보』, 1930년 1월 15일 석간·1월 17일 조간. 『조선일보』에는 시위 학생이 50여 명으로 보도되었다.

146 『동아일보』, 1930년 2월 22일.

147 『중외일보』, 1930년 1월 25일 석간.

씨여고보생과 원산사립청년학관생에게 각각 400매를 교부하고 시위운동을 배후 지도.[148] 이에 자극된 원산사립청년학관 학생 80여 명이 1월 17일 오전 9시 30분경 수업시작 종소리를 신호로 교문 밖으로 진출한 후 격문을 살포하고 만세를 외치며 사립 누씨여고보 앞으로 진출하여 동참 호소. 누씨여고보 학생들도 이에 합류하여 300여 명의 학생이 시내에서 시위운동 전개. 원산상업학교 앞에서 격문을 살포하며 시위동참을 촉구하다 주동학생들이 경찰에 검거됨. 원산상업학교측에서 교문을 폐쇄하여 원산상업학교 학생 260여 명은 교실에서 만세를 고창. 원산누씨여고보생 30명은 검속 학생의 석방을 요구하며 경찰서 문전에서 시위하다 검거되었고 일인 학교인 원산고등여학교의 한인 학생 7명도 시위에 참가[149]

⑦ 1월 20일 오전 11시 원산제2공립보통학교 6학년생 100여 명이 학교 뒷산에서 만세시위를 협의 중 선생에게 발각되어 좌절[150]

⑧ 1월 27일 원산 시내 10여 개 공사립 보통학교에 28일 오전 9시를 기해 시위운동을 일으키자는 격문이 살포됨[151]

⑨ 1월 28일 아침 원산의 6개 공사립 보통학교에서 일제히 만세를 고창하려 하였으나 사전에 탐지되어 100여 명의 경관이 총출동하여 제지하고 사립 진성進成여학교 6학년 김안라, 해성海星보통학교생 원병호 등 8명의 주도자

---

148 「昭和五年刑控第384號(劉三奉)判決文」, 경성복심법원, 1930년 9월 29일 ; 광주학생독립운동동지회, 『광주학생독립운동사』, 198~201쪽 ; 『조선일보』, 1930년 1월 27일·8월 11·30일 ; 『동아일보』, 1930년 1월 27일·2월 10·20일. 연루 체포된 인사는 원산청년동맹 간부 김종국 등 4명, 신간회 원산지회 간부 진균, 신간회 덕원지회장 강기덕, 원산노동연합회 집행위원장 박태선, 함흥청년동맹 간부 한송, 석동천 등이다.

149 『조선일보』, 1930년 1월 18~19일 ; 『중외일보』, 1930년 1월 18일 석간·1월 21일 조간·1월 22일 조간.

150 『중외일보』, 1930년 1월 22일 조간.

151 『동아일보』, 1930년 1월 29일.

를 체포함[152]

⑩ 1월 22일 신간회 북청지회 간부인 이태선李泰善 등의 배후지도로 북청 대성大成학술강습소 학생이 1월 28일의 장날을 기해 시위운동을 결행하고자 북청공립농업학교생과 연락을 취하는 등 준비하다가 발각됨

⑪ 1월 27일 정평청년동맹 춘류지부春柳支部 간부 이봉래李鳳來 등의 배후 지도로 정평군 신상新上공립보통학교 5~6학년생 100여 명이 교장에게 진정서를 제출하고 조회시간에 교정에서 만세를 고창한 후 교외 진출을 시도했으나 경찰의 제지로 좌절되고 40여 명이 검속됨[153]

⑫ 1월 29일 정평군 초원草原공립보통학교 5~6학년생이 맹휴를 준비하다가 사전에 발각·실패

⑬ 2월 2일 함남 이원읍내와 공립보통학교 교정에 격문이 살포되었고 이원利原, 차호遮湖공립보통학교에 시위운동의 조짐이 있었음. 차호공립보통학교 5~6학년생 수 명이 만세시위 계획을 추진하였으나 경찰에 탐지되어 주모 학생들이 체포되었다가 방면됨[154]

⑭ 단천공립농업보습학교 학생들이 2월 14일의 장날을 기해 시내로 진출하여 시위운동을 전개할 것을 계획하고 준비 중 2월 9일 김종성, 이성수, 심길준 등 주동자가 체포되어 실패[155]

---

152 『조선일보』, 1930년 1월 31일 ; 『중외일보』, 1930년 1월 29일 석간. 『조선일보』에는 검거학생이 해성보통학교 원병호, 김진덕, 이을구, 이해봉, 진성여학교 김재정으로 보도되었다.

153 『조선일보』, 1930년 1월 30일·2월 8일.

154 『조선일보』, 1930년 2월 14일 ; 『중외일보』, 1930년 2월 7일 조간. 차호공립보통학교 학생 선동혐의로 검거된 인사는 청년동맹원 김병철, 소년동맹원 지왈천, 근우회 이원지회 위원장 이춘월 등 22명이었다.

155 『동아일보』, 1930년 2월 14일 ; 『중외일보』, 1930년 2월 14일 조간.

⑮ 2월 18일 함남 단천군 광천廣泉공립보통학교 4~6학년생 300여 명이 아침 조회시간에 조선어시간 연장 등 맹휴 취지서를 제출하고 교정에서 학생만세를 고창하며 시위운동을 전개. 이에 연루되어 단천청년동맹원 이원복, 이원익 등이 체포됨[156]

⑯ 1월 20일 밤 영흥시내 전주 등에 광주학생옹호동맹 명의의 격문이 부착된 것을 경찰이 압수[157]

⑰ 2월 10일 영흥군 마장馬場 소재 인흥仁興공립보통학교 5~6학년생 20여 명은 영흥청년동맹 인흥지부 집행위원인 이배준李培晙의 지도를 받아 조회 후 진정서를 제출하고 만세를 고창할 계획이었으나 사전에 발각됨[158]

⑱ 2월 20일 신간회 영흥지회와 영흥청년동맹에서 함께 운영하는 영흥군永興郡 억기면憶岐面 소재 홍명학원洪明學院의 교사인 박화순朴和純은 천도교 영흥종리원 주선흠朱先欽과 협의하고 "일본 제국주의를 타도하자, 만세사건의 희생자를 즉시 탈환하자, 조선 학생 만세, 우리 민족 만세, 전 세계 약소민족 만세"라고 기재된 격문을 제작하여 영흥읍내 곡마단 연극장의 관람객에게 배포하며 조선독립 만세를 고창하다가 체포됨[159]

---

156 『조선일보』, 1930년 2월 25일 ; 『동아일보』, 1930년 2월 22일. 요구조건은 '교장을 퇴직시킬 것', '李 선생을 퇴직시킬 것', '조선어 시간의 연장' 등 8개 항이었다.

157 『중외일보』, 1930년 1월 23일 석간.

158 『동아일보』, 1930년 2월 17일 ; 『중외일보』, 1930년 2월 14일 조간.
이들이 학교에 제출하려던 진정서의 내용은 다음과 같다.
- 교내 아동문고를 자유개방할 일
- 종래 수업료 85전을 80전으로 인하할 일
- 교장선생 수업시간을 잘 지킬 일
- 모 선생 음주 교수하지 말 일
- 파손된 유리창 代金을 변상케 하지말 일

159 『동아일보』, 1930년 2월 23일.

⑲ 2월 중 영흥군에서 영흥소년웅변대회 당시 50여 명의 소년·소녀들이 1,600여 명의 군중 앞에서 열변을 토하고 수십 명의 경관과 충돌, ××××× 만세 고창[160]

⑳ 3월 1일 함남 호인好仁경찰서 대안對岸의 시궁矢弓초등학교 제3분교의 학생 등 50여 명이 3·1운동 기념식을 거행하고 러시아혁명 찬미, 3·1운동 순국자 추도, 조선통치 비판 등을 하고 독립만세를 고창하고 산회

㉑ 3월 14일 오후 3시 30분 함남 홍원에서 16~17세 소년 300여 명이 '해방'이라고 쓴 수기手旗를 손에 들고 격문을 살포하며 '피압박 소년해방 만세'를 고창. 장날이어서 다수의 군중이 이에 합세하여 경찰서 앞까지 행진[161]

파) 함경북도

① 1월 17일 함북 청진공립상업보습학교 1~2학년생이 수업 중 귀가하고 30여 명이 밀의를 진행하다 주모자 5명이 체포됨[162]

② 1월 27일 청진공립상업보습학교 학생들은 회령, 경성 등지 중등학교의 만세운동에 고무되어 전교생 90여 명이 운동장에 모여 "검거학생의 석방, 교사 이전, 학교 승격" 등을 요구하며 만세를 고창하고 신암동, 포항동 등 시내 진출을 시도하다가 경관에 의해 주모자 등 50여 명이 검거됨[163]

③ 1월 29일 청진 청부학원清富學院 학생 200여 명이 동요하여 학교에서 무기

160 『조선일보』, 1930년 3월 4일.

161 『동아일보』, 1930년 3월 16·19·24·27일 ; 『조선일보』, 1930년 3월 19일.

162 일부 신문에는 1월 20일 청진공립상업보습학교 학생들이 시내에서 밀의를 진행하다가 주모 학생 5명이 검속된 것으로 보도되었다(『동아일보』, 1930년 1월 22일 ; 『조선일보』, 1930년 1월 23일). 『조선일보』에는 청진공립보통학교 부속 상업보습과생으로 보도되었는데 당시 상업보습학교가 보통학교에 부설되었기 때문이다.

163 『중외일보』, 1930년 1월 31일 조간 ; 『조선일보』, 1930년 1월 29~30일.

휴학[164]

④ 신간회 청진지회 간부 이시우李時雨와 처 윤선숙尹善淑은 근우회 회령지회會寧支會 간부 윤선희尹善禧와 함께 "전국적으로 일어난 학생사건은 약자의 울음소리이다. 빵과 의복과 자유를 획득하고자 하는 투쟁이다. 백의 형제여. 약소민족을 해방하라. 일어나 만세를 외치자"라는 내용의 격문과 태극기 각 200여 매를 제작. 이들은 2월 10일 청진공립고등여학교의 한인 학생들을 규합한 후 이튿날 시장 부근에 집합하여 청진시내를 행진하며 시위할 것을 추진하던 중 발각 체포됨[165]

⑤ 1월 19일 회령공립상업학교 학생들이 적기와 격문 3천여 매를 제작하는 등 시위를 준비하다 사전에 탐지됨. 교사들이 기숙사를 수색하고 주모자를 교사의 사택에 감금한 후 휴학하려 했으나 1월 21일 결국 회령공립상업학교생 130여 명과 보흥普興여학교 고등과와 소학과 학생 150여 명이 만세를 고창하며 시위 전개. 여학생들이 검거되자 보흥여학교 기숙사생들은 단식으로 항쟁[166]

⑥ 1월 22일 신간회 회령지회와 회령청년동맹 집행위원인 박병균朴秉均, 박세창朴世昌[167] 등이 "광주학생사건 만세" 등의 아지삐라 수백 매를 회령會寧 시내에 살포[168]

---

164 『조선일보』, 1930년 2월 2일.

165 「昭和五年刑控第155號(尹天女 등)判決文」, 경성복심법원, 1930년 5월 1일 ; 광주학생독립운동동지회, 『광주학생독립운동사』, 210~212쪽 ; 『중외일보』, 1930년 2월 14일 조간 ; 『조선일보』, 1930년 2월 14일.

166 『동아일보』, 1930년 1월 22·26일 ; 『중외일보』, 1930년 1월 24일 석간·1월 26일 석간. 자료에 따라 회령상업학교의 시위일자가 1월 20일로 나타나기도 한다.

167 이균영, 『신간회연구』, 역사비평사, 1993, 650쪽.

168 『동아일보』, 1930년 2월 6일.

⑦ 1월 22일 회령지역 사회주의자인 장순명張順明의 배후 지도를 받은 회령會寧공립상업학교 학생 수십 명이 귀가 중에 회령 시내에서 만세를 고창하였다가 체포됨[169]

⑧ 1월 22일 회령 보흥普興여학교생 십여 명과 회령공립보통학교생 등이 가두에서 만세를 고창

⑨ 1월 22일 임시 휴학 중인 회령 보광여학교생들이 만세시위, 20명 검속[170]

⑩ 1월 24일 회령공립보통학교 부속 공업보습학교 학생들이 맹휴[171]

⑪ 3월 5일 회령공립상업학교 1·2학년생은 1·2차 시위계획 당시 밀고한 학생을 구타·응징하고 퇴학 처분된 학생의 복교 등을 요구하며 맹휴[172]

⑫ 1930년 1월 20일 경성공립농업학교 3학년 최창한崔昌漢은 최일규崔日圭 등과 함께 경성청년동맹 나남지부 간부 김모와 연계하여 "1930년 조선혁명"이란 제목 아래 "민족적 차별을 철폐하라, 식민지정책에 적극적으로 반항하라, 체포된 조선인을 무조건 석방할 것을 주장하라, 동포여 깨어나라, 그리하여 강렬하게 투쟁하여 우리의 혁명의 계기를 잃지 말라, 태극의 기치는 우리들을 기다린다" 등의 격문 60여 매를 작성하여 경성농업학교 교실에 살포[173]

⑬ 1월 21일 경성鏡城공립고등보통학교 4학년 전달준全達俊, 이홍우李鴻雨 등은 동교 학생 십여 명과 시위운동을 계획하고 태극기 700여 개, "노예교육 타

169 『동아일보』, 1930년 1월 25일 ; 『중외일보』, 1930년 1월 22일 조간·1월 24일 석간·1월 26일 석간.

170 『동아일보』, 1930년 1월 22일.

171 『동아일보』, 1930년 1월 26일.

172 『조선일보』, 1930년 3월 11일 ; 『동아일보』, 1930년 3월 10~11·19일.

173 「昭和五年刑控第93號(金昌漢) 判決文」, 경성복심법원, 1930년 4월 7일 ; 『조선일보』, 1930년 3월 2일 ; 『동아일보』, 1930년 4월 8일.

파", "광주사건으로 구금된 학생을 석방하라", "학원의 독립을 경찰은 간섭하지 말라"라고 크게 쓴 선도기先導旗 8개를 제작. 이들은 1월 25일 동교 학생들에게 사전 연락하여 방과 후 경성시내 서문 밖에 집합하기로 약정. 동교생 250여 명은 방과 후 경성시내 서문 밖에 집합하여 만세를 고창하며 큰 기를 앞세우고 곤봉과 태극기를 들고 신남문新南門을 지나 농업학교로 향함. "광주학생사건에 내포된 실지 내막의 비밀을 사회에 고함", "학생의 독립을 할 것" 등을 기재한 적기赤旗를 선두로 격문과 태극기를 살포하며 시위운동을 전개. 경성공립농업학교 앞에서 격문을 살포하며 시위 참여를 독려하였으나 호응이 없자 투석으로 유리창을 파괴하고 제지하는 경찰과 농교생을 구타하는 등 활동하다가 100여 명이 검거됨. 전달준 등 주모자들은 징역 8월을 받음.[174] 경성고보생들의 질타를 받은 경성공립농업학교 학생 100여 명도 시위운동에 동참[175]

⑭ 1월 26일 경성읍 조선인 주요 점포는 폐점하였으며 시민대회를 개최하고 경찰 당국에 대표를 파견하여 25일 검거된 학생의 석방을 요구[176]

⑮ 1월 27일에는 경성공립고보 학생 40여 명이 적기赤旗를 앞세우고 시위운동을 전개. 이들은 경찰관 지서에 쇄도하여 "전조선 학생을 풀어주어라"고 기재된 태극기 300여 매를 살포하며 25일의 시위에서 검거된 학생의 석방을 요구[177]

---

174 「昭和五年刑控第109號(全達俊 등)判決文」, 경성복심법원, 1930년 4월 24일 ; 광주학생독립운동동지회, 『광주학생독립운동사』, 205~208쪽 ; 『동아일보』, 1930년 2월 25일·3월 6·12일.

175 『동아일보』, 1930년 1월 28일. 일제는 경성농업학교 학생 100여 명이 시위운동에 동참하려다가 주도자가 검거되어 해산하였다고 보고하였다. 그러나 『동아일보』에는 경성농업학교 학생들이 시위에 동참하여 시위학생이 500여 명에 달했다고 보도되었다.

176 『조선일보』, 1930년 1월 29일.

⑯ 1월 28일 경성군鏡城郡 청년동맹 주남朱南지부원 김무호金武虎 등의 배후 지도로 주남공립보통학교 5~6학년생 50여 명이 교외에서 집합, 시장으로 진출하여 적기赤旗를 세우고 「조선학생 피압박 제군에게 고함」이라는 격문을 살포하며 시위운동 전개

⑰ 2월 10일 주남면 사립 삼향三鄕학교생들은 "학생에게 자유를 달라, 일본대 조선의 민족적 차별을 철폐하라"고 기재된 적기赤旗를 만들고 아지삐라를 제작한 후 교문 밖 진출을 시도하여 면사무소 앞 등지에서 만세를 부르며 시위운동 전개

⑱ 2월 5일 청년동맹원의 지도를 받아 주을공립보통학교 6학년생 수 명이 시위운동을 계획하고 적기赤旗 100개와 "약소민족 해방만세, 감금한 피압박 학생을 무조건 석방하라"고 기재한 격문 2천여 매를 제작하는 등 준비를 갖추고 동교 5~6학년생 60여 명과 협의하다가 사전에 발각 체포

⑲ 신간회 주을지회朱乙支會 집행위원이며 경성청년동맹 주을지부 소년부장인 김월석金月石이 주을청년동맹원인 윤길룡尹吉龍 등과 함께 적기赤旗 300개 및 "감금된 피압박 대중학생을 무조건 즉시 석방하라. 피압박학생 대중 만세", "약소민족을 해방하라, 동포여 가담하라"는 2종의 아지삐라 2,000여 매를 작성하고 2월 6일 주을공립보통학교 학생들을 통해 시위운동을 결행하려다가 사전에 발각되어 체포됨[178]

⑳ 2월 22일 주을보통학교 학생 20여 명이 학교 밖에 집합하여 "감금 학생을

---

177 「昭和五年刑控第109號(全達俊 등)判決文」, 경성복심법원, 1930년 4월 24일 ; 광주학생독립운동동지회, 『광주학생독립운동사』, 205~208쪽 ; 신문에는 학생들이 방과 후에 교정에 집합하여 '학생석방'이라고 쓴 격문을 배포하며 시위하였다고 보도되었다(『조선일보』, 1930년 1월 30일).

178 「昭和五年刑控第142號(金月石 등)判決文」, 경성복심법원, 1930년 4월 28일 ; 『중외일보』, 1930년 2월 9일 석간 · 2월 11일 조간 · 2월 13일 조간.

석방하라"는 격문을 살포하고 시위운동을 전개하다가 해산[179]

㉑ 주을보통학교 학생들이 2월 27일에도 교정에서 태극기를 들고 만세 고창[180]

㉒ 2월 24~25일 이틀간 경성군 주을 온장溫場시장 전신주 등에 "감금 학생을 석방하라. 보통학교장을 조선인으로 하라. 조선인으로서 빨간 모자를 쓰고 있는 자를 모두 죽여라. 간도독립단"이란 격문 80여 매가 부착됨[181]

㉓ 3월 3일 경성군 주을공립보통학교 학생들의 시위운동 계획이 있었으나 사전에 탐지되어 주모자 3명이 체포되고 선전문 수십 매가 압수됨

㉔ 2월 3일 경성군 주북사립보통학교 학생 간에 시위운동 계획이 추진되었으나 사전에 탐지되어 실패

㉕ 2월 5일 주북공립보통학교 학생 간에 시위운동의 조짐이 있었으나 경계원이 제지

㉖ 2월 21일 경성군 주북朱北사립보통학교 학생들의 시위계획이 있었으나 주모자가 사전에 검거되고 적기와 백기 각 1개가 압수됨

㉗ 2월 25일 경성군 주북면 주북공립보통학교 학생들은 태극기 및 "광주학생사건에 동정한다, 주북보통학교 만세"라고 쓴 백색 기를 앞세우고 곤봉을 휴대하고 시위운동을 전개하다 해산

㉘ 3월 2일 온장溫場시장에는 '순사를 죽여라, 희생 학생의 석방, 오늘은 조선독립 만세를 높이 부르는 날' 등의 아지삐라가 살포됨

㉙ 2월 1일 경성군鏡城郡 어랑漁郎공립보통학교는 통학구역 안에 천연두가 발생하여 임시 휴교하였는데 학생들이 이를 이용하여 시위 전개. 경성청년동맹원과 신간회원 50~60명을 선두로 동교학생 300여 명이 "광주학생 만

179 『동아일보』, 1930년 2월 26일.

180 『조선일보』, 1930년 3월 3일. 『조선일보』에는 시위일자가 2월 26일로 보도되었다.

181 『조선일보』, 1930년 3월 2일.

세", "제국주의 타파" 등의 문구를 기재한 소기小旗를 들고 격문 2,000여 매를 살포하며 학교로 몰려가 유리창을 파괴하고 제지하는 경찰관과 교사를 폭행하는 등 격렬하게 항거[182]

㉚ 2월 4일 함북 경성군 어랑면 어대진의 어대진魚大津사립보통학교 허응련, 김춘봉 등 수 명의 학생들이 격문 천여 매와 적기를 준비하고 만세시위를 추진하였으나 사전에 발각되어 주도 학생들이 검거됨. 그럼에도 2월 5일 동교 5~6학년생 80~90명이 학교 부근에 집합하여 적기赤旗를 세우고 만세를 고창하며 가두시위를 전개하다가 무장 경관에 70여 명의 학생이 체포됨[183]

㉛ 3월 3일부터 수일간 어랑공립보통학교 학생들은 태업으로 교과서를 소지하지 않고 등교

㉜ 3월 4일 경성군 경성공립보통학교 3학년생은 처분 학생의 동정을 표하기 위해 표면상 교사의 배척을 이유로 결석

㉝ 1월 28일 성진군 청년동맹 학남鶴南지부 집행위원장 이한수李漢洙와 신간회 지회 간부 한유인韓柳寅 등의 배후 지도로 학남鶴南공립보통학교 학생들의 시위 시도[184]

㉞ 2월 3일 성진공립보통학교 학생들은 태극기를 소지하고 창가를 부르며 만세시위를 하기로 계획을 세우고 준비 중 발각되어 실패[185]

---

182 『조선일보』, 1930년 2월 5일 ; 『동아일보』, 1930년 2월 15·18일 ; 『중외일보』, 1930년 2월 4일 조간·2월 5일 조간.

183 『중외일보』, 1930년 2월 9일 석간 ; 『동아일보』, 1930년 2월 9일. 『동아일보』에는 200여 명의 학생들이 조회 후 6학년생의 주도로 만세를 고창하며 교외 진출을 시도하다가 좌절되었다고 보도되었다.

184 「昭和五年刑控第112號 李漢洙 判決文」, 경성복심법원, 1930년 4월 17일 ; 광주학생독립운동동지회, 『광주학생독립운동사』, 213~214쪽 ; 『조선일보』, 1930년 2월 7일.

185 『동아일보』, 1930년 2월 11일.

㉟ 2월 25일 성진청년동맹 학동鶴東지부 상무집행위원 최주석崔周石의 배후지도로 성진군 학동鶴東공립보통학교생 수백 명이 태극기를 앞세우고 격문을 살포하며 만세 고창. 주모자 최주환 등 학생들이 검속되자 학생들이 주재소로 몰려가 석방운동을 전개하였고 이후 등교거부 투쟁[186]

㊱ 3월 11일 오후 성진 임명臨溟공립보통학교 학생들이 수기手旗를 들고 격문을 살포하며 만세 고창함. 송하松下, 송상松上, 호통湖通, 호양동湖楊洞 등지에서 통학하는 학생들이 학교 뒷산에 모여 교내로 진입하며 학생들의 만세시위를 추동한 것임. 이들은 송하동 방면으로 시위행진하다 체포됨[187]

㊲ 1월 30일 웅기雄基공립보통학교 5학년생 김득문金得文, 송치성宋致成 등이 "일본 놈들이 2천만 동포를 잡아먹으려고"라는 가사의 창가를 동교생에게 가르쳐 합창하게 함. 동교 6학년 이승복李承福은 동급생들에게 만세 고창을 종용하다가 정착 처분을 당함

㊳ 2월 3일 허수복, 허수길, 나용순 등의 청년들이 웅기 시내 요처에 장문의 격문을 부착하여 학생들의 시위운동을 촉구하였다가 검거됨[188]

㊴ 신간회 명천지회明川支會 조직위원이며 명천청년동맹明川青年同盟 조사원인 이찬벽의 배후 지도로 명천군 명간明澗공립보통학교 6학년생들이 2월 8일 장날을 이용하여 시위운동을 계획하였으나 사전에 발각 실패[189]

㊵ 2월 8일 함북 명천군明川郡 화태花台공립보통학교 학생들은 방과 후 만세 고창의 계획을 추진하였으나 탐지되어 실패

---

186 『조선일보』, 1930년 3월 2·4일 ; 『동아일보』, 1930년 2월 28일. 일제 보고서에는 80여 명이 시위하였으나 바로 저지되었다고 기록되었으나 신문에서 시위상황을 비교적 자세히 보도하고 있다.

187 『동아일보』, 1930년 3월 15일.

188 『중외일보』, 1930년 2월 14일 조간.

189 『조선일보』, 1930년 2월 14일 ; 『동아일보』, 1930년 2월 22일.

㊶ 길주공립농업학교는 각지에서 학생들의 만세시위가 전개되자 동교 학생들의 시위운동을 방지하기 위해 개학 중임에도 30일간 휴학하기로 함[190]

㊷ 신간회 지회원인 안상원安相源을 통해 광주지역 학생사건의 진상을 전해 들은 길주군 덕산면 덕산德山공립보통학교 6학년생 김수록金受祿, 동청송董靑松, 최만송 등은 2월 8일 금천동 장날을 이용하여 시위운동을 계획. 그러나 사전에 탐지되어 당일 아침 경찰이 노방에 숨어있다가 원평, 업억, 노동 등지에서 통학하는 수십 명 학생들의 가방을 수색하여 다수의 격문과 적기를 발각 압수하고 14명의 학생을 검거[191]

㊸ 2월 10일 시위 계획으로 구금 중인 동교생의 석방을 요구하며 덕산공립보통학교 3~6학년생이 맹휴 전개[192]

㊹ 2월 10일 길주군 동해東海공립보통학교 학생들이 시위운동의 조짐이 있었으나 학교당국자가 학부형을 만나 주의를 당부하고 경찰이 경계하여 실행하지 못함[193]

---

190 『중외일보』, 1930년 2월 2일 석간.

191 『동아일보』, 1930년 2월 11일 ; 『중외일보』, 1930년 2월 11일 조간.

192 『중외일보』, 1930년 2월 15일 석간.

193 『중외일보』, 1930년 2월 16일 석간.

참고문헌

신문 · 잡지

『開闢』, 『京城日報』, 『광주일보』, 『東亞日報』, 『만주 노력자신문』, 『每日申報』, 『무등일보』, 『民國日報』(중국 상해), 『思想運動』, 『思想月報』, 『思想彙報』, 『先鋒』, 『新民』, 『新天地』, 『新韓民報』, 『新興科學』, 『전남일보』, 『朝鮮日報』, 『朝鮮出版警察月報』, 『중앙일보』, 『中外日報』, 『青年朝鮮』, 『現代評論』

자료집

姜德相編, 『現代史資料』 29, 국학자료원, 1991

江原道教育會, 『江原道 教育要綱』, 1935

姜在彦 編, 『光州抗日學生事件資料』, 風媒社, 1979

京畿道 學務課, 『京畿道教育及宗教要覽』, 1928

慶尙南道, 『慶尙南道學事及社寺宗教一斑』, 1923

慶尙南道, 『道勢概覽』, 1931

慶尙北道, 『慶尙北道教育及宗教一斑』, 1923

京城府, 『昭和2年 京城府學事一覽』, 1927

광주학생독립운동동지회, 『光州學生獨立運動史』, 1974

국사편찬위원회, 『태평양잡지 · 태평양주보 색인』

국사편찬위원회, 『韓國獨立運動史資料』 3집

국사편찬위원회, 『韓民族獨立運動史資料集』 30, 49~55권

국회도서관, 『韓國民族運動史料』 중국편, 1976

金仁德 편, 『植民地時代 民族運動史資料集』 일본지역편, 국학자료원, 1996

김경일 편, 『韓國民族解放運動史資料集』 제10집, 영진문화사, 1993
도산안창호선생기념사업회, 『島山安昌浩全集』 6권
독립운동사편찬위원회, 『독립운동사자료집』 13집, 1977
朴慶植, 『在日朝鮮人關係資料集成』, 금문사, 1976
朴慶植, 『朝鮮問題資料叢書』, 국학자료원, 1993
배성찬 편역, 『식민지시대 사회운동론 연구』, 돌베개, 1987
北村友一郎, 『光州地方事情』, 1917
산수이종률선생기념사업회, 『山水 李鍾律著作資料集』 2집, 들샘, 2001
西村綠也, 『朝鮮教育大觀』 上 · 中 · 下, 1932
선우기성, 『한국청년운동사』, 금문사, 1976
宋相燾, 『騎驢隨筆』, 국사편찬위원회, 1955
『植民地朝鮮教育政策史料集成』, 龍溪書舍
여수항일운동사편찬위원회, 『여수항일운동사』, 전남 여수시, 2006
染川覺太郎, 『全羅南道事情誌』, 1930
『倭政時代 人物史料』 1~6, 작성연대 미상
윤경로, 「자료 : 이현상과 1928년의 학생공산당사건」, 『역사비평』, 1988년 겨울호
李磐松, 『朝鮮社會思想運動沿革略史』, 1933
李北滿, 「帝國主義治下に於ける朝鮮の教育狀態」, 『新興教育』, 1933년 6월
全羅南道, 『大正15年全羅南道教育及宗教一班』, 1926
全羅南道, 『昭和2年全羅南道教育及宗教一班』, 1927
全羅北道, 『教育及宗教要覽』, 1931
全羅北道, 『全羅北道 要覽』, 1928
정진석 편, 『일제시대 민족지압수기사모음』 2권
조선경찰협회, 『地方行政區域名稱一覽』, 1932
『朝鮮民族運動史(未定稿)』 6권, 고려서림
朝鮮總督府 警務局 圖書課, 『出版物より觀たる朝鮮人學生の思想的傾向』, 1931
朝鮮總督府 警務局, 『高等警察用語辭典』, 1933

朝鮮總督府 警務局,『朝鮮ニ於ケル同盟休校ノ考察』, 1929
朝鮮總督府 警務局,『朝鮮の治安狀況』, 1927
朝鮮總督府 警務局,『朝鮮の治安狀況』, 昭和5年版, 不二出版
朝鮮總督府 警務局,『最近に於ける朝鮮治安狀況』, 1936
조선총독부 학무국,『昭和四年朝鮮教育要覽』, 1928
조선총독부 학무국,『朝鮮諸學校一覽』, 1930
조선총독부 학무국,『朝鮮の教育』, 1928
조선총독부 학무국,『朝鮮の教育』, 1932
朝鮮總督府,『朝鮮總督府官報』
朝鮮總督府,『朝鮮總督府統計月報』
忠淸北道,『教育及社寺宗教一覽』, 1935
忠淸北道,『忠淸北道要覽』, 1934
片岡議,『南鐵沿線史』, 1933
片岡議,『寶庫の全南』, 1913
坪江汕二,『改訂增補 朝鮮民族獨立運動秘史』, 1979
平安南道教育會,『平安南道の教育と宗教』, 1932
平安北道,『大正12年度 教育及宗教一斑』, 1923
한국정신문화연구원,『韓國獨立運動史資料集 - ~趙素昂篇(一)』
한홍구·이재화 편,『韓國民族解放運動史資料叢書』, 경원문화사
咸鏡南道,『咸鏡南道教育一斑』, 1926
咸鏡北道,『學事及宗教要覽』, 1931
咸鏡北道,『咸北要覽』, 1929
黃敏湖編,『日帝下雜誌拔萃 植民地時代資料叢書』教育篇, 계명문화사, 1992
黃海道,『黃海道 學事及宗教』, 1939

문서

경기도, 「京高秘 제1628호 學生事件ニ件フ不穩計劃檢擧ニ關スル件」, 1930년 3월 28일, 독립기념관

경기도, 「京高秘 제424호 學生事件關係者檢擧ノ件」, 1930년 3월 17일, 독립기념관소장 MF

경기도, 「京高秘第2594號－1 槿友會創立ニ關スル件」, 1927년 6월 3일

경기도, 『治安概要』, 독립기념관 소장 마이크로필름, 1929

경기도개성경찰서장, 「開高秘第44號 學生動搖事件ニ關スル件」, 1930년 2월 17일, 『思想ニ關スル情報綴』 제2책

경성동대문경찰서장, 「朝鮮學生科學硏究會名簿ノ件」, 1930년 4월 18일

경성서대문경찰서장, 「京西高秘第7378號 治安維持法并ニ出版法違反事件檢擧ニ關スル件」, 1928년 12월 15일

경성종로경찰서, 「京鍾警高秘第5388號 朝鮮靑年總同盟執行委員 懇談會ニ關スル件」, 1929년 4월 30일

경성종로경찰서장, 「京鍾警高秘 第11422號 各團體ノ動靜ニ關スル件」, 1926년 9월17일

경성종로경찰서장, 「京鍾警高秘1812號 新幹會發起人會ニ關スル件」, 1927년 2월 13일, 『사상문제에 관한 조사서류』(2), 국사편찬위원회

경성종로경찰서장, 「京鍾警高秘6935號 槿友會執行委員會ノ件」, 1927년 6월 20일, 『사상문제에 관한 조사서류』(3), 국사편찬위원회

경성종로경찰서장, 「京鍾警高秘7403號 新幹會本部幹事會ニ關スル件」, 1927년 6월 30일, 『사상문제에 관한 조사서류』(3), 국사편찬위원회

경성종로경찰서장, 「京鍾警高秘7616號 新幹會學生部ニ關スル件」, 1928년 7월 2일

경성종로경찰서장, 「京鍾警高秘7831號 新幹會本部總務幹事會ノ件」, 1927년 7월 12일, 『사상문제에 관한 조사서류』(3), 국사편찬위원회

경성종로경찰서장, 「京鍾警高秘9764號 新幹會總務幹事會ノ件」, 1927년 9월 2일, 『사상문제에 관한 조사서류』(3), 국사편찬위원회

경성종로경찰서장, 「京鍾警高秘第5218號朝鮮學生會朝鮮學生科學研究會兩會合同常務委員會開催ノ件」, 1929년 4월 23일
경성종로경찰서장, 「三一運動紀念日ニ對スル不穩計劃ニ伴フ學生秘密結社事件等檢擧ニ關スル件」, 1930년 3월 18일
경성종로경찰서장, 「서울青年會第7回定期大會開催ノ件」, 1927년 5월 16일
경성종로경찰서장, 「新幹會京城支會第二回定期大會開催ノ件」, 1927년 12월 11일
경성종로경찰서장, 「朝鮮學生科學研究會檢査執行委員會 集會取締狀況報告」, 1929년 9월 16일
경성종로경찰서장, 「朝鮮學生科學研究會緊急執行委員會 集會取締狀況報告」, 1929년 9월 28일
경성종로경찰서장, 「朝鮮學生科學研究會執行委員會開催ニ關スル件」, 1929년 5월 13일
경성종로경찰서장, 「朝鮮學生科學研究會執行委員會ニ關スル件」, 1927년 10월 19일
경성종로경찰서장, 「朝鮮學生科學研究會執行委員會ノ件」, 1927년 11월 7일
경성종로경찰서장, 「學生科學研究會執行委員會開催ニ關スル件」, 1927년 6월 1일
경성헌병대, 「昭和五年二月一日朝京第250號 京城ヲ中心トスル管內鮮人學生動搖ノ顚末」
吉林公所長, 「吉公情4第965號 朝鮮學生事件ガ間島地方ニ及ボセル波及」, 1930년 2월 9일, 中共 中央編譯局 소장
吉林公所長, 「吉公情事第990號 間島地方ニ於ケル鮮人學生騷擾事件ノ經過續報(龍井駐在員 報)」, 1930년 2월 22일, 中共 中央編譯局 소장
朴勝極, 「張錫天이여! -葬送을 代하야」, 『新朝鮮』 14, 1936년 1월 1일
부산제2상업학교, 김규직, 양정욱, 윤태윤, 윤호환, 김봉갑, 윤병수의 「학적부」 전남여자고등학교, 「(1929~1930년) 퇴학자명단」
外務省 亞細亞局 第二課, 『昭和五年三月十四日調 朝鮮學生事件ニ關スル在外朝鮮人ノ行動及支那人ノ言動』, 日本 防衛廳 防衛研究所 소장

在吉林總領事, 「機密公第15號在滿韓人反帝國主義同盟ノ市民大會開催ニ關スル件」, 1930년 1월 9일, 『各國共産黨關係雜件, 反帝同盟關聯』 제1권, 일본 외무성외교사료관 소장
在通化分館主任, 「機密公第44號吉林ニ於ケル在滿鮮人反帝國主義同盟ニ關スル件」, 1930년 2월 3일, 『各國共産黨關係雜件 反帝同盟關係』 제1권, 일본 외무성외교사료관 소장
전라남도, 「光州學生事件並其餘波受道內各學校生徒動搖顚末」, 1930년 4월, 김재기 · 임영언 · 권향숙 공역, 『일제관헌이 기록한 광주학생독립운동』, 마루, 2012 수록
朝鮮總督府 警務局長, 「朝保秘第30號在滿韓人反帝國主義同盟組織ノ件」, 1930년 1월 17일, 『各國ニ於ケル社會主義其他危險主義關係情報雜纂』, 일본 외무성외교사료관 소장, 1930
조선총독부학무국, 「全羅南道光州に於ける內鮮人生徒闘爭事件の眞相並之が鮮內諸學校に及ぼしたる影響」, 1930년 2월
中國遼寧省 海龍日本總領事分館, 『學生事件ノ海外ニ於ケル鮮人間ニ及ホセル反響(密偵報)』, 1930년 4월 28일, 中共 中央編譯局 소장

행형 기록

「(姜炳度 등)豫審終結決定書」, 경성지방법원 예심괘, 1930년 1월 25일
「姜炳度 訊問調書」, 서대문경찰서, 1928년 9월 20일
「改875番(安鍾卞)名籍表」, 광주형무소, 1930년대 초, 국가기록원
「金在明外 45名 訊問調書」, 경기도 경찰부, 1928년 7월 20일, 국사편찬위원회 MF
「(朴烔埰 등)豫審終結決定書」, 동경지방재판소, 1930년 6월 30일
「昭和4年刑公第1680號(任富得 등)判決文」, 전주지방법원, 1930년 3월 5일
「昭和4年刑公第434號(呂道鉉 등)判決文」, 광주지방법원, 1929년 4월 24일
「昭和4年刑公第737~740號(朴光世 등)判決文」, 대구지방법원

「昭和5年 刑公第793~795號(姜海錫 등)判決文」, 경성지방법원, 1930년 12월 2일
「昭和5年刑公第2060~2063號(尹奎燮 등)判決文」, 경성지방법원, 1931년 5월 14일
「昭和5年刑公合第11~12號(李麟炯 등)判決文」, 광주지방법원, 1930년 3월 20일
「昭和7年刑公第100號(文殷鍾 등)判決文」, 전주지방법원, 1932년 3월 16일
「昭和9年刑控公第615號(呂道鉉)判決文」, 대구복심법원, 1935년 3월 14일
「昭和九年刑控第1090號(趙點煥 등)判決文」, 광주지방법원 목포지청, 1936년 3월 20일
「昭和五年刑控公第222號(尹珂鉉)判決文」, 대구복심법원, 1930년 4월 22일
「昭和五年刑公第162號(尹珂鉉)判決文」, 광주지방법원장흥지청, 1930년 3월 14일
「昭和五年刑控第384號(劉三奉)判決文」, 경성복심법원, 1930년 9월 29일
「昭和五年刑公第44號(尹貴榮 等)判決文」, 공주지방법원, 1930년 3월 8일
「昭和五年刑公第53號(金龍煥, 呂運鍾)判決文」, 광주지방법원 순천지청, 1930년 3월 13일
「昭和八年刑公第1905~1910號(金圭鮮 등)判決文」, 전주지방법원, 1934년 3월 31일
「(宋炳索 등)判決文」, 대구복심법원, 1927년 2월 1일
「(李道元)判決文」, 경성복심법원, 1933년 2월 16일
「(林宗桓 등 32명)豫審請求書」, 경성지방법원 검사국, 1929년 5월 15일, 국사편찬위원회 MF
「(林昌元)身分帳指紋原紙」, 정주경찰서, 1930년 2월 5일
「張錫天 公判請求書」, 경성지방법원 검사국, 1932년 10월 21일, 『思想事件起訴狀決定判決綴』, 국회도서관
「(張周璉 등)判決文」, 경성지방법원, 1933년 12월 20일
「(崔星煥 등)豫審終結決定書」, 경성지방법원 예심괘, 1930년 1월 25일
「韓炳宣 訊問調書」, 경성지방법원 예심괘, 1930년 1월 10일, 국사편찬위원회 소장 MF
「(許憲 등)不起訴事件 記錄」, 경성지방법원 검사국, 1930년 8월 30일, 국사편찬위원회 MF

교사 · 시지 · 회고

강석원, 「1929년 11월 3일을 회고하면서」, 『광주학생회관』, 창간호, 1972
강석원, 「독립 위해선 이념도 초월」, 『전남일보』, 1989년 9월 8일
경기고등학교70년사편찬회, 『京畿70年史』, 1970
古堂傳 · 平壤誌刊行會, 『古堂 曺晩植』, 1966
公州高等學校, 『公州高60年史』, 1982,
광주제1고등학교 · 광주제1고등학교동창회, 『光州高普 · 西中 · 一高65年史』, 1985
광주직할시사편찬위원회, 『光州市史』 2, 1993
김기권 · 정동수 · 이기홍 대담, 「국권회복, 전국민운동 횃불로」, 『광주일보』, 1990년 11월 3일
「김만섭, 김상환, 정상렬, 이기호 등 좌담회 – 되새겨 보는 그날의 壯擧」, 『동아일보』, 1964년 11월 3일
김해문화원, 『김해지리지』 국역판, 2002
동덕50년사편찬위원회, 『同德50年史』, 1960
東萊學園, 『80年誌(1895~1975)』, 1975
木浦百年會, 『木浦開港百年史』, 1997
朴相俊의 친필 유고, 작성년대 미상
朴準埰, 「독립시위로 번진 한일학생 충돌」, 『新東亞』, 동아일보사, 1969
朴準埰, 「횃불 半世紀, 나의 證言」, 『전남일보』, 1979년 11월 15일
배재중고등학교, 『培材史』, 1955
釜山商業高等學校, 『釜商의 70년』, 1965
上仁川中 · 仁川高等學校 同窓會, 『仁高90年史』, 1985
선린중 · 상업고등학교, 『善隣80年史』, 1978
淑明學園, 『淑明70年史』, 1976
숭실대학교, 『숭실대학교 100년사』, 1997
숭의여자중 · 고등학교, 『숭의60년사』, 1963
信圃獎學會, 『鏡城郡誌』, 1988

養正創學100周年紀念事業會, 『養正百年史(1905~2005)』, 2006
여수수산대학, 『開校70年史』, 1987
五山70年史編纂委員會, 『五山70年史』, 1978
王在一, 「그 횃불 영원히, 醒進會 창설자 왕재일씨의 회고」, 『조선일보』, 1960년 11월 3일 조간
이경채, 「이경채의 일제와 투쟁경력」, 1977년 작성, 필사본
이기홍 遺稿·안종철 정리, 『광주학생독립운동은 전국학생 독립운동이었다』, 향지사, 1997
이기홍, 「광주학생운동의 전후사는 이렇다」, 『마당』 통권 51, 1985년 11월
이병헌, 「신간회 운동」, 『新東亞』, 1969년호
李錫台, 「광주학생운동의 회고」, 『신천지』 제2권 제9호, 1947년 10월호
이인, 「나의 交友 반세기」, 『新東亞』, 1974년 7월
이인, 『愛山餘滴』, 세문사, 1961
이재의, 「새롭게 부각, 논란 활발한 배후세력의 성격」, 『월간 藝鄕』, 광주일보사, 1989년 11월호
李弘根, 「이웃 사촌학교 '平高普'」, 平高普(平二中)同門會, 『大同江』, 창간호, 1980
장매성, 「少女會는 일경이 지은 것」, 『전남일보』, 1989년 10월 20일
전라남도사편찬위원회, 『全羅南道史』, 1956
정동수, 「광주학생독립운동 배후엔 醒進會가 있었다」, 『중앙일보』, 1979년 11월 14일
정명혜, 「정의의 횃불을 높이 든 성진회」, 『월간 藝鄕』, 1989년 11월호
정신여자중·고등학교, 『정신75년사』, 1962
정우채, 「校帽쓰고 喪服의 抗日」, 『한국일보』, 1970년 11월 1일
정화암, 『이 조국 어디로 갈 것인가』, 자유문고, 1982
趙炳玉, 『나의 回顧錄』, 1959
中東中·高等學校, 『中東八十年史』, 1986

中央中·高等學校, 『中央60年史』, 1969
진주고등학교, 『晋高80年史』, 2005
진주여자고등학교·진주여고총동창회, 『晋州女高80年史』, 2006
최성원, 「광주학생운동 옥중투쟁기」, 『신동아』 6월호, 1980
崔聖源, 「광주학생운동의 주역들」, 『新東亞』, 1981년 6월
최순덕, 「광주학생운동의 주역 최순덕여사의 증언－잊을 수 없는 광주학생의거 그 날의 함성」, 『자주민보』 통권 7, 2000년 11월
최은희, 「광주학생사건 女學徒 투쟁기」, 『동아일보』, 1960년 11월 2~3일
최인식, 「탄압과 감시망을 뚫고」, 『동아일보』, 1968년 11월 2일
崔興朝, 「민족 감정의 障壁」 平高普(平二中)同門會, 『大同江』, 창간호, 1980
춘천농업고등학교 동창회, 『春農75年의 脈絡』, 1984
학교법인배재학당, 『培材百年史(1885~1985)』, 1989
휘문중·고등학교, 『徽文70年史』, 1976

연구 저서

강대민, 『부산지역학생운동사』, 국학자료원, 2003
강만길, 『조선민족혁명당과 통일전선』, 和平社, 1991
고영진, 『광주학생독립운동사』, 광주학생독립운동동지회, 1996
고준석 감수, 문국주 편저, 『朝鮮社會運動史事典』, 評論社, 1981
광주광역시교육청, 『광주학생독립운동 참가학교 명단』, 2006
광주학생독립운동동지회, 『광주학생독립운동사』, 1974
국사편찬위원회, 『한국독립운동사』 4권, 1968
김성식, 『일제하 한국학생독립운동사』, 정음사, 1974
______, 『항일학생사』, 청파출판사, 1960
김영범, 『한국근대 민족운동과 의열단』, 창작과 비평사, 1997
김의환, 『부산근대교육사－附 부산학생항일운동사자료』, 태화출판사, 1967
김준엽·김창순, 『한국공산주의운동사』 1~5, 청계연구소, 1986

김호일, 『일제하 학생운동』, 독립운동사연구소, 1991
______, 『한국근대학생운동사』, 2005
김희곤, 『中國關內 韓國獨立運動團體硏究』, 지식산업사, 1995
노영택, 『일제하민중교육운동사』, 탐구당, 1979
독립운동사편찬위원회, 『독립운동사』 9권, 1977
무정부주의운동사편찬위원회, 『한국아나키즘운동사』
박찬승 · 박만규 · 김민영 · 고석규, 『광주학생독립운동과 나주』, 경인문화사, 2001
부산학생사건정사편찬위원회, 『부산학생사건정사』, 1967
신주백, 『1930년대 국내민족운동사』, 선인, 2005
______, 『만주지역 한인의 민족운동사(1920~1945)』, 아세아문화사, 1999
안종철, 『광주 · 전남지방 현대사연구』, 한울아카데미, 1991
안종철 · 김준 · 정장우 · 최정기, 『근현대의 형성과 지역 사회운동』, 새길, 1995
양동주, 『광주학생독립운동사』, 호남출판사, 1956
______, 『항일학생사』, 청탑출판사, 1956
역사학회 편, 『韓國近代民族主義運動史硏究』, 일조각, 1987
염인호, 『김원봉 연구』, 창작과비평사, 1993
오성철, 『식민지 초등교육의 형성』, 교육과학사, 2000
유재항, 『광주학생독립운동사』, 광주학생독립운동동지회, 1963
유해준, 『민족학생독립운동의 이념』, 조선민족청년단, 1948
6 · 10만세기념사업회, 『6 · 10독립만세운동』, 1991
윤대원, 『상해시기 대한민국임시정부연구』, 서울대학교 출판부, 2006
李均永, 『新幹會硏究』, 역사비평사, 1993
이기호 편저, 『光州學生獨立運動正史』, 전남대학교 출판부, 1998
이기홍, 『광주학생독립운동은 전국학생독립운동이었다』, 향지사, 1997
이해준 · 손형부 외, 『전남지방사서설』, 김향문화재단, 1990
전남사학회, 『한말 · 일제시기 광주 · 전남지역의 민족운동』, 1995
정세현, 『항일학생민족운동사연구』, 일지사, 1975

정재정, 『일제 침략과 한국철도(1892~1945)』, 서울대학교 출판부

정재철, 『日帝의 對韓國植民地教育政策史』, 일지사, 1985

제주도, 『제주항일독립운동사』, 1996

佐堀伸三, 『實錄 若き抗日の群像1929年の光州學生運動』, 1999

천정환, 『근대의 책읽기』, 푸른역사, 2003

최성원, 『광주학생독립운동의 주역들』, 고려원, 2001

한국역사연구회 · 전남사학회 편, 『광주학생운동연구』, 2000

한규무, 『광주학생운동』, 한국독립운동사연구소, 2009

한상도, 『한국독립운동과 중국군관학교』, 문학과지성사, 1994

한정일, 『일제하 광주학생민족운동사』, 전예원, 1987

황민호, 『在滿韓人社會와 民族運動』, 국학자료원, 1998

むくげ會編, 『植民地下 朝鮮 · 光州學生運動 の研究』, むくげ會, 1990

연구 논문

강대민, 「부산지역 항일 학생운동의 성격」, 『항일학생운동 재조명』, 경성대 한국학연구소, 2000

강만길, 「일제시대 민족해방운동의 통일전선운동」, 한국독립운동사연구소, 『한국독립운동사연구』 12, 1998

강성조, 「1920년대 전반기 학생운동소고」, 『인천대학논문집』 7, 1984

강재언, 「1929年の光州抗日學生運動」, 『季刊三千里』 15, 1978

김건태, 「한말 일제하 羅州 朴氏家의 농업경영」, 성균관대학교, 『대동문화연구』 44, 2003

김기왕, 「1930年代 大邱地方 학생운동의 전개」, 『역사연구』 34, 大阪學芸大學歷史學研究室, 1997

김대상 · 정세현, 「韓國學生民族運動史」, 『思想界』 통권 184, 1968년 8월

김도형, 「1930년대 초반 하와이 한인사회의 동향」, 『한국근현대사연구』 9, 1998

김동춘, 「1920년대 학생운동과 맑스주의」, 『역사비평』 5, 1989

김민영, 「1920~30년대 전남 靈光지역 민족운동의 사회경제적 기반」, 『역사와 사회』 16, 1996
______, 「일제하 나주 – 영산포 지역 일본인 자본가의 동향 – 1920~30년대를 중심으로」, 『광주학생독립운동과 나주』, 경인문화사, 2001
김병인, 「1920년대 광주지역 청년운동가 강해석 연구」, 전남대학교 호남문화연구소, 『호남문화연구』 26, 1998
김성민, 「광주학생운동과 나주지역 학생들의 활동」, 『항일민족운동과 나주』, 나주시·나주학생독립운동기념관, 2009
______, 「광주학생운동과 중국내 한인사회의 반향」, 『백범과 민족운동연구』 5, 2007
______, 「1920년대 후반 광주지역 학생운동 조직의 발달」, 『한국근현대사연구』 37, 2006
______, 「1920년대 후반 서울지역 학생운동의 조직과 성격」, 『한국근현대사연구』 31, 2004
______, 「광주학생운동의 확산과 서울지역 시위의 성격」, 『한국독립운동사연구』 20, 2003
김성보, 「광주학생운동과 사회주의 청년 학생조직」, 『역사비평』 4, 1989
김성식, 「일제하 한국학생운동」, 『일제하의 민족운동사』, 고려대 아세아문제연구소, 1971
______, 「젊음의 분노는 물결처럼 – 학생운동」, 『한국현대사』 4, 신구문화사, 1969
김소진, 「광주학생운동에 관한 일연구 – 광주학생운동과 사회단체와의 관련을 중심으로 하여」, 『숙명한국사론』 1, 1993
김영희, 「광주학생독립운동과 여성의 역할」, 전남대 교육대학원 석사학위논문, 1997
김의환, 「일제하 부산의 학생항일독립운동」, 『윤병석교수화갑기념 한국근대사논총』, 1990
김익한, 「1920년대 일제의 지방지배정책과 그 성격 – 면행정제도와 '모범부락' 정

책을 중심으로」, 한국사연구회, 『한국사연구』 93, 1996
김인덕, 「식민지시대 여수지역 민족해방운동에 대한 일고찰」, 『成大史林』 7, 1991
김일수, 「1930년대 경북지역의 조공재건운동과 혁명적 대중운동」, 『한국근현대지역운동사』 영남편, 여강, 1993
______, 「1920~1930년대 전반기 경북지역 학생운동의 전개와 성격변화」, 『대구사학』 51, 1996
______, 「1920년대 경북지역 청년운동」, 『한국근현대청년운동사』, 1995
______, 「1920년대 대구지역 학생운동의 전개와 성격 - 대구고보를 중심으로」, 『한국근현대사연구』 21, 2002
김점숙, 「1920년대 전남지방 농민운동 - 농민운동의 조직적 발전과정을 중심으로」, 역사문제연구소, 『한국근현대지역운동사』 II 호남편, 1993
김정화, 「1920년대 중반 이후 학생운동연구 - 광주학생운동을 중심으로」, 『한국독립운동사연구』 13, 1999
김형국, 「1929~1931년 사회운동론의 변화와 민족협동전선론」, 국사편찬위원회, 『국사관논총』 89, 2000
김호일, 「1920년대 항일학생운동의 성격」, 『백산박성수교수화갑기념논총』, 1995
______, 「1930년대 항일학생운동의 연구」, 『한국독립운동사연구』 3, 1989
______, 「1940년대 항일학생운동연구 - 흑백당의 활동을 중심으로」, 『중앙사론』 7, 1991
______, 「광주학생운동」, 『한민족독립운동사』 8, 국사편찬위원회, 1990
______, 「일제하 학생단체의 조직과 활동」, 『사학연구』 22, 1973
______, 「일제하 학생운동의 일형태 - 1920년대 동맹휴학을 중심으로」, 『아세아학보』 11, 1975
______, 「일제하 항일학생운동의 제양상」, 『항일학생운동 재조명』, 경성대 한국학연구소, 2000
______, 「한국근대학생운동연구」, 단국대 박사학위논문, 1988
김홍수, 「1920년대 민족독립운동의 제양상 - 학생운동을 중심으로」, 『아시아문화』

15, 한림대 아시아문화연구소, 2000
남신동, 「경성 고학당연구」, 서울대 석사학위논문, 1997
리종현, 「광주학생운동 – 광주학생운동 30주년에 제하여」, 『력사과학』, 1959
______, 「반일 6 · 10만세시위투쟁」, 『력사과학』, 1965년 3호
박환, 「1920년대 수원고등농림학교 학생비밀결사 – 건아단과 조선개척사를 중심으로」, 『길현익교수정년기념사학논총』, 1996
박걸순, 「일제하 충북지방의 학생운동」, 『한국독립운동사연구』 17, 2001
박만규, 「광주학생독립운동과 그 정신」, 『향토문화』 20, 2000
______, 「한말 · 일제시기(1895~1929) 전남지역의 근대교육 – 광주학생운동의 배경과 관련하여」, 『광주학생운동연구』, 한국역사연구회 · 전남사학회 편, 2000
박성식, 「1930년대 대구지방 학생운동의 전개」, 『교남사학』 1, 1985
박진동, 「일제 강점기(1920년대) 조선인의 보통교육 요구와 학교설립」, 서울대학교 교육학과 석사학위 논문, 1996
박찬승, 「11 · 3학생독립운동과 나주」, 『광주학생독립운동과 나주』, 경인문화사, 2001
______, 「광주항일학생운동의 정치사상적 배경」, 한국현대사사료연구소, 『전남사회운동사연구』, 한울, 1992
______, 「일제하 나주지역의 민족운동과 사회운동 – 1920~1930년대를 중심으로」, 역사문제연구소, 『한국근현대지역운동사』 II 호남편, 1993
______, 「전남지방의 3 · 1운동과 광주학생독립운동」, 『전남사학』 9, 1995
박철규, 「1920년대 조선공산당의 조직적 전개와 활동 – 제3차 조선공산당을 중심으로」, 부산대학교, 『釜大史學』 17, 1993
박철하, 「1920년대 후반 서울지역 학생운동의 양상과 성격변화」, 『향토서울』 55, 1995
______, 「고려공산청년회의 조직과 활동(1920~1928)」, 『한국근현대청년운동사』, 1995
박철희, 「일제강점기 중등교육을 통해 본 차별과 동화교육」, 한일관계사연구논집

편찬위원회, 『일제 강점기 한국인의 삶과 민족운동』, 2005
박한용, 「1930년대 전반기 민족협동전선론과 학생반제동맹」, 『한국근현대청년운동사』, 풀빛, 1995
______, 「경성제대 반제동맹사건 연구」, 『일제말 조선사회와 민족해방운동』, 일송정, 1991
박혜란, 「1920년대 여성청년단체의 조직과 활동」, 『한국근현대청년운동사』, 1995
변은진, 「일제하 전시 파쇼체제하 학생민족운동의 전개와 민족주의적 성격」, 『국사관논총』 67, 국사편찬위원회, 1996
신주백, 「1920~30년대 북경에서의 한인 민족운동」, 『한국근현대사연구』 23, 2002년 겨울
______, 「1925~1928년 시기 전남지방 사회운동 연구 - 조공 전남도당의 조직과 활동을 중심으로」, 역사문제연구소, 『한국근현대지역운동사』 호남편, 1993
______, 「광주학생운동의 주체」, 『광주학생운동연구』, 한국역사연구회·전남사학회 편, 2000
안건호, 「1920년대 전반기 청년운동의 전개」, 『한국근현대청년운동사』, 1995
안건호·박혜란, 「1920년대 중후반 청년운동과 조선청년총동맹」, 『한국근현대청년운동사』, 1995
윤석수, 「조선공산당 2차 재건과정에 대한 비판적 검토」, 성균관대학교 석사학위논문, 1989
______, 「조선공산당과 6·10항일시위운동」, 『역사비평』 4, 역사문제연구소, 1989
이계형, 「1920년대 함흥지역 학생운동의 전개와 성격」, 『한국근현대사연구』 20, 2002
이기훈, 「독서의 근대, 근대의 독서 - 1920년대의 책읽기」, 『역사문제연구』 7, 2001년 12월
이기훈, 「식민지 학교 공간의 형성과 변화 - 보통학교를 중심으로」, 『2006 학술 심포지엄 - 식민지 근대를 살다』, 역사문제연구소, 2006
______, 「日帝下 青年談論 研究」, 서울대학교 박사학위 논문, 2002

이상식, 「1920년대의 광주지방과 학생운동－광주학생독립운동을 중심으로」, 『국사관논총』 64, 1995
이애숙, 「1920년대 광주지방의 청년·학생운동과 지역사회」, 『광주학생운동연구』, 한국역사연구회·전남사학회 편, 2000
______, 「1920년대 전남 광주지방의 청년운동」, 『한국근현대청년운동사』, 1995
______, 「세계 대공황기 사회주의 진영의 전술 전환과 신간회 해소문제」, 『역사와 현실』 11, 1994
이영상, 「부산·경남지방의 항일민족운동연구 : 1920~1930년대의 항일학생운동을 중심으로」, 대구대 교육대학원 석사학위논문, 1997
이종범, 「1920년대 전남지방의 사회경제사정과 광주학생운동」, 『광주학생운동연구』, 아세아문화사, 2000
______, 「1920년대 전남지방의 사회경제사정과 광주학생운동」, 『광주학생운동연구』, 한국역사연구회·전남사학회 편, 2000
이준식, 「6·10만세운동과 통일전선운동」, 『6·10만세운동으로 본 국내항일운동』, 독립기념관 한국독립운동사연구소, 2006
______, 「광주학생운동과 민족운동세력」, 『광주학생운동연구』, 한국역사연구회·전남사학회 편, 2000
______, 「광주학생운동의 전개과정과 역사적 성격」, 한국역사연구회, 『한국근현대청년운동사』, 풀빛, 1995
이현희, 「수원고농학생의 항일투쟁 연구」, 『한국민족운동사연구』 21, 한국민족운동사연구회, 1999
______, 「王在一의 광주학생항일투쟁연구－항일투쟁가 왕재일의 광주학생운동 주역론 구성」, 『한국민족운동사연구』 14, 1996
이현희, 「한국민족운동사에서 본 광주학생독립운동의 위치와 의의」, 『중산정덕기박사 화갑기념 한국사학논총』, 1996
장신, 「조선총독부의 광주학생운동 인식과 대응」, 『광주학생운동연구』, 한국역사연구회·전남사학회 편, 2000

장규식, 「YMCA 학생운동과 3·1운동의 초기 조직화」, 『한국근현대사연구』 20, 2002
장석흥, 「1924년 언론집회압박탄핵운동의 전개와 성격」, 국민대 한국학연구소, 『한국학논총』 21, 1999
______, 「6·10만세운동과 통일전선운동」, 『국사관논총』 90, 2000
______, 「6·10만세운동연구」, 국민대 박사학위 논문, 1995
______, 「6·10만세운동의 檄文과 이념」, 독립기념관 독립운동사연구소, 『한국독립운동사연구』 12, 1998
______, 「광주학생운동의 국내외 확산과 그 성격」, 『광주학생운동연구』, 한국역사연구회·전남사학회 편, 2000
______, 「광주학생운동의 사회경제적 배경 – 영산포를 중심으로」, 『역사비평』 5, 1989
______, 「隆熙皇帝 因山 전후 지방의 동향과 만세시위」, 국민대 한국학연구소, 『한국학논총』 20, 1998
______, 「조선학생과학연구회의 초기조직과 6·10만세운동」, 『한국독립운동사연구』 8, 1994
______, 「조선학생전위동맹의 조직과 활동」, 『한국학논총』, 국민대 한국학연구소, 1999
전명혁, 「山水 李鍾律의 민족해방운동과 민족통일전선론」, 首善史學會, 『史林』 24, 2005
정근식, 「한말·일제하 전남의 사회·경제 – 민족운동의 기반」, 『전남사학』 9, 1995
정내수, 「일제강점기 대전·충남지방의 학생운동」, 『대전문화』 8, 1999
______, 「일제하 학생운동 연구의 현황과 과제」, 『충남사학』 9, 1997
______, 「충남지역 항일학생운동 연구(1910~1930年代)」, 충남대 박사학위논문, 2001
정병배, 「1920~30년대 춘천지역의 청년학생운동」, 한림대 석사학위논문, 1995

정세현, 「광주학생운동의 전국적 확대에 대하여」, 『숙명여대논문집』 13, 1973
______, 「근대 한국학생계층의 형성 – 초기의 학생운동과 관련하여」, 『숙명여대논문집』 14, 1974
______, 「서울을 중심한 항일학생운동에 대하여」, 『향토서울』 6, 1962
______, 「일제말기의 항일학생운동」, 『숙대사론』 8, 1974
조규태, 「신간회 경성지회의 조직과 활동」, 『國史館論叢』 89, 2000
조동걸, 「광주학생운동의 성격과 역사적 의의」, 『광주학생운동연구』, 한국역사연구회·전남사학회 편, 2000
______, 「학생운동단체와 학생운동의 초기현상」, 『한민족독립운동사』 8, 국사편찬위원회, 1990
______, 「한국 근대 학생운동 조직의 성격 변화」, 『한국근대민족주의운동사연구』, 일조각, 1987
조성운, 「1930년대 초 함북지방 학생운동의 전개양상」, 『한국민족운동사연구』 36, 2003
______, 「일제하 수원농고 학생운동과 상록수운동」, 『경주사학』 14, 1995
지수걸, 「충남 예산공립농업학교 학생비밀결사 조직사건에 대한 일고찰」, 『滄海朴秉國敎授停年紀念史學論叢』, 1994
진동혁, 「광주학생독립운동의 주역 왕재일에 관한 새발굴자료연구」, 『동양학』 17, 단국대 동양학연구소, 1987
최근무, 「일제하 전북지방의 항일학생운동에 관한 연구」, 『전주교육대학논문집』 15, 1979
______, 「일제하 항일민족운동에 관한 일연구」, 『전주교대논문집』 17, 1981
하원호, 「한말 영산강유역과 목포의 상품유통」, 『한국사학』 23, 고려사학회, 2006
한규무, 「성진회의 조직과 활동에 대한 재검토」, 『한국독립운동사연구』 22, 독립기념관, 2004
______, 「'광주학생운동' 관련명칭의 용례와 의미」, 『한국독립운동사연구』 34, 독립

기념관, 2010
한시준, 「上海韓國獨立黨硏究」, 『龍巖車文燮博士華甲紀念史學論叢』, 1989
홍석률, 「1940~45년 학생운동의 성격변화」, 『한국사론』 24, 서울대 국사학과, 1991
______, 「일제강점기 항일학생운동의 이념 변화」, 『나라사랑 독립정신』, 국가보훈처, 2005
______, 「제2차 광주학생운동의 민족운동사적 의미」, 『광주학생운동연구』, 한국역사연구회 · 전남사학회 편, 2000
______, 「현장감 있는 광주학생 독립운동의 지역사적 접근」, 『호남문화연구』 29, 전남대 호남문화연구소, 2001
홍선표, 「1930년대 미주한인의 통일운동」, 『한국독립운동사연구』 10, 1996
______, 「李承晩의 통일운동」, 『한국독립운동사연구』 11, 1997
______, 「일제시기 미주 한인사회의 통일운동」, 연세대학교 국학연구원, 『미주 한인의 민족운동』, 혜안, 2003
______, 「일제하 경기지방의 학생운동」, 『한국독립운동사연구』 9, 1995

찾아보기

ㄱ

ㄴ

ㅅ

ㅇ

ㅈ

1929년 광주학생운동

光州學生運動

1판 1쇄 인쇄　2013년 7월 10일
1판 1쇄 발행　2013년 7월 15일

글 쓴 이　김 성 민
펴 낸 이　주 혜 숙
펴 낸 곳　역사공간
서울시 마포구 서교동 463-31 플러스빌딩 3층
전화 : 02-725-8806~7, 02-325-8802
팩스 : 02-725-8801, 0505-325-8801
e-mail : jhs8807@hanmail.net
등록　2003년 7월 22일 제6-510호

ISBN 978-89-98205-20-1　93910

가격 36,000원